Klemens Gebhard

Bildung und Management in der Frühpädagogik –

Aufgaben und Kompetenzen von Leitungskräften mit Blick auf die Bildungspläne im Elementarbereich

PAIS-Verlag
Oberried bei Freiburg i. Br.

Bibliographische Information der Deutschen Nationalbibliothek
Die Deutsche Nationalbibliothek verzeichnet diese Publikation in der Deutschen
Nationalbibliographie;detaillierte bibliographische Informationen sind im Internet über:
http://dnb.d-nb.de abrufbar

ISBN 978-3-931992-30-9

Von der Pädagogischen Hochschule Freiburg i. Br. zur Erlangung des Grades eines Doktors
der Philosophie (Dr. phil.) genehmigte Dissertation von Klemens Gebhard aus Aalen im Fach
Erziehungswissenschaften
Erstgutachter: Prof Dr. Norbert Huppertz; Zweitgutachter: Prof. Dr. Hans-Georg Kotthoff
Tag der mündlichen Prüfung: 22.10.2010

PAIS- Verlag
Hauptstr. 49 · 79254 Oberried

© Copyright 2011
Sozietät zur Förderung der wissenschaftlichen Sozialpädagogik - PAIS e.V., Oberried

Inhaltsverzeichnis

1 **EINLEITUNG** 15

2 **AKTUELLE ENTWICKLUNGEN MIT BEZUG ZUR LEITUNGSTÄTIGKEIT** 19

   2.1 Qualitätsentwicklung und bildungspolitische Maßnahmen 19

   2.2 Die Forderung nach der Akademisierung der Leitungstätigkeit 34

   2.3 Professionalisierung der Leitungstätigkeit in Kindertageseinrichtungen 36

      2.3.1 Was heißt Professionalisierung der Frühpädagogik? 36

      2.3.2 Die Leitungskompetenz in der Professionalisierungsdiskussion 39

3 **AUFGABENSPEKTRUM UND ROLLE DER LEITUNG VON KINDERTAGESEINRICHTUNGEN** 43

   3.1 Stand der Forschung zur Leitungstätigkeit in Kindertageseinrichtungen 48

      3.1.1 Konstituierung und Wahrnehmung der Leitungsrolle in der Handlungspraxis 48

      3.1.2 Leitungstätigkeit und die frühpädagogischen Bildungspläne 50

      3.1.3 Professionalisierung der Leitungstätigkeit auf europäischer Ebene 51

   3.2 Leitung aus der Perspektive der Kindertageseinrichtung als Organisation 53

      3.2.1 Beteiligte Akteure und Akteursgruppen 54

      3.2.2 Ziele und Aufgaben von Kindertageseinrichtungen 55

      3.2.3 Vorgaben zur Wahrnehmung und Ausgestaltung der Leitungsfunktion 55

      3.2.4 Beiträge der Führungsforschung 58

   3.3 Die Perspektive der fachspezifischen Leitungsliteratur 60

      3.3.1 Von der Leitung zum Management von Kindertageseinrichtungen 61

      3.3.2 Grundgedanken des Managements 61

      3.3.3 Die Führungsrolle der LeiterIn 63

      3.3.4 Managementaufgaben und Managementkompetenzen 66

      3.3.5 Konzeptionelle Bezugspunkte des Leitungs- und Managementhandelns 68

          3.3.5.1 Bildungsmanagement 68

          3.3.5.2 Sozialmanagement 70

          3.3.5.3 Personalführung 71

          3.3.5.4 Qualitätsmanagement 73

          3.3.5.5 Personalentwicklung und Personalmanagement 76

          3.3.5.6 „Neue Steuerung" und Controlling in Kindertageseinrichtungen 78

          3.3.5.7 Organisationsentwicklung 80

   3.4 Der Bildungsbegriff in der frühpädagogischen Diskussion 84

   3.5 Der baden-württembergische Orientierungsplan für Bildung und Erziehung 92

      3.5.1 Das Bildungsverständnis des Orientierungsplanes 92

      3.5.2 Die Vorgaben des Orientierungsplanes zur pädagogischen Qualität 93

          3.5.2.1 Strukturqualität 94

          3.5.2.2 Prozessqualität 95

          3.5.2.3 Ergebnisqualität 100

3.6 Die Leitungskompetenz in den Bildungsplänen der Bundesländer ... 106
3.6.1 Baden-Württemberg ... 106
3.6.2 Bayern ... 106
3.6.3 Berlin ... 108
3.6.4 Brandenburg ... 108
3.6.5 Bremen ... 108
3.6.6 Hamburg ... 109
3.6.7 Hessen ... 110
3.6.8 Mecklenburg-Vorpommern ... 113
3.6.9 Niedersachsen ... 113
3.6.10 Nordrhein-Westfalen ... 114
3.6.11 Rheinland-Pfalz ... 114
3.6.12 Saarland ... 115
3.6.13 Sachsen ... 115
3.6.14 Sachsen-Anhalt ... 115
3.6.15 Schleswig-Holstein ... 115
3.6.16 Thüringen ... 116

3.7 Systematische Darstellung der Leitungsaufgaben in den Bildungsplänen ... 116
3.7.1 Personalentwicklung und Teamentwicklung ... 116
3.7.2 Personalführung und Personalmanagement ... 118
3.7.3 Leitungsrolle und Leitungspersönlichkeit ... 119
3.7.4 Konzeptionsarbeit ... 120
3.7.5 Nach außen gerichtete Arbeitskontakte ... 121
3.7.6 Organisationsentwicklung ... 122
3.7.7 Qualitätsmanagement ... 122
3.7.8 Interaktions- und Arbeitskultur ... 124
3.7.9 Teamarbeit ... 124
3.7.10 Bildungs- und Betreuungsaufgaben ... 125
3.7.11 Verantwortung für die Umsetzung des Bildungsplanes ... 125
3.7.12 Prozessmanagement bei Einführung des Bildungsplanes ... 125
3.7.13 Prozessmanagement ... 125
3.7.14 Konfliktmanagement ... 126
3.7.15 Selbstorganisation ... 126
3.7.16 Fortbildung in Leitungsaufgaben ... 126
3.7.17 Leitungsaufgaben in den Bilungsplänen im Überblick ... 127
3.7.18 Die Leitungsaufgaben im Ländervergleich ... 127

4 AUS- UND FORTBILDUNGSANGEBOTE FÜR LEITUNGSKRÄFTE 129

4.1 FORTBILDUNGSMASSNAHMEN DER TRÄGERVERBÄNDE IN BADEN-WÜRTTEMBERG 132

4.1.1 Fortbildungsangebote des Kommunalverbandes für Jugend und Soziales 132
4.1.2 Fortbildungssangebote des Diakonischen Werkes 134
4.1.3 Fortbildungssangebote des Caritasverbandes 135
4.1.4 Überblick zu den Fort- und Ausbildungsangeboten 139

4.2 DAS GRUNDSTÄNDIGE BACHELORSTUDIUM IN BADEN-WÜRTTEMBERG 140

4.2.1 Der Studiengang „Pädagogik der Frühen Kindheit" 143
4.2.1.1 Zielsetzung des Studienganges 143
4.2.1.2 Zeitliche Anteile für Leitungsaufgaben 144
4.2.2 Der Studiengang „Frühkindliche und Elementarbildung" 145
4.2.2.1 Zielsetzung des Studienganges 145
4.2.2.2 Zeitliche Anteile für Leitungsaufgaben 146
4.2.3 Der Studiengang „Frühkindliche Bildung und Erziehung" 148
4.2.3.1 Zielsetzung des Studienganges 148
4.2.3.2 Zeitliche Anteile für Leitungsaufgaben 148
4.2.4 Der Studiengang „Frühe Bildung" 150
4.2.4.1 Zielsetzung des Studienganges 150
4.2.4.2 Zeitliche Anteile für Leitungsaufgaben 150
4.2.5 Der Studiengang „Elementarbildung" 151
4.2.5.1 Zielsetzung des Studienganges 151
4.2.5.2 Zeitliche Anteile für Leitungsaufgaben 151
4.2.6 Überblick zu den baden-württembergischen Bachelor-Studiengängen 153
4.2.6.1 Vermittlung und Erwerb von Leitungskompetenz 153
4.2.6.2 Übersicht zu Intention und Umfang der angebotenen Leitungsinhalte 154

5 ZUSAMMENSCHAU DER BISHERIGEN ERKENNTNISSE ZUR LEITUNGSTÄTIGKEIT IN KINDERTAGESEINRICHTUNGEN 158

5.1 DIE „HEUTIGE" LEITERIN UND MASSNAHMEN ZU IHRER QUALIFIZIERUNG 158

5.2 DIE LEITUNGSKOMPETENZ ZUR UMSETZUNG EINES BILDUNGSPLANES 160

5.2.1 Management der pädagogischen Qualität 160
5.2.1.1 Management auf Entscheidungsebene 160
5.2.1.2 Management auf Ausführungsebene 161
5.2.2 Aufgaben von Leitung bei der Umsetzung eines Bildungsplanes 163
5.2.2.1 Leitungsstil und Leitungsrolle 164
5.2.2.2 Selbstorganisation 164
5.2.2.3 Personalführung und Personalmanagement 165
5.2.2.4 Steuerung von Veränderungsprozessen 165
5.2.2.5 Wechselseitige Absprache und Vernetzung der Aufgaben 166
5.2.2.6 Konzeptions- und Organisationsentwicklung 167
5.2.2.7 Qualitätsentwicklung 167
5.2.2.8 Nach außen gerichtete Arbeitskontakte 168
5.2.2.9 Teamarbeit 169

6 METHODISCHES VORGEHEN 170

6.1 Methodenwahl und Forschungsablauf 170
6.2 Erhebungsinstrumente 177
6.2.1 Quantitative Leitungsbefragung mittels Fragebogen 178
6.2.2 Qualitative Leitungsbefragung mittels leitfadengestützten Interviews 182
6.3 Stichprobe und Rücklauf 186
6.3.1 Ziehung der quantitativen Stichprobe 186
6.3.2 Ermittlung und Auswahl der Interviewteilnehmer 188
6.4 Datenaufbereitung und Datenauswertung 189
6.4.1 Aufbereitung und Auswertung der quantitativen Daten 189
6.4.2 Aufbereitung und Auswertung der Interviews 193
6.4.2.1 Auswahl des Materials 196
6.4.2.2 Festlegung der Analysetechnik 196
6.4.2.3 Auswertung des Materials 197
6.4.3 Vernetzung und wechselseitiger Bezug der beiden Datenquellen 199

7 EMPFINDUNGEN DER LEITUNGSKRÄFTE BEI DER EINFÜHRUNG EINES BILDUNGSPLANES 200

7.1 Ausschließlich positive Empfindungen hinsichtlich des Orientierungsplanes 201
7.1.1 Bestätigung – vieles davon tun wir bereits 201
7.1.2 Sicherheit und Verbindlichkeit 202
7.1.3 Orientierung für die Einrichtung und die pädagogische Arbeit 202
7.1.4 Aufwertung des Stellenwertes der Arbeit 203
7.1.5 Neugierde, Offenheit, Freude, Spannung 203
7.2 „Gemischte Empfindungen" hinsichtlich des Orientierungsplanes 204
7.2.1 Sowohl Positives aber zu schlechte Rahmenbedingungen 204
7.2.2 Sowohl Positives aber zeitliche Probleme 205
7.2.3 Sowohl Positives aber auch Druck und Unsicherheit bei der Leitung 205
7.2.4 Sowohl Positives aber auch vermehrte Anforderungen an die Leitung 206
7.2.5 Sowohl Positives aber auch Skepsis und Kritik hinsichtlich des Planes 207
7.2.6 Sowohl Positives aber auch verschiedene Bedenken hinsichtlich des Planes 207
7.3 Ausschließlich negative Empfindungen 208
7.3.1 Unsicherheit, Stress und Druck bei der Leitung hinsichtlich der Umsetzung 208
7.3.2 Mehraufwand, Überforderung und schlechte Rahmenbedingungen 209
7.3.3 Kritik und Skepsis hinsichtlich des Orientierungsplanes 209
7.3.4 Zu geringer Verbindlichkeitsgrad des Orientierungsplanes 209
7.4 Charakteristika der drei Empfindungsgruppen 210
7.5 Resümee LeiterInnenbefragung 213

8 UMSETZUNG EINES BILDUNGSPLANES AUS DER PERSPEKTIVE DER LEITERIN ... 218

8.1 Die Leitung und die Umsetzung des Orientierungsplanes 218
- 8.1.1 Das Rollen- und Selbstverständnis der LeiterIn 218
- 8.1.2 Berufszufriedenheit 219
- 8.1.3 Veränderung der Leitungstätigkeit durch den Orientierungsplan 220
  - 8.1.3.1 Personalführung 221
  - 8.1.3.2 Planung und Koordination 222
  - 8.1.3.3 Öffentlichkeitsarbeit und Transparenz 222
  - 8.1.3.4 Organisations- und Qualitätsentwicklung 223
  - 8.1.3.5 Belastung 224
  - 8.1.3.6 Verwaltung, Dokumentation, Finanzierung 224
  - 8.1.3.7 Reflexion der Leitungsrolle und Weiterbildung 225
  - 8.1.3.8 Teamarbeit 225
- 8.1.4 Bewertung der Bedeutung des Orientierungsplanes aus Sicht der LeiterIn 226

8.2 Aus und Fortbildung der Leitungskräfte mit Blick auf den Plan 227
- 8.2.1 Qualifikation der LeiterInnen 227
- 8.2.2 „Hineinwachsen" in die Leitungstätigkeit 228
- 8.2.3 Fortbildung und Qualifizierung der Leitungskräfte 229
- 8.2.4 Fortbildung der Leitungskräfte zur Umsetzung des Orientierungsplanes 230
- 8.2.5 Weiterentwicklungsbedarf der Leitungstätigkeit mit Blick auf den Plan 235

8.3 Beanspruchung der LeiterInnen 236
- 8.3.1 Die Rahmenbedingungen der Leitungstätigkeit 236
- 8.3.2 Belastung der LeiterInnen 237

8.4 Führen und leiten 239

8.5 Konzeptionsarbeit 240
- 8.5.1 Die Erarbeitung und Konkretisierung des Orientierungsplanes 240
- 8.5.2 Vorhandensein und Weiterentwicklung einer pädagogischen Konzeption 241

8.6 Team- und Personalentwicklung 242
- 8.6.1 Teamentwicklungsbedarf mit Blick auf die Umsetzung des Planes .. 242
  - 8.6.1.1 Umsetzungsmotivation 242
  - 8.6.1.2 Weiterentwicklung der Fachkompetenz mit Blick auf den Orientierungsplan 243
  - 8.6.1.3 Schwierigkeiten des Teams mit den Inhalten des Orientierungsplanes 245

8.7 Nach außen gerichtete Arbeitskontakte 247

8.8 Organisationsentwicklung 249
- 8.8.1 Leitbild und Angebotsstruktur 249
- 8.8.2 Chancen und Grenzbarrieren der Entwicklung 250

8.9 Qualitätsmanagement 252
- 8.9.1 Vorhandensein eines Qualitätssystems 252
- 8.9.2 Selbst- und Fremdevaluation der Umsetzung des Orientierungsplanes 253
  - 8.9.2.1 Selbstevaluation 253
  - 8.9.2.2 Fremdevaluation 256

8.10 HERAUSFORDERUNGEN AN DIE QUALITÄTSENTWICKLUNG IM KINDERGARTEN 257

    8.10.1 Die Umsetzung des baden-württembergischen Orientierungsplanes 257

    8.10.2 Hindernisgründe im Team bei der Umsetzung des Orientierungsplanes 259

8.11 DIE KINDERGARTENLEITUNG ALS „STEUERFRAU" 262

    8.11.1 Beteiligung der LeiterIn an der Steuerung der Umsetzung 262

    8.11.2 Die Steuerungssicherheit der LeiterIn 265

    8.11.3 Effekte des Steuerungshandelns auf die Umsetzung des Planes 266

        8.11.3.1 Steuerung der Umsetzung des Planes auf Teamebene 267

        8.11.3.2 Steuerungsergebnisse 269

9 VERTIEFTE EINBLICKE IN DIE UMSETZUNG EINES BILDUNGSPLANES AUF EINRICHTUNGSEBENE - LEITUNGSKRÄFTE IM GESPRÄCH 272

9.1 FRAU FINK 273

    9.1.1 Leitungsrolle und Leitungstätigkeit 273

    9.1.2 Aus- und Fortbildung für LeiterInnen 274

    9.1.3 Stellung der LeiterIn zum Orientierungsplan 274

    9.1.4 Interaktion zwischen Leitung und Team bei der Umsetzung des Planes 275

    9.1.5 Umsetzung des Orientierungsplanes 276

    9.1.6 Hinweise und Wünsche zur Umsetzung des Orientierungsplanes 277

9.2 FRAU SCHWAN 278

    9.2.1 Leitungsrolle und Leitungstätigkeit 278

    9.2.2 Aus- und Fortbildung für LeiterInnen 279

    9.2.3 Stellung der LeiterIn zum Orientierungsplan 279

    9.2.4 Umsetzung des Orientierungsplanes 279

    9.2.5 Hinweise und Wünsche zur Umsetzung des Orientierungsplanes 280

9.3 FRAU BIRKE 281

    9.3.1 Leitungsrolle und Leitungstätigkeit 281

    9.3.2 Aus- und Fortbildung für LeiterInnen 284

    9.3.3 Stellung der LeiterIn zum Orientierungsplan 285

    9.3.4 Interaktion zwischen Leitung und Team bei der Umsetzung des Planes 285

    9.3.5 Umsetzung des Orientierungsplanes 286

    9.3.6 Hinweise und Wünsche zur Umsetzung des Orientierungsplanes 287

9.4 FRAU BUCHE 288

    9.4.1 Leitungsrolle und Leitungstätigkeit 288

    9.4.2 Aus- und Fortbildung für LeiterInnen 289

    9.4.3 Stellung der LeiterIn zum Orientierungsplan 289

    9.4.4 Umsetzung des Orientierungsplanes 290

    9.4.5 Hinweise und Wünsche zur Umsetzung des Orientierungsplanes 292

9.5 Frau Rebe ... 292
9.5.1 Leitungsrolle und Leitungstätigkeit ... 292
9.5.2 Aus- und Fortbildung für LeiterInnen ... 293
9.5.3 Stellung der LeiterIn zum Orientierungsplan ... 294
9.5.4 Interaktion zwischen Leitung und Team bei der Umsetzung des Planes ... 295
9.5.5 Umsetzung des Orientierungsplanes ... 295
9.5.6 Hinweise und Wünsche zur Umsetzung des Orientierungsplanes ... 296

9.6 Frau Lerche ... 298
9.6.1 Leitungsrolle und Leitungstätigkeit ... 298
9.6.2 Aus- und Fortbildung für LeiterInnen ... 299
9.6.3 Stellung der LeiterIn zum Orientierungsplan ... 299
9.6.4 Interaktion zwischen Leitung und Team bei der Umsetzung des Planes ... 299
9.6.5 Umsetzung des Orientierungsplanes ... 299
9.6.6 Hinweise und Wünsche zur Umsetzung des Orientierungsplanes ... 301

10 VERNETZUNG DER EMPIRISCHEN DATEN - HYPOTHESEN UND ERKLÄRUNGSANSÄTZE ... 303

10.1 Wie legen LeiterInnen ihre Berufsrolle aus? ... 303
10.2 Warum kann ein Bildungsplan die Leitungstätigkeit verändern? ... 304
10.2.1 Keine Veränderung der Leitungstätigkeit ... 305
10.2.2 Leichte Veränderungen der Leitungstätigkeit ... 306
10.2.3 Spürbare Veränderung der Leitungstätigkeit ... 307
10.2.4 Starke Veränderung der Leitungstätigkeit ... 308
10.2.5 Sehr starke Veränderung der Leitungstätigkeit ... 309

10.3 In welchen Punkten brauchen Leitungskräfte Weiterentwicklung? ... 310
10.3.1 Ausbildung ... 310
10.3.2 Fortbildung ... 312

10.4 Warum fühlen sich einige Leitungskräfte durch die Umsetzung eines Bildungsplanes zusätzlich belastet? ... 312

10.5 Bildungsmanagement konkret - Was bereitet den LeiterInnen Schwierigkeiten? ... 313
10.5.1 Beobachtung und Dokumentation ... 313
10.5.2 Kooperation mit der Grundschule ... 314
10.5.3 Elternarbeit ... 315
10.5.4 Umsetzung der Bildungs- und Entwicklungsfelder ... 316

10.6 Welche Hindernisgründe gibt es bei der Umsetzung eines Bildungsplanes? ... 317
10.6.1 Umsetzungskonzept ... 317
10.6.2 Unterstützung ... 317
10.6.3 Das Team und die Umsetzung des Planes ... 318
10.6.4 Umsetzung und Zeitfragen ... 318

11 KRITISCHE BETRACHTUNG UND DISKUSSION DER ERGEBNISSE 320

- 11.1 Zum Aussagegehalt der gewonnen Erkenntnisse 320
- 11.2 Steuerung durch Orientierungsqualität 321
- 11.3 Bildungsmanagement zur Umsetzung eines Bildungsplanes 323
- 11.4 Zum Einfluss des Leitungshandelns auf die Umsetzung eines Bildungsplanes 328
- 11.5 Kompetenz, Qualifikation und Qualifizierung der Leitungskräfte 330

12 EMPFEHLUNGEN 333

- 12.1 Konsequenzen für die Leitungskompetenz und deren Erwerb 333
- 12.2 Bedingungen und Regelungen der Leistungserbringung 335
- 12.3 Empfehlungen zur Umsetzung eines Bildungsplanes 336

13 FORSCHUNGSDESIDERATA 339

14 LITERATUR 341

15 ZUM VERLAG 353

Tabellenverzeichnis

Tab.1 Überblick zu den in den Bildungsplänen der Länder thematisierten Leitungsaufgaben 127

Tab.2 Übersicht zum Studiengang „Pädagogik der frühen Kindheit" der EFH und PH Freiburg.... 145

Tab.3 Übersicht zum Studiengang „Frühkindliche und Elementarbildung" der PH Heidelberg 147

Tab.4 Übersicht zum Studiengang „Frühkindliche Bildung und Erziehung" der PH Ludwigsburg.. 149

Tab.5 Übersicht zum Studiengang „Frühe Bildung" der PH Schwäbisch Gmünd.......... 151

Tab.6 Übersicht zum Studiengang „Elementarbildung" der PH Weingarten............ 153

Tab.7 Übersicht zu den baden-württembergischen Bachelor-Studiengängen........... 157

Tab.8 Einteilung der LeiterInnen in drei Empfindungsgruppen bzgl. des Orientierungsplanes 200

Tab.10 Ausschließlich positive Empfindungen bzgl. des Orientierungsplanes 201

Tab.11 Gemischte Empfindungen bzgl. des Orientierungsplanes 204

Tab.12 Ausschließlich negative Empfindungen bzgl. des Orientierungsplanes........... 208

Tab.13 Die drei Empfindungsgruppen in Beziehung zu standardisierten Einschätzungen........... 211

Tab.14 Verbindlichkeitsgrad des Orientierungsplanes nach Rezeptionsgruppen........... 212

Tab.15 Wünsche zur Umsetzung des Planes nach Rezeptionsgruppen 213

Tab.16 Empfindungen der LeiterInnen zum Orientierungsplan 214

Tab.17 Umsetzungsfaktoren bzgl. der Umsetzung des Orientierungsplanes 216

Tab.18 Ähnlichkeit der Leitungstätigkeit zu verwandten Berufszweigen............ 218

Tab.19 Zufriedenheit mit Aspekten der Leitungstätigkeit 219

Tab.20 Veränderung der Leitungstätigkeit durch den Orientierungsplan 220

Tab.21 Qualitative Veränderung der Leitungstätigkeit durch den Orientierungsplan........... 221

Tab.22 Veränderung der Leitungstätigkeit bzgl. „Personalführung"............ 221

Tab.23 Veränderung der Leitungstätigkeit bzgl. „Planung und Koordination"............ 222

Tab.24 Veränderung der Leitungstätigkeit bzgl. „Öffentlichkeitsarbeit/ Transparenz" 223

Tab.25 Veränderung der Leitungstätigkeit bzgl. „Organisations- und Qualitätsentwicklung"........ 223

Tab.26 Veränderung der Leitungstätigkeit bzgl. „Belastung" 224

Tab.27 Veränderung der Leitungstätigkeit bzgl. „Verwaltung, Dokumentation, Finanzierung""....224

Tab.28 Veränderung der Leitungstätigkeit bzgl. „Reflexion der Leitungsrolle/ Weiterbildung" 225

Tab.29 Veränderung der Leitungstätigkeit bzgl. „Teamarbeit""............ 225

Tab.30 Bedeutung des Orientierungsplanes 226

Tab.31 Berufserfahrung in Beziehung zum Alter der Leitungshräfte 229

Tab.32 Thematisierte Fortbildungsinhalte der Leitungsfortbildung zum Orientierungsplan 231

Tab.33 Qualifizierung der LeiterInnen zur Umsetzung des Planes durch die Landesfortbildung . 232

Tab.34 Kritik an der Leitungsfortbildung zum Orientierungsplan 232

Tab.35 Entwicklungsbereiche der Leitungstätigkeit mit Blick auf den Orientierungsplan 235

Tab.36 Prozentual vorgesehener Stellenanteil für Leitungstätigkeiten 237

Tab.37 Zunahme der Belastung durch den Orientierungsplan 238

Tab.38 Beanspruchung der LeiterInnen 238

Tab.39 Anteil der Teammitglieder, die ihre Arbeit gemäß dem Orientierungsplan gestalten........ 239

Tab.40 Wille zur Umsetzung des Orientierungsplanes im Team 243

Tab.41 Weiterentwicklungsbedarf des Teams bezüglich des Orientierungsplans............ 244

Tabellen- und Abbildungsverzeihnis

Tab.42 Schwierigkeiten im Team mit den einzelnen Inhalten des Orientierungsplanes 246
Tab.43 Zusammensetzung der pädagogische Fachkräfte 250
Tab.44 Soziale Benachteiligung und Migrationshintergrund der Kinder 251
Tab.45 Ausgestaltung des Qualitätssystems 253
Tab.46 Anwendung von Formen der Selbstevaluation 255
Tab.47 Hindernisfaktoren bei der Umsetzung des Orientierungsplanes 260
Tab.48 Steuerungsakteure bei der der Umsetzung des Orientierungsplanes 263
Tab.49 Zeitinvestition der LeiterIn für die Steuerung der Umsetzung des Orientierungsplanes .. 264
Tab.50 Sicherheit der LeiterInnen bei der Steuerung der Umsetzung des Orientierungsplanes . 265

Abbildungsverzeichnis

Abb.1   Forschungs- und Erhebungsmodell der vorliegenden Untersuchung 17
Abb.2   Anzahl der Leitungsaufgaben in den Bildungsplänen der Bundesländer 128
Abb.3   Überarbeitung der Konzeptionsschrift mit Blick auf den Orientierungsplan 241
Abb.4   Selbsteinschätzung zu Aspekten der Kooperation und Interaktion mit Außenstehenden 247
Abb.5   Vorhandensein einer eigenen Kindergartenhomepage 248
Abb.6   Vorhandensein eines Qualitätssystems in der Einrichtung 252
Abb.7   Überprüfung der Planumsetzung durch Selbstevaluation 254
Abb.8   Fremdevaluation des Orientierungsplanes 256
Abb.9   Umsetzungsbeginn der Umsetzung des Orientierungsplanes in der Einrichtung 257
Abb.10 Zeitpunkt des Umsetzungsbeginns 258
Abb.11 Teamarbeit zur Umsetzung des Orientierungsplanes nach Steuerung 268
Abb.12 Steuerungsergebnisse bei der Umsetzung des Orientierungsplanes 270

1 Einleitung

Vorschulische Bildung, Erziehung und Betreuung rücken zunehmend in das Zentrum bildungspolitischer Bestrebungen. Die weitläufige Akzeptanz der Notwendigkeit frühkindlicher Bildung sowie die Ermöglichung von Erwerbstätigkeit für Alleinerziehende und junge Familien durch den Ausbau und die Erweiterung des Systems der Kindertageseinrichtungen prägen parteiübergreifend die politische Diskussion. Zahlreiche Entwicklungen, Initiativen und vorrangig durch den Bund und die Länder in Auftrag gegebene Veröffentlichungen und Untersuchungen zur Bildung in vorschulischen Einrichtungen verdeutlichen die Bedeutung, die mittlerweile auf nationaler und internationaler Ebene der frühkindlichen Bildung beigemessen wird. Anhand von Initiativen, wie der Generierung und Implementierung von Bildungsplänen für Kindertageseinrichtungen und dem Ausbau einer Forschungsinfrastruktur für den frühpädagogischen Bildungssektor in Verbindung mit dem Aufbau eines verlässlichen Berichterstattungssystems zu Fragen der frühkindlichen Bildung wird das Bestreben erkennbar, die mehrfach nachgewiesene Streuung der Qualität vorschulischer Kindertageseinrichtungen in Deutschland in stärkerem Ausmaß durch den Bund und die Länder durch geeignete Qualitätsmaßnahmen zu entwickeln, zu steuern und das vorschulische Betreuungsangebot flächendeckend auszubauen.

Im Mittelpunkt dieser Entwicklungen steht die Ausrichtung an den Bildungs- und Entwicklungsprozessen des einzelnen Kindes in Verbindung mit dem Anspruch des „Nationale[n] Aktionsplan[es] für ein kindergerechtes Deutschland" (Bundesministerium für Familie, Senioren, Frauen und Jugend 2006), den selektiven Blick der Fachkräfte in Kindertageseinrichtungen und Schule durch den Zugang einer individuellen Förderung des einzelnen Kindes zu ersetzen und Chancengleichheit durch Bildung zu ermöglichen. Dieser Anspruch, der auf die Eigentätigkeit des Kindes in Verbindung mit einer gezielten und auch kompensatorischen Förderung der Bildungsprozesse des einzelnen Kindes durch die pädagogischen Fachkräfte setzt, schlägt sich im Bildungsanspruch der frühpädagogischen Bildungspläne nieder. Diese im jeweiligen Bundesland als Rahmen-, Bildungs- oder auch Orientierungsplan bezeichneten vorschulischen Curricula wurden mittlerweile bundesweit implementiert und konkretisieren den § 22 des Sozialgesetzbuches VIII[1], d. h. den Erziehungs-, Betreuungs- und Bildungsauftrag von Kindertageseinrichtungen. Hierzu heißt es z. B. im novellierten Kindergartengesetz des Landes Baden-Württemberg in der Fassung vom 18. 02. 2006 in § 2 a (3): „Für die Förderung der Kinder ab dem vollendeten dritten Lebensjahr bis zum Schuleintritt in den Tageseinrichtungen gilt der nach § 9 Abs. 2 der erstellte Orientierungsplan für Bildung und Er-

---

[1] http://www.sozialgesetzbuch.de/gesetze/08/index.php?norm_ID=0800001 20.10.2009

ziehung"². Dieser Orientierungsplan erlangt im Fall Baden-Württembergs im Kindergartenjahr 2009/10 für alle Kindertageseinrichtungen des Landes Verbindlichkeit.

Diesbezüglich stellt sich die Frage, was die Verankerung und Betonung des Bildungsauftrages in Form der Einführung von frühpädagogischen Bildungsplänen für die Leitung einer Kindertageseinrichtung bedeutet und welche Anforderungen diese vorschulischen Curricula an die Aufgabe und Kompetenz der LeiterIn stellen. Bisher sind die Leitungskräfte in der Beantwortung dieser Fragen weitgehend auf sich gestellt. Jedoch ist anzunehmen, dass die Ausrichtung am einzelnen Kind und die Förderung der Bildungsprozesse des einzelnen Kindes in definierten Bildungsfeldern nicht nur in direkter Weise die pädagogischen Fachkräfte, d. h. die ErzieherInnen[3] und KinderpflegerInnen in den Kindertageseinrichtungen, sondern auch die Aufgabe, Funktion und Kompetenz der Kindergartenleitung betreffen. Trotzdem ist bisher im vorschulischen Bildungssektor in den meisten Fällen von ErzieherInnen oder mittlerweile auch von „FrühpädagogInnen" die Rede. Die Leitungsfunktion bleibt jedoch weitgehend außen vor. Dabei ist anzunehmen, dass die Wahrnehmung einer Leitungsposition gegenüber dem Anforderungsprofil einer ErzieherIn differenziertere und zusätzliche Kenntnisse und Kompetenzen erfordert. Die vorliegende Arbeit beschäftigt sich diesbezüglich mit der Aufgabe und Kompetenz der Leitung von Kindertageseinrichtungen vor dem Hintergrund der Bildungsakzentuierung in Form der frühpädagogischen Bildungspläne. Dabei lauten die zentralen Fragestellungen:

- Was macht die Leitungsaufgabe bei der Umsetzung eines Bildungsplanes aus?
- Wie geht die LeiterIn in der Praxis mit dieser Aufgabe um bzw. wie „managed" sie diese Leitungsaufgabe(n)? (Persönlicher Zugang, Rollenverständnis, Umsetzungsaktivitäten, Rahmenbedingungen des Leitungshandelns etc.)
- Über welche primär im Rahmen der Aus-und Fortbildung erwobenen Kompetenzen sollte eine LeiterIn verfügen, um den Anforderungen aus Theorie und Praxis, insbesondere mit Blick auf die Umsetzung der frühpädagogischen Bildungspläne, zu genügen?

Im Gegensatz zur Schulleitung, die im Rahmen der Schulentwicklungsforschung in den vergangenen Jahren eingehend untersucht wurde, besteht bezüglich der Leitung von Kindertageseinrichtungen Klärungs- und Forschungsbedarf. Dieser Umstand in Verbindung mit dem generell attestierten Forschungsdefizit für das Feld der Frühpädagogik und der von mehreren Expertenkommissionen (siehe 2.1) aufgezeigten Notwendigkeit nach praxisnahen Innovationen und praxisnaher Forschung waren maßgeblich für die Konzipierung, Durchführung und den deskriptiv-explorierenden Charakter der vorliegenden Untersuchung.

---

[2] http://www.vd-bw.de/webvdbw/rechtsdienst.nsf/weblink/2231-1_02.b_1.2.5 05.09.2008
[3] Aus Gründen der Lesbarkeit wird anstatt der weiblichen und männlichen Form durchgängig die Schreibweise ErzieherInnen, FrühpädagogInnen etc. mit dem Großbuchstaben „I" verwendet, welche sich sowohl an Frauen als auch an Männer richtet.

Gemäß der zuvor dargelegten Fragestellung und Intention des Forschungsvorhabens, untergliedert sich die vorliegende Arbeit in drei Teile. Der erste Teil liefert die theoretischen Grundlagen für die anschließende empirische Untersuchung. Im Anschluss an die Erörterungen zu bildungspolitischen Hintergründen in Zusammenhang mit Professionalisierungsbestrebungen im Feld der Frühpädagogik und der Annäherung an das Konstrukt der Leitungskompetenz, wird diesbezüglich der Stand der Forschung zur Leitungstätigkeit dargestellt. Darüber hinaus wird die Leitungstätigkeit in Kindertageseinrichtungen unter dem Gesichtspunkt des Managementdenkens betrachtet. Hier geht es zunächst darum, die Berufsrolle der LeiterIn bzw. die Einflüsse auf die Gestaltung der Berufsrolle aus verschiedenen Blickwinkeln zu betrachten und die Plausibilität und Bezugspunkte der definierten Aufgabenkataloge zu untersuchen. In diesem Zusammenhang werden die Aus- und Fortbildungsmöglichkeiten für Leitungskräfte in den Blick genommen. Neben diesen Inhalten liegt der Schwerpunkt des ersten Teils dieser Arbeit bei der Definition der Aufgabe der Leitung mit Blick auf die Umsetzung eines frühpädagogischen Bildungsplanes. Anhand der durchgeführten Analysen werden unter Einbeziehung der gewonnenen generellen Erkenntnisse zur Leitungstätigkeit, abschließend relevante Aufgaben der Leitung bei der Umsetzung eines Bildungsplanes im Elementarbereich definiert und beschrieben. Dieser Aufgabenkatalog diente im weiteren Verlauf der Untersuchung der Erstellung der Erhebungsinstrumente, die bei der Durchführung der empirischen Untersuchung der Fragestellung Verwendung fanden (siehe methodisches Vorgehen).

Die auf den theoretischen Grundlagen aufbauende empirische Untersuchung der Leitungstätigkeit in Zusammenhang mit der Umsetzung der Bildungspläne im Elementarbereich bezieht sich auf drei empirische Forschungszugänge. Diese folgen der Forschungslogik:

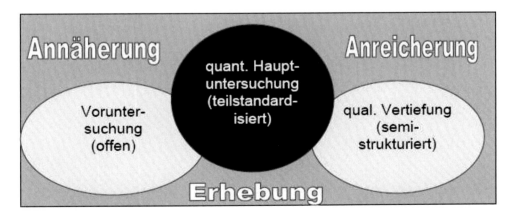

Abb.1   Forschungs- und Erhebungsmodell der vorliegenden Untersuchung

In einer quantitativen teilstandardisierten stichprobengenerierten LeiterInnenbefragung wurden Leitungskräfte zu deren Gefühlen und Empfindungen bei Einführung des baden-württembergischen Orientierungsplanes befragt. Die zweite quantitative stichprobengenerierte LeiterInnenbefragung beschäftigt sich mit den in Kapitel 6.2 definierten Leitungsaufgaben in Zusammenhang mit der Umsetzung eines Bildungsplanes im Elementarbereich. Die Erkenntnisse der beiden quantitativen Untersuchungen werden durch leitfadengestützte Interviews mit Leitungskräften aus Kindertageseinrichtungen vertieft. Die Interviews dienen dazu, fallspezifisch, d. h. eingebettet in den organisationsspezifischen Kontext, die quantitativen Daten zu illustrieren sowie mögliche Erklärungsansätze für die quantitativen Ergebnisse zu liefern.

Der dritte Teil der Untersuchung dient der Bündelung und Diskussion der gewonnenen Erkenntnisse. Ferner werden Anregungen für den Erwerb von Leitungskompetenz und Empfehlungen zu deren inhaltlicher Ausgestaltung geliefert.

Den Ergebnissen und den in dieser Arbeit dargelegten Erkenntnissen ging ein mehrjähriger Forschungsprozess voraus. Die Verwirklichung dieses Forschungsvorhabens wäre allerdings nicht möglich gewesen ohne das Fachwissen, das Engagement und den konstruktiv kritischen Blick kompetenter Begleiter, Förderer und positiv denkender Menschen. Zuvorderst möchte ich diesbezüglich meinem Doktorvater Prof. Dr. Norbert Huppertz für die erfolgreiche und fruchtbare mehr als dreijährige Zusammenarbeit danken. Dank Herrn Huppertz konnte ich durch ein ausgewogenes Maß an Ansporn und Unterstützung, dieses Forschungsvorhaben erfolgreich abschließen. Hierfür, lieber Herr Huppertz, meinen herzlichen Dank! Danken möchte ich auch Prof. Dr. Hans-Georg Kotthoff, der mich vor allem in Sachen Fragestellung, Theoriehintergrund und dem Aussagegehalt der vorliegenden Arbeit kompetent beraten hat. Auch meinen Eltern, Freunden, Kollegen und Geschwistern sei an dieser Stelle herzlich für die Unterstützung und Aufmunterung während der zurückliegenden viereinhalb Jahre gedankt.

2 Aktuelle Entwicklungen mit Bezug zur Leitungstätigkeit

2.1 Qualitätsentwicklung und bildungspolitische Maßnahmen

Kaum ein anderer Bildungssektor befindet sich derzeit in einer vergleichbaren Entwicklungsdynamik wie die

Frühpädagogik. Die aktuelle, im Zeichen der Schlagwörter „Bildung", „Qualität" und „Professionalisierung" geführte, Diskussion nimmt Einfluss auf die Intention, die Aufgabe, die Arbeitsinhalte sowie auf die Professionalität und das Selbst- und Fremdbild der pädagogischen Fachkräfte in vorschulischen Einrichtungen. Von staatlicher und privatwirtschaftlicher Seite wurden Maßnahmen ins Leben gerufen, die darauf abzielen, die Qualität frühkindlicher Bildungs- und Erziehungsprozesse zu entwickeln, zu sichern, zu messen, zu erforschen und zu steuern. Diese bildungspolitischen Steuerungsmaßnahmen und Strategien zur Qualitätsentwicklung und zum Ausbau des Systems der Kindertageseinrichtungen stehen in Wechselwirkung mit Ergebnissen aus Forschungsprojekten und wissenschaftlichen Erkenntnissen, u. a. der Erziehungswissenschaften, der Geschlechterforschung, der Neurobiologie und der Entwicklungspsychologie. Diese dizipinenübergreifenden wissenschaftlichen Erkenntnisse, der Vergleich mit frühkindlichen Bildungssystemen auf internationaler Ebene sowie die Nähe und Interdependenz von Bildungspolitik und privatwirtschaftlichen Initiativen und Interessen haben dazu geführt, den Bildungsanspruch vorschulischer Einrichtungen noch deutlicher als bisher zu verankern, zu akzentuieren und die Bedeutung frühkindlicher Bildung zum Gegenstand des öffentlichen und volkswirtschaftlichen Interesses werden zu lassen. Im Folgenden werden chronologisch bildungspolitisch relevante Veröffentlichungen und Maßnahmen der vergangenen Jahre dargestellt, ohne einen Anspruch auf Vollständigkeit zu erheben oder eine Ursache Wirkungsrelation herzustellen. Vielmehr dienen die folgenden Darstellungen als bildungspolitischer Wissenshintergrund für die vorliegende Untersuchung.

In den Jahren 1993 bis 1998 beschäftigte sich die „European Child Care an Education- ECCE-Study" in Form einer Längsschnittuntersuchung von Kindern im Kindergarten- und Grundschulalter in Deutschland, Österreich, Portugal und Spanien mit der Qualität von Kindergarten, Schule und Familie. Der Blick richtete sich dabei auf die Orientierungs-, Struktur- und Prozessqualität und deren Auswirkungen auf die Kinder im Alter von vier bis acht Jahren. Dabei wurde die kindliche Entwicklung während der Kindergartenzeit und während der Grundschulzeit zu festgesetzten Alterszeitpunkten erhoben (vgl. BMBF[4] 2008: 74f.). Für Deutschland wurden nach Angaben der Forscher Unterschiede in der Struktur- und Prozessqualität vorschulischer Einrichtungen festgestellt. Nach Angaben der Forscher besteht ein Zusammenhang zwischen dieser Qualitätsstreuung und Entwicklungsunterschieden bei den untersuchten Kindern bis hin zu einem Jahr. Ferner kam die Forschergruppe für

---

[4] Bundesministerium für Bildung und Forschung

Deutschland zum Ergebnis, dass die Qualität des Kindergartens längerfristige Auswirkungen auf den Entwicklungsstand im Grundschulalter habe (vgl. ebd.: 85). Der deutsche Teil der ECCE-Study wurde von Tietze in Deutschland im Jahr 1998 veröffentlicht. Zeitgleich fand die Vorveröffentlichung des in der ECCE-Study verwendeten Messinstruments, der Kindergarten-Einschätz-Skala, der „KES" statt (Tietze/ Schuster/ Roßbach 1997). Gemäß einer vom Bundesministerium für Bildung und Forschung in Auftrag gegebenen Veröffentlichung (BMBF 2008) hat diese Studie die Qualitätsdiskussion in Deutschland maßgeblich beeinflusst und dazu geführt, dass in die Kindergartengesetze der Länder der Nachweis von Qualität als Voraussetzung für den Erhalt öffentlicher Gelder aufgenommen wurde (Vgl. ebd.: 83ff.).

Im Jahr 1998 stand demgemäß im zehnten Kinder- und Jugendhilfebericht (Bundesministerium für Familie, Senioren, Frauen und Jugend 1998) die Frage nach der Qualität von Kindertageseinrichtungen im Vordergrund. Im Bericht wird vermerkt: „Der Nachweis der Qualität einer Tageseinrichtung für Kinder wird in Zukunft vor dem Hintergrund verschiedener Aspekte (z. B. demografische Entwicklung, europäische Einigung, Anspruchshaltung der Eltern, Wunsch nach Berufszufriedenheit und Arbeitsplatzsicherheit bei den Erzieher/innen) noch größere Bedeutung gewinnen" (ebd.: 191). Bezogen auf die zuvor dargestellten Forschungsaktivitäten im Rahmen der ECCE-Study seien bundesweit aufgrund der Heterogenität des vorschulischen Bildungssektors, Qualitätsunterschiede in der pädagogischen Arbeit zu verzeichnen (Vgl. ebd.: 191).

Die Qualität der pädagogischen Arbeit sei stark von der Berufsauffassung der pädagogischen Fachkräfte abhängig. Zudem oszillierten die pädagogischen Fachkräfte nach Angaben der Forscher zum damaligen Zeitpunkt zwischen den beiden Polen Befürwortung oder Ablehnung von Veränderungsprozessen. Ferner seien mit Blick auf das Handlungsfeld der ErzieherInnen die Rahmenbedingungen zu betrachten, die von Bundesland zu Bundesland z. B. im Hinblick auf den Personalschlüssel und die Freistellung der LeiterIn unterschiedlich geregelt seien. Als abträglich für die pädagogische Qualität wurden darüber hinaus die Aspekte, geringe Verweildauer im Beruf, Überlastungserscheinungen wie das Burn-out-Syndrom, eine hohe Fluktuation in den Einrichtungen, die geringe Bezahlung und damit ein niederer Status der Fachkräfte sowie ein „wenig ausgeprägter Standard der Personalentwicklung" (ebd.: 206) herausgestellt.

Trägern und LeiterInnen kommt nach Aussagen des Berichtes diesbezüglich die Aufgabe zu, mehr Gewicht auf die Personalentwicklung zu legen. Personalentwicklung sei zu verknüpfen mit besseren Möglichkeiten der Spezialisierung und mit besseren Aufstiegsmöglichkeiten, die als „Impulse für die Motivation" (ebd.: 207) der Fachkräfte bezeichnet werden. Dementsprechend mahnt der Bericht auch eine bessere Ausbildung der pädagogischen Fachkräfte an. Allerdings sei nicht gewährleistet, dass eine Anhebung der Ausbildung auf Fachhochschulniveau die Probleme löse, die sich in der Praxis zeigten. Die Ausbildung müsse, so das Expertenteam, praxistauglicher und persönlichkeitsbildender gestaltet werden. Die Ausbildung orientiere sich bisher zu wenig an den Bedürfnissen der Praxis und den Abnehmern verkörpert durch die Träger der öffentlichen und freien Kinder- und Jugendhilfe (Vgl. ebd.: 207). Auch die Institution Fachberatung wird im zehnten Kinder- und Jugendhilfebericht angesprochen. Die der Fachberatung zur Beratung zugewiesene Zahl an Kindertageseinrichtungen sei fachlich nicht vertretbar. In diesem Zusammenhang wird ein Betreuungsumfang von 25 Einrichtungen empfohlen. Hinsichtlich der Aufgabe der Fachberatung seien Bestrebungen im Gange, die Fachberatung von einem ehemals „pädagogisch-kontrollierenden und politisch- gelenkten Inspektionsinstrument zu einem die Einrichtungen begleitenden und unterstützenden Angebot" (ebd.: 208) umzuwandeln. Künftig sollen demgemäß Organisationsentwicklung, Qualitätssicherung, Vernetzung und politische Vertretung zum Aufgabengebiet der Fachberatung zählen. Die Fachberatung sei als ein neues Steuerungsinstrument im Sinne einer Dienstleistung zur Sicherung der Qualität und der konzeptionellen Weiterentwicklung zu betrachten (Vgl. ebd.: 208).

Hinsichtlich der Fortbildungsmaßnahmen sieht der Bericht Fortbildungen als Weiterentwicklung der Basisqualifikation. Im zehnten Kinder- und Jugendhilfebericht wird bemängelt, dass Fortbildung bisher nicht verbindlich gewesen sei und für den Träger von Kindertageseinrichtungen keine Verpflichtung zur Freistellung der pädagogischen Fachkräfte zur Wahrnehmung von Fortbildungsangeboten bestanden habe. Zur Inanspruchnahme von Fortbildungen empfiehlt die Kommission, dass die Teilnahme an Fortbildungen nicht in erster Linie an persönlichen Vorlieben, sondern an dem Entwicklungsbedarf der Einrichtung auszurichten sei. Die Koordination der Fortbildungsteilnahme soll dabei in enger Absprache zwischen Fortbildungsanbieter, LeiterIn sowie dem Träger der Einrichtung erfolgen. Ferner wird empfohlen, eine Freistellungsverpflichtung für den Träger sowie eine Fortbildungspflicht für die Fachkräfte zu verankern. Die Fortbildungskonzepte sollen auf Empfehlung der Kommission gemeinsam von Vertretern der Länderministerien, Landesjugendämter, Trägerverbände, Fachhochschulen, Universitäten und Fachschulen konzipiert werden und sich sowohl finanziell als auch im Sinne der Karriere der Fachkräfte bemerkbar machen sowie den Zugang zum Abitur oder einem Studium ermöglichen (Vgl. ebd.: 209). Bezüglich der Forschungstätigkeiten im Elementarbereich wird ein großes Forschungsdefizit bemängelt. Als Schwerpunkte künftiger Forschungsaktivitäten empfiehlt die Expertenkommission des zehnten Kinder- und Jugendhilfeberichtes die Erforschung der Bildungsprozesse des Kindes sowie der Binnenkultur der Kindertageseinrichtungen. Dabei wird der Praxisbezug der Forschungen betont. Kindertageseinrichtungen bräuchten Innovationen, die für eine „praxisnahe Qualifizierung der pädagogischen Fachkräfte von entscheidender Bedeutung [seien]" (ebd.: 210).

Im Jahr 2001 äußert sich das „Forum Bildung" ein Arbeitsstab der Bund-Länder-Kommission für Bildungsplanung und Forschungsförderung u. a. zur Entwicklung des Elementarbereichs wie folgt:

> *Im europäischen Vergleich wird in Deutschland von den Möglichkeiten zur Förderung von Bildung in den Kindertageseinrichtungen noch kein ausreichender Gebrauch gemacht. Für die Neubestimmung und Verwirklichung des Bildungsauftrags des Kindergartens sowie die Steigerung der Qualität sind externe Unterstützungsstrukturen für die fachliche Anleitung, Beratung und Fortbildung des pädagogischen Personals erforderlich. Die Aus- und Weiterbildung der Erzieherinnen und Erzieher muss verbessert und aufgewertet werden, damit das Fachpersonal besser darauf vorbereitet wird, die frühen Bildungsprozesse von Kindern zu erkennen und zu fördern. Die Forschungskapazitäten der Frühpädagogik sind auszubauen. Angesichts der Bedeutung der Förderung früher Bildungsprozesse ist zu prüfen, ob der Besuch einer Kindertageseinrichtung gebührenfrei sein sollte (Forum Bildung 2001: 5).*

Die Sachverständigen des Forums Bildung empfehlen, die Interessen und die Lernbereitschaft in Kindertageseinrichtungen und Grundschulen besser zu fördern. Diese Empfehlung ist an eine entsprechende Aus- und Fortbildung der Fachkräfte in Kindergarten und Schule gekoppelt. Für die Förderung der Bildungsprozesse des Kindes bedeutet dies, die Interessen der Kinder für die Naturwissenschaften und für Technik zu nutzen sowie das Kennenlernen von Fremdsprachen im Kindergarten zu fördern. Ferner fördere „musisch-ästhetische Bildung den Erwerb von personalen und sozialen Kompetenzen" (ebd.: 6). Darüber hinaus zähle ein „intensive[r] Dialog" (ebd.: 6) zwischen Fachkräften, Eltern und der Schule zur Förderung der Bildungsprozesse. Diesbezüglich wird empfohlen, den Bildungsauftrag von Kindertageseinrichtungen u. a. durch die „Definition von Bildungszielen und ihre curriculare Umsetzung zu definieren und zu verwirklichen" (ebd.: 6). Auf finanzieller Ebene erfordere die Bedeutung der frühen individuellen Förderung eine verlagerte Prioritätensetzung hin zu mehr Investitionen in die „entscheidenden ersten Bildungsjahre", wie dies u. a. in Österreich, der Schweiz oder den skandinavischen Staaten der Fall sei (Vgl. ebd.: 6).

Im gleichen Jahr äußert sich das Bundesjugendkuratorium, ein Beratungsgremium der Bundesregierung, das sich mit den Aufgaben der Kinder- und Jugendhilfe beschäftigt, u. a. zum Bildungsauftrag des Kindergartens wie folgt:

> *Der gegenwärtige Umbruch in der Bildungspolitik stellt eine neue Chance dar, das Bildungspotenzial des Kindergartens anzuerkennen, das auf die Stärkung von Selbstbildung setzt, soziale Fähigkeiten entwickelt, Sprachkompetenz und Freude am Lernen fördert, sowie die Erziehung in der Familie stärkt und unterstützt. Es ist aber der Weg in die falsche Richtung, den Kindergarten in das Schulsystem, also in das formale System mit seinen Eigengesetzlichkeiten und Problemen, einzubinden (Bundesjugendkuratorium 2001: 9).*

Ferner konstatieren die Mitglieder des Bundesjugendkuratoriums, dass der deutsche Kindergarten im europäischen Vergleich Schlusslicht sei, was die Ressourcen zur Verwirklichung des Bildungsauftrages angehe. Auch erfahre die Arbeit in Kindertageseinrichtungen eine geringe gesellschaftliche Wertschätzung. Die Praxis sei von der wissenschaftlichen Diskussion abgeschnitten. Darüber hinaus seien ErzieherInnen durch ein „wissenschaftsfernes

Ausbildungsniveau" (ebd.: 30) geprägt. Dazu komme eine schlechte Bezahlung, wenig Entwicklungsmöglichkeiten und dadurch eine mangelnde Attraktivität des Berufs (Vgl. ebd.: 30). Dieser Entwicklungsbedarf wird von den Angehörigen des Bundesjugendkuratoriums als Chance zur Entwicklung des Kindergartens gesehen. Gleichzeitig steht jedoch seitens der Kuratoriumsmitglieder die Befürchtung im Raum, der Kindergarten könne sich zu einer Art „Vorschule" entwickeln, die abgekoppelt von der Kinder- und Jugendhilfe ggf. in das Schulsystem integriert werden könnte (siehe auch voriges Zitat). Dazu heißt es:

> *Der aktuell nicht zuletzt mit Verweis auf die PISA-Studie wachsende gesellschaftliche Erwartungsdruck auf die Bildungsfähigkeit des Kindergartens wäre eine Chance für Veränderung. Sie würde allerdings verfehlt, wollte man den Kindergarten zu einer Vorschule machen, deren Auftrag im Wesentlichen darin bestünde, für eine bessere „Schulfähigkeit" der Kinder zu sorgen. Die Chancen des Kindergartens zur Entfaltung elementarer Lebenskompetenz, aber auch zur Entwicklung unverzichtbarer Fähigkeiten im Bereich von Sozial- und Sprachverhalten, zur Entwicklung kognitiver wie sozial-moralischer Bildung können nur dann zum Zuge kommen, wenn die genannten besonderen Strukturen und Bedingungen nicht verschult, sondern gestärkt und ausgebaut werden. Dies erfordert deutliche Verbesserungen in der Qualität der alltäglichen Kindergartenarbeit und als dringlichste Voraussetzung dafür wesentlich verbesserte Chancen des Personals in seiner beruflichen Bildung und Entwicklung (Bundesjugendkuratorium 2001: 31).*

Im Jahr 2002 erscheint der elfte Kinder- und Jugendhilfebericht. Aufbauend auf den Aussagen von Dippelhofer-Stiem wird der Kindergarten dort als „erste Stufe der Bildungslaufbahn" (Bundesministerium für Familie, Senioren, Frauen und Jugend 2002: 154) bezeichnet, dem, abgesehen von seiner kompensatorischen Familien ergänzenden Funktion, ein „eigenständiger Bildungsauftrag" (ebd.: 154) zukomme. Die Kindergärten hätten gemäß Elschenbroich:

> *zunehmend Aufgaben zu erfüllen, deren Bewältigung nicht – oder nicht in dieser Intensität – zu ihrem traditionellen Repertoire gehört. Vorschulische Einrichtungen nicht primär als Spielraum, sondern auch als kognitiven Anregungsraum zu gestalten, als Raum für Denkübungen, Experimente, gezielt angeleitete Bildungserfahrungen, gehört nicht zu den deutschen Traditionen. Dies ist aber angesichts der Entwicklungsaufgaben, vor denen die heute Aufwachsenden stehen, und angesichts der Unterstützung, derer die Familien bei der Erziehung bedürfen, dringend erforderlich (ebd.: 160).*

Deshalb könnten Kindertageseinrichtungen nicht mehr als ein „Freiraum" angesehen werden, der die Lebensumwelt der Kinder ausgrenzt, sondern sie „müssen sich dem Thema Lernen und Leistung, und damit auch der Aufgabe des Forderns und Förderns stellen" (ebd.: 160). Noch im selben Jahr greift die Jugendministerkonferenz die Anregungen des elften Kinder- und Jugendhilfeberichtes folgendermaßen auf:

> *Die Jugendministerkonferenz teilt die Auffassung der Sachverständigenkommission des 11. Kinder- und Jugendberichtes der Bundesregierung, dass Kindertagesstätten nicht allein als Spielraum zu verstehen sind und sich auch der Bildung im ganzheitlichen Sinne widmen müssen. Auch in den „Empfehlungen des Forums Bildung" sowie in der Streitschrift des Bundesjugendkuratoriums „Zukunftsfähigkeit sichern! Für ein neues Verhältnis von Bildung und Jugendhilfe" sieht sie sich in ihrer Position, den Bildungsauftrag des Kindergartens zu verstärken und zu qualifizieren, bestätigt. Sie will mit diesem Beschluss den Stellenwert frühkindlicher Bildungsprozesse und die Bildungsleistungen der Tageseinrichtungen für Kinder hervorheben und - angesichts der neuen Herausforderungen an die Förderung von Kindern - zugleich die Notwendigkeit einer neuen Bildungsoffensive betonen. Die Jugendministerkonferenz weist aber darauf hin, dass Bildungspro-*

zesse im frühen Kindesalter nur dann erfolgreich sein können, wenn ein umfassendes, ganzheitliches Bildungsverständnis zur Grundlage des pädagogischen Handelns genommen wird. Ganzheitlich gestaltete Bildung im frühen Kindesalter bedeutet, jedes Kind so zu fördern, dass es sich im Sinne von persönlicher und gesellschaftlicher Bildung individuell weiterentwickeln und an der sozialen und kulturellen Entwicklung teilhaben kann (Beschluss Jugendministerkonferenz 2002: 1f.).

Die Kommission erachtet es diesbezüglich als wichtig „nach wie vor bestehende Vorbehalte gegen systematisches Lernen und strukturierte Bildungsprozesse abzubauen" (ebd.: 3). Es werde häufig übersehen, dass bei Kindern genügend Lernmotivation vorherrsche, sofern diese über „verlässliche Bindungen zu Erwachsenen verfügten" (ebd.: 3). Demzufolge sei das Bildungsverständnis an „Eigentätigkeit" (ebd.: 3) und an „kindlichen Kompetenzen" (ebd.: 3) auszurichten. Es sei allerdings darauf zu achten, die Bildungsprozesse in den „Gesamtauftrag des Kindergartens" (ebd.: 3) einzubeziehen, da insbesondere eine „hohe soziale Bindungsqualität zwischen Kindern und den Fachkräften ein wichtiges Fundament für ein ganzheitlich angelegtes Lernen [darstelle]" (ebd.: 3). Zur Verwirklichung dieses Anspruchs brauche eine Einrichtung ein „umfassendes strukturelle[s], personelle[s] und pädagogische[s] Konzept" (ebd.: 5). Dieses Konzept soll Möglichkeiten zur Förderung der Lernmotivation, der Kreativität, des musisch-ästhetischen Ausdrucks (insbesondere durch Musikerziehung), der Sprachförderung, zielgruppenspezifischer Angebote, der Medienkompetenz und der gezielten Förderung von Migrantenkindern beinhalten. Dabei kommt nach Aussage der Jugendministerkonferenz dauerhaften Qualitätsentwicklungsprozessen aufgrund von fachlichen Kriterien eine besondere Bedeutung zu (Vgl. ebd.: 5). Ferner sei die ErzieherInnenausbildung zu verbessern, um Akzente „hinsichtlich der Vermittlung von Bildungsinhalten sowie Planungs- und Kooperationskompetenzen zu setzen"(ebd.: 5).

Im Jahr 2003 veröffentlicht das Bundesministerium für Familie, Senioren, Frauen und Jugend die Schrift einer Expertenkommission mit dem Titel „Perspektiven zur Weiterentwicklung des Systems der Tageseinrichtungen in Deutschland" unter der Konzeption und Leitung von Prof. Dr. Fthenakis. Dort werden insgesamt 145 Forderungen an die Politik formuliert. Im Folgenden werden exemplarisch einige der Forderungen dargestellt.

Gemäß den Experten muss die Bildung, Betreuung und Erziehung von Kindern unter sechs Jahren zu einem politischen Thema „höchster Priorität" (ebd.: 22) werden. Das System der Tageseinrichtungen in Deutschland bedürfe „dringend der deutlichen Verbesserung und Weiterentwicklung" (ebd.: 22). Eine solche Reform müsse „umfassender Natur sein und von allen gesellschaftlichen Gruppen (inklusive der Wirtschaft) getragen und gefördert werden" (ebd.: 22). Hinsichtlich des Angebots seien Betreuungsangebote für unter Dreijährige von hoher pädagogischer Qualität auszubauen. Um die Qualität zu gewährleisten, bedürften die Betreuungsangebote künftig einer Lizenzierung und professionell ausgebildeter Fachkräfte. Für die Drei- bis- Sechsjährigen sei vor allem das Angebot an Ganztagesplätzen auszubauen, wobei der Rückgang der Kinderzahlen nicht zur Verminderung des Angebots sondern zu einer Verbesserung des bestehenden Angebots genutzt werden solle.

Nach Ansicht der Experten sind Kindertageseinrichtungen als „erste Stufe im Bildungsverlauf anzusehen" (ebd.: 25). Zur Wahrnehmung des Bildungsauftrages seien Bildungsstandards zu definieren und in Bildungs- und Erziehungsplänen zu konkretisieren. Diese bilden gemäß der Expertenkommission einen „verbindlichen Bezugsrahmen für die Organisation der Einrichtung" (ebd.: 25). Dabei wird davor gewarnt, Bildungspläne unter politischem Druck zu entwerfen und umzusetzen. Vielmehr sei ein langfristiger Entwicklungs-, Implementierungs- und Evaluationsrahmen von zehn Jahren realistisch. Hinsichtlich der pädagogischen Qualität sei ein umfassendes Konzept von pädagogischer Qualität zu favorisieren, das auch kontextuelle Elemente berücksichtigt, wie z. B. „den Führungsstil der Leitung, das Arbeitsklima in der Einrichtung, die Vergütung und die Arbeitsbedingungen des Fachpersonals, die Trägerschaft der Einrichtung aber auch die angewandten Finanzierungs- und Regulierungsmodalitäten" (ebd.: 9).

Bezüglich der Bildungsqualität und der pädagogischen Qualität muss nach Ansicht der Sachverständigen die „bisherige Abstinenz bezüglich einer Evaluation der pädagogischen Arbeit und der Leistungsfähigkeit von Tageseinrichtungen in Deutschland überwunden werden" (ebd.: 26). Darum wird empfohlen, der Evaluation als Instrument der Weiterentwicklung der Tageseinrichtungen „große Aufmerksamkeit" (ebd.: 26) zu schenken. Die Anwendung von Evaluation solle in erster Linie der Qualitätsentwicklung nicht der Qualitätskontrolle dienen. Fremdevaluation diene diesbezüglich der Kontrolle der Selbstevaluation. Dabei dürfe Evaluation allerdings „nicht als administrativ-politisches Durchsetzungs- bzw. Disziplinierungsinstrument missbraucht werden" (ebd.: 26).

Zur Professionalisierung der Fachkräfte wird empfohlen, die Ausbildung langfristig auf Hochschulniveau im Rahmen eines vierjährigen Studiums anzuheben. Damit sei ein Paradigmenwechsel vom einseitig sozialpädagogischen Paradigma hin zu einem „ebenfalls dem bildungspolitischen Paradigma verpflichteten" (ebd.: 88) Denken anzustreben. Neben theoretischen Grundlagen, Bearbeitung praxisnaher Fragestellungen, der Förderung fachspezifischer Kenntnisse zur Qualifizierung für die sprachliche, mathematische und naturwissenschaftliche Bildungsarbeit, einer differenzierten Unterrichtsdidaktik, der Kenntnis von Forschungs- und Evaluationsansätzen, der Förderung von zielgruppenorientierten Kompetenzen und des europäischen Fachaustausches, werden auch die Förderung personaler Kompetenzen wie Selbstmanagement, Konfliktfähigkeit und Selbstvertrauen als curriculare Ausbildungsinhalte empfohlen. Die Ausbildung sei in konzeptioneller Vernetzung mit Fort- und Weiterbildungsangeboten zu gestalten. Diesbezüglich wird die Entwicklung eines berufsbegleitenden Weiterbildungsprogramms empfohlen. Ein solches Programm soll nach Ansicht der

Experten in einer ersten Phase dazu führen, „allen LeiterInnen in den Tageseinrichtungen eine solche akademische Ausbildung angedeihen zu lassen" (ebd.: 32). Daran anschließend soll in einer zweiten Phase auch den Fachkräften ein Hochschulabschluss ermöglicht werden.

Zum universitären Ausbau der Teildisziplin Frühpädagogik empfiehlt die Kommission unter der Leitung von Prof. Fthenakis, zwölf Lehrstühle innerhalb Deutschlands sowie drei frühpädagogische Forschungs- und Anwendungszentren zu gründen. Ein Zentrum für empirische Bildungsforschung im vorschulischen und schulischen Bereich, ein Zentrum zur Sicherung und Weiterentwicklung von pädagogischer und von Bildungsqualität sowie ein Zentrum für innovative Maßnahmen zur Professionalisierung von Fachkräften (ebd.: 35).

Im Januar 2004 werden die Ergebnisse einer Expertenkommission im Auftrag des Bundesministeriums für Forschung und Bildung zu einer nationalen Bildungsberichterstattung mit dem Titel „Konzeptionelle Grundlagen für einen nationalen Bildungsbericht – non-formale und informelle Bildung im Kindes- und Jugendalter" (BMBF 2004) veröffentlicht. Zur Berichterstattung über Bildung in Kindertageseinrichtungen wird folgendes Fazit gezogen: Die Bildungsfrage könne nicht auf Platz- und Ausbaufragen beschränkt bleiben. Vielmehr müsse ein nationaler Bildungsbericht nicht nur die Bildungsbeteiligung und die quantitativen Möglichkeiten des Bildungssystems analysieren, sondern auch die Beobachtung der Bildungsprozesse und deren Qualität in den Bereichen Struktur-, Prozess- und Orientierungsqualität analysieren (ebd.: 203). Allerdings wird konstatiert:

> *Stellt die Beschreibung von Strukturqualität einen Bildungsbericht schon vor eine schwere Aufgabe, gestaltet sich die Berichterstattung über die Qualität der Bildungsprozesse noch schwieriger. (...) Mit den Berufsabschlüssen allein ist jedoch noch nichts darüber gesagt, wie das Personal konkret arbeitet. Bildungskonzepte des Personals in Kindertageseinrichtungen sind in Deutschland bisher noch wenig erforscht. Qualitätskriterien wurden inzwischen entwickelt (z. B. von den Projekten der nationalen Qualitätsinitiative), aber Erhebungen zur Feststellung der Qualität in großem Umfang stehen noch aus. Daher können zum gegenwärtigen Zeitpunkt noch kaum Aussagen über die Qualität der Arbeit des Personals in Kindertageseinrichtungen und ihre Auswirkungen für die Bildung der Kinder getroffen werden (ebd.: 205).*

Im Juni 2004 verabschiedete die Kultusministerkonferenz ein gemeinsames Rahmenpapier, das eine „breite Verständigung der Länder über Ausformung und Umsetzung des Bildungsauftrags der Kindertageseinrichtungen im Elementarbereich" (KMK 2004: 2) darstellt. „Dieser gemeinsame Rahmen stellt eine Verständigung der Länder über die Grundsätze der Bildungsarbeit der Kindertageseinrichtungen dar, der durch die Bildungspläne auf Landesebene konkretisiert, ausgefüllt und erweitert wird" (ebd.: 2). Bildung und Erziehung werden dort

> *als ein einheitliches, zeitlich sich erstreckendes Geschehen im sozialen Kontext betrachtet. Es umfasst die Aktivitäten des Kindes zur Weltaneignung ebenso wie den Umstand, dass diese grundsätzlich in konkreten sozialen Situationen erfolgen. Im Prozess der Weltaneignung oder Sinnkonstruktion nehmen das Kind und sein soziales Umfeld wechselseitig aufeinander Einfluss,*

sie interagieren. Nach diesem Verständnis tragen die Bildung des Kindes unterstützende, erzieherische und betreuende Tätigkeiten gemeinsam zum kindlichen Bildungsprozess bei (ebd.: 2f.).

Ferner wird betont, dass es ein Anliegen der Länder sei, den Elementarbereich zu stärken, wobei ein „besonderes Gewicht auf die Konkretisierung und qualifizierten Umsetzung des Bildungsauftrages" (ebd.: 3) liege. Um eine Umsetzung der Bildungspläne zu gewährleisten, soll die Verwirklichung des jeweiligen Bildungsplanes, gemäß dem Rahmenpapier der Kultusministerkonferenz, in der Konzeption jeder Einrichtung beschrieben und „damit reflektierbar und kommunizierbar werden" (ebd.: 5). Ferner sollen die Kinder im Hinblick auf deren Stärken und Schwächen im jeweiligen Bildungsbereich beobachtet werden, wozu, laut Angaben des Rahmenpapiers, „systematische Beobachtung und Dokumentation der kindlichen Entwicklungsprozesse"(ebd.: 5) erforderlich sei.

Die Bildungspläne sollen der „Sicherung und Weiterentwicklung der Qualität"(ebd.: 7) früher Bildung dienen. Bei der Umsetzung der Bildungspläne kommt den Ländern im Hinblick auf „Wahrung, Kontrolle und Steuerung von Akzeptanz und Qualität eine besondere Verantwortung [zu]". Damit die Pläne ihre „gewünschte Wirkung entfalten"(ebd.: 8), sollen zum einen die Ausbildungsstätten ihre Lehrpläne darauf abstimmen, zum anderen aber auch die Bildungsziele bei Fortbildungen thematisiert werden (Vgl. ebd.: 7f.).

Bei der Durchführung von Bildungsangeboten ist gemäß den Aussagen des Rahmenpapiers auf spielerisches und entdeckendes Lernen und auf das Prinzip der Entwicklungsangemessenheit zu achten. Der „Bezugspunkt erzieherischen Denkens und Handelns ist das Kind als Persönlichkeit, das zu seiner Entfaltung auf vielfältige Anregungen vonseiten der Erwachsenen angewiesen ist" (ebd.: 6). Demgemäß sind die Lernanlässe und die Rhythmisierung des Tages zu gestalten. Während des Tages sollen sich „moderierte Lernarrangements und Freispielphasen oder andere Tätigkeiten" (ebd.: 6) abwechseln. Zur Weiterentwicklung und Sicherung qualitätvollen Erzieherhandelns soll die pädagogische Arbeit evaluiert werden (Vgl. ebd.: 6).

Zur Förderung der Kinder in konkreten Bildungsbereichen heißt es in dieser Übereinkunft der Kultusminister, dass die einzelnen Länder in den jeweiligen Bildungsplänen die vorgegebenen Förderbereiche dieses Rahmenpapiers konkretisieren. Durch die Beschäftigung mit Inhalten aus diesen Bereichen sollen die Kinder „nicht nur bereichsspezifische, sondern vor allem übergreifende und grundlegende Kompetenzen und Persönlichkeitsressourcen erwerben" (vgl. ebd.: 3). Bei den Bildungsbereichen, die in die Pläne der einzelnen Länder aufzunehmen und zu konkretisieren sind handelt es sich um:

Sprache, Schrift, Kommunikation, personale und soziale Entwicklung, Werteerziehung/religiöse Bildung, Mathematik, Naturwissenschaft, (Informations-)Technik, musische Bildung/Umgang mit Medien, Körper, Bewegung, Gesundheit und Natur und kulturelle Umwelten (ebd.: 4f.).

Noch im selben Jahr werden in zehn Bundesländern Bildungspläne und Bildungsempfehlungen für den Elementarbereich veröffentlicht (u. a. in Niedersachsen, Schleswig-Holstein, Berlin).

Im November 2004 erscheint der Länderbericht der Organisation für wirtschaftliche Zusammenarbeit und Entwicklung (OECD) „Die Politik der frühkindlichen Betreuung, Bildung und Erziehung in der Bundesrepublik Deutschland". Gegenstand der Untersuchung waren Kinder von der Geburt bis zum Grundschulalter. Der Bericht für Deutschland resultiert aus einem 1998 vom OECD-Bildungsausschuss ins Leben gerufenen Projekt mit der Bezeichnung „Thematic Review of Early Childhood Education and Care Policy". Zielsetzung dieses Projektes ist es, die Qualität frühkindlicher Betreuung, Bildung und Erziehung (FBBE) zu verbessern und die „Grundlagen für lebenslanges Lernen zu stärken" (OECD 2004: 5). Zuvor hatten bereits einige Länder (z. B. USA, Australien, Finnland, Frankreich, Kanada, Schweden, Großbritannien etc.) an der Untersuchung teilgenommen. Deutschland war gemäß dem OECD-Bericht das 19. von 20 Ländern, das sich an der Untersuchung beteiligte. Der frühkindlichen Bildung in Deutschland bescheinigte die für den Bericht verantwortliche Expertengruppe eine lange Tradition mit gehaltvollen Konzepten wie dem sozialpädagogischen Ansatz. Das deutsche System sei vor allem in den neuen Bundesländern gut ausgebaut. Trotzdem weist die OECD-Studie in einigen Punkten Handlungsbedarf auf. Die Kommission sieht den Bund stärker in der Verpflichtung, eine Führungsrolle für die Qualität frühkindlicher Bildung, Betreuung und Erziehung einzunehmen. Dazu sei es u. a. notwendig trotz der Bedeutung von Dezentralisierung „das Verhältnis zwischen Vielfalt und nationalen Standards bei der frühkindlichen Betreuung in Deutschland zu überdenken" (OECD 2004: 3). Der Bund solle künftig gemäß der Sachverständigenkommission Verantwortung für folgende Bereiche übernehmen:

- Fortführung von Qualitäts- und anderen Initiativen,
- eine Gesetzgebung, die allgemeine Rechtsansprüche und Voraussetzungen definiert,
- (Indirekte) Finanzierungsinitiativen, um das Erreichen wichtiger nationaler Ziele zu gewährleisten,
- die Einrichtung einer Datensammlung auf Länder- und Bundesebene und
- den Aufbau einer „umfassenden Forschungsinfrastruktur auf dem Gebiet der frühkindlichen Betreuung, Bildung und Erziehung" (ebd.: 3 f.).

Mit Blick auf die Requirierung von Personal und die Qualität, sei langfristig die derzeitige Situation der Ausbildung nicht aufrecht zu erhalten. Die derzeitige Ausbildung der deutschen Fachkräfte im Elementarbereich sei unzureichend. Ein erster Schritt sei die Entwicklung einer umfassenden Weiterbildung, ein zweiter die Anhebung der Ausbildung auf Hochschulniveau. Zur Entwicklung der Qualität der pädagogischen Arbeit tragen die Bundesländer, in deren Verantwortung die Kinder- und Jugendhilfe steht, nach Ansicht der Experten die Verantwortung für die Bereitstellung, Organisation und die Kontrolle von vorschulischen Betreuungseinrichtungen. Ihnen obliegt es nach Ansicht der OECD-Kommission, die Angebote für Kinder unter drei Jahren und für Schulkinder von sechs bis zehn Jahren entscheidend auszubauen, einen aktiveren Ansatz für kleine Kinder mit Risikohintergrund und/ oder besonderen Bedürfnissen zu entwickeln und die praktische Arbeit durch berufsbegleitende Weiterbildung, Fachberater und –Beraterinnen und weitere erprobte Qualitätsmaßnahmen zu unterstützen. Darüber hinaus sei es angebracht, dass sich die Verständigung zwischen Bundes- und Länderebene verbessere, um gemeinsam „langfristige Strategien für Kinder von der Geburt bis zum Alter von zehn Jahren zu entwickeln und deren Umsetzung zu überwachen und ferner Geschlechter-, Familien-, Sozial-, Arbeits- sowie Bildungspolitik wirksam zu verbinden" (ebd.: 5). (Vgl. ebd.: 3ff.).

Noch im *Dezember 2004* wird vom Bundesministerium für Familie, Senioren, Frauen und Jugend das „Tagesbetreuungsausbaugesetz (TAG) - Gesetz zum qualitätsorientierten und bedarfsgerechten Ausbau der Tagesbetreuung und zur Weiterentwicklung der Kinder- und Jugendhilfe" (Bundesministerium für Familie, Senioren, Frauen und Jugend 2004: 1) vorgestellt. Das Gesetz tritt Anfang des Jahres 2005 in Kraft. Eines der Hauptziele dieses Gesetzes ist es, bis zum Jahr 2010 „das Angebot an Kinderbetreuung quantitativ und qualitativ an den westeuropäischen Standard heran[zuführen]" (ebd.: 3). Darüber hinaus definiert das Gesetz Qualitätsmerkmale für die Kindertageseinrichtungen und Kindertagespflege. Dort heißt es:

> *Der Förderungsauftrag von Tageseinrichtungen zu Erziehung, Bildung und Betreuung wird durch die Formulierung von Qualitätsmerkmalen stärker konkretisiert und auf die Kindertagespflege ausgedehnt. Damit gibt der Bund ein Signal zum Ausbau der Tagesbetreuung als qualifiziertes frühes Förderungsangebot, das am Wohl des Kindes ausgerichtet ist.*
>
> *§ 22 Abs.3: Der Förderungsauftrag umfasst Erziehung, Bildung und Betreuung des Kindes und bezieht sich auf die soziale, emotionale, körperliche und geistige Entwicklung des Kindes. Er schließt die Vermittlung orientierender Werte und Regeln ein. Die Förderung soll sich am Alter und Entwicklungsstand, den sprachlichen und sonstigen Fähigkeiten, an der Lebenssituation sowie den Interessen und Bedürfnissen des einzelnen Kindes orientieren und seine ethnische Herkunft berücksichtigen.*
>
> *§ 22 a Abs. 1: Die Träger der öffentlichen Jugendhilfe sollen die Qualität der Förderung in ihren Einrichtungen durch geeignete Maßnahmen weiter entwickeln. Dazu gehört die Entwicklung und der Einsatz einer pädagogischen Konzeption als Grundlage für die Erfüllung des Förderungsauftrages sowie der Einsatz von Instrumenten und Verfahren zur Evaluation der Arbeit in den Einrichtungen (ebd.: 3f.).*

Im Jahr 2005 veröffentlichen weitere vier Bundesländer Bildungspläne im Elementarbereich. Dabei handelt es sich um die Länder Bayern[5], Hamburg, Bremen und Hessen. Ebenfalls 2005 erscheint der zwölfte Kinder- und Jugendhilfebericht, der sich wiederum verstärkt der

---

[5] zuvor erfolgte in Bayern eine mehrjährige wissenschaftlich begleitete Implementierungsphase

Qualitätsfrage vorschulischer Kindertageseinrichtungen widmet. U. a. werden in diesem Bericht die pädagogische Qualität und deren Bestandteile umfassend definiert. Pädagogische Qualität ist hiernach als ein Zusammenwirken verschiedener Qualitätsbereiche zu verstehen, die in ihrem Zusammenspiel das Ziel verfolgen „das körperliche und psychische Wohlbefinden der Kinder, ihre Entwicklung und Bildung zu fördern, sowie die Eltern in ihrer Erziehungsaufgabe und Sorge für ihre Kinder zu unterstützen" (BMFSFJ[6] 2005: 303). Die pädagogische Qualität gliedert sich demnach in sechs Bereiche auf, die miteinander in Beziehung stehen:

1. *Orientierungsqualität:* Bei der Orientierungsqualität handelt es sich „um normative Orientierungen, Leitvorstellungen, Überzeugungen und Werte, unter denen das konkrete pädagogische Handeln (Prozessqualität) erfolgt bzw. erfolgen soll" (ebd.: 304). Als wichtig werden in diesem Zusammenhang Vorhandensein und Verbindlichkeit eines Curriculums (z. B. in Form der Bildungspläne im Elementarbereich) und einer einrichtungsspezifischen Konzeption erachtet.

2. *Strukturqualität:* Strukturqualität wird verstanden als „räumlich-materielle und soziale Rahmenbedingungen, unter denen das pädagogische Handeln (Prozessqualität) stattfindet" (ebd.: 304). Hierzu zählen u. a. Ausstattung der Einrichtung, Erzieher-Kind-Schlüssel, Qualifikation, Vor- und Nachbereitungszeiten der pädagogischen Fachkräfte etc. (Vgl. ebd.: 304)[7].

3. *Prozessqualität:* Prozessqualität bezeichnet die Art der konkreten pädagogischen Interaktion mit den Kindern sowie die Anregung der Kinder in den einzelnen Entwicklungs- und Bildungsbereichen. Weitere Bestandteile der Prozessqualität sind die Interaktion mit den Eltern und die Interaktion der Kinder untereinander (Vgl. ebd.: 304).

4. *Management- und Organisationsqualität:* Der Output wird gemäß den Angaben des Berichts nicht durch die Inputbedingungen bestimmt bzw. nicht durch die Inputbedingungen der Orientierungs- und Strukturqualität determiniert. Inwieweit die gegebenen Inputbedingungen und die Erkenntnisse zur Prozessqualität in der Einrichtung genutzt werden, „hängt wesentlich von der Management- und Organisationsqualität in der Einrichtung ab" (ebd.: 304). Zur Verbesserung der Management- und Organisationsqualität wurden nach Angaben dieses Berichts Qualitätsmanagementsysteme von den Trägerorganisationen der freien Jugendhilfe entwickelt (vgl. ebd.: 304) Unter Qualitätsmanagement wird in diesem Zusammenhang ein „Ordnungsrahmen" (ebd.: 311) verstanden, durch den „das generelle Konzept und Leitbild sowie die Handlungsrichtlinien, Schlüsselprozesse und Me-

---

[6] Bundesministerium für Familie, Senioren, Frauen und Jugend
[7] Den Merkmalen Struktur- und Orientierungsqualität liegt laut Aussagen des Jugendberichts die Gemeinsamkeit zugrunde, dass sie als „Inputfaktoren" (ebd.: 304) betrachtet werden können, welche in gewisser Weise gestaltet werden können aber auch „die konkrete pädagogische Arbeit gestalten" (ebd.: 304).

thoden einer Einrichtung dokumentiert und als Standards festgelegt werden bzw. damit überprüfbar gemacht werden sollen" (ebd.). Folgende Aspekte fallen in den Verantwortungsbereich der Träger: „Wirtschaftlichkeit, Personalentwicklung, Ermittlung von Mitarbeiter- und Elternzufriedenheit, die konkrete Umsetzung von Qualitätsmanagement durch Qualitätszirkel sowie die systematische Weiterbildung von Fachkräften zu Qualitätsmanagerinnen und Qualitätsmanagern (...)" (ebd.: 311).

5. *Kontextqualität:* Unter Kontextqualität werden interne und externe Möglichkeiten der Unterstützung verstanden, welche sich positiv auf die Prozess- und Ergebnisqualität auswirken können, wie z. B. Fachberatung, Fortbildung, Unterstützung durch die Trägerorganisation (ebd.: 304).

6. *Ergebnisqualität: Von den Merkmalen in den drei (...) Qualitätsbereichen Orientierungs-, Struktur- und Prozessqualität können Auswirkungen auf die Bildungs- und Entwicklungsförderung der Kinder erwartet werden, und zwar sowohl mittelfristig als auch langfristig"(ebd.: 304). [Die Ergebnisse (Outcomes)] sind dabei beim einzelnen Kind nicht deterministisch zu betrachten (...) aber über eine Wahrscheinlichkeitsfunktion mit der Qualität des jeweiligen Angebots verbunden, in das ein Kind einbezogen ist (ebd.: 304).*

Im Bericht wird hinsichtlich der pädagogischen Qualität vermerkt, dass in Deutschland die pädagogische Qualität und das Zusammenwirken ihrer Bestandteile bisher nicht ausreichend untersucht worden seien. Die angenommenen Interdependenzen beruhten vielmehr weitestgehend auf Hypothesen. Zur Verbesserung der Qualität früher Bildung brauche es darum ein „hinreichend breites empirisches Forschungsprogramm" (ebd.: 205).

Die Bildungspläne im Elementarbereich werden nach Aussagen der Verantwortlichen für den 12. Kinder- und Jugendbericht als Maßnahme der Orientierungsqualität bezeichnet. Laut Angaben des Berichts ist den Plänen gemeinsam, dass die

Kinder auf der Basis entwicklungspsychologischer und neurobiologischer Erkenntnisse als neugierige, interessierte und aktive Lerner beschrieben werden, die mit der Fähigkeit geboren werden, sich in der Auseinandersetzung mit ihrer Umwelt zu bilden, d. h. sich mit den ihnen zur Verfügung stehenden Möglichkeiten und mit Unterstützung der Erziehenden ein Bild von der Welt zu machen (ebd.: 205).

Die Pläne seien so ausgelegt, dass den Kindern individuelle Bildungsprozesse ermöglicht werden sollen. Dieser Bildungsbegriff wird auch an anderer Stelle des Berichtes propagiert. „Bildung wird [dort] als Selbstkonstruktion des Subjekts in Auseinandersetzung mit seiner Umwelt verstanden" (ebd.: 89). Ziel dieses Prozesses ist die Entwicklung und Entfaltung vielfältiger und unterschiedlicher Kompetenzen. Dabei wird zwischen „formalen" und „nonformalen Bildungssettings" (ebd.: 96) unterschieden. Formale Bildungssettings zeichnen sich nach Angaben des Berichts dadurch aus, dass es sich dabei um *jene Institutionen [handelt], die nicht nur ein dezidiertes Ziel der Bildung ihrer Nutzerinnen und Nutzer verfolgen, sich also ausdrücklich mit Bildungsfragen beschäftigen, sondern die Bildungsprozesse zugleich auch nach definierten Regeln und rechtlichen Vorgaben strukturieren (ebd.: 96).*

Zu diesen Institutionen zählt der 12. Kinder- und Jugendhilfebericht „in erster Linie" (ebd.: 96) die Schule aber auch Einrichtungen der Kinder- und Jugendhilfe wie z. B. Kindertageseinrichtungen. Neben Daten und Fakten zur Strukturqualität wie Personalschlüssel, Gruppengröße etc. thematisiert der Bericht wiederum die Ausbildung der Fachkräfte. Nach Angaben des Berichts soll das langfristige Reformziel der Niveauanhebung durch kurzfristige Ziele ergänzt werden. Dies betrifft explizit die Leitungstätigkeit in Kindertageseinrichtungen:

Vordringlich und auch machbar erscheint eine Qualifizierung des Leitungspersonals in den Einrichtungen auf akademischem Niveau (gegenwärtig knapp 20 000 freigestellte Leitungskräfte). Dies könnte in Form eines berufsbegleitenden Aufbaustudiums für berufstätige Leitungskräfte wie auch eines grundständigen Studiums für zukünftige Leitungskräfte bestehen (sofern sie die Zugangsvoraussetzungen für ein Hochschulstudium erfüllen). Für das übrige pädagogische Personal bieten sich tätigkeitsbegleitende systematische Qualifizierungskurse als „Im-Haus-Trainings" an, die in den Einrichtungen unter Einbezug des jeweils gesamten pädagogischen Personals durchgeführt werden (ebd.: 211).

Zur Verbesserung der Prozessqualität wird auf die u. a. von Tietze und Fthenakis im Rahmen der „Nationalen Qualitätsoffensive" entwickelten Selbstevaluationsinstrumente und Checklisten verwiesen, die als „Orientierung und Reflexion der pädagogischen Arbeit" (ebd.: 212) dienen sollen.

Bezüglich der Qualitätssicherung empfiehlt der Bericht interne Selbstevaluationsmaßnahmen und Evaluationsmaßnahmen der Träger zur Feststellung der Prozessqualität durch externe Qualitätsfeststellungs- und Steuerungsverfahren zu erweitern, um „systematisch die pädagogischen Prozesse und Ergebnisse [in den Blick zu nehmen]" (ebd.: 229).

Im Jahr 2006 veröffentlicht das Bundesministerium für Familie, Senioren, Frauen und Jugend den „Nationale[n] Aktionsplan für ein kindergerechtes Deutschland" (BMFSFJ[8] 2006). Ein Ziel dieses Aktionsplans ist u. a. „Chancengleichheit durch Bildung" in Verbindung mit einer „frühe[n] und individuelle[n] Förderung" (ebd.: 8) sowie der Wandel des Bildungssystems von Selektion hin zu Förderung. Das „Bildungsniveau" müsse angehoben werden, wozu der Schlüssel in der Qualität der Bildungs- und Betreuungseinrichtungen liege (ebd.: 12). Ferner heißt es in dieser Veröffentlichung, dass alles getan werden müsse, die Qualität der Tageseinrichtungen zu entwickeln und zu verbessern, da bisher Bildungschancen häufig ungenutzt blieben. Mit der Entwicklung von Bildungs- und Erziehungsplänen habe der Bund einen wichtigen Schritt in diese Richtung getan, allerdings wird betont:

Wer die Qualität der frühkindlichen Förderung steigern und fortentwickeln will, muss in erster Linie das Personal in seiner Arbeit unterstützen. Notwendig ist daher – gegen den derzeit mancherorts

---

[8] Bundesministerium für Familie, Senioren, Frauen und Jugend

beobachtbaren Trend – der Erhalt und Ausbau von Beratungs- und Unterstützungsstrukturen für Erzieherinnen und Erzieher (ebd.: 17).

Ferner wird den Ländern und Trägern u. a. empfohlen, ihre Beratungsstrukturen auszubauen und den Beruf der ErzieherIn attraktiver für Männer zu machen (Vgl. ebd.: 17f.).

Anfang des Jahres 2006 veröffentlicht das Ministerium für Kultus, Jugend und Sport Baden-Württemberg den „Orientierungsplan für Bildung- und Erziehung für die baden-württembergischen Kindergärten" (a. a. O.) in einer Pilotfassung in Buchform im Handel. Die Einführung des Plans ist mit einer dreijährigen Implementierungsphase verbunden. Ferner veröffentlicht 2006 das Bundesministerium für Bildung und Forschung eine Expertise mit dem Titel „Auf den Anfang kommt es an – Perspektiven für die Neuorientierung frühkindlicher Bildung", die sich vor dem Hintergrund der Bildungsdiskussion in Kindertageseinrichtungen mit dem Erwerb von lernmethodischen Kompetenzen und dem Konzept der Resilienz beschäftigt. Darüber hinaus erscheint 2006 der erste nationale Bildungsbericht des Bundesministeriums für Bildung und Forschung mit dem Titel „Bildung in Deutschland". Darin enthalten ist ein eigenständiges Kapitel für den Elementarbereich mit dem Titel „Frühkindliche Bildung, Betreuung und Erziehung". Dieses liefert Informationen zum Platzangebot, der Inanspruchnahme von Tageseinrichtungen vor der Schule, dem pädagogischen Personal in Kindertageseinrichtungen und dem Übergang in die Schule (ebd.). Entgegen den zuvor dargestellten Ankündigungen des Jahres 2004 für eine nationale Bildungsberichterstattung, ist in dem Bericht wie auch im Folgebericht 2008 nur wenig über die Prozessqualität zu lesen. Vielmehr wird von Merkmalen der Strukturqualität, wie z. B. im Bildungsbericht 2008 dem Freistellungsgrad der LeiterIn, auf die Prozessqualität geschlossen. Beispielsweise heißt es im Bildungsbericht 2006:

Der hohe Anteil an Teilzeitbeschäftigung und Personalfluktuation hat Auswirkungen die Qualität der pädagogischen Arbeit. So können die Einrichtungen den Bedürfnissen von Kindern nach personeller und zeitlicher Kontinuität nicht voll gerecht werden; zudem erschwert ein großer Anteil von Teilzeitbeschäftigten auch die Organisation der Arbeitsabläufe. Will man die Bildungsqualität in Einrichtungen steigern, müssen auch angemessene Zeitanteile für Vor- und Nachbereitung sowie für die Zusammenarbeit im Team und mit Eltern zur Verfügung stehen (BMBF 2006: 41).

Im Jahr 2007 werden im „Nationalen Integrationsplan" der Bundesregierung zehn Selbstverpflichtungen der Länder und Kommunen zur vorschulischen Sprachförderung formuliert. Dies betrifft u. a. die Aus- und Weiterbildung der pädagogischen Fachkräfte im Hinblick auf Sprachförderkompetenz und Sprachstandsdiagnostik sowie die Anhebung der Ausbildung der Leitungskräfte in Kindertageseinrichtungen auf Bachelor-Niveau. (Vgl. Bundesregierung 2007: 54).

Im Jahr 2008 wird der zweite Bildungsforschungsbericht des Bundesministeriums für Bildung und Forschung veröffentlicht, der konzeptionell an den Bericht von 2006 angelehnt ist und der frühkindlichen Bildung, wie bereits im Jahr 2006, ein eigenständiges Kapitel widmet. Ebenfalls 2008 veröffentlicht das Bildungsministerium für Bildung und Forschung eine Expertise zur frühkindlichen Kompetenzmessung mit dem Titel: „Kindliche Kompetenzen im Elementarbereich: Förderbarkeit, Bedeutung und Messung". Auch die Bertelsmannstiftung engagiert sich von privatwirtschaftlicher Seite her seit Längerem neben der Robert-Bosch-Stiftung im Bereich der frühkindlichen Bildung. 2008 veröffentlichte die Bertelsmann-Stiftung den „Länderreport frühkindliche Bildungssysteme" (Bock-Famulla 2008) mit dem Untertitel „Transparenz schaffen - Governance stärken". Dort werden die 16 Bundesländer anhand empirischen Datenmaterials im Hinblick auf deren Bildungs- und Förderpolitik bezüglich der Elementarbildung dargestellt und miteinander verglichen. Grundlage sind hauptsächlich Strukturdaten, wie Personalschlüssel, Gruppengröße, Umfang der Beschäftigung, Umfang der Bildungsinvestitionen des jeweiligen Landes sowie Daten zur Qualifizierung, Informationsvermittlung und Kontrolle der Umsetzung des jeweiligen Bildungsplanes im Elementarbereich.

2.2 Die Forderung nach der Akademisierung der Leitungstätigkeit

Was bedeuten die dargestellten Entwicklungen und bildungspolitischen Maßnahmen für die Leitung einer Kindertageseinrichtung?

Die vorgestellten Untersuchungen, Maßnahmen und Empfehlungen fokussieren den Bildungsauftrag von Kindertageseinrichtungen, der in Verbindung mit der individuellen Förderung des Kindes steht. Bildung soll zu mehr Chancengleichheit und zu weniger Selektion der Kinder führen. Neben der Bedeutung von Bildung wird auch die Notwendigkeit des quantitativen Ausbaus der Kindertagesbetreuung vor allem für die unter Dreijährigen hervorgehoben. Gleichzeitig werden jedoch neben der Quantität auch die unzureichende Qualität vorschulischer Bildung, Erziehung und Betreuung bemängelt. Abgesehen von den Rahmenbedingungen, die auch als mehrfach als verbesserungsbedürftig herausgestellt werden, wird die Ausprägung der Qualität in der Praxis vor allem dem Ausbildungsniveau der pädagogischen Fachkräfte zugeschrieben. Im europäischen Vergleich sei die ErzieherInnenausbildung in Deutschland langfristig nicht haltbar und müsse durch ein Hochschulstudium ersetzt werden. Gleichzeitig wird der Ausbau von Forschungsaktivitäten sowie des Berichterstattungswesens für den Elementarbereich angemahnt. In Zusammenhang damit stehen die flächendeckend propagierten Forderungen nach der Evaluation der Qualität pädagogischen Handelns (Prozessqualität) und der Evaluation der Ergebnisse bzw. dem Erreichen der Bildungsziele (z. B. in Form von Kompetenzen) beim einzelnen Kind (Ergebnisqualität). Auch das System der Fachberatung sei auszubauen. Professionalisierungsbestrebungen beziehen sich somit neben strukturellen Veränderungen vor allem auf die Aus- und Fortbildung der pädagogischen Fachkräfte in Zusammenhang mit der Ausbildung und Etablierung der Frühpädagogik auf Hochschulniveau. Professionalisierung der pädagogischen Fachkräfte unterteilt sich dabei in berufsbegleitende Weiterqualifizierung und in grundständige Qualifizierung. Langfristig soll jedoch die Prozessqualität vorschulischer Bildung, Erziehung und Betreuung durch ein Hochschulstudium der pädagogischen Fachkräfte sichergestellt werden. Ein solches Studium wird als Basisqualifikation bezeichnet, auf der spätere Weiterbildungsangebote aufbauen sollen.

Der LeiterIn der Kindertageseinrichtung kommt laut den zuvor dargestellten Expertenmeinungen diesbezüglich die Verantwortung zu, ein besonderes Gewicht auf Personalentwicklung zu legen und sich steuernd und koordinierend bei der Fort- und Weiterbildungsplanung zu beteiligen. Auch die LeiterIn selbst ist Gegenstand der Professionalisierungsbestrebungen im Elementarbereich. Es wird empfohlen, in einem ersten Schritt die Leitungstätigkeit durch ein berufsbegleitendes Aufbaustudium zu akademisieren. Ferner soll künftig, nach Ansicht der zuvor zitierten Expertenmeinungen, die Leitungstätigkeit grundständig studiert werden. Darüber hinaus sei entscheidend, dass die Aus- und Fortbildung einen klaren Bezug zur Praxis herstelle. Gleiches gilt auch für forscherische Aktivitäten.

Vor dem Hintergrund der vorliegenden Untersuchung bedeutet dies für die Leitungstätigkeit in Kindertageseinrichtungen die Konzeption von leitungsspezifischen Studiengängen. Grundlegend dafür ist ein theoriebasiertes Konzept von Leitungsprofessionalität und Leitungskompetenz, um die StudentInnen angemessen auf ihre Leitungstätigkeit vorbereiten zu können. Dabei ist speziell dem Bildungsauftrag von Kindertageseinrichtungen Aufmerksamkeit zu schenken. Dieser wurde in Form der Bildungspläne für den Elementarbereich auf Länderebene definiert und konkretisiert. In Zusammenhang mit der Ausbildung u. a. von Leitungskräften in Kindertageseinrichtungen ist dabei, laut dem gemeinsamen Rahmenpapier der Kultusministerkonferenz, die Aus- und Fortbildung der pädagogischen Fachkräfte mit den jeweiligen Bildungsplänen im Elementarbereich abzustimmen.

Inzwischen wurden bundesweit vorschulische Curricula für den Elementarbereich implementiert sowie Studiengänge für den Elementarbereich ins Leben gerufen. Gleichzeitig wurde bisher allerdings nicht untersucht, wie die drei Ebenen staatlicher Anspruch in Form der Bildungspläne (Ebene 1), Qualifizierung der pädagogischen Fachkräfte (Ebene 2) und die Umsetzung der staatlichen Anforderungen in der Praxis (Ebene 3) miteinander harmonieren bzw. wie diese Ebenen insbesondere mit Blick auf die Leitungstätigkeit aufeinander abgestimmt sind.

2.3 Professionalisierung der Leitungstätigkeit in Kindertageseinrichtungen
2.3.1 Was heißt Professionalisierung der Frühpädagogik?

Die Wahrnehmung der Leitungstätigkeit in Kindertageseinrichtungen soll, wie wir bereits feststellen konnten, im Zuge der europäischen Harmonisierung auf Hochschul- bzw. Fachhochschulniveau angehoben werden. Doch was ist die Leitungstätigkeit in einer Kindertageseinrichtung eigentlich? Ist sie ein Beruf, eine Profession oder eine spezifische Aufgabe?

Mit dem Begriff der „FrühpädagogIn" (Balluseck 2008) versucht Balluseck die Tätigkeit in elementarpädagogischen Handlungsfeldern als Profession und als Beruf zu etablieren. Der Einsatz der „FrühpädagogIn" ist ihren Ausführungen zufolge für die Handlungsfelder Kindertageseinrichtungen, Grundschule und auf Ebene der Trägerorganisationen gedacht und erstreckt sich auf die arbeitsfeldbezogene Zielgruppe von Kindern bis zum Alter von 13 Jahren. Bisher sei die „FrühpädagogIn" allerdings im Sinne einer qualifikationsbezogenen Beschreibung der Statuszugehörigkeit kein eigenständiger Beruf. Allerdings decke das Berufsbild der ErzieherIn die neuen Anforderungen u. a. in Form von Bildung und gezielter Förderung nicht hinreichend ab. Balluseck sieht die neuen Studiengänge im Elementarbereich als Möglichkeit, die „FrühpädagogIn" als Beruf zu konstituieren, indem dort die „neuen" Anforderungen an die pädagogischen Fachkräfte in Form von Studieninhalten vermittelt werden (Vgl. Ballusseck 2008: 15ff.).

Beruflichkeit wird diesbezüglich als ein „Zuschnitt von Kompetenzen und Qualifikation" (ebd.: 25) bezeichnet. In Anlehnung an Meyer sieht Balluseck für den Bereich der Frühpädagogik Profession in Beziehung zum Berufsbegriff weniger im klassischen soziologischen Sinne, sondern vielmehr als eine gehobenere Form der Beruflichkeit, die an eine gewisse Selbststeuerung der Qualität der Professionszugehörigen gebunden ist. Aufbauend darauf ergeben sich für Balluseck fünf Zugänge für die Professionalisierung der Frühpädagogik: Professionalisierung durch Akademisierung, Professionalisierung als Erfüllung spezifischer Professionsmerkmale (wie exklusives Wissen, geregelte Zugangsbedingungen etc.), Professionalisierung durch rekonstruktiv zu erschließende, feldbezogene pädagogische Beziehungen, Professionalisierung durch Planung und Qualitätssicherung des Handelns und Professionalisierung entlang der Definition erforderlicher Kompetenzen. Diesen Konzepten von Professionalisierung sei gemeinsam, dass sie auf die „Qualität pädagogischen Handelns" (ebd.: 25) hin ausgerichtet seien. Zur Erlangung von Professionalität sei „systematisches Wissen"(ebd.: 26) erforderlich, um Kompetenzen für das praktische Handeln erwerben zu können (Vgl. ebd.: 15 ff.).

Rapold untergliedert Professionalisierungsansätze im Wesentlichen in zwei Kategorien. In der ersten Kategorie finden sich Professionsansätze, die darauf abzielen Profession, im berufssoziologischen Sinne standespolitisch abzugrenzen. Grundlage hierfür sind spezielle

Kennzeichen des Berufes sowie Kriterienkataloge zur Definition des Professionsbegriffs. Ein zweiter Ansatz widmet sich dem Professionsbegriff, indem versucht wird zu ergründen, was die Grundstruktur professionellen Handelns ausmacht. Dieser Ansatz fragt danach, was professionelles Handeln ausmacht und wie es verbessert werden kann (Vgl. Rappold 2006: 19ff.). Im Zusammenhang mit der Frage nach Profession und Professionszugehörigkeit wurde der elementarpädagogische Sektor mehrfach aus defizitärer Perspektive als „Semiprofession" bezeichnet, da kein eigenständiges Professionswissen z. B. durch Forschung generiert werde. Semi-professionelle Akteure besitzen gemäß dieser Logik kein Expertenwissen, sondern nur expertenhaftes Wissen. Dieses setzt sich aus dem Wissen anderer Professionen zusammen. Netz zeigt z. B. am Beispiel von ErzieherInnen auf, dass diese sich Kenntnissen der Psychologie, Pädagogik, Medizin etc. bedienen (vgl. Netz 1998: 17f). Im Gegensatz zu dieser defizitären Orientierung versteht Schmidt, ähnlich wie Balluseck, Professionen als herausgehobene Berufsformen, die bestimmte gesamtgesellschaftliche Funktionen erfüllen und sich aufgrund dessen anhand gemeinsamer typischer Merkmale charakterisieren lassen. Dieses Verständnis wendet sich vom Bild der klassischen Profession ab, indem struktur- und handlungsorientierte Zugänge versuchen, die innere Logik professionellen Handelns zu rekonstruieren (Schmidt In: Willems 2008: 838). Laut Schmidt betonen demzufolge aktuelle Professionalisierungstheorien „die Praxis der Ausübung der Profession und damit das Handeln der Professionellen" (ebd.: 843). Es stellt sich somit die Frage, was professionelles Handeln ausmacht und wie Professionalität durch Handlungen in spezifischen Kontexten und unter spezifischen strukturellen Merkmalen erzeugt werden kann. Schmidt stellt resümierend für den pädagogischen Sektor fest, dass pädagogisches Handeln prinzipiell hinsichtlich seiner Handlungslogik und seiner Berufsförmigkeit professionalisierbar sei. Grundlage hierfür sei die Entwicklung eines eigenständigen Konzeptes pädagogischer Professionalität. Bisherige Arbeiten lassen gemäß dem Autor darauf schließen, dass Interaktions- und Kommunikationskompetenzen den Kern pädagogischer Professionalität darstellen. Allerdings dürfe, so der Autor, daraus nicht der Fehlschluss gezogen werden, diese Kompetenzen zu personalisieren und Personen aufgrund von Begabung oder Veranlagung zuzuschreiben. Vielmehr müssten diese Kompetenzen als „lehr- und lernbare Prozeduren" (ebd.: 860) begriffen werden. Für die Lehrerausbildung wird in diesem Zusammenhang ein vermehrter Zugang über fallanalytische Interpretationsverfahren gefordert (Vgl. ebd.: 852 ff.).

Nicht zuletzt aufgrund der Schwierigkeit, ob die Frühpädagogik eine Profession oder nicht Profession darstellt oder was die „Frühpädagogik" im Gegensatz zur Elementarpädagogik eigentlich ist, findet in der vorliegenden Untersuchung mit Blick auf die Leitungstätigkeit in Kindertageseinrichtungen ein Professionalisierungsverständnis Verwendung, das sich weniger auf Statuszuschreibungen und Abgrenzung, sondern vielmehr auf die zuvor dargestellte Handlungskomponente richtet. Gemäß diesem Verständnis richten sich Bestrebungen zur

Professionalisierung nicht am klassischen Professionsbegriff und Merkmalen der Professionszugehörigkeit aus, sondern an der Herstellung spezifischer Handlungskompetenz im Hinblick auf die Qualität pädagogischen Handelns.

Professionalisierung in diesem auf die Qualität pädagogischen Handelns bezogenen Sinne findet gegenwärtig auf verschiedenen Ebenen für den elementarpädagogischen Bildungssektor Anwendung. Dazu zählen die Ansätze Professionalisierung durch Akademisierung, Professionalisierung durch Durchlässigkeit und Professionalisierung durch Entwicklung der Rahmenbedingungen. Professionalisierung durch Akademisierung bezieht sich auf die Anhebung der Ausbildung der pädagogischen Fachkräfte auf Hochschulniveau. Professionalisierung durch Durchlässigkeit intendiert, pädagogischen Fachkräften einen leichteren Zugang zu einem weiterqualifizierenden Studium zu ermöglichen. Möglichkeiten hierfür stellen die Anrechnung von Ausbildungsleistungen auf einen fachspezifischen Studiengang dar. Für Deutschland bedeutet dies, das deutsche System der Ausbildung an Fachschulen kompatibel mit den Studiengängen im Elementarbereich bzw. der „Frühpädagogik" zu machen. Professionalisierung durch Entwicklung der Rahmenbedingungen folgt dem handlungsorientierten Professionalisierungsverständnis, indem die Rahmenbedingungen als Voraussetzungen professionellen Handelns in Augenschein genommen werden (Vgl. Balluseck 2008: 63ff.).

Trotz mehr Gewissheit darüber, was den eigentlichen Gegenstand von Professionalisierung betrifft, besteht bisher dennoch das Problem, wo im Rahmen dieser Professionalisierungsbestrebungen die Leitungstätigkeit in Kindertageseinrichtungen zu verorten ist. Die Leitungstätigkeit in Kindertageseinrichtungen erfüllt weder die klassischen Zuschreibungen einer Profession[9], noch ist die Leitungstätigkeit bisher ein eigenständiger Beruf mit spezifischer berufsbezogener grundständiger Qualifikation. Im Zuge der Professionalisierung der Elementarpädagogik, bzw. deren Wandel hin zu einer breit gefächerten „Frühpädagogik" auf (Fach-)Hochschulniveau, stellt sich für die LeiterIn einer Kindertageseinrichtung um so mehr die Frage, was sie eigentlich ist. Die künftige „FrühpädagogIn" soll nicht nur auf das Arbeitsfeldeld der Kindertageseinrichtungen beschränkt und zudem vielseitig einsetzbar sein, sondern auch über Leitungskompetenz(en) verfügen (siehe 5.2). Allerdings ist fraglich, ob die Qualität des Leitungshandelns, im Sinne von Professionalisierung als Entwicklung der Qualität spezifischen Handelns, durch den breit gefächerten Zugang in Form der Akademisierung der „Frühpädagogik" eine wirkliche Entwicklung erfährt. Nichtsdestotrotz wird auf breiter Ebene gefordert, dass Leitungskräfte über ein Studium auf (Fach-)Hochschulniveau verfügen sollen. Verbindliche Regelungen gibt es diesbezüglich allerdings bisher nicht. Hier geht man offensichtlich unabhängig von den Inhalten des Studiums davon aus, dass ein Studium mit verän-

---

[9] Zum klassischen Verständnis von Profession gehören i.d.R. ein spezifisches Studium, ein mit Vorschriften verbundener Berufsethos, ein gehobenes Einkommen und öffentliche Anerkennung. Weitere mögliche Zuschreibungen sind die Selbständigkeit und die freie Inanspruchnahme der angebotenen Leistungen eines Professionsangehörigen z.B. eines Arztes oder Anwaltes (vgl. Ilien 2008: 48f.).

derten Zugangsbedingungen ein „leistungsstärkeres" Klientel, das über die allgemeine Hochschulreife oder auch Fachhochschulreife verfügt, anzieht, als dies bisher bei der Fachschulausbildung der Fall gewesen ist. Eine solche Überlegung dürfte allerdings anhand von Studieneingangsbefragungen und der Prüfung der Zulassungsvoraussetzungen künftig zu belegen sein. Zudem ergibt sich hinsichtlich einer Ausbildung von Leitungskräften vonseiten der Praxis, also dem späteren Arbeitsfeld der Leitungskräfte, die Schwierigkeit, dass LeiterInnen in Kindertageseinrichtungen bisher nur in geringem Umfang von der Arbeit mit den Kindern freigestellt sind (siehe 9.3.1) und in kleineren Einrichtungen aufgrund der finanziellen Gegebenheiten auch künftig höchstwahrscheinlich nicht freigestellt sein werden. Daraus erwächst ein durchschnittliches Anforderungsprofil an Leitungskräfte, das sich sowohl aus der zunehmend komplexer werdenden pädagogischen Arbeit mit den Kindern als auch aus der mit zunehmendem Anspruch versehen Leitungstätigkeit zusammensetzt. Diese Dualität der Anforderungen führt zu der Folgerung, dass die Leitungstätigkeit im gegenwärtigen System der Kindertageseinrichtungen keinen Berufs- oder Professionsstatus erlangen kann, sondern eine Zusatzfunktion bzw. eine spezifische Aufgabe darstellt, die an spezifische Kompetenzen geknüpft ist. Bevor keine Regelungen in Kraft treten, welche die Mindestgröße einer Einrichtung und damit in Zusammenhang die Funktionen innerhalb der Organisation verbindlich regeln, bleibt das Anforderungsprofil einer Leitung von Kindertageseinrichtungen, welches künftig in Form eines grundständigen Studiums erworben werden kann und soll, das einer pädagogischen Fachkraft mit Zusatzfunktion. In diesem Zusammenhang stellen die Veränderungen und Anforderungen an den elementarpädagogischen Bildungssektor auch vermehrte Anforderungen an die Wahrnehmung der Leitungstätigkeit in Kindertageseinrichtungen, die unter dem Begriff der Leitungskompetenz subsumiert werden können. Demzufolge stellt sich die Frage nach dem Gegenstand und der Gewichtung von Leitungsinhalten im Rahmen eines „frühpädagogischen" Studiums. Darüber hinaus ist die Fort- und Weiterbildung von angehenden und praktizierenden Leitungskräften diesbezüglich zu überdenken. Die folgenden Ausführungen widmen sich im Sinne der Professionalisierung des Leitungshandelns dem Kompetenzbegriff und dessen Anwendung auf die Leitungstätigkeit.

2.3.2 Die Leitungskompetenz in der Professionalisierungsdiskussion

Professionalisierungsbestrebungen zur Entwicklung der Qualität pädagogischen Handelns sind eng mit dem Kompetenzbegriff verknüpft. Kompetenz wird weitläufig mit den Begriffen „Sachverstand", „Fähigkeiten" und „Zuständigkeit" umschrieben (Duden 2006: 420). An anderer Stelle wird diese Umschreibung noch durch die Bedeutungsbeimessung Urteilsfähigkeit (Hübner 1990: 231) ergänzt. Zu erwähnen ist auch das juristische, sozusagen historische Verständnis von Kompetenz, was mit formaler Zuständigkeit gleichzusetzen ist. Die mannigfaltige Verwendung und Ausdifferenzierung des Kompetenzbegriffs, einhergehend mit einem Verlust an Kernbedeutung, macht es notwendig, Kompetenz bzw. die einzelnen Teilkompetenzen zu definieren. Der Begriff Kompetenz grenzt sich aus phänomenologischer Perspektive von den Begriffen „Bildung" und „Erfahrung" vor allem dadurch ab, dass diese vielmehr einen Bestandteil der Kompetenz darstellen. Erst durch Bildung, also der irgendwie gearteten Aneignung von Bildungsinhalten im Zusammenspiel mit Erfahrung, kann sich Kompetenz herausbilden.

Kompetenz ist weiterführend im Gegensatz zur Qualifikation nicht zu eng, im Sinne von attestiertem Wissen, sondern vielmehr als Disposition zu verstehen, auf verschiedene Anforderungen angemessen reagieren und damit das Wissen anwenden und somit angemessen handeln zu können. Friesling, Schäfer und Fölsch definieren Kompetenz wie folgt: „Kompetenz umfasst alle Fähigkeiten, Fertigkeiten, Wissens- und Erfahrungsbestände eines Menschen, die ihn bei der Bewältigung vertrauter sowie neuartiger Aufgaben handlungs- und reaktionsfähig machen und sich in der erfolgreichen Bewältigung konkreter Anforderungen zeigen" (Friesling/ Schäfer / Fölsch 2007: 21). Ferner ist Kompetenz an einen konkreten Kontext, an das Individuum und dessen Befähigung zur Selbstorganisation geknüpft. Kaufhold kommt in ihrer Arbeit zu Kompetenz und Kompetenzerfassung zu dem Resultat, dass Kompetenz als ein „Konglomerat aus den Elementen Wissen, Fähigkeiten/ Fertigkeiten, Motive und emotionalen Dispositionen zu verstehen ist" (Kaufhold 2006: 106). Allerdings, so Kaufhold, zeigten sich im Rahmen ihrer Untersuchung zwei Gruppen von Kompetenzdefinitionen. Einige Definitionen von Kompetenz favorisierten demnach kognitive Elemente und lehnten motivationale Elemente ab. Andere Definitionen speziell aus dem Bereich der Berufspädagogik hingegen messen motivationalen Elementen besondere Bedeutung bei. Besonders im Hinblick auf den Handlungsbezug von Kompetenz konstatiert Kaufhold, dass individuelles Handeln immer motivationalen Aspekten unterliegt (Vgl. ebd.: 107). Auch sei der wechselseitige Bezug der Kompetenzelemente zu berücksichtigen:

Wissen über mögliche Handlungsweisen in einer bestimmten Situation [ist] notwendig, um eine Situation bewältigen zu können. Das Wissen allein ist jedoch nicht hinreichend, vielmehr sind auch Fähigkeiten/ Fertigkeiten erforderlich, um das Wissen tatsächlich in Handeln umzusetzen zu können. Schließlich wird Handeln zudem durch Motive und über emotionale Dispositionen mitbestimmt. So beeinflussen die mit einer Situation zusammenhängenden Motive sowie damit einhergehende emotionale Dispositionen (z. B. Freude, Ärger) die Aufnahme und die Durchführungsqualität einer Handlung (ebd.: 117).

Der Bezug zur Situation, in der die Handlung erbracht wird, mache zudem deutlich, dass auch die situativen Bedingungen, d. h. der Handlungskontext einen Einfluss ausübt.

Kompetenzen und deren Definition unterliegen neben der variierenden Verwendung der Begrifflichkeit zudem einer gewissen gesellschaftlichen Problematik. Aufgrund deren normativen Konstruktcharakters, der in operationalisierter Form als generalisierte Messlatte(n) auf den einzelnen Menschen angelegt wird, werden Kompetenzen zunehmend zum Maßstab der Bewertung des Menschen. Der Mensch als Ganzes lässt sich in Form von Kompetenzen operationalisieren und damit nach normativen Maßstäben messen und bewerten. Höhne merkt in diesem Zusammenhang an, es gebe keine allgemeingültigen sondern nur domänenspezifische Kompetenzen. Die Hauptfunktion von Kompetenzen liege in deren Messbarkeit und Vergleichbarkeit. Hierbei geht er von einem Verständnis aus, das Kompetenz als notwendiges Können und Wissen zur Bewältigung von Alltagssituationen definiert. Er konstruiert daraus einen Widerspruch zwischen spezifischem Wissen und Können und dem Anspruch der allgemeinen Anwendbarkeit von Kompetenzen (Vgl. Höhne In: Pongratz/ Reichenbach/ Wimmer 2007: 31). Gemäß Höhne löste der Kompetenzbegriff Mitte der 90er Jahre des 20. Jahrhunderts die Begriffe Qualifikation und Schlüsselqualifikation ab. Gespeist aus dem Postulat der „Wissensgesellschaft" und der zunehmenden Flexibilisierung kennzeichnet den Kompetenzbegriff im Gegensatz zu Bildung die Charakteristik der Funktionalität. Kompetenzen sind gemäß Höhne normative Konstrukte. Dabei stehen Kompetenzen in Zusammenhang mit den Anforderungen des Marktes. Höhne bezeichnet dies als „Bringschuld der Kompetenzsubjekte"(ebd.: 40). Diese würden an „Kompetenzkatalogen als normative Systeme von Fähigkeiten und Eigenschaften" (ebd.: 41) gemessen. Kompetenzen können somit als potenzielle Türöffner bei deren Nichtvorhandensein aber auch als Ausschluss- und Selektionskriterien verstanden werden. Die Definition von Kompetenzen schränkt die Autonomie des Individuums ein und unterwirft es gemäß Höhne den Zwängen einer permanenten Selbstevaluation (Vgl. ebd.: 30ff.). Ein weiteres Problem von Kompetenzen wirft Vonken auf. Vonken sieht neben dem Problem der Kompetenzdefinition aufgrund einer zunehmenden Ausdifferenzierung der Kompetenzen die Schwierigkeit, deren wechselseitige Bedeutung bzw. Wertigkeit festzustellen und damit eine vernetzte Gewichtung der zunehmenden Anzahl an Kompetenzen vornehmen zu können (vgl. Vonken 2005: 54f.).

Was bedeuten diese Erkenntnisse für die Leitungskompetenz als spezifische Form der Handlungskompetenz? Will man Leitungskompetenz als Summe an spezifischen Formen der Handlungskompetenz von Leitungskräften beschreiben, so muss man sich darüber im Klaren sein, dass gemäß zuvor zitierter Fachmeinungen das Endprodukt einer solchen Beschreibung ein normatives Konstrukt darstellt, dessen Gegenstand in gewisser Weise den Anforderungen des „Marktes" bzw. des Berufsfeldes unterliegt. Kompetenzen wären demnach wandelbare marktabhängige Konstrukte und keine aus sich heraus gegebenen Konstanten. Bezieht man ferner bei der Betrachtung die Ebenen der Aus-, Fort- und Weiterbildung mit ein, so empfiehlt es sich eine Definition zu verwenden, welche tatsächlich qualifizierbare Merkmale beinhaltet. Diesbezüglich scheint es kaum möglich emotionale Dispositionen und Handlungsmotive zum Gegenstand der Qualifizierung werden zu lassen, da diese mitunter situations- und kontextabhängig sind. Ferner besteht die Schwierigkeit die Kompetenzelemente miteinander in Beziehung zu setzen und daraus eine Gesamtwertung herzustellen, wie es u. a. Vonken anzweifelt. Deshalb wird in der vorliegenden Arbeit die Messbarkeit und Operationalisierung von Leitungskompetenz infrage gestellt. Es sei denn, man vertraue auf die Operationalsierungs- und Messresultate eines element- und dimensionsübergreifenden wechselseitig gewichteten normativen Konstruktes. Vielmehr dienen das Konstrukt der Leitungskompetenz und dessen Bestandteile in der vorliegenden Untersuchung als Orientierungsrahmen für den Erwerb von notwendigen (Handlungs-)Kompetenzen in Zusammenhang mit Qualifizierungsmaßnahmen zu deren Erwerb.

Einen Lösungsansatz bietet diesbezüglich der DQR. In Deutschland haben sich die Kultusministerkonferenz und das Bundesministerium für Bildung und Forschung in Anlehnung an den „Europäischen Qualifikationsrahmen" (EQR) darauf verständigt, einen Deutschen Qualifikationsrahmen (DQR) zu entwerfen. Der auf acht Niveaustufen abgetragene europäische Rahmen soll dazu dienen, „Lernergebnisse aus allen Bildungsbereichen international verständlicher und vergleichbarer zu machen"[10] Damit die deutschen Ergebnisse des Bildungssystems dem europäischen Rahmen angepasst werden können, wurde der deutsche Qualifikationsrahmen entwickelt, der gegenwärtig in einer Entwurfsfassung vorliegt (Stand Februar 2009). Der DQR definiert auf acht Stufen personale und fachliche Kompetenzen. An diesen Kompetenzen orientieren sich die in Form der allgemeinen Bildung, Hochschulbildung und der beruflichen Bildung zu erwerbenden Qualifikationen. Kompetenz wird im Sinne des DQR als Handlungskompetenz verstanden. Der DQR verfolgt dabei nicht den Anspruch, Fähigkeiten, Haltungen und individuelle Eigenschaften wie Zuverlässigkeit oder Ausdauer zu erfassen. Auch normative und ethische Aspekte der Persönlichkeitsbildung bleiben außerhalb der Betrachtung. Vielmehr werden durch den DQR „ausgewählte Merkmale, die für ein erfolgreiches Handeln in einem Lern- oder Arbeitsbereich relevant sind" (Entwurf DQR 2009: 3f.) erfasst. Methodenkompetenz als querliegende Kompetenz findet keine Berücksichtigung.

Fachkompetenz wird dabei verstanden als Wissen (definiert durch Tiefe und Breite) und als Fertigkeiten (verstanden als instrumentelle und systemische Fertigkeiten sowie Beurteilungsfähigkeit). Personale Kompetenz untergliedert sich in Sozialkompetenz (Team-/Führungsfähigkeit, Mitgestaltung und Kommunikation) und Selbstkompetenz (Selbstständigkeit/ Verantwortung, Reflexivität und Lernkompetenz) (ebd.: 4). Niveau sechs des DQR, das am ehesten der Leitungstätigkeit in Kindertageseinrichtungen entspricht, ist gekennzeichnet durch „Komplexität und häufige Veränderung [der Anforderungsstruktur]"(ebd.: 11). Auf der Ebene der personalen Kompetenz bedeutet dies:

- *Sozialkompetenz: In Expertenteams verantwortlich arbeiten oder Gruppen oder Organisationen (verstanden als Unternehmen, Verwaltungseinheiten oder gemeinnützige Organisationen) verantwortlich leiten. Die fachliche Entwicklung anderer anleiten und vorausschauend mit Problemen im Team umgehen. Komplexe fachbezogene Probleme und Lösungen gegenüber Fachleuten argumentativ vertreten und mit ihnen weiterentwickeln* (ebd.: 11).
- *Selbstkompetenz: Ziele für Lern- und Arbeitsprozesse definieren, reflektieren und bewerten und Lern- und Arbeitsprozesse eigenständig und nachhaltig gestalten* (ebd.: 11).

---

[10] vgl. www.deutscherqualifikationsrahmen.de 04.02.09

Die Ebene der Fachkompetenz beinhaltet auf Stufe sechs des DQR folgende Inhalte:

- *Wissen: Über ein breites und integriertes Wissen, einschließlich der wissenschaftlichen Grundlagen, sowie über neuestes Fachwissen in Teilbereichen eines wissenschaftlichen Faches oder über breites und integriertes berufliches Wissen einschließlich der aktuellen fachlichen Entwicklungen verfügen. Über einschlägiges Wissen an Schnittstellen zu anderen Bereichen verfügen* (ebd.: 11).
- *Fertigkeiten: Über ein sehr breites Spektrum an Methoden zur Bearbeitung komplexer Probleme in einem Lernbereich oder beruflichen Tätigkeitsfeld verfügen. Neue Lösungen erarbeiten und unter Berücksichtigung unterschiedlicher Maßstäbe beurteilen, auch bei häufig sich ändernden Anforderungen* (ebd.: 11).

Verstehen wir Niveau sechs des DQR als Grundlage für den Erwerb von Leitungskompetenz, im Sinne von Handlungskompetenz, so muss eine praktizierende und angehende LeiterIn durch Qualifizierung in die Lage versetzt werden, eine Einrichtung verantwortlich zu leiten, die fachliche Weiterentwicklung der MitarbeiterInnen zu gestalten, Probleme im Team vorausschauend zu meistern und fachbezogene Problemlagen angemessen darstellen und ggf. unter Einbeziehung von Fachleuten lösen zu können. Ferner muss sie in der Lage sein, ihre Lern- und Arbeitsprozesse zu gestalten, zu reflektieren, zu überprüfen und weiterzuentwickeln. Bezüglich der Fachkompetenz sollte sie über ein breites berufliches Wissen einschließlich fachlicher Weiterentwicklungen sowie über „Schnittstellenwissen" verfügen. Zusätzlich obliegt es demnach einer Leitungskraft, über wissenschaftliches Grundlagenwissen sowie über neuestes Fachwissen zu verfügen. Um dieses Wissen anbringen zu können, soll eine Leitungskraft über breite Methodenkompetenz verfügen, um arbeitsfeldspezifische Problemlagen bearbeiten zu können. Dazu gehört es auch Lösungsvorschläge zu erarbeiten, die eine Antwort auf sich verändernde Anforderungen bieten.

Welche Inhalte gegenwärtig unabhängig von den Vorschlägen des DQR der Leitungsrolle in Kindertageseinrichtungen und damit der Leitungskompetenz zugeschrieben werden, zeigen folgende Erörterungen.

3 Aufgabenspektrum und Rolle der Leitung von Kindertageseinrichtungen

Die Betrachtung der Leitungstätigkeit erfolgt in der vorliegenden Untersuchung unter dem Aspekt der Professionalisierung. Unter Professionalisierung verstehen wir im weiteren Verlauf dieser Arbeit die Gesamtheit an förderlichen Maßnahmen, die auf die Herstellung von tätigkeitsspezifischer Handlungskompetenz (gebündelt in der Bezeichnung Leitungskompetenz) gerichtet sind. Primär sind damit förderliche Maßnahmen der Aus-, Fort- und Weiterbildung aber auch notwendige strukturelle Bedingungen gemeint.

Die Konzipierung förderlicher Professionalisierungsmaßnahmen und die inhaltliche Ausgestaltung von Leitungskompetenz gemäß dem DQR (Deutscher Qualifikationsrahmen) erfordert eine begründete Inventarisierung der Leitungsaufgabe als solcher. Vom phänomenologischen Standpunkt her ist Leitung an einen Gegenstand gebunden. Der Gegenstand definiert den Leitungskontext. Dabei definiert die Art und Weise der Leitung zu einem gewissen Ausmaß die Ausgestaltung des Kontextes, indem Leitung an sich eine richtungsweisende Komponente beinhaltet. Dabei unterteilt sich Leitung in die Leitung durch ein oder mehrere Personen und in die Personen, die unter dem Einfluss der Leitung stehen. Dadurch wird eine gewisse Stellung des bzw. der Leitenden ausgedrückt. Die Art und Weise sowie der Gegenstand der Leitungstätigkeit richten sich nach der jeweiligen Definition des Leitungskontextes und der Regelung des Verhältnisses zwischen Leitung und zu Leitenden.

Im Gegensatz zur Schulleitung existiert für die Leitung in Kindertageseinrichtungen bisher nahezu keine auf empirischen Erkenntnissen fußende eigenständige Führungs- und Leitungstheorie. Vielmehr wird diese Aufgabe primär der Praxisliteratur überlassen, die sich mitunter Verfahrensweisen der Wirtschaft und Ökonomie bedient und diese auf den vorschulischen Bildungssektor anwendet. Im schulischen Kontext wird die Leitungstätigkeit primär im Rahmen der Schulentwicklungsforschung vor dem Hintergrund der Schule als Organisation untersucht. Dort wird unterschieden zwischen Schulmanagement im Sinne einer funktionalen Aufrechterhaltung und Sicherstellung des Schulbetriebs und der Schulentwicklung als Sicherstellung von Innovationen und Qualitätsentwicklungsprozessen. Wissinger bezeichnet im Rahmen der School-Improvement-Forschung diese Führungsverständnisse als „instructional leadership role" (Wissinger In Altrichter/ Brüsemeister/ Wissinger 2007: 115) und als „transformational leadership role" (ebd.: 115). Das Konzept der „instructional leadership role" betont nach Wissinger die berufliche Kompetenz als Lehrer und konzentriert Fragen der Führung auf den Unterricht und die Kontrolle von Unterricht. Die „transformational leadership role" hingegen erweitert den Einfluss von Führung auf schulische Erneuerung. Dazu zählt sowohl die Übernahme von Verantwortung für die Qualität des Unterrichts und die Lernleistungen der Schüler als auch die Veränderung des Unterrichts und des Lernens durch Initiativen zur Professionalisierung des Lehrberufs und zur Selbstorganisation und Neustrukturierung der Einrichtung. Dieses Konzept der „transformational leadership role" akzentuiert die Rolle der Schulleitung als Initiativgeber zur Verbesserung der schulischen Arbeit und des schulischen Lernens (vgl. ebd.: 115). Zu diesem Führungsverständnis bzw. zu dieser Führungsrolle zählen Lohmann und Minderop eine Reihe von Aufgaben, wobei der Sicherung der Qualität Priorität eingeräumt wird. Diese aktiv gestaltende und entwickelnde Führungsrolle bedeutet für die Schulleitung, sich über den ordnungsgemäßen Ablauf des Unterrichts zu informieren, auf Basis des Schulprogramms die Schulentwicklung zu gestalten, für Evaluation und Feedback zu sorgen und ein Klima zu schaffen, das den gegenseitigen pädagogischen Austausch anregt. Ferner obliege es der Schulleitung, ein Bewusstsein für Qualitätsentwicklung als Daueraufgabe zu schaffen und klare Vorstellungen vom Qualifikationsniveau der MitarbeiterInnen zu haben. Dazu gehört es auch, diese Vorstellungen gegenüber dem Lehrerkollegium zu vertreten. In Zusammenhang damit ist nach Lohmann und Minderop die aktive Gestaltung von Personalentwicklung zu sehen. Personalentwicklung umfasst ein schulspezifisches Konzept von Personalentwicklung, die Anwendung von tauglichen Instrumenten der Personalentwicklung (Personalauswahl, Personalbeurteilung, MitarbeiterInnengespräche etc.), den effizienten Einsatz des vorhandenen Potenzials, die Integration neuer MitarbeiterInnen, die Diagnose von Leistungskrisen, konstruktive, entwicklungsorientierte Beratung und Unterstützung, Teamentwicklung und die Überprüfung der Verwirklichung der Fortbildungsverpflichtung (Vgl. Lohmann/ Minderop 2004: 83ff.).

Solche, gegenwärtig von verschiedener Seite vertretenen Aufgabenprofile und Rollenzuschreibungen, die der Schulleitung eine zentrale Rolle im Hinblick auf die Schulentwicklung und die Entwicklung der Schule zu einer „lernenden Organisation" einräumen, werden von Böttcher kritisch betrachtet:

> *Spätestens seitdem die Schule zur lernenden Organisation wurde, überrollt uns eine Flut theoretischer und empirischer, insbesondere aber Praxis anleitender Literatur zur Organisationsentwicklung und zum Management, begleitet von einem unüberschaubaren einschlägigen Seminarangebot (...). Die „managerial" zu erzeugende Emergenz einer kollektiven Klugheit durch eine betriebswirtschaftliche Organisation der Akteure muss aber Rhetorik bleiben, solange eine Schule sich zwar als Organisation beschreiben lässt, faktisch aber kein Akteur und auch keine Akteurgruppe die nötigen Verfügungsrechte zum Management der Organisation hat (Böttcher in Altrichter/ Brüsemeister/ Wissinger 207: 195).*

Angesichts unzureichender Freistellungen, Beschränkungen bei der Personalauswahl, Hindernisse bei der Personalentwicklung z. B. mit Blick auf die Einführung von Belohungssystemen und „oberflächlichen Schulungen durch selbsternannte Berater" (ebd.: 196), stellt Böttcher die Funktion der Schulleitung als „Motor der Organisationsentwicklung" (ebd.: 196) für das deutsche Schulsystem infrage.

Was ein solches Rollenverständnis für die Kompetenz der Leitungskräfte in Schulen bedeutet, zeigte anlässlich einer Fachtagung zu „Schule und Schulaufsicht – Schulleitung und Schulaufsicht im Spannungsfeld von Qualitätsentwicklung, Evaluation, Beratung und Unterstützung" eine VertreterIn des Referats 46 der Bezirksregierung Düsseldorf auf. Seit längerer Zeit würden in ganz Deutschland unterschiedliche Modelle der Fortbildung für angehende SchulleiterInnen praktiziert, zu unterscheiden in „Training before the job" und „Training into and on the job" (Koch-Riotte In: Verband Bildung und Erziehung VBE 2007: 100). Dabei seien die Erwartungen und Anforderungen der Schulaufsicht, der Eltern, der Lehrer, der Schüler und letztlich auch vonseiten der LehrerInnenrolle an die Schulleitung vielfältig und teils divergierend. Ferner weise das „Biotop Schulsystem in seinem Mikrokosmos sehr unterschiedliche Bedingungen" [auf] (ebd.: 101) z.B. zwischen einer zweizügigen Grundschule und einer beruflichen Schule mit 130 Lehrkräften. Deshalb sei es im Hinblick auf ein multikomplexes Anforderungsprofil der Schulleitung, die vorrangige Aufgabe vor allem personale Kompetenzen zu stärken, da SchulleiterInnen in erster Linie „Kommunikationsarbeiter" (ebd.: 103) seien. Koch-Riotte stellt in diesem Zusammenhang im Wesentlichen sechs Anforderungen an die Kompetenz der Schulleitung: Die Internalisierung des Qualitätsmanagementkreislaufs mit flexiblen Anpassungen an die jeweilige Schulsituation, die Fähigkeit in kommunikativen und kooperativen Arbeitszusammenhängen mit unterschiedlichen Personengruppen zusammenarbeiten und zu Ergebnissen zu gelangen, Delegierung von Führungsaufgaben, Personalführung und Personalentwicklung, Kommunikationsfähigkeit im Hinblick auf verschiedene Personengruppen und das Einbringen von Persönlichkeitsmerkmalen wie die Fähigkeit zur Selbstwahrnehmung, Stressresistenz und Konfliktfähigkeit (vgl. ebd.: 103f.). Schulleitung sei eine eigene Profession mit hoher Verantwortung. Zur Stärkung dieser Profession bedürfe es

mehr Zeit für Ausbildung, mehr Qualität in der Ausbildung, mehr Qualität in der Auswahl, mehr Zeit für Leitungszeit, mehr Geld in der Honorierung von Personen in Schulleitungsfunktionen, mehr Angebote zur Unterstützung und Beratung von Schulleitungen und mehr Kommunikation und Kooperation auf Augenhöhe mit der Schulaufsicht (ebd.: 106).

Obgleich sich das System der Kindertageseinrichtungen mitunter bedingt durch die freiwillige Inanspruchnahme, unterschiedliche Finanzierungsmodalitäten und das deutlich niederere Verdienstniveau der pädagogischen Fachkräfte in einigen Punkten deutlich vom Schulsystem unterscheidet, sind die vorgetragenen Charakteristika der Schulleitung ähnlich der Leitungstätigkeit in Kindertageseinrichtungen. Dies wird deutlich, wenn man folgende Punkte betrachtet:

- die Frage nach der Notwendigkeit einer eigenständigen Ausbildung zur Qualifizierung für die Leitungstätigkeit,
- das breite Spektrum an Einrichtungen variierend von eingruppigen Kindergärten mit insgesamt zwei Fachkräften bis hin zu großen Kindertageseinrichtungen, zu deren Angebot gleichzeitig die Betreuung von unter Dreijährigen und/ oder Schulkindern gehört,
- das Vorhandensein eines Bildungs- und Erziehungsauftrages,
- die mitunter eingeschränkte Entscheidungsbefugnis der LeiterIn,
- eingeschränkte Freistellung der LeiterIn für Leitungstätigkeiten,
- divergierende und vielfältige Erwatungen an die Leitungsrolle,
- die Gebundenheit an gesetzliche Bestimmungen,
- die Zuordnung zum jeweiligen Kultusministerium (wobei Kindertageseinrichtungen dem Sozialministerium als Träger der Kinder- und Jugendhilfe sowie mit Einführung der Bildungspläne dem Kultusministerium unterstellt sind) und, wie im weiteren Verlauf aufzuzeigen sein wird, ein sich zunehmend annäherndes Aufgabenprofil.

In den Bundesländern Hessen und Thüringen existieren diesbezüglich Bildungspläne für Kinder im Alter von null bis zehn Jahren, die sich somit nicht nur an die Leitung von Kindertageseinrichtungen sondern auch an die Grundschulleitung richten. Im Zuge der Annäherung der beiden Bildungsinstitutionen Schule und Kindergarten und der Verpflichtung zur Kooperation, um einen erfolgreichen Übergang des Kindes in die Grundschule zu gewährleisten, ist anzunehmen, dass sich im Zuge der Bildungsakzentuierung in Kindertageseinrichtungen auch die Rolle und Aufgabe von Schul- und Kindergartenleitung einander annähern werden.

Auch neuere Kooperationsprojekte und Kooperationsformen wie z. B. das Bildungshaus in Baden-Württemberg sprechen für eine solche Tendenz. Doch was bedeuteten diese Tendenzen konkret für die Leitung einer Kindertageseinrichtung?

Altrichter und Heinrich zeigten am Beispiel der Modernisierung des österreichischen Schulwesens auf, wie sich die Bildungsinstitution Schule und mit ihr die Rolle der Schulleitung gewandelt hat. Die Autoren unterteilen die Entwicklung in vier Phasen. Auf die erste Phase in den 80er Jahren bezeichnet als „Phase 0: Stagnation und Grauzonenautonomie" (Altrichter/ Heinrich In: Altrichter/ Brüsemeister/ Wissinger 2007: 80) folgte gemäß den Autoren die Phase der „Schulautonomisierung"(ebd.: 86). Diese sei dadurch gekennzeichnet gewesen, dass den Schulen mehr Freiheit zugestanden wurde, um angesichts lokaler Entwicklungen und Bedingungen effizienter agieren und reagieren zu können. Diese Phase wurde laut Altrichter und Heinrich Mitte der 90er Jahre durch „Phase 2: Schulmanagement und der Beginn der Suche nach Instrumenten der Systemsteuerung" (ebd.: 86) abgelöst. Dieser zweite Entwicklungsabschnitt zeichnet sich durch die Formulierung verbindlicher Schulprogramme, die Implementierung von Selbst- und Fremdevaluation, veränderte Formen der Schulleitung, Koordinierung der Unterrichtsarbeit und die Einführung von Vergleichsarbeiten aus (ebd.: 86). Diese Phase geht gemäß Altrichter und Heinrich für die Schulleitungen mit einer Verlagerung der Berufsrolle einher:

Traditionell wurden Schulleitungen dann als gut abgesehen, wenn sie als gutmütige, unprofessionelle VerwalterInnen agierten, die für die Schulaufsicht auf Rechtmäßigkeit achteten, die LehrerInnen vor externen Interventionen schützten und sich im Übrigen nicht in den Unterricht einmischten. Die neue Akzentuierung der Rolle sieht SchulleiterInnen als initiative ManagerInnen, die mithilfe neuer Managementinstrumente (Schulprogramm und Qualitätsevaluation) Entwicklungen stimulieren und steuern können (ebd.: 88).

Der vierte Schritt wird mit Anbeginn des neuen Jahrtausends eingeleitet und als „Phase 3: PISA-Schock und übergreifende Steuerungselemente" bezeichnet. In dieser Phase werden die SchulleiterInnen zu EvalutionsexpertInnen. Von staatlicher Seite wird zudem die Schulinspektion eingeführt. Ferner zeichnet sich die Schulentwicklung nach PISA u. a. durch die Vorgabe zentraler Ziele, die breite Erhebung von Systeminformationen, Rechenschaftslegung, zielgerichtete Entwicklungsprozesse und internes Qualitätsmanagement aus (Vgl. ebd.: 79ff.).

In Kapitel zwei wurde aufgezeigt, dass auch die frühkindliche Bildung in Deutschland mittlerweile stärker in das staatliche Qualitätsmonitoring miteinbezogen wird und sich dadurch vermehrt Fragen der Professionalisierung und Qualitätsentwicklung zu stellen hat. Eine zentrale Rolle spielen dabei die Bildungs- und Rahmenpläne der Länder als „Steuerungsinstrumente der frühkindlichen Erziehung, Bildung und Betreuung" (Wehrmann 2006). Ob sich daraus ähnliche Rollenakzentuierungen für die Leitung einer Kindertageseinrichtung ergeben, wie dies am Beispiel der Schulleitung aufgezeigt wurde, soll in den folgenden Kapiteln untersucht werden.

3.1 Stand der Forschung zur Leitungstätigkeit in Kindertageseinrichtungen

Die Leitungstätigkeit und die Professionalisierung der Leitungstätigkeit in Kindertageseinrichtungen waren bisher kaum Gegenstand der empirischen Forschung insbesondere der Bildungsforschung. Die Forschung zur Leitung von Kindertageseinrichtungen beschränkt sich im deutschen Raum auf nur wenige empirische Untersuchungen. Diese lassen sich im Wesentlichen in drei Richtungen unterteilen: Forschung zur Konstituierung und Wahrnehmung der Leitungsrolle in der Handlungspraxis, Forschung in Zusammenhang mit der Implementierung der Bildungspläne im Elementarbereich und Forschung zum Professionalisierungsgrad der Leitungstätigkeit. Relevante Ergebnisse dieser Forschungszugänge werden im Folgenden dargestellt.

3.1.1 Konstituierung und Wahrnehmung der Leitungsrolle in der Handlungspraxis

Was zeichnet die Berufsrolle einer Kindergartenleitung aus? Rollen sind gemäß Feldmann zu verstehen als „Erwartungen von Bezugsgruppen, die an Inhaber von Positionen gerichtet sind" (Feldmann 2005: 68) Ferner zeichnen sich „moderne Rollen [gemäß Feldmann] durch meist widersprüchliche Erwartungen verschiedener Gruppen" (ebd.: 70) aus. Dabei sind die Anforderungen und Erwartungen von außen (z. B. Träger, Eltern, Team, Kinder, Schule, Gemeinde etc.) vielfältig, lassen jedoch der LeiterIn Handlungsspielraum bei der Wahrnehmung und demzufolge der Ausgestaltung der Leitungstätigkeit:

Für die allermeisten Bereiche in ihrer Arbeit gibt es keine eindeutigen Verordnungen, Bestimmungen, Erlasse oder Gesetze, sondern die Dinge müssen je neu ausgehandelt und evtl. neu entschieden werden (Huppertz 1994: 15).

Huppertz plädiert in diesem Zusammenhang für ein „aktives Selbstkonzept" (ebd.: 17) von Leitung. Für die Leitung bedeutet dies, ihre Rolle nicht nur fremdbestimmen zu lassen und unreflektiert zu übernehmen, sondern selbst aktiv mitzugestalten, indem sie Erwartungen von außen ernst nimmt und z. B. in Form eines gangbaren Kompromisses mit eigenen Vorstellungen in Einklang bringt (vgl. ebd.: 17f.). Hieraus resultieren unterschiedliche Realisierungen der Leitungsrolle, die unter dem Gesichtspunkt der Professionalität zu reflektieren sind.

In einer Untersuchung zur zielorientierten Arbeitsweise von KindergartenleiterInnen, bei der 24 LeiterInnen von kommunalen Einrichtungen mittels Dokumentenanalysen, Zeitbudgetanalysen etc. hinsichtlich ihres Selbstmanagements untersucht wurden, kommen Holondynski und Seeger zum Schluss, dass die untersuchten LeiterInnen „ihre Leitungsaufgaben nur unvollständig und in der Regel kaum zielorientiert wahrnahmen" (Holondynski und Seeger In Empirische Pädagogik 2004, 18 (2): 194). Ihren Erkenntnissen zufolge stellte sich das

Selbstmanagement der untersuchten Leitungskräfte als relativ „ungeplant und unreflektiert" (ebd.: 194) dar, sodass Verwaltungsarbeiten und Springerdienste mehr Zeit in Anspruch nahmen als die eigentlichen Leitungsaufgaben. Holondynski und Seeger führen dies u. a. auf strukturelle Ursachen zurück. Den Trägern selbst fehle es an zielorientierter Organisation. Ferner existierten seitens der Träger, laut den Forschungsergebnissen dieser Studie, keine konkreten Aufgabenbeschreibungen für die Leitungskräfte, keine Zielvereinbarung und Ergebniskontrolle für die Arbeit vor Ort sowie keine schriftliche Dokumentation als Richtlinie für verwaltungstechnische Routineaufgaben (vgl. ebd.: 223). Die Autoren konstatieren ferner, dass „weder ein verbindlicher Aufgabenkatalog noch eine verbindliche Ausbildung, die Leitungskräfte auf die Besonderheiten ihrer Tätigkeit vorbereiten" (ebd.: 195). Auch Lill schlussfolgert in einer 1997 veröffentlichten Studie zur Kindergartenleitung und deren Leitungsaufgaben in Ost- und Westberlin:

> *Mangelnde Klarheit über ihre Aufgaben, insbesondere in Bezug auf pädagogische Innovation und Kontrolle, Schwierigkeiten mit der Hierarchisierung und Strukturierung ihrer Aufgaben, Unsicherheiten im Umgang mit Konkurrenz-, Autoritäts- und Kompetenzkonflikten und die geringe Anerkennung ihrer Tätigkeit waren immer wiederkehrende Problemkomplexe. Wir stellten fest, dass sich Kita-LeiterInnen in einem ständigen Wechselspiel zwischen persönlichen Barrieren und strukturellen Hindernissen befinden und sie daher Schwierigkeiten haben, ihre eigene Rolle klar und eindeutig zu definieren. Dabei begegneten wir einer breiten Palette von Rollenverständnissen, die von "Gleiche unter Gleichen" über "gute Mutter", "Motor", "Macherin", "Quelle der Erneuerung" bis hin zum "Fels in der Brandung" reichten. Ein einheitliches berufliches Selbstverständnis von Kita-LeiterInnen ließ sich nicht identifizieren, sondern allenfalls Tendenzen. Unser Eindruck war, dass mit Hilfe von Fortbildungen nur sehr bedingt Einfluss auf das Selbstbild von Leiterinnen und ihr konkretes Handeln genommen werden kann (Lill 1997: 115).*

Ferner konstatiert Lill, dass bei 75 % der befragten LeiterInnen, Unklarheit geherrscht habe, welche Aufgaben seitens des Trägers von ihnen erwartet werden. Hierzu wird in dieser Studie angemerkt: „Das Fehlen eindeutiger Trägeranforderungen führt zu Unklarheiten und Unsicherheiten im Hinblick auf Ziel- und Kompetenzbestimmung der Leitung" (Lill 1997: 142). Huppertz bringt in einer Leitungsstudie aus dem Jahr 1991 zum Ausdruck, dass das Rollenverständnis der befragten LeiterInnen (N=105) unterschiedlich ausgeprägt war. Seine Forschungsergebnisse weisen darauf hin, dass das Rollenbild der befragten KindergartenleiterInnen zum Befragungszeitpunkt vielschichtig und ambivalent war. Die LeiterInnen wurden hierzu anhand von Metaphern zur Leitungstätigkeit befragt. Hierbei zeigte sich, dass sich 71 % der Befragten als FreundIn und 97 % als HelferIn verstanden und sich sozusagen eher als Teammitglied mit antreibender Eigenschaft (Metapher Motor 76 %) sahen, weniger jedoch in der steuernden Funktion (Metapher Kapitän 42 %) eines Vorgesetzten. Ferner wiesen die Ergebnisse darauf hin, dass die Rolle und Aufgabe der LeiterIn auch mit ausgleichenden Tätigkeiten aus dem Bereich der Mediation und des Konfliktmanagements verknüpft ist. Diese stehen in Verbindung mit der Leitungsfunktion, Verantwortung zu übernehmen und dadurch den MitarbeiterInnen den Rücken zu stärken und sie zu entlasten. Diesbezüglich fühlten sich 47 % der Befragten als „Prellbock", 45 % als „Schießscheibe" und 42 % als „Blitzableiter".

Gleser und Olic bestätigen diese Einschätzung. Anhand einer explorativen Untersuchung an 44 LeiterInnen im Jahr 2001 kommen sie zum Schluss, dass sich die befragten LeiterInnen in der Regel nicht als Vorgesetzte sahen, sondern eher als Teammitglied und als KollegIn. Manche sogar als gleichberechtigtes Gruppenmitglied. Ferner konstatieren die Autoren, dass die Ausbildung zur ErziehrIn für die befragten Leitungskräfte keine Relevanz für die Ausübung der Leitungstätigkeit gehabt habe. Darüber hinaus gebe es kein spezifisches Anforderungsprofil für die Leitungstätigkeit.[11]

Viernickel befragte im Rahmen der „Nationalen Qualitätsoffensive" im Jahr 2002 ca. 200 Leitungskräfte und bestätigt die bisherigen Ergebnisse. Demnach standen den Leitungskräften durchschnittlich ca. 27,7 Stunden zur Wahrnehmung der Leitungstätigkeit zur Verfügung. Zur Inanspruchnahme dieser Leitungszeit gaben drei Viertel der Befragten an, dass kein verbindlicher Aufgabenkatalog für ihren Arbeitsplatz existiere. Ferner verfügten 84 % der Befragten nach Angaben dieser Untersuchung über den Abschluss zur staatlich anerkannten ErzieherIn und nur jede zehnte LeiterIn über einen akademischen Abschluss. Demgegenüber habe laut Viernickel nur jede 14. LeiterIn noch nie an einer speziellen Fortbildungsmaßnahme für LeiterInnen teilgenommen. Viernickel allerdings bezweifelt diesbezüglich die Effektivität von „zumeist vereinzelten und relativ kurzen Fortbildungen" (Vgl. Viernickel In: Die deutsche Liga für das Kind 04/ 2006). Aufgrund der Unterschiede in der Wahrnehmung der Leitungsrolle und der attestierten Unklarheit des Anforderungsprofils an LeiterInnen von Kindertageseinrichtungen ist zu klären, was letztlich die Professionalität und die Aufgabe einer LeiterIn vor allem mit Blick auf die Bildungspläne im Elementarbereich ausmacht.

3.1.2 Leitungstätigkeit und die frühpädagogischen Bildungspläne

Der bayerische Bildungsplan wurde in den Jahren 2003/ 2004 in ausgewählten 104 Einrichtungen erprobt. Die Einrichtungen wurden u. a. mittels schriftlicher Erhebungen zu verschiedenen Fragestellungen in Zusammenhang mit der Implementierung des Planes befragt. Dabei zeigten die Leitungskräfte gegenüber den Fachkräften höhere Werte im Hinblick auf die Einschätzung der Notwendigkeit des Bildungsplanes. Allerdings brachte die Einführung des Bildungsplanes nach Erkenntnissen der beauftragten Forscher für die Leitungskräfte auch Veränderungen mit sich. 91 % der Befragten gaben an, dass durch den Plan die zeitliche Beanspruchung zugenommen habe. 86 % erwähnten zunehmende organisatorische Anforderungen. 63 % gaben an, dass die fachlichen Anforderungen zugenommen hätten. Bei 45 % hat nach eigenen Angaben durch den bayerischen Plan die nervliche Belastung zuge-

---

[11] Vgl. http://www.kindergartenpaedagogik.de/818.html. 03.03.09

nommen. Zu erwähnen ist jedoch in diesem Zusammenhang, dass 46 % angaben, dass durch den Plan die Zufriedenheit mit der eigenen Arbeit zugenommen habe.[12].

Zur Umsetzung des niedersächsischen Orientierungsplanes wurden, wie bereits in Rheinland Pfalz und in Schleswig Holstein, Leitungskräfte stellvertretend für ihre Teams zur Umsetzung des betreffenden Bildungsplanes mittels einer schriftlichen Erhebung befragt. Die Untersuchung wurde durch die Universität Trier (Honig/ Schreiber 2006) durchgeführt. Gegenstand der Untersuchung war dabei nicht die Leitung und deren Tätigkeit an sich, sondern die Rezeption des betreffenden Planes durch das Team. Die Befragung zum niedersächsischen Plan bezieht sich auf 2300 ausgefüllte Fragebögen. Nach Angaben von Honig und Schreiber wurde von ca. der Hälfte der Leitungskräfte die zur Umsetzung des Planes zur Verfügung stehende Zeit als unzureichend eingestuft. Ferner attestierten die Forscher einen signifikanten Zusammenhang zwischen der Rezeption des niedersächsischen Orientierungsplanes und der Teamqualität. Darüber hinaus sei erkennbar, dass Einrichtungen mit niederer Teamqualität weniger häufig Verfahren zur Qualitätsentwicklung anwenden und sich auch weniger häufig einer Qualitätsprüfung stellen würden. Daraus schlussfolgern Honig und Schreiber, dass sich vor allem die ohnehin besseren Teams dem Wettbewerb stellen und bei den schlechteren Teams eine Abschottungstendenz nach Innen erkennbar sei (Vgl. Honig/ Schreiber 2006: 37ff.).

3.1.3 Professionalisierung der Leitungstätigkeit auf europäischer Ebene

Oberhuemer beschäftigte sich u. a. mit dem Professionalisierungsansatz der akademischen Erstausbildung der pädagogischen Fachkräfte. In einer Betrachtung auf europäischer Ebene kommt sie zum Resultat, dass in der Mehrzahl der 27 europäischen Länder grundständige Studiengänge für den Elementarbereich existieren, die entweder explizit oder neben anderen Inhalten für die Gruppen- und Einrichtungsleitung qualifizieren. Darüber hinaus seien in der Mehrheit der Fälle die Studiengänge an der Universität angesiedelt. Wie Professionalisierung konkret aussehen kann, zeigt Oberhuemer am Beispiel Sloweniens und Englands. In Slowenien stelle ein dreijähriges Studium die Voraussetzung für die Wahrnehmung einer Leitungstätigkeit dar. Darüber hinaus koordiniere die LeiterIn, so Oberhuemer, ein interdisziplinäres Team. Ihr stünden, so die AutorIn, ein bis zwei stellvertretende Leitungen zur Seite. Ferner verfüge jede Einrichtung über eine FachberaterIn und eine GesundheitsberaterIn. Sowohl die Fachkräfte als auch die LeiterInnen können gemäß Oberhuemer Creditpoints sammeln und dadurch Abschlüsse erwerben, die sie z. B. für die Tätigkeit einer BeraterIn befähigen. Ferner finden auf Gemeindeebene regelmäßige Fortbildungen für Leitungs- und Fachkräfte statt. In England hingegen würden zunehmend sogenannte „Children`s centres" eingeführt. Diese Tageseinrichtungen verfolgen gemäß Oberhuemer einen sozialpräventiven Ansatz und versuchen, vor allem auch die Familien, insbesondere die sozial schwachen Familien zu

---

[12] Vgl. http://www.ifp.bayern.de/veroeffentlichungen/infodienst/ergebnisse-BEP.html 03.04.09

erreichen. 2005 wurde für diese Einrichtungen eine national anerkannte Leitungsqualifikation eingeführt. Die Leitung einer solchen Einrichtung hat u. a. die Aufgabe, das interdisziplinäre Team professionsübergreifend zu koordinieren, Fortbildungen zu organisieren sowie die Einrichtung, das Team und die Arbeit zu evaluieren. Dabei komme der Leitungskraft zudem die Aufgabe zu, eine Balance zwischen individuellem und einrichtungsbezogenem Fortbildungsbedarf herzustellen. In Deutschland hingegen gebe es gemäß Oberhuemer „keine politische Strategie bezüglich der verbindlichen Anhebung der Ausbildungsvoraussetzungen für eine verantwortliche Tätigkeit als Gruppenleitung oder Einrichtungsleitung" (ebd.: 59). Damit bleibe Deutschland hinter der überwiegenden Mehrheit der EU-Länder zurück (Vgl. Oberhuemer In: Balluseck 2008: 56 ff.).

Fuchs-Rechlin stellt zudem innerhalb Deutschlands Unterschiede im Hinblick auf den Akademisierungsanteil von Leitungskräften in Kindertageseinrichtungen fest. Ihren Nachforschungen zufolge betrug der durchschnittliche Akademisierungsanteil in Deutschland im Jahr 2008 21,6 %, was gegenüber dem Jahr 2006 einen Zuwachs von ca. 2 % ausmache. Dabei variiert der Anteil an akademischen Leitungskräften innerhalb Deutschlands zwischen dem Höchstwert von 54,1 % in Bremen und dem niedrigsten Wert von 8,3 % in Brandenburg. Baden-Württemberg liege hinsichtlich der Leitungstätigkeit bei einem Akademisierungsanteil von 19,8 % im Jahr 2008 und weise gegenüber dem Jahr 2006 weniger einen Zuwachs als vielmehr einen Rückgang in Höhe von 0,6 % auf. (Hier ist allerdings zu berücksichtigen, dass die Bachelor-Studiengänge zur frühkindlichen Bildung in Baden-Württemberg mehrheitlich erst 2007/2008 angelaufen sind.)

Obwohl gemäß Fuchs-Rechlin mittlerweile Konsens darin bestehe, dass die Leitungspositionen in Kindertageseinrichtungen mit hochschulausgebildeten Fachkräften besetzt werden sollten, scheint die „Entwicklungsdynamik des Akademisierungsprozesses" (Fuchs-Rechlin In KOMDAT Jugendhilfe 1/09: 19) ihren Erkenntnissen zufolge vorerst gebremst zu sein. Deutschlandweit habe sich die Akademisierungsquote von Leitungskräften in Kindertageseinrichtungen von 15,3 % im Jahr 2002 in einem deutlichen Sprung von 4 % auf 19,6 % im Jahr 2006 erhöht. Zwischen 2006 und 2007 sei nochmals ein Zuwachs von ca. 2 % zu verzeichnen gewesen. Hingegen sei zwischen den Jahren 2007 und 2008 eine Stagnation der Akademisierungsquote bei Leitungskräften festzustellen (Vgl. ebd.: 18f.).

Für die Professionalisierung in Form der Fort- und Weiterbildung mahnt Oberhuemer Reformierungsbedarf an. In Deutschland gebe es ein unübersichtliches Nebeneinander von Seminarangeboten, die ohne Auswirkung auf die berufliche Laufbahn der elementarpädagogischen Fachkräfte blieben. Oberhuemer bezeichnet Fortbildung in diesem Zusammenhang als „Einzelmaßnahme zur beruflichen Qualifizierung" (Oberhuemer In: Fried/ Roux 2006: 371) und Weiterbildung „als formale abschlussbezogene Form der Professionalisierung" (ebd.: 371). Ferner beinhalte Fort- und Weiterbildung auch zielgruppenorientierte Funktionsschulungen z. B. für Leitungskräfte. Oberhuemer benennt diese Fort- und Weiterbildungsmaßnahmen als „Formen der Kompetenzerweiterung"(ebd.: 371). Hinsichtlich des Ausbaubedarfs sei trotz der Unterschiedlichkeit der Ausbildungssysteme und der elementarpädagogischen Institutionen auf europäischer Ebene eine Erweiterung der Ausbildung- und Weiterbildungscurricula vor allem in fünf Bereichen angebracht. Dabei handelt es sich neben Evaluationsaufgaben, Bildungs- und Betreuungsarbeit mit unter Dreijährigen, Förderung von Kindern mit besonderem Förderungsbedarf und einer stärkeren Familienorientierung auch um Leitungs-, Management- und betriebswirtschaftliche Aufgaben. Diese umfassen nach Oberhuemer Fragen der Organisationsentwicklung, Personalführung und des Bildungsmanagements (Vgl. ebd.: 367ff.).

3.2 Leitung aus der Perspektive der Kindertageseinrichtung als Organisation

Neben dem dargestellten Erkenntnisstand zur Wirklichkeit des Leitungshandelns und der Qualifikation von Leitungskräften ist es angebracht, das Tätigkeitsfeld der LeiterIn sowie Bestimmungen zur Ausübung der Leitungstätigkeit näher zu betrachten. Wollen wir die Leitungstätigkeit für das Tätigkeitsfeld Kindertageseinrichtung spezifizieren und definieren, so empfiehlt es sich, die Kindertageseinrichtung als Organisation in Augenschein zu nehmen. Was ist unter Organisation zu verstehen? Streng bürokratische Organisationen zeichnen sich gemäß Feldmann durch folgende Eigenschaften aus:

- *die Festlegung von Aufgaben und Zielen,*
- *eine hierarchische Ordnung der Positionen,*
- *Normen, die in Form von Vorschriften und Regeln das Verhalten der Organisationsmitglieder bestimmen,*
- *Spezialisierung und Arbeitsteilung,*
- *Kommunikation und*
- *durch räumlich zeitliche Aspekte aus* (Vgl. Feldmann 2005: 191f.).

Ferner verfolgen Organisationen eine bestimmte Funktion oder einen Zweck (vgl. Schnurr In: Scherr 2006: 136). Als Beispiele für Organisationen nennt Gukenbiehl u. a. Schulen, Behörden Verbände, Kirchen und Banken (vgl. Gukenbiehl In: Korte/ Schäfers 2002: 152). Organisationen lassen sich jedoch nicht nur über deren Zweck und deren gemeinsame Merkmale bestimmen. Vielmehr existiert eine Vielzahl an Modellen, unter deren Blickwinkel Organisationen betrachtet werden können. Aspekte der Betrachtung bilden dabei das Verhältnis von Individuum und Organisation, die Organisationskultur, das Phänomen der Macht, Strukturen und Prozesse innerhalb von Organisationen, die institutionelle Einbettung von Organisationen und Theorien organisationsbezogener Veränderung (siehe 3.3.5.7), wie z. B. die Systemtheorie oder Modelle organisationalen Lernens, die uns unter anderem in der Vorstellung der „Lernenden Organisation" begegnen. Organisationales Lernen begründet sich beispielsweise nach Miesbach in Anlehnung an Hedberg darin, dass nicht nur Individuen lernen können: „Organisationen verfügen über ein Gedächtnis, in dem Verhaltensmuster, Prozesse und

Normen unabhängig von einzelnen Individuen gespeichert sind" (Miesbach 2007: 155). Mit u. a. diesen Inhalten beschäftigt sich die Organisationstheorie. Insbesondere die Führungstheorie (siehe 3.2.1.4) spielt für die vorliegende Untersuchung eine Rolle, da angenommen wird, dass sich das Führungsverhalten und der Führende als Person auf den Erfolg des Unternehmens auswirken (vgl. ebd.: 27).

Huppertz unterscheidet in Anlehnung an Mayntz zwischen Leistungs-, Kontakt- und Einwirkungsorganisationen und ordnet Kindertageseinrichtungen der Gruppierung der Einwirkungsorganisationen zu. Deren grundlegendes Ziel bestehe, wie auch bei Schulen, darin, für einen definierten Zeitraum auf bestimmte Personengruppen einzuwirken (vgl. Huppertz 1996: 130).

3.2.1 Beteiligte Akteure und Akteursgruppen

Hinsichtlich der Kindertageinrichtung als Organisation entwirft Huppertz ein Organisationsmodell des Kindergartens. Demnach interagiert die Leitung eines Kindergartens auf Teamebene mit der stellvertretenden LeiterIn, den GruppenleiterInnen, den Zweitkräften, AnerkennungspraktikantInnen und Hilfskräften. In direktem Umfeld kommen weitere Angestellte wie ggf. das Küchenpersonal oder der Hausmeister hinzu. Weitere Akteure auf Einrichtungsebene stellen das Klientel in Form der Kinder, der Eltern der Kinder, des Elternbeirats sowie der Träger der Einrichtung dar. Daran schließt sich die Schule als weiterführende Organisationsform an. Auf übergeordneter Ebene nehmen in betrieblicher, qualifizierender und Interessen vertretender Funktion Fachschulen, Fachhochschulen, pädagogische Hochschulen, Universitäten, Kirchen und freie Verbände, pädagogische Fachverbände und Gewerkschaften sowie die Träger von Fort- und Weiterbildungsmaßnahmen Einfluss auf die Geschicke von Kindertageseinrichtungen. Diese wiederum interagieren z. B. in Baden-Württemberg mit dem zuständigen Ministerium für Kultus, Jugend und Sport sowie dem Ministerium für Arbeit und Soziales, in dessen Zuständigkeit die Kinder- und Jugendhilfe angesiedelt ist. Die Ministerien stehen in Verbindung mit dem Bundesministerium für Familie, Senioren, Frauen und Jugend, welches sich zunehmend in die Debatte um die Qualität in Kindertageseinrichtungen maßnahmenorientiert einschaltet. Darüber hinaus beteiligen sich die zuständigen Minister an den entsprechenden Gremien der Jugendminister- und Kultusministerkonferenz. Ferner sind für den Kindergarten die gesetzlichen Bestimmungen des Kinder- und Jugendhilfegesetzes (Sozialgesetzbuch - SGB VIII) sowie dessen konkrete Ausführungsbestimmungen auf Länderebene in Form der Kindergartengesetze relevant (vgl. ebd.: 133). Unbenommen davon beteiligen und engagieren sich ebenenübergreifend zunehmend privatwirtschaftliche Unternehmungen. Zu nennen sind hier insbesondere die Bertelsmann- und die Robert-Bosch-Stiftung. Auch die mehrheitlich privatwirtschaftlich geführten Betriebskindertagesstätten seien an dieser Stelle erwähnt.

3.2.2 Ziele und Aufgaben von Kindertageseinrichtungen

Die Ziele und Aufgaben von Kindertageseinrichtungen ergeben sich u.a. aus den Kindergartengesetzten der Länder, die das SGB VIII konkretisieren (vgl. ebd.: 136ff.). Nach § 2 des Kindergartengesetzes von Baden-Württemberg ist es gemäß Abs 1 Aufgabe der Tageseinrichtungen, die Entwicklung des Kindes zu einer eigenverantwortlichen und gemeinschaftsfähigen Persönlichkeit zu fördern, die Erziehung und Bildung des Kindes in der Familie zu unterstützen und zu ergänzen und zur besseren Vereinbarkeit von Erwerbstätigkeit und Kindererziehung beizutragen. Diese Aufgaben umfassen die Erziehung, Bildung und Betreuung des Kindes nach § 22 Abs. 3 SGB VIII zur Förderung seiner Gesamtentwicklung (vgl. Land Baden-Württemberg (KiTaG) 2006). Ferner sollen Kinder mit Behinderung, auch wenn sie zusätzlich betreut werden müssen, mit Kindern ohne Behinderung gemeinsam gefördert werden, „sofern der Hilfebedarf dies zulässt" (ebd.).

Hinsichtlich der strukturellen Gegebenheiten sind gemäß § 2 a („Förderauftrag und Qualität") die Gemeinden dazu verpflichtet, „durch geeignete Maßnahmen die Umsetzung des Förderauftrags in den Tageseinrichtungen gemäß § 22 a SGB VIII sicherstellen und weiterzuentwickeln" (ebd.). Hierbei soll die Qualität durch die Vermittlung von geeigneten Tagespflegepersonen gemäß § 23 Abs. 3 SGB VIII sichergestellt werden. Ferner ist an dieser Stelle auf das länderübergreifende Tagesbetreuungsausbaugesetz (a. a. O.) zu verweisen, wonach die Träger dazu verpflichtet sind, als Grundlage des Förderauftrags, für eine eigenständige pädagogische Konzeption und deren Weiterentwicklung zu sorgen. Ferner sind die Träger laut TAG dazu verpflichtet, die Arbeit in den Einrichtungen zu evaluieren.

Die konkrete Kindergartenarbeit bestimmt hierbei im Falle Baden-Württembergs der Orientierungsplan für Bildung und Erziehung: „Für die Förderung der Kinder ab dem vollendeten dritten Lebensjahr bis zum Schuleintritt in den Tageseinrichtungen gilt der nach § 9 Abs. 2 erstellte Orientierungsplan für Bildung und Erziehung" (ebd.).

3.2.3 Vorgaben zur Wahrnehmung und Ausgestaltung der Leitungsfunktion

Die Leitungstätigkeit kann gemäß § 7 des baden-württembergischen Kindergartengesetzes (a. a. O.) („Pädagogisches Personal") von SozialpädagogInnen, DiplomsozialpädagogInnen, staatlich anerkannten ErzieherInnen und AbsolventInnen des Bachelor-Studiengangs Pädagogik der frühen Kindheit in Baden-Württemberg wahrgenommen werden. Den Leitungskräften kommt hierbei gemäß Kindergartengesetz die Aufgabe zu:

- zusätzlich zur Erziehung im Elternhaus die Gesamtentwicklung des Kindes zu fördern,
- mit den Eltern zusammenzuarbeiten,
- und die Fachkräfte in ihrer Einrichtung bei den Erziehungs-, Bildungs- und Betreuungsaufgaben „anzuleiten" (Vgl. ebd.).

Aufbauend auf diesen Grundaussagen kommt Leitungskräften grundsätzlich die Aufgabe zu, durch ihre Arbeit die Familien ergänzende Funktion der Erziehung, Bildung und Betreuung des Kindes zu einer eigenverantwortlichen autonomen Persönlichkeit zu gewährleisten und die Gesamtentwicklung des Kindes zu fördern. Dafür sind geeignete Tagespflegepersonen auszuwählen. Diese sollen ferner durch die Leitung „angeleitet" werden. Dies impliziert das Vorhandensein eines Anleitungskonzeptes, konkrete Vorstellungen von der pädagogischen Handlungspraxis sowie verfügbares weitervermittelbares Praxis- und Handlungswissen bezüglich der Arbeit der pädagogischen Fachkräfte. Der LeiterIn obliegt damit laut Gesetzgeber im Fall Baden-Württembergs die Organisation und Verantwortung der Verwirklichung der gesetzlichen Bildungs-, Erziehungs- und Betreuungsaufgaben der Kindertageseinrichtung. Somit ist sie für den Betrieb der Einrichtung zuständig und verantwortlich. Gleichzeitig ist sie für die inhaltliche Arbeit in Form der richtungweisenden und ggf. auch korrigierenden Anleitung der pädagogischen Fachkräfte zuständig. Darüber hinaus gehört die Kooperation mit den Eltern zum Aufgabenbereich der LeiterIn. Da laut Kindergartengesetz der baden-württembergische Orientierungsplan den Erziehungs-, Bildungs- und Betreuungsauftrag von Kindertageseinrichtungen in Baden-Württemberg konkretisiert und mit dem Kindergartenjahr 2009/10 Verbindlichkeitsanspruch erhebt, liegt somit auch dessen Umsetzung im Verantwortungsbereich der jeweiligen Leitung.

Auf Vorgesetztenebene liegt es am jeweiligen Träger als Arbeitgeber der LeiterIn, die gesetzlichen Vorgaben zur Leitungsfunktion durch Dienstordnungen und Stellenbeschreibungen zu spezifizieren (siehe dazu auch 3.3.5.4). Zuvor wurde allerdings bereits festgestellt, dass es laut Forschungsstudien keinen trägerübergreifenden verbindlichen Aufgabenkatalog für Leitungskräfte in Kindertageseinrichtungen gebe und teilweise keine konkreten Regelungen seitens der Träger getroffen würden. Allerdings sind diese teils weiter zurückliegenden Forschungsergebnisse vor dem Hintergrund der neueren Qualitätsmanagementkonzepte der Trägerorganisationen zu betrachten. Neben den Dienstordnungen und Stellenbeschreibungen des Trägers haben die Trägerorganisationen, angestoßen durch die „Nationale Qualitätsoffensive", Anstrengungen unternommen, Qualitätsmanagementkonzepte für die Arbeit in Kindertageseinrichtungen zu entwickeln. U. a. werden in Form dieser Qualitätsmanagementkonzepte Richtlinien für die Personalentwicklung in Kindertageseinrichtungen erlassen.

Die Caritas entwickelte in Anlehnung an die DIN EN ISO 9001 Qualitätsmanagementrichtlinien das „KTK-Gütesiegel". Dieses schreibt für den Sektor Personalentwicklung regelmäßige Fort- und Weiterbildung der Fachkräfte vor. Die Themen sollen dabei neben fachlichen Inhalten auch spezifische Leitungsthemen umfassen. Darüber hinaus ist die Leitung explizit für die Personalentwicklung verantwortlich und zuständig. Diesbezüglich ist die LeiterIn dazu verpflichtet, regelmäßige MitarbeiterInnengespräche zu führen, um Entwicklungsmöglichkeiten und Entwicklungsbedarfe auszuloten. Dies beinhaltet auch die Verpflichtung, mit jedem

Mitarbeiter einmal pro Jahr ein Zielvereinbarungsgespräch zu führen. Dabei wird betont, dass den Mitarbeitern Verantwortung übertragen werden soll. Neben der Arbeit der LeiterIn selbst ist laut diesem bundesweiten Rahmenhandbuch auch die Kooperation von Leitung und Träger gefragt. So sollen in einer schriftlichen Dokumentation die Verantwortungs- und Entscheidungskompetenzen von Leitung und Träger festgehalten werden. Der Träger soll zudem Zielvereinbarungsgespräche mit der LeiterIn führen. Ferner sollen gemeinsam, mindestens einmal jährlich, die Informationen über die Einrichtung zusammengetragen und ausgewertet werden (Vgl. Caritas 2008 – Träger und Leitung: 7f.).

Auch die Bundesvereinigung evangelischer Tageseinrichtungen hat ein Bundesrahmenhandbuch entwickelt. Gemäß den dort erlassenen Richtlinien trägt die LeiterIn die Gesamtverantwortung für die Arbeitsabläufe in der Einrichtung. Dies umfasst die Sicherstellung der Umsetzung der Konzeption, Elternarbeit, Verwaltung und Organisation, Personalführung und Personalentwicklung, Organisationsentwicklung, Qualitätsmanagement, Konzeptionsentwicklung, Budgetverantwortung, Vernetzung, Interessenvertretung, Öffentlichkeitsarbeit sowie die Kooperation mit dem Träger und der Fachberatung (vgl. Esch/ Klaudy/ Micheel/ Stöbe-Blossey 2006: 169). Die Grundlage der Personalentwicklung soll ein differenziertes Personalentwicklungskonzept darstellen. In Fragen der Team- und Organisationsentwicklung soll die LeiterIn durch die Fachberatung begleitet werden und auf Supervisions- und Coachingangebote zurückgreifen (vgl. ebd.: 166). Auch von der Arbeiterwohlfahrt und dem Paritätischen Wohlfahrtsverband wurden ähnliche Qualitätsmanagementkonzeptionen entwickelt, die sich verschiedenen Qualitätsbereichen u. a. auch Fragen der Leitungstätigkeit annehmen.

Hinsichtlich der Stellung der LeiterIn weisen gängige Stellenbeschreibungen mehrfach auf eine gewisse Abhängigkeit der Kindergartenleitung hin. Sie handelt im Auftrag des Trägers und kann in einigen Fällen keine eigenständigen Entscheidungen im Personalsektor bzgl. Einstellung, Abmahnung und Kündigung treffen. Vielmehr ist sie dazu aufgerufen, an der Personalauswahl mitzuwirken und sich in Entscheidungsgremien zu beteiligen. Ferner sind konzeptionelle Entscheidungen sowie weitere richtungweisende Entscheidungen mit dem Träger abzustimmen. Huppertz bestätigt diese Einschätzung. Aufbauend auf der Analyse von LeiterInnendienstordnungen und Stellenbeschreibungen kommt er zu der Erkenntnis:

Die LeiterIn ist angewiesen auf Teamarbeit, ständige Gesprächsbereitschaft nach und von allen Seiten, einen partnerschaftlichen Umgangsstil usw. Sie hat keine Befehlsempfänger um sich und verfügt nicht über Untertanen, sondern sie muss im Wesentlichen mit dem Wort und dem Argument wirksam sein (Huppertz 1994: 22).

Ferner kommentiert Huppertz das Verhältnis Träger LeiterIn wie folgt: „Die LeiterIn ist gegenüber dem Träger in der Rolle des abhängigen Arbeitnehmers, weil er der Arbeitgeber oder Dienstgeber ist" (ebd.: 74). Die LeiterIn ist somit darauf angewiesen, das Verhältnis zum Träger zu pflegen und darüber hinaus sich aktiv in relevanten Entscheidungsgremien zu beteiligen.

3.2.4 Beiträge der Führungsforschung

Die Stellung der LeiterIn steht in Zusammenhang mit Führung und der Verkörperung eines Führungsanspruches. Die Organisationspsychologie widmet sich in Form mehrerer Zugänge dem Phänomen der Führung von Organisationen. Dabei existieren verschiedene Theorieansätze zur Betrachtung und Erforschung dieses Phänomens. Der personalistische Ansatz, auch Eigenschaftsansatz genannt, beschäftigt sich damit, was erfolgreich Führende von weniger erfolgreich Führenden unterscheidet. In der empirischen Führungsforschung wurden diesbezüglich fünf Persönlichkeitsfaktoren herausgearbeitet. Dabei handelt es sich um Extraversion, emotionale Stabilität, Verträglichkeit, Gewissenhaftigkeit und Offenheit für Erfahrungen. Allerdings handelt es sich laut Gebert und Rosenstil dabei um Konstrukte. Diese Konstrukte reduzieren die Persönlichkeit auf wenige Merkmale. Darüber hinaus wird kritisiert, dass sich der Zusammenhang zwischen diesen Eigenschaften und dem Führungserfolg in Form einer Prognose nicht widerspruchsfrei ohne Berücksichtigung weiterer Wirkfaktoren wie der Situation oder dem Führungsverhalten bestimmen lasse. (Vgl. Gebert/ Rosenstiel 2002: 85 ff.)

Ein zweiter Ansatz widmet sich dementsprechend dem Führungserfolg in Zusammenhang mit dem Führungsverhalten, das durch die zuvor angesprochenen Eigenschaften mitbedingt ist. Dazu wurden durch Clusteranalysen Managementypologien entwickelt, wie z. B. der Typus des „Diskutierers", der einen Großteil der Zeit mit Gesprächen mit den Mitarbeitern verbringe. Allerdings wurde an diesem Ansatz bemängelt, dass nicht klar zu trennen sei zwischen sich im Handeln der Leitungskräfte zeigenden Persönlichkeitsmerkmalen und den Anforderungen vor Ort. Demgegenüber orientieren sich andere Ansätze an den Funktionen des Managements. Allerdings besteht hier die Schwierigkeit, dass nach Gebert und Rosenstiel kein Konsens herrsche, was unter Führung zu verstehen sei. Hier wird die Notwendigkeit einer Inventarisierung deutlich. Grundsätzlich mangele es jedoch gemäß Gebert und Rosenstiel an Theorien und deren Offenlegung, die eine sinnvolle Auswahl der Führungsaktivitäten begründen. Die Konsequenz seien unterschiedliche Inventarisierungen der Führungsaktivitäten. Häufiger angesprochene Führungsaktivitäten seien diesbezüglich die Förderung der Zusammenarbeit, Konfliktschlichtung, Initiierung und Motivation, Repräsentanz der Einrichtung, Zieldefinition, Entscheidungen treffen, Koordination und Organisation von Abläufen, Informierung der Mitarbeiter, Kontrolle der Arbeitsergebnisse sowie Sorge zu tragen für das Wohl des einzelnen Mitarbeiters.

Eine weitere Schwierigkeit, will man Führungsverhalten und Führungserfolg beschreiben, besteht gemäß den Autoren darin, dass es nicht unerheblich sei, woran der Führungserfolg bemessen werde. Dieser könne z. B. anhand von erstellten Leistungsindizes, der Arbeitszufriedenheit oder der psychischen Beanspruchung der Mitarbeiter bemessen werden. Betrachtet man aus der Leistungsperspektive die gegenwärtig mehrheitlich als günstiger angesehenen kooperativen Führungsvorgehensweisen gegenüber direktiven Führungsverhaltensweisen, dann gibt es gemäß Gebert und Rosenstiel kein empirisches Indiz dafür, dass situationsunabhängig kooperative Formen einem direktiven Führungsverhalten überlegen seien. Ferner stünden sich die teilweise als gegensätzlich postulierten Begriffe Leistungsorientierung und Mitarbeiterorientierung nicht zwangsläufig konträr gegenüber, sondern könnten im Führungsverhalten der Leitung vereint werden (Vgl. ebd. S. 191 ff.).

Ein dritter Ansatz widmet sich situativen Bedingungen von Führung. Wesentliche Erkenntnisse dieser Ansätze sind, dass sich das gleiche Führungsverhalten unter unterschiedlichen Randbedingungen verschieden auswirken kann. Ferner ist anzumerken, dass es sich bei den Merkmalen Situation und Führungsverhalten um keine Konstanten handelt. Vielmehr wirkt die Situation auf das Führungsverhalten und umgekehrt das Führungsverhalten wiederum auf die Situation ein. Darum, so Gebert und Rosenstiel, lasse sich der Langzeiterfolg eines Führungsverhaltens kaum voraussagen. Daraus folgt, dass es keinen konstanten Führungsstil geben kann, sondern dass die Führungsmodalitäten auf die Situation abgestimmt werden müssen. Dies befürwortet eine geänderte Abfolge, indem nicht zuerst definiert wird, was Führung ist, um daran anschließend dieses Konstrukt anhand eines Erfolgskriteriums zu messen. Vielmehr ist demnach als Erstes das Ziel der Handlungen in Augenschein zu nehmen, um darauf aufbauend das Führungsverhalten zu bestimmen. Dies wird als zielorientierte Führung bezeichnet. Dabei stehen drei Fragen als zusammenhängender Komplex im Vordergrund:

- Welches Ziel soll angestrebt werden?
- Welches Geführtenverhalten ist unter den situativen Randbedingungen angebracht, um das Ziel zu erreichen?
- Welches Führungsverhalten ist unter den gegebenen Bedingungen angebracht, um das erwünschte Geführtenverhalten hervorzurufen und das angestrebte Ziel zu erreichen?

Für die Führungs- und Managementforschung bedeutet dies darüber hinaus, dass der Einzelfall durch keine quantitative ausdifferenzierte Klassenbildung vollständig darstellbar ist, weshalb die rekonstruktive Einzelfallforschung eine sinnvolle Ergänzung der quantitativen Führungsforschung darstellt (Vgl. ebd. S.213ff.).

Ein weiterer Ansatz widmet sich der visionär-charismatischen Führung auch als „Transformationale Führung" bezeichnet. Die „Transaktionale Führung" basiert darauf, dass der Führende Anreize setzt, für die im Gegensatz der Mitarbeiter ein hohes Ausmaß an Leistungseinsatz zu erbringen hat. Dies wird auch als Tauschmodell bezeichnet. Die Effektivität kann dadurch gesteigert werden, dieses Verständnis durch die „Transformationale Führung" zu ergänzen. Dieses Führungsverständnis ist nicht gleichbedeutend mit dem Verständnis von „Transformationaler Führung", wie es Wissinger im Rahmen der Schulentwicklung gebraucht. Vielmehr lebt das "Transformationale" Führungsverständnis im hier verwendeten Sinne von Emotionalität und baut darauf, durch die entsprechende Beschaffenheit der Führungsperson die Leistungspotenziale der Mitarbeiter in höherem Ausmaß abrufen zu können. Dabei spielt das Charisma im Sinne einer Vorbildfunktion des Vorgesetzten eine Rolle. Der charismatisch Führende strahlt Anziehungskraft auf den Mitarbeiter aus und stellt darüber hinaus ein Bezugsmodell für den Mitarbeiter im Hinblick auf Wertvorstellungen, Ziele und Verhalten dar. Der Grundgedanken dieses Modells ist, dass sich die Geführten nicht nur für das Arbeitsziel und die Ziele der Organisation sondern auch für den Führenden als Person einbringen. Bezeichnend für dieses Führungsverständnis ist die Überzeugung des Führenden von der Richtigkeit der angestrebten Organisationsziele. Damit wirkt der charismatisch Führende mehr über Persönlichkeit im Sinne von Ausstrahlung als über Argumentation (Vgl. ebd.: 219 ff.).

Als Letztes wird auf den „Management by objectives" Ansatz eingegangen. Der Ansatz verfolgt im Kern eine Steuerung durch Zielvereinbarungen. Demzufolge ist es das Ziel dieses Managementansatzes, das Unternehmen durch ein gemeinsames Zielsystem zu koordinieren. Konkret bedeutet dies, den Vergleich von inhaltlich spezifizierten Zielen mit den erzielten Ergebnissen der Mitarbeiter, die Belohnung bei überdurchschnittlicher Zielerreichung, partizipative Zielvereinbarungen, Zieldefinitionen als Anspruch und Herausforderung für die Mitarbeiter, Feedback zur Zielerreichung, Prioritätensetzung sowie die Delegation von Aufgaben. Durch das Prinzip der delegativen Führung erhalten Mitarbeiter Aufgaben und die dazu notwendigen Entscheidungskompetenzen, was den aufgabenbezogenen Leistungsansatz der Mitarbeiter fördert. Dabei ist darauf zu achten, dass nicht nur die Ziele der Organisation verfolgt werden, sondern dass die Unternehmensziele auch mit den persönlichen Zielen der Mitarbeiter abgestimmt werden. Dadurch wird gewährleistet, dass die Mitarbeiter realisieren können, was ihnen beruflich wichtig ist. Zielfortschritte der Mitarbeiter dienen damit auch dem Unternehmen (Vgl. ebd.: 227 ff.).

3.3 Die Perspektive der fachspezifischen Leitungsliteratur

Neben dem Führungsverhalten und den Bestimmungen und Vorgaben zur Leistungserbringung stellt sich die Frage nach dem „Kerngeschäft" der LeiterIn einer Kindertageseinrichtung. In welchem Verhältnis stehen diesbezüglich die Begrifflichkeiten Leitung, Management und Führung?

3.3.1 Von der Leitung zum Management von Kindertageseinrichtungen

In der gegenwärtigen zielgruppenorientierten Leitungs- und Praxisliteratur setzt sich zunehmend der Managementbegriff gegenüber dem Leitungsbegriff zur Beschreibung der Leitungstätigkeit in Kindertageseinrichtungen durch. Ungeachtet einer gewissen Schnittmenge zwischen beiden Begrifflichkeiten, bestehen dennoch Unterschiede. Management ist aus phänomenologischer Perspektive eine Art Tätigkeit, die an ein Bündel von Aufgaben oder auch an einzelne spezifische Inhalte und Aufgaben gekoppelt sein kann, wie z. B. Selbstmanagement, Konfliktmanagement, Qualitätsmanagement etc. Fast jegliche Tätigkeit lässt sich mit dem Managementbegriff verbinden, was in den letzten Jahren zu einer nahezu unüberschaubaren Anzahl an Managementbegrifflichkeiten geführt hat. Demgegenüber ist der Leitungsbegriff aus sich heraus nicht eine bloße Tätigkeit, sondern auch an eine gewisse Stellung gebunden, die wiederum an spezifische Kompetenzen im Sinne von Befugnissen geknüpft ist. Management kann diesbezüglich allerdings ebenso wie Leitung in verschiedene Leitungs- oder Managementebenen unterteilt werden und somit ebenso eine gewisse Stellung zum Ausdruck bringen. Andererseits kann Management im Gegensatz zum Leitungsbegriff, z. B. im Falle des Selbstmanagements, als bloße Tätigkeit losgelöst von sozialen Hierarchiezuweisungen verstanden werden. Ferner kann eine Problemstellung oder eine Anforderung auf unterster Ebene, d. h. durch eine Person, die keinen Weisungsanspruch gegenüber Anderen besitzt, „gemanaged" werden und obliegt in diesem Fall ausschließlich der handelnden Person selbst. Leitung hingegen ist aus sich heraus mit einer gewissen Weisungsbefugnis gegenüber Anderen verbunden und lässt sich nicht beliebig mit zu bewältigenden Tätigkeiten begrifflich verbinden. Die regelgeleitete Bewältigung der Summe an Leitungstätigkeiten unter Berufung auf spezifische Managementtechniken und Managementtheorien wird gegenwärtig in mehreren Praxisveröffentlichungen als „Kita-Management" bezeichnet. Ähnliche Titel bezeichnen Kindertagesstätten als „Unternehmen" oder ordnen die Leitung von Kindertageseinrichtungen generell der Rubrik „Management von sozialen Einrichtungen" oder „Sozialmanagement" zu. In jüngster Zeit wird unter dem Eindruck der Bedeutung der frühkindlichen Bildung auch von „Bildungsmanagement" im Zusammenhang mit Kindertageseinrichtungen gesprochen (auf diese spezifischen Managementformen wird später detaillierter eingegangen). Zunächst ist jedoch der Kerngedanke des Managementdenkens und dessen Relevanz für Kindertageseinrichtungen zu untersuchen.

3.3.2 Grundgedanken des Managements

Management bezeichnet gemäß Fischer zeitgenössisches Führungshandeln. Der Begriff leite sich vom lateinischen „manus" ab, was „Hand" bedeute. Der Autor konstruiert daraus den Bedeutungshorizont „bewegen", „handeln", „unternehmen", „leiten", „zustande bringen" (Fischer 2001: .13). Fischer bezeichnet das Management von Kindertageseinrichtungen als eine Disziplin bzw. vielmehr als einen eigenständigen Beruf[13], der von der Amateurhaftigkeit abzugrenzen sei und der Qualifizierung bedürfe:

> [Management] ist der Hebel, um immer schwierigere Aufgaben erfüllen zu können und trotz steigender Beanspruchung Stress unter Kontrolle zu halten und Zeit für das Leben zu haben. Managementleistung erbringen zu wollen, ohne das nötige Rüstzeug dafür zu besitzen, ist eine Qual, sowohl für die Führungspersonen wie auch für die Mitarbeiter (ebd.: 13).

Deshalb werden, so Fischer, PädagogInnen benötigt, die sich bereit erklären, den Beruf der LeiterIn zu erlernen. Leitung als Beruf bedeute das Erlernen von Professionalität in der Führung von Erwachsenen sowie Professionalität in der Bewältigung aller anfallenden Aufgaben durch Anwendung geeigneter „Managementwerkzeuge"(ebd.: 19). Ziele von Management seien neben Effektivität und Effizienz vor allem das Erreichen von Zielen der Organisation, für die die LeiterIn Führungsverantwortung übernommen habe (vgl. ebd.: 31). Von der Hierarchie her gehören nach Künkel und Watermann Leitungskräfte von Kindertageseinrichtungen zum „unteren Management der kirchlichen und öffentlichen Träger" (Künkel/ Watermann 1993: 10). Management beschränkt sich dabei nach Aussage der Autoren nicht auf die Anwendung von Techniken und Fertigkeiten zur Betriebsführung, sondern ist als ein Bündel von Planungs-, Entscheidungs-, Strukturierungs- und Integrationsaufgaben zu verstehen, die zur Erreichung eines Zieles notwendig sind. Dies beinhaltet nach Künkel und Watermann den sinnvollen Einsatz der betrieblichen Mittel sowie die effektive Verteilung und den effektiven Einsatz der vorhandenen Arbeitskraft. Dieses zielbezogene Einrichtungsmanagement, gegenwärtig auch des Öfteren als „Organisationsmanagement" bezeichnet, setzt nach Ansicht der Autoren voraus, dass die Leitungskraft über weitreichende Entscheidungsbefugnisse, über ausreichende wirtschaftliche Mittel sowie über die Arbeitskraft und die Fähigkeiten ihrer Mitarbeiter verfügen kann, und in ihrer Führungsposition und in ihren Entscheidungen respektiert wird (Vgl. ebd.: 12f). Management setzt somit ein gewisses Maß an Führung voraus. Der Begriff des Führens bedeutet gemäß Stroebe: „Einen Mitarbeiter bzw. eine Gruppe unter Berücksichtigung der jeweiligen Situation auf gemeinsame Werte und Ziele der Organisation hin zu beeinflussen" (Stroebe 2002: 11).

Ellermann zeigt diesbezüglich die beiden Dimensionen des Managementbegriffs auf. Management steht zum einen für Personen oder Personengruppen, die mit einem Direktionsrecht gegenüber anderen Mitarbeitern ausgestattet sind und eine Organisation nach außen vertreten. Zum anderen steht Management im eingangs dargestellten Verständnis von Tätigkeit, für die Wahrnehmung und Gestaltung der Summe an Führungstätigkeiten wie Mitarbeiterführung, Planung, Organisation, Koordination und Kontrolle durch eine Leitungskraft. Das aus der Ökonomie übernommene Modell bzw. Managementkonzept zielt, so Ellermann, auf Gewinnmaximierung und die Behauptung auf dem freien Markt und sei deshalb im Hinblick auf

---

[13] Zur Problematik Leitung als Beruf siehe 2.2.1

den Einsatz im pädagogischen Bereich zu reflektieren. Gemäß Ellermann zeichnet sich Management inhaltlich durch die fünf Grundelemente Ziele setzen, Planen, Entscheiden, Realisieren und Kontrollieren aus und wird über Kommunikation hergestellt. Ferner orientiere sich „modernes Management" gemäß dem Autor an Leitgedanken wie Kundenorientierung, einer ständigen Qualitätskontrolle und Verbesserung, flachen Hierarchien und dem Modell der „lernenden Organisation". Demgemäß wandeln sich nach Ansicht des Autors sozialpädagogische Einrichtungen zu „Dienstleistungsorganisationen mit marktwirtschaftlich ausgerichteten flexiblen Strukturen"(Ellermann 2007: 21). Grundsätzlich ist somit festzuhalten, dass im Hinblick auf die Leitungstätigkeit, Management mit Fragen der zielgeleiteten Führung, Planung, Organisation und Kontrolle verknüpft ist, und auf die Entwicklung, den Fortbestand und die Effektivität der Organisation hin ausgerichtet ist. Diese, wenngleich mit sozialen Bezügen angereicherte, Marktorientierung von Kindertageseinrichtungen erfordert nach Erath und Sandner ein unternehmerisches Denken vonseiten der in Kindertageseinrichtungen tätigen Fachkräfte.

Als aktuelle Herausforderungen an das Management werden neben den Bildungsplänen im Elementarbereich die „Neue Steuerung" der Kommunen (siehe 3.3.5.6) und, wie in manchen Bundesländern bereits üblich, eine geregelte Pro-Kopf-Förderung des Kindes sowie flexible Zeitbuchungsverfahren genannt. Aufgrund dieser Entwicklungen sei es unerlässlich, Kosten-Nutzen-orientiert zu kalkulieren, damit die Einrichtung und deren Fortbestand gesichert werden könne. Schlagwörter in diesem Zusammenhang sind eine zunehmende Output Orientierung, Produktbeschreibungen, Zieldefinitionen, Leistungsvereinbarungen, Qualitätsstandards und indikatorengestützte Erfolgsbewertung. Dieses zunehmende Bemessungsprinzip und die Flexibilisierung der Gelderzuweisung über transparente Leistungsvereinbarungen und Leistungsnachweise führt nach Ansicht der Autoren zu einer verstärkten Konkurrenz der Kindertageseinrichtungen, einer erhöhten Anspruchshaltung der Eltern und zu der Notwendigkeit, die Qualität der Arbeit nachweisen zu können (Vgl. Erath/ Sandner 2007: 35ff.).

3.3.3 Die Führungsrolle der LeiterIn

Die Rolle der LeiterIn als ManagerIn kann je nach theoretischer Ausrichtung unterschiedlich gewichtet werden. Die Rolle kann sich aus Organisationstheorien heraus bestimmen oder z. B. aus hierarchischen Managementkonzepten. Aus dem Blickwinkel der Organisationstheorie ist häufiger, wie auch in schulischen Kontexten, von der Kindertageseinrichtung als „Lernender Organisation" zu lesen. Auch der Fortbildungstag für Leitungskräfte des Landes Baden-Württemberg zur Implementierung des Orientierungsplanes für Bildung und Erziehung steht unter dem Leitaspekt „der Kindergarten als lernende Organisation" (zur Effektivität dieser Fortbildungsmaßnahme siehe 9.2.4). In diesem Zusammenhang definiert Ellermann Organisation als ein „arbeitsteiliges soziales System zur Verwirklichung bestimmter Organisationsziele" (Ellermann 2008: 22). Die Leitung wird diesbezüglich mit der Aufgabe der Organisationsentwicklung in Verbindung gebracht. Organisationsentwicklung wird mit „längerfristig angelegten, systematischen, umfassenden Veränderungsprozessen von Organisationen und den in ihnen tätigen Menschen" (ebd.: 22) umschrieben. Als Grundlage der Organisationsentwicklung werden, aufbauend auf dem Modell der „lernenden Organisation", qualifizierte und innovationsfreudige MitarbeiterInnen angesehen. Demgemäß komme der LeiterIn nicht die Aufgabe zu allein als Steuernde zu agieren, sondern das Entwicklungspotential ergebe sich aus der „Mindfitness" (ebd.: 23) und den Gestaltungswünschen der MitarbeiterInnen (Vgl. ebd.: 12 ff.).

Erath und Sandner hingegen definieren Managementebenen und „Managementdimensionen" und dementsprechende Aufgaben für den Träger und die LeiterIn. Dem Träger komme die Aufgabe zu, das Unternehmen durch Leitbild, Unternehmenskultur und die finanziellen Bedingungen zu führen. Die Leitung hingegen habe die passenden Strategien und Perspektiven für die Einrichtung zu entwickeln. Darüber hinaus sei es Aufgabe der Leitung, das Team zu führen, zu motivieren und effizient zu organisieren (Vgl. Erath/ Sandner 2007: 33). Die Aufgaben des Managements werden von Erath und Sandner in drei Dimensionen des Managements unterteilt: normatives Management, strategisches Management und operatives Management. Das normative Management obliegt nach Ansicht der Autoren dem Träger. Diese Managementebene gibt die grundlegenden Ziele, Prinzipen und Normen vor. Dazu zählen u. a. Leitbild, Qualitätspolitik, Eta- und Finanzstruktur, Entwicklung der Organisationsstruktur und Fundraising. Das strategische Management ist auf die Ausschöpfung des Potenzials hin ausgelegt. Ihm obliegt die Anpassung des Angebots an den Bedarf, die Weiterentwicklung der Konzeption, die Evaluation, Dokumentation und Aktenführung, die Gewährleistung einer Kommunikationsstruktur, Personalentwicklung, Öffentlichkeitsarbeit und Wissensmanagement. Das operative Management hat die Aufgabe, die Vorgaben des normativen und strategischen Managements in operationalisierte Ziele zu kleiden. Diese beziehen sich auf die Umsetzung der Konzeption, fachliche Standards sowie auf das Aufspüren von Schwachstellen und die Umsetzung von Verbesserungsvorschlägen (Vgl. ebd.: 63f.). Das strategische Management liegt dabei gemäß Erath und Sander maßgeblich in der Verantwortung der Einrichtungsleitung, wohingegen das operative Management sich mit Fragen der Umsetzung der Konzeption durch das Team beschäftigt. Verschiedene Qualitätsbereiche können dabei in Form von Qualitätszirkeln in kleinen Arbeitsgruppen erarbeitet und weiterentwickelt werden (Vgl. ebd.: 115 ff.).

Hinsichtlich der Ausgestaltung des Führungsverständnisses betonen Möller/ Schlenther-Möller die Notwendigkeit von Aufgabenklarheit in Form von Stellenbeschreibungen und Aufgabenprofilen. Ein wesentlicher Aspekt der LeiterInnenrolle liegt dabei laut besagten Autoren in der Übernahme von Verantwortung und in einer klaren, den pädagogischen Fachkräften gegenüber transparenten Vorgesetztenrolle (Möller/ Schlenther-Möller 2007: 16f.). Möller/

Schlenther-Möller sehen die LeiterIn diesbezüglich in einer moderierenden Rolle. Diese beinhaltet, die Kleinteams (Gruppen) bei der Verwirklichung der pädagogischen Ziele in Form von Coaching zu unterstützen, Konflikte in der Zusammenarbeit der Fachkräfte und in der Zusammenarbeit mit Partnern außerhalb der Einrichtung (z. B. Eltern) zu managen, Fallbesprechungen zu moderieren, den eigenverantwortlichen Rahmen der Teams abzustecken und die Konzeptionsentwicklung und -fortschreibung voranzutreiben (vgl. ebd. 2007: 18). Ferner ist laut Möller/ Schlenther-Möller die LeiterIn

> *zuständig für die Gewährleistung sorgfältiger, pädagogisch-inhaltlicher Planung, die tägliche Gestaltung des Zusammenlebens mit den Kindern und die Zusammenarbeit mit dem Mitarbeiterteam. Gemeinsam mit dem Träger sorgt sie für ziel- und aufgabenorientierte Qualität. In der Leitungsfunktion ist ein Teil der Fürsorgepflicht enthalten. Die LeiterIn ist weisungsbefugt. Sie gibt alle Informationen weiter, die ein arbeitsrechtlich einwandfreies loyales Miteinander ermöglichen. (...) Über personelle, rechtliche und finanzielle Änderungen wird Einvernehmen mit Träger und Leitung hergestellt (ebd.: 259).*

Huppertz plädiert in seinem Buch „die Leitung des Kindergartens", wie auch Möller und Schlenther-Möller, für kein streng hierarchisches Leitungsverständnis in Kindertageseinrichtungen. Vielmehr spricht er sich für einen partnerschaftlichen Leitungsstil aus, der auf Absprachen nicht auf Anordnungen baut. Diesbezüglich unterscheidet Huppertz zwischen „Personenautorität" als „der ganze Mensch, der (...) wirkt" (Huppertz 1994: 98), z. B. durch seine Persönlichkeit und Ausstrahlung, der „Sachautorität" (ebd.: 99), die mit Wissen, Können und Erfahrung zusammenhängt und der „Amtsautorität" (ebd.: 99) in Gestalt der formalen Leitungsfunktion. Letztere ist bei einem Verhältnis, das nicht auf Hierarchie baut gemäß Huppertz von weit aus geringerer Bedeutung als die Sachautorität und Personenautorität. Ferner setzt dieser Leitungsstil, verstanden als „relativ konstantes und einheitliches System des verbalen und nonverbalen Verhaltens, das eine verantwortliche Person in ihrer beruflichen Tätigkeit gegenüber Mitarbeitern äußert" (ebd. 1994: 96) voraus, Machtäußerungen zu vermeiden und so weit es geht, die Interessen der MitarbeiterInnen zu berücksichtigen. Dies impliziert für den Umgang mit den MitarbeiterInnen, trotz verbindlicher Absprachen, Freiräume zuzugestehen und Verständnis für die Anliegen der MitarbeiterInnen aufzubringen. Ein solches Leitungsverständnis äußert sich auch in den Grundsätzen der Reversibilität und Empathie. Dies bedeutet, sich in die MitarbeiterInnen hineinversetzen und mitfühlen zu können und einen Umgang und Kommunikationsstil zu pflegen, z. B. in Tonfall und Wortwahl, den umgekehrt auch die LeiterIn vonseiten der ErzieherInnen sich gegenüber akzeptieren würde. Weitere Komponenten des partnerschaftlichen Leitungsstils bilden ein transparenter Informationsfluss und keine Beanspruchung von Sonderrechten. Dementsprechend baut der partnerschaftliche Leitungsstil[14] auf kein Abhängigkeitsverhältnis der MitarbeiterInnen, sondern auf deren Selbständigkeit (vgl. ebd.: 97ff.).

---

[14] Zur Problematik der Existenz des Konstruktes „Leistungsstil" siehe 3.2.1.4

Gleichwohl der Berechtigung demokratischer Führungsweisen weist Klug auf die Gefahren eines zu demokratischen Führungsverständnisses hin. Klug sieht die Gefahr in Kindertageseinrichtungen bzw. generell in sozialen Einrichtungen, Führungsprobleme auf der Beziehungsebene lösen zu wollen. Er warnt davor, auf Kosten der Effizienz Entscheidungen „bis zum Umfallen aus[zu]diskutieren" (Klug 2001: 69). Klug zufolge muss eine LeiterIn „Entscheidungen durchsetzen können, auch wenn sie unpopulär sind und ohne dass diese (durchaus im konsensualen Verfahren getroffenen) Entscheidungen stets von Neuem infrage gestellt werden können" (ebd.: 69). Klug zufolge fördert eine gute Personalführung die Rationalität in Form von messbaren Zielen, geeigneten Methoden und Ergebniskontrolle sowie Emotionalität vertreten durch Kommunikation, Vertrauen und Begeisterung. Grundsatz ist allerdings die Zielbezogenheit im Hinblick auf die Aufgaben der Organisation (ebd.: 69). Auch Fischer plädiert für keinen grundsätzlichen Machtverzicht einer LeiterIn. Macht, definiert als potentielle Fähigkeit Verhalten zu beeinflussen, den Ablauf von Ereignissen zu verändern, Widerstände zu überwinden und Menschen dazu zu veranlassen, Dinge zu tun, die sie sonst nicht tun würden, sei nichts „Unanständiges". Gemäß Fischer spricht „Machtverzicht keineswegs für eine edle Haltung, sondern für eine Verweigerung von Führung" (a. a. O.: 31).

3.3.4 Managementaufgaben und Managementkompetenzen

Gleich welchem Managementansatz und welchem Führungsverständnis Folge geleistet wird, wird anhand der bisherigen Ausführungen ersichtlich, dass Leitungskräfte einer Reihe von Anforderungen gegenüberstehen. Dazu zählt die Erwatungshaltung durch den Einsatz eines aus der betriebswirtschaftlichen Managementliteratur übernommenen Instrumentariums an Maßnahmen und Techniken, die Geschicke der Einrichtung erfolgreich und (kosten-)effizient bewältigen und lenken zu können. Möller und Schlenther-Möller postulieren diesbezüglich ein Aufgabenprofil der LeiterIn, das aus folgenden 14 Punkten besteht: Arbeitsorganisation, Zeitmanagement, Teamentwicklung, Mitarbeiterführung, Haushaltsplanung/ Finanzierung, Verwaltung, Qualitätsmanagement, Kommunikation und Konfliktmanagement, Mitarbeitergespräche führen, Öffentlichkeitsarbeit, Marketing, Konzeptionsentwicklung, Erziehungspartnerschaft mit den Eltern und Organisation der Beobachtung in der Kindertagesstätte (vgl. a. a. O.: 3ff.). Huppertz vertritt unabhängig vom Managementparadigma, aufbauend auf den Erkenntnissen einer empirischen Befragung von LeiterInnen, ähnliche Aufgaben, indem er zwölf Kernaufgaben der Leitung definiert, welche übergreifender Natur sind und die vorangehenden Aufgabenbereiche implizit beinhalten. Der LeiterIn kommt dabei die Aufgabe zu …

1. zu integrieren: (z.B. durch Akzeptanz, Freundlichkeit und Partnerschaftlichkeit bei nach Innen und Außen gerichteten Kontakten und durch Maßnahmen zur Förderung der Arbeitsatmosphäre in der Einrichtung),
2. sich selbst und die Abläufe in der Einrichtung zu organisieren,
3. die letztendliche Verantwortung zu übernehmen,
4. sich und Andere zu informieren, für Transparenz zu sorgen und die KollegInnen zu beraten,

5. zu kooperieren in Form z. B. regelmäßiger Teambesprechungen aber auch durch die Zusammenarbeit mit Eltern, der Schule, Institutionen etc.,
6. in gemeinsamer Absprache mit dem Team gezielt Aufgaben zu delegieren nicht jedoch aufzuzwingen,
7. sich selbst und das Team zu aktivieren und dabei die Individualität der MitarbeiterInnen zu berücksichtigen,
8. zu verwalten und dabei die rechtlichen Bestimmungen z. B. Sicherheitsbestimmungen zu kennen,
9. den Kindergarten nach außen zu repräsentieren und gezielte Öffentlichkeitsarbeit zu betreiben,
10. zu innovieren – sich selbst, das Team und die pädagogische Arbeit gezielt weiterzuentwickeln nach dem Grundsatz, Gutes zu erhalten und wo es sinnvoll ist, zu erneuern,
11. in Form von kollegialer Kontrolle sich gezielt über die Arbeit der MitarbeiterInnen zu informieren, indem die Arbeit der KollegInnen der LeiterIn gegenüber transparent zu machen ist und
12. Entscheidungen herbeizuführen und falls nötig, selbst zu treffen.

(vgl. Huppertz 1994: 18ff.)

Darüber hinaus betont Huppertz die Bedeutung von Gesprächsführung und Gesprächsführungstechniken sowie die Aufgabe des Konfliktmanagements als wichtige Moderations- und Gestaltungstechniken einer erfolgreichen Zusammenarbeit auf Einrichtungs-, Gruppen- und Gesamtteamebene (Vgl. Huppertz 1994).

Viernickel sieht die Leitungstätigkeit aus dem Blickwinkel der Qualität und Qualitätsentwicklung. LeiterInnen seien zunehmend in Zugzwang, ihre Einrichtungen nach zeitgemäßen Managementkonzepten zu leiten und stünden zudem gleichzeitig stärker in der Verantwortung, die Bildungsarbeit in den Gruppen und mit den Kindern weiterzuentwickeln. Viernickel sieht demgemäß Leitung als einen eigenständigen Qualitätsbereich, der in den „Nationalen Kriterienkatalog" von Tietze/ Viernickel mit einfloss. Grundaufgabe der Leitung ist demnach die Weiterentwicklung von unterstützenden Rahmenbedingungen und Organisationsstrukturen zur Erbringung der pädagogischen Arbeit. Als grundlegende Aufgaben definiert Viernickel die Anpassung und Weiterentwicklung des Angebotsprofils, Personalführung und Personalentwicklung, u. a. anhand von konkreten Zielvereinbarungen, Arbeitsorganisation in Form einer Dienstplanung und moderierter Teambesprechungen, die Zusammenarbeit mit Familien, Öffentlichkeitsarbeit und Kooperation sowie Finanzen und Betriebswirtschaft. Zur Wahrnehmung dieser anspruchsvollen Leitungstätigkeit brauche eine LeiterIn, so Viernickel, fachliche und persönliche Voraussetzungen. Sie müsse auf dem Laufenden sein, was aktuelle Erkenntnisse zu den Bildungs- und Entwicklungsprozessen des Kindes betrifft. Ferner müsse sie Methoden des Sozial- und Qualitätsmanagements kennen und anwenden können. Darüber hinaus müsse eine Leitungskraft über Führungsverständnis verfügen. Dies mache eine Rollenklärung unerlässlich. Eine LeiterIn, so Viernickel, muss sich mit den eigenen und fremden Rollenerwartungen auseinandersetzen und die Fähigkeit zur Rollendistanz mitbringen. Eine LeiterIn muss zudem gemäß der AutorIn über Führungs- und Gestaltungsmotivation verfügen. Zu den notwendigen Kompetenzen zählt Viernickel die Fähigkeit zu delegieren, Methoden der Gesprächsführung und des Konfliktmanagements, Selbstmanagementkompetenz, rechtliche Kenntnisse, betriebswirtschaftliche Grundlagen sowie Kenntnisse im Bereich der Datenverarbeitung (Vgl. Viernickel 2006: 22ff.).

Diese Anhäufung von Aufgaben bzw. diese Aufgabenkataloge und die damit einhergehenden Erwatungen an die Fähigkeiten und Kenntnisse der LeiterIn unterstreichen die Professionalisierungsbesterbebungen in Form eines grundständigen Studiums und einer verbesserten Fort- und Weiterbildungsstruktur für Leitungskräfte. Allerdings ist künftig das Zustandekommen solcher Aufgabenkataloge zu hinterfragen und auf eine Theoriebasis zu stellen. Grundsätzlich lassen sich bisher, ähnlich der Rolle der Schulleitung, zwei Handlungsstränge der Leitungstätigkeit feststellen: Zum einen, wie es u. a. der Gesetzgeber fordert, den Erziehungs-, Bildungs- und Betreuungsauftrag zu verantworten und zu gewährleisten. Dies lässt sich unter der in der Praxis geläufigen Bezeichnung „Kita-Management" subsumieren. Zum anderen, sowohl das Angebot als auch die Arbeit in der Kindertageseinrichtung zu entwickeln und zu evaluieren. Beide Aufgaben stehen in Zusammenhang mit dem Führungshandeln der LeiterIn und mit dem Potenzial des Personals.

3.3.5 Konzeptionelle Bezugspunkte des Leitungs- und Managementhandelns

Grundsätzlich kann bisher festgestellt werden, dass Management in der Praxisliteratur weitgehend als ein Gesamtkonzept der Organisationsführung verstanden wird. Dieses generelle Managementmodell erfährt mit der Spezifizierung Sozialmanagement oder Bildungsmanagement einen spezifischen Zuschnitt für die Führung von sozialen Einrichtungen oder Bildungseinrichtungen. Das Managementdenken birgt als „neue" Komponente der Kindergartenarbeit eine stärkere betriebswirtschaftliche Ausrichtung. Deren Notwendigkeit begründet sich u. a. aus neuen Steuerungs- und Mittelbewilligungsverfahren der Kommunen und aus einer Flexibilisierung und Erweiterung des Angebots von Kindertageseinrichtungen. Kundenorientierung und zunehmende private Initiativen wie Betriebskindergärten beflügeln diese Debatte. Zudem setzt Management nicht auf die bloße Bewältigung des Leitungsalltags sondern mehrheitlich auf zielorientierte Verfahren, die an Ergebnisse, Qualitätsbemessungen und permanente Weiterentwicklung geknüpft sind.

Mit Blick auf die zunehmende Betonung des Bildungsauftrages von Kindertageseinrichtungen stellt sich die Frage, welche konkreten Aufgaben für die LeiterIn z.B. mit dem Aufgabenbereich Qualitätsmanagement oder der Organisationsentwicklung verbunden sind. Im Folgenden werden diesbezüglich die Handlungsfelder Bildungsmanagement, Sozialmanagement, Qualitätsmanagement, Organisationsentwicklung sowie Personalführung und Personalmanagement detaillierter betrachtet.

3.3.5.1 Bildungsmanagement

Grundlegend könnte man davon ausgehen, man verbinde das dargestellte Managementdenken mit dem Bildungsbegriff und erhalte daraus als Konstrukt das plausibel klingende Wort „Bildungsmanagement". Dadurch entstünde durch Kombination eines irgendwie gearteten zielorientierten Leitungshandelns zur Führung einer Organisation, vereint unter dem Begriff

„Management", und dem Bildungsanspruch von Kindertageseinrichtungen eine bildungsorientierte Tätigkeitsbeschreibung der LeiterIn. Schuster, Viernickel und Weltzien bekräftigen diese Überlegung. Ihrer Definition zufolge bezeichnet Bildungsmanagement die

> *Gesamtheit der üblichen Tätigkeiten zur Führung, Gestaltung und Verwaltung von Organisationen und gesellschaftlichen Institutionen und funktional eine darauf gerichtete bestimmte Tätigkeit, einen Vorgang bzw. Prozess. Im weitesten Sinne kann Bildungsmanagement also mit dem Führen, Gestalten und Verwalten von organisatorischen, personalen und finanziellen Rahmenbedingungen von Bildungsinstitutionen (Kindergarten, Schule, Hochschule, öffentliche und private Bildungsträger) gleich gesetzt werden (Schuster/ Viernickel/ Weltzien 2006: 7).*

Dabei weise Bildungsmanagement „große Nähe zum Sozialmanagement" (ebd.: 7) auf. In einem zweiten engeren Verständnis beschäftige sich Bildungsmanagement mit „spezifischen Fragestellungen der Organisation, Steuerung, Gestaltung und Evaluation von Lern- und Entwicklungsprozessen in verschiedenen Handlungsfeldern" (ebd.: 7). In diesem Verständnis gebe es gemäß den Autoren Überschneidungen mit dem Personal-, Wissens- und Qualitätsmanagement. Im betrieblichen Sinne beinhalte Bildungsmanagement das Setzen von Bildungszielen und die Etablierung von Regeln und Maßnahmen zur Erreichung der Ziele z. B. vor dem Hintergrund der beruflichen Weiterbildung. Auch Kindertageseinrichtungen verfolgen gemäß Schuster, Viernickel und Weltzien einen gesellschaftlichen Bildungsauftrag. Dieser sei nicht mit den betrieblichen Zielen der Fort- und Weiterbildung gleichzusetzen. Dennoch komme Kindertageseinrichtungen ein gesellschaftlicher Bildungsauftrag zu, der auf Grundlage eines „angemessenen Bildungsbegriff[es]" (ebd.: 10) die Vorgaben der Bildungspläne aufzugreifen habe. Bildungsmanagement in Kindertageseinrichtungen umfasst laut den Autoren die Schritte:

- Bedarfsanalyse (Orientierung an den Entwicklungsaufgaben, Bildungs- und Erziehungszielen der Einrichtung und individuellen Interessen und Themen der Kinder),
- Planung von Bildungsangeboten (Formulierung und Festlegung von Zielen, Inhalten, Methoden und Medien),
- Durchführung (didaktisch-pädagogische und räumlich –zeitliche Gestaltungselemente) und
- Kontrolle des erreichten Bildungserfolgs z. B. in Form der Entwicklungsdokumentation über das einzelne Kind. Dies wird mit dem Evaluationsverfahren der „formativen Evaluation" umschrieben (Vgl. ebd.: 7f.).

Die Autoren sehen Bildungsmanagement in Form des „Bildungsprozessmanagements" (ebd.: 9) im Sinne der Bildungsplanung und Bildungsevaluation als Bestandteil des operativen Managements, d. h. dem Management auf Umsetzungsebene. Dieses intendiert, bezogen auf Bildung, das „Initiieren und Gestalten von Lehr- und Lernprozessen innerhalb eines organisatorischen Rahmens". (ebd.: 9) Zur Leitungstätigkeit in Zusammenhang mit Aufgaben des Bildungsmanagements formulieren Schuster, Viernickel und Weltzien:

Vor allem durch die verstärkte Wahrnehmung des Bildungsauftrags von Kindertageseinrichtungen sind die Managementaufgaben von Leitungskräften auch im Hinblick auf die Zusammenarbeit mit Familien und Schulen deutlich komplexer geworden: Sie richten sich nicht nur nach innen, sondern ganz entscheidend auch auf die institutionellen Schnittstellen und die Gestaltung der Übergänge (ebd.: 8).

Auch die Beobachtung und Dokumentation der kindlichen Bildungs- und Entwicklungsprozesse bedürfen in diesem Zusammenhang gemäß den Autoren der Planung, Organisation und Auswertung. Dies wird auf Einrichtungsebene mit dem Begriff des „Beobachtungsmanagements" umschrieben. Beobachtung wird ferner als Grundstein der individuellen Förderung begriffen (Vgl. ebd.: 64f.).

Folgen wir den vorangehenden Definitionen, dann kann Bildungsmanagement all das sein, was sich auf eine geplante und reflektierte institutionell verankerte Bildungstätigkeit richtet. Folgerichtig wäre jede pädagogische Fachkraft die individuelle BildungsmanagerIn eines Kindes und die LeiterIn die übergeordnete ManagerIn des Ganzen, d. h. der Bildungsinstitution Kindertageseinrichtung sowie der Gesamtheit der Bildungstätigkeiten auf Einrichtungsebene.

3.3.5.2 Sozialmanagement

Sozialmanagement richtet sich inhaltlich maßgeblich an der spezifischen Finanzierungsform von sozialen Einrichtungen aus. Kindertageseinrichtungen zählen neben deren Verortung im Bildungssektor nach Schubert zu den sozialen Dienstleistungsorganisationen, die unter dem Begriff „Sozialwirtschaft" firmieren (Schubert 2005: 8). Diese Organisationen gehören der freien Wohlfahrtspflege an. Dabei weist die Sozialwirtschaft gemäß Schubert deutliche Unterschiede zur Erwerbswirtschaft auf, indem zwischen dem Kunden und dem Leistungserbringer der Träger der Leistungen zwischengeschaltet ist. Dies erfordert ein Management, das speziell auf die Anforderungen dieses Dienstleistungssektors zugeschnitten ist. Wöhrle definiert diesbezüglich Sozialmanagement als „Führen und Leiten, das eng mit den zu erbringenden sozialen Dienstleistungen und ihrem Übereinklang mit sozialpädagogischen bzw. sozialarbeiterischen Fachstandards und Prinzipien verbunden ist" (Wöhrle In: Grunwald 2009: 152). Dazu zählt explizit die Zuständigkeit für Personalmanagement, Fachaufsicht, Qualitätsmanagement, Marketing, Auftragseinwerbung und Projektmanagement. Schubert definiert diesbezüglich 17 Kompetenzbereiche des Sozialmanagements. Dabei handelt es sich um:

- Bildungs- und Erziehungsprozesse initiieren und begleiten (Erhebung von Potenzialen in der Organisation und im Umfeld zur Unterstützung der Prozesse),
- Erfahrungen verdichten (über Handlungs- und Verhaltensalternativen im Management verfügen),
- Erfolg messen (Ziele operationalisieren für Controlling und Kostenrechnung),
- Ergebnisse sichern (Anwendung von summativen Evaluationsmethoden),

- Finanzierung beschaffen (Rechnungswesen, Sponsoring, Fundraising),
- Kapazitäten steuern (Kosten-, Kapazitäts- und Terminplanung),
- Kommunizieren (Verhandlungstechnik und Kommunikationsmethoden mit Professionellen, Öffentlichkeitsarbeit, Marketing),
- Kontextwissen erschließen (Stakeholder- und Umfeldanalysen),
- Koordination leisten (professionelles Netzwerkmanagement),
- Krisen bewältigen (Krisenmanagement in der Organisation),
- Leitungsaufgaben wahrnehmen (Führungstechniken im Team, Moderation Entscheidungsprozesse, Konfliktmanagement, Umgang mit Controllingdaten/ Kennziffern),
- Lernen kontinuierlich fortsetzen (Personalentwicklung, Methoden der lernenden Organisation),
- Methoden anwenden (Fähigkeit zur Auswahl und Anwendung von Methoden des Sozialmanagements),
- Organisation gestalten (Betriebsformen),
- Orientierung finden und geben (Leitbild, Aufbauorganisation, Organisationskultur),
- Planung betreiben (Umfeld- und Marktanalyse, Sozial- und Jugendhilfeplanung und Probleme lösen) und
- Organisationsentwicklung (Realisierung mit der Methode des Projektmanagements) (Vgl. Schubert 2005: 14f.).

Ähnlich wie das Konzept des Bildungsmanagements erweist sich auch das Sozialmanagement als Konstrukt bzw. als Ansammlung von Aufgaben im Zusammenhang mit der Leitung und Führung einer Organisation, die der Führungskraft zugeschrieben werden. Schubert äußert, dass das Konzept des Sozialmanagements kritisch diskutiert und teils als „praxeologisches Konstrukt"(ebd.: 15) bezeichnet werde. Ähnlich sieht Ellermann Vorgehensweisen des Sozialmanagements: Er definiert Sozialmanagement als „Versuche, die Ergebnisse der betriebswirtschaftlichen Managementlehre in der Sozialwirtschaft anzuwenden. Mit Hilfe von Planung, Koordination und Kontrolle sollen klar bestimmte Ziele verwirklicht werden, um soziale Dienstleistungen zu optimieren" (Ellermann 2007: 23). Ebenso wie das Bildungsmanagement vertraut das Managementkonzept des Sozialmanagements auf „Management by objectives" (siehe 3.2.1.4), indem Ziele operationalisiert und gemessen werden sollen. Im Folgenden werden zentrale Bestandteile des Bildungs- und Sozialmanagements näher betrachtet.

3.3.5.3 Personalführung

Personalführung zählt zu den zentralen Aufgaben einer LeiterIn. Eine Führungskraft ist gemäß Stroebe dafür zuständig, die Leistungsfähigkeit der MitarbeiterInnen sowie das Zusammengehörigkeitsgefühl in der Gruppe zu stärken. Diese beiden Aufgaben der Personalführung werden als „Kohäsion" und „Lokomotion" (Stroebe 2002) bezeichnet. Kohäsion versteht sich als Herbeiführen und Aufrechterhalten der Zusammengehörigkeit der Gruppe. Lokomotion meint die Initiierung der Motivation der Gruppe zum Erreichen des Gruppenzieles. Kohäsion umfasst damit den Beziehungsaspekt von Führung. Lokomotion hingegen fokussiert auf innovatorische Aspekte der Führung, indem die Ziele der Organisation im Vordergrund stehen. Mögliche Instrumente der Lokomotion stellen „Business Reengineering" (ebd.) (fundamentales Umdenken), ein kontinuierlicher Verbesserungsprozess (evolutionäres Streben nach permanenter Verbesserung ausgehend von einer Orientierung am Kunden) und „Benchmarking" (ebd.) (Vergleich mit erfolgreichen Unternehmen mit dem Ziel potentielle Verbesserungen ausfindig zu machen) dar. Gemäß Stroebe steht Personalführung in Zusammenhang mit fünf Faktoren: der Führungskraft, dem einzelnen Mitarbeiter, der Gruppe, gemeinsamer Werte und Ziele sowie der jeweiligen Situation. Dazu bräuchten Führungskräfte vor allem Methodenwissen und Grundsatzwissen über die Tätigkeiten der MitarbeiterInnen. Dieses Wissen ermöglicht es Führungskräften, so Stroebe, MitarbeiterInnen richtig einzusetzen, sie koordinierend zu unterstützen und ihre Leistungen über Zielvereinbarungen messbar zu machen. Dabei bedarf Kohäsion der sozialen Kompetenz, wohingegen Lokomotion methodische und organisatorische Kompetenz erfordert. Methodische und organisatorische Kompetenz bedeutet, sich auf wechselnde Situationen flexibel einstellen zu können. Diese „Action flexibility" ermöglicht es der Leitungskraft, ein der Situation angemessenes Verhalten zu praktizieren oder die Situation kompromissbereit zu gestalten (Vgl. Stroebe 2002: 11ff.).

Personalführung bedarf des Weiteren der Mitarbeiterorientierung. Dazu zählt die Fähigkeit und Bereitschaft der LeiterIn, sich in die MitarbeiterInnen hineinzudenken, sich für die Erwartungen der MitarbeiterInnen zu interessieren, die MitarbeiterInnen bei den eigenen Entscheidungen zu berücksichtigen, unmittelbaren Kontakt zu schaffen und sich für die Wechselbeziehungen zwischen den Gruppenmitgliedern aufgeschlossen zu zeigen (ebd.: 33). Im Wesentlichen ergeben sich gemäß Stroebe daraus neun Führungsaufgaben. Dabei handelt es sich um:

- *Mitarbeiter auswählen, beurteilen, fördern*
- *Anstoß geben zur Problemfindung*
- *Ziele vereinbaren*
- *Planen lassen*
- *Entscheiden (lassen)*
- *Delegieren, koordinieren, organisieren*
- *Kommunizieren*
- *Motivation initiieren*
- *Reifegrad-spezifisch kontrollieren* (ebd.: 35)

Ein zunehmend betontes Instrument der Personalführung stellen MitarbeiterInnengespräche dar. Sie suggerieren der MitarbeiterIn, dass sich die Leitungskraft Zeit für sie nimmt, um Fragen des Berufslebens zu besprechen. MitarbeiterInnengespräche dienen der Förderung der

MitarbeiterIn und der Berücksichtigung der Interessen der Einrichtung. Dort werden u. a. Probleme aufgegriffen (Problem definiert als Abweichung des Ist- vom Sollzustand), deren Ursachen gemeinsam analysiert und die Abweichung vom Sollzustand korrigiert. Dies geschieht durch die gemeinsame Definition von Zielen. Dabei handelt es sich um überprüfbare anzustrebende Ergebnisse, die für einen bestimmten Zeitraum definiert werden. Die Zielvereinbarung soll der Integration der Ziele von MitarbeiterIn und Einrichtung dienen (Vgl. ebd.: 35ff.) Ferner erfordert Personalführung auch die Delegation von Aufgaben. Delegierbare Aufgaben sind gemäß Stroebe Routineaufgaben, Spezialaufgaben und Detailaufgaben. Dabei betont der Autor, dass es zu keinem „Abschieben" (ebd.: 49) von Aufgaben kommen sollte, bei dem einem Mitarbeiter zwar die Aufgabe, nicht aber die dafür erforderliche Kompetenz und Verantwortung übertragen wurde. Vielmehr brauche ein Mitarbeiter „seinen eigenen selbstverantwortlichen Zielbereich" (ebd.: 51). Dies steht in Zusammenhang mit der Motivation der MitarbeiterIn.

Motivation initiieren heißt, das freiwillige Engagement der MitarbeiterInnen für gemeinsame Ziele zu gewinnen, Spannung zu erzeugen und Energie zum Fließen zu bringen. Mitarbeiter sind nur motiviert, wenn die Zielerreichung nicht nur den Interessen der Unternehmung, sondern auch ihren eigenen Interessen dient, wenn sie am Ziel sagen: „Das alles habe ich aus eigenem Antrieb getan". [Daraus ergeben sich die Führungsprinzipien:]

- *keine Zielvereinbarung ohne Kontrolle*
- *keine Kontrolle ohne Zielvereinbarung*
- *keine Zielerreichung ohne Anerkennung*
- *keine Zielabweichung ohne Folgerung* (ebd.: 54).

3.3.5.4 Qualitätsmanagement

In Zusammenhang mit der Führung und Leitung einer Organisation stehen Kindertageseinrichtungen bzw. deren Träger gemäß dem Tagesbetreuungsausbaugesetz und der Rahmenvereinbarung der Kultusministerkonferenz zur Ausgestaltung der Bildungspläne im Elementarbereich in der Pflicht, die Qualität der Einrichtungen zu evaluieren und zu entwickeln. Dies bedarf eines Qualitätsmanagementkonzeptes sowie Verfahren der Qualitätsentwicklung und Qualitätssicherung. Ahnemann definiert Qualitätsmanagement wie folgt:

Tätigkeiten in der Führung einer Organisation, welche die Qualitätspolitik, Ziele und Verantwortung festlegen. QM erhebt und prüft die Prozesse, analysiert die vorgefundenen Schwachstellen und sichert die angestrebten Ergebnisse langfristig ab. Dabei werden Standards gesetzt (Ahnemann in: Ellermann 2007: 194).

Gemäß Fischer wurden im Laufe der Jahre verschiedene Konzepte und Qualitätssysteme entwickelt. Dazu zählen das „TQM" (Fischer 2001) (Total Quality Management), das „EFQM" (ebd.) (European Foundation for Quality Management), die „KES" (ebd.) (Kindergarten Einschätzskala), das „Benchmarking" (ebd.) oder der „Kronberger Kreis" (ebd.). TQM entstammt gemäß Fischer der japanischen Philosophie und Geisteshaltung des „KAIZEN" (ebd.) und strebt nach ständiger Verbesserung. Entsprechungen finden sich in der hierzulande gebräuchlichen Vorstellung des „lebenslangen Lernens" (ebd.). EFQM und Benchmarking setzen durch Selbstbewertung und Vergleich mit anderen Unternehmen auf eine permanente Qualitätssteigerung. Die Kindergarten Einschätzskala dient der Selbst- und Fremdevaluation im Hinblick auf definierte Qualitätsbereiche. Der Kronberger Kreis setzt auf Qualität im Dialog und intendiert, eine Kultur der Selbstentwicklung zu initiieren und zu entwickeln (Fischer 2001: 165). Die Grundintention der Verfahren ist gemäß Fischer ähnlich. Des Weiteren wurde 1987 durch die „international Organization of Standardization" (ebd.) die ISO 9000er Reihe entwickelt. Dabei handelt es sich um ein Normensystem, das ursprünglich ausschließlich für die Industrie gedacht war. Die modifizierte Form EN ISO 9001: 2000 soll für alle Betriebsabläufe geeignet sein und dabei helfen, auch in sozialen Organisationen ein Qualitätssystem aufzubauen. Dabei stützt sich dieses Konzept auf die drei Säulen Kundenorientierung, Zielorientierung und Prozessorientierung. Dies bedeutet, Kundenerwartungen (in erster Linie Kinder und Eltern) zu erfüllen und zu übertreffen, die erwarteten Leistungen durch Qualitätsziele messbar und überprüfbar zu beschreiben und die Tätigkeiten und benötigten Ressourcen in Form von kontrollierbaren Prozessen zu lenken und zu begleiten (Vgl. ebd.: 165 f.). Das ISO Normensystem dient in erster Linie der Zertifizierung von entwickelten Qualitätssystemen. Zertifizierung meint

> *Verfahren, mit deren Hilfe die Einhaltung bestimmter Standards für Produkte/ Dienstleistungen und ihrer jeweiligen Herstellungsverfahren nachgewiesen werden können. Die Zertifizierung besteht im Allgemeinen in der Ausstellung eines oft zeitlich befristeten Zeugnisses (Ahnemann In: Ellermann 2007: 200).*

Gemäß Ahnemann müssen sozialpädagogische Einrichtungen

> *ihre Leistungen beschreiben und ihre Qualität belegen. Trägerspezifische Strukturen werden systematischer und konkreter, indem Qualitätsentwicklung und Qualitätssicherung eingebunden und von der Fachberatung gewährleistet werden. Prinzipiell ist jede Einrichtung dazu in der Lage, einen eigenständigen und spezifischen Weg der Qualitätsentwicklung zu finden sowie fachliche Standards und ein individuelle Profil aufzubauen (ebd.: 194f.). Dabei beziehen sich Qualitätsentwicklung Qualitätssicherung als Bestandteile des Qualitätsmanagements auf die Qualitätsbereiche Strukturqualität, Orientierungsqualität, Prozessqualität, Ergebnisqualität und Kontextqualität (siehe 2.1).*

Qualitätsentwicklung unterliegt gewisser Grundschemata, die sich ähneln. Bezogen auf den Kindergarten benennt Tietze diese Schritte als Feststellung des Ist- Zustandes (Qualitätsfeststellung), welcher nach seinen Angaben den Ausgangspunkt „jeder systematischen Qualitätsentwicklung" bildet. Daraufhin werden gemeinsam Ziele erarbeitet, Schritte zu deren Umsetzung geplant und in einem „definierten Zeitrahmen" überprüft, ob die Ziele erreicht wurden. *Qualitätssicherung* führt diesen Prozess fort, indem durch kontinuierliche Dokumentation und Überprüfung der Ergebnisse das Niveau erhalten bleibt. Hierzu gehören nach Tietze darüber hinaus verbindliche Vereinbarungen zur weiteren Arbeit. Ferner ist Qualitätsentwicklung als Zyklus zu verstehen, der immer wieder aufs Neue beginnt (vgl. Tietze 2007: 39f.). Auch Kempfert und Rolff sehen Qualitätsentwicklung im Hinblick auf die Schule als einen Zyklus aus Diagnose, Vision, Leitbildentwicklung, Veränderung und Selbst-/Evaluation (vgl. Kempfert / Rolff 2005: 222). Schratz, Iby und Radnitzky erweitern die bisherigem Ausführungen zur Situationsanalyse um die Kategorien Stärken und Schwächen der MitarbeiterInnen, vorhandenes Potenzial und Veränderungswunsch des Teams/ Kollegiums. (vgl. Schratz/ Iby/ Radnitzky 2000: 232f.).

Neben dem Begriff des Zyklus taucht in Veröffentlichungen häufiger die Bezeichnung „Qualitätszirkel" auf. Diese Begrifflichkeit bringt ähnlich dem Kreislauf die zirkuläre Bewegung zum Ausdruck, sodass das Ende gleichzeitig wieder den Anfang des Qualitätsentwicklungsprozesses darstellt. Laut der Beschreibung der Qualitätsentwicklungsprozesse nach Hummel gilt es neben der Analyse des Ist-Zustandes auch eine Prioritätenfestlegung zu erstellen, die den Veränderungsbedarf hierarchisiert und handhabbarer macht (vgl. Hummel 2004:18). Zur Bestimmung des Ist-Standes schlägt Spiess folgende Schritte vor: Den Untersuchungsgegenstand bestimmen, geeignete Analyseinstrumente auswählen, Daten erheben, Daten interpretieren und aufgrund der Ergebnisse Maßnahmen beschließen (vgl. Spiess 2001: 29).

Die Funktion und Aufgabe der Einrichtungsleitung bei Qualitätsentwicklungsprozessen steht in Verbindung mit den Funktionen des „Führens und Leitens" (vgl. Lill 2002:13). Lill äußert dazu: „ [Die] Leitung hat eine Schlüsselrolle im Prozess der Weiterentwicklung von Qualität, sie ist MittlerIn zwischen verschiedenen Interessen, sie prägt mit ihrem Führungsstil den Stil des Hauses" (Lill 2002: 9). Auch Tietze und Viernickel greifen im „Nationalen Kriterienkatalog zur Pädagogischen Qualität in Tageseinrichtungen für Kinder" die Qualitätsentwicklung und Qualitätssicherung als Aufgabe der Kindergartenleitung auf, indem sie die Aufgaben in Qualitätssicherung, Qualitätsentwicklung und Evaluation unterteilen. Hierzu stellen Tietze und Viernickel elf Punkte auf, die bei der Qualitätsentwicklung und Qualitätssicherung im Kindergarten von der Leitung berücksichtigt werden sollen. Dazu gehört, dass die LeiterIn Qualitätsentwicklung als ihre Aufgabe ansieht und sie fördert, die MitarbeiterInnen einbindet, dafür sorgt, dass die Mitarbeiter ihre pädagogische Arbeit regelmäßig reflektieren und verbessern, Ergebnisse der Reflektion für die Weiterentwicklung des Angebots nutzen etc.(vgl. Tietze und Viernickel 2007: 264f.). Tietze und Viernickel zeigen hierdurch die Verantwortung der Einrichtungsleitung für die Qualitätsentwicklung und Qualitätssicherung im Kindergarten auf, räumen gleichzeitig aber auch die Möglichkeit von externen Evaluationen ein.

Der verantwortlichen Leitungsfunktion folgend, definiert Schilp die Verantwortung für Qualitätsmanagement und Qualitätsentwicklungsprozesse dahingehend, dass die Leitung verantwortlich ist für die Festlegung der Ziele, die Regelung von Zuständigkeiten und Befugnissen, die evtl. Benennung von Qualitätsbeauftragten, für die interne Kommunikation über die Entwicklungsprozesse und für die Überprüfung deren Wirksamkeit (vgl. Schilp 2005: 9). Die Verantwortung der Leitung wird auch von Graf aufgegriffen, indem er die Entwicklung von

Qualität als „Führungsaufgabe" der Leitung bezeichnet. Diese obliegt seinen Angaben zufolge der Leitung einer Institution oder dem Träger. Graf definiert fünf Aufgaben, die für die Leitung im Hinblick auf Qualitätsentwicklung von Bedeutung sind. Dabei handelt es sich um: Verantwortung übernehmen, Leitziele festlegen, ein offenes Klima schaffen, Qualitätsentwicklung initiieren, Fachkräfte unterstützen, Entscheidungen treffen und verantworten (vgl. Graf 2005: 4). Krenz definiert 43 Punkte, welche für den Leitungs- und Führungsstil im Hinblick auf Qualitätsentwicklung und Qualitätssicherung von Bedeutung sind. Die Leitung des Kindergartens hat sich u. a. nach Krenz für eine „zielorientierte Weiterentwicklung der Einrichtung" einzusetzen. Er führt z. B. unter Punkt fünf an: „Die LeiterIn entwirft auf der Grundlage aktueller Erfordernisse perspektivische und innovative Visionen für die Weiterentwicklung der Einrichtung" (Krenz 2001: 39f.).

3.3.5.5 Personalentwicklung und Personalmanagement

Qualitätsentwicklung, vor allem hinsichtlich der Prozessqualität, bedarf geeigneter Verfahren der Personalentwicklung und des Personalmanagements. Personalentwicklung bezieht sich auf die Förderung der MitarbeiterInnen: „Personalentwicklung: Strukturen und Tätigkeiten, die darauf abzielen, jeder Mitarbeiterin und jedem Mitarbeiter Qualifikationen zur Bewältigung der gegenwärtigen und zukünftigen Arbeiten zu vermitteln" (Ellermann 2007: 95). Dazu zählt als erster Schritt die Personalauswahl. Die Grundlage für eine qualifizierte Personalauswahl stelle ein Stellenplan des Trägers (Stellenumfang, Befristung, Qualifikation), eine Stellenbeschreibung und ein Anforderungsprofil dar. Das Anforderungsprofil bildet die Basis für die Personalentwicklung, indem dort Positionsziele, Kernaufgaben und Anforderungen definiert werden. Anforderungsprofile geben gemäß Ellermann den Maßstab für die Personalauswahl und die Bewertung des Personals vor. Darüber hinaus werden die erbrachten Leistungen an den definierten Anforderungen gemessen. Auch die Fortbildungsplanung richtet sich am Anforderungsprofil aus, indem danach gefragt wird, welche Kompetenzen die MitarbeiterIn braucht, um die Anforderungen bewältigen zu können. Darüber hinaus sind Anforderungsprofile bei Positionswechseln und als Grundlage zur Durchführung von MitarbeiterInnengesprächen hilfreich. Ferner ergänzen geeignete Auswahlverfahren die Personalauswahl und Personalentwicklung (ebd.: 94 ff.).

Möller/ Schlenther-Möller zeigen anhand der Kindergartenleitung die Inhalte eines Anforderungsprofils auf. Dieses ist untergliedert in die Bereiche Stellenbezeichnung, Funktion, Unterstellung, Überstellung, Ziel der Stelle und Aufgabenbereiche im Einzelnen. Demnach ist die Führungskraft in einer Kindertageseinrichtung formaliter von der Stellenbezeichnung her die LeiterIn der Einrichtung. Von ihrer Funktion her ist sie leitende pädagogische Fachkraft und die Vorgesetzte der MitarbeiterInnen. Sie ist dem Rechtsträger der Einrichtung unterstellt. Ihr wiederum unterstellt sind die stellvertretende Leitung, sämtliche pädagogische Fachkräfte, PraktikantInnen, Haus- und Reinigungspersonal sowie Zivildienstleistende. Die

Zielsetzung der Stelle als Leiterin liegt darin, die Kindertageseinrichtung in Einvernehmen mit dem Träger in verantwortlicher Position als Vorgesetzte der Fachkräfte pädagogisch und organisatorisch zu leiten und nach außen hin zu repräsentieren. Zu den besonderen Befugnissen der LeiterIn gehört das Haus- und Weisungsrecht. In Abwesenheit der LeiterIn übernimmt die stellvertretende LeiterIn die Pflichten und Rechte der Leitung. Die Aufgabenbereiche im Einzelnen umfassen die Zusammenarbeit mit dem Träger (u. a. regelmäßige Besprechungen, gegenseitige Information etc.), Mitarbeiterführung (u. a. Personalauswahl, Einarbeitung neuer MitarbeiterInnen, Teamförderung und Teamentwicklung, Dienst- und Mitarbeiterbesprechungen, fachliche Anleitung, Mitarbeiterinnengespräche, Mitarbeiterbeurteilung), Betriebsführung (Aufnahme und Auswahl der Kinder, Beteiligung bei der Personalauswahl, Urlaubs- und Fortbildungsplanung, Verwaltung und Büroorganisation, Organisation der Krankheitsvertretung etc.) und pädagogische Leitungskompetenz. Letztere umfasst gemäß Möller/ Schlenther-Möller die Zuständigkeit für die Umsetzung und Weiterentwicklung der Konzeption der Einrichtung. Darüber hinaus wird in diesem prototypischen Aufgaben- und Anforderungsprofil die Elternarbeit (u. a. Kontaktpflege, Elterninformation, Elternunterstützung, Zusammenarbeit mit dem Elterbeirat), die Zusammenarbeit mit Behörden und die Zusammenarbeit mit anderen Institutionen aufgeführt (Vgl. Möller/ Schlenther-Möller 2007: 259f.).

Zur konkreten Förderung der MitarbeiterInnen zählt die Einarbeitung neuer MitarbeiterInnen. Diese umfasst u. a. das Informieren über Rahmenbedingungen, Rituale, Verordnungen, interne Regelungen, Arbeitsorganisation etc. Die Förderung der MitarbeiterInnen beinhaltet auch, Leistung einzufordern sowie die Kommunikation einer transparenten Erwartungshaltung seitens der LeiterIn. Neben den bereits thematisierten Zielvereinbarungsgesprächen setzt Personalentwicklung auf Maßnahmen der Qualifizierung und Fortbildung. Die Basis hierfür bildet eine Qualifizierungsplanung:

> *Die Qualifizierungsplanung orientiert sich am Bedarf auf zwei Ebenen: Wie ist der errichte Qualitätsstand der Arbeit, wohin soll sich die Einrichtung weiterentwickeln und welche Qualitäten haben die einzelnen MitarbeiterInnen, welche sollen weiterentwickelt werden? Grundlagen zur Beantwortung der ersten Frage schaffen alle Formen von interner und externer Evaluation. Grundlagen für Entscheidungen hinsichtlich des individuellen Fortbildungsbedarfs verschaffen Selbsteinschätzungen und Beurteilungen, die z. B. im Rahmen des Zielvereinbarungsgesprächs zusammenkommen (ebd.: 106).*

Zu internen Formen der Qualifizierung zählen kollegiale Beratung, Fachberatung, Supervision, Coaching, Teamfortbildung und die Teilnahme an Projekten. Externe Formen der Qualifizierung stellen gemäß Ellermann die individuelle Fortbildungsteilnahme, Weiterbildungen und die Teilnahme an Fachtagungen und Workshops dar (Vgl. Ellermann 2007: 101ff.).

Das Personalmanagement zielt darauf, das vorhandene Personal effizient und effektiv einzusetzen. Zu den zentralen Aufgaben des Personalmanagements zählen die Gestaltung eines Dienstplanes und der damit verbundene Einsatz des Personals. Kriterien für die Erstellung eines Dienstplanes sind die Analyse der Belegung und Frequentierung der Einrichtung (Stoßzeiten und Ruhephasen), absehbare Fehlzeiten von Fachkräften etc. Dies bedeutet, die exakte Kenntnis der situativen Bedarfe und der verfügbaren personellen Ressourcen. Die flexible Verwaltung der Arbeitszeit ermöglicht die Einführung eines Arbeitszeitkontos:

Ein Arbeitszeitkonto hält schriftlich oder elektronisch die tatsächlich geleistete Arbeit (inklusive Urlaub, Krankheit, Überstunden) der Mitarbeiterin fest und verrechnet sie mit der der arbeitsvertraglich oder tarifvertraglich zu leistenden Arbeitszeit. Wurde mehr gearbeitet als vertraglich geschuldet, weist das Arbeitszeitkonto ein Guthaben auf, ansonsten ein Defizit (ebd.: 115).

3.3.5.6 „Neue Steuerung" und Controlling in Kindertageseinrichtungen

Neben der Selbstverpflichtung und dem eigenen Anspruch, hochwertige Qualität im Kindergartenalltag zu bieten, wirken auch mitunter finanzielle Zwänge, Einflüsse und Entwicklungen von außen auf die Kindertageseinrichtungen ein. Diesbezüglich ist die Führung und Leitung von Kindertageseinrichtungen bzw. generell von sozialen Einrichtungen zunehmend in Zusammenhang mit „neuen Steuerungsmodellen" (NSM) zu betrachten. Gemäß Klug sahen sich soziale Einrichtungen in der Vergangenheit, u. a. in Verbindung mit der Vergabe von Pauschalzuschüssen, Vorwürfen der Ineffizienz ausgesetzt. Mit Modellen der Neuen Steuerung werden Gebietsabsprachen zugunsten der Konkurrenz unter den Trägern aufgelöst. Dies gehe, so Klug, einher mit Kundenorientierung und dezentraler Ressourcenverwaltung. Dezentrale Ressourcenverwaltung meint, dass zugestandene Gelder nicht von Verwaltungen, sondern in Form von zeitlichen und finanziellen Budgets von den Kindertageseinrichtungen selbst verwaltet werden müssen. Diese Elemente der „Neuen Steuerung" der Kommunen stehen in Verbindung mit dem Kontraktmanagement als Instrument der Steuerung. Kontraktmanagement setzt nicht auf den Einsatz von Verfahren als Bemessungsgröße, sondern auf im Vorfeld definierte Ziele und damit in Zusammenhang stehenden Ergebnissen. Diese outputorientierte Steuerung bedeutet für die Kindertageseinrichtung, dass sie erbrachte Leistung in Form von Ergebnissen und Qualität nachzuweisen hat. Dieses bereits in einigen Bundesländern etablierte Finanzierungsmodell weicht von dem Bemessungsmodell der Pauschalzuschüsse ab und finanziert nur noch die tatsächlich erbrachten Leistungen. Somit geht die Betriebsverantwortung an die freien Träger über, wohingegen sich die Kommunen auf die Überprüfung der gesetzlichen Rahmenbedingungen beschränken. Dadurch entscheidet letztlich der Zuspruch der Kunden, d. h. der Eltern, über die Rentabilität und die Aufrechterhaltung einer Einrichtung. In der Konsequenz erstellen Kindertageseinrichtungen bzw. die Träger Angebote, ausgewiesen in Preis und Leistungsumfang, anhand derer, wie z. B. in Berlin, öffentliche Ausschreibungen in Form von Leistungsverträgen vergeben werden. Diese Entwicklung bringt es gemäß Klug mit sich, dass sich Kindertageseinrichtungen verstärkt mit Qualitätspolitik und Controlling zu beschäftigen haben (Vgl. Klug 2001: 116 ff.).

Derlei Modelle stellen die „Kita-Card" in Hamburg oder das Modell der „markt- und qualitätsorientierten Steuerung" in Bayern dar. Klug formuliert diese Entwicklung wie folgt:

> *Künftig wird es ertragstechnisch keinen Unterschied mehr geben zwischen dem Verkauf einer Banane oder der Dienstleistung einer Einrichtung zur Pflege der Kinder. Die Leistung am Kind wird bezahlt (...). Deshalb muss allen beteiligten klar sein: Nicht mehr das Bemühen, sondern das tatsächliche Ergebnis, orientiert an marktwirtschaftlichen Kriterien, zählt. Aus der bisher sicher finanzierten Kita muss ein rechnendes, kalkulierendes und marktorientiertes Unternehmen werden. Damit sind die Kitas auf betriebswirtschaftliche Steuerung angewiesen (ebd.: 119).*

Dabei hängen Budget und Controlling eng miteinander zusammen. Budgets definieren den finanziellen Spielraum, sind im Umfang begrenzt, erfordern Kostentransparenz und Controlling als „Prozess der Beschaffung und Bewertung von Informationen im Hinblick auf zu treffende Entscheidungen" (ebd.: 121). Dies erfordert eine Kosten- und Leistungsrechnung. Dabei appelliert Klug dafür, die „Finanz-, Kunden-, Mitarbeiter- und Qualitätsdimension [mittels eines Controlling-Systems] so zu steuern, dass keine der vier Dimensionen aus dem Blick gerät und alle vier in einer Balance sind" (ebd.:124). Klug schlägt im Hinblick auf die Leitungstätigkeit die Verbindung des Führungsmodells der „Führung durch Zielvereinbarung" mit dem Controlling-System „Balanced Scorecard" vor, indem Vereinbarungen getroffen, dokumentiert und mit dem Controlling-System Balanced Scorecard kontrolliert werden. Dabei sind vier Kernbereiche für die strategische Ausrichtung der Kindertageseinrichtung auf dem „Markt" von Bedeutung:

- Ressourcenmanagement: Hier geht es darum, zu klären, wie die Einrichtung mit den zur Verfügung stehenden zeitlichen und finanziellen Ressourcen effizient arbeiten kann. Vor allem die Leitung ist gefragt, durch geeignete Führung die definierten Ziele zu erreichen (Stabilität der Gesamtkosten, Effizienz der Arbeitsabläufe, geeigneter Führungsstil, Führungskompetenz etc.).
- Kundenorientierung: U. a. ist durch Befragungen zu ermitteln, wie das Angebot auf den „Kunden" wirkt, welche Beschwerden eingehen und welche Verbesserungsvorschläge eingebracht werden (Kundensegmente erschließen, Kundenbindung, Kundenzufriedenheit etc.).
- Mitarbeiterorientierung: Mitarbeiterorientierung steht in Zusammenhang mit der Aufrechterhaltung der Mitarbeitermotivation, Personalentwicklung, Mitarbeiterzufriedenheit und die Ausrichtung der MitarbeiterInnen an den Zielen der Einrichtung (systematische Personal- und Mitarbeiterentwicklung, Arbeitszeitmodelle, Mitarbeiterzufriedenheit etc.).
- Qualität und Innovation: Dieser Bereich betrifft die Entwicklung, Innovationsfreudigkeit und die Qualitätspolitik der Einrichtung sowie Maßnahmen der Qualitätssicherung (Qualitätsstandards, MitrabeiterInnenidentifikation, hohes pädagogisches Niveau etc.) (Vgl. ebd.: 127f.).

Steuerungsgrößen stellen hierbei die Ertragssituation (Ergebnis der Abschlussbilanz), die Stabilität der Personalkosten (Ergebnis der Abschlussbilanz), der Neukundenanteil Prüfung der Jahresstatistik) und die Kundenzufriedenheit (Feststellung des Zufriedenheitsgrades anhand einer Elternbefragung) dar. Des Weiteren die Dienstleistungsqualität (Ermittlung des Zufriedenheitsgrades der Kunden bzgl. der Freundlichkeit und Zuverlässigkeit der MitarbeiterInnen anhand von Elternbefragungen und Beschwerdenreflexionen), die Mitarbeiterzufriedenheit (Ermittlung des Zufriedenheitsgrades anhand einer MitarbeiterInnenbefragung) und Formen der Personalentwicklung (Ermittlung des Qualifikationsgrades z. B. anhand der Fortbildungsteilnahme und dem Erwerb von Zusatzqualifikationen). Weitere Steuerungsgrößen sind Arbeitszeitmodelle (z. B. der Flexibilitätsgrad der MitarbeiterInnen und die Einführung von Teilzeitmodellen), Qualitätssicherung (Überprüfung des Qualitätsniveaus anhand der Einhaltung der Standards), Identifikation (Ermittlung des Identifikationsgrades anhand von Führungs- und MitarbeiterInnenbefragungen) und die Innovationsrate (Ermittlung des pädagogischen Niveaus in Form von externer Überprüfung und der Einführung innovativer Modelle) (Vgl. ebd.: 133).

3.3.5.7 Organisationsentwicklung

Die bisher dargestellten Verfahren des Bildungs-, Sozial- oder auch Organisationsmanagements lassen sich im Wesentlichen mit den Begriffen Zielorientierung, Überprüfung, Sicherung und kontinuierliche Entwicklung umschreiben. In diesem Kontext sind auch Verfahren der Organisationsentwicklung zu betrachten. Organisationsentwicklung bezieht sich gemäß Wöhrle im Gegensatz zu Coaching und Supervision auf die gesamte Organisation:

> *[Organisationsentwicklung] ist ein Verfahren, das in der Tradition von Kevin und der humanistischen Psychologie steht. (...) Sie basiert auf Konzepten der angewandten Sozialwissenschaften und umfasst Mikrokonzepte für Führung und Gruppendynamik sowie Makrokonzepte für Organisationsstrategien, -struktur, -kultur und System-Umwelt-Beziehungen. Auf Wandel ausgerichtet, hat sich jedoch keine vorgefassten Vorstellungen über Abläufe und Resultate. Sie ist analytisch ausgerichtet, hilft dem System sich selbst zu finden, zu sortieren und auszurichten, eigene Ziele zu entdecken und die Strukturen umzubauen (a. a. O.: 170f.).*

Dabei bauen Verfahrensweisen der Organisationsentwicklung darauf, verfestigte Strukturen zu identifizieren, zu reflektieren, zu verändern und anschließend wieder zu verfestigen. Schiersmann und Thiel verweisen darauf, dass es nicht nur „ein" Verständnis von Organisationsentwicklung gibt. Ähnlich dem Qualitätsmanagement ist die Zielsetzung der Verfahren und unterschiedlichen Herangehensweisen jedoch grundlegend ähnlich. Gemäß Schiersmann und Thiel kann dann von Organisationsentwicklung im eigentlichen Sinne gesprochen werden, „wenn es um einen zielgerichteten und geplanten Veränderungsprozess unter Beteiligung der Mitarbeiterschaft geht" (Schiersmann/ Thiel 2009: 15). Das Ziel von Organisationsentwicklung liege in der „Selbstorganisationsfähigkeit der Organisation, die dazu beiträgt, das Problemlösungspotential der Mitarbeiter und die Innovationsfähigkeit der Organisation zu erhöhen" (ebd.: 15). Die theoretische Basis bildet die Systemtheorie, wobei Schiersmann und Thiel anführen:

> *Das, was als Systemtheorie bezeichnet wird, geht auf verschiedene theoretische Ansätze zurück und wird daher unterschiedlich akzentuiert. Ebenso wenig wie es eine einheitliche Systemtheorie gibt, gibt es ein einheitliches Verständnis von systemischer Organisationsentwicklung (ebd.: 53).*

Zentrale Gesichtspunkte des systemischen Denkens sind, „dass jedes Element eines Systems – jeder Mitarbeiter oder jede Führungskraft – nur einen subjektiven Ausschnitt des Geschehens wahrnimmt, keiner kennt alle Beziehungen zwischen den Elementen" (ebd.: 55).

Ein prototypischer Ablauf von Organisationsentwicklung erfolgt gemäß den Autoren in sechs Schritten. Zuerst wird eine Koordinierungsgruppe eingerichtet, die das Verhältnis und das Ausmaß von Systemerhalt und Veränderung austariert. Gemeinsam mit einem Berater wird ein Plan bzw. eine flexible „Prozessarchitektur" (ebd.: 13) entworfen. Nach grundlegender Ablaufklärung geht es in der sogenannten „Startphase" (ebd.:13) darum, z. B. im Rahmen einer größeren Veranstaltung die MitarbeiterInnen zu informieren und für die den Organisationsentwicklungsprozess zu gewinnen sowie Anregungen und Fragestellungen der MitarbeiterInnen aufzugreifen. Nach der Formulierung konkreter Frage- und Aufgabestellungen werden Projektgruppen gebildet, die unter Anwendung der Verfahrensweise des Projektmanagements sich in einem definierten Zeitraum den erarbeiteten Fragestellungen widmen. Projektmanagement baut im Wesentlichen auf die Schritte Analyse der Ausgangssituation, Zielklärung und –Konkretisierung, Festlegung von Lösungswegen und Maßnahmen in Form eines Projektstrukturplanes (PSP), zeitliche personelle und finanzielle Planung (Projektablaufplan), Controlling, Evaluation und Transfer. Dabei folgt Projektmanagement keinem streng linearen Ablauf. Auch Rückkopplungsprozesse und Wechselwirkungen zwischen den Phasen sind möglich (ebd.: 182). Die Fragestellungen der verschiedenen Projektgruppen erfordern wiederum unterschiedliche Zugänge, wozu je nach Passung und Zielsetzung Teamentwicklung, Kompetenz- und Wissensmanagement sowie die Optimierung der Prozessabläufe (Prozessmanagement) infrage kommen.

Teamentwicklung bezieht sich gemäß Schiersmann und Thiel im Wesentlichen auf drei Zielsetzungen: Teamentwicklung als ein Prozess zur gezielten Entwicklung einer Arbeitsgruppe zum Team, Teamentwicklung als die Weiterentwicklung eines Teams aufgrund von neuen Aufgaben oder auftauchenden Konflikten und Teamentwicklung als Verbesserung der Zusammenarbeit und Koordination von mehreren Teams (ebd.: 232). Ein „echtes Team" (ebd.: 230) unterscheidet sich dabei u. a. von einer Arbeitsgemeinschaft durch die Merkmale Leistungsorientierung, einen spezifischen Existenzweck, komplementäre Ergänzung der Fähigkeiten, Engagement für eine gemeinsame Sache und gegenseitige Rechenschaftslegung (ebd.: 230). Darüber hinaus ist zu unterscheiden zwischen Projektteams, die sich zeitlich befristet einer Aufgabe widmen, Qualitätszirkeln, deren Aufgaben sich an der Lösung von

Problemen orientiert, Produktionsteams, die in einen standardisierten Arbeitsprozess eingebunden sind und strukturellen Teams, die gleichartige Funktionen ausüben (ebd.: 233). Zu den wesentlichen Zielsetzungen von Teamentwicklungsmaßnahmen zählen die Vereinbarung verbindlicher Regeln und Strukturen, die Entwicklung der Beziehung, die Entwicklung der Arbeitstechniken und Vorgehensweisen im Teamverbund, die Entwicklung sozialer Fähigkeiten sowie die Befähigung zur Steuerung gruppendynamischer Prozesse (Vgl. ebd.: 239).

Prozessmanagement beschäftigt sich mit der Optimierung der Prozessabläufe. Ein Prozess ist gekennzeichnet durch Start- und Endereignisse, das Erbringen einer definierten Leistung, Kundenbezug und die Involvierung der gesamten Einrichtung (ebd.: 316). Ein Prozess kann zudem unter verschiedenen Aspekten betrachtet werden. Der Steuerungsaspekt widmet sich der Frage, was, wann und warum etwas getan wird. Der Organisationsaspekt fragt danach, wer an welchem Ort welche Tätigkeit verrichtet. Der Informationsaspekt beinhaltet die Art und Weise der Informationsweitergabe. Der Kontrollaspekt bezieht sich auf das Erreichen im Vorfeld definierter Ziele durch den „Produktionsprozess". Der Sicherheitsaspekt thematisiert die Kompetenzen, verstanden als Zuständigkeit und Befugnis: z. B. wer ist befugt, einen Prozess zu initiieren? Wer ist befugt, Informationen weiterzugeben? Wer ist befugt, Entscheidungen zu treffen? (Vgl. ebd.: 316ff). Prozessmanagement folgt dabei einem zirkulären Prozess, indem Ziele definiert, Prozesse identifiziert und anschließend modelliert werden. Darauf folgt die Implementierung der modellierten Prozesse. Auf diesen Schritt folgen das Prozesscontrolling, der Transfer der Ergebnisse und die Weiterentwicklung der Prozesse (ebd.: 336).

Der Prozess der Organisationsentwicklung als solcher wird begleitet durch ProzessbegleiterInnen sowie durch ein Coaching der Führungskraft (Vgl. ebd.: 13f.). Dabei kommt der Leitungskraft die Funktion zu, sich aktiv am Entwicklungsprozess zu beteiligen und diesen zu unterstützen. Ohne Beteiligung der Führungskräfte bzw. aufgrund deren Widerstandes bestehe die Gefahr, dass Organisationsentwicklung zu einem „Sandkastenspiel" (ebd.: 394) verkomme. Vielmehr sei Organisationsentwicklung als „Daueraufgabe des Managements" (ebd.: 394) zu verstehen. Die eingeläuteten Reflexionsprozesse können dabei für die Führungskräfte Veränderungen und die Identifikation von Führungsproblemen bedeuten, weshalb Organisationsentwicklung eine geschützte Kommunikationskultur erfordere. Organisationsentwicklung bedarf deshalb u. a. eines „organisationsbezogenen Einzelcoachings" (ebd.: 395) für Führungskräfte zur Einleitung organisationsbezogener Wandlungsprozesse. Wie bereits Klug im vorangehenden Abschnitt, empfehlen auch Schiersmann und Thiel die Balanced Scorecard nicht nur zur Betriebsführung und als Controllingverfahren, sondern auch als ein Instrument der „strategischen Organisationsentwicklung" (ebd.: 406), da durch BSC

(Balanced Scorecard) ein Ausgleich zwischen Finanz-, Kunden-, interner Prozess- und Lernperspektive unterstützt werden könne (Vgl. ebd.: 391 ff.).

3.4 Der Bildungsbegriff in der frühpädagogischen Diskussion

Bildung und die Debatte um die Verwendung des Bildungsbegriffs haben in Deutschland eine lange Tradition. Für den Elementarbereich führte die Debatte um den Bildungsbegriff und dessen inhaltliche Ausgestaltung im Zuge der Bildungsakzentuierung zu mehreren einflussreichen teils kontroversen Positionen. Kunze und Gisbert bringen in diesem Zusammenhang zum Ausdruck, dass sich der durch das Sozialgesetzbuch VIII verankerte Erziehungs-, Bildungs- und Betreuungsauftrag von Kindertageseinrichtungen in der aktuellen elementarpädagogischen Debatte zunehmend in Richtung Bildung verlagere. Als Protagonisten dieser Fachdebatte werden von den beiden Autoren u. a. die Arbeiten von Schäfer zu kindlichen Selbstbildungsprozessen sowie das Bundesforschungsprojekt von Laewen und Andres zum „Bildungsauftrag von Kindertageseinrichtungen" genannt (vgl. BMBF 2007: 30). Die Ergebnisse des eben genannten Bundesforschungsprojektes bildeten die Grundlage für das INFANS-Konzept von Laewen und Andres und werden inzwischen u. a. in Form von Handreichungen, Publikationen und Schulungen durch die Forscher als „modernes" Konzept der Arbeit in Kindertageseinrichtungen privatwirtschaftlich vermarktet. Neben diesen Arbeiten beeinflussten gemäß Kunze und Gisbert die Qualitätsdebatte, angeführt durch die Arbeiten von Tietze sowie die Veröffentlichung von Elschenbroich zum „Weltwissen der Siebenjährigen", die Bildungsdiskussion im Elementarbereich (vgl. BMBF 2007: 30). Gemäß Kunze und Gisbert stehen sich in der elementarpädagogischen Debatte um den Bildungsbegriff vor allem die Positionen der Selbstbildung von Schäfer und Laewen und die sozialkonstruktivistische Position von Fthenakis gegenüber, die auf Kompetenzen im Sinne von lebenslangem Lernen, lernmethodischen Kompetenzen und Schlüsselqualifikationen baut (vgl. BMBF 2007: 30 ff.). Huppertz beschäftigte sich bereits vor dem Einsetzen der Qualitätsdebatte Mitte der 90er Jahre und der Veröffentlichung der PISA- und OECD Studien u. a. in der Veröffentlichung „Erleben und Bilden im Kindergarten" und in Form des „Lebensbezogenen Ansatzes" mit der frühkindlichen Bildung und legt einen Schwerpunkt auf phänomenologisch begründete Werte und die Bedürfnisse des einzelnen Kindes als Gegenstand von Bildung, Erziehung und Betreuung in Kindertageseinrichtungen. Im Folgenden werden diese bildungstheoretischen Positionen näher beleuchtet.

Von Tietze wurden aufbauend auf Forschungen zur Qualität von Kindertageseinrichtungen im Rahmen der „Nationalen Qualitätsoffensive" verschiedene Materialien für die Praxis und die Erforschung der Praxis entwickelt. Hierunter zählen die „KES" (Kindergarten-Einschätz-Skala), die deutsche Fassung der „Early Childhood Environment Rating Scale", die derzeit als revidierte Fassung (KES-R) im Handel erhältlich ist und vornehmlich Anhaltspunkte bzw. Qualitätsmerkmale zur Messung und (Selbst-)Evaluation der pädagogischen Qualität und deren Bestandteile bietet. Ferner sind diesbezüglich Materialien zur Qualitätsentwicklung auf Einrichtungsebene anzuführen, wie z. B. die Praxishandreichung „Pädagogische Qualität entwickeln – Praktische Anleitung und Methodenbausteine für die Bildung, Betreuung und Erziehung in Tageseinrichtungen für Kinder von 0-6 Jahren" (Tietze, 2. Auflage 2007). Diese enthält auch ein Kapitel zur Selbstevaluation und Selbstreflexion von Leitungskräften in Kindertageseinrichtungen.

Mit Blick auf die Bildung des Kindes kritisieren sowohl Laewen als auch Fthenakis diesen Qualitätsansatz. Im Zuge der „Nationalen Qualitätsinitiative" seien, so Laewen, Instrumente zur Qualitätsentwicklung und Evaluation (z. B. die KES – Kindergarten-Einschätz-Skala) entwickelt worden mit dem Ziel, förderliche Entwicklungsbedingungen durch Qualitätsindikatoren beschreiben zu können. Allerdings fehle dort, so Laewen, die Unterscheidung zwischen Bildung und Entwicklung (vgl. Laewen 2002: 22). Auch Fthenakis kritisiert den Umstand, dass es zum damaligen Zeitpunkt nicht darum gegangen sei, die Qualität von Bildung zu definieren und Konzepte zu entwickeln, nach denen die Kinder gebildet werden können. Sondern das Ziel der Nationalen Qualitätsentwicklungsoffensive habe darin bestanden, pädagogische Qualität zu konzeptionalisieren und Evaluationsinstrumente zu deren Messung zu konzipieren (vgl. Fthenakis 2003: 14).

Hingegen müssten zuvorderst Bildung und deren Voraussetzungen in Augenschein genommen werden. Hinsichtlich des Bildungsauftrages des Kindergartens vollziehe sich, so Fthenakis, ein tiefgreifender Einschnitt, der sich von verschiedenen Seiten her begründen lasse und neue Anforderungen an ein elmentarpädagogisches Curriculum stelle. Diese Anforderungen ergeben sich nach Fthenakis

- aufgrund gesellschaftlicher Veränderungen und zunehmender Pluralität, die vonseiten des Individuums personengebundene Bewältigungskompetenzen erfordern,
- aufgrund der Überwindung des Nationalstaates zu Gunsten des internationalen Denkens,
- aufgrund von Anforderungen an die Kompetenzen des Individuums von Seiten der Industrie,
- aufgrund der Erkenntnis, dass die Bedingungen, denen das Kind ausgesetzt ist und unter denen es aufwächst, einen Einfluss auf die Entwicklung und Leistungsfähigkeit ausüben,
- aufgrund von Gefahren und Konflikten, denen sich das Kind zunehmend aufgrund aufbrechender Familienstrukturen ausgesetzt sieht,
- aufgrund der Berücksichtigung des sozialen Kontextes und des kulturellen Hintergrundes des Kindes und
- aufgrund einer Abkehr vom traditionellen inputorientierten Bildungsverständnis hin zu Entwicklungsförderung und dem Erwerb von Aneignungskompetenzen (Vgl. Fhtenakis 2003: 10ff.).

Ferner zeige sich zunehmend ein staatliches Interesse an der frühen Bildung, das „mit einem stärkeren Druck auf die Fachkräfte bezüglich der Nachweisbarkeit von Lehr- und Lernergebnissen einhergeht" (ebd.: 21). Von Bedeutung ist auch gemäß Fthenakis der Wandel zu einer postmodernen Gesellschaft mit weniger Berechenbarkeit, mehr Komplexität und vielfältigen Lebensformen. Demzufolge verlieren Normen und definierte Standards zunehmend an Bedeutung, sodass das Individuum in der Lage sein müsse, sich selbst zu orientieren. Demgemäß wird Vielfalt als Chance für die Bildung des Kindes begriffen und trägt dazu bei, beim Kind die Identitätsfindung, Akzeptanz und Offenheit zu fördern und Voreingenommenheit abzubauen. Im Zuge der Anerkennung von Vielfalt sei es darüber hinaus auf internationaler Ebene ein Anliegen, geschlechterstereotypische frühkindliche Verhaltensmuster abzubauen und ferner Inklusion in Form von gemeinsamen Bildungskonzepten von behinderten und nicht behinderten Kindern zu fördern und als Lernchance wertzuschätzen. Generell, so Fthenakis, werde in aktuellen Konzepten die Individualität des Kindes stärker gewichtet sowie die Sichtweise des Kindes berücksichtigt. Demzufolge gebe es kein einheitliches Bild des Kindes und vom Aufwachsen des Kindes. Ferner ist dieser Anschauung zufolge das Kind nicht nur Rezipient der Wissensvermittlung anderer, sondern aktiv Teilhabender am Bildungsgeschehen. Fthenakis bezeichnet dies als „Ko-Konstruktion" (ebd. 2003: 26) von Bildung. Dadurch erfahre das Kind eine Wahrung seiner Rechte und seiner Perspektive, die sich, so Fthenakis, in der überwiegenden Mehrzahl der gegenwärtigen Curricula der frühen Bildung widerspiegele. (Vgl. ebd.: 24ff.).

Bildung wird gemäß diesem Verständnis als ein sozialer Prozess verstanden, der auf Interaktion baut. Die Qualität der Interaktion bezieht sich auf die Interaktion des Kindes mit der Fachkraft, die Interaktion der Fachkräfte untereinander, die Interaktion mit den Eltern, aber auch auf die Interaktion der Kinder in der Einrichtung. Dieses Qualitätsverständnis ist prozessorientiert. Unterschiede werden anerkannt und als Chance begriffen. Dabei liegt der Schwerpunkt auf der Stärkung kindlicher Kompetenzen und dem Erwerb von Selbstvertrauen und dem Gefühl der Selbstwirksamkeit. Im Gegensatz zu früheren Curricula postuliert Fthenakis, dass die neuen Curricula zu „normativen Standards für Bildungseinrichtungen geworden [sind, die], als Mittel zur administrativ-politischen Steuerung des Systems der Tageseinrichtungen [dienen]" (ebd.: 28). Als Grundlage für die zeitgenössischen Curricula im Elementarbereich dienten, so Fthenakis, bereits vor einiger Zeit ins Leben gerufene curriculare Initiativen auf internationaler Ebene, wie z. B. die bereits 1997 in Australien erlassenen Vorschulrichtlinien, welche die sieben Lernfelder „Denken", „Kommunikation", „Bewusstsein von sich selbst und anderen", „Gesundheits- und Körperbewusstsein", „Soziales Leben und Lernen", „Kulturelles Verständnis" und „Verständnis der Umwelt" umfassen und Beobachtung als Grundlage der Förderung des Bildungsgeschehens postulieren (ebd. 2003: 29). Während diese Richtlinien allerdings noch in der Bildungsphilosophie des Konstruktivismus beheimatet gewesen seien, orientierten sich, so Fthenakis, neuere Curricula an einer sozialkonstruktivistischen Perspektive, bei der der Schwerpunkt auf Wissenskonstruktion und dem

Erwerb übergeordneter Kompetenzen liege. Nach diesem Bildungsverständnis richten sich, nach Fthenakis, u. a. die frühkindlichen Bildungskonzepte von Schweden, Norwegen oder England. Auch würde den Eltern eine bedeutsamere Position und mehr Mitverantwortung für den kindlichen Bildungsprozess zugesprochen und die Eltern im Sinne einer Partnerschaft mehr involviert, was u. a. auch die Gestaltung relevanter Beratungsangebote für Eltern beinhalte (vgl. ebd.: 29f.). Dabei stelle Evaluation eine Maßnahme dar, die mit den curricularen Initiativen verknüpft sei und zur Sicherung der Bildungsqualität beitragen solle. Laut Fthenaks stünden im internationalen Vergleich im Wesentlichen zwei Evaluationsverfahren zur Verfügung. Zum einen Fremdevaluation durch „standardisierte Beobachtungs- und Einschätzskalen"(ebd.: 31), zum anderen Beobachtung durch „beteiligungsorientierte Verfahren" (ebd.: 31) in Form der Selbstevaluation durch die Dokumentation des individuellen Lernprozesses des Kindes. Ein weiteres Verfahren baut auf die Dokumentation in Form des Nachweises geeigneter curricularen Aktivitäten, wie dies u. a. in vorschulischen Einrichtungen in Neuseeland praktiziert wird. Darüber hinaus werde in neueren Ansätzen das Verhältnis zwischen Kindergarten und Schule neu bewertet. Dies beinhalte Formen eines flexibleren Übergangs in die Schule und die erfolgreiche Bewältigung des Überganges unter Berücksichtigung von Erkenntnissen der Transitionsforschung (vgl. ebd.: 33).

Laewen hingegen lehnt die Position von Fthenakis und damit eine Ausrichtung der frühkindlichen Bildung an zu erwerbenden Kompetenzen ab. Er plädiert für eine Trennung der Begrifflichkeiten Bildung und Entwicklung. Zur Entwicklung gehören nach der Ansicht von Laewen auch physiologische Reifungs- und Wachstumsprozesse, die in Zusammenhang mit Bildung stehen können, nach dem Verständnis von Laewen aber keine Bildungsprozesse darstellen. Deshalb müsse die Bildungsdiskussion unter Einbeziehung entwicklungspsychologischer Erkenntnisse geführt werden, sollte aber nicht zu einer entwicklungspsychologischen Diskussion werden. Der Bildungsbegriff habe seine Bedeutung in einem geistes- und erziehungswissenschaftlichen Kontext erlangt. Dazu gehöre es auch die Diskussion aus pädagogischer Perspektive zu führen, die den Blick auf das Verhältnis von Kind und Welt sowie das Verhältnis von Kind und Gesellschaft richte (vgl. Laewen 2002: 25). Laewen plädiert in diesem Zusammenhang dafür, die „Differenz der Bedeutungen von Bildung und Erziehung genau im Auge [zu] behalten, wenn von Pädagogik die Rede ist" (ebd.: 26). Bildung könne nicht ohne die Beziehung zu Erziehung gesehen werden, obgleich beiden Begrifflichkeiten unterschiedliche „Bedeutungshorizonte" (ebd.: 27) zukämen.

Laewen steht einer „bedarfsorientierten Bildung" (ebd.: 30), z. B. durch Interessenvertreter der Wirtschaft oder Expertengruppen wie dem Initiativkreis Bildung der Bertelsmann-Stiftung, (vgl.: 30) kritisch gegenüber. Dem Paradigma des lebenslangen Lernens als Sinnbild der „neuen Wissensgesellschaft" (ebd.: 31) mangle es an moralischer Bildung und Werteentwicklung. Diese kämen darin nur unter dem Stichwort „soziale Kompetenzen" (ebd.: 32) vor.

Ferner argumentiert Laewen, dass eine Kompetenzorientierung an gesellschaftlichen Erfordernissen Bildungsziele erfordere und Vorstellungen darüber verlange, wie diese Ziele zu erreichen seien (ebd.: 33). Ein weiteres Problem bestehe zudem darin, dass kompetenzorientierte Programme aus dem englischsprachigen Raum nicht zwischen Bildung und Erziehung (education) unterschieden. Ferner müsse Bildung auch in Abgrenzung zum Entwicklungsprozess betrachtet werden. Entwicklung könne nur gefördert werden und komme nicht dem Bildungsbegriff gleich (vgl. ebd.: 36). In diesem Kontext sei die Perspektive zu verwerfen, Kinder als Werke ihrer Eltern zu betrachten. Das Kind sei „kein passives Objekt der Pädagogik" (ebd.: 42). Vielmehr sei „das Wollen und Können des Kindes zu berücksichtigen" (ebd.: 42). Kompetenzen bezeichnet Laewen als „pädagogische Bildhauerei" (ebd.: 42). Die Geschwindigkeit der Entwicklung könne die „Kompetenzbestände in einer Generation umwälzen" (ebd.: 43). Bildung ist gemäß Laewen ein „Sich-Selbst-Erschaffen" (ebd.: 48) und dementsprechend Selbstbildung, die die selbst initiierten Lernaktivitäten des Kindes ins Zentrum stellt und auf Eigenaktivität der Kinder baut. Demgemäß bezeichnet Laewen Bildung als eine Sache des Kindes und Erziehung als eine Aufgabe der Pädagogen (vgl. ebd.: 48f.). Somit steht bei Laewen das „sich selbst konstruierende Kind" (ebd.: 53) im Mittelpunkt. Laewen beruft sich auf Erkenntnisse der Neurobiologie, wonach das Kind von Geburt an über „vorinstallierte Methoden der Wahrnehmungsstrukturierung" (ebd.: 55) verfüge. Durch den Umgang mit den Dingen konstruiere das Kind Muster, weshalb „Kinder Forscher [seien]. Sie entwerfen Hypothesen über die Welt und überprüfen sie" (ebd.: 53). Den Pädagogen komme dabei die Aufgabe zu, einen Wirklichkeitsbezug herzustellen und die Fähigkeit der Kinder zu fördern „mit Optionen des Möglichen umzugehen" (ebd.: 55). Demzufolge können laut Laewen Bildungsziele „nur selbstgesetzte Ziele des Kindes sein" (ebd.: 73). Die Absicht des Erwachsenen spiegle sich in Erziehungszielen wieder. Erziehung wird somit als „Ermöglichung, Unterstützung und Herausforderung konstruierender Aneignung" (ebd.: 73) verstanden. Dazu zählen die Gestaltung der Umwelt des Kindes, die Architektur der Räume, die Gestaltung von Zeitstrukturen, die „Zumutung von Themen" (ebd.: 73) durch die Erwachsenen, die „Beantwortung der Themen der Kinder" (ebd.: 73) sowie die „Wahl des Dialoges als Form der Interaktion" (ebd.: 73).

Auch Schäfer vertritt die Ansicht, dass unter Erziehung „in der Regel ethisch vertretbare Formen des absichtsvollen Einwirkens auf andere" zu verstehen sind. (Schäfer In: Fried/ Roux 2006: 34). Bildung hingegen stelle das „eigenwillige und selbständige Handeln des Individuums bei seinen Lernprozessen in den Mittelpunkt" (ebd.: 34). Dementsprechend kann gemäß Schäfer „Bildung nicht von außen erzeugt werden" (ebd.: 34), sondern müsse durch den Menschen selbst verwirklicht werden. Das Ergebnis von Bildung konstituiert sich somit in Form eines Selbstgestaltungsprozesses, hat einen umfassenden Anspruch und wird „in der Auseinandersetzung mit kultureller und sozialer Wirklichkeit gewonnen" (ebd.: 34).

Das Konzept der Selbsttätigkeit begründet Schäfer ebenso wie Laewen damit, dass der menschliche Organismus nicht gemacht werde sondern sich selbst durch seine „biologische Organisation" (ebd.: 41) entwickle. Dabei befindet sich der Organismus nach Schäfer in einem Verhältnis aus Autonomie und Abhängigkeit, indem einerseits sich der Organismus selbst hervorbringe, auf der anderen Seite aber darauf angewiesen sei, was ihm die Umwelt ermögliche (vgl. ebd.: 41). Daraus folgt, dass Erwachsene Kindern Selbsttätigkeit und Ganzheitlichkeit ermöglichen sollen, was Schäfer als Wandlung der Rolle des Erwachsenen im Bildungsprozess des Kindes ansieht. Erwachsenen komme vornehmlich die Aufgabe zu, den „Rahmen vor[zu]strukturieren innerhalb dessen [die Kinder] selbständig handeln und denken können sowie die geistigen und kulturellen Werkzeuge zugänglich [zu] machen, mit welchen sich [die Kinder] ihr Können und Wissen von Anfang an selbst erarbeiten [können]" (ebd.: 41).

Im Gegensatz dazu weisen Huppertz/ Schinzler Erwachsenen bzw. pädagogischen Fachkräften in Kindertageseinrichtungen eine aktivere Funktion bei der Bildung des Kindes zu. Huppertz/ Schinzler sehen die Begriffe Erziehung und Bildung in Beziehung zueinander, wobei Erziehung „mehr den normativen Aspekt des Persönlichkeits-Werdens" (Huppertz/ Schinzler 1996: 49) betone. Erziehung sei gemäß den Autoren als Prozess zu verstehen, in dessen Verlauf ein junger Mensch hin zu einer eigenständigen, demokratiefähigen und verantwortungsbereiten Person absichtsvoll beeinflusst werde. Bildung hingegen wird prinzipiell auch als Selbsttätigkeit des Kindes verstanden, indem sich das Kind anhand eines Bildungsgegenstandes bildet. Allerdings steht Bildung bei den Autoren in enger begrifflicher Nähe zum Begriff des Lernens. Im Gegensatz zu den vorangehenden beiden Autoren ist gemäß Huppertz/ Schinzler Bildung nicht in jeder Form der Auseinandersetzung des Kindes mit seiner Umwelt gegeben, sondern geschieht in intentional durch den Erwachsenen oder eine Bildungsinstitution erzeugten Kontexten. Huppertz/ Schinzler führen hierfür exemplarisch die Beispiele Jugendbildung, Erwachsenenbildung aber auch Krippen- und Kindergartenbildung an. (Vgl. ebd.: 49). Demgemäß werden Erziehungsziele als normative Vorstellungen von einer Person und Bildungsziele als thematisch inhaltliche Normvorstellungen bezüglich eines gesetzten Endpunktes verstanden, sodass ein Ziel ein vorgestelltes Ergebnis verkörpert (vgl. ebd.: 52). Dementsprechend werden Erziehung und Bildung als die zwei Seiten einer Medaille beschrieben (ebd.: 53). Ziele werden somit gemäß Huppertz/ Schinzler u. a. durch pädagogische Fachkräfte, Ausbildungspläne, Verbände oder den Gesetzgeber definiert und sind auf institutioneller Ebene an strukturelle Lernvorgänge gekoppelt. Lernen wird in diesem Zusammenhang als individueller Prozess verstanden, der an persönliche Voraussetzungen wie Wille, Bereitschaft und Anstrengung gekoppelt ist. Zudem bedürfe Lernen einer aktiven Auseinandersetzung mit vorausgegangenen Sinneseindrücken. Huppertz/ Schinzler bezeichnen dies als „Lebensbezug" indem „konkrete Erfahrungen, aktuelle Lebensbezüge und soziale

Momente zum Ausgangspunkt und zum Gegenstand von Lernen" (ebd.: 235) gemacht werden sollen (Vgl. ebd.: S.234ff.) Die Grundlage von Bildung und Erziehung bilden somit eine aktive Auseinandersetzung des Subjekts mit Lerngegenständen bzw. Bildungsinhalten im Rahmen eines intentionalen Settings, wobei die Intention in Form von Bildungszielen fremdgesteuert oder auch selbstgesteuert bzw. eigenmotiviert sein kann. Sofern in diesem Zusammenhang Bildung Gegenstand eines institutionellen Lernprozesses und somit an von außen definierte Bildungsziele gekoppelt ist, steht Bildung in Verbindung mit einer intentionalen Einflussnahme und damit einer geeigneten Didaktik vonseiten des Einflussnehmenden und bleibt nicht dem Kind selbst überlassen. Grundlegend für dieses Verständnis von Bildung und Erziehung und die Definition von Erziehungs- und Bildungszielen sind die Orientierung am Kind und das Bild des Kindes. Dabei werden folgende Fragen formuliert:

- *Aus phänomenologischer Perspektive: "Was ist das Kind, was ist es nicht?"*
- *Aus der Bedürfnisperspektive: "Was braucht das Kind?"*
- *Aus normativer Perspektive: "Wie soll das Kind sein und was soll aus ihm werden?"* (Huppertz 2003: 18).

Die Definition von Bildungs- und Erziehungszielen orientiert sich bei Huppertz an phänomenologisch begründeten Werten wie dem Wert des Lebens, Freiheit und des interkulturell aufgeschlossenen Menschen in Form des „Weltbürgers". Demgemäß kommt den pädagogischen Fachkräften die Aufgabe zu, geeignete Bildungsthemen und Bildungsinhalte zur Verwirklichung der Zielsetzungen auszuwählen. (vgl. ebd.: 30ff.)

Die teilweise in mehreren Punkten voneinander abweichenden bildungstheoretischen Positionen weisen darauf hin, dass der Bildungsbegriff im Rahmen der elementarpädagogischen Forschung, Theoriebildung und Lehre sich in einem Spannungsfeld zwischen den Polen des sich selbst hervorbringenden Kindes einerseits und zu erreichenden normativen, an Lernprozesse gekoppelten, Vorstellungen und Kompetenzen des Kindes andererseits befindet. Wie beeinflussten diese Positionen die vorschulischen Curricula in Form der Bildungspläne im Elementarbereich? Stoltenberg konstatiert aufbauend auf einer Analyse der Bildungspläne im Elementarbereich:

> *Konstruktivistische Theorien des Lehrens und Lernens, entwicklungspsychologische Untersuchungen und soziale Entwicklungen, die das Kind nicht mehr als verfügbar sehen, sondern als Subjekt seiner Entwicklung und Geschichte, das der gesellschaftlichen Unterstützung und Förderung bedarf, haben sich durchgesetzt (Stoltenberg 2008: 40).*
>
> *Diese ahistorische und ohne gesellschaftlichen Bezug (den man z. B. bei der Frage nach den unterschiedlichen „Mitteln", die Kindern zugänglich sind, sofort herstellen muss) gedachte Form der „Selbstbildung" wird in vielen der Bildungspläne ohne Kommentar neben dem Ansatz der „Ko-Konstruktion zitiert" (ebd.: 41).*

In der Mehrzahl der Pläne werde nahezu in gleichem Wortlaut „vom Kind als aktivem, kompetenten Akteur seiner Entwicklung ausgegangen und der soziale und materielle Kontext dieser Prozesse hervorgehoben" (ebd.: 42).

Schuster bringt im Rückgriff auf den gemeinsamen Rahmenplan der Kultusministerkonferenz zur Ausgestaltung der Bildungspläne im Elementarbereich (siehe 2.1) zum Ausdruck, dass es Aufgabe der Bildungsarbeit sei, grundlegende Kompetenzen zu vermitteln und persönliche Ressourcen zu stärken die das Kind dazu befähigen, künftige Aufgaben zu meistern, ein Leben lang zu lernen und verantwortlich an der Gemeinschaft teilzuhaben. Dementsprechend sei es nach Angaben des Rahmenplans nicht die Aufgabe der Länder, Anforderungen zu normieren, die Kinder zu einem bestimmten Zeitpunkt zu erreichen hätten, sondern die Leistungen und Aufgaben der Fachkräfte zu definieren. (Vgl. Schuster In: Fried/ Roux 2006: 151). Bezüglich des Bildungsbegriffs kommt Schuster zum Schluss, dass es „zum Teil deutliche Unterschiede in der Verwendung der Grundbegriffe Bildungs- oder auch Rahmenplan, Bildung, Bildungsbereiche [und] Basiskompetenzen" (ebd.: 155) in den vorschulischen Curricula gebe. Dies gehe einher mit einer unterschiedlichen Gewichtung des Verbindlichkeitsanspruches. Ferner sei eine „unterschiedliche Gewichtung der Selbsttätigkeit des Kindes und der Intensität der Anregung und Unterstützung durch die Erzieherin [festzustellen]" (ebd.: 155). Infolgedessen wird die Notwendigkeit einer „gemeinsame[n], überregionale[n] bildungspolitische[n] und theoretische[n] Fundierung" (ebd.: 155) der vorschulischen Curricula konstatiert. Dabei gingen die „neuen Bildungsdokumente" (ebd.: 155) über den internationalen Anspruch eines offenen Curriculums als Basis für eine Einrichtungskonzeption hinaus. Vielmehr komme den Plänen der Charakter „regionale[r] Innovationsprogramme" (ebd.: 155) zu. Wie der Bildungsanspruch des gemeinsamen Rahmenplanes der Kultusministerkonferenz in Baden-Württemberg aufgegriffen wurde, wird im Folgenden dargestellt.

3.5 Der baden-württembergische Orientierungsplan für Bildung und Erziehung
3.5.1 Das Bildungsverständnis des Orientierungsplanes

Bereits im Vorwort des baden-württembergischen Orientierungsplanes heißt es, dass der Plan dazu einlädt, „die Welt mit den Augen des Kindes zu sehen" (Ministerium für Kultus, Jugend und Sport Baden-Württemberg 2006: 27). Diese vom Kind ausgehende Perspektive äußert sich in den Leitfragen „Was kann das Kind? Was will das Kind? Was braucht das Kind? Wie erfährt das Kind die Welt? Wie wird es ein Mitglied der Gemeinschaft? Wie entwickelt es sich zu einem unverwechselbaren Menschen, der aktiv am Leben teilhat?" (ebd.: 12). Der Plan versteht sich in diesem Zusammenhang als Grundlage für die „individuelle begabungsgerechte Förderung der Kinder" (ebd.: 16).

Der Orientierungsplan verkörpert nach eigener Aussage einen „mehrperspektivischen" (ebd.: 19) Bildungsansatz. Unter Bildung wird ein „lebenslanger selbsttätiger Prozess zur Weltaneignung von Geburt an [verstanden]" (ebd.: 19). Hierzu bedarf es nach Angaben des Planes der sozialen Interaktion und „verlässlicher Beziehungen und Bindungen zu Erwachsenen" (ebd.: 19). Unter Erziehung hingegen versteht der Orientierungsplan die Einflussnahme der Erwachsenen in Form der „Unterstützung, Begleitung, Anregung und Herausforderung der Bildungsprozesse" (ebd.: 19). Dabei setzt der Orientierungsplan auf „ganzheitliche Begleitung und Förderung" (ebd.: 19). Der mehrperspektivische Bildungsansatz integriert zum besseren Verständnis des Kindes und der kindlichen Wahrnehmung verschiedene wissenschaftliche Disziplinen. Die Auffassung, dass Bildung im Kindergartenalter „ein Konstruktionsprozess ist, in dem sich das Kind seine Welt aktiv erschließt [stehe dabei] im Einklang mit Hinforschung und Psychologie" (ebd.: 20). Der Orientierungsplan definiert darüber hinaus sieben Bedingungen und Funktionen von Bildung (vgl. ebd. 22ff.):

- Bildung als aktiver Verarbeitungsprozess von Informationen.
- Bildung beginnt mit der Geburt.
- Bildung vollzieht sich in der Auseinadersetzung des Subjekts mit seiner Umwelt und in der wechselseitigen Interaktion mit Akteuren wie Gleichaltrigen und Erwachsenen.
- In Bezug auf Bildung und Erziehung kommt pädagogischen Fachkräften eine verantwortungsvolle Aufgabe zu. Sie sind „Beobachter und Arrangeure der räumlichen Umgebung und insbesondere verantwortliche Interaktionspartner des Kindes" (ebd.: 22).
- Bildung erfordert neben Ermutigung und positiver Bindung auch ein aktives Einwirken „durch Anbieten von Informationen, durch Vorgaben und Anforderungen an das Kind und durch korrigierendes Eingreifen" (ebd.: 22), z. B. in Form von gezielten Fördermaßnahmen bei motorischen oder sprachlichen Defiziten.

- Bildung ist als Prozess zu betrachten, der auf den Erwerb von Kompetenzen zielt, die das Kind dazu befähigen, an „dieser Kultur" teilzuhaben und zukunftsorientiert das Leben zu meistern.
- Bildung ist auch eine Anforderung an die „praktische Bildung"(ebd.: 24). Dem Kindergarten kommt dabei in Kooperation mit der Schule die ggf. auch kompensatorische Aufgabe zu, die „Voraussetzungen für einen gelungenen Übergang in die Grundschule zu schaffen" (ebd.: 24).

Dabei betont der Orientierungsplan, dass Selbstbildung nicht dahingehend zu verstehen ist, dass das Kind sich selbst überlassen wird. Vielmehr sei der Erwachsene dazu herausgefordert, „das Kind in seiner Entwicklung zu unterstützen und zu fördern" (ebd.: 25).

Dazu gehört es nach Maßgabe des Planes, ganzheitliche Lernerfahrungen zu ermöglichen, spielerische Lernformen zu fördern uns sich selbst aktiv in Spielsituationen einzubringen. Ferner weist der Plan auf eine angemessene Selbständigkeitserziehung als Aufgabe des Kindergartens hin. Als Voraussetzung für gelungene Bildungsprozesse versteht der Orientierungsplan die Kenntnis des einzelnen Kindes. Diesbezüglich heißt es im Plan: „Die Erzieherin muss erkennen, ob und inwieweit das Kind bestimmte Themen meidet, die für seine Entwicklung wichtig sind. (...) Die Erzieherin muss auch wissen, welche Dinge, Themen dem Kind Spaß machen. Aufgabe der Erzieherin ist es nun, Situationen zu schaffen, in denen das Kind einen Sinn erkennt, sich den vermeintlich unbequemen und anstrengenden Dingen zu stellen und dabei Erfolg erlebt" (ebd.: 40).

Das „mehrperspektivische Bildungsverständnis" des baden-württembergischen Orientierungsplanes greift damit das zuvor dargestellte konstruktivistische Bildungsverständnis von Laewen und Schäfer auf, indem sich gemäß den Aussagen des Orientierungsplanes das Kind eigenaktiv über Erfahrungen die Welt aneignet. Gleichzeitig wird aber auch der soziale Konstruktionsprozess von Bildung in Auseinandersetzung mit Akteuren gemäß dem Modell der Ko-Konstruktion nach Fthenakis berücksichtigt und die Bedeutung von grundlegenden Kompetenzen anerkannt. Auch die Position von Huppertz wird aufgegriffen, indem nach den Bedürfnissen des Kindes gefragt und die Bedeutung von Werten u. a. für die Teilhabe an der Kultur herausgestellt wird (Vgl. 4.1). Ferner wird Bildung nicht dem Kind alleine an Heim gestellt. Vielmehr gilt es für den Kindergarten, das einzelne Kind zu fördern. Gezielte Förderung und Kompensation sollen u. a. Entwicklungsdefizite bei Kindern abbauen und zur Erlangung der Schulfähigkeit beitragen.

3.5.2 Die Vorgaben des Orientierungsplanes zur pädagogischen Qualität

Im Folgenden werden die Anforderungen des baden-württembergischen Orientierungsplanes an die pädagogische Praxis dargestellt. Die Systematik der Darstellung bzw. der Plananalyse beruht auf der Kategorisierung der pädagogischen Qualität, die im zwölften Kinder- und Jugendhilfebericht vorgestellt wurde (siehe 2.1).

3.5.2.1 Strukturqualität

Hinsichtlich der Strukturqualität macht der baden- württembergische Orientierungsplan ex- und implizite Aussagen zur räumlich- materiellen Ausstattung der Kindergärten. Besonders der Teil B des Orientierungsplanes, welcher die sechs „Bildungs- und Entwicklungsfelder" beinhaltet, widmet sich der Frage der räumlichen und materiellen Ausstattung. Im Orientierungsplan heißt es hierzu: „Der B-Teil stellt das Herzstück des Orientierungsplans dar. Er bietet konkrete Anhaltspunkte für die pädagogische Arbeit, sowohl hinsichtlich der Raumgestaltung und der Anregung durch Materialangebote" (Ministerium für Kultus, Jugend uns Sport Baden-Württemberg 2006: 13). „Der Orientierungsplan vertraut als durchgängiges Prinzip auf anregende Fragen, die Impulse für die pädagogische Arbeit geben sollen. Diese impulsgebende Intention des Planes trifft auch auf die Angaben des Orientierungsplanes zu der räumlichen Ausstattung des Kindergartens zu. Die Angaben des Orientierungsplanes zur *Raumgestaltung* lassen sich in folgenden Punkten zusammenfassen, welche Prinzipien für eine Raumgestaltung darstellen:

- Innen- und Außenräume integrativ gestalten: Darauf achten, dass Innen- und Außenräume den Anforderungen und Bedürfnissen von beeinträchtigten und behinderten Kindern sowie Kindern mit Entwicklungsdefiziten entsprechen.
- Kreative und flexible Raumgestaltung ermöglichen: Gemeinsam mit den Kindern für begrenzte Zeit Räume, Flure etc. kreativ umgestalten (z. B. mit Kartons, Packpapier), sodass die Kinder ihrer Phantasie freien Lauf lassen können.
- Anregungsreiche Innen- und Außenräume gestalten: Die Räume sollen so gestaltet sein, dass sie den Kindern vielfältige Anregungen bieten. Dies gilt vor allem für Anregungen in den Bereichen Bewegung und Sprache.
- Ruhe und Rückzugsmöglichkeiten schaffen.
- Themenecken/ Fachräume einrichten.
- Externe Erfahrungsräume erschließen und nutzen (z. B. Künstleratelier, Museum, Theater etc.).

Hinsichtlich der *Materialien*, die der Orientierungsplan für die Arbeit im Kindergarten empfiehlt, lassen sich ähnliche Kategorien wie bei der Raumgestaltung erstellen. Allerdings sind die Materialempfehlungen konkreter auf die sechs Bildungs- und Entwicklungsfelder und deren inhaltliche Schwerpunkte bezogen. Die Materialangaben des Orientierungsplanes lassen sich folgendermaßen einteilen:

- Integrative Materialien: Für das einzelne Kind geeignete Materialien/ Spielmaterialien auswählen, sodass auch beinträchtige, behinderte und entwicklungsverzögerte Kinder daran Spaß haben und Erfolgerlebnisse erzielen können.
- Kreativer Umgang mit Alltagsmaterialien: Den Kindern Alltagsmaterialien zur Verfügung stellen, mit deren Hilfe sie ihre Phantasie ausleben können und die sie kreativ kombinieren können (z. B. Kartons etc.).
- Auf vorgefertigte Spielmaterialien nicht generell verzichten.
- Materialien verwenden, die einen Aufforderungs- und Anregungscharakter haben.

Der Orientierungsplan macht ferner implizite Angaben zu folgenden Bereichen: Materialien zur Bewegungsförderung, Materialien zur Nahrungszubereitung, Materialien zur Förderung der Feinmotorik, Materialien zur Förderung des kreativen- musisch- ästhetischen Ausdrucks, Materialien für Theater und Rollenspiel, Materialien für Rhythmus und Tanz, Materialien für bildende Kunst und Musik, Materialien zur Schulung der Sinne und Sinneswahrnehmungen, sprachfördernde Materialien, Materialien zum Erforschen und Experimentieren und Materialien zur Förderung des mathematischen Denkens.

Es lässt sich festhalten, dass der Orientierungsplan hinsichtlich der Raumgestaltung und der Materialien, die im Kindergarten zum Einsatz kommen sollen, Anhaltspunkte dafür gibt, was im Kindergarten getan werden kann und vorhanden sein sollte, jedoch die Hinweise nicht dahingehend konkretisiert werden, wann eine Raumgestaltung als gut oder ein didaktisches Material als geeignet zu betrachten ist. Hinsichtlich der verbindlichen Aufgabe, die strukturelle Qualität der Einrichtung kontinuierlich zu verbessern und zu sichern, sind somit die pädagogischen Fachkräfte und der Träger im Kindergarten dazu aufgerufen, eigenständig Gütekriterien für ihre Einrichtung zu entwickeln, mit deren Hilfe die ex- und impliziten Vorgaben des Orientierungsplanes zum Raumangebot und der Ausstattung mit Materialien überprüft werden können (Vgl. ebd.: 65ff.).

3.5.2.2 Prozessqualität

3.5.2.2.1 Pädagogische Anregungen und Bildungsangebote

Die Vorgaben des Orientierungsplanes zur Prozessqualität finden sich hauptsächlich in den sechs „Bildungs- und Entwicklungsfeldern". Trotz den inhaltlichen Schwerpunktsetzungen des baden-württembergischen Orientierungsplanes in den einzelnen Bildungs- und Entwicklungsfeldern (z. B. im Bildungs- und Entwicklungsfeld „Körper" – Ernährung, Gesundheit und Bewegung) wird im Orientierungsplan betont, dass die Felder nicht an „Fachsystematiken oder Schulfächern" (ebd.: 65) ausgerichtet seien. Ferner soll es sich bei den Bildungsfeldern nicht „um die Vorverlegung des Unterrichts aus der Grundschule" (ebd.: 67) sondern um „eine alters- und entwicklungsadäquate Zugehensweise für Kinder im Kindergartenalter [handeln]" (ebd.: 67).

In den sechs Bildungs- und Entwicklungsfeldern werden den pädagogischen Fachkräften entsprechend der jeweiligen Thematik Anregungen in Form von insgesamt 196 Fragen gegeben, wie z. B. im Bildungs- und Entwicklungsfeld „Körper": „Was bringt das Kind in der täglichen Bewegungszeit außer Atem und zum Schwitzen?"(ebd.: 76). Oder eine weitere Anregung aus dem Bildungs- und Entwicklungsfeld „Sinn, Werte, Religion": „Wie regt der Kindergarten an, über Anfang, Ziel und Ende des menschlichen Lebens zu philosophieren und zu theologisieren?"(ebd.: 118). Diese Fragen sind nicht verbindlich, sondern verstehen sich laut Plan als Impulse, die Anregungen für die Arbeit im Kindergarten geben sollen. Hierzu heißt es: „Der baden- württembergische Plan vertraut auf die anregende Wirkung von Fragen, mit deren Hilfe pädagogisches Handeln reflektiert und geplant werden kann" (ebd.: 68). Die Impulsfragen sind durchzogen von der Logik der „Erziehungs- und Bildungsmatrix" (ebd.: 66). Dabei handelt es sich um eine Art Planungsgitter. Auf der Y-Achse dieses Gitters sind die sogenannten „Motivationen" des Kindes abgetragen. Grundlegend dafür sind die beiden Fragen: „Was will das Kind?" und „was braucht das Kind?" (ebd.: 66). Diese Fragen untergliedern sich in vier Aspekte, die eine Antwort auf diese Fragen darstellen. Dabei handelt es sich um:

- (A) Anerkennung und Wohlbefinden erfahren,
- (B) die Welt entdecken und verstehen,
- (C) sich ausdrücken und
- (D) mit anderen leben". (ebd.: 66)

Weiter heißt es, der Kindergarten nehme Einfluss

- bezüglich Motivation A (Anerkennung und Wohlbefinden erfahren) auf Gesundheit, Geborgenheit und Selbstwirksamkeit,
- bezüglich Motivation B (die Welt entdecken und verstehen) auf das Ich, auf die Natur und die Umwelt und das soziale und kulturelle Gefüge,
- bezüglich Motivation C (sich ausdrücken) auf die nonverbale, verbale und kreative Ausdrucksfähigkeit und
- bezüglich Motivation D (mit anderen leben) auf Regeln, Rituale und Traditionen (Vgl. ebd.: 66).

Diese auf der Y-Achse der Bildungsmatrix abgetragenen „Motivationen", gekennzeichnet mit A, B, C, D, kreuzen an Schnittpunkten mit den sechs Bildungs- und Entwicklungsfeldern, die auf der X-Achse mit den Nummern eins bis sechs abgetragen sind. Jeder Schnittpunkt stellt eine Kombination aus einer der vier Motivationen und entsprechenden pädagogischen Handlungs- und Reflexionsimpulsen eines Bildungs- und Entwicklungsfeldes dar, z.B. der Knotenpunkt B1 im Bildungs- und Entwicklungsfeld „Körper": „Mit dem Körper sich selbst und die Welt entdecken und verstehen" (ebd.: 77). Hier findet sich u. a. folgende Reflexions- und Impulsfrage: „Wird das Bedürfnis nach Bewegung so berücksichtigt, dass die Kinder ihre eigenen Ideen und Wünsche entwickeln und umsetzen können?" (ebd.: 77). Oder Knotenpunkt C4 im Bildungs- und Entwicklungsfeld „Denken": „Denken entfalten, um sich auszudrücken" (ebd.: 105). Hier steht u. a.: „Wodurch erhalten die Kinder Anregungen, Dinge des Alltags auch zweckentfremdet zu gebrauchen?" (ebd.: 106). Diese Systematik durchzieht die sechs Bildungs- und Entwicklungsfelder und deren Inhalte.

Trotz der Gliederung der pädagogischen Anregungen nach „Motivationen" und des Bestrebens des Orientierungsplanes, die sechs Felder nicht an Schulfächern anzulehnen, lassen sich thematische Schwerpunkte ausmachen. Für die sechs Bildungs- und Entwicklungsfelder sind dies im Einzelnen:

- Bildungs- und Entwicklungsfeld „Körper": u. a. Gesundheit, Bewegung, Ernährung, Hygiene, Sexualerziehung und Verkehrserziehung. Konkret z. B. Wissen und Gespür für die Gesunderhaltung des eigenen Körpers, positives Körper- und Selbstkonzept, Koordination, Kondition, Grob- und Feinmotorik etc. (vgl. ebd.: 73ff.). Weiterführung der Ziele dieses Feldes in folgenden Fächerverbünden der Grundschule: „Bewegung, Spiel und Sport" und „Mensch, Natur und Kultur" (ebd.: 79).
- Bildungs- und Entwicklungsfeld „Sinne": u. a. Kunst, Musik, Wahrnehmung, Ästhetik. Konkret z. B. Sinnesschulung, Orientierungsfähigkeit, ästhetisch künstlerischer Ausdruck; Musizieren, Kunstbetrachtung, bewusster Umgang mit Medien etc. (vgl. ebd.: 85ff.). Weiterführung der Ziele dieses Feldes im Fächerverbund der Grundschule: „Mensch, Natur und Kultur" (ebd.: 89).
- Bildungs- und Entwicklungsfeld „Sprache": u. a. Kommunikation, Klang und Abbild von Sprache (Buchstaben, Schrift), Sprachförderung. Konkret z. B. nonverbale und verbale Kommunikationsfähigkeit, Deutsch als Zielsprache, Sprachspiele, Kontakt mit Fremdsprachen, kreativer Umgang mit Sprache, Literacy etc. (vgl. ebd.: 90ff.) Weiterführung der Ziele dieses Feldes im Fach Deutsch der Grundschule (vgl. ebd.: 98).
- Bildungs- und Entwicklungsfeld „Denken": U. a. mathematisch-logisches Denken, kreatives und forscherisches Denken und Handeln, Naturwissenschaften. Konkret z. B. Denkleistungen dokumentieren und präsentieren, Experimentieren, Fragen stellen, Mengenvorstellungen entwickeln, Hypothesen aufstellen und überprüfen etc. (vgl. ebd.: 99ff.) Weiterführung der Ziele dieses Feldes in der Grundschule in den Fächern „Deutsch, Mathematik, Fremdsprache und dem Fächerverbund Mensch, Natur und Kultur" (ebd.: 107).
- Bildungs- und Entwicklungsfeld „Gefühl und Mitgefühl": u. a. soziales Miteinader, Sozialverhalten, Sozialerziehung. Konkret z. B. Empathie und Mitgefühl, Respekt gegenüber Anderen und der Umwelt, Umgang mit Emotionen lernen, Selbstkontrolle etc. (vgl. ebd.:

108ff.). Weiterführung der Ziele dieses Feldes in der Grundschule in den Zielen des Bildungsplanes der Grundschule und als durchgängige Dimension in den Fächerverbünden und Fächern (vgl. ebd.: 112f.).

- Bildungs- und Entwicklungsfeld „Sinn, Werte, Religion": u. a. Theologie, Ethik, Philosophie. Konkret z. B. Interreligiosität, Sinn- und Wertorientierungen kommunizieren, die christliche Prägung unserer Kultur kennenlernen, über das Leben philosophieren etc. (vgl. ebd.: 113ff.). Weiterführung der Ziele dieses Feldes in der Grundschule in den allgemeinen Zielen des Bildungsplanes der Grundschule sowie in den Fächern „katholische und evangelische Religionslehre" (ebd.: 120).

Im Hinblick auf das Verhältnis zwischen den verbindlichen Zielen, die in jedem Bildungs- und Entwicklungsfeld den Fragen vorangestellt sind und den damit zusammenhängenden Fragen mit Impulscharakter äußert sich der Plan wie folgt:

Die vorgegebnen Zielformulierungen sind für die Einrichtungen und die Träger verbindlich, lassen Ihnen aber genügend Gestaltungsspielräume in der Umsetzung und in der Konzept- und Profilbildung. Die sich an die Zielformulierungen anschließenden konkretisierenden Fragen sollen Denkanstöße geben für die einzelne Erzieherin und für das Team, das eigene Handeln zu reflektieren und Möglichkeiten zu finden, die Zielsetzungen – auf die konkrete Vorortsituation bezogen – umzusetzen (...) Die im Anschluss an die Ziele angebrachten „Fragen als Denkanstöße" sind weder verbindlich noch vollständig und abschließend zu verstehen (...) Wichtig dabei ist, dass die Denkanstöße im Team diskutiert werden (ebd.68ff.).

Daraus folgt, dass die Angaben zur Prozessqualität bzw. zur konkreten Bildungsgestaltung der Kinder in Form der Fragen und Impulse in den sechs Bildungs- und Entwicklungsfeldern, ausgenommen die verbindlichen Zielvorgaben, bisher Anregungscharakter und keinen Verbindlichkeitsanspruch besitzen. Das pädagogische Handeln der pädagogischen Fachkräfte zeigt sich laut Orientierungsplan „zum einen in der Gestaltung anregender Umgebungen, zum anderen im Arrangement von individuellen bzw. auf Gruppen bezogenen Bildungsangeboten"(ebd.: 67). Die Interaktion zwischen Kind und ErzieherIn soll einerseits über die absichtvolle Gestaltung von Aktivitäten wie z. B. Angebote, Projekte etc. erfolgen, andererseits durch die Reaktion der ErzieherIn darauf, womit sich das Kind aus sich heraus beschäftigt (Vgl. ebd.: 68).

3.5.2.2.2 Pädagogisches Handeln der Fachkräfte

Der Orientierungsplan widmet den „Pädagogischen Herausforderungen" (ebd.: 45) eigens ein Kapitel mit dem Titel „Haltung und Professionalität" (ebd.: 45ff.). Zum Grundverständnis der ErzieherInnen gehört es, vom einzelnen Kind her zu denken, wobei der Kindergarten an Erfahrungen des Kindes anknüpfen soll. Der Orientierungsplan sieht hierfür den Ausbau der Erziehungspartnerschaft mit den Eltern vor. Ferner ist es Aufgabe der pädagogischen Fachkräfte, die förderliche Entwicklung jedes einzelnen Kindes anzustreben, was durch Unterstützung und Anregung der kindlichen Bildungsprozesse geschehen soll. Der Orientierungsplan nennt konkret folgende Punkte zur Haltung und Professionalität der pädagogischen Fachkräfte, die sowohl den Bildungs- und Erziehungs- als auch den emotionalen Beziehungsaspekt enthalten. Es obliegt den ErzieherInnen, für eine angenehme Atmosphäre zu sorgen, in der sich jedes Kind angenommen fühlt. Hierzu zählt die emotionale Bindung als Teil der Erzieher-Kind-Beziehung. Ferner zählen dazu grundlegende pädagogische Prinzipien, wie auf das Kind und seine Anliegen einzugehen, die Kinder zu ermutigen, herauszufordern und ihnen etwas zuzutrauen. Diese Grundprinzipien beinhalten auch, sich für die Kinder Zeit zu nehmen, mit ihnen zu sprechen und nicht nur im Hinblick auf Sprache als Vorbild zu fungieren. Hinsichtlich des Bildungsgeschehens soll auch der Alltag als Lernchance genutzt werden.

Der ErzieherIn kommt im Bildungsprozess die Aufgabe zu, eine anregende vorbereitete Umgebung zu gestalten, die Entwicklungs- und Bildungsprozesse jedes einzelnen Kindes gezielt zu fördern, Interessen und Themen der Kinder aufzugreifen, methodisch didaktische Entscheidungen zu treffen, individuelle Unterschiede bei der Planung von Angeboten zu berücksichtigen und individuelle und gemeinsame Lernmöglichkeiten für die Kinder zu schaffen. Dabei werden selbstgesteuerte Lernprozesse als vorteilhaft erachtet. Das Bildungsgeschehen soll darüber hinaus durch Lernorte außerhalb der Einrichtung wie Wald, Bauernhof, Museum etc. ergänzt und angereichert werden. Auch Experten wie Künstler, Handwerker etc., die sich z. B. aus der Elternschaft rekrutieren können, sollen das Bildungsgeschehen bereichern. Generell geschieht Bildung in Kooperation mit den Eltern, der Schule und weiteren Kooperationspartnern, wie z. B. Vereinen. Ferner obliegt es den ErzieherInnen, die Gemeinschaft der Kinder untereinander zu gestalten. Die Professionalität der ErzieherInnen zeigt sich vor allem darin, die Beobachtung und regelmäßige Dokumentation des Entwicklungsstandes des einzelnen Kindes dafür zu nutzen, um aufbauend auf diesem Wissen, die Bildungsprozesse jedes einzelnen Kindes durch gezielte Aktivitäten zu fördern. Hierzu sollen „Aktivitäten zur Anregung und Förderung der Bildungsprozesse der Kinder mit den Eltern" (ebd.: 47) abgestimmt werden (Vgl. ebd.: 46f.). Das pädagogisch professionelle Handeln der ErzieherIn soll darüber hinaus geprägt sein durch „eine bestimmte Grundhaltung" (ebd.: 47). Zu dieser gehört es, dass die ErzieherInnen Geduld zeigen, die individuellen Bildungsprozesse des Kindes ernst nehmen und dem Kind dabei mit Respekt und Wertschätzung begegnen. Ferner ist es laut Orientierungsplan Aufgabe der ErzieherInnen, den Kindern Orientierung, Halt, Sicherheit und liebevolle Zuwendung zu bieten. Dieses soll dadurch unterstützt werden, dass die pädagogischen Fachkräfte den Tag strukturieren sowie Regeln und Rituale vorgeben und selbst vorleben (Vgl. ebd.: 47f.).

Die systematische Beobachtung des einzelnen Kindes umfasst darüber hinaus gemäß Orientierungsplan verschiedene Beobachtungsverfahren. Die Dokumentation der Beobachtungen hat in schriftlicher Form zu erfolgen und soll den Bildungsverlauf widerspiegeln (vgl.

ebd.: 50f.). Zwischen ErzieherInnen und Eltern soll weiterführend ein regelmäßiger Austausch stattfinden, was spontane Tür- und Angelgespräche aber auch strukturierte Elterngespräche (mindestens einmal pro Jahr) über den Entwicklungsverlauf des einzelnen Kindes beinhaltet (vgl. ebd.: 51ff.). Auch die Zusammenarbeit zwischen Kindergarten und Schule gehört zum Aufgabenbereich der ErzieherInnen. Hierzu soll von beiden Seiten ein regelmäßig zu aktualisierender, verbindlicher Kooperationsplan vereinbart werden, sodass eine am individuellen Verlauf orientierte Entwicklungsförderung erfolgen kann. Dies gilt insbesondere für das letzte Kindergartenjahr (vgl. ebd.: 53ff.). Der Orientierungsplan nennt darüber hinaus den Kindergarten einen Ort der Integration. Der Kindergarten soll darüber Bestandteil des Gemeinwesens sein, was durch Gemeinwesenorientierung und Vernetzung mit anderen Stellen und Institutionen zum Ausdruck kommen soll (vgl. ebd.: 57ff.).

3.5.2.3 Ergebnisqualität

3.5.2.3.1 Ergebnisse auf Kindebene

Zu den Zielsetzungen des Orientierungsplanes auf Kindebene sind die Eigenverantwortlichkeit, Autonomie und Gemeinschaftsfähigkeit zu zählen, die das einzelne Kind erlangen soll. Dazu gehört es laut Orientierungsplan, die Kinder darin zu unterstützen Anderen Autonomie zuzugestehen und Verschiedenheit anzuerkennen (vgl. ebd.: 17). Darüber hinaus ist es ein Ziel der durch den Orientierungsplan intendierten Bildungsbestrebungen, durch die Weitergabe von Kultur an „die heranwachsende Generation (...) zur Teilhabe an dieser Kultur" (ebd.: 23) zu befähigen.

Neben spezifischen Kompetenzen ist es ein Anliegen des Orientierungsplanes, darauf zu achten, dass das Kind Selbstsicherheit und Frustrationstoleranz entwickelt. Hierzu heißt es: „Belohnungsaufschub ist einer der wichtigsten Vorläufer für späteres ausdauerndes und zielorientiertes Lern- und Arbeitsverhalten"(ebd.: 43). Eine der zentralen Zielsetzungen des Orientierungsplanes und somit ein bedeutsamer Faktor für die Ergebnisqualität ist die Schulfähigkeit. Zur Schulfähigkeit zählt der Orientierungsplan kognitive Voraussetzungen, soziale und emotionale Kompetenzen sowie Anstrengungsbereitschaft und Motivation. Die Entwicklung der Schulfähigkeit wird als gemeinsame Aufgabe von Kindergarten und der Grundschule angesehen (vgl. ebd.: 55). Die Schulfähigkeit ist aufgefächert in Schulfähigkeitskompetenzen, die das Kind bis zum Schuleintritt erlangt haben soll. Der Orientierungsplan gibt hierzu in den sechs Bildungs- und Entwicklungsfeldern („Körper"; „Sinne"; „Sprache"; „Denken"; „Gefühl und Mitgefühl"; „Sinn, Werte, Religion") verbindliche Zielsetzungen vor. Hierzu heißt es im Orientierungsplan:

Die Zielsetzungen der Bildungs- und Entwicklungsfelder, die während der gesamten Kindergartenzeit des einzelnen Kindes entwicklungsangemessen und individuell verfolgt werden, unterstützen das Kind

Diese Zielsetzungen sollen von den pädagogischen Fachkräften im Kindergarten konsequent verfolgt werden. Die Ziele des Orientierungsplanes, die im B-Teil des Planes in den sechs Bildungs- und Entwicklungsfeldern vorzufinden sind, richten sich nicht direkt an die pädagogischen Fachkräfte, sondern richten sich vor allem an die Kinder. Dabei sind die Zielformulierungen unterschiedlicher Natur und lassen sich im Wesentlichen in Kompetenzen, in Entwicklungsaufgaben in konkrete Lernziele und in Tätigkeitsbeschreibungen untergliedern: z.B. lautet im Bildungs- und Entwicklungsfeld „Sinne" ein Ziel: „Kinder entwickeln, schärfen und schulen ihre Sinne" (ebd.: 85) Hierbei handelt es sich um ein Entwicklungsziel. Hingegen im selben Feld lautet ein anderes Ziel: „Kinder erlangen durch die differenzierte Entwicklung und Nutzung ihrer Sinne Orientierungs-, Gestaltungs- und Ausdrucksfähigkeit und lernen achtsam zu sein" (ebd.: 85). Dieses Ziel ist im Sinne der Herausbildung von Fähigkeiten eher dem Kompetenzbegriff zuzuordnen. Ein weiteres Ziel in diesem Feld lautet: „Kinder nehmen Bilder aus Alltag, Kunst und Medien bewusst wahr und setzen sich damit auseinander" (ebd.: 85). Hierbei handelt es sich weder um eine Kompetenz, noch um Entwicklungsziel, sondern vielmehr um eine Tätigkeitsbeschreibung ohne definierten Endpunkt, die dahingehend ausgelegt werden kann, dass diese Aktivität zur Selbstbildung des Kindes beitragen soll. Diese Varianz des Zielbegriffs durchzieht die sechs Bildungs- und Entwicklungsfelder. Dies stellt in sofern ein gewisses Problem dar, da die Ziele für die Träger und die Einrichtungen selbst Verbindlichkeitsanspruch besitzen und zumindest teilweise auf verschiedenen Dimensionen lagern und keine klare Gliederung im Sinne einer Hierarchisierung der Zielsetzungen aufweisen. Dieser Umstand, sowie die Formulierung von nicht beobachtbaren Zielausprägungen erschweren deren Überprüfbarkeit. Auch der Abstraktionsgrad einiger Ziele, wie z. B. „Kinder entwickeln ein Gespür für positives Nichtstun, Trödeln und die Seele baumeln lassen" (ebd.: 110) macht eine weiterführende Operationalisierung der Ziele in der Praxis notwendig, um diese als Grundlage für Mess- oder Prüfverfahren im Rahmen der Selbst- oder Fremdevaluation einsetzen zu können.

3.5.2.3.2 Schulfähigkeitskompetenzen und Ministerienkompetenz

Der Orientierungsplan nennt 13 Punkte zur Schulfähigkeit, die als Schulfähigkeitskompetenzen bezeichnet werden. Dabei handelt es sich um die folgenden Punkte:

1. *Die Kinder können Freude am Spiel empfinden und sich im Spiel ausdrücken*
2. *Die Kinder können mit verschiedenen Mal- und Schreibmaterialien und Werkzeugen umgehen und damit kreative Produkte herstellen*
3. *Die Kinder können einige Reime und Lieder auswendig und genießen das gemeinsame Singen*
4. *Die Kinder können Freude an der Bewegung empfinden und sind den psychischen und physischen Anforderungen eines rhythmisierten Schultages gewachsen, der Rücksicht auf Schulanfänger nimmt*
5. *Die Kinder können sich in einer fremden Umgebung orientieren*
6. *Die Kinder sind der deutschen Sprache soweit mächtig, dass sie dem Unterricht folgen können*
7. *Die Kinder haben ein Buch zu ihrem Lieblingsbuch erkoren, aus dem ihnen vorgelesen wurde und können anderen daraus erzählen*

8. *Die Kinder können in ganzheitlichen Zusammenhängen Muster, Regeln, Symbole und Zahlen entdecken*
9. *Die Kinder können Mengen erfassen und Ziffern benennen*
10. *Die Kinder können über Naturphänomene staunen und Fragen dazu stellen*
11. *Die Kinder können in einer Gruppe gemeinsam eine Aufgabe bewältigen, mit anderen Kindern angemessen kommunizieren und bringen Einfühlungsvermögen und Mitgefühl auf*
12. *Die Kinder können Sinnfragen stellen und miteinander nach Antworten suchen*
13. *Die Kinder beginnen sich ihrer religiösen bzw. weltanschaulichen Identität bewusst zu werden*
(ebd.: 56f.)

Hinsichtlich der Feststellung der Schulfähigkeit und somit einer Art Ergebnisfeststellung der Kindergartenarbeit beim einzelnen Kind wird in Baden-Württemberg ein neues Konzept für die Schuleingangsuntersuchung entwickelt, welches in Baden-Württemberg flächendeckend zum Einsatz kommen soll. Allerdings liegt die Feststellung der Schulfähigkeitskompetenz demnach nicht im Ermessen derjenigen, welche durch ihr Handeln dazu beitragen sollen, d. h. den ErzieherInnen, sondern in den Händen des baden-württembergischen Gesundheitsamtes, das auch bisher die Schuleingangsuntersuchungen durchgeführt hat. In einer Stellungnahme des baden-württembergischen Landtags vom 21. 01. 2008 heißt es hierzu:

Basierend auf einem Ministerratsbeschluss vom 12. April 2005 wurde die Einschulungsuntersuchung (ESU) neu konzipiert. Ziel ist die bestmögliche Förderung aller Kinder und die Unterstützung der Eltern. Mit der Neukonzeption der ESU sollen gesundheitliche Beeinträchtigungen oder Entwicklungsverzögerungen früher erkannt und Maßnahmen zur Prävention und Gesundheitsförderung früh eingeleitet werden.

Neu an diesem Konzept ist, dass diese Untersuchung 24 Monate vor Einschulung durchgeführt werden soll, um Zeit für die Förderung von „Risikokindern"(Regierungspräsidium Stuttgart/ Landesgesundheitsamt 2005: 14) zu gewinnen. Dabei beinhalten die durchzuführenden Screeningverfahren folgende Inhalte

1. *die Dokumentation der Krankheitsfrüherkennungsuntersuchungen und des Impfstatus,*
2. *die Erhebung ausgewählter Befunde durch sozialmedizinische Assistentinnen (Körpergröße und Körpergewicht, Sprachtest, Seh- und Hörtest), so lange sie nicht anderweitig verlässlich erhoben werden und ihre Ergebnisse zur Verfügung stehen,*
3. *die standardisierte Befragung der Eltern zu Entwicklungsverlauf, Krankheiten und sozialen Rahmenbedingungen des Kindes mit einem Elternfragebogen ,*
4. *die standardisierte Befragung der Erzieherinnen zum Entwicklungsstand des Kindes auf der Basis der im Rahmen des Orientierungsplans eingeführten obligatorischen Entwicklungsdokumentation mit einem Erzieherinnenfragebogen*(vgl. ebd.: 14).

Die Bildungs- und Entwicklungsdokumentation bzw. der Fragebogen für die ErzieherInnen basiert hierbei auf den sogenannten „Grenzsteinen der Entwicklung", welche u. a. durch das Institut für angewandte Sozialforschung (INFANS) auch innerhalb des INFANS- Konzeptes der Frühpädagogik ihre Anwendung finden. Der Schulkompetenzbogen vor der Einschulung, der hierzu Verwendung finden soll, ist untergliedert in Körpermotorik, Körperbewusstsein, Hand-Fingermotorik, Sprachentwicklung, kognitive Entwicklung, soziale Kompetenz, emotionale Kompetenz und Entwicklung der Selbständigkeit. Ferner ist die ErzieherIn dazu angehalten, Fragen zur Hyperaktivität zu beantworten (vgl. ebd. 2005: 36).

Vergleicht man die Schulfähigkeitskompetenzen vonseiten des Gesundheitsamtes mit denen, die vonseiten des Kultusministeriums im baden-württembergischen Orientierungsplan definiert sind, so zeigen sich Unterschiede im Hinblick auf Inhalt und Konkretheitsgrad. Im Sinne einer qualitätsvollen Arbeit in der Praxis und der Verzahnung der Behörden wird an dieser Stelle zu einer wechselseitigen Abstimmung beider im Elementarbereich Anwendung findender Instrumente angeregt. Die Untersuchung in den Kindergärten im Rahmen der Neukonzeption der Schuleingangsuntersuchung wird von „medizinischen Assistenten des Gesundheitsamtes" durchgeführt. Eine ärztliche Untersuchung erfolgt darum nur noch bei denjenigen Kindern, bei denen aufgrund der ärztlichen Bewertung der Entwicklungsdokumentation der ErzieherInnen und/ oder der Antworten der Eltern im Elternfragebogen, Hinweise auf Entwicklungs- oder gesundheitliche Probleme festgestellt werden. Für diese „Risikokinder" soll an einem runden Tisch (ca. 15 Monate vor Einschulung), der im Rahmen des baden-württembergischen Projektes „Schulreifes Kind" entwickelt wurde, eine gezielte Förderung des einzelnen Kindes beschlossen werden. Der „Runde Tisch" ist gedacht für Vertreter der Schule, des Kindergartens, der Frühförderstelle, für die Eltern und die Beratungslehrer. Im letzten Kindergartenjahr soll weiterführend drei Monate vor Einschulung, aufgrund der aktualisierten Entwicklungsdokumentation der ErzieherInnen entlang den „Grenzsteinen der Entwicklung", bei Auffälligkeiten eine ärztliche Nachuntersuchung erfolgen. Die letztendliche Entscheidung über die Schulfähigkeit trifft laut ESU allerdings nach wie vor die Schulbehörde bzw. die jeweilige Schule (vgl. ebd.: 14f.).

3.5.2.3.3 Ergebnisse auf Einrichtungsebene – „Merkmale eines guten Kindergartens"

Der „Orientierungsplan für Bildung und Erziehung für die baden-württembergischen Kindergärten" widmet der Aufgabe der Qualitätsentwicklung und Qualitätssicherung eigens ein Kapitel mit dem Titel: „Merkmale eines guten Kindergartens - Qualitätsentwicklung und Qualitätssicherung"(Vgl. ebd.: 60ff.).

Unter der Überschrift „pädagogische und strukturelle Qualitätsentwicklung" (ebd.: 60) ist zu lesen, dass sich ein „guter Kindergarten"(ebd.: 60) an den Bedürfnissen der Kinder und Eltern orientiere und diese bei seiner Angebotsplanung zu berücksichtigen habe. Der Träger und die pädagogischen Fachkräfte des Kindergartens sind dazu aufgerufen, die „strukturelle und pädagogische Qualität" (ebd.: 60) kontinuierlich weiterzuentwickeln und zu sichern, wozu laut Angaben des Orientierungsplanes das Kindergartengesetz und das Tagesbetreuungsausbaugesetz (TAG) die gesetzliche Grundlage bilden. Qualitätsentwicklung und Qualitätssicherung sollen gemäß dem Grundsatz der Nachhaltigkeit erfolgen. Damit sind sowohl die „bewährten Instrumente der Evaluierung und Dokumentation" (ebd.: 60) als auch die „erforderlichen Begleitsysteme der Fachberatung und Fortbildung" (ebd.: 60) gemeint. Diese Begleitsysteme sind als die sogenannte „Kontextqualität" zu verstehen. Kontextqualität meint

Unterstützungssysteme, auf die die PraktikerInnen zurückgreifen können. Um den Kriterien der Nachhaltigkeit entsprechen zu können, sollen die Kindertageseinrichtungen gemeinsam mit dem Träger Qualitätskriterien entwickeln, welche sowohl die verbindlichen Zielvorgaben des Orientierungsplanes als auch „trägerspezifische Leitbilder und Qualitätssysteme"(ebd.: 60) berücksichtigen (Vgl. ebd.: 60).

Unter der Überschrift „Entwicklungsaufgaben und Entwicklungsfelder des jeweiligen Kindergartens: Was sind unsere speziellen Fragen?" (ebd.: 61), werden im Orientierungsplan 14 Fragen aufgestellt, die von den PraktikerInnen im Hinblick auf deren Kindergarten und Kindergartenpraxis zu beantworten sind. Die 14 Fragen gliedern sich auf in Qualitätsentwicklung – „der Kindergarten verbessert kontinuierlich seine Praxis" (ebd.: 61) und Qualitätssicherung – „der Kindergarten sichert nachhaltig seine Qualitätsentwicklung" (ebd.: 62).

Folgende zehn Reflexionsfragen nennt der Orientierungsplan für den Bereich der Qualitätsentwicklung im Kindergarten:

1. *Werden Eltern, Kinder, Mitarbeiterinnen, Träger und externe Fachleute regelmäßig nach Verbesserungsvorschlägen gefragt?*
2. *Werden konzeptionelle Weiterentwicklungen systematisch geplant, bedarfsnah und nachhaltig umgesetzt?*
3. *Werden Schwächen erkannt, deren Ursachen analysiert und als Chance zur Verbesserung genutzt?*
4. *Werden Vereinbarungen über Methoden, Kriterien, Begutachtungen dokumentiert, systematisch bearbeitet und umgesetzt?*
5. *Erfolgt die Reflexion der Arbeit in einem Klima gegenseitiger Wertschätzung?*
6. *Der Kindergarten kennt seine Ziele und die Wege zur Zielerreichung?*
7. *Wird kontinuierlich geklärt, welche Arbeitsprozesse für das Erreichen der Ziele wichtig sind und werden die Abläufe verbindlich vereinbart?*
8. *Werden Absprachen über angestrebte Ergebnisse sicher umgesetzt und sind diese den Mitarbeiterinnen und dem Trägervertreter bekannt?*
9. *Wird das Erreichen der Ziele anhand festgelegter Kriterien bewertet und dokumentiert?*
10. *Werden die Ziele des Orientierungsplans in die Konzeption übernommen, regelmäßig überprüft und gemeinsam weiterentwickelt?*
(ebd.: 61)

Zur Qualitätssicherung führt der Orientierungsplan die folgenden vier Fragen an:

1. *Wird die Qualitätsentwicklung und der jeweilige Qualitätsstand der Arbeit in verständlicher Form schriftlich dokumentiert?*
2. *Haben diese Dokumente bzw. Vereinbarungen Geltung für die ganze Einrichtung und werden sie regelmäßig aktualisiert?*
3. *Werden Vereinbarungen und sonstige Nachweise regelmäßig zur Überprüfung und Weiterentwicklung der Konzeption und der Angebotsstrukturen genutzt?*
4. *Sind diese Vereinbarungen für die Beteiligten, die Verantwortlichen der Einrichtung und für Interessierte zugänglich?*
(ebd.: 62)

Ferner fordert der Orientierungsplan hinsichtlich der kontinuierlichen Weiterentwicklung der pädagogischen und strukturellen Qualität die pädagogischen Fachkräfte dazu auf, sich entsprechend ihrer Funktion in der Einrichtung regelmäßig fortzubilden. Dies gilt insbesondere für die „Leitungskräfte", aber auch hinsichtlich deren Betriebsverantwortung für die „Einrichtungsträger" (ebd.: 62). Die bereits dargestellten Aussagen werden durch die Überschrift

Anforderungen eines Bildungsplanes an die pädagogische Qualität in Kindertageseinrichtungen

zum Kapitel 3.2 des Orientierungsplanes „Qualifizierung der Leitungs- und Fachkräfte"(ebd.: 62) unterstrichen. Die Begleitung des Trägers und seiner pädagogischen Fachkräfte in den Kindergärten bei den „Qualifizierungs- und Evaluationsprozessen"(ebd.: 62) ist laut Orientierungsplan eine Aufgabe der Fachberatung (vgl. ebd.: 62). Am Ende des Kapitels Qualitätsentwicklung und Qualitätssicherung werden im Orientierungsplan fünf Kriterien aufgestellt, die „das Profil eines „guten" Kindergartens" (ebd.: 62) ausmachen. Das Profil eines guten Kindergartens ist gemäß dem Orientierungsplan daran erkennbar, dass

- ein gemeinsames Leitbild vorhanden ist und verwirklicht wird,
- eine eigenständige pädagogische Konzeption vorliegt und umgesetzt wird, „die dem Erziehungs- und Bildungsanspruch aller Kinder des jeweiligen Wohnumfelds in ihren unterschiedlichen Lebenslagen (z. B. Geschlecht, Behinderung, kulturelle Zugehörigkeit, Armut...) gerecht wird" (ebd.: 62f.),
- eine bedarfsgerechte Angebotsstruktur vorzufinden ist, die den „Eltern die Vereinbarkeit von Familie und Beruf erleichtert" (ebd.: 63),
- der Orientierungsplans für Bildung und Erziehung für die baden-württembergischen Kindergärten in der Einrichtung vorhanden ist und umgesetzt wird,
- ein Qualitätssystem existiert, welches eine kontinuierliche qualitative Weiterentwicklung und Sicherung ermöglicht (Vgl. ebd.: 62f.).

Ferner sollen die dargelegten fünf Kriterien für einen „guten" Kindergarten „in einem in der Einrichtung und auf örtlicher Ebene vorhandenen kinder- und familienfreundlichen Klima gegenseitiger Wertschätzung" (ebd.: 63) erreicht werden.

3.6 Die Leitungskompetenz in den Bildungsplänen der Bundesländer

In zuvor dargestellten Praxisveröffentlichungen (siehe Kapitel 3.3) wird die Leitungstätigkeit in einer Kindertageseinrichtung maßgeblich mit dem Managementbegriff umschrieben. Die Bezugsgröße des Managements stellt dabei die Kindertageseinrichtung als Organisation dar. Welchen Anspruch an die Leitungskompetenz und die Leitungsrolle vertreten die Bildungspläne im Elementarbereich? Diese Frage wird im Folgenden anhand der Analyse der 16 Bildungspläne im Elementarbereich erörtert. Die Bildungspläne wurden im Hinblick auf die Fragestellung nach dem Verfahren der Qualitativen Inhaltsanalyse nach Mayring analysiert und die Aussagen zur Aufgabe der LeiterIn kategorisiert. Anhand der Analyseergebnisse werden im Folgenden die Ergebnisse zu den einzelnen Bildungsplänen dargestellt und anhand der gebildeten Kategorien anschließend fallübergreifend thematisiert.

3.6.1 Baden-Württemberg

Der baden-württembergische Orientierungsplan thematisiert die Aufgabe der Einrichtungsleitung explizit nur an einer Stelle. Hier wird die LeiterIn unter der Überschrift „Qualifizierung der Leitungskräfte" (Ministerium für Kultus, Jugend und Sport Baden-Württemberg 2006) dazu aufgerufen, sich regelmäßig in Leitungsfragen fortzubilden. Diese Aufforderung wird mit als ein Erfordernis der „stetigen Weiterentwicklung der pädagogischen und strukturellen Qualität" (ebd.: 62) angesehen.

3.6.2 Bayern

Der bayerische Bildungsplan wird hinsichtlich der Leitungsaufgabe konkreter. Im bayerischen Plan wird ausdrücklich dazu aufgefordert, den bayerischen Rahmenplan in die Einrichtungskonzeption zu übertragen. Diesbezüglich kommt dem Träger und der Einrichtungsleitung, nach Aussagen des bayerischen Plans, eine federführende Rolle zu. Die Konzeption wird als Grundlage der pädagogischen Arbeit beschrieben, welche die Bildungs- und Erziehungsarbeit in der Einrichtung abstützt. In diesem Zusammenhang wird dazu angehalten, die Konzeption transparent zu machen und möglichst jährlich zu evaluieren. Der bayerische Plan versteht sich selbst als „Orientierungshilfe, Bezugsrahmen und Verständigungsgrundlage für die Konzeptionsentwicklung und Richtschnur für die Selbstevaluation zugleich"(Bayerisches Staatsministerium für Arbeit und Sozialordnung, Familie und Frauen/ Staatsinstitut für Frühpädagogik 2005: 39).

Träger, Einrichtungsleitung und das Team der Einrichtung tragen die Verantwortung für die Umsetzung des Bildungsplans (ebd.: 49). Ferner ist die Leitung für folgende Aufgaben im Kindergarten zuständig: Kooperation mit der Grundschule (ebd.: 122), Benachrichtigung des Gesundheitsamts bei meldepflichtigen Infektionsfällen (ebd.: 392) und Meldepflicht von Kindern dem Gemeinde-Unfallversicherungsverband gegenüber (ebd.: 394).

Im Hinblick auf die Managementaufgaben der LeiterIn betrachtet es der bayerische Plan als einen Teil der Team- und Organisationsentwicklung, „Beteiligungsprozesse anzustoßen" (ebd.: 406). Weiter heißt es an dieser Stelle:

> *Diese zu initiieren und zu managen ist Aufgabe der Einrichtungsleitung ebenso wie die Umsetzung der gemeinsam gefassten Beschlüsse. Partizipation im Team ist die Basis für die Partizipation der Kinder. Sie setzt voraus, das eigene pädagogische Selbstverständnis und die Gestaltung der Arbeit regelmäßig zu reflektieren. Leitung und Träger tragen die Verantwortung, den strukturellen Rahmen für reflexive Teamprozesse zu schaffen und das Konzept durch sorgfältiges Personalmanagement zu sichern (ebd.: 406).*

Darüber hinaus wird die Einrichtungsleitung ausdrücklich mit der Aufgabe des Qualitätsmanagements in Verbindung gebracht, wobei Qualitätsmanagement als „ein umfassendes Planungs-, Informations- und Prüfsystem, das auf Qualitätssicherung und Qualitätsentwicklung bzw. –Verbesserung zielt" (ebd.: 468) definiert wird. Qualitätsmanagement wird als Aufgabe von Träger und Einrichtungsleitung bezeichnet, wobei ausdrücklich darauf abgehoben wird, dass es unerlässlich sei, die Zuständigkeiten verbindlich zu klären, um eine „effektive Qualitätspolitik"(ebd.: 468) zu gewährleisten. Als Grundlage des Qualitätsmanagements werden „vereinbarte Qualitätsziele, (...) regelmäßige Bedarfs- und Bestandsanalysen, transparente Kommunikationsstrukturen (Information) und vereinbarte Verfahren der Ziel- und Leistungsüberprüfung (Kontrolle)" bezeichnet. Ferner wird Transparenz sowie „eine genaue Wahrnehmung der einrichtungsbezogenen Stärken und Schwächen" gefordert (ebd.: 469).

„Erneuerungsstrategien zur Verbesserung der Bildungsqualität" sollen laut bayerischem Bildungsplan, um wirksam werden zu können, in ein umfassendes Qualitätssystem eingebettet werden, wozu „ausgewählte Evaluationsverfahren, die eine systematische Selbst- und gegebenenfalls Fremdeinschätzung der Arbeit erlauben" (ebd.: 469) gehören. Leitungskräfte sind darüber hinaus dazu aufgerufen, den eigenen Führungsstil kritisch zu reflektieren und dafür Sorge zu tragen, das gesamte Personalteam in die Qualitätsentwicklungsprozesse einzubinden. Vonseiten des Planes wird diesbezüglich dazu angeregt, darüber nachzudenken, diese Aufgabe z. B. bei großen Einrichtungen ggf. an einen Qualitätsbeauftragten zu delegieren. Ferner beschreibt der bayerische Bildungsplan konkrete Aufgaben und Schritte zur Einführung und Umsetzung des Bildungsplanes, was als „Qualitätsmanagement bei Einführung und Umsetzung des Bildungsplanes" (ebd.: 469) bezeichnet wird. Hierzu heißt es im Plan:

> *Mit der Einstellung „Wir sind eine lernende Organisation" ist es Aufgabe eines Qualitätsmanagements, prozessorientierte Veränderungsstrategien gezielt zu planen und zu gestalten. Bei der Einführung eines neuen Bildungs- und Erziehungsplanes stehen z. B. folgende Maßnahmen an: Analyse bisheriger Bildungspraxis, Ist-Soll-Vergleich anhand der neuen Vorgaben, Thematisierung von Veränderungsbereitschaft, Erstellen eines Stufenplanes der Umsetzung, Formulierung von Zielvereinbarungen für ausgewählte Schritte des Stufenplans: Was soll konkret erreicht werden? Was sind Erfolgskriterien? Aufgabenverteilung: Wer ist wofür zuständig? Informationspolitik: Welche Informationen werden wie und an wen weitergegeben? Kontrolle: Wie sollen Ablauf und Ergebnisse überprüft werden? Wer greift bei einer Zielabweichung lenkend ein? Aufzeichnung (Protokolle) der vereinbarten Ziele und Rückmeldeverfahren? Die Realisierung eines Bildungspro-*

gramms kann nur nachhaltige Wirkung zeigen, wenn das Programm selbst in ein systematisches Qualitätsentwicklungskonzept eingebettet ist (ebd.: 469).

3.6.3 Berlin

Unter der Überschrift „Anforderungen an die KITA-Leitung" (Senatsverwaltung für Bildung, Jugend und Sport 2004) ist im Hinblick auf die Funktion der Einrichtungsleitung im Berliner Bildungsplan zu lesen, dass Teamentwicklung zwar eine Aufgabe jedes Teammitgliedes sei, den Leitungskräften in der KITA jedoch „eine Schlüsselrolle in der Personal- und Organisationsentwicklung" (ebd.: 23) zukomme:

> *Von ihrer Einstellung, von ihrem Leitungsstil und ihrem Aufgabenverständnis hängt vieles ab. Ihre Vorstellung von Demokratie, ihr Umgang mit den Mitarbeiterinnen und Mitarbeitern und ihre Haltung zum pädagogischen Handeln der Erzieherinnen und Erzieher sowie zu den Eltern wirken nachhaltig auf den Stil des Hauses und somit auch auf die Bildungsumwelt der Kinder (ebd.: 123).*

Entsprechend der vorigen Ausführungen wird die Rolle der LeiterIn im Berliner Bildungsprogramm als TeamentwicklerIn beschrieben, die ihre MitarbeiterInnen fördert, beteiligt und „zielorientiert führt, ohne deren Eigeninitiative einzuschränken". Im Hinblick auf ihre MitarbeiterInnen ist die Einrichtungsleitung ferner dazu angehalten, individuelle Unterschiede und Schwerpunkte zu fördern, Impulse zu geben und „organisatorische Möglichkeiten" für Kommunikation und Kooperation zu schaffen. Dies beinhaltet darüber hinaus gemäß den Aussagen des Berliner Bildungsplans, für klare „Kompetenzen" und Informations- und Entscheidungsprozesse zu sorgen, um die Voraussetzungen für Partizipation und demokratische Teilhabe der MitarbeiterInnen zu schaffen (Vgl. ebd.: 123). Hinsichtlich des Leitungsstils weist der Berliner Plan darauf hin, dass die Ausgestaltung der Leitungsrolle die Arbeit in der Einrichtung erheblich beeinflusse. Die LeiterIn ist dazu aufgefordert, ihre Arbeit am Bildungsverständnis des Berliner Planes auszurichten.

3.6.4 Brandenburg

Im Brandenburger Bildungsplan finden sich keine Aussagen zur Aufgabe und Funktion der Einrichtungsleitung (vgl. Land Brandenburg Ministerium für Bildung Jugend und Sport 2004).

3.6.5 Bremen

Im Bremer Bildungsplan wird ausdrücklich betont, dass die pädagogische Arbeit der pädagogischen Fachkräfte am Verständnis von Bildung und Erziehung des Bremer Planes auszurichten ist. Auch mit dem Effekt, dass dies „in manchen Bereichen eine Neuorientierung der pädagogischen Arbeit in den Einrichtungen, die über einen längeren Zeitraum" erfolgen müsse, erfordere. Hierzu sind die an der Kindergartenarbeit beteiligten Akteure dazu aufgerufen, die Träger- und Einrichtungskonzeption „nach den Vorgaben des Rahmenplans auszuarbeiten bzw. bestehende Konzeptionen entsprechend zu überarbeiten" (Freie Hansestadt Bremen – der Senator für Arbeit, Frauen, Jugend und Soziales 2005: 4). In diesem Zusammenhang trägt die „Leitung jeder Einrichtung die Verantwortung dafür, die im Rahmenplan sowie den Trägerkonzeptionen genannten Ziele in der Konzeption der Einrichtung und in der praktischen Arbeit umzusetzen" (ebd.: 4).

Als Voraussetzung für die Umsetzung der im Bildungsplan definierten Ziele wird „eine verbesserte Strukturqualität und eine hohe Professionalität der Fachkräfte" (ebd.: 4) genannt. Es sollen ferner alle zur Verfügung stehenden Ressourcen genutzt werden, um die „personelle und materielle Ausstattung" der Einrichtungen zu verbessern und die Professionalität der Fachkräfte „durch Maßnahmen der Qualifizierung" zu verbessern. Letztere sollen sich „an den Erfordernissen der praktischen Arbeit orientieren" und „grundlegende wissenschaftliche Erkenntnisse" (ebd.: 4) vermitteln. Trägern und LeiterInnen kommt dabei die Aufgabe zu, die Bereitschaft zu berufsbegleitenden Weiterbildungsmaßnahmen aufseiten der pädagogischen Fachkräfte anzuregen und einzufordern. Darüber hinaus wird dazu angeregt, „entsprechend den Vorgaben des Rahmenplans (...) die Inhalte der Berufsausbildung zu überprüfen und neu zu bewerten"(ebd.: 4).

Der „Erfolg" der „Bildungs- und Erziehungstätigkeit", die im Bremer Rahmenplan beschrieben wird, ist gemäß dem Plan an „eine zielorientierte Qualitätsentwicklung und Qualitätssicherung" gekoppelt, für deren „Organisation die Leitungskräfte des Trägers und der Einrichtungen verantwortlich sind" (ebd.: 4).

3.6.6 Hamburg

Im Hamburger Bildungsplan wird Personal- und Organisationsentwicklung als wichtige Aufgabe der Kindergartenleitung angesehen. Die Leitungskräfte sind entsprechend dem Bildungsverständnis des Hamburger Planes dazu aufgerufen, ihre Rolle als TeamentwicklerInnen zu betrachten, die ihre MitarbeiterInnen fördern, beteiligen und „zielorientiert führen"(Freie und Hansestadt Hamburg – Behörde für Soziales und Familie 2005: 75). Wie auch im Berliner Bildungsplan sollen individuelle Unterschiede und Schwerpunkte gefördert und anerkannt werden. Ebenfalls werden im Hamburger Plan kommunikative und kooperative Strukturen betont, die für Transparenz sorgen sollen und Partizipation und einen geeigneten Informationsfluss innerhalb den Einrichtungen ermöglichen (vgl. ebd.: 75).

Den „Kita-LeiterInnen" kommt als weitere Aufgabe zu, basierend auf dem Hamburger Plan und den Leitsätzen des Trägers eine „KITA-Konzeption" zu erstellen. Ferner ist es Aufgabe der LeiterInnen, Impulse zu setzen, zu koordinieren, Entwicklungsprozesse in Gang zu halten und den pädagogischen Fachkräften fachliche Reflexion zu bieten. Die Erstellung eines Fortbildungskonzeptes zur Umsetzung des Hamburger Plans ist ebenfalls eine Aufgabe der LeiterInnen, die in den Hamburger Bildungsempfehlungen genannt wird (vgl. ebd.: 76).

Der Hamburger Bildungsplan thematisiert auch ausdrücklich die Rolle des Trägers, indem Aufgaben, die teilweise in anderen Bildungsplänen in der Verantwortung von Einrichtungsleitung und Träger gesehen werden, ausschließlich dem Träger zugesprochen werden:

Der Träger verfügt über ein Konzept, das erkennen lässt, wie die Hamburger Bildungsempfehlungen in die Praxis umgesetzt werden können. Er klärt die Verantwortungsstrukturen und Entscheidungsspielräume für die einzelne Kita. Er fördert die Entwicklung des pädagogischen Profils der Kita und setzt inhaltliche Schwerpunkte auf der Grundlage der Hamburger Bildungsempfehlungen. Er koordiniert die Ressourcen zur Erfüllung des pädagogischen Auftrags. Er sichert ein transparentes Informations-, Kooperations- und Entscheidungssystem. Er stellt ein Qualitätsmanagement und ein Verfahren der Personal- und Organisationsentwicklung sicher (ebd.: 76).

3.6.7 Hessen

Der hessische Bildungsplan äußert sich sehr detailliert zur Rolle und Aufgabe der Einrichtungsleitung. Dies mag u. a. daran liegen, dass der hessische Plan Geltung für Kinder von null bis zehn Jahren besitzt und somit sowohl KITA-Leitung als auch Grundschulleitung gleichermaßen betrifft.

Wie in bereits zuvor dargelegten Bildungsplänen fordert auch der hessische Bildungsplan dazu auf, den hessischen Orientierungsplan zum „einrichtungsbezogenen Plan" zu „transformieren", worunter eine „Konkretisierung" auf Einrichtungsebene verstanden wird. Die Verantwortung für die Umsetzung des hessischen Plans „obliegt der Einrichtungs- bzw. Schulleitung" (Hessisches Sozialministerium/ Hessisches Kultusministerium: 44). Es wird als wichtig erachtet, dass die Konzeption bzw. das Programm für alle transparent gemacht, regelmäßig evaluiert und bei Bedarf weiterentwickelt wird (ebd.: 44).

Zur Erreichung der Organisationsziele betont der hessische Plan ein arbeitsteiliges Vorgehen, aufbauend auf einer klaren Arbeitsteilung, unterschiedlichen Funktionen und Rollen, die im Sinne einer kollegialen Teamarbeit geklärt werden müssen (vgl. ebd.: 118). Unter der Überschrift „Teamentwicklung als Leitungsaufgabe" wird der „Einrichtungs- bzw. Schulleitung" die Aufgabe übertragen, ihr Team für die Umsetzung des hessischen Plans zu motivieren und zu unterstützen. „Für die Abstimmung, den Austausch und die gemeinsame Reflexion über die laufende Arbeit" (ebd.: 118) sollen ferner verbindliche Zeiten vereinbart werden, um folgende Punkte zu ermöglichen:

- *Planungsarbeiten und die Konzeptualisierung neuer Projekte*
- *Die kollegiale Beratung (z. B. gegenseitige Beobachtung im vertraulichen Klima nach vereinbarten Qualitätskriterien/-indikatoren)*
- *Teamschulungen* (ebd.: 118)

Im Hinblick auf die Weiterentwicklung der Einrichtungen werden im hessischen Plan die Kindertageseinrichtungen und Grundschulen als „lernende Organisationen" bezeichnet, die dazu aufgerufen sind, „ihr Angebots- und Leistungsprofil kontinuierlich zu überprüfen, zu modifizieren und zu präzisieren" (ebd.: 123). Hierzu soll der hessische Bildungs- und Erziehungsplan in „bereits bestehende Abläufe" integriert werden. Der Bildungsplan wird als „Erneuerungsstrategie" zur „Verbesserung der Bildungsqualität"(ebd.: 123) bezeichnet, die nur gelingen kann, wenn sie in ein umfassendes Konzept „von Qualitätsentwicklung und Qualitätsmanagement eingebunden" (ebd.: 123) ist. Die Ausführungen zum Qualitätsmanagementkonzept in Verbindung mit den Schrittfolgen zur Einführung und Umsetzung des Plans sind weitgehend identisch mit dem bayerischen Plan und werden an dieser Stelle nicht wiederholt (siehe bayerischer Bildungsplan).

Bezüglich der Einführung und Umsetzung des Bildungsplans wird die besondere Stellung von Leitungskräften in Kindertageseinrichtungen und Grundschulen hervorgehoben. Ihnen kommt „bei der Einführung prozessorientierter Innovationen eine Schlüsselrolle zu" (ebd.: 128). Weiter heißt es:

> *Sie initiieren und verantworten gesamtbetriebliche Planungs-, Entscheidungs- und Umsetzungsprozesse. Diese Leitungsaufgaben liegen im Verantwortungsbereich sowohl der Einrichtungsträger und Aufsichtsbehörden (Schulämter) als auch der Kita- bzw. Schulleitung. Eine verbindliche Klärung der jeweiligen Zuständigkeiten und Steuerungsaufgaben ist Voraussetzung für eine gelingende Umsetzung innovativer Vorhaben (wie z. B. die Einführung eines neuen Bildungsprogramms, Entwicklung und Verabschiedung eines Fortbildungsplans). In diesem Abschnitt steht die operative Ebene im Blickpunkt, d. h. die Verantwortungsebene der Einrichtungs- bzw. Schulleitung (ebd.: 128).*

Diese „Verantwortungsebene" im Sinne einer „Führungs- und Steuerungsfunktion" wird als „system- und entwicklungsorientiertes Management" (ebd.: 128) bezeichnet. Die Bedeutung dieses Managements wird dadurch unterstrichen, dass im hessischen Plan ein enger Zusammenhang zwischen Einrichtungsqualität und Leitungsqualität hergestellt wird. Als grundlegend für die Ausübung der Leitungstätigkeit werden folgende „Leitungskompetenzen" (ebd.: 128) definiert:

Leitungskräfte
- *Schaffen eine klare, gemeinsam getragene Vision über das anzustrebende Einrichtungs- bzw. Schulprofil*
- *Erklären Begründungszusammenhänge bei der Einleitung von Veränderungen*
- *Motivieren das Fachpersonal*
- *Vereinbaren Ziele und Wege der Überprüfung der Zielerreichung*
- *Verstehen Führung vorwiegend als Moderation, Delegation und Koordination, treffen aber notwendige Entscheidungen*
- *Zeigen eine positive Erwartungshaltung*
- *Nehmen die unterschiedlichen Fähigkeiten im Personalteam wahr und überlegen, wie diese für die Umsetzung des Bildungsprogramms optimal eingesetzt werden können*
- *Delegieren Aufgaben nach transparent vereinbarten Regeln und Arbeitsstrukturen*
- *Achten auf die Rahmenbedingungen für eine gelingende pädagogische Arbeit*
  (ebd.: 128f.)

Auch die Leitungsaufgaben werden im hessischen Plan ausführlich dargestellt und thematisiert. Laut hessischem Plan sind dies im Einzelnen:

- *Die Bildungs- und Betreuungsaufgaben der Organisation*
- *Das Wohlbefinden und die Arbeitsleistung des Personals*
- *Sämtliche nach außen gerichtete Arbeitskontakte*
- *Leitungskräfte sind zugleich Organisatorinnen und Organisatoren, Impulsgeberinnen und Impulsgeber, Mentorinnen und Mentoren, Anleiterinnen und Anleiter, Koordinatorinnen und Koordinatoren, Informationsvermittlerinnen und Informationsvermittler, Beraterinnen und Berater.*
- *Organisations- und Qualitätsentwicklung*
- *Konzeptionsentwicklung bzw. Schulprogramm*
- *Personalführung und Personalentwicklung*
- *Vernetzung und Öffentlichkeitsarbeit*

- *Selbstorganisation und Selbstmanagement*
(ebd.: 129)

Im Hinblick auf die Organisationsentwicklung ist es Aufgabe der Leitungskräfte, ihre Arbeit zukunft- und zielorientiert im Hinblick auf den Fortbestand und die Anpassung des Angebots der Einrichtung an gesellschaftliche Erfordernisse zu gestalten. Dazu gehören laut hessischem Plan

> *Management- und Umsetzungsstrategien, die auf eine Verbesserung der institutionellen Selbstorganisation sowie auf eine notwendige Differenzierung des Leistungsangebots zielen. Zu den Aufgabenfeldern der Rechtsträger (Vorstand) und Leitungen gehören u. a. Qualitätspolitik, Personalführung und Personalentwicklung. Leitbild und Organisationskultur, Managementkonzepte, Kommunikations- und Informationssysteme, Bedarfsanalysen, Zielvereinbarungen, Qualitätsentwicklung und Evaluation, gegebenenfalls auch Finanzplanung und Budgetierung. Der Träger verantwortet den hierfür vorgesehenen Rahmen und die finanziellen Ressourcen* (ebd.: 129).

Die Einrichtungs- bzw. Schulleitung ist darüber hinaus verantwortlich für „die Formulierung und schriftliche Festlegung eines einrichtungsspezifischen Bildungsprogramms (Einrichtungskonzeption/ Schulprogramm)" (ebd.: 130). Das Programm soll „der internen Klärung von Leitprinzipien und Qualitätszielen der Bildungs- und Erziehungsarbeit und der institutionsbezogenen Umsetzung von rechtsverbindlichen Rahmenvorgaben" (ebd.: 130) dienen und zur Transparenz beitragen. Aufgrund gesellschaftlicher Veränderungen sind die Verantwortlichen dazu aufgerufen, die Konzeption den gesellschaftlichen Gegebenheiten anzupassen und kontinuierlich weiterzuentwickeln (vgl. ebd.: 130). Der Träger hingegen ist laut hessischem Plan dafür verantwortlich, die notwendigen Rahmenbedingungen zur Umsetzung des Plans zur Verfügung zu stellen. Hierzu gehören zeitliche, materielle und personelle Rahmenbedingungen, klare Planungs- und Evaluationsstrategien, vereinbarte Formen der Prozessdiagnostik, der Leistungsdokumentation und der Leistungsbeurteilung (vgl. ebd.: 130).

Im Hinblick auf Personalführung und Personalentwicklung gehören „zu den grundlegenden Führungs- und Personalmanagementaufgaben des Rechtsträgers (Vorstand) und der Leitung":

- *Die Regulierung von Aufgaben und die Klärung von Entscheidungskompetenzen (z. B. Arbeitsplatzbeschreibungen und Anforderungsprofile)*
- *Die Gewährleistung von beteiligungsorientierten Kommunikations- und Informationsstrukturen (z. B. regelmäßige Teambesprechungen)*
- *Die Etablierung von vereinbarten Rückmeldeverfahren (z. B. Mitarbeitergespräche; Analysen zur Arbeitszufriedenheit)* (ebd.: 130)
- *Konfliktmanagement im Sinne von: Widerstände wahrnehmen und ernst nehmen, mit Konflikten konstruktiv umgehen und sie produktiv nutzen und die beteiligten Personen in Problemlösungsversuche einzubinden* (vgl. ebd.: 130)

Ferner kommen der Leitung in Abstimmung mit dem Einrichtungsträger bzw. Schulamt folgende Aufgaben zu:

- *Erstellung eines transparenten Personalentwicklungskonzeptes*
- *die Erarbeitung individueller Entwicklungsprofile*

- *Erarbeitung eines personen- und einrichtungsbezogenen Fortbildungskonzeptes.*
- *Personalbedarfsplanung*
- *Personalaufsicht und -beurteilung*
- *Personalverwaltung* (Vgl. ebd.: 131)

Die Kita-Leitung / Schulleitung trägt in Abstimmung mit dem Träger nach Angaben des hessischen Plans „sämtliche nach außen gerichtete Arbeitskontakte. Diese umfassen z. B. die Zusammenarbeit mit Bildungs- und Ausbildungseinrichtung (...), Kooperationen mit sozialen Dienstleistungen (...), Zusammenarbeit mit kulturellen Einrichtungen (...) und Kontakte zu den jeweiligen Aufsichtsinstanzen" (ebd.: 131). Darüber hinaus sollen Kontakte zu Wirtschaft und Politik gepflegt werden, die dazu beitragen können, die „Einrichtungs- bzw. Schulqualität" zu stärken. Dazu soll eine gezielte Informationspolitik durch Informationsabende zum Bildungsplan und durch die Veröffentlichung der Konzeption beitragen (vgl. ebd.: 131). Um die anspruchsvollen und umfangreichen Leitungsaufgaben des hessischen Plans zu koordinieren und die eigene Leitungsrolle zu reflektieren, ist ein gutes Selbstmanagement angebracht, das im hessischen Plan wie folgt definiert wird:

Zum Selbstmanagement gehören Bestandsanalysen, Zielbestimmungen, Zeitplanung, Prioritätensetzungen und Überprüfung der eigenen Aufgabenerfüllung. Zeitmanagement ist dabei eine besondere Herausforderung. Prozessbegleitende Unterstützung finden Leitungskräfte in der Form von kollegialer Beratung (Qualitätszirkel), externer Moderation (Fachberatung/ Schulentwicklungsberatung, Supervision) und Qualifizierungsangeboten (Seminare, Teamfortbildungen) (...) (ebd.: 131).

3.6.8 Mecklenburg-Vorpommern

Im Bildungsplan von Mecklenburg-Vorpommern finden sich keine Aussagen zur Aufgabe und Funktion der Einrichtungsleitung (vgl. Mecklenburg-Vorpommern/ Sozialministerium, 2004).

3.6.9 Niedersachsen

Im niedersächsischen Bildungsplan

hat die Einrichtungsleitung eine verantwortungsvolle Lenkungsfunktion für die Umsetzung des Bildungs-, Erziehungs- und Betreuungsauftrags der Tageseinrichtung. Um dem Bildungsauftrag gerecht zu werden, der diesem Orientierungsplan zugrunde liegt, bedarf es einer engagierten und tatkräftigen Unterstützung der angestellten Fachkräfte durch die Leitung. Sie übernimmt auch die Initiative für die gemeinsame Erarbeitung der einrichtungsspezifischen Konzeption, die sich an den Bildungszielen des Plans orientiert und leitet im Allgemeinen die Teambesprechungen (Niedersächsisches Kultusministerium 2004: 40).

Ferner obliegt ihr der Bereich der Öffentlichkeitsarbeit, was den Außenkontakt zur Grundschule aber auch zu anderen Institutionen betrifft. Darüber hinaus pflegt sie die Erziehungspartnerschaft mit den Eltern und den Kontakt zum Träger. Die Selbst- und Fremdevaluation im Hinblick auf die Qualitätsentwicklungsprozesse und die Qualitätssicherung der „eigenen pädagogischen Arbeit"(ebd.: 40) stellen laut niedersächsischem Plan einen Bestandteil der Konzeption dar. Die Konzeption soll außerdem regelmäßig fortgeschrieben werden (vgl.

ebd.: 40). Jede Kindertageseinrichtung ist laut niedersächsischen Gesetz dazu verpflichtet, „eine pädagogische Konzeption vorzulegen und regelmäßig fortzuschreiben"(ebd.: 48).

Zur professionellen Arbeit gemäß dem niedersächsischen Bildungsplan gehört es, die eigene Arbeit regelmäßig durch Qualitätsfeststellung und Evaluation zu überprüfen, weiterzuentwickeln und umzusetzen. Tageseinrichtungen für Kinder werden ferner als „vorschulische Bildungseinrichtungen" bezeichnet (ebd.: 49), die dafür Sorge tragen, die Bildungsziele des niedersächsischen Orientierungsplanes umzusetzen. Die Einrichtungen sind dazu aufgerufen, Qualitätskriterien zu entwickeln, „die den Prozess der Bildungsarbeit in der Einrichtung transparent machen" (ebd.: 49). Jeder Träger bzw. jede Einrichtung hat sich in diesem Zusammenhang für ein bereits bestehendes Qualitätsentwicklungs- und Sicherungsverfahren zu entscheiden oder selbst ein geeignetes System zu entwickeln. Hierbei wird eine Zuständigkeitsregelung getroffen, indem die Qualitätsentwicklung der eigentlichen pädagogischen Arbeit als Aufgabe der Fachkräfte verstanden wird. Darüber hinaus kann auch der Träger mit geeigneten Verfahren die Qualität der Aufgabenwahrnehmung erfassen und weiter entwickeln (vgl. ebd.: 49).

Beobachtung und Dokumentation wird in diesem Sinne nicht nur als ein Mittel verstanden, um die Bildungs- und Entwicklungsverläufe des Kindes zu dokumentieren und den Eltern transparent zu machen, sondern auch als Instrument der Qualitätsfeststellung (Evaluation) und Qualitätsentwicklung der pädagogischen Arbeit. Generell wird Qualitätsmanagement als ein „kommunikativer Prozess" (ebd.: 51) bezeichnet, welcher der Zusammenarbeit aller an der Kindergartenarbeit beteiligten Akteure bedarf. Die Träger stehen nach den Angaben des niedersächsischen Orientierungsplans in der Verantwortung, „eine professionelle Bildungs- und Erziehungsarbeit in der Tageseinrichtung zu gewährleisten" (ebd.: 51).

3.6.10 Nordrhein-Westfalen

Im Bildungsplan von Nordrhein-Westfalen finden sich keine Aussagen zur Aufgabe und Funktion der Einrichtungsleitung (vgl. Ministerium für Schule, Jugend und Kinder des Landes Nordrhein-Westfalen 2003).

3.6.11 Rheinland-Pfalz

Zur Verwirklichung des Bildungsverständnisses, das den Bildungs- und Erziehungsempfehlungen des Landes Rheinland Pfalz zugrunde liegt, wird „eine angemessene und tatkräftige Unterstützung (...) durch die Leitung" (Ministerium für Bildung, Frauen und Jugend Rheinland Pfalz 2004: 55) vorausgesetzt. Der Leitung kommt die Aufgabe zu, ein „lernbereites und bildungsorientiertes Klima"(ebd.: 55) zu fördern.

Der LeiterIn obliegt es ferner, die pädagogischen Fachkräfte dafür zu sensibilisieren und anzuregen, „die Bildungsprozesse bei den Kindern genau zu beobachten, diese zu dokumentieren und durch ihre Arbeit intensiv zu unterstützen und zu fördern"(ebd.: 55). In ihren

Aufgabenbereich fallen weiterhin der Bereich Personalentwicklung, Öffentlichkeitsarbeit, Kooperation mit Institutionen und die Gestaltung der Erziehungspartnerschaft mit den Eltern, wobei der Leitung die Funktion zukommt, den ErzieherInnen „gezielte Hilfestellung"(ebd.: 55) zu geben.

3.6.12 Saarland

Die Rolle und Aufgabe der KITA-Leitung gemäß dem saarländischen Bildungsplan ist weitgehend identisch mit dem Berliner Bildungsplan und entspricht dem Rollenbild einer TeamentwicklerIn, die ihre MitarbeiterInnen zielorientiert führt, partizipative Strukturen aufbaut, individuelle Stärken fördert, auf der Basis des saarländischen Plans eine Konzeption erarbeitet bzw. überarbeitet, die Eigeninitiative der MitarbeiterInnen fördert und generell Entwicklungsprozesse initiiert und in Gang bringt. Dabei nimmt sie eine „Schlüsselrolle" in der Organisationsentwicklung ein. Darüber hinaus ist sie gemeinsam mit ihrem Team dafür verantwortlich, ein Fortbildungskonzept zur Umsetzung des saarländischen Plans zu entwickeln und steht mit dem Träger in gutem Dialog. (vgl. Ministerium für Bildung, Kultur und Wissenschaft Saarland: Bildungsprogramm für saarländische Kindergärten 2004: 178f.).

3.6.13 Sachsen

Die Leitungstätigkeit im sächsischen Bildungsplan wird mit Teamarbeit in Einklang gebracht, indem „Teamarbeit und Leitungsstil als Ausgangspunkte für eine demokratische Kultur in der Kindertageseinrichtung und für die Sicherung von Kontinuität und Qualität der Arbeit" (Sachsen-Anhalt/ Ministerium für Gesundheit und Soziales 2004: 3) verstanden werden. Ferner wird Qualitätssicherung vornehmlich als eine Aufgabe der Leitung aber auch als Aufgabe jeder einzelnen ErzieherIn beschrieben (vgl. ebd.: 3).

3.6.14 Sachsen-Anhalt

Im Bildungsplan von Sachsen-Anhalt ist es Aufgabe der LeiterIn, als ein Stützsystem für die pädagogischen Fachkräfte bei der Entwicklung ihrer Professionalität zu fungieren (vgl. Sachsen-Anhalt/ Ministerium für Gesundheit und Soziales 2004: 27).

3.6.15 Schleswig-Holstein

Die Leitlinien für Kindertageseinrichtungen in Schleswig-Holstein sollen „die Kindertageseinrichtungen in der Wahrnehmung ihres Bildungsauftrags unterstützen" (Ministerium für Bildung, Forschung und Kultur des Landes Schleswig-Holstein 2004: 5). Sie sollen Erzieherinnen dazu anregen, ihre Praxis zu überprüfen und zu verändern. Dabei wird darauf hingewiesen, dass es nicht möglich sein wird alle Anregungen sofort umzusetzen. Vielmehr sollen diese Schritt für Schritt im Team diskutiert, und wenn möglich, in der Praxis umgesetzt werden. Ziel ist der Bildungsempfehlungen von Schleswig Holstein ist es somit, „dass in allen Kindertageseinrichtungen in Schleswig-Holstein die grundlegenden Gedanken zu frühkindlicher Bildung aufgegriffen und diskutiert werden"(ebd.: 5). Den LeiterInnen kommt die Aufgabe zu, die Erprobungs- und Reflexionsprozesse in den Kindertagesstätten zu „initiieren" und zu „begleiten" (ebd.: 5).

3.6.16 Thüringen

Der Bildungsplan von Thüringen in seiner Fassung vom August 2008 (Freistaat Thüringen – Kultusministerium 2008) spricht der LeiterIn einen „maßgeblich"[en] Einfluss auf die Qualität der „Bildungsinstitution" (ebd. 2008: 163) zu. Die LeiterIn nehme eine Schlüsselrolle bei der Ausgestaltung des Bildungsauftrages und in Fragen des Qualitätsmanagements ein. Zu ihren Aufgaben zählen:

> *Die Beratung und Unterstützung der einzelnen Teammitglieder, die Klärung der Verantwortlichkeit für die Initiierung und Anleitung von Organisations- und Qualitätsentwicklung, die Weiterentwicklung des Konzepts und der Bildungsinstitution, die verbindliche und transparente Aufgabendelegation und Ergebnisrückkopplung an die Teammitglieder, das Personalmanagement (Mitarbeitergespräche, Teamsitzungen, Fortbildung usw.) sowie die Vernetzung und Öffentlichkeitsarbeit (ebd.: 163).*

Qualitätsentwicklung und Konzeptionsentwicklung sind gemäß des Thüringer Bildungsplanes in Verbindung miteinander zu sehen. Demgemäß ist jede Einrichtung dazu verpflichtet, eine verbindliche Konzeption zu erstellen und diese regelmäßig fortzuschreiben (vgl. ebd.: 164). Zur Reflexion und Gestaltung der pädagogischen Angebote ist nach Angaben des Planes ein Qualitätsmanagement erforderlich. Als Qualitätsmanagement wird die Summe aller Aktivitäten bezeichnet, deren Ziel es ist, die Qualität der Arbeit festzuschreiben, festzustellen, zu erhalten, sicherzustellen und zukunftsorientiert weiterzuentwickeln (vgl. ebd.: 158). Dazu sei es notwendig, die Bildungsangebote fortlaufend an die fachlichen Anforderungen und regionalen Gegebenheiten anzupassen. Diesbezüglich gilt es nach Auskunft des Planes, von einem „Ist-Stand" mittels geeigneter Strategien zu einem definierten „Soll-Zustand" zu gelangen. Mögliche Strategien können u. a. die Team- und Konzeptionsentwicklung darstellen. (vgl. ebd.: 65).

Die Grundlage für die pädagogische Arbeit bildet laut Verständnis des Thüringer Bildungsplanes die Konzeption. Die Konzeption habe über die „Grundorientierung der Bildungsinstitution Auskunft" (ebd.: 65) zu geben (z. B. pädagogischer Ansatz, Organisationsstrukturen, Gestaltung des Übergangs in die Grundschule etc.). Darüber hinaus habe die Konzeption überprüfbare Ziele aufzuweisen (vgl. ebd.: 165f.).

3.7 Systematische Darstellung der Leitungsaufgaben in den Bildungsplänen
3.7.1 Personalentwicklung und Teamentwicklung

In zehn von 13 Bildungsplänen im Elementarbereich, die sich zur Aufgabe der Leitung äußern, werden Aussagen zur Personalentwicklung und Teamentwicklung getroffen. Die beiden Aufgabengebiete wurden in einer Kategorie vereint, da die Entwicklung des Einzelnen gleichzeitig zur Stärkung des Teams und die Ausdifferenzierung des Teams wiederum auch der Entwicklung des einzelnen Teammitgliedes zugutekommen. Dieser Zusammenhang wird anhand der Aussagen des bayerischen Planes deutlich, der die Leitung und den Träger dafür verantwortlich macht, die Teamentwicklung durch geeignete Rahmenbedingungen aber auch durch Personalentwicklung abzusichern. Der Berliner Bildungsplan postuliert eine Schlüsselrolle der LeiterIn in Fragen der Personalentwicklung. Ferner sei die LeiterIn von ihrer Rolle her eine TeamentwicklerIn, welche die individuellen Kompetenzen ihrer MitarbeiterInnen schätzt und fördert. Dazu gehört es, die Eigeninitiative der MitarbeiterInnen nicht einzuschränken und die MitarbeiterInnen zu fördern. Der Bremer Plan sieht es in diesem Zusammenhang als Aufgabe der LeiterIn und des Trägers, die Bereitschaft zu berufsbegleitender Weiterbildung bei den MitarbeiterInnen zu fördern und einzufordern. Der Hamburger Bildungsplan hat ähnliche Vorstellungen wie der Berliner Bildungsplan zur Teamentwicklung und Personalentwicklung, ergänzt diese allerdings noch in einigen Punkten. Gemäß dem Hamburger Plan ist es auch Aufgabe der LeiterIn, den Fachkräften fachliche Reflexion zu bieten und ein Fortbildungskonzept zur Umsetzung des Hamburger Bildungsplanes zu entwickeln. Ferner habe die LeiterIn bei der Zusammensetzung des Teams darauf zu achten, dass die MitarbeiterInnen unterschiedliche Kompetenzen und Schwerpunkte einbringen. Im hessischen Plan ist die LeiterIn ergänzend dazu aufgerufen, durch geeignete Rahmenbedingungen kommunikative, planerische und evaluative Kompetenzen der MitarbeiterInnen zu fördern und die Selbststeuerung der MitarbeiterInnen anzustreben. Zu den personellen Entwicklungsaufgaben der LeiterIn gehöre es, über ein strategisches Personalentwicklungskonzept zu verfügen.

Dieses beinhalte sowohl individuelle gegenwarts- und zukunftsorientierte Qualifizierungsmaßnahmen als auch gegenwarts- und zukunftsorientierte Teamqualifizierungsmaßnahmen. Dazu gehöre es, individuelle Entwicklungsprofile sowie ein Personen- und Einrichtungsbezogenes Fortbildungskonzept zu erstellen. Ferner solle die LeiterIn Zeiten für Teamschulungen einplanen. Die Vorstellungen des saarländischen Bildungsplanes sind identisch mit dem Hamburger Bildungsplan, der wiederum stark an den Berliner Bildungsplan angelehnt ist.

Der Plan von Sachsen-Anhalt versteht die LeiterIn als ein Stützsystem bei der Entwicklung der Professionalität der pädagogischen Fachkräfte. Auch im Plan von Rheinland Pfalz ist die LeiterIn dazu angehalten, ihre MitarbeiterInnen durch geeignete Maßnahmen der Personalentwicklung zu stützen. Der Bildungsplan von Thüringen sieht es abschließend als eine Aufgabe der LeiterIn, für Teamentwicklung und Teamschulungen zu sorgen.

Somit stehen der LeiterIn im Wesentlichen nach Angaben der Pläne fünf Fördermöglichkeiten zur Weiternetwicklung des Einzelnen und des Teams zur Verfügung. Förderung durch geeignete Rahmenbedingungen, Förderung durch fachliche Reflexion, Förderung der Selbststeuerung und Eigeninitiative, Weiterentwicklung durch eine nach Kompetenzen differenzierte Zusammensetzung des Teams und Förderung der Weiterentwicklung durch individuelle, auf das Team und auf die Einrichtung bezogene Fortbildungs- und Weiterqualifizierungsmaßnahmen. Explizit wird jedoch nur im Hamburger und saarländischen Bildungsplan ein Zusammenhang zwischen Personalentwicklung und Teamentwicklung und der Umsetzung des Bildungsplanes hergestellt. Dort heißt es, dass die LeiterIn dafür Sorge zu tragen habe, ein geeignetes Fortbildungskonzept zur Umsetzung des Planes zu erstellen.

3.7.2 Personalführung und Personalmanagement

In acht Bildungsplänen im Elementarbereich werden Personalführung und Personalmanagement als Aufgabe der LeiterIn einer elementarpädagogischen Einrichtung thematisiert. Angaben zu Personalführung und Personalmanagement wurden in einer Kategorie zusammengefasst. Dies geschah vor dem Hintergrund, dass unter Personalmanagement in Abgrenzung zu Personalentwicklung nicht Teamentwicklungsmaßnahmen wie die Einstellung geeigneter MitarbeiterInnen verstanden wurden, was häufig ohnehin eher in den Kompetenzbereich des Trägers fällt oder nur in Abstimmung mit dem Träger von der LeiterIn eines Kindergartens wahrgenommen werden kann, sondern der angemessene und zielorientierte Einsatz der vorhandenen MitarbeiterInnen.

Hierzu zählen z. B. Aussagen des bayerischen Planes, der es als Aufgabe der LeiterIn ansieht, Beteiligungsprozesse im Hinblick auf Teamentwicklung, Organisationsentwicklung und die Umsetzung der gefassten Beschlüsse zu initiieren und zu managen. Der Berliner Plan verwendet den Führungsbegriff im Hinblick auf die LeiterIn. So sei es Aufgabe der LeiterIn „zielorientierte Führung" zu bieten, Impulse zu geben, die MitarbeiterInnen zu informieren, die MitarbeiterInnen zu beteiligen, Entscheidungen transparent zu machen und die Zuständigkeiten und Befugnisse der MitarbeiterInnen zu regeln. Wie bereits erwähnt, sind der Hamburger und der saarländische Bildungsplan stark an den Berliner Bildungsplan angelegt und vertreten auch bezüglich Personalführung und Personalmanagement dieselbe Position wie der Berliner Bildungsplan und somit die „zielorientierte Führung"[sposition] der LeiterIn und ein demokratisches Führungsverständnis, das auf Beteiligung und Mitsprache der MitarbeiterInnen setzt. Diesbezüglich heißt es im Hamburger Bildungsplan, dass die LeiterIn die MitarbeiterInnen an Entscheidungen zu beteiligen habe. Ferner sei es ihre Aufgabe, dafür Sorge zu tragen, Entwicklungsprozesse aufrecht zu erhalten. Der hessische Bildungsplan erwähnt in diesem Zusammenhang ausdrücklich die LeiterIn und deren Aufgabe im Hinblick auf die Umsetzung der Bildungspläne. Personalführung sei eine Leitungsaufgabe. Dazu gehöre es, die MitarbeiterInnen für die Umsetzung des Planes zu motivieren, Aufgaben- und Entscheidungskompetenzen zu klären und das Team bei der Umsetzung des Planes zu unterstützen. Generell sei es Aufgabe der LeiterIn, ihr Fachpersonal zu motivieren, notwendige Entscheidungen zu treffen, eine positive Erwartungshaltung gegenüber den MitarbeiterInnen einzunehmen, die Fähigkeiten der einzelnen MitarbeiterInnen wahrzunehmen und optimal zur Umsetzung des Planes einzusetzen. Der LeiterIn obliege diesbezüglich die Personalaufsicht, Personalbeurteilung, Personalverwaltung und Personalbedarfsplanung. Auch in Niedersachen ist die Personalführungsaufgabe der LeiterIn klar auf den dortigen Bildungsplan bezogen. Im niedersächsischen Plan heißt es, dass die Verwirklichung des Bildungsauftrages des Planes der Unterstützung der Fachkräfte durch die Leitung bedürfe. Bezüglich des Personaleinsatzes sei in offenen und teiloffenen Einrichtungen das „Expertenkönnen" einzelner KollegInnen gruppenübergreifend einzusetzen. Auch im Plan von Rheinland-Pfalz heißt es, dass das Bildungsverständnis des Planes eine tatkräftige Unterstützung der ErzieherInnen durch die LeiterIn voraussetze. In Schleswig Holstein ist die LeiterIn dazu aufgerufen, die Erprobung und Reflexion des Planes im Team zu initiieren und zu begleiten. Thüringen beschreibt die Aufgabe der LeiterIn im Hinblick auf Personalführung und Personalmanagement ohne konkreten Bezug zum Bildungsplan. Hier heißt es, dass die LeiterIn für das Personalmanagement zuständig sei. Ihr obliege es, ihr Team zu beraten und zu unterstützen, Zuständigkeiten zu klären, Aufgaben zu delegieren und das Team zu informieren.

Somit stellen vier Bildungspläne (Hessen, Niedersachsen, Rheinland-Pfalz, Schleswig-Holstein) eine Verbindung zwischen der Aufgabe der Personalführung/ des Personalmanagements und der Umsetzung der Bildungspläne her. Diese besteht aus insgesamt sechs Tätigkeiten: Die Umsetzung des Planes zu initiieren, das Team für die Umsetzung zu motivieren und Entwicklungsprozesse aufrecht zu erhalten, Aufgaben und Zuständigkeiten bezüglich der Umsetzung zu klären, die Umsetzung zu begleiten, das Team bei der Umsetzung aktiv zu unterstützen und die Fähigkeiten der einzelnen MitarbeiterInnen optimal zur Umsetzung des jeweiligen Planes einzusetzen.

3.7.3 Leitungsrolle und Leitungspersönlichkeit

Acht Bildungspläne im Elementarbereich machen Angaben zur Rolle und Persönlichkeit der LeiterIn. Diesbezüglich ist die LeiterIn im bayerischen Bildungsplan dazu aufgerufen, im Zuge der Qualitätsentwicklung, ihren Führungs- und Leitungsstil kritisch zu reflektieren. Im Berliner Plan heißt es, dass sich LeiterInnenpersönlichkeit und Leitungsstil nachhaltig auf die Einrichtung auswirken. Die Ausgestaltung der Leitungsrolle beeinflusse die Arbeit in der Einrichtung beträchtlich. Mit Bezug zum Plan habe die LeiterIn ihre Arbeit am Bildungsverständnis des Berliner Planes auszurichten. Dieses Verständnis von Leitungsrolle und Leitungsstil ist mit Bezug zum jeweiligen Plan auch in den Plänen des Saarlandes und der Hansestadt Hamburg vorzufinden. Der hessische Plan konkretisiert die Leitungsrolle, indem Führung vorwiegend als Moderation, Delegation und Koordination zu verstehen sei. Hierzu müsse die LeiterIn über Managementstrategien zur Verbesserung der institutionellen Selbstorganisation verfügen. Die LeiterIn sei eine OrganisatorIn, ImpulsgeberIn, MentorIn, AnleiterIn. KoordinatorIn und BeraterIn. Der niedersächsische Plan bringt die Leitungsrolle konkret mit der Umsetzung des Planes in Verbindung. Laut Angaben dieses Plans hat die LeiterIn einen verantwortlichen Lenkungsauftrag bei der Umsetzung von Bildung, Erziehung und Betreuung in der Einrichtung, wobei die Tageseinrichtungen als Bildungseinrichtungen für die Umsetzung der im niedersächsischen Bildungsplan formulierten Bildungsziele sorgen müssen. Im sächsischen Bildungsplan heißt es, dass der Leitungsstil ein Ausgangspunkt für die demokratische Teilhabe in der Einrichtung sei. Der Leitungsstil sichere darüber hinaus Sicherheit und Kontinuität in der Einrichtung. Auch der Bildungsplan des Landes Thüringen geht davon aus, dass die Leitung maßgeblich die Qualität der Einrichtung beeinflusse.

Somit wird der LeiterIn vonseiten von fünf Bildungsplänen (Berlin, Hamburg, Saarland, Thüringen, Sachsen) ein beträchtlicher Einfluss auf die Geschicke der Einrichtung zugesprochen. Mit Bezug zur Umsetzung der Bildungspläne sieht der niedersächsische Plan die LeiterIn in einer verantwortlichen Lenkungsfunktion, wobei die Leitungsfunktion gemäß den Plänen der Länder Berlin, Saarland und der Hansestadt Hamburg am Bildungsverständnis des jeweiligen Planes auszurichten ist. In diesem Zusammenhang werden der Leitungsstil und die Reflexion des Leitungsstils angemahnt. Der sächsische Bildungsplan propagiert einen demokratischen Leitungsstil, der demokratische Teilhabe ermöglicht. Dieses Verständnis wird auch anhand des hessischen Planes deutlich, der Führung vorwiegend als Moderation, Delegation und Koordination versteht.

3.7.4 Konzeptionsarbeit

In sieben Bildungsplänen wird die LeiterIn mit Konzeptionsarbeit in Verbindung gebracht. Konzeptionsarbeit mit Blick auf die Umsetzung des jeweiligen Bildungsplanes ist eine Bedingung, die bereits im Rahmenpapier der Kultusministerkonferenz zur Ausgestaltung des Bildungsauftrages in den einzelnen Bundesländern formuliert wurde. Dort heißt es, dass „die Verwirklichung des jeweiligen Bildungsplanes in der Konzeption jeder Einrichtung zu beschreiben und damit reflektierbar und kommunizierbar" zu machen sei (vgl. KMK 2004: 5).

Diesbezüglich sieht sich der bayerische Plan von seinem Selbstverständnis her als Leitlinie für die Konzeptionsentwicklung und Selbstevaluation. Die Konzeption stelle die Grundlage der pädagogischen Arbeit dar und sichere die Bildungs- und Erziehungsarbeit. In diesem Zusammenhang sei die LeiterIn hauptverantwortlich dafür, gemeinsam in einer Arbeitsgemeinschaft aus Team, Eltern und Träger, die Planvorgaben zu konkretisieren und in die Einrichtungskonzeption zu übertragen. Die Konzeption sei transparent zu machen und regelmäßig (möglichst jährlich) zu evaluieren. Auch im Bremer Bildungsplan ist die LeiterIn dafür verantwortlich, dass die Ziele des Planes und der Trägerkonzeption in die Konzeption der Einrichtung übernommen werden. Im Hamburger Plan heißt es hierzu, dass die Leitung mit ihrem Team auf Basis des Hamburger Bildungsplanes und der Trägerkonzeption eine Konzeption für ihre Einrichtung erstelle. Auch Hessen vertritt diesen Standpunkt, wobei anzumerken ist, dass der hessische und der bayerische Plan in vielen Punkten identisch sind.

Auch hier trägt die LeiterIn die Verantwortung für die Übertragung des Planes in die Einrichtungskonzeption. Darüber hinaus ergänzt der hessische Plan die Aussagen des bayerischen Planes dahingehend, dass die Bildungsangebote fortlaufend an sich ändernde Gegebenheiten, wie z. B. fachliche Anforderungen oder regionale Gegebenheiten, anzupassen seien und das Leistungsangebot auszudifferenzieren sei. Die LeiterIn trage die Verantwortung für die schriftliche Festlegung der Konzeption. Die Konzeption habe über die Leitprinzipien und über die Qualitätsziele Auskunft zu geben. Ferner gebe die Konzeption darüber Auskunft, wie die verbindlichen Rahmenvorgaben umgesetzt werden. Auch Niedersachsen fordert die Erarbeitung einer Konzeption, die sich an den Zielen des Planes ausrichtet. Niedersächsische Tageseinrichtungen sind nach Angaben des Planes dazu verpflichtet, eine Konzeption zu haben, welche die gesetzlichen Vorgaben konkretisiert. Die Arbeit der Einrichtung richte sich an der Konzeption aus. Die Konzeption sei regelmäßig fortzuschreiben und gemeinsam mit dem Team zu entwickeln und weiterzuentwickeln. Die Selbst- und Fremdevaluation der pädagogischen Arbeit seien darüber hinaus ein Bestandteil der Konzeption. Der Bildungsplan von Thüringen sieht ebenfalls Konzeptionsarbeit als eine Tätigkeit, die in den Verantwortungsbereich der Leitung fällt. Die Konzeption definiere pädagogische Standards, regele Verantwortlichkeiten, informiere über den pädagogischen Ansatz sowie inhaltliche Schwerpunkte und beinhalte überprüfbare Ziele. Konzeptionsentwicklung trage zur Entwicklung der pädagogischen Qualität bei. Dementsprechend sei die Konzeption weiterzuentwickeln und die Bildungsangebote fachlichen und regionalen Gegebenheiten anzupassen.

Somit kommt laut sechs Bildungsplänen (Bayern, Hessen, Bremen, Hamburg, Niedersachsen, Saarland) der LeiterIn die Aufgabe zu, als Hauptverantwortliche dafür Sorge zu tragen, die Vorgaben des jeweiligen Bildungsplanes (und der Trägerkonzeption) in die Konzeption zu übernehmen und in der Konzeption die Umsetzung des Planes transparent zu machen bzw. zu konkretisieren.

3.7.5 Nach außen gerichtete Arbeitskontakte

In sieben Plänen fallen nach außen gerichtete Arbeitskontakte in den Tätigkeitsbereich der LeiterIn. Der bayerische Plan nennt diesbezüglich die Kooperation mit der Grundschule sowie die Kooperation mit Behörden, wie z. B. dem Gesundheitsamt. Der Hamburger Plan hält es für angebracht, einen guten Dialog mit dem Träger zu pflegen. Der hessische Plan sieht diese Aufgabe umfassender, indem dort geäußert wird, dass die LeiterIn für alle Arbeitskontakte nach außen zuständig sei. Dabei handelt es sich um die Zusammenarbeit mit Bildungs- und Ausbildungseinrichtungen, Vernetzung und Öffentlichkeitsarbeit, Zusammenarbeit mit sozialen Dienstleistungen, Zusammenarbeit mit kulturellen Einrichtungen, Zusammenarbeit mit Aufsichtsinstanzen sowie Kontakte zur Stärkung der Einrichtungsqualität. Hierzu zählt der hessische Plan Kontakte zu Politik, Wirtschaft und Wissenschaft. Im Plan des Landes Niedersachsen ist die LeiterIn dazu aufgerufen, Außenkontakte herzustellen und aufrecht zu erhalten. Die LeiterIn sei Ansprechpartner für die Elternvertretung, fördere die Erziehungspartnerschaft zwischen Eltern und ErzieherInnen und pflege einen engen Kontakt zum Träger. Auch in Rheinland-Pfalz liegt die Aufgabe der LeiterIn darin, die Fachkräfte bei der Herstellung und Pflege von Außenkontakten, speziell in der Erziehungspartnerschaft mit den Eltern, zu unterstützen. Der saarländische Plan betont wiederum einen engen Kontakt zum Träger der Einrichtung. Der Thüringer Plan schreibt der LeiterIn die Aufgaben Vernetzung und Öffentlichkeitsarbeit zu.

Somit fallen in die Kategorie „nach außen gerichtete Arbeitskontakte" die Kooperation mit der Grundschule, Kooperation mit den Eltern, Kooperation mit verschiedenen Instanzen, Öffentlichkeitsarbeit, Vernetzung sowie Kontakte, die der Weiterntwicklung der Qualität der Einrichtung dienlich sein können, wie z. B. Kontakte zu Wirtschaft, Politik und Wissenschaft. Der LeiterIn kommt die Aufgabe zu, Kontakte aufzubauen, zu pflegen und die MitarbeiterInnen bei der Wahrnehmung der Kontakte zu unterstützen. Allerdings wird in keinem der Pläne ein Bezug zwischen den zu gestaltenden Außenkontakten und der Umsetzung des jeweiligen Bildungsplanes hergestellt.

3.7.6 Organisationsentwicklung

In fünf Plänen wird die LeiterIn ausdrücklich mit Organisationsentwicklung in Verbindung gebracht, wobei zu erwähnen ist, dass, je nach Definition, auch Konzeptionsentwicklung als eine Art von Organisationsentwicklung verstanden werden kann.

Der bayerische Plan erwähnt, dass es im Rahmen von Organisationsentwicklung Aufgabe der LeiterIn sei, Beteiligungsprozesse zu managen. Laut Berliner Bildungsplan nehmen Leitungskräfte eine Schlüsselrolle in der Organisationsentwicklung ein. Gleiches gilt wiederum für die Pläne des Saarlandes und der Hansestadt Hamburg. Auch der hessische Plan sieht Organisationsentwicklung vornehmlich als Leitungsaufgabe. Die LeiterIn habe die Aufgabe, die Innovations- und Zukunftsfähigkeit der Einrichtung zu sichern. Sie müsse über eine konsensfähige Vision über das anzustrebende Profil der Einrichtung verfügen. Dazu gehöre es, die Einleitung von Veränderungsmaßnahmen gegenüber den MitarbeiterInnen zu begründen und über vereinbarte Standards für die Organisationsentwicklung zu verfügen. Zielrichtung sei eine standortbezogene Weiterentwicklung der Kindertageseinrichtung.

Somit kommt der LeiterIn gemäß fünf Plänen eine wichtige Funktion bei der Durchführung von Organisationsentwicklung zu. Allerdings wird seitens der Pläne kein Bezug zwischen Organisationsentwicklung und der Umsetzung des jeweiligen Bildungsplanes hergestellt.

3.7.7 Qualitätsmanagement

In fünf Bildungsplänen fällt Qualitätsmanagement vornehmlich in den Verantwortungsbereich der LeiterIn. Im Bildungsplan des Landes Bayern sind Leitung und Träger für das Qualitätsmanagement als ein umfassendes Planungs-, Informations- und Prüfsystem zuständig. Hierzu haben laut Auskunft des Planes Leitung und Träger ihre jeweiligen Zuständigkeiten miteinander zu klären. Das Qualitätsmanagement basiert auf vereinbarten und überprüfbaren Qualitätszielen. Es dient der Stabilisierung der Arbeitsprozesse durch regelmäßige Bedarfs- und Bestandsanalysen, durch transparente Kommunikationsstrukturen und durch Verfahren der Ziel- und Leistungsüberprüfung. Dabei gilt es, die Arbeitsabläufe zur Wahrnehmung einrichtungsspezifischer Stärken und Schwächen transparent zu machen. Erneuerungsstrategien zur Verbesserung der Bildungsqualität, insbesondere der Bildungsplan, sind nach Auskünften des Planes in ein Qualitätsmanagementkonzept einzubetten. Darum sollen Kindertageseinrichtungen über ein Qualitätsmanagementkonzept verfügen, das systematische Evaluationsverfahren beinhaltet. Ziel eines Qualitätsmanagementkonzeptes ist es laut bayerischem Plan, prozessorientierte Veränderungsstrategien zu planen und zu gestalten. Der LeiterIn kommt u. a, die Aufgabe zu, das gesamte Team in die Qualitätsentwicklungsprozesse einzubinden. Im bayerischen Plan wird allerdings auch erwähnt, dass die Aufgabe des Qualitätsmanagements ggf. delegiert werden kann. Auch der Bremer Bildungsplan stellt einen Zusammenhang zwischen dem Bildungsplan und Qualitätsmanagement her. Es sei Aufgabe des Trägers und der Leitung, zielorientierte Qualitätsentwicklung und Qualitätssicherung zur Verwirklichung des Planes zu organisieren. Die Aussagen des hessischen Planes decken sich in diesem Punkt mit dem bayerischen Plan. Im niedersächsischen Plan heißt es, dass professionelle Arbeit, der Evaluation, Weiterentwicklung und Qualitätssicherung bedürfe. Die Einrichtung habe Qualitätsentwicklung und Qualitätssicherung zu einem festen Bestandteil ihrer Arbeit zu machen. Im Thüringer Bildungsplan nimmt die LeiterIn hinsichtlich des Qualitätsmanagements eine „Schlüsselrolle" ein. Zur Umsetzung des Planes sei ein Qualitätsmanagement erforderlich. Qualitätsmanagement ziele auf die Definition, Feststellung, Erhaltung, Sicherstellung und Entwicklung der pädagogischen Arbeit. Gemäß dem Thüringer Bildungsplan, ist ein Ausgangszustand der pädagogischen Arbeit zu ermitteln und ein definierter Zielzustand durch geeignete Maßnahmen anzustreben. Der Zielzustand hat sich dabei an dem erstellten Leitbild oder Profil der Einrichtung zu orientieren. Geeignete Maßnahmen zur Erreichung des Zielzustandes seien, kontinuierliche Fort- und Weiterbildung, Entwicklung und Weiterentwicklung des Konzepts und Teamentwicklung.

Somit ist laut Aussagen der Pläne zu trennen zwischen einem generellen Qualitätsmanagementkonzept und Qualitätsentwicklungsmaßnahmen zur Umsetzung eines Bildungsplanes. Vielmehr sollte nach Aussagen der Pläne der Länder Bayern, Hessen, und Thüringen die Einrichtung und der Träger über ein generelles Qualitätsmanagementkonzept verfügen, das geeignete Prüf- und Evaluationsmaßnahmen beinhaltet. Der jeweilige Plan und dessen Vorgaben seien in das bestehende Qualitätsmanagementkonzept zu übernehmen, um darauf aufbauend Entwicklungsziele zur Umsetzung des Planes zu definieren, die mit geeigneten Maßnahmen angestrebt, überprüft und weiterentwickelt werden können. Hinsichtlich der inhaltlichen Aufgaben eines Qualitätsmanagementkonzeptes zeigen sich keine wesentlichen Unterschiede der Vorgehensweisen zu den Angaben der Pläne hinsichtlich Organisationsentwicklung und Konzeptionsentwicklung. Vielmehr sind diese Aufgaben in einigen Punkten und in deren Kernzielsetzung weitgehend deckungsgleich.

3.7.8 Interaktions- und Arbeitskultur

In fünf Plänen ist es Aufgabe der LeiterIn, für eine angemessene Interaktions- und Arbeitskultur in der Einrichtung zu sorgen. Beispielsweise heißt es im Berliner Plan, dass die LeiterIn die Rahmenbedingungen für Kommunikation und Kooperation schaffe und für demokratische Beteiligungsstrukturen in der Einrichtung Sorge zu tragen habe. Gleiches gilt für die Pläne der Hansestadt Hamburg und des Saarlandes. Der hessische Plan formuliert konkreter, dass die LeiterIn auf die Rahmenbedingungen für gute pädagogische Arbeit zu achten habe. Sie sei für das Wohlbefinden und die Arbeitsleistung des Personals zuständig. Dazu gehöre es auch, transparente Abstimmungsprozesse und Beteiligungsstrukturen zu gewährleisten. Im Plan des Landes Rheinland-Pfalz heißt es, die Leitung trage erheblich zu einer bildungsorientierten Atmosphäre in der Einrichtung bei.

3.7.9 Teamarbeit

Vier Pläne machen Aussagen zu Leitung in Zusammenhang mit Teamarbeit. So empfiehlt der hessische Bildungsplan der LeiterIn, Zeiten für die Koordination und Reflexion der gemeinsamen Arbeit, Zeiten für die Planung u. a. neuer Projekte und Zeiten für die kollegiale Beratung einzuplanen. Im niedersächsischen Plan heißt es dazu, dass Teambesprechungen der Planung der pädagogischen Arbeit dienen sollen. Der LeiterIn obliege die Leitung der Teamsitzungen. Teamsitzungen erfüllen nach Angaben des niedersächsischen Planes darüber hinaus den Zweck, die alltägliche pädagogische Arbeit zu reflektieren, sich über die pädagogische Arbeit auszusprechen und gemeinsam nach Lösungsansätzen für die eigene pädagogische Arbeit zu suchen. Deshalb sei kollegiale Beratung als ein fester Bestandteil von Teamsitzungen zu betrachten. Der sächsische Bildungsplan sieht in Teamarbeit den Ausgangspunkt für die demokratische Kultur der Einrichtung. Teamarbeit sichere die Kontinuität und Qualität der Einrichtung. Der Thüringer Bildungsplan sieht Teamarbeit als eine Maßnahme der Teamentwicklung. Der LeiterIn komme die Aufgabe zu, durch gemeinsame Absprachen, Beratungen und Planungsarbeiten für Teamentwicklung zu sorgen.

Somit dient Teamarbeit nach Angaben der Bildungspläne der Reflexion, Planung und kollegialen Beratung im Hinblick auf die pädagogische Arbeit und ist somit eine wichtige kontinuierliche Sicherungs- und Kontrollmaßnahme im Hinblick auf die Prozessqualität der Einrichtung. Allerdings wird diesbezüglich in den Plänen kein konkreter Bezug zur Umsetzung der Bildungspläne hergestellt.

3.7.10 Bildungs- und Betreuungsaufgaben

Drei Pläne formulieren explizit, dass die LeiterIn für die Bildungs- und Betreuungsaufgaben der Einrichtung verantwortlich sei. Diesbezüglich steht im hessischen Plan, dass die Einrichtungsleitung für die Bildungs- und Betreuungsaufgaben der Organisation zuständig sei. Laut Thüringer Bildungsplan nehmen die Leitungskräfte eine „Schlüsselrolle" bei der Ausgestaltung des Bildungsauftrages der Einrichtung ein. Was dies konkret bedeutet, zeigt der Bildungsplan von Rheinland-Pfalz. In Rheinland-Pfalz obliegt es der LeiterIn nach Angaben dieses Planes, die Fachkräfte dazu anzuregen die Bildungsprozesse des Kindes zu beobachten, zu dokumentieren und die Bildungsprozesse des Kindes intensiv zu fördern.

Somit ist laut drei Plänen im Elementarbereich die Leitung nicht nur für die Organisation und Entwicklung der pädagogischen Arbeit, sondern auch für die konkrete inhaltliche Ausgestaltung der Arbeit zuständig.

3.7.11 Verantwortung für die Umsetzung des Bildungsplanes

Laut den Angaben der Bildungspläne der Länder Bayern und Hessen tragen die Leitung, der Träger und das Team die gemeinsame Verantwortung für die Umsetzung des Planes.

3.7.12 Prozessmanagement bei Einführung des Bildungsplanes

Die Bildungspläne der Länder Bayern und Hessen geben ein Punkteprogramm für die Einführung des Bildungsplanes vor. Dieses empfiehlt bei Einführung des Bildungsplanes, die bisherige Bildungspraxis zu analysieren, einen Abgleich anhand der Vorgaben des Planes zwischen dem derzeitigen und dem erwünschten Zustand durchzuführen, die Veränderungsbereitschaft im Team zu thematisieren, einen Stufenplan zur Umsetzung des Planes zu erstellen, für die einzelnen Umsetzungsschritte konkrete Ziele zu formulieren, eine Aufgabenverteilung vorzunehmen, zu klären, wie Informationen weitergeleitet werden, festzulegen, wer die Zielerreichung kontrolliert und ggf. lenkend eingreift sowie vereinbarte Verfahren und Ziele zu dokumentieren.

3.7.13 Prozessmanagement

Laut Angaben des hessischen Bildungsplanes kommt dem Träger und der Einrichtungsleitung eine Schlüsselrolle bei der Einführung prozessorientierter Innovationen zu. Vielmehr sind der Träger und die LeiterIn für die Umsetzung dieser prozessorientierten Innovationen verantwortlich. Dabei haben Träger und Leitung die Aufgabe, den Umsetzungsprozess zu initiieren, den Umsetzungsprozess zu verantworten, verbindlich die Zuständigkeiten untereinander zu klären und verbindlich die Steuerungsaufgaben miteinander abzusprechen. Diese Steuerungsaufgabe wird im hessischen Bildungsplan als „System- und entwicklungsorientiertes Management" verstanden.

3.7.14 Konfliktmanagement

Gemäß hessischem Plan ist es Aufgabe der LeiterIn, Widerstände wahrzunehmen, Konflikten konstruktiv zu begegnen und betroffene Personen in Problemlöseversuche zu involvieren.

3.7.15 Selbstorganisation

Selbstorganisation und Selbstmanagement ist gemäß hessischem Plan eine Leitungsaufgabe. Zu den Aufgaben des Selbstmanagements gehören nach Angaben des hessischen Bildungsplanes Bestandsanalysen, Zielbestimmungen, Zeitplanung, Prioritätensetzungen sowie die Überprüfung der eigenen Aufgabenerfüllung.

3.7.16 Fortbildung in Leitungsaufgaben

Gemäß dem baden-württembergischen Orientierungsplan ist die LeiterIn dazu angehalten, sich hinsichtlich der Leitungstätigkeit regelmäßig fortzubilden.

3.7.17 Leitungsaufgaben in den Bilungsplänen im Überblick

Aussagen der bundesdeutschen Bildungspläne im Elementarbereich zu den Leitungsaufgaben ...

Gesamtüberblick zu den Aufgaben der LeiterIn in den Bildungsplänen	Personalentwicklung/ Teamentwicklung	Bayern, Berlin, Bremen, Hamburg, Hessen, Rheinland-Pfalz, Saarland, Sachsen-Anhalt, Schleswig-Holstein, Thüringen	10
	Personalführung/ Personalmanagement	Berlin, Bremen, Hamburg, Hessen, Niedersachsen, Rheinland-Pfalz, Saarland, Thüringen	8
	Leitungsrolle und Leitungspersönlichkeit	Bayern, Berlin, Hamburg, Hessen, Niedersachsen, Saarland, Sachsen, Thüringen	8
	Konzeptionsarbeit	Bayern, Bremen, Hamburg, Hessen, Niedersachsen, Saarland, Thüringen	7
	Nach außen gerichtete Arbeitskontakte	Bayern, Hamburg, Hessen, Niedersachsen, Rheinland-Pfalz, Saarland, Thüringen	7
	Organisationsentwicklung	Berlin, Hamburg, Hessen, Saarland, Thüringen	5
	Qualitätsmanagement	Bayern, Hessen, Niedersachsen, Sachsen, Thüringen	5
	Interaktions-/ Arbeitskultur	Berlin, Hamburg, Hessen, Rheinland-Pfalz, Saarland	5
	Teamarbeit	Hessen, Niedersachsen, Sachsen, Thüringen	4
	Bildungs- und Betreuungsaufgaben	Hessen, Rheinland-Pfalz, Thüringen	4
	Verantwortung für die Umsetzung des Plans	Bayern, Bremen	2
	Prozessmanagement bei Einführung des Plans	Bayern, Hessen	2
	Prozessmanagement	Hessen	1
	Konfliktmanagement	Hessen	1
	Selbstorganisation	Hessen	1
	Weiterbildung der Leitungskräfte	Baden-Württemberg	1

(N=16) Keine Angaben zur Leitung in den Bildungsplänen für den Elementarbereich von Nordrhein-Westfalen, Mecklenburg-Vorpommern und Brandenburg

Tab.1 Gesamtüberblick zu den in den Bildungsplänen der Länder thematisierten Leitungsaufgaben

3.7.18 Die Leitungsaufgaben im Ländervergleich

Die Aussagen der 16 Bildungspläne zur Aufgabe und Funktion der Kindergartenleitung wurden in den vorangehenden Abschnitten in 16 Kategorien bzw. Leitungsaufgaben eingeteilt. Vergleicht man die Quantität und Qualität der Aussagen zur Kindergartenleitung zwischen den einzelnen Plänen, so fällt auf, dass sich die 16 Bildungspläne in Umfang und Gehalt der Aussagen erheblich voneinander unterscheiden.

Das Spektrum reicht von null thematisierten Kategorien bzw. keiner Aussage zur Kindergartenleitung bis hin zu 14 der insgesamt 16 dargestellten kategorisierten Leitungsaufgaben, die anhand der 16 Bildungspläne erarbeitet wurden. Die Bandbreite zwischen den einzelnen Bundesländern zeigt die folgende Grafik:

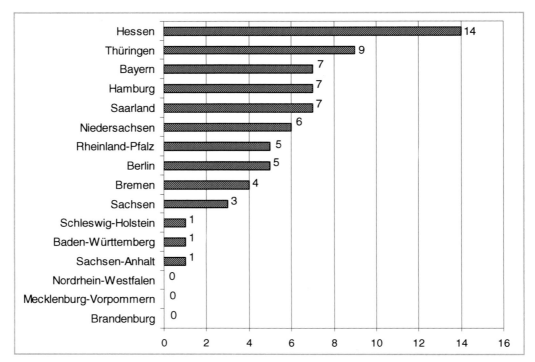

Abb.2   Anzahl der im Bildungsplan des jeweiligen Bundeslandes thematisierten Leitungsaufgaben

Es stellt sich generell die Frage, ob es Aufgabe eines Bildungsplanes ist, die Aufgabe und Rolle der Leitung zu thematisieren. Allerdings wäre trotz der Bildungshoheit der Länder eine einheitlichere Vorgehensweise wünschenswert, wenn man von staatlicher Seite auf das Berufsbild der Kindergartenleitung Einfluss nehmen möchte.

Die Bildungspläne der Länder Hessen und Thüringen thematisieren die Rolle und Aufgabe der Leitung am ausführlichsten. Beide Pläne richten sich an Kinder im Alter von null bis zehn Jahren und somit nicht nur an die Kindergartenleitung, sondern auch an den Schulleiter. Hier wäre die Hypothese zu prüfen, ob diese Pläne umfangreicher hinsichtlich der Ausgestaltung der Leitungsrolle gestaltet wurden, weil diesen Bildungsplänen ein gemeinsamer Zielauftrag von Kindergarten und Schule zugrunde liegt.

4 Aus- und Fortbildungsangebote für Leitungskräfte

Die Aus-, Fort- und Weiterbildung für Leitungskräfte in Kindertageseinrichtungen ist bisher in Deutschland nicht einheitlich geregelt. (siehe 3.1.3). Die gesetzlichen Regelungen des Kindergartengesetzes von Baden-Württemberg zeigen exemplarisch (siehe 3.2.1.3), dass grundsätzlich SozialpädagogInnen, DiplomsozialpädagogInnen, staatlich anerkannte ErzieherInnen und AbsolventInnen des Bachelor-Studiengangs Pädagogik der frühen Kindheit dazu berechtigt sind, die Leitungsfunktion in einer Kindertageseinrichtung wahrzunehmen. Bis auf das Bachelor-Studium „Pädagogik der frühen Kindheit" handelt es sich somit um pädagogische Ausbildungsgänge, deren Ausbildungs- und Studieninhalte in erster Linie nicht dafür ausgelegt sind, Führungsaufgaben in vorschulischen Einrichtungen zu übernehmen. Allerdings sind zumindest angehende LeiterInnen in Baden-Württemberg, die das geforderte Qualifikationsniveau nicht in vollem Umfang erfüllen, dazu verpflichtet, eine spezifische Leitungsfortbildung zu absolvieren. Diesbezüglich heißt es im baden-württembergischen Kindergartengesetz in § 7 Abs.3:

> *Zur Leitung einer Einrichtung oder einer Gruppe sind befugt (Leitungskräfte):*
> 1. *Fachkräfte im Sinne des Absatzes 1 Nr. 1, 2, 7 und 8;*
> 2. *andere Fachkräfte im Sinne der Absätze 1 und 2, die sich nach Feststellung des Landesjugendamts*
>   (a) *auf Grund einer mindestens einjährigen Beschäftigung als Zweitkraft in einer Einrichtung oder Gruppe bewährt,*
>   (b) *durch Fortbildung auf die Leitungsaufgaben vorbereitet und*
>   (c) *in einem Fachgespräch für diese Aufgaben als geeignet erwiesen haben.*

Im Sinne der Qualitätssicherung obliegt es dem Personentwicklungskonzept als Bestandteil des Qualitätsmanagements des zuständigen Trägers der Kinder- und Jugendhilfe bzw. der zuständigen Trägerorganisation, entsprechende Qualifikationsmaßstäbe in Form von Einstellungs- Qualifikations- und Weiterbildungsrichtlinien zu definieren (siehe dazu 3.2.1.3) und angehende Leitungskräfte diesbezüglich durch geeignete Schulungen oder Weiterbildungen zu qualifizieren. Ein weiterer Schritt besteht darin, vermehrt Fachkräfte mit einem grundständigen Studienabschluss, der für die Leitungstätigkeit qualifiziert, einzustellen. Die strukturellen Ausbildungsvoraussetzungen für die Akademisierung von Leitungskräften in Kindertageseinrichtungen wurden mittlerweile bundesweit geschaffen. Die Träger der Kinder- und Jugendhilfe haben sich in einem Abkommen (siehe 5.2) selbst verpflichtet, eine Aus- und Weiterbildung der Leitungskräfte auf Bachelor-Niveau anzustreben. Demgemäß widmen sich u. a. Fachhochschulen der kirchlichen Trägerorganisationen der Gestaltung von Studiengängen, die mitunter für die Leitungstätigkeit qualifizieren sollen. Bundesweit wurden zahlreiche Studiengänge ins Leben gerufen, die im Feld der Elementar- oder auch „Frühpädagogik" entweder grundständig primär berufsvorbereitend (training before the job) oder berufsbegleitend (training on the job) Leitungsaufgaben und Führungsaktivitäten thematisieren und somit für die Wahrnehmung der Leitungstätigkeit qualifizieren sollen. Der Zugang in Form eines grundständigen Studienganges wird unter 5.2 anhand von fünf baden-württembergischen Bachelor-Studiengängen erörtert.

Die Fort- und Weiterbildung von frühpädagogischen Fachkräften zeichnet sich gemäß Oberhuemer durch eine unüberschaubare Diversität an Kursangeboten aus (siehe 3.1.3). Beispielsweise existieren im Rahmen der Weiterbildung spezifische Kurse und Seminare zu Fragen der Leitung und Führung, wie der qualifizierende Fachwirtabschluss für Organisation und Führung oder berufsbegleitende (Fern-)Studiengänge für Leitungskräfte (z. B. an der katholischen Fachhochschule in Freiburg).

Der Fachwirt Organisation und Führung mit Schwerpunkt Sozialwesen soll dazu befähigen, sozialpädagogische Einrichtungen zu managen und zu führen. Diese qualifizierende Weiterbildung ist landesrechtlich geregelt und wird über einen Zeitraum von zwei Jahren an Fachschulen angeboten[15]. Die Fachschulen sind in Baden-Württemberg Bestandteil der beruflichen Schulen.

Die ein- und zweijährigen Fachschulen bieten für Berufstätige mit abgeschlossener Berufausbildung die Möglichkeit, sich auf eine Tätigkeit im mittleren Management vorzubereiten oder sich für die berufliche Selbständigkeit zu qualifizieren. Dazu werden die in der Berufsausbildung und im Beruf erworbenen Qualifikationen vertieft und erweitert. Der Besuch der Fachschule ist über BAföG oder das Aufstiegsfortbildungsförderungsgesetz (AFBG) förderungsfähig. Seit 2006 besteht für Absolventen/innen der Fachschulen zudem die Möglichkeit, unter bestimmten Voraussetzungen ein Hochschulstudium aufzunehmen. Die Weiterbildung in der zweijährigen Fachschule für Organisation und Führung in Teilzeitform dient der Qualifizierung einschlägiger Fachkräfte zur Wahrnehmung leitender Aufgaben vor allem in sozialpädagogischen Einrichtungen. Nach erfolgreichem Abschluss der gesamten Weiterbildung wird die Berufsbezeichnung "staatlich geprüfter Fachwirt für Organisation und Führung Schwerpunkt Sozialwesen" erworben. Zugangsvoraussetzungen sind neben einem einschlägigen Berufsabschluss eine in der Regel zweijährige einschlägige Berufstätigkeit. Bewerber mit Fachhochschulreife oder Hochschulreife müssen eine mindestens einjährige einschlägige Berufstätigkeit nachweisen.[16]

2008 wurde vom Ministerium für Kultus, Jugend und Sport Baden-Württemberg" ein neuer Lehrplan für die „Fachschule für Organisation und Führung" in der Fachrichtung „Sozialpädagogik" vorgelegt. Darin heißt es:

Den Fachschülerinnen und Fachschülern [wird] aktuelles Führungswissen im sozialpädagogischen Bereich vermittelt, das auf der grundständigen Erzieherausbildung aufbaut und auf die Übernahme der Leitungsrolle vorbereitet bzw. die Leitungstätigkeit reflektiert und qualifiziert (Ministerium für Kultus, Jugend und Sport Baden-Württemberg 2008: 2).

Bei den zu vermittelnden Inhalten handelt es sich um Rollen und Selbstverständnis der Leitungskraft, Bildungsmanagement, zielgruppenspezifische Leitungsaufgaben, Qualitätsentwicklung und Qualitätssicherung sowie Gesprächsführung. Zu dem Weiterbildungsinhalt Bildungsmanagement heißt es in diesem Lehrplan:

---

[15] vgl.: http://infobub.arbeitsagentur.de/berufe/start?dest=profession&prof-id=9114 25.08.09
[16] (Vgl.http://www.km-bw.de/servlet/PB/ s/ec5fcl109bsk2bub6n1vw5v9a1g3zf9k/menu/1208944/index.html 25.08.09)

Die Fachschülerinnen und Fachschüler reflektieren den Wandel des Bildungsbegriffs. Sie machen sich vertraut mit dem Bildungsverständnis des Orientierungsplans und beurteilen Bildungskonzepte und Dokumentationsinstrumente (ebd.).

Gegenstand des Bildungsmanagements sind der baden-württembergische Orientierungsplan, die Gestaltung von Übergängen unter Berücksichtigung der Transitionsforschung, die Bildungs- und Erziehungspartnerschaft mit den Eltern, Beobachtung und Dokumentation, sprachliche Bildung sowie die aktuelle Bildungsdiskussion (Vgl. ebd.: 6). Die zielgruppenspezifischen Leitungsaufgaben umfassen Kinder mit besonderem Förderbedarf, die Arbeit mit Familien, rechtliche Rahmenbedingungen, Kinder mit Verhaltenschwierigkeiten und Kinder mit Migrationshintergrund sowie Kinder unter drei Jahren. Der Lehrinhalt Qualitätsentwicklung und Qualitätssicherung umfasst gemäß diesem Lehrplan Qualitätsmodelle (KES, Kronberger Kreis etc.), Dienstleistungsorientierung sowie Bausteine und Inhalte der Qualitätsentwicklung und Qualitätssicherung (Qualitätshandbuch, Selbst- und Fremdevaluation, Qualitätskreislauf etc.) (Vgl. ebd.: 2ff.).

Neben dieser qualifizierenden und länderrechtlich durch Lehrpläne geregelten Weiterbildungsmaßnahme finden sich u. a. in den Fortbildungsbroschüren der Trägerverbände eine Bandbreite an ein bis mehrtägigen Fort- und Weiterbildungen zu spezifischen Führungs- und Organisationsaufgagen, Management- und Führungsmethoden sowie Bestandteilen des Managements wie z. B. Verfahrensweisen des Qualitätsmanagements. Die Inhalte dieser Kurse und deren Qualifizierungsgehalt bleiben weitgehend dem Qualitätsmanagement der Fort- und Weiterbildungsanbieter überlassen bzw. den Ansprüchen und Maßstäben der Fort- und Weiterbildungsabnehmer, d. h. den direkten Kunden oder den Trägerorganisationen, welche die Fortbildner oder Trainer verpflichten. Als Qualitätsnachweis dienen mitunter Evaluationen und erworbene Zertifikate der Fortbildungsanbieter. Die Bandbreite der Fortbildungsanbieter ist dabei mannigfaltig. Von freien Managementtrainern aus Praxis und Wirtschaft mit betriebswirtschaftlichem, pädagogischem oder psychologischem Hintergrund, professionellen Fortbildungsunternehmen mit arbeitsfeldspezifischen Schwerpunkten, an Hochschulen angegliederten Fortbildungsinstituten bis hin zu einem reichhaltigen Feld der Fort- und Weiterbildungsangebote der freien Träger und Trägerverbände der Kinder- und Jugendhilfe in Verbindung mit dazugehörigen Tagungshäusern und Tagungszentren.

In Form des u. a. durch das Bundesministerium für Bildung und Forschung, das Deutsche Jugendinstitut (DJI) und die Robert-Bosch-Stiftung geförderten Projektes WIFF (Weiterbildungsinitiative Frühpädagogische Fachkräfte) werden derzeit Anstrengungen unternommen, die heterogene Fort- und Weiterbildungssituation an vergleichbare Maßstäbe heranzuführen. Den Ausgangspunkt des Projektes bilden empirisch ermittelte Weiterbildungsbedarfe der Fachkräfte. Aufbauend auf diesen Erkenntnissen sollen themenspezifische Qualitätsstandards für verschiedene Qualifizierungsbereiche entwickelt werden. Ziel dieses Projektes, das sich ebenso wie das Programm PIK (Profis in Kitas) der Robert Bosch Stiftung mit der Qualifizierung von frühpädagogischen Fachkräften auf Fachschul- und Fachhochschulebene beschäftigt, ist die Erarbeitung von „kompetenzorientierten Materialien, die als Grundlage für die Konzipierung von Weiterbildungsangeboten genutzt werden können".[17] Eine vollständige Bestandsaufnahme der Vielfalt des Fort- und Weiterbildungsangebots für Leitungskräfte übersteigt den Rahmen dieser Arbeit. Nichtsdestotrotz liefert die Darstellung unter 5.1 einen ersten selektiven Einblick in die Fort- und Weiterbildungsangebote für Leitungskräfte der Trägerverbände KVJS (Kommunalverband für Jugend und Soziales), Diakonie und Caritas für das Jahr 2009 bezogen auf das Bundesland Baden-Württemberg.

4.1 Fortbildungsmaßnahmen der Trägerverbände in Baden-Württemberg

4.1.1 Fortbildungsangebote des Kommunalverbandes für Jugend und Soziales

Der KVJS bietet für das Kursjahr 2009 in Baden-Württemberg u. a. folgende Kurse für Leitungskräfte an. Ein Kurs widmet sich „[der neuen] Rolle als Führungskraft". Dieser dreitägige Kurs soll dazu dienen, die eigene Leitungsrolle zu reflektieren und das eigene Führungs- und Leitungsverhalten weiterzuentwickeln. Ein weiterer Kurs für Leitungskräfte widmet sich Fragen der Moderation. In dieser zweitägigen Fortbildung geht es darum, Gruppen „zielorientiert zu steuern", z. B. bei Teambesprechungen. Die LeiterInnen sollen Moderationstechniken erwerben, um Teams steuern und Entscheidungen in Teams herbeiführen zu können. Ein weiterer Kurs widmet sich der Förderung der MitarbeiterInnen. Der Schwerpunkt dieser Veranstaltung liegt auf Verantwortung und Delegation von Aufgaben, Teamentwicklung und dem Führen von Konfliktgesprächen. Zudem widmet sich eine Fortbildungsveranstaltung der internen Qualitätsentwicklung. Auch Coaching für Führungskräfte wird als Seminar vom KVJS angeboten. Die Veranstaltungen werden in dem Tagungszentrum Gültstein und im Bildungszentrum Flehingen durchgeführt (Vgl. www.kvjs-fortbildung.de 08.06.09). Neben diesen allgemeinen Fortbildungen für Leitungskräfte der Kinder und Jugendhilfe widmet sich ein zweijähriger Leitungskurs Fragen der Führung von Kindertageseinrichtungen. Der Kurs für angehende und bereits praktizierende Leitungskräfte mit dem Titel „auf die Leitung kommt es an – professionelles Kita-Management" erstreckt sich über die Jahre 2009 und 2010. Zu diesem Kurs heißt es:

> *Ein angemessenes Dienstleistungsverständnis und qualitative Leitungskompetenzen sind unverzichtbare Komponenten für das zukunftsfähige Unternehmen Kindertageseinrichtung. Jedoch gibt es ohne Mitarbeiter/Innen, Werte, Visionen, Aufgabenklarheit, Netzwerke, betriebswirtschaftliche Synergien und Balancen keine wirkliche Innovation. Die Förderung der Innovation und Kreativität der pädagogischen Fachkräfte sowie der Zusammenhang von Kundenzufriedenheit, Wirtschaftlichkeit, Personalmanagement, Öffentlichkeitsarbeit, den sonstigen Geschäftsprozessen der Einrichtung und der Kultur der Veränderung liegen in der Verantwortung der Leiter/Innen einer Kindertageseinrichtung. Führung erfordert dabei ganzheitliche Leitungskompetenzen: Ziele setzen,*

---

[17] http://www.weiterbildungsinitiative.de/arbeitsbereiche/inhalte-und-kompetenzen.html 17.07.09

Entscheidungen treffen, der Blick über den Tellerrand gehören ebenso zum anspruchsvollen Repertoire wie die nachhaltige Optimierung der Ablauforganisation in der Einrichtung. (Kommunalverband für Jugend und Soziales Baden-Württemberg 2008: 60).

Darüber hinaus bestehen seitens des KVJS spezifische Fortbildungen in Zusammenhang mit der Landesfortbildungsreihe zum baden-württembergischen Orientierungsplan. Eine Fortbildungsveranstaltung trägt den Titel „das Einrichtungsprofil weiterentwickeln mit dem Orientierungsplan – Coaching für Kindergartenleiter/Innen". Dazu heißt es:

Die Implementierung des Orientierungsplanes für Bildung und Erziehung in Kindergärten hängt wesentlich davon ab, wie die Leitungskräfte diesen Prozess steuern. Über die Motivation der Fachkräfte, Qualitätsmanagement, Weiterentwicklung des Profils und Personal- und Teamentwicklung haben Leiter/innen die Möglichkeit, den Kindergarten als lernende Organisation zu sehen und zu leiten. Gefragt sind Kompetenzen zur Gestaltung des Lebensortes „Kindergarten", des Lernens der Kinder und die Fähigkeit zur Weiterentwicklung des Einrichtungsprofils sowie der eigenen (Leitungs-) Persönlichkeit. Das ist mit einer Vielzahl an - oft widersprüchlichen - Anforderungen an die Leitungskräfte verbunden. Dieses Seminar bietet Leitungskräften unter externer Anleitung mit supervisorischen Ansätzen und pädagogischen Aspekten die Möglichkeit hinsichtlich der Einführung des Orientierungsplanes gemeinsam in einer Gruppe die Prozesssteuerung zu reflektieren, typische Problemlagen und Konfliktfelder zu erkennen, gemeinsam nach Handlungsalternativen zu suchen und *die eigene Motivation zu stärken (ebd.: 29).*

Ein weiteres Seminarangebot richtet sich an die Rolle der LeiterIn bei der Einführung des INFANS-Konzeptes. Auch die Rolle der LeiterIn im Rahmen der Bildung des Kindes wird in Form eines Seminars aufgegriffen. In dieser Fortbildungsveranstaltung geht es darum, wie LeiterInnen Bildungsprozesse in ihrer Einrichtung initiieren können. Des Weiteren wird für die LeiterInnen, deren Einrichtung noch über keine pädagogische Konzeption verfügt eine Fortbildungsveranstaltung zur Entwicklung einer Einrichtungskonzeption angeboten:

Das SGB VIII fordert die Entwicklung und den Einsatz einer pädagogischen Konzeption in Kindertageseinrichtungen. Ab dem Kindergartenjahr 2009/2010 ist der Orientierungsplan für Bildung und Erziehung in den baden-württembergischen Kindertageseinrichtungen verbindlich. Vor diesem Hintergrund stehen die Fachkräfte nun vor der Aufgabe, innerhalb des Rahmens des Orientierungsplanes eine pädagogische Konzeption für ihre konkrete Einrichtung zu entwickeln (ebd.: 31).

Neben der grundständigen Entwicklung einer Konzeption richtet sich eine Fortbildungsveranstaltung der Weiterentwicklung der pädagogischen Konzeption mit Blick auf den baden-württembergischen Orientierungsplan:

Mit dem Orientierungsplan für Bildung und Erziehung gibt es für alle Träger erstmals verbindliche Rahmenrichtlinien für die Arbeit in Kindertageeinrichtungen. Dies stellt die Fachkräfte vor die Herausforderung, ihre bestehende pädagogische Konzeption mit den im Orientierungsplan genannten Zielen und Bildungs- und Entwicklungsfeldern abzugleichen und ggf. weiterzuentwickeln. In diesem Seminar wird zunächst ein Überblick über die aktuellen Konzeptionen der Frühpädagogik am Beispiel des Situationsansatzes sowie über die aktuellen Bildungskonzeptionen am Beispiel der Bildungs- und Lerngeschichten des Deutschen Jugendinstituts gegeben. In einem zweiten Schritt werden die Grundlagen des Orientierungsplans in Zusammenhang gebracht, um dann die eigene Konzeption anhand dieser Grundlagen weiter zu entwickeln (ebd.: 33).

4.1.2 Fortbildungssangebote des Diakonischen Werkes

Die Angebote des Diakonisshen Werkes unterteilen sich in die Angebote der Diakonie Baden und der Diakonie Württemberg. Das Bildungshaus der Diakonie Baden in Karlsruhe bietet für das Jahr 2009 eine Weiterbildung für Leitungskräfte in Kindertageseinrichtungen im Umfang von insgesamt 200 Unterrichtsstunden verteilt auf fünf Wochen je fünf Tage an. Im Abstrakt zu dieser Weiterbildung mit dem Titel „Führen – Leiten – Bildungsprozesse gestalten" heißt es, „eine gute Qualität der pädagogischen Arbeit setzt eine hohe Professionalität der Erzieherinnen, der Erzieher und der Leitung voraus". Dazu seien vor allem Führungskompetenzen von Nöten. Dementsprechend ist es das Ziel dieses „Qualifikationskurses", die eigene Führungskompetenz zu reflektieren und weiterzuentwickeln. Der Schwerpunkt liegt dabei auf dem Führen der MitarbeiterInnen, dem Umgang mit Konflikten, Zielorientierung und der Umsetzung des evangelischen Profils. Darüber hinaus soll im Rahmen dieser Weiterbildung der Diskurs über die „Bausteine des Orientierungsplanes" aus Leitungsperspektive gefördert werden. Neben dieser qualifizierenden Weiterbildungsmaßnahme wird Leitungskräften in Form einer dreitägigen Fortbildung „Basiswissen in Qualitätsmanagement" vermittelt. Diesbezüglich wird dort formuliert: „Leitungskräfte stehen immer mehr im Spannungsfeld der Binnen- und Außenfaktoren". Das veränderte Anforderungsprofil an Leitungskräfte stelle die LeiterInnen vor neue Herausforderungen. Gegenstand dieser Fortbildung sind Qualitätsentwicklung und Qualitätsbeschreibung, Teamentwicklung und Teamführung, Prozessentwicklung und Prozesssteuerung sowie Evaluation und Weiterentwicklung der Arbeits- und Handlungskonzepte (Vgl. www.evangelisches-fachseminar.de 19.05.09).

In dem Fortbildungsverzeichnis des Diakonischen Werkes Württemberg finden sich keine Kurse für Leitungskräfte. Jedoch kooperiert das Diakonische Werk Württemberg mit dem Bildungsgaus Baden in Karlsruhe. Zu den weiteren Kooperationspartnern zählen die Bundesfachakademie – Region Süd in Schwäbisch Hall in Kooperation mit der GFO (Gesellschaft für Fortbildung und Organisationsentwicklung sozialer Dienste). Zu deren Profil zählen u. a. Fort- und Weiterbildungen in Management, Organisation, Qualität und Betriebswirtschaft. Eine weitere Kooperation besteht mit dem Diakonischen Institut für soziale Berufe mit Sitz in Dornstadt, das eine Fachschule für Organisation und Führung sein eigen nennt. Neben weiteren Kooperationspartnern gehören auch das Institut FOBIS – Systemisches Institut für Bildung, Forschung und Beratung sowie das Institut für Fort- und Weiterbildung der Evangelischen Hochschule Ludwigsburg zu den Kooperationspartnern des Diakonischen Werkes Württemberg. Diese bieten ebenfalls Schulungen, Fort- und Weiterbildungen für Leitungskräfte aus dem Bereich der Kinder- und Jugendhilfe an (Vgl. Diakonisches Werk Württemberg 2009, S. 90ff.).

Der württembergische Landesverband evangelischer Kindertageseinrichtungen für Kinder bietet neben dem Baustein sechs für Leitungskräfte der verbindlichen Landesfortbildung zum baden-württembergischen Orientierungsplan, weitere überregionale Fortbildungen an. Diese untergliedern sich in Fortbildungen zum Orientierungsplan (Fortbildungsbereich I), Fortbildungen zum Organisieren, Verwalten und Zusammenarbeiten (Fortbildungsbereich II.), Fortbildungen zu Kindern unter drei Jahren (Fortbildungsbereich III) und berufsbegleitende Weiterbildung (Fortbildungsbereich IV). Im Rahmen der berufsbegleitenden Weiterbildung wird unter dem Titel „kompetent leiten" eine mehrwöchige Weiterbildung für Leitungskräfte in Kindertageseinrichtungen angeboten. Die Angebote aus dem Fortbildungsbereich II. (Organisieren, Verwalten und Zusammenarbeiten) beinhalten u. a. Veranstaltungen zu den Themen Change Management, Evaluation und die Implementierung des Orientierungsplanes in Zusammenhang mit Fragen der Konzeptionsentwicklung und des Qualitätsmanagements (Vgl. www.evlvkita.de/page0301.phtml 24.04.09).

4.1.3 Fortbildungssangebote des Caritasverbandes

In der Diözese Stuttgart/ Rottenburg werden durch das Caritas-Bildungszentrum Stuttgart für das Jahr 2009 unter der Überschrift „Führen und leiten" verschiedene Fortbildungen für Leitungskräfte angeboten. Dabei handelt es sich um keine spezifischen Fortbildungen für Leitungskräfte in Kindertageseinrichtungen. Zu den Fortbildungsangeboten zählt u. a. ein Einzel- und Gruppencoaching für Leitungskräfte. Bei dieser Fortbildung werden Lösungsansätze für aktuelle Leitungsfragen erarbeitet. Eine weitere Fortbildung trägt den Titel „Das A und O des Führungsalltags". Dort geht es inhaltlich um Führungsprinzipien, das eigene Führungsverständnis, Mitarbeiterbeteiligung, Zieldefinitionen und generell die Aufgabe und Rolle einer Führungskraft. Eine zweitägige Fortbildung widmet sich Fragen der Teamführung. Inhalte dieser Fortbildung stellen u. a. die Themen ressourcenorientierte Personalentwicklung, Dialogische Führung und Steuerung von Teamentwicklungsprozessen dar. Ziel der Veranstaltung ist es, durch „adäquate Führung" MitarbeiterInnen dazu zu befähigen sich in Arbeitsgruppen und Teams für die Ziele der Einrichtung einzubringen. Auch die Übertragung des Trägerleitbildes auf die Arbeit in der Einrichtung wird in einem Seminar thematisiert. Neben spezifischen Fortbildungsangeboten für Leitungskräfte stehen ein weitgefächertes Angebot von methodisch orientierten Fortbildungen, wie z. B. Change Management, Kommunikationstechniken, Projektmanagement, Büroorganisation und Fragen der Betriebswirtschaft, aber auch Seminare zum Umgang mit Belastungen zur Verfügung (Vgl. Caritas Stuttgart 2009).

Der Landesverband katholischer Kindertageseinrichtungen der Diözese Rottenburg-Stuttgart e. V. bietet neben den Veranstaltungen der Fachberatungen zum baden-württembergischen Orientierungsplan (einschließlich verschiedener Fortbildungsangebote zum Baustein 6 der Landesfortbildung für Leitungskräfte) einen mehrwöchigen Kurs für LeiterInnen und Träger zu Fragen des Sozialmanagements an. Dieser untergliedert sich in vier Blöcke, die sich jeweils auf einen Zeitraum von fünf Tagen erstrecken. In den Angaben zu diesem Kurs heißt es:

> *Der Orientierungsplan für Bildung und Erziehung in Tageseinrichtungen für Kinder und das Tagesbetreuungsgesetz (TAG) stellen vielfältige Anforderungen an unsere Kindergärten. Die Bedeutung der Förderung in den ersten sechs Lebensjahren für die Entwicklung unserer Kinder ist in aller Munde. Das TAG fordert als Basis für die pädagogische Arbeit eine Konzeption, sowie Instrumente zur Evaluation der Arbeit. Die Lebenswirklichkeiten der Kinder befinden sich im ständigen Wandel. Die Eltern, die Gesellschaft und der Gesetzgeber fordern eine permanente Weiterentwicklung der Tageseinrichtungen für Kinder. Dies gilt sowohl im Hinblick auf eine bedarfsgerechte und lebensweltorientierte Angebotsgestaltung als auch auf die Vernetzung der Kindertageseinrichtungen mit anderen sozialen Diensten und Einrichtungen innerhalb der Gemeinde. In der Koordination unterschiedlicher Interessen und Bedürfnisse, in der Kooperation mit dem Träger, mit Eltern, Mitarbeiter/innen und Institutionen ist die Leitung einer Kindertageseinrichtung oft mit starkem Erwartungsdruck und einer Fülle divergierender Aufgaben konfrontiert. Nicht selten führt dies z. B. zu Rollenkonflikten, Differenzen im Team, Kompetenzunsicherheiten oder Stress. Soziales Management ist zu verstehen als „Instrumentarium" für bewusstes Handeln in vernetzten Bezügen und bietet Ihnen die Möglichkeit, Ihrer Aufgabe als Leitung einer katholischen Kindertageseinrichtung ein neues Profil zu geben (Landesverband katholischer Kindertagesstätten Diözese Rottenburg Stuttgart e. V. 2008: 95).*

Der erste Baustein mit dem Titel „Erfolg durch persönliche Kompetenz - Führen im Wandel" beschäftigt sich mit dem Anforderungsprofil und der Berufsrolle, Führungsaufgaben und persönlichem Führungsstil sowie Selbst- und Stressmanagement. Zu diesem Weiterbildungsbaustein zählen Inhalte wie Umgang mit Rollenkonflikten, „Selbstmarketing", positive Stressverarbeitung, Prioritäten setzen und Ziele vereinbaren. Der zweite Baustein beschäftigt sich mit „Soziomarketing" im Hinblick auf „Betrieb, Verwaltung und Finanzen". Dort werden Kindertageseinrichtungen mit modernen Dienstleistungsunternehmen verglichen. „Herkömmliche Formen der Elternarbeit [sollen durch] Prinzipien der Kundenpflege [ersetzt werden]" (ebd.: 96). Des Weiteren geht es in diesem Baustein um Organisation und Verwaltung, gesetzliche Bestimmungen sowie die staatlichen Rahmenbedingungen. Block drei dieser Weiterbildungsreihe widmet sich Fragen der Teamarbeit. Der Baustein mit dem Titel: „Teamarbeit- Schlüssel zu Qualität und Mitarbeiterzufriedenheit" widmet sich Grundlagen der Teamarbeit, des Konfliktmanagements sowie Präsentations- und Moderationsmethoden. Baustein vier steht im Zeichen von Personalentwicklung. Die Veranstaltung mit dem Titel „Mitarbeiterpotenziale erkennen und fördern – Personalentwicklung als Führungsaufgabe" widmet sich folgenden Inhalten:

> *Als Leitung besteht Ihre Aufgabe darin, diese Talente zu suchen, zu lenken und zu entwickeln. Sie lernen fundierte Personalauswahlverfahren, Instrumente der Potenzialeinschätzung und Einarbeitungskonzepte kennen und üben deren Einsatz (ebd.: 96).*

Dazu zählen der Einsatz von Personalentwicklungsinstrumenten, Personalauswahl, Fortbildungsplanung, Erfassung von Mitarbeiterpotenzialen und das Führen von „Förder- und Potenzialgesprächen" (ebd.: 96). Auch die Frage des Qualitätsmanagements wird in Form von fünf Weiterbildungsmodulen angeboten. Die Weiterbildungsreihe richtet sich an mehrere Träger und deren Einrichtungen, insbesondere an die Leitungskräfte:

> *Im Orientierungsplan für Bildung und Erziehung Baden-Württemberg steht zum Bereich Qualitätsentwicklung und Qualitätssicherung dazu u. a.: „Der Träger und seine pädagogischen Mitarbeiter/innen entwickeln und sichern kontinuierlich die strukturelle und pädagogische Qualität der Ein-*

richtung". Dies bedeutet in Verbindung mit dem Tagesbetreuungsausbaugesetz, dass die Träger und ihre Einrichtungen bis zum Jahre 2010 Qualitätsmanagementsysteme zur Weiterentwicklung der Qualität der Einrichtung und zur Evaluierung der Arbeit nachweisen müssen (ebd.: 98).

Die Weiterbildungsreihe untergliedert sich in die folgenden fünf Module: Leitbild, Grundlagen des Qualitätsmanagements, Führungsaufgaben (Aufgaben, Strukturen, Zuständigkeiten), Führungsaufgaben (Qualitätsentwicklung und Qualitätssicherung) und einrichtungsbezogenes Zielvereinbarungsgespräch (ebd.: 98). Im Modul „Leitbild" werden Fragen des Profils, der Anforderungen an einen Kindergarten und das Selbstverständnis katholischer Kindertageseinrichtungen thematisiert. Modul zwei widmet sich den Grundlagen des Qualitätsmanagements in Zusammenhang mit dem KTK-Gütesiegel und Methoden zu dessen Umsetzung. Ferner werden dort Fragen des Prozessmanagements aufgegriffen, u. a. wie sich Abläufe zielgerichtet steuern, überprüfen und verbessern lassen. Das Modul „Führungsaufgaben" beschäftigt sich mit der Etablierung von Qualitätszirkeln zu verschiedenen Aufgaben. Modul vier erhebt den Anspruch, Instrumente und deren Anwendung zur Qualitätsentwicklung und Qualitätssicherung vorzustellen und anzuwenden. Die einrichtungsbezogenen Zielvereinbarungsgespräche, die Gegenstand von Modul V sind, richten sich an den Träger der Einrichtung und sollen dazu dienen, die Einrichtung „langfristig und vorausschauend zu steuern, zu fördern und weiterzuentwickeln" (ebd.: 99). Die Weiterbildungsreihe umfasst insgesamt acht Tage (Vgl. ebd.: 95ff.).

Die Erzdiözese Freiburg bietet in Form von Fortbildungsprogrammen für die dazugehörigen Außenstellen wie z. B. Buchen, die Stadt Freiburg selbst oder den Bereich Breisgau/ Hochschwarzwald ein Fortbildungsprogramm für Leitungskräfte in Kindertageseinrichtungen an, das sich in den verschiedenen Außenstellenstandorten ähnelt. Neben überwiegend dreitägigen Fortbildungen besteht für Leitungskräfte, die zum ersten Mal die Leitung einer Kindertageseinrichtung übernehmen gemäß dem Fortbildungserlass der Erzdiözese Freiburg, die Verpflichtung, an einem Leitungsseminar teilzunehmen. Dieses auf 20 Teilnehmer begrenzte Seminar umfasst fünf Einheiten im Umfang von jeweils fünf Tagen. Der erste Teil beschäftigt sich mit der Leitungsrolle und Leitungsfunktion. Im zweiten Abschnitt werden Fragen der Leitungskompetenz erörtert. Im dritten Teil setzen sich die Teilnehmer mit Teamleitung auseinander. Der vierte Abschnitt ist dem Selbstverständnis einer LeiterIn in einer katholischen Tageseinrichtung gewidmet. Der fünfte Themenblock beschäftigt sich mit Öffentlichkeitsarbeit, Vernetzung und Zusammenarbeit mit den Eltern. Das Seminar bzw. der Leitungskurs soll zur Stärkung und Erweiterung der personalen Kompetenz, der Handlungskompetenz, der Sachkompetenz, der Kommunikationskompetenz, der Methodenkompetenz und der Führungs- und Leitungskompetenz beitragen.

Abgesehen von diesen Leitungskursen umfassen die separaten mehrheitlich dreitägigen Fortbildungen für Leitungskräfte folgende Inhalte: Einen Informationstag für neue Leitungskräfte, die Themen Führen, Motivieren, Leiten, Kinder unter drei Jahren, eine Fortbildung zu Rechtsfragen, interkulturelle Kompetenz, Öffentlichkeitsarbeit, Dienstbesprechung und Moderation sowie zwei Fortbildungsveranstaltungen in Zusammenhang mit dem Baustein sechs für Leitungskräfte der Landesfortbildung zur Umsetzung des baden-württembergischen Orientierungsplanes. Eine dieser Fortbildungsveranstaltungen trägt den Titel „Sackgasse Orientierungsplan". Das Führungsseminar im Umfang von drei Tagen zielt darauf ab, Führungsinstrumente und Führungskompetenz zu vermitteln. Dazu zählen das Treffen von Zielvereinbarungen, Reflexion der eigenen Führungsrolle, Potentiale der MitarbeiterInnen stärken, zielorientierte Gesprächsführung etc. Das Seminar für Leitungskräfte in Zusammenhang mit Kindern unter drei Jahren widmet sich den Herausforderungen an die Leitungskräfte, die sich durch die Aufnahme von unter Dreijährigen ergeben.

Die Erfahrung zeigt, dass die Vorbereitung und Begleitung des Teams durch die Leitungskräfte einen gewichtigen Einfluss darauf nimmt, ob und wie der durchaus lohnende Spagat zwischen der Bildung, Erziehung und Betreuung von Kindern zwischen 0 und 6 Jahren bewerkstelligt werden kann. Voraussetzungen hierfür sind Veränderungen im Hinblick auf Personal-, Team- und Konzeptionsentwicklung sowie die Anleitung zu einer differenzierten Kooperationsarbeit, da Gruppen übergreifendes Denken und Planen unumgänglich werden (Erzdiözese Freiburg 2009: 44).

Die Veranstaltung mit dem Titel „Sackgasse Orientierungsplan" trägt den Untertitel „Wertstatt zum Führen in Zeiten der Veränderung". Dort heißt es wörtlich:

Das Land Baden-Württemberg nennt einen Baustein zur Implementierung des Orientierungsplans die „Chancen des Orientierungsplans". Was aber ist zu tun, wenn die Chancen nicht wahrgenommen werden können? Wie soll man handeln, wenn sich massiver Widerstand im Team oder bei Einzelnen meldet? Wie reagiert man souverän und professionell auf die stille und subversive Weigerung, die beschriebenen Qualitätsmerkmale eines guten Kindergartens mitzuentwickeln? (...) Diese Werkstatt will bewusst Raum geben, dass Verantwortliche ihre Herausforderungen, ihre Situationen, ihre Entscheidungen und ihre Dilemmasituationen benennen und in einem kollegialen Austausch besprechen können (ebd.: 47).

Ziel dieses Seminars ist, dass sich die LeiterInnen an drei Tagen mit folgenden Fragestellungen auseinandersetzen:

- *Differenzierte mentale Modelle erkennen, definieren und vor allem ernst nehmen (welche Bilder von der Erzieherin/dem Erzieher, der Leiterin/ des Leiters und dem Kindergarten bestimmen unser Handeln?)*
- *Was motiviert, wie motiviert man andere und, ganz wichtig: Wie motiviert man sich selbst?*
- *Welche Kernkompetenzen sollte man sein Eigen nennen können, um in Zeiten der Veränderung führen zu können?*
- *Welche Führungsprinzipien beschreibt die moderne Managementphilosophie als notwendige Antwort zu den Erfordernissen des Changemanagements?*
- *Was sind mögliche Problemlösungsstrategien?*
- *Mit welchen Reaktionen und Gesetzmäßigkeiten ist zu rechnen, wenn Individuen, Teams und Organisationen mit Veränderungen konfrontiert werden?*
- *Was sind adäquate Interventionen?*
- *Wie können die Merkmale einer lernenden Organisation nachhaltig erreicht und gesichert werden? (ebd.: 47 f.)*

In der dreitägigen Fortbildung mit dem Titel vom „Strohfeuer zum Dauerfeuer" sollen für die Vorgaben des Orientierungsplanes praxistaugliche Qualitätsentwicklungs- und Qualitätssicherungsverfahren im Sinne eines Qualitätsmanagementkonzepts auf Basis des Qualitätsmanagementkonzeptes „Quintessenz" der Erzdiözese Freiburg erarbeitet werden:

Mit der Einführung des Orientierungsplans haben sich die pädagogischen Fachkräfte mit vielfältigen Themen auseinandergesetzt, Anregungen gewonnen, ihre Arbeit reflektiert und Maßnahmen neu- oder weiterentwickelt. Jetzt gilt es dranzubleiben, die neuen Ideen in den Alltag zu integrieren und die Umsetzung der Ziele aus den Bildungs- und Entwicklungsfeldern konsequent weiterzuverfolgen (ebd.: 50).

4.1.4 Überblick zu den Fort- und Ausbildungsangeboten

Die exemplarische Darstellung der Fort- und Weiterbildungsangebote der Trägerverbände KVJS, Diakonie und Caritas sowie der neue Lehrplan für die Fachwirt-Ausbildung für Organisation und Führung weisen darauf hin, dass für angehende und praktizierende Leitungskräfte in baden-württembergischen Kindertageseinrichtungen ein breitflächiges Fort- und Weiterbildungsangebot besteht, das aktuelle Entwicklungen berücksichtigt. Sowohl der neue Lehrplan für die Fachschule für Organisation und Führung mit Schwerpunkt Sozialpädagogik als auch die Fort- und Weiterbildungsangebote der betrachteten Trägerorganisationen greifen den baden-württembergischen Orientierungsplan für Bildung und Erziehung unter verschiedenen Gesichtspunkten auf. Die Fort- und Weiterbildungsangebote tun dies im Rahmen von ein oder mehrtägigen Leitungsfortbildungen in Zusammenhang mit dem Baustein sechs für Leitungskräfte der verpflichtenden Landesfortbildung zum baden-württembergischen Orientierungsplan. In diesen Kursen werden u. a. Inhalte wie die Implementierung des Orientierungsplanes, das Prozessmanagement zur Umsetzung des Planes sowie Konzeptionsentwicklung und Konzeptionsüberarbeitung im Hinblick auf den Plan thematisiert. Der Lehrplan des baden-württembergischen Kultusministeriums für das mittlere Management in sozialpädagogischen Einrichtungen (Fachwirt für Organisation und Führung Schwerpunkt Sozialwesen) widmet den Anforderungen des Orientierungsplanes an die Leitungskräfte von Kindertageseinrichtungen die Lehrplaneinheit „Bildungsmanagement".

Neben ein- bis mehrtägigen Fortbildungen zum Orientierungsplan im Rahmen der Landesfortbildung und der qualifizierenden Fachwirt-Ausbildung besteht darüber hinaus seitens der Trägerverbände ein breitgefächertes Fortbildungsnetz zu spezifischen Managementtechniken und Managementverfahren, wie das mehrfach im Rahmen von Fortbildungsangeboten auftauchende „Change Management" oder auch Kurse und Supervisionen zum Selbstbild der Leitungskräfte, zur Selbstreflexion sowie zur präventiven Gesunderhaltung von Führungskräften. Dazu sind auch Organisations-, Betriebswirtschafts- und Verwaltungsfortbildungsangebote zu rechnen, die ebenso von den betrachteten Trägerorganisationen angeboten werden.

Darüber hinaus folgen die betrachteten Trägerverbände KVJS, Diakonie und Caritas der Anforderung der baden-württembergischen Kindergartengesetztes, demnach sich Leitungskräfte, die das geforderte Qualifikationsniveau nicht in vollem Umfang erfüllen, durch Fortbildung auf ihre Tätigkeit vorbereiten müssen. Vonseiten der drei betrachteten Trägerverbände werden diesbezüglich längerfristige mehrwöchige Leitungskurse für Leitungskräfte in Kindertageseinrichtungen angeboten, die ein breites Spektrum an Leitungsinhalten umfassen. In diesen Kursen werden die Leitungs- und Führungsrolle, Managementverfahren und Managementmethoden, Teamführung und Teamentwicklung, Personalmanagement, rechtliche und betriebswirtschaftliche Grundlagen, Öffentlichkeitsarbeit, Vernetzung, Gemeinwesen und Führungsfragen bezüglich des Qualitätsmanagements aufgegriffen. Die Kurse, besonders die längerfristigen Seminare sind allerdings mit erheblichen Kosten verbunden, die teilweise die ein- bis zweitausend Euro Grenze überschreiten. An dieser Stelle kann nicht geklärt werden, wer für die Kosten der Fort- und Weiterbildung für Leitungskräfte in Kindertageseinrichtungen aufzukommen hat. Nichtsdestotrotz lässt sich festhalten, dass in Baden-Württemberg ein quantitativ relativ gut ausgebautes Netz an Fort- und Weiterbildungsangeboten für Leitungskräfte in Kindertageseinrichtungen besteht. Über die Qualität der Fort- und Weiterbildungsinhalte und deren berufliche Relevanz und Effektivität im Sinne einer Qualitätsentwicklung der Leitungstätigkeit kann an dieser Stelle keine Aussage getroffen werden.

4.2 Das grundständige Bachelorstudium in Baden-Württemberg

Die Anregungen und Empfehlungen von Expertenkommissionen zur Professionalisierung und Anhebung des Ausbildungsniveaus von Fachkräften in Kindertageseinrichtungen wurden in Baden-Württemberg flächendeckend aufgegriffen. Inzwischen existieren in Baden-Württemberg sieben Bachelor-Studiengänge, die sich mitunter Fragen der frühkindlichen Bildung widmen. Diese Studiengänge auf (Fach-)Hochschulniveau sind größtenteils an den Pädagogischen Hochschulen des Landes angesiedelt. Dabei handelt es sich um die Pädagogischen Hochschulen Freiburg, Heidelberg, Ludwigsburg, Schwäbisch Gmünd und Weingarten. An der Pädagogischen Hochschule Freiburg wird der Studiengang in Kooperation mit der Evangelischen Fachhochschule Freiburg und an der Pädagogischen Hochschule Ludwigsburg in Kooperation mit der Evangelischen Fachhochschule Ludwigsburg/ Reutlingen angeboten. Darüber hinaus bietet die FH Esslingen eigenständig den Bachelor-Studiengang Bildung und Erziehung in der Kindheit an. Die katholische Fachhochschule Freiburg generierte einen Bachelor-Studiengang, der sich explizit mit dem Management von Erziehungs- und Bildungseinrichtungen beschäftigt. Ferner existiert an der Pädagogischen Hochschule Schwäbisch Gmünd ein Kontaktstudium für ErzieherInnen und an der Berufsakademie Stuttgart ein Bachelor-Studiengang, der sich Fragen der sozialen Arbeit in der Elementarerziehung widmet.

Die Robert-Bosch-Stiftung widmet sich diesbezüglich mit ihrem Programm PIK (Profis in Kitas) der Professionalisierung von Frühpädagogen im Rahmen der Aus- und Weiterbildung an

Hochschulen. Zu diesem Netzwerk aus Universitäten und Hochschulen der Robert-Bosch-Stiftung zählt u. a. als Kooperationspartner die EFH Freiburg. Ziel dieser privatwirtschaftlichen Professionalisierungsbestrebung ist die Entwicklung eines Kerncurriculums für die Aus- und Weiterbildung von Frühpädagogen an Hochschulen. Fachkräfte müssen laut dem PIK-Konzept ein „umfassendes Kompetenzprofil erwerben" (Robert-Bosch-Stiftung 2006: 9) um den Anforderungen, u. a. der Umsetzung der Bildungspläne im Elementarbereich, gewachsen zu sein. Ferner heißt es dort:

> *Neben pädagogischen Fähigkeiten gewinnen organisations- und sozialraumorientierte Qualifikationen an Gewicht. Sie müssen daher in der Ausbildung von Frühpädagogen einen eigenen, ausgewiesenen Stellenwert erhalten. Zum professionellen Rüstzeug für angehende Profis in Kitas gehören also auch Aspekte des Managements, der Planung, der Konzept- und Qualitätsentwicklung sowie die Fähigkeit einer gezielten Interaktion mit Eltern und kommunalen Einrichtungen. Eine zwei- bis dreijährige Ausbildung auf Fachschulniveau reicht in der Regel nicht aus, um dieses breite und anspruchsvolle Kompetenzprofil zu vermitteln (ebd.: 9).*

Was dies konkret im Hinblick auf zu erwerbende Leitungskompetenzen bedeutet, zeigt sich anhand des Bausteins 25 dieses Programms: „Management in Bildungs-, Erziehungs- und Betreuungseinrichtungen"(ebd.: 155). Dort werden folgende intendierte „Lernergebnisse/ Kompetenzen" (ebd.: 155) definiert:

- *Die Studierenden kennen spezifische Methoden und Instrumente der Organisationsentwicklung für den Bereich der Kindertageseinrichtungen. Dazu gehören u. a. Projektmanagement, Teamarbeit und Teamentwicklung, Supervision und kollegiale Beratung sowie Beschwerdemanagement. Darüber hinaus sind sie in der Lage die wichtigsten Ansätze der Organisationsentwicklung im Bereich des Schulmanagements zuzuordnen.*
- *Sie kennen und verstehen Grundlagen und die Aufgabenbereiche des Personalmanagements sowie die daraus resultierende Handlungsplanung und Organisation für die Arbeit in Kindertageseinrichtungen.*
- *Die Studierenden haben Kenntnis über die besondere Struktur sowie die praktische Abwicklung der Finanzierung der Kindertageseinrichtungen in den einzelnen Bundesländern.*
- *Sie können die neuen Controllingsysteme und –instrumente einordnen und deren Bedeutung für Bildungs- Erziehungs- und Betreuungseinrichtungen bewerten.*
- *Sie sind mit strategischen und konzeptionellen Grundlagen des Sozialmarketings und der Öffentlichkeitsarbeit sowie des Sponsoring und Fundraisings vertraut.*
- *Die Studierenden kennen Grundlagen der sozialräumlichen Netzwerkarbeit.*
- *Die Studierenden besitzen einen Überblick über die plurale Trägerlandschaft sowie deren Trägersysteme und –strukturen.*
- *Sie verfügen über Kenntnisse der Bedarfsplanung und Entwicklung von Vernetzungsstrategien im Sozialraum. Sie haben einen Begriff von Vernetzung und Kooperationen mit anderen Kindertages- und Bildungseinrichtungen, vom Zusammenwirken im Gemeinwesen und von interdisziplinärer Arbeit mit anderen Einrichtungen der Kinder- und Jugendhilfe. Sie verfügen über Verständnis von Netzwerken als Vermittlungsinstanzen, die Lernprozesse fördern und unterstützen.*
- *Die Studierenden besitzen vertiefende Kenntnis bezüglich der Zusammenarbeit zwischen Kindertageseinrichtungen, Einrichtungen der Kinder- und Jugendhilfe und der Grundschule sowie der Gestaltung des Übergangs in die Grundschule (ebd.: 156).*

Für den Bereich Qualitätsmanagement werden zusätzlich neun Lernanforderungen bzw. Kompetenzen definiert, wie z. B. die Kenntnis verschiedener Konzepte, Abläufe und Methoden (EFQM, TQM, etc.), Methoden der Zielfindung, Formulierung von Qualitätskriterien, Konzeptionsentwicklung, Evaluationsverfahren etc. (Vgl. ebd.: 159).

Aus- und Fortbildung von Leitungskräften

Im Rahmen einer Konferenz der Robert-Bosch-Stiftung des Programms PIK – Profis in Kitas mit dem Titel „Ausbildung und Perspektiven von Frühpädagogen" am 13./14. September 2007 in Stuttgart äußerte sich Christa Engemann, Ministerialrätin im Referat 33 für Kindergarten und Grundschule des Kultusministeriums Baden-Württemberg, zur Ausbildung der pädagogischen Fachkräften in Baden-Württemberg. In ihrem Beitrag, „Wie müssen welche Fachkräfte für die Umsetzung des Orientierungsplanes qualifiziert werden?", stellte Frau Engemann die Intention der neugeschaffenen Studiengänge heraus. Ihr zufolge diene die Fachschulausbildung als Grundlage für die pädagogische Fachkraft in Verbindung mit daran anschließenden Weiterqualifizierungsmöglichkeiten. Der Sinn der Fachhochschul- bzw. Hochschulausbildung liege hingegen darin, für die Tätigkeitsfelder Forschung, Leitung und Fachberatung zu qualifizieren. Diesbezüglich werde künftig die Erzieherausbildung im Sinne der Durchlässigkeit auf die Hochschulausbildung angerechnet. Gemäß dem „Nationalen Integrationsplan" des Bundes und der Länder sei es zunächst das Ziel die Ausbildung der Leitungskräfte im Rahmen eines Bachelor-Studiums anzustreben. Wörtlich heißt es im Nationalen Integrationsplan:

> *Mit Blick auf die Sprachförderung verpflichten sich die Länder und Kommunen: [in der achten von zehn Verpflichtungen]. Die Ausbildung von Erzieherinnen und Erziehern in einem modularisierten System zu verbessern, das praxisgerecht ist; im Rahmen der europäischen Harmonisierung ist – zunächst für Leitungskräfte – eine Ausbildung auf dem Bachelor-Niveau anzustreben (Bundesregierung 2007: 54).*

Deshalb so Engemann „[dienen] die Studiengänge der Pädagogischen Hochschulen der Qualifikation von Personen für Funktionen wie Leitungskraft oder Fachberaterin/ Fachberater" (Engemann – Robert-Bosch-Konferenz, Stuttgart 13.09.07: 9)[18]. Die Vertreterin des Kultusministeriums Baden-Württemberg bezeichnete die neuen Studiengänge demgemäß als „Beginn eines Weges, der dazu führen wird, dass alle Leitungskräfte und auch alle Fachberaterinnen und Fachberater ein Hochschulstudium erhalten können" (ebd.: 10). Diese umfassenden Studiengänge an den Pädagogischen Hochschulen in Baden-Württemberg, die sich explizit der frühkindlichen Bildung widmen, werden im Folgenden näher dargestellt[19].

---

[18] http://www.profis-in-kitas.de/veranstaltungen/copy2_of_archiv/folder.2007-10-08.9733858245/vortrag-engemann.doc 01.02.09

[19] Darüber hinaus existieren an der FH Esslingen der Bachelor Studiengang „Bildung und Erziehung in der Kindheit", an der katholischen Fachhochschule Freiburg der Bachelor Studiengang „Management von Erziehungs- und Bildungseinrichtungen" und an der PH Karlsruhe der spezifische Bachelor Studiengang „Sprachförderung und Bewegungserziehung". Diese sind von ihrem Angebotsspektrum her nicht explizit auf die Frühe Kindheit ausgerichtet und wurden deshalb bei den folgenden Analysen nicht berücksichtigt.

4.2.1 Der Studiengang „Pädagogik der Frühen Kindheit"

4.2.1.1 Zielsetzung des Studienganges

Der Studiengang an der Pädagogischen Hochschule Freiburg in Kooperation mit der Evangelischen Fachhochschule Freiburg leistet nach eigenen Angaben einen „Beitrag zur Weiterentwicklung der Elementarpädagogik", indem er eine „grundständige Qualifizierung von Fachkräften für den Bereich Pädagogik der Frühen Kindheit auf akademischem Niveau gewährleistet" (http://www.efh-freiburg.de/292.html 13.01.09). Die Angebote orientieren sich laut Konzeption des Studienganges am aktuellen Stand entwicklungspsychologischer, neurowissenschaftlicher und pädagogisch-didaktischer Erkenntnisse. Im Mittelpunkt des Studiums stehen nach Aussagen der konzeptionell Verantwortlichen die „Förderung ganzheitlicher Persönlichkeitsentwicklung". Dabei orientiere sich der Studiengang an internationalen Standards, indem Elternbildung und Elternberatung eine zentrale Rolle einnehmen. Neben Internationalität in Form der Kooperation und des Austausches sowie durch Auslandspraktika und Auslandssemester besteht ferner nach Angaben der Verantwortlichen eine enge Verknüpfung zu „Forschungs- und Evaluationsstudien".

Im Hinblick auf die Leitungstätigkeit „sollen die auszubildenden Fachkräfte Kompetenzen zur Gestaltung von Qualitätsentwicklungsprozessen und zur Leitung von Bildungsinstitutionen erwerben" (Vgl. http://www.efh-freiburg.de/300_581.html 13.01.09). Diese Kompetenz wird auf der Internetseite des Studienganges vonseiten der Pädagogischen Hochschule Freiburg als „Managementkompetenz" bezeichnet. Managementkompetenz bedeutet gemäß den Verantwortlichen „die Fähigkeit, Bildungseinrichtungen der Frühpädagogik (oder Untergliederungen davon) leiten und organisieren zu können".[20]

Dies bedeutet:

- *die gezielte Ausbildung von Leitungskompetenzen durch den Erwerb von Kenntnissen und Fertigkeiten in Organisationsentwicklung, Personalführung, Praxisberatung, Ressourcenverwaltung*
- *den Erwerb von Fähigkeiten im Verwaltungshandeln i.w.S. (Kenntnisse von Verwaltungsstrukturen, rechtlichen Grundlagen, Fähigkeiten im Bereich des Rechnungswesens und der Buchhaltung)*
- *Fähigkeiten, um die Bildungseinrichtung in der Öffentlichkeit bekannt zu machen und (re)präsentieren zu können*
- *Fähigkeiten, Qualitätsmanagementprozesse implementieren und gestalten zu können*
- *Kenntnisse des Bildungssystems und die Befähigung, die Bildungsarbeit in Zusammenarbeit mit verschiedenen Bildungsträgern (KollegInnen, Familien, Einrichtungen der Kinder- und Jugendhilfe, Schulen, Aufsichtsbehörden, Einrichtungen des Bildungswesens) zu realisieren* (ebd.).

Gemäß dem Modulhandbuch des Studienganges (Evangelische Fachhochschule Freiburg Stand 31.08.2006) versteht sich der Studiengang als „Basisqualifikation" (ebd.: 69) für die Leitungstätigkeit, die später durch ein Masterstudium erweitert werden kann. Das gesamte Studium untergliedert sich in sechs Studienbereiche. Dabei handelt es sich um: „Erziehungs-

---

[20] (http://www.ph-freiburg.de/studium/studiengaenge/bachelor-studiengang-paedagogik-der-fruehen-kindheit/zielekompetenzen.html 13.01.09).

nd bezugswissenschaftliches Wissen und Können, Gestaltung von Bildungssituationen, Umgang mit Unterschiedlichkeit und Kindern mit besonderen Ausgangslagen, Handeln im Lernort Praxis, Professionswissen und –können und Vernetzung und Arbeiten mit dem Umfeld" (Evangelische Hochschule Freiburg: Modultabelle Stand 14.01.2009[21]).

4.2.1.2 Zeitliche Anteile für Leitungsaufgaben

Der Erwerb von Managementkompetenz ist dem Studienbereich „Professionswissen und –können" zugeordnet. Im Folgenden wurden die Module/ Modulinhalte des Studienganges den Aufgaben des baden-württembergischen Orientierungsplanes zugeordnet und anhand der vorgeschriebenen Semesterwochenzahlen prozentual gewichtet. Das Ergebnis zeigt folgende Tabelle[22].

Aufgaben des baden-württembergischen Orientierungsplanes	Angebotene Inhalte/ Module des Studienganges	Semesterwochenstunden (verpflichtend) Anzahl	Semesterwochenstunden in Prozent
Haltung und Professionalität	- Humanwissenschaftliche Grundlagen - Berufsfeldspezifische Grundlagen - Bereichsübergreifende und bereichsspezifische Entwicklung - Vor- und Nachbereitung Lernort Praxis	9 4 4 7	22,4 %
Beobachtung und Dokumentation	- Diagnostische Fallarbeit in der Frühpädagogik - Grundlagen frühpädagogischer Beobachtungs- und Diagnosekonzepte	2 4	5,6 %
Individuelle Förderung	- Kinder mit Lern-, Verhaltens- und Entwicklungsauffälligkeiten	4	3,7 %
Vielfalt und Unterschiedlichkeit	- Gemeinsame Erziehung und frühe Bildung für Kinder mit und ohne Behinderung - Diversity – Umgang mit Vielfalt und Fremdsein	4 7	10,4 %
Elternarbeit	- Zusammenarbeit Eltern	4	3,7 %
Kooperation mit der Grundschule			
Kooperation mit weiteren Institutionen, Gemeinwesenarbeit, Vernetzung	- Sozialräumliche Bezüge und Kooperationsformen von Kindertageseinrichtungen	4	3,7 %

---

[21] http://www.fh-freiburg.de/download/Modultabelle_PFK_14.01.2009-KFG.pdf

[22] Die Systematik der Analyse wurde auch im Hinblick auf die weiteren vier Studiengänge angewendet. Bei den errechneten Prozentwerten handelt es sich um Richtwerte. Die Gesamtsemesterwochenstundenzahl wurde anhand von frei verfügbaren Informationen zu den Studiengängen errechnet und kann u. a. aufgrund von Wahlmöglichkeiten geringfügig variieren oder von den Angaben der Studiengangverantwortlichen etwas abweichen. Grundlage waren die zum Untersuchungszeitpunkt (Januar 2009) im Internet frei verfügbaren Modultabellen, Modulhandbücher und Modulübersichten zu den betreffenden Studiengängen. Die dargestellten Ergebnisse ermöglichen somit einen Einblick in die dargestellten Studiengänge, der mit den aktuellen Weiterentwicklungen des Lehr- und Studienangebots vor Ort abzugleichen ist.

Bildungs- und Entwicklungsfelder	- Didaktik und Methodik der Frühpädagogik - Bewegung, Ausdruck und Gestaltung - Welterschließung - Sprache als Schlüssel zur Welt - Religiöse und philosophische Bildungsprozesse mit Kindern - Seelische und körperliche Gesundheit - Vertiefung der Bildungsbereiche	4 6 9 4 5 4 8	37,4 %
Leitungskompetenz	- Management von Kindertageseinrichtungen (Sozialmanagement, Personalmanagement und Organisationsentwicklung, Qualitätsmanagement Grundlagen und Praxis, Marketing, Öffentlichkeitsarbeit und Fundraising)	8	7,5 %
Sonstiges	- Frühpädagogische Handlungsfelder - Anwendung wissenschaftlicher Methodik	2 4	5,6 %
Gesamt		107 SWS	100 %

Tab.2 Übersicht zum Studiengang „Pädagogik der frühen Kindheit" der EFH und PH Freiburg

Die Tabelle zeigt, dass dem Erwerb von Leitungskompetenz insgesamt acht Semesterwochenstunden zugestanden werden. Diese verteilen sich auf fünf Veranstaltungen. Eine Vorlesung zum Sozialmanagement (1SWS), ein Seminar zu Personalmanagement und Organisationsentwicklung (2 SWS), eine Vorlesung zu den Grundlagen des Sozialmanagements (1 SWS), ein Seminar zur Praxis des Qualitätsmanagements (2 SWS) und ein Seminar zu Marketing, Öffentlichkeitsarbeit und Fundraising (2 SWS). Insgesamt beträgt der Anteil der Lehrzeit, die für die Vermittlung bzw. Thematisierung spezifischer Leitungsaufgaben zur Verfügung steht, ca. 7,5 % der Gesamtsemesterwochenstundenzahl.

4.2.2 Der Studiengang „Frühkindliche und Elementarbildung"

4.2.2.1 Zielsetzung des Studienganges

Der Bachelor-Studiengang „Frühkindliche und Elementarbildung" an der Pädagogischen Hochschule Heidelberg ist in 33 Module untergliedert. Ziel des Studienganges ist „eine wissenschaftlich fundierte fachliche Ausbildung mit enger Verzahnung in den entsprechenden Praxisfeldern " (http://www.ph-heidelberg.de/org/felbi/ 14.01.09). Durch das Studium sollen „professionelle Handlungskompetenzen in den Berufsfeldern des Elementarbereichs" (ebd.) vermittelt werden. Die Absolventen sind nach Angaben der konzeptionellen Gestalter des Studienganges u. a. „für leitende Funktionen qualifiziert" (http://www.ph-heidelberg.de/org/felbi/Felbi-Flyer.pdf 14.01.09). Durch den Studiengang sollen folgende Kompetenzen erworben werden:

- *Förderung von Kindern in spezifischen Bildungsfeldern (z. B. mathematisch, naturwissenschaftlich, musisch, ästhetisch-künstlerisch, ethisch, sprachlich)*
- *Umgang mit Unterschiedlichkeit im Sinne der Diversity Studies (Interkulturalität, Inklusion, Gender)*
- *Entwicklungsbegleitung und -förderung (insbesondere in körperlichen, motorischen, kognitiven, sozial-emotionalen, sprachlichen und moralischen Entwicklungsbereichen)*
- *Diagnostik*
- *Beratung und Leitung*
- *Qualitätsmanagement*

- *Evaluation und Dokumentation*
- *Professionelle Responsivität*
- *Reflexion der eigenen Praxis*
- *wissenschaftliches Arbeiten/Forschungsmethoden* (ebd.)

4.2.2.2 Zeitliche Anteile für Leitungsaufgaben

In der folgenden Tabelle wurden die Inhalte/ Module des Studienganges in Beziehung zu den Aufgaben und Inhalten des baden-württembergischen Orientierungsplanes gesetzt.

Aufgaben des baden-württembergischen Orientierungsplanes	Angebotene Inhalte/ Module des Studienganges	Semesterwochenstunden (verpflichtend) Anzahl	Semesterwochenstunden in Prozent
Haltung und Professionalität	- Perspektiven auf Kindheit und Spiel	4	
		4	
	- Neurowissenschaften und lernen	4	
		6	
	- Bindung, Beziehung und Persönlichkeit	4	
	- Bildungsprozesse in Kindergrippe und Kindertagesstätte	4	
Beobachtung und Dokumentation	- Sozio- emotionale, motivationale und moralische Entwicklung	4	26 %
	- Entwicklung von Kommunikation und Sprache und ihre Diagnostik	4	
	- Körperliche und motorische Entwicklung und ihre Diagnostik		
	- Entwicklung von Wahrnehmung und Kognition und ihre Diagnostik		
Individuelle Förderung	- Frühförderung	6	
	- Förderung sprachlicher und kognitiver Fähigkeiten	6	
	- Prävention: Regulation und Transition	6	21,4 %
		4	
	- Gesundheit und Ernährung	6	
	- Umgang mit kritischem Sozialverhalten		
Vielfalt und Unterschiedlichkeit	- Mehrsprachigkeit, Migration und Interkulturalität	4	3 %
Elternarbeit	- Gesprächsführung, Beratung und Training mit Eltern	7	5,3 %
Kooperation mit der Grundschule			
Kooperation mit weiteren Institutionen, Gemeinwesenarbeit, Vernetzung			
Bildungs- und Entwicklungsfelder	- Mathematik und Logik im Elementarbereich: Theorie und Diagnostik	4	
		4	
	- Körper, Klang und Rhythmus	4	27,5 %
	- Ästhetisch künstlerische Bildungsprozesse im Kindesalter	4	
		4	

	- Theorie und Praxis früher naturwissenschaftlicher Förderung	4	
	- Theater: Szenisches Spiel, Improvisations- und Inszenierungsprojekte	4	
	- Natur und erlebnispädagogische Projekte	4	
	- Rhythmus, Töne, Improvisation	4	
	- Praxis der (psycho-)motorischen Entwicklung		
	- Medienkompetenz		
	- Körper, Wahrnehmung und Tanz		
	- Gestaltungs- und Bildkompetenz		
	- Interreligiöse Bildung		
	- Philosophieren mit Kindern		
Leitungskompetenz	- Qualitätsentwicklung und Qualitätssicherung in den Einrichtungen	3	6,1 %
	- Rechtliche und ökonomische Kontexte	5	
Sonstiges	- Früh- und Elementarbildung als wissenschaftliches Arbeitsfeld	14	10,7 %
Gesamt		131 SWS	100 %

Tab.3   Übersicht zum Studiengang „Frühkindliche und Elementarbildung" der PH Heidelberg

Die Übersicht zeigt, dass für den Erwerb von Leitungskompetenz acht Semesterwochenstunden zur Verfügung stehen. Die zu vermittelnden Kompetenzen sind unter der Rubrik „Bildungsmanagement" zusammengefasst. Hierzu zählt auch der Inhalt „Gesprächsführung, Beratung und Training mit Eltern" im Umfang von sieben Semesterwochenstunden, der in der vorangehenden Tabelle nicht der Leitungskompetenz sondern der Rubrik Elternarbeit zugeordnet wurde. Somit entfallen auf die Rubrik Leitungskompetenz die Inhalte „rechtliche und ökonomische Kontexte" sowie „Qualitätsentwicklung und Qualitätssicherung in den Einrichtungen". Diese untergliedern sich in eine Vorlesung (Einführung in die Qualitätsentwicklung und -sicherung in Kindertageseinrichtungen), ein Seminar mit dem Titel „Anwendung und Durchführung von Methoden der Qualitätsentwicklung und -sicherung in der Praxis", eine Vorlesung zu rechtlichen und ökonomischen Kontexten der Kinderbetreuung, ein Seminar mit dem Titel „supervidierte exemplarische elementarpädagogische Praxis" und ein Blockseminar zu betriebswirtschaftlichen und rechtlichen Grundlagen des Bildungsmanagements (Vgl. http://www.ph-heidelberg.de/org/felbi/module.html 14.01.09). Der Anteil der Lehrzeit (Veranstaltungen zur Elternberatung nicht mit inbegriffen) zum Erwerb von Leitungskompetenz liegt bei ca. 6,1 % der Gesamtsemesterwochenstundenzahl (inklusive Veranstaltungen zur Elternberatung bei ca.10, 7 %).

4.2.3 Der Studiengang „Frühkindliche Bildung und Erziehung"

4.2.3.1 Zielsetzung des Studienganges

Der Studiengang der Pädagogischen Hochschule Ludwigsburg in Kooperation mit der Evangelischen Fachhochschule Ludwigsburg intendiert, die Ausbildung von pädagogischen Fachkräften in Kindertagesstätten „in einen gleichwertigen Zusammenhang mit der Ausbildung von Lehrerinnen und Lehren [zu stellen, sodass] Erziehende und Lehrende aus beiden Bildungsbereichen eine gemeinsame Sprache sprechen und damit die Förderung der kindlichen Entwicklung besser aufeinander abstimmen können" (http://www.ph-ludwigsburg.de/5591.html 15.01.09). Von seiner konzeptionellen Ausrichtung her akzentuiert der Studiengang nach Angaben der Verantwortlichen Bildungsaufgaben, schafft eine Verbindung zur Schule und widmet sich inhaltlich der Forschung sowie der Leitungstätigkeit (ebd.). Das Studium unterteilt sich in zwei Studienschwerpunkte. Schwerpunkt eins widmet sich „erziehungswissenschaftlichen Grundlagen". Hierzu zählen Lebenslagen von Kindern und ihren Familien, Geschichte und Konzepte der frühkindlichen Bildung, forschungsmethodische Inhalte, Leitungsaufgaben, rechtliche Grundlagen und die Entwicklung in der frühen Kindheit. Schwerpunkt zwei liegt bei den „kindlichen Weltzugängen". Hierzu zählen Sprache, Literatur und Theater, Mathematik und mathematisches Denken, der entdeckende und erkundende Weltzugang des Kindes, ästhetische Bildung sowie Religion und Ethik (Vgl. ebd.).

4.2.3.2 Zeitliche Anteile für Leitungsaufgaben

Die Inhalte/ Module des Studienganges wurden in der folgenden Tabelle den Aufgaben und Inhalten des baden-württembergischen Orientierungsplanes zugeordnet.

Die Leitungstätigkeit wird in diesem Studiengang verpflichtend im Rahmen von 12 Semesterwochenstunden thematisiert. Im Rahmen eines Wahlmoduls können weitere 4 SWS Wochenstunden zur Leitung von Organisationen der frühen Kindheit belegt werden. Damit entfallen ca. 11 % der Gesamtsemesterwochenstundenzahl des Studienganges verpflichtend auf die Leitungstätigkeit. Bei zusätzlicher Inanspruchnahme des Wahlmoduls 14,7 %. Die Inhalte untergliedern sich in sechs bzw. acht Lehrveranstaltungen. Verpflichtend in zwei Veranstaltungen zu Rechtsfragen (Jugendhilfe- und Familienrecht, Grundsicherung und Sozialhilferecht: 4 SWS), eine Veranstaltung zu betriebswirtschaftlichen Konzepten und Organisationslehre (2 SWS), eine Lehrveranstaltung zu Verwaltungs- und Kommunalrecht (2 SWS), ein Seminar zu Fragen des Organisationsmanagements (2 SWS) und ein Seminar, das sich generell Leitungsinhalten widmet (2 SWS). Das Wahlmodul umfasst eine Veranstaltung mit dem Titel „Führung, Personal und Leitung" (2 SWS) sowie eine Veranstaltung mit dem Titel „Management" (2 SWS). Konkrete Inhalte des Leitungslehrangebots stellen das Management von Einrichtungen unter dem Paradigma der „lernenden Organisation" dar. Das Managementhandeln steht in Verbindung mit Fragen der Mitarbeitermotivation und der Teamleitung sowie anwendungsorientierten Formen des Qualitätsmanagements. Die Studierenden sollen dazu befähigt werden, dynamische Team- und Organisationsprozesse sowohl steuern als auch evaluieren zu können (Vgl. www.eh-ludwigsburg.de 15.01.09).

Aufgaben des baden-württembergischen Orientierungsplanes	Angebotene Inhalte/ Module des Studienganges	Semesterwochenstunden (verpflichtend) Anzahl	Semesterwochenstunden in Prozent
Haltung und Professionalität	- Konzepte frühkindlichen Lernens - Interdisziplinäre Praxisbegleitung zur Gestaltung von Lernsituationen - Bildungs- und Entwicklungsprozesse im Kindesalter - Pädagogische Institutionen für Kinder von 0-10 Jahren - Innovative Entwicklungen und ihre Voraussetzungen	2 1 8 4 4	17,4 %
Beobachtung und Dokumentation	- Wahrnehmung, Beobachtung und Dokumentation	4	3,7 %
Individuelle Förderung			
Vielfalt und Unterschiedlichkeit	- Lebenslagen und Lebenswelten von Kindern und ihren Familien	7	6,4 %
Elternarbeit	- Kommunikation mit Eltern und Kindern	1	0,9 %
Kooperation mit der Grundschule			
Kooperation mit weiteren Institutionen, Gemeinwesenarbeit, Vernetzung	- Sozialraum- und Gemeinwesenorientierung in der Einwanderungsgesellschaft	4	3,7 %
Bildungs- und Entwicklungsfelder	- Sprache, Kommunikation und Theater - Welt erkunden, verstehen und gestalten - Ästhetische Bildung - Mathematik - Religion/ Ethik - Zwei Wahlmodule aus den fünf Feldern - Körper, Bewegung und Gesundheit - Kultur und Medienbildung	8 8 8 6 8 8 4 4	49,5 %
Leitungskompetenz	- Wahlmodul: Leitung von Organisationen der Frühen Kindheit (Führung, Personal und Leitung, Management) - Kindsein und Kindheit im sozialpolitischen und rechtlichen Kontext - Sozialwirtschaftliche Grundlagen, Management und Leitung (Betriebswirtschaftliche Konzepte und Organisationslehre, Verwaltungs- und Kommunalrecht, Organisationsmanagement, Leitung)	4 4 8	14,7 % mit Wahlmodul Leitung 11 % ohne Wahlmodul Leitung
Sonstiges	- Methoden empirischer Sozialforschung - Entwicklung von Forschungsfragen	2 2	3,7 %
Gesamt		109 SWS	100 %

Tab.4 Übersicht zum Studiengang „Frühkindliche Bildung und Erziehung" der PH Ludwigsburg

4.2.4 Der Studiengang „Frühe Bildung"

4.2.4.1 Zielsetzung des Studienganges

Der Bachelor-Studiengang „Frühe Bildung" der Pädagogischen Hochschule Schwäbisch Gmünd bietet nach Angaben der Verantwortlichen eine „notwendige Breite in der Ausbildung".[23]

Diese umfasst u. a. Inhalte aus den Bereichen Elementarpädagogik, Entwicklungspsychologie, Elternberatung, Diagnose, Beratung, Forschungsmethoden und Führung, Organisation und Steuerung vorschulischer Einrichtungen. Darüber hinaus intendiert der Studiengang eine Spezialisierung wahlweise in den Feldern Spracherwerb/ Sprachförderung oder mathematische Grundbildung/ Förderung naturwissenschaftlicher Interessen und Fähigkeiten (Vgl. ebd.). Die Absolventen des Studienganges sollen dazu befähigt werden, „frühkindliche Entwicklungs- und Lernprozesse professionell zu beobachten, zu reflektieren und zu gestalten" (ebd.).

4.2.4.2 Zeitliche Anteile für Leitungsaufgaben

Inwiefern der Studiengang die Inhalte des Orientierungsplanes abdeckt, zeigt folgende Tabelle.

Aufgaben des baden-württembergischen Orientierungsplanes	Angebotene Inhalte des Studienganges	Semesterwochenstunden (verpflichtend) Anzahl	Semesterwochenstunden in Prozent
Haltung und Professionalität	- Elementarpädagogik und allgemeine Erziehungswissenschaft - Entwicklungspsychologie und Grundlagen der Psychologie - Zentrale Aspekte und reformorientierte Konzepte der Frühen Bildung - Gesprächsführung - Theorien und Modelle der Supervision - Interaktion- Selbstreflexion – Kommunikation in Arbeitsbereichen der Frühen Bildung - Pädagogisch- didaktisches Begleitseminar zur Praxisforschung	8 10 6 4 2 2 5	31,9 %
Beobachtung und Dokumentation	- Methoden der Diagnostik - Diagnostik und Prävention von Begabungen und Störungen in relevanten Bereichen	2 2	3,5 %
Individuelle Förderung	- Sprachstandserhebung und sprachliche Förderung - Spiel- und Entwicklungsförderung	2 4	5,1 %
Vielfalt und Unterschiedlichkeit	- Siehe Rubrik Bildungs- und Entwicklungsfelder: interkulturelles u. interreligiöses Lernen – Sinn und Orientierung		
Elternarbeit			
Kooperation mit der Grundschule			
Kooperation mit weiteren Institutionen, Gemeinwesenarbeit, Vernetzung			
Bildungs- und Entwicklungsfelder	- Sprachliche Grundbildung - Grundbildung in Mathematik, Naturwissenschaft	6 12	45,7 %

---

[23] (http://www.ph-gmuend.de/deutsch/studium/studiengaenge/bachelor_fruehe_bildung.php 16.01.09)

	und Technik - Wahlbereich aus einem der beiden Felder - Interkulturelles u. interreligiöses Lernen – Sinn und Orientierung - Gesunde Lebensführung - Ein Wahlbereich aus den Feldern Diagnose und Förderung von Lernprozessen in Mathematik, Naturwissenschaften und Technik oder frühes Fremdsprachenlernen - Ein Wahlbereich aus den Feldern ästhetische Bildung in Kunst oder Musik oder interkulturelles und interreligiöses Lernen – Sinn und Orientierung	6 8 9 6 6	
Leitungskompetenz	Führung, Organisation und Steuerung (Führung und Organisation, Investitions- und Kostenrechnung, Verwaltungshandeln und Verwaltungsrecht)	6	5,2 %
Sonstiges	- Kommunikation und Medien - Forschungsmethoden und Statistik	4 6	8,6 %
Gesamt		116 SWS	100 %

Tab.5   Übersicht zum Studiengang „Frühe Bildung" der PH Schwäbisch Gmünd

Fragen der Leitungstätigkeit werden im Umfang von sechs Semesterwochenstunden thematisiert. Dabei handelt es sich um ein Seminar zu Fragen der Führung und Organisation (2 SWS), ein Seminar zur Investitions- und Kostenrechnung (2 SWS) und ein Seminar zu Verwaltungshandeln und Verwaltungsrecht (2 SWS). Die Vermittlung von Leitungskompetenz nimmt insgesamt ca. 5,2 % der Gesamtsemesterwochenstundenanzahl in Anspruch.

4.2.5   Der Studiengang „Elementarbildung"

4.2.5.1   Zielsetzung des Studienganges

Der Studiengang „Elementarbildung" an der Pädagogischen Hochschule Weingarten verfolgt das Ziel, die Studierenden für fünf berufliche Perspektiven zu qualifizieren. Dabei handelt es sich um die Bildungsarbeit in Kindertageseinrichtungen, die Leitungsfunktion in Kindertageseinrichtungen, die Tätigkeit des Fachberaters, außerunterrichtliche Tätigkeiten im Grundschulbereich sowie um das Tätigkeitsfeld außerschulische Bildungsarbeit. Die Studenten sollen Kompetenzen und Wissen zu Pädagogik, Psychologie, Beobachtung und Dokumentation, Qualitätsmanagement, Integration, Bilingualität, Leitung und Management sowie Kompetenzen in Wissenschaft und Forschung erlangen.[24]

4.2.5.2   Zeitliche Anteile für Leitungsaufgaben

Die Kompetenzen im Bereich Leitung und Management werden im Umfang von acht Semesterwochenstunden in Form eines Wahlmodules angeboten. Darüber hinaus kann eine Veranstaltung zu rechtlichen Fragen im Umfang von 2 SWS besucht werden. Zusammen ergibt dies einen Anteil von 10,6 % der Gesamtsemesterwochenstundenanzahl. Wird allerdings dieses Wahlmodul nicht gewählt und stattdessen auf die Alternativangebote „Spielformen",

---

[24] (Vgl. http://www.ph-weingarten.de/de/downloads/studiengaenge/Flyer_Elementar_DRUCK01.pdf 17.01.09).

"integrative Erziehung", oder "Bilingualität" zurückgegriffen, entfällt der Erwerb von Leitungskompetenz während des Studiums. Zum Wahlmodul "Leitungskompetenzen und Management" werden neun Seminare angeboten. Diese umfassen jeweils die Themen:

- Rollenverständnis, Rollenidentität und Leitungspersönlichkeit
- Betriebswirtschaft, Organisation von sozialen Systemen, Organisationsentwicklung
- Konzeptionsentwicklung
- Personalentwicklung und Teamarbeit
- Selbst- und Zeitmanagement
- Gesprächsführung/ Kommunikation
- Beratung/ Coaching
- Management
- Öffentlichkeitsarbeit/ Public Relations[25]

Wie die Vorgaben und Inhalte des baden-württembergischen Orientierungsplanes im Rahmen dieses Studienganges aufgegriffen werden, zeigt die folgende Tabelle.

Aufgaben des baden-württembergischen Orientierungsplanes	Angebotene Inhalte des Studienganges	Semesterwochenstunden (verpflichtend) Anzahl	Semesterwochenstunden in Prozent
Haltung und Professionalität	- Begleitung des Forschungspraktikums - Forschungspraktikum - Grundbegriffe der Erziehungswissenschaft - Entwicklung und Lernen - Frühkindliche Bildungsprozesse - Entwicklung und Lernen - Sozialwissenschaftliche Bildung	3 3 4 4 6 2 2	25,5 %
Beobachtung und Dokumentation	- Diagnostik - Diagnostik und Förderung allgemein und sprachbezogen - Diagnostik und Förderung spezifisch	4 5 4	13,8 %
Individuelle Förderung	- Risiken und Gefährdung kindlicher Entwicklung - Prävention und Beratung	4 4	8,5 %
Vielfalt und Unterschiedlichkeit	- Umgang mit Heterogenität	4	4,3 %
Elternarbeit			
Kooperation mit der Grundschule			
Kooperation mit weiteren Institutionen, Gemeinwesenarbeit, Vernetzung			
Bildungs- und Entwicklungsfelder	- Sprachliche und literarische Bildung - Musikalische Bildung - Bildung im Bereich Gesundheit und Bewegung - Ästhetische Bildung - Mathematische Bildung - Naturwissenschaftliche Bildung - Religiöse Bildung	7 3 4 4 6 6 4	36,3 %

---

[25] (http://www.ph-weingarten.de/de/downloads/studiengaenge/Studiengang_Elementarbildung_Modulkatalog.pdf 17.01.09)

Leitungskompetenz	- Recht (nicht als Leitungskompetenz benannt) - Wahlmodul „Leitungskompetenzen und Management" (Rollenverständnis, Betriebswirtschaft und Organisation, Konzeptionsentwicklung, Personalentwicklung und Teamarbeit, Gesprächsführung, Coaching. Selbstorganisation)	2 8	10,6 % (2,2 % ohne Wahlmodul)
Sonstiges	- Wissenschaftliches Arbeiten	1	1 %
Gesamt		94 SWS	100 %

Tab.6 Übersicht zum Studiengang „Elementarbildung" der PH Weingarten

4.2.6 Überblick zu den baden-württembergischen Bachelor-Studiengängen

4.2.6.1 Vermittlung und Erwerb von Leitungskompetenz

Was muss die Leitung einer Kindertageseinrichtung können? Über welche Kompetenzen muss sie verfügen? Die Modulübersichten und Modulhandbücher der baden-württembergischen Bachelor-Studiengänge an den Pädagogischen Hochschulen (teilweise in Kooperation mit Evangelischen Fachhochschulen) können nur bedingt auf diese Frage eine Antwort geben. Dies lässt sich damit begründen, dass die Studiengänge breitgefächert sind und von der Ausbildungsperspektive her für die Bildungsarbeit im Kindergarten qualifizieren sollen. Andererseits sollen sie gleichzeitig zur Wahrnehmung der Fachberater- oder Leitungstätigkeit befähigen. Dementsprechend weist die vorangehende Analyse darauf hin, dass der Schwerpunkt der Wissensvermittlung bei der Bildung in den verschiedenen Bildungsfeldern liegt, die sich den sechs Bildungs- und Entwicklungsfeldern des baden-württembergischen Orientierungsplanes zuordnen lassen. Ein weiterer Schwerpunkt liegt auf der Vermittlung von Basis- und Hintergrundwissen zu Themen aus den Bereichen Entwicklung, Didaktik, Pädagogik, Psychologie und Konzepten der Frühpädagogik. Weitere Vermittlungsgegenstände sind die Beobachtung und Dokumentation in Form von verschiedenen diagnostischen Verfahren sowie die Qualifizierung zu wissenschaftlichem Arbeiten und dem Erwerb von Grundkenntnissen in Praxisforschung. In unterschiedlichem Ausmaß stellen auch die individuelle Förderung des Kindes, der Umgang mit Vielfalt und Unterschiedlichkeit unter dem Stichwort "Diversity" sowie die Zusammenarbeit mit Eltern einen Lehr- und Lerngegenstand dar. Der Themenbereich Kooperation und Vernetzung, insbesondere die Kooperation mit der Grundschule, werden bei der Wissensvermittlung weitgehend nicht aufgegriffen. Lediglich die Studiengänge der Pädagogischen Hochschulen Freiburg und Ludwigsburg widmen sich in Kooperation mit den dortigen Evangelischen Fachhochschulen Fragen der Kooperation und des sozialräumlichen Bezuges.

Bei der Vielfalt der aufgezeigten Studieninhalte verwundert es nicht, dass expliziten Leitungs- und Managementaufgaben kein gewichtiger Anteil der zur Verfügung stehenden Semesterwochenstunden zugestanden werden kann. So variiert der Anteil der Gesamtsemesterstundenzahl, der zur Vermittlung und Thematisierung von expliziten Leitungsaufgaben zur

Verfügung steht bei den fünf Studiengängen zwischen minimal 2,2 % und maximal 14,7 %. Dieser deutliche Unterschied ergibt sich u. a. daraus, dass Leitungsaufgaben teilweise als Wahl- oder Zusatzmodule belegt werden können und somit nicht alle leitungsrelevanten Inhalte für jede StudentIn verpflichtend sind. In konkreten Zahlen bedeutet dies eine Spannweite von minimal zwei Semesterwochenstunden bis hin zu insgesamt 16 Semesterwochenstunden. Im Zusammenhang mit der Gewichtung von leitungsrelevanten Lehrinhalten stellt sich die Frage, welches Bild von Leitung bei der Konzipierung der Studiengänge zugrunde liegt. Gehen wir von den Studiengangsinhalten und deren Gewichtung aus, so haben wir uns unter der LeiterIn einer Kindertageseinrichtung eine pädagogische Fachkraft mit Zusatzwissen zu Leitungsthemen vorzustellen. Dieses Bild entspricht weitgehend, allerdings ohne akademischem Hintergrund, der gegenwärtigen Praxis. Bisher üben weitgehend ErzieherInnen die Leitungsfunktion mit oder ohne die Fachwirt-Zusatzqualifikation aus. In der gegenwärtigen Konzeption der Studiengänge sind die Studierenden dazu angehalten, im Rahmen von sechs Semestern die Grundlagen des Berufsfeldes sowohl aus der Perspektive der pädagogischen Fachkraft als auch gleichzeitig aus der Perspektive der Leitung zu erlernen. Ob ein solches Konzept der pädagogischen Fachkraft mit zusätzlichem Leitungswissen basierend auf akademischem Hintergrund künftig zur Professionalisierung der Leitungspraxis beiträgt, muss künftig anhand von Einmündungsstudien der ersten Absolventenjahrgänge überprüft werden.

4.2.6.2 Übersicht zu Intention und Umfang der angebotenen Leitungsinhalte

Welche ausgewiesenen Leitungsseminare und Veranstaltungen an den Pädagogischen Hochschulen (teilweise in Kooperation mit Fachhochschulen) in Baden-Württemberg angeboten und welche Ziele nach Angaben der Verantwortlichen damit verfolgt werden, zeigt die Tabelle im Anschluss an die folgenden Ausführungen. Die Darstellung weist bezogen auf das Land Baden-Württemberg die Verschiedenheit der thematisierten Leitungsinhalte im Rahmen der angebotenen Studiengänge auf. Dies spricht für die Notwendigkeit der Inventarisierung eines Basiskonsenses an Leitungsaufgaben gestützt auf eine plausible Leitungs- und Führungstheorie für Kindertageseinrichtungen. Betrachtet man die Studiengänge, die mitunter für angehende Leitungskräfte gedacht sind, so existieren nur zwei Lehrinhalte zur Leitungstätigkeit, die an allen fünf analysierten Hochschulen angeboten werden. Dabei handelt es sich um Qualitätsmanagement und rechtliche Fragestellungen. Die restlichen Lehrangebote zur Leitungstätigkeit variieren. Für die einen ist die LeiterIn die ManagerIn einer Bildungseinrichtung, die anderen nennen dies wiederum generell Organisationsmanagement. Weitgehende Einigkeit herrscht allerdings den analysierten Inhalten zufolge in der Notwendigkeit der Vermittlung von Inhalten zur Organisationsentwicklung. Hingegen ist die Thematisierung von Personalführung als zentrale Aufgabe der LeiterIn, nur in den Studiengängen der PH und EFH Freiburg, der PH und EFH Ludwigsburg und PH Weingarten (sofern dort das Leitungsmodul belegt wird) von Bedeutung. Darüber hinaus taucht die Leitungsrolle, d. h. die Thematisierung der Führungspersönlichkeit explizit nur im Wahlmodul der PH Weingarten auf. Speziell die Studiengänge der PH Heidelberg und PH Schwäbisch Gmünd sind im Hinblick auf die Professionalisierung der Leitungstätigkeit zu überdenken und auszubauen. Hingegen sind die Studiengänge der PH und EFH Freiburg, der PH und EFH Ludwigsburg, sowie das Wahlmodul der PH Weingarten spezifischer auf die Ausübung der Leitungstätigkeit ausgerichtet. Das zunehmend von Bedeutung gewinnende Feld der Öffentlichkeitsarbeit wird allerdings nur an der PH und EFH Freiburg und an der PH Weingarten gelehrt (aktuelle Änderungen des Studienangebots sind unabhängig von diesen Darstellungen zu berücksichtigen!). Somit ist neben der zeitlichen Varianz und der zeitlich geringen Gewichtung von Leitungsinhalten auch eine inhaltliche Varianz der angebotenen Leitungsinhalte feststellbar.

Vermittlung von Leitungskompetenz im Bachelor Studiengang "Frühpädagogik"

Hochschule & Studiengang	Angebotene Veranstaltungen	Anzahl der SWS	Ziele der Leitungsveranstaltungen/-module
PH & EFH Freiburg: Pädagogik der Frühen Kindheit (www.ph-freiburg.de) (www.efh-freiburg.de)	- Sozialmanagement - Personalmanagement und Organisationsentwicklung - Qualitätsmanagement: Grundlagen - Qualitätsmanagement: Praxis - Marketing, Öffentlichkeitsarbeit und Fundraising	8 SWS verteilt auf fünf Veranstaltungen	- Erwerb von Leitungskompetenzen durch den Erwerb von Kenntnissen und Fertigkeiten in Organisationsentwicklung, Personalführung, Praxisberatung, Ressourcenverwaltung. - Erwerb von Fähigkeiten im Verwaltungshandeln i.w.S. (Kenntnisse von Verwaltungsstrukturen, rechtlichen Grundlagen, Fähigkeiten im Bereich des Rechnungswesens und der Buchhaltung). - Fähigkeiten, um die Bildungseinrichtung in der Öffentlichkeit bekannt zu machen und (re)präsentieren zu können. - Fähigkeiten, Qualitätsmanagementprozesse implementieren und gestalten zu können. - Kenntnisse des Bildungssystems und die Befähigung, die Bildungsarbeit in Zusammenarbeit mit verschiedenen Bildungsträgern (KollegInnen, Familien, Einrichtungen der Kinder- und Jugendhilfe, Schulen, Aufsichtsbehörden, Einrichtungen des Bildungswesens) zu realisieren.
PH Heidelberg: Frühkindliche und Elementarbildung (www.ph-heidelberg.de)	- Einführung in die Qualitätsentwicklung und –sicherung in Kindertageseinrichtungen - Anwendung und Durchführung von Methoden der Qualitätsentwicklung und - sicherung in der Praxis - Rechtliche und ökonomische Kontexte zur Kinderbetreuung - Supervidierte exemplarische elementarpädagogische Praxis - Betriebswirtschaftliche und rechtliche Grundlagen des Bildungsmanagements	8 SWS verteilt auf fünf Veranstaltungen (weitere 7 SWS in diesem Leitungsmodul sind für Fragen der Beratung insbesondere von Eltern sowie für Beratungstechniken vorgesehen. Diese wurden der Elternarbeit zugeordnet.)	Erwerb von Fachkompetenzen, methodischen Kompetenten, personalen Kompetenzen sowie sozialen Kompetenzen in den Bereichen - Beratung und Leitung - Qualitätsmanagement - Evaluation und Dokumentation - Grundlagen des Bildungsmanagements
PH & EFH Ludwigsburg: Frühkindliche Bildung und Erziehung (www.ph-ludwigsburg.de) (www.efh-reutlingen-ludwigsburg.de)	- Einführung in das Recht der Sozialen Arbeit mit Vertiefungsschwerpunkt Jugendhilfe- und Familienrecht - Grundsicherung und Sozialhilferecht mit sozial- und familienpolitischen Bezügen - Betriebswirtschaftliche Konzepte und Organisationslehre - Verwaltungs- und Kommunalrecht - Organisationsmanagement - Leitung Wahlmodul „Führung, Personal und Leitung": - Führung, Personal und Leitung - Management (4 SWS)	12/ wahlweise 16 SWS verteilt auf 6/ 8 Veranstaltungen	Erwerb von Wissen und Kompetenzen in der Leitung von Bildungs- und Betreuungseinrichtungen: Analyse und handlungsorientierte Verarbeitung (kommunal-)politischer Rahmenbedingungen, familien- und sozialrechtlicher Begründungen und Aufträge. Aufgaben und Funktionen von Leitung und Management von Einrichtungen als lernende Organisationen (Grundlagewissen über Organisationsformen, MitarbeiterInnen-/ Teamleitung, arbeitsfeldspezifische Methoden des Qualitätsmanagements, relevante Methoden des Projekts- und Wissensmanagements, Beratungsansätze Steuerung und Evaluation von team- und organisationsdynamischen Prozessen).

PH Weingarten: Elementarbildung (www.ph-weingarten.de)	- Rechtliche Grundlagen für die Arbeit in Kindertageseinrichtungen *Wahlmodul „Leitungskompetenzen und Management":* - Rollenverständnis, Rollenidentität und Leitungspersönlichkeit - Betriebswirtschaft, Organisation von sozialen Systemen, Organisationsentwicklung - Konzeptionsentwicklung - Personalentwicklung und Teamarbeit - Selbst- und Zeitmanagement - Gesprächsführung/ Kommunikation - Beratung/ Coaching - Management - Öffentlichkeitsarbeit/ Public Relations	2 SWS wahlweise 10 SWS verteilt auf 1/ 10 Veranstaltungen	Erwerb von Wissen und Kompetenzen in - Führungsaufgaben - Konzeptionserstellung und -weiterentwicklung - Public Relations (PR) - Führungspersönlichkeit und Rollenverständnis - Betriebswirtschaft - Personalführung, Personalplanung, Personalentwicklung und -beschaffung. - Selbstreflexion und Selbstmanagement - Gesprächsführung und Konfliktmanagement - Beratung und Mitarbeiterbegleitung - Organisationsentwicklung im Hinblick auf die Anpassung, Optimierung und Entwicklung von Bildungseinrichtungen - Grundlagen des Qualitätsmanagements.
PH Schwäbisch Gmünd: Frühe Bildung (www.ph-gmuend.de)	- Führung und Organisation - Investitions- und Kostenrechnung - Verwaltungshandeln und Verwaltungsrecht	6 SWS verteilt auf drei Veranstaltungen	Erwerb von Fähigkeiten und Kompetenzen in der Führung, Organisation und Steuerung vorschulischer Einrichtungen.

Tab.7 Übersicht zu den baden-württembergischen Bachelor-Studiengängen (Stand Januar 2009)

5 Zusammenschau der bisherigen Erkenntnisse zur Leitungstätigkeit in Kindertageseinrichtungen

5.1 Die „heutige" LeiterIn und Maßnahmen zu ihrer Qualifizierung

Was muss die heutige LeiterIn einer Kindertageseinrichtung können? Über welche Kompetenzen sollte sie im Hinblick auf die Anforderungen der Bildungspläne im Elementarbereich an die praktische Arbeit in Kindertageseinrichtungen verfügen?

Gehen wir von den Erkenntnissen der vorangehenden Kapitel aus, so stellt sich die Rolle und Aufgabe der Leitung einer Kindertageseinrichtung ähnlich dem zeitgenössischen Aufgabenprofil der Schulleitung dar. Die Leitung ist gemäß der Mehrheit der in der gegenwärtigen Fachliteratur vorzufindenden Aussagen nicht nur für die Gewährleistung und Aufrechterhaltung des alltäglichen Einrichtungsbetriebes und damit zusammenhängender Verwaltungsaufgaben, sondern auch für die Weiterentwicklung und Sicherung der Qualität der pädagogischen Arbeit und der Bildungsprozesse auf Einrichtungsebene verantwortlich. Dieses innovierende und initiierende Managementverständnis steht in Zusammenhang mit dem Nachweis von Qualität. Das Tagesbetreuungsausbaugesetz (TAG) fordert diesbezüglich die Evaluation der Arbeit in den Tageseinrichtungen sowie das Vorhandensein einer Konzeption. Gemäß den Bildungsplänen im Elementarbereich soll in einer solchen Einrichtungskonzeption die Umsetzung der Inhalte des jeweiligen Bildungsplanes transparent kommuniziert werden. Damit verlagert sich das Aufgabenprofil der LeiterIn einer Kindertageseinrichtung vom Sozialmanagement, obgleich einer hohen Deckungsgleichheit beider Konzepte, in Richtung Bildungsmanagement, indem die LeiterIn verstärkt dafür verantwortlich ist, die Qualität der Bildungsprozesse sowie das Ergebnis der Bildungsprozesse, d. h. den Output auf Einrichtungsebene zu steuern, zu überprüfen und zu entwickeln. Demgemäß gibt z. B. der baden-württembergische Orientierungsplan verbindliche Bildungs- und Entwicklungsziele vor, die unter Vorbehalt einer vertiefenden Konkretisierung, für die pädagogische Arbeit auf Einrichtungsebene, als Bemessungsmaßstab herangezogen werden können.

Neben Qualitätsmanagement und Bildungsmanagement erwächst ein weiteres Handlungsfeld aus den leistungsorientierten Finanzierungsmodellen der Länder und Kommunen, die eine gewisse betriebswirtschaftliche Ausrichtung und betriebswirtschaftliche Kenntnisse aufseiten der LeiterIn erfordern. Eine LeiterIn sollte gemäß den dargelegten Erkenntnissen in der Lage sein, effizient zu wirtschaften sowie zusätzliche Gelder zu requirieren. Dieses marktwirtschaftliche Verständnis steht in Verbindung mit Formen des Controllings, der Kosten-Nutzen-Rechnung, der Marktpositionierung und der Kooperation mit den Eltern. Elternarbeit steht aufgrund des postulierten zunehmenden Wettbewerbs zwischen den Einrichtungen verstärkt im Zeichen von Kundenorientierung, Dienstleistung und „Kundenpflege". Öffentlichkeitsarbeit nimmt zudem im Sinne der Neugewinnung von „Kunden" an Bedeutung zu.

Von der LeiterIn wird diesbezüglich erwartet, ihre Einrichtung erfolgreich zu führen, nach außen öffentlichkeitswirksam zu vertreten und die Prozesse in der Einrichtung zu steuern. Die Neuakzentuierung der Fachwirtausbildung in Baden-Württemberg zeigt, dass u. a. die Gestaltung von Übergängen, die Erziehungspartnerschaft mit den Eltern, Beobachtung und Dokumentation sowie die Gestaltung von Bildungsprozessen insbesondere die Förderung von speziellen Zielgruppen wie Migrantenkindern und Kindern mit besonderem Förderungsbedarf in diesen neuerdings akzentuierten Arbeitsbereich des Bildungsmanagements fallen. Führung und Steuerung im Sinne von Bildungsmanagement stehen dabei in Verbindung mit der Nachweisbarkeit der erbrachten Leistungen sowie den Kriterien Transparenz, Effektivität und Kontrolle. Demgemäß wurde aufgezeigt, dass auch in mehreren analysierten Bildungsplänen das Verständnis der „zielorientierten Führung" oder der Ansatz „Management by objectives" vorzufinden ist. Dieses Managementdenken impliziert eine Personal- und Unternehmensführung, die auf Zielvereinbarung und Zielkontrolle setzt. Für die LeiterIn bedeutet dies, das Potenzial ihrer MitarbeiterInnen zu erkennen, effektiv einzusetzen und zu entwickeln. Dies erfolgt u. a. über die Instrumentarien Zielvereinbarungs- bzw. MitarbeiterInnengespräche. Diesbezüglich wird von der LeiterIn ein klares Rollen- und Führungsverständnis erwartet. Dazu zählt u. a., Entscheidungen treffen zu können, wobei weitgehend ein kooperativer Führungsstil propagiert wird, der Partizipation fördert und auf Mitbestimmung und Aufgabendelegation setzt. Der Anspruch der Mitarbeiterbeteiligung und Mitbestimmung bedeutet auf operativer Ebene zudem die Initiierung und Etablierung von Projektgruppen und Qualitätszirkeln zu bestimmten Themenfeldern.

Gehen wir von den Vorgaben des Deutschen Qualifikationsrahmens (DQR) aus, so muss eine LeiterIn zusammenfassend in der Lage sein, ihre Einrichtung verantwortlich zu leiten, die MitarbeiterInnen weiterzuentwickeln sowie die Lern- und Arbeitsprozesse in der Einrichtung zu gestalten, zu entwickeln und zu evaluieren. Sie muss in der Lage sein, durch Methodenkompetenz arbeitsfeldspezifische Problemlagen zu lösen. Dabei baut die Leitungskraft auf breit angelegtes berufliches Grundlagenwissen sowie auf Schnittstellenwissen. Die Fort- und Weiterbildungsangebote der Trägerorganisationen, die Modultabellen und Modulhandbücher der baden-württembergischen Bachelor-Studiengänge (unabhängig von der relativ geringen zeitlichen Gewichtung von Leitungsinhalten im Rahmen dieser Studiengänge) sowie die Empfehlungen der Robert-Bosch-Stiftung tragen einem solchen Aufgaben- und Rollenprofil Rechnung. Die Verantwortung für die Bildungsprozesse auf Einrichtungsebene wird unter den Rubriken Bildungs-, Sozial- oder Organisationsmanagement der LeiterIn zugesprochen und am Beispiel Baden-Württembergs mit dem Orientierungsplan für Bildung und Erziehung verknüpft. Darüber hinaus zählen Organisationsentwicklung, Personalmanagement und Personalführung, Finanzierung, Controlling, Sponsering, Qualitätsmanagement sowie Vernetzung und Kooperation zum Aus- und Weiterbildungsprofil von Leitungskräften in Kindertageseinrichtungen.

Dieses Rollenverständnis der LeiterIn als Entwicklungs-, Steuerungs- und Evaluationsexpertln, verknüpft mit einem transparenten, kooperativen Führungsverständnis folgt der inneren Logik von Modellen des Sozial- und Bildungsmanagements und somit den Aufgabenkatalogen zur Führung einer Bildungs-, Erziehungs- und Betreuungseinrichtung, die den Gesetzmäßigkeiten der Finanzierung sozialer Einrichtungen unterworfen ist. Was dieses Verständnis konkret im Hinblick auf die Umsetzung eines Bildungsplanes im Elementarbereich bedeutet, wird im Folgenden aufgezeigt.

5.2 Die Leitungskompetenz zur Umsetzung eines Bildungsplanes
5.2.1 Management der pädagogischen Qualität

Die exemplarische Analyse des baden-württembergischen Orientierungsplanes zeigt, dass der Plan zur Weiterentwicklung und Sicherung der pädagogischen Qualität in den einzelnen Qualitätsbereichen Impulse gibt, aber auch verpflichtende Inhalte anordnet (z. B. verbindliche Ziele in sechs Bildungs- und Entwicklungsfeldern). Diesbezüglich betrifft die Entwicklung, Sicherung und Umsetzung der Bestandteile der pädagogischen Qualität in unterschiedlicher Weise das Aufgabengebiet der LeiterIn. Die Aussagen der analysierten Bildungspläne im Elementarbereich weisen darauf hin, dass eine gelungene Umsetzung eines Bildungsplanes in Elementarbereich u. a. der kooperativen Abstimmung zwischen Leitung und Träger sowie Leitung und Team und einer förderlichen Unterstützung seitens des Trägers bedarf. Der LeiterIn kommt in Zusammenarbeit mit dem Träger und ihrem Team die Aufgabe zu, die Vorgaben zu den einzelnen Qualitätsbereichen aufzugreifen, durch kontinuierliche Umsetzung zu sichern und zukunftsorientiert zu managen. Sie ist sozusagen in ihrer Position als Repräsentantin der Einrichtung die hauptverantwortliche „ManagerIn" des kontinuierlichen Umsetzungsprozesses der Planvorgaben und weiterer Aufgaben und Pflichten des Alltags von Kindertageseinrichtungen. An dieser Stelle wird die Unterscheidung getroffen zwischen „Management auf Entscheidungsebene" und „Management auf Ausführungsebene".

5.2.1.1 Management auf Entscheidungsebene

Das Management auf Entscheidungsebene fällt maßgeblich in den Aufgabenbereich des Trägers. Der Träger entscheidet in den meisten Fällen letztlich über das Leitbild und die übergeordneten Organisationsziele der Einrichtung sowie über die Rahmenbedingungen in personeller und materieller Hinsicht. Hingegen hat die LeiterIn das zu managen und zu entwickeln, was der Träger bewilligt, sofern sie nicht zusätzlich über Sponsoring und Fundraising, der Mitwirkung in Entscheidungsgremien oder sonstige außenstehende Quellen und förderliche Außenkontakte zu Wirtschaft und Politik die Rahmenbedingungen eigenaktiv weiterentwickelt und mitgestaltet. Somit ist maßgeblich der Träger gefordert, die Strukturqualität in sein Qualitätsmanagementkonzept zu übernehmen, zu überprüfen und weiterzuentwickeln. Beispielsweise im Hinblick auf die Einstellung qualifizierter neuer MitarbeiterInnen bzw. generell im Hinblick auf die Arbeits- und Rahmenbedingungen der Einrichtung. Kompetenzsteigerung auf Einrichtungsebene durch eine vermehrte Einstellung von Arbeitskräften mit (Fach-)Hochschulabschluss wäre ein begrüßenswerter und wünschenswerter Ansatz, bedarf aber längerfristig auch der mehrfach geforderten Anhebung der Rahmenbedingungen zur Erbringung qualitätsvoller Arbeitsleistung (siehe 2.1). Es ist anzunehmen, dass Maßnahmen, die sich rein auf die Entwicklung der Kompetenz der Fachkräfte richten, langfristig das ehrgeizige Unternehmen der Qualitätsanhebung im elementarpädagogischen Bildungssektor mit Blick auf das zunehmend komplexer werdende Aufgabenspektrum der Fachkräfte auf Leitungs- und Teamebene nicht gewährleisten können. Auch strukturelle Entwicklungsmaßnahmen sind angebracht.

Die LeiterIn ist im Sinne der Personalentwicklung auf Einrichtungsebene dazu aufgefordert, die Personalauswahl zu gestalten, ihren Bedarf anzumelden und wirksam zu vertreten. Gleichzeitig gilt es, mit dem Träger zu kooperieren und klare Absprachen mit dem Träger zu treffen, zumal der Träger bei allen Entscheidungen von Tragweite mit einzubeziehen ist.

5.2.1.2 Management auf Ausführungsebene

Das Management auf Ausführungsebene, das maßgeblich durch die LeiterIn verkörpert wird, hat zum Inhalt, die gegeben Rahmenbedingungen bestmöglich im Sinne pädagogischer Qualität zu nutzen, zu gestalten und zu managen.

5.2.1.2.1 Prozessqualität

Auf personeller Ebene bedeutet dies, die pädagogischen Fachkräfte bestmöglich einzusetzen, d. h. deren Kompetenzen zu managen, zu fördern, auszudifferenzieren und unter den gegebenen Entscheidungsmöglichkeiten weiterzuentwickeln, damit die Vorgaben der Bildungspläne möglichst gut umgesetzt werden können, zumal die Qualität von Bildung, Erziehung und Betreuung in Kindertageseinrichtungen laut § 23 Abs. 3 des Sozialgesetzbuches VIII, „durch die Vermittlung von geeigneten Tagespflegepersonen" sicherzustellen ist. Pädagogische Qualität bzw. genauer Prozessqualität, d. h. die Qualität von Bildung, Erziehung und Betreuung, wird demgemäß hauptsächlich über die Qualität der pädagogischen Fachkräfte gewährleistet. Zum Managementbereich der LeiterIn im Hinblick auf die Prozessqualität sind diesbezüglich die Aufgaben Teamentwicklung und Teamarbeit, Personalentwicklung (z. B. über Fortbildungsplanung) und Anleitung der MitarbeiterInnen aber auch die Überprüfung der Prozessqualität durch geeignete (Selbst-)Evaluationsverfahren zu zählen. Durch die Wahrnehmung dieser Aufgaben gewährleistet die LeiterIn Bildungsqualität und Bildungsarbeit gemäß dem jeweiligen Bildungsplan im Elementarbereich. Zum Bereich der Prozessqualität bzw. einer ganzheitlichen Bildung des Kindes mit dem Ziel der Schulfähigkeit gehört ferner das Kooperationsmanagement, d. h. die Herstellung, Koordination, Aufrechterhaltung und Mitgestaltung der Kooperation und vertieften Zusammenarbeit mit den Eltern, der Grundschule und mit wichtigen Institutionen wie der Frühförderstelle oder dem Gesundheitsamt.

5.2.1.2.2 Orientierungsqualität

Die Weiterentwicklung der Orientierungsqualität ist mit Fragen der Konzeptionsentwicklung im Hinblick auf den jeweiligen Plan und der bedarfsgerechten Weiterentwicklung und Überprüfung der Konzeption sowie der Entwicklung eines Einrichtungsprofils verknüpft. Dieser Qualitätsbereich ist Gegenstand der Organisationsentwicklung. Organisationsentwicklung ist eine Aufgabe, die nicht ohne Absprachen mit dem Träger wahrgenommen werden kann. Die Orientierungsqualität bezieht sich nicht nur auf den internen Ablauf und deren konzeptionelle Verankerung, sondern auch auf die Außenwirkung der Einrichtung in Form von Öffentlichkeitsarbeit, wodurch die Konzeption, die Arbeit im Kindergarten und die Planumsetzung transparent gemacht und der Nachweis qualitativ hochwertiger Arbeit erbracht wird.

5.2.1.2.3 Kontextqualität

Bezüglich der Kontextqualität liegt es an der LeiterIn und ihrem Team, förderliche Unterstützungssysteme, Unterstützungsmöglichkeiten und Unterstützungsmaßnahmen ausfindig zu machen, auszuloten und zugunsten der Einrichtung und den MitarbeiterInnen einzusetzen. Dem Einrichtungsträger obliegt es, die Einrichtung bestmöglich, z. B. durch geeignete Fortbildungsangebote zu unterstützen. Ferner ist auch die LeiterIn selbst als Unterstützung für ihr Team und somit als ein Bestandteil der Kontextqualität zu betrachten.

5.2.1.2.4 Ergebnisqualität

Die Ergebnisqualität betrifft hauptsächlich Fragen der Überprüfung und Evaluation. Die Überprüfung der Zielerreichung auf Kindebene in Form der Schulfähigkeit und der Kompetenzen des einzelnen Kindes, ist mit der Schuleingangsuntersuchung im Falle Baden-Württembergs der „ESU", besonders im Hinblick auf geeignete Formen der Beobachtung und Entwicklungsdokumentation abzustimmen. Ein weiterer Bestandteil der Ergebnisqualität auf Einrichtungsebene ist die Zufriedenheit der Eltern. Diese ist in schriftlicher Form durch den Träger oder die Einrichtung zu überprüfen und zu entwickeln. Auch im Bereich der Ergebnisqualität sind von der LeiterIn klare Absprachen mit dem Träger zu treffen, welche Qualitätsbestandteile durch wen evaluiert werden. Ferner kommt der LeiterIn die Aufgabe zu, (Selbst)-Evaluationen und die Beobachtung und Entwicklungsdokumentation des einzelnen Kindes zu koordinieren und beratend zu begleiten.

5.2.1.2.5 Organisations- und Managementqualität

Hinsichtlich der Organisations- und Managementqualität liegt es an der LeiterIn, sich selbst und ihre Aufgaben zu managen. Die LeiterIn ist sozusagen ihre eigene QualitätsmanagerIn und SelbstevaluatorIn. Dies beinhaltet die Leitungsaufgaben Selbstorganisation und Arbeitsorganisation im Hinblick auf die vorangehenden Aufgaben. Sie ist dazu aufgerufen, sich in Leitungsfragen weiterzubilden, ihren Führungsstil und ihre Führungsrolle zu reflektieren und vor allem ihre Personalführungskompetenzen auszubauen. Die bisherigen genannten Aufgaben sind mit der Personalführungsaufgabe in Zusammenhang mit der Beherrschung von Gesprächsführungs-, Moderations-, Motivations- und Konfliktlösemethoden verbunden. Ferner spielt die Leitungspersönlichkeit eine Rolle. Die Personalführungskompetenz ist somit eine querliegende Aufgabe, welche eine Voraussetzung für die Wahrnehmung der weiteren Leitungsaufgaben darstellt. Deshalb kommt besonders der Personalführung und der Personalführungskompetenz eine herausgehobene Stellung zu.

Was bedeutet dies nun konkret für die Aufgabe und Funktion der LeiterIn bei der Umsetzung eines Bildungsplanes im Elementarbereich?

5.2.2 Aufgaben von Leitung bei der Umsetzung eines Bildungsplanes

Die Analyse der Bildungspläne im Elementarbereich führte zu insgesamt 16 Leitungsaufgaben, die in den Bildungsplänen für den Elementarbereich thematisiert werden. Grundsätzlich ist an dieser Stelle festzuhalten, dass sich diese Leitungsaufgaben nicht grundlegend von dem Aufgabenspektrum einer LeiterIn unterscheiden, wie es in der gegenwärtigen Fachliteratur vorzufinden ist. Ähnlichkeiten zeigen sich auch zur Rolle und Aufgabe des Schulleiters im Rahmen der Schulentwicklung (siehe Kapitel 3 insbesondere 3.3).

Die Herausforderung an die LeiterIn einer Kindertageseinrichtung liegt darin, die dargestellten Leitungsaufgaben im Hinblick auf den jeweiligen Bildungsplan zu reflektieren und als einen Beitrag zur Förderung der Bildungsprozesse des einzelnen Kindes zu verstehen. Als Überbegriff kann hierfür der Begriff „Bildungsmanagement" Verwendung finden, sofern damit die Leitung und die Führung einer Kindertageseinrichtung als Bildungseinrichtung unter Berücksichtigung der besonderen Finanzierungsbedingungen einer sozialen Einrichtung gemeint ist. Dies schließt neben der Koordination und Evaluation des Bildungsangebots auch die Führung und Organisation der Kindertageseinrichtung als solcher mit ein. Voraussetzung für die Übernahme der Leitungstätigkeit ist es, sich die anfallenden alltäglichen Aufgaben sowie spezifische Leitungsaufgaben bewusst zu machen und diese strukturiert, lösungsorientiert und vor allem aufeinander abgestimmt zu managen. Dies setzt eine klare Vorstellung von der eigenen Leitungs- und Führungsrolle und damit zusammenhängenden Leitungsaufgaben voraus. Ziel einer solchen Bewusstwerdung und Selbstbestimmung des eigenen Leitungshandelns ist es, zielorientiert vorausschauend agieren zu können und nicht den Anforderungen des Alltags folgend, reagieren zu müssen (siehe Stand der Forschung 3.1.1). Eine solche Aufgaben- und Rollenklärung schließt die Bestimmung des Ausmaßes an Aufgabendelegation mit ein.

Die Bildungspläne selbst geben auszugsweise Anregungen, wie die Leitungsaufgaben im Hinblick auf die Umsetzung des jeweiligen Bildungsplanes zu konkretisieren sind. Diese Anregungen und Angaben werden im Folgenden im Hinblick auf einen Aufgabenkatalog der LeiterIn zur Einführung und Umsetzung eines Bildungsplanes im Elementarbereich interpretiert.

5.2.2.1 Leitungsstil und Leitungsrolle

Dem Leitungsstil und der Leitungspersönlichkeit wird vonseiten mehrerer Pläne Bedeutung für die Ausgestaltung des Bildungsauftrages und die pädagogische Arbeit in der Einrichtung beigemessen. In mehreren Bildungsplänen deuten die Angaben darauf hin, dass ein demokratischer kooperativer Führungsstil, der Partizipation ermöglicht und fördert, als vorteilhaft angesehen wird. Unter demokratischem bzw. kooperativem Führungsstil ist ein Führungsstil zu verstehen, der die Eigeninitiative und Selbststeuerung der MitarbeiterInnen fördert und ihnen Partizipation und Mitsprache ermöglicht. Dementsprechend ist die LeiterIn bei Einführung eines Bildungsplanes entsprechend dem jeweiligen Bildungsverständnis des vorliegenden Planes dazu aufgerufen, ihren Leitungs- und Führungsstil kritisch zu reflektieren. Allerdings weisen zuvor dargestellte Erkenntnisse der Führungsforschung darauf hin, dass es keinen einheitlichen Leitungsstil gebe, der je nach angelegten Bemessungskriterien, immer zum Erfolg führe. Vielmehr sei das Führungsverhalten auf die Situation und im Hinblick auf die angestrebten Ziele abzustimmen. Nichtsdestotrotz prägen ein tendenziell relativ konstanter Leitungsstil, die Leitungspersönlichkeit und die Wahrnehmung der Leitungsaufgaben die Leitungsrolle, d. h. die Ausgestaltung der Leitungstätigkeit. Im Sinne der aktiven Rollengestaltung nach Huppertz (Huppertz 1994) sollte sich die LeiterIn bei der Umsetzung eines Bildungsplanes die eigene Rolle bewusst machen und überdenken. Dazu gehört es, sich zu vergewissern, welche Aufgaben wirklich von der LeiterIn wahrgenommen werden müssen, welche aber auch in Absprache mit den KollegInnen delegiert werden können.

5.2.2.2 Selbstorganisation

Diese Selbstreflexion steht in Verbindung mit dem Selbstmanagement der LeiterIn. Die LeiterIn ist mit Blick auf die Umsetzung eines Planes dazu aufgerufen, sich die damit in Zusammenhang stehenden Aufgaben zu verdeutlichen und zu visualisieren und mit Blick auf konkrete zu verwirklichende Ziele in ihre Arbeits- und Zeitplanung zu integrieren. Erst durch die Verdeutlichung, z. B. in Form eines Schemas, können die anfallenden Aufgaben koordiniert und strukturiert aufeinander bezogen „gemanaged" werden. Hier sei nochmals darauf hingewiesen, die Leitungsaufgaben in Verbindung miteinander zu betrachten und mit Blick auf die

Ziele der Organisation, d. h. der jeweiligen Kindertageseinrichtung, wahrzunehmen. Bei der Planung sind Pufferzeiträume für anfallende Alltagsaufgaben und (un-)kalkulierbare Alltagsumstände einzuplanen, sodass die eigentlichen Leitungsaufgaben nicht außen vor bleiben. Voraussetzung dafür ist allerdings, dass die Leitungsaufgaben auch in Zusammenhang mit der Umsetzung eines Bildungsplanes von der LeiterIn selbst reflektiert wurden und der LeiterIn transparent sind. Dazu gehört die kommunizierbare Vorstellung von Zielzuständen. Hilfe können in diesem Zusammenhang geeignete Maßnahmen der Fort- und Weiterbildung für LeiterInnen bieten. Dazu gehört eine gründliche Selbstreflexion, in welchen Leitungsaufgaben genügend Fachkompetenz bzw. Sicherheit vorherrscht und welche Tätigen und vorhandenen Kompetenzen einer Weiterentwicklung bedürfen.

5.2.2.3 Personalführung und Personalmanagement

In besonderem Maße gelten die bisherigen Ausführungen für die Personalführung und das Personalmanagement. Diese auf die MitarbeiterInnen, das Team oder Außenstehende bezogene Tätigkeiten wurden bereits zuvor als „querliegende Aufgabe" bezeichnet. Damit soll zum Ausdruck gebracht werden, dass, gleichgültig ob sich die LeiterIn mit ihrem Team Fragen der Konzeptionsentwicklung, der Teamarbeit, der Organisationsentwicklung, den Außenkontakten oder des Qualitätsmanagements widmet, immer Fähigkeiten und Kompetenzen der LeiterIn in der Führung und im Umgang mit Menschen benötigt werden. Dies gilt insbesondere im Hinblick auf die inhaltliche Auseinandersetzung mit dem jeweiligen Bildungsplan im Team und die konkrete kontinuierliche Verwirklichung der Planvorgaben durch das Team. Dazu gehört es im Hinblick auf die Umsetzung eines Bildungsplanes im Elementarbereich, Entwicklungsprozesse sowie die pädagogische Arbeit zu moderieren, zu delegieren, zu unterstützen, zu motivieren, notwendige Entscheidungen zu treffen, Selbststeuerung zu fördern, d. h. Verantwortung auch abzugeben, Projektgruppen zu etablieren, eine positive Erwartungshaltung gegenüber den MitarbeiterInnen zu vertreten (z. B. durch Zielvereinbarungs- und MitarbeiterInnengespräche), Entwicklungsprozesse und Ergebnisse auf den Prüfstand zu stellen und ggf. auch lenkend zu intervenieren. Dies kann als „Steuerung der Umsetzung" eines Bildungsplanes verstanden werden. Personalführung und Personalmanagement erfordern diesbezüglich eine transparente Vorgesetzten- und Leitungsrolle.

5.2.2.4 Steuerung von Veränderungsprozessen

Grundsätzlich sieht z. B. der hessische Plan die Zuständigkeit der LeiterIn und des Trägers für die Steuerung prozessorientierter Veränderungsstrategien, wie den Bildungsplänen im Elementarbereich. Dies wird im hessischen Plan als „Entwicklungsorientiertes Management" bezeichnet. Dabei ist mit Blick auf die Umsetzung eines Bildungsplanes zu unterscheiden zwischen zeitlich befristeten Tätigkeiten und kontinuierlich zu erbringenden Leistungen. So stellt ein Bildungsplan einen Input von außen dar, dessen Umsetzung nicht zeitlich befristet ist, sondern dessen Vorgaben kontinuierlich zu verwirklichen sind. Damit in Zusammenhang stehen kontinuierliche Leitungsaufgaben zur Umsetzung eines Bildungsplanes und Leitungsaufgaben bei Einführung eines Bildungsplanes. Diesbezüglich geben z. B. der bayerische und hessische Plan ein Punkteprogramm für die Einführung eines Bildungsplanes vor. Zu diesen Leitungstätigkeiten zählt es, den Plan auf die jeweilige Einrichtung zu übertragen, d. h. gemeinsam mit dem Team, dem Träger und den zuständigen Elterngremien zu konkretisieren, wie die Vorgaben des Planes im pädagogischen Alltag der Einrichtung umgesetzt werden sollen. Diese Erarbeitungen sind in schriftlicher Form in die Konzeption der Einrichtung zu übernehmen bzw. die Konzeption dahingehend zu überarbeiten. Sofern keine schriftliche Konzeption vorliegt, ist auf der Basis des jeweiligen Planes und den Leitlinien des Trägers eine schriftliche Konzeption für die Einrichtung zu erstellen. Diese gibt darüber Auskunft, wie ggf. auch nach welchem pädagogischen Ansatz, in der Einrichtung gearbeitet wird und wie die Vorgaben des jeweiligen Planes umgesetzt werden. Die Konzeption beinhaltet darüber hinaus für die Handlungsfelder des jeweiligen Bildungsplanes überprüfbare Qualitätsziele, die wiederum der Sicherung und Weiterentwicklung der pädagogischen Qualität dienen. Diese Transferleistung, d. h. die Konkretisierung und Verschriftlichung der Planumsetzung in der Konzeption der Einrichtung kann zuerst als zeitlich befristete Maßnahme bei der Einführung eines Bildungsplanes im Elementarbereich verstanden werden, bedarf jedoch der kontinuierlichen Umsetzung sowie der längerfristigen Weiterentwicklung. Diesen Prozess zu initiieren und kontinuierlich zu steuern fällt in den Aufgabenbereich der LeiterIn.

5.2.2.5 Wechselseitige Absprache und Vernetzung der Aufgaben

Eine solche Vorgehensweise bedarf klarer Absprachen mit dem Team und dem Träger sowie konkreter Zielvereinbarungen. Es ist auf operativer Ebene zu vereinbaren, wer bzw. welche Arbeits- oder Projektgruppe in welchem Zeitrahmen z. B. das Aufgabengebiet „Beobachtung und Dokumentation" für die pädagogische Arbeit in der Einrichtung erarbeitet, in welchen Gremien die Ergebnisse diskutiert werden und welche überprüfbaren Qualitätsziele diesbezüglich definiert werden. Gleiches gilt für die Bildungsfelder des jeweiligen Planes sowie für die Bereiche Elternarbeit und Vernetzung. Auch die Kooperation mit der Grundschule ist zu konkretisieren, wobei dieser Prozess der Entwicklung eines gemeinsamen Kooperationsplanes zusammen mit der Schule bedarf. Insbesondere ist dabei, die frühzeitige Förderung und Unterstützung von Kindern mit Entwicklungsauffälligkeiten und spezifischem Förderbedarf auch in Zusammenhang mit der Schuleingangsuntersuchung zu konkretisieren. Hier ist insbesondere der Träger, speziell das Qualitätsmanagement des Trägers, gefragt, sich an der Entwicklung und Definition von überprüfbaren Qualitätsmerkmalen aufbauend auf den Vorgaben des jeweiligen Bildungsplanes zu beteiligen. Ferner sind Verfahren zu vereinbaren, wie die Qualitätsziele überprüft und weiterentwickelt werden können.

5.2.2.6 Konzeptions- und Organisationsentwicklung

Die bisherigen Ausführungen deuten an, dass die Management- und Entwicklungsaufgaben der LeiterIn generell aber auch speziell mit Blick auf die Umsetzung eines Bildungsplanes nicht getrennt voneinander wahrgenommen werden können, sondern in Vernetzung miteinander zu verstehen sind. Konzeptionsentwicklung ist nicht ohne Qualitätsmanagement und beides wiederum nicht ohne eine längerfristig vorausschauende Organisationsentwicklung mit anzustrebenden Zielvisionen denkbar. Diesbezüglich kann die Konzeptionsentwicklung bzw. Konzeptionsüberarbeitung gleichzeitig der Organisationsentwicklung dienen, indem gemeinsam, wie es u. a. vom baden-württembergischen Orientierungsplan gefordert wird, ein Profil für die Einrichtung vereinbart und angestrebt wird, das auch der internen Modifikation der Arbeitsweise und Arbeitsstruktur auf Einrichtungsebene bedarf. Voraussetzung dafür, wie auch für die Konzeptions- und Qualitätsentwicklung, ist eine gründliche Analyse der gegenwärtigen Arbeit in der Einrichtung und ein definierter Zielzustand, wie künftig die Arbeit in der Einrichtung unter Berücksichtigung der Vorgaben des jeweiligen Bildungsplanes gestaltet werden soll (Analyse „Ist- und Soll-Zustand"). Organisationsentwicklung im Sinne einer Weiterentwicklung der Arbeit auf Einrichtungsebene kann u. a. auch darin bestehen, inhaltliche Schwerpunkte der Arbeit herauszustellen, z. B. „Bewegungskindergarten" oder sich z. B. ein spezielles Naturprofil, wie der „Waldkindergarten" zu geben. Ein Schwerpunkt kann aber auch darin bestehen, speziell, je nach Einzugsgebiet, integrative Arbeit für ausländische Kinder zu leisten oder ein besonderes Augenmerk auf Sprachförderung zu legen. Darum ist es hinsichtlich geplanter Maßnahmen der Organisationsentwicklung, z. B. in Form von Teamentwicklungsaktivitäten oder Formen des Projektmanagements bzgl. entwicklungsbedürftiger Handlungsfelder, angebracht, längerfristig örtliche Entwicklungen und Gegebenheiten, wie z. B. die Entwicklung der Kinderzahlen im Einzugsgebiet, die Zusammensetzung des Einzugsgebietes etc. sowie fachliche Anforderungen an die pädagogische Arbeit, z. B. nach Maßstab des baden-württembergischen Orientierungsplanes, bei den Planungen zur Verwirklichung von Organisationsentwicklungsmaßnahmen zu berücksichtigen.

5.2.2.7 Qualitätsentwicklung

Qualitätsentwicklung und die Verwirklichung des Bildungsauftrages sind mit Blick auf den baden-württembergischen Orientierungsplan für Bildung- und Erziehung an den Bedarfslagen des einzelnen Kindes auszurichten. Qualitätsentwicklung und Qualitätssicherung stehen im Zeichen einer bestmöglichen Förderung und Bildung des einzelnen Kindes. Diese Intention des baden-württembergischen Planes wie auch der weiteren fünfzehn bundesdeutschen Bildungspläne im Elementarbereich, d. h. eine verstärkte Ausrichtung der Arbeit am einzelnen Kind, ist hauptsächlich durch eine förderliche Interaktion zwischen Kind und pädagogischer Fachkraft und somit durch qualifizierte und kompetente pädagogische Fachkräfte anzustreben. Im Sinne eines entwicklungsorientierten Managements ist es Aufgabe der LeiterIn und des Trägers, durch geeignete Maßnahmen der Personal- und Teamentwicklung und Personalplanung sowie durch eine angemessene Arbeits- und Interaktionskultur dafür Sorge zu tragen, dass dieser Anspruch verwirklicht werden kann. Diese Anforderung steht wiederum in Zusammenhang mit geeigneten Maßnahmen der Organisationsentwicklung. Dem Träger kommt die Aufgabe zu, die notwendigen Rahmenbedingungen zur Erbringung einer qualitätvollen pädagogischen Arbeit zur Verfügung zu stellen sowie die Einrichtung und das Team durch u. a. geeignete Fort- und Weiterbildungsmaßnahmen zu unterstützen. Die LeiterIn hat die Aufgabe, gemeinsam mit ihrem Team ein individuelles und auf das Team sowie auf die Einrichtung bezogenes Fortbildungskonzept zur Verwirklichung des Bildungsauftrages des jeweiligen Bildungsplanes zu erstellen. Dieses orientiert sich maßgeblich an den Bedarfslagen des Teams und der Einrichtung und berücksichtigt individuelle Kompetenzen, Fähigkeiten und Interessen. In diesem Zusammenhang ist darüber nachzudenken, wie der Bildungsanspruch des jeweiligen Planes verwirklicht werden soll bzw. ob die Teammitglieder als „Allrounder" oder in einer „Expertenfunktion" für verschiedene Bildungsbereiche agieren sollen. Die LeiterIn sollte in diesem Zusammenhang eine Vorstellung über das fachliche Niveau ihrer MitarbeiterInnen haben, um diese individuell und teambezogen fördern zu können.

5.2.2.8 Nach außen gerichtete Arbeitskontakte

Die nach außen gerichteten Arbeitskontakte tragen dazu bei, den Blick auf das einzelne Kind und dessen Förderung bestmöglich zu gestalten. Dazu gehören mit Blick auf die Anforderungen der Bildungspläne im Elementarbereich eine enge Kooperation und Zusammenarbeit mit den Eltern, mit Blick auf einen gelungenen Übergang eine beiderseitig getragene Kooperation mit der Grundschule und die Kooperation mit Instanzen wie z. B. Frühförderstellen oder dem Gesundheitsamt. Im Sinne einer Selbststeuerung der MitarbeiterInnen und der Abgabe von Verantwortung ist die LeiterIn dafür zuständig, diese Kontakte zu moderieren, d. h. den Fachkräften dabei zu helfen und diese darin zu unterstützen, förderliche Außenkontakte wahrzunehmen, anzubahnen und aufrecht zu erhalten. Meldepflichten oder ähnliche Dinge, die in den Aufgabenbereich der LeiterIn fallen, sind von der LeiterIn selbst zu erbringen. Als RepräsentantIn der Einrichtung fällt die Öffentlichkeitsarbeit maßgeblich in den Aufgabenbereich der LeiterIn. Die LeiterIn hat im Sinne des Fortbestandes der Einrichtung dafür Sorge zu tragen, dass die Einrichtung nach außen hin präsent ist und die pädagogische Arbeit in der Einrichtung nach außen hin transparent gemacht wird. Hier sind verschiedene Präsentationsmöglichkeiten oder Präsentationsplattformen zu überdenken. Dies gilt auch im Hinblick auf die transparente Außendarstellung der Einrichtung bezüglich der Umsetzung des betreffenden Bildungsplanes. Auch die Requirierung von Fördermitteln und zusätzlichen Geldern hängt mit der Außendarstellung und der Wahrnehmung von Außenkontakten zusammen.

5.2.2.9 Teamarbeit

Die Teamarbeit in Form von Teamsitzungen und Teambesprechungen dient der LeiterIn in Verbindung mit standardisierten Formen der Selbstevaluation (z. B. anhand von geeigneten Selstreflexionsinstrumenten) als kontinuierliche Qualitätssicherungs- und Qualitätsentwicklungsmaßnahme im Hinblick auf die Qualität von Bildung, Erziehung und Betreuung. In Klein- und Großteamsitzungen sind die pädagogische Arbeit, insbesondere die Umsetzung der Konzeption und des betreffenden Bildungsplanes strukturiert, z. B. anhand einer vorbereiteten und zeitlich durchdachten Tagesordnung, zu reflektieren, zu koordinieren, im Hinblick auf Stärken und Schwächen zu analysieren. Darauf aufbauend sind verbindliche Absprachen zu treffen sowie ggf. notwendige Veränderungsmaßnahmen einzuleiten. Hierfür hat die LeiterIn verbindliche Zeiten zu vereinbaren und beim Träger einzufordern. Teambesprechungen in Klein- und Großteams dienen neben anderen Informationsmöglichkeiten der LeiterIn dazu, sich über die Umsetzung des Planes zu informieren, gezielte Nachfragen zu stellen, zu intervenieren, Evaluationsergebnisse der Selbst- und ggf. auch Fremdevaluation zu reflektieren und vor allem gemeinsam mit dem Team nach Lösungsvorschlägen bei auftretenden Problemlagen zu suchen. Die Reflexion pädagogischer Fragen sowie Fallbesprechungen, sollten darum neben organisatorischen Dingen einen festen Bestandteil der Teamarbeit darstellen. Darüber hinaus dienen Teamsitzungen neben vereinbarten MitarbeiterInnengesprächen auch dazu, die Befindlichkeit, die Anliegen und die Situation des Teams in angemessener Form zu thematisieren und sicherzustellen.

6 Methodisches Vorgehen

6.1 Methodenwahl und Forschungsablauf

Ein Forschungsablauf verfolgt i. d. R. dem prototypischen Prozess- und Phasenmodell Fragestellung, Operationalisierung und Planung, Datenerhebung, Datenanalyse und Dateninterpretation und gipfelt in der Publikation der Ergebnisse (vgl. Schirmer 2009: 16). Diese Untersuchung folgt einem ähnlichen Ablaufmodell. Beruhend auf einer Problemlage der Praxis in Zusammenhang mit der Umsetzung des baden-württembergischen Orientierungsplanes für Bildung und Erziehung, wurden die zu erhebenden Inhalte anhand der Analyse von Dokumenten und der Sichtung relevanter Fachliteratur erschlossen und operationalisiert, anschließend erhoben, durch Interviews vertieft, beschrieben, interpretiert und veröffentlicht. Die einzelnen Schritte und die damit verbundenen Fragestellungen und Methoden werden im Folgenden näher betrachtet.

Ähnlich der Schulentwicklung und der damit in Verbindung stehenden Schulentwicklungsforschung, beschäftigt sich diese Untersuchung mit der Entwicklung des Elementarbereichs, insbesondere der Arbeit in Kindertageseinrichtungen, vor dem Hintergrund der Einführung von Bildungsplänen zur Einflussnahme und Steuerung von Erziehung, Bildung und Betreuung im Elementarbereich. Das Hauptaugenmerk der Untersuchung liegt dabei auf der Professionalisierung der Leitungstätigkeit in Kindertageseinrichtungen im Hinblick auf die Aufgabe und Kompetenz der LeiterIn in Zusammenhang mit der Einführung und Umsetzung der Bildungspläne im Elementarbereich. Mit dieser Thematik sind folgende zentralen Fragestellungen verknüpft:

- Was verbindet sich für die Leitungskräfte in Kindertageseinrichtungen mit der Einführung der Bildungspläne im Hinblick auf deren Empfinden, Leitungsaufgabe und Leitungsrolle?
- Welche Funktion kommt der Leitung bei der kontinuierlichen Umsetzung der Bildungspläne zu?
- Welche Anforderungen an die Wahrnehmung der Leitungstätigkeit bzgl. der Leitungskompetenz erwachsen daraus und wie geht die LeiterIn in der Praxis damit um?

Dabei stehen drei Analyseebenen und deren wechselseitiges Ineinandergreifen im Fokus der Untersuchung. Dabei handelt es sich um die drei Ebenen:

- Anforderungen an die Leitungstätigkeit und Leitungskompetenz insbesondere im Hinblick auf die Umsetzung der Vorgaben der Bildungspläne im Elementarbereich,
- das Handeln und Empfinden der Leitungskräfte bei der Steuerung der Umsetzung des baden-württembergischen Orientierungsplanes hinsichtlich der im vorangehenden Kapitel definierten Leitungsaufgaben sowie

- die Ebene der Fort-, Aus- und Weiterbildung von Leitungskräften in Kindertageseinrichtungen mit Blick auf die Anforderungen der Bildungspläne im Elementarbereich.

Diese ganzheitliche Betrachtung der Leitungstätigkeit erfordert gemäß dem dieser Untersuchung zugrunde liegenden „partial-holistischen" (a. a. O.) Forschungsverständnis nach Huppertz den Einsatz mehrerer geeigneter Methoden, die sich wechselseitig ergänzen und deren Ergebnisse ähnlich dem Verständnis der „methodologischen Triangulation" (Bortz/ Döring 2006: 365) miteinander in Beziehung gesetzt werden können. Triangulation im engen Verständnis bedeutet, dass mindestens zwei Forschungsmethoden zum Einsatz kommen (vgl. Mägdefrau in Lechner und Mägdefrau 1998: 39). Dabei sind die Methoden im Hinblick auf deren Eignung zur Beantwortung der Fragestellung auszuwählen:

> *Wenn man überlegt, ob einem konkreten Forschungsprojekt, beispielsweise einer quantitativen Untersuchung, eine qualitative Felduntersuchung vorgeschaltet wird oder umgekehrt, ob auf eine quantifizierbare Befragung noch Fallinterviews zur Konkretisierung und Präzisierung spezifischer Fragen folgen, dann sollte diese Frage nicht aufgrund eines wissenschafts- oder erkenntnistheoretischen Paradigmas entschieden werden sondern aufgrund der Einsichtigkeit dieses Vorgehens für das konkrete Forschungsprojekt. Letztendlich muss es bei der Wahl der Forschungsmethoden immer um die Frage gehen, welche Methoden am ehesten geeignet sind, die gestellte Forschungsfrage zu beantworten oder zu deren Beantwortung beizutragen (ebd. 36).*

Diesbezüglich steht gemäß dem partial-holistischen Forschungsverständnis der Teil bzw. der Wirklichkeitsausschnitt, der erforscht werden soll, in Verbindung mit dem Gesamtzusammenhang, auf den sich der zu untersuchende Aspekt bezieht. Partial-Holismus intendiert einen „möglichst umfassenden Blick auf den Forschungsgegenstand, der (...) am ehesten durch die Kombination verschiedener Verfahren möglich ist (...)"(ebd. 41). Darüber hinaus baut eine partial-holistische Untersuchung auf ein Ineinandergreifen von Theorie und Praxis: „Zusammenhänge sollen erklärt und die Praxis soll beraten werden" (Tolksdorf In: Huppertz 1998: 141). Trotz der Offenheit partial-holistischer Forschung gegenüber dem Spektrum an zur Verfügung stehenden Methoden (wie z. B. Phänomenologie, Dialektik und Hermeneutik), wird der empirischen Untersuchung des Untersuchungsgegenstandes besonderes Gewicht beigemessen (Vgl. ebd. 141). Ferner setzt partial-holistische Forschung auf eine Klärung des Untersuchungsgegenstandes, die dazu dient, das „Wesen der Sache" im Vorfeld der Untersuchung zu ergründen.

Was bedeutet dieses partial-holistische Forschungsverständnis für die Untersuchung der Leitungstätigkeit in Zusammenhang mit der Umsetzung des baden-württembergischen Orientierungsplanes für Bildung und Erziehung?

Wollen wir die Leitungstätigkeit ganzheitlich betrachten, d. h. wie eingangs dieses Kapitels definiert, die Ebene der Anforderungen an die Leitung in Form der Bildungspläne im Elementarbereich in Zusammenhang mit dem Handeln und Empfinden sowie der Aus- und Weiterbildung von Leitungskräften mit Blick auf die Umsetzung des baden-württembergischen Orientierungsplanes untersuchen, so bedarf dies u. a. der Anwendung von sich komplementär ergänzenden Forschungsmethoden.

Grundsätzlich ist bereits anhand der Fragestellung und des gewählten Untersuchungsgegenstandes erkennbar, dass es sich um ein deskriptiv-exploratives Forschungsvorhaben handelt. Das bedeutet, dass neues Grundlagenwissen generiert, erschlossen und beschrieben wird. Gemäß Diekmann gibt es explorative, deskriptive und Hypothesen prüfende Untersuchungen sowie Evaluationsstudien. Deskriptive Untersuchungen dienen Diekmann zufolge weniger der Untersuchung von Zusammenhängen als vielmehr der Erforschung von Häufigkeiten, Anteilen und Verteilungen von Einstellungen einer Bevölkerungsgruppe und verlangen daher nach einer repräsentativen Stichprobe (vgl. Diekmann 2007: 35). Im vorliegenden Fall rekrutiert sich die Bevölkerungsgruppe aus baden-württembergischen LeiterInnen von Kindertageseinrichtungen. Explorative Untersuchungen dienen der Bildung von Theorien und Hypothesen, wohingegen explanative (i. e. Hypothesen prüfende) Untersuchungen die Prüfung von Theorien und Hypothesen intendieren (vgl. Bortz/ Döring 2006: 356). Dabei stellt das Forschungsvorhaben im Wesentlichen eine Kombination aus deskriptiver Untersuchung und dem Modell der „empirisch-quantitativen-Exploration" (ebd. 369) dar. Gemäß diesem Untersuchungskonzept werden in Form einer Querschnittsuntersuchung auf der Basis einer deskriptiven Analyse der gezogenen Stichprobe das vorhandene Datenmaterial sowohl bzgl. der definierten Population analysiert und beschrieben als auch u. a. anhand von ex-post-Erklärungen hypothetische Zusammenhänge aufgezeigt (vgl. ebd. 371ff.). Die empirisch-qualitative-Exploration dient diesbezüglich im Rahmen dieses Forschungsvorhabens u. a. im Gegensatz zu quantitativen Explorationsstrategien dazu, „Zusammenhänge, Ursachen und Gründe für Ereignisse und Phänomene zu finden" (ebd. 383). Dieser stärker vom Einzelfall und den kontextuellen Bedingungen ausgehende verstehende qualitative Ansatz unterstützt und ergänzt in der vorliegenden Untersuchung die quantitative Betrachtung und Beschreibung des Untersuchungsgegenstandes.

Weshalb ist zur Beantwortung der Fragestellung einem deskriptiv-explorativen Vorgehen gegenüber einer explanativen, dem Verständnis des kritischen Rationalismus folgenden, Theorie- und Hypothesenüberprüfung der Vorzug zu geben?

Wir wissen bisher nichts oder nur sehr wenig darüber, was die Leitungsaufgabe bei der Umsetzung eines Bildungsplanes im Elementarbereich, insbesondere des baden-württembergischen Orientierungsplanes, ausmacht und wie die Praxis damit umgeht. Hierzu liegen bisher keine Veröffentlichungen vor. Diesbezüglich beschreiben Bortz/ Döring den Sinn von Exploration wie folgt:

Exploration wird in der Grundlagenforschung ebenso benötigt wie die Interventions- und Evaluationsforschung. Gerade wenn Fragestellungen und Veränderungsanforderungen der Berufspraxis entspringen, fehlen meist entsprechende technologische Theorien, die eine Gestaltung und Bewertung konkreter Interventionsmaßnahmen erlauben (Bortz/ Döring 2006: 354).

Dementsprechend wurde gemäß dem partial-holistischen Forschungsverständnis im ersten Teil dieser Arbeit die Leitungstätigkeit mehrperspektivisch betrachtet. Und zwar im Hinblick auf den Forschungsstand zur Leitungstätigkeit in Kindertageseinrichtungen, aktuelle Professionalisierungsbestrebungen im Elementarbereich, Charakteristika der Kindertageseinrichtung als Organisation, gesetzliche Bestimmungen und Regelungen der Arbeitgeber zur Wahrnehmung der Leitungstätigkeit, die Berufsrolle und das Aufgabenspektrum der LeiterIn einer Kindertageseinrichtung, generelle Erkenntnisse der Führungsforschung sowie im Hinblick auf Ähnlichkeiten zum thematisch angrenzenden Arbeitsprofil der Schulleitung. Aus der Analyse von relevanter Literatur entstand dadurch in einem ersten Schritt ein allgemeines Rollen- und Aufgabenprofil der LeiterIn einer Kindertageseinrichtung. In einem zweiten Schritt galt es, diese allgemeinen theoretischen Erkenntnisse bzgl. der Aufgabe und Kompetenz der LeiterIn im Hinblick auf die Umsetzung der Bildungspläne im Elementarbereich zu konkretisieren. Und dies vor dem Hintergrund der Professionalisierung der Leitungstätigkeit in den Handlungsfeldern Berufsausübung sowie Fort- und Weiterbildung. Dazu wurden die sechzehn bundesdeutschen Bildungspläne im Elementarbereich im Hinblick auf Angaben zur Leitungstätigkeit anhand der qualitativen Inhaltsanalyse nach Mayring erschlossen, kategorisiert sowie die erstellen Kategorien quantifiziert. Diese Analyse lieferte Erkenntnisse zur Aufgabe und Funktion der LeiterIn in Zusammenhang mit der Einführung und Umsetzung der Bildungspläne im Elementarbereich. Die Aussagen der Bildungspläne wurden im Anschluss anhand der exemplarischen Analyse des baden-württembergischen Orientierungsplanes für Bildung und Erziehung um die konkreten inhaltlichen Anforderungen dieses Bildungsplanes an die Qualität der pädagogischen Arbeit in baden-württembergischen Kindertageseinrichtungen erweitert. Dadurch erfolgte schrittweise eine Konkretisierung und Spezifizierung der Leitungsaufgaben von der Leitungstätigkeit im Allgemeinen über die Aussagen der Bildungspläne auf Bundes- und Länderebene hin zu der Konkretisierung der Aufgabe der LeiterIn in Zusammenhang mit der Umsetzung des baden-württembergischen Orientierungsplanes für Bildung und Erziehung. Am Ende dieser Reduktions- und Analysephase stand ein Aufgabenprofil der Leitung, das als Grundlage für die empirische Untersuchung der Leitungstätigkeit in Zusammenhang mit der Umsetzung des baden-württembergischen Orientierungsplanes für Bildung und Erziehung diente.

Auch die Thematik der Aus-, Fort- und Weiterbildung bedurfte, insbesondere mit Blick auf die Studiengänge zur frühkindlichen Bildung, der Generierung neuen Wissens, da zu dieser Thematik bisher keine Untersuchungen in Zusammenhang mit der Implementierung der Bildungspläne im Elementarbereich vorliegen. Zur Reduktion der Komplexität und im Sinne der Realisierbarkeit beschränkt sich die Betrachtung, gemäß der vernetzten Analyse der zuvor definierten drei Untersuchungsebenen, auf die Analyse der baden-württembergischen Bachelor-Studiengänge sowie auf das Fort- und Weiterbildungsangebot der drei großen Trägerverbände KVJS, Diakonie und Caritas in Baden-Württemberg. Zur Analyse wurden sowohl aktuelle Fort- und Weiterbildungsbroschüren und Fortbildungsverzeichnisse (bezogen auf das Kursjahr 2009/10) der Trägerverbände als auch die Modultabellen und Modulhandbücher der baden-württembergischen Bachelor-Studiengänge (Stand Januar 2009) herangezogen. Aufgrund der von offizieller Seite aus postulierten Bedeutung der Bachelor-Studiengänge im Hinblick auf die Qualifizierung für die Leitungstätigkeit in Kindertageseinrichtungen, wurden die Angaben der Modultabellen zu den angebotenen Studieninhalten nach einem einheitlichen Verfahren (siehe 5.2) anhand der zeitlichen Gewichtung der Lehrinhalte ausgewertet und den Anforderungen des baden-württembergischen Orientierungsplanes gegenübergestellt.

Die empirische Untersuchung der Leitungstätigkeit in Zusammenhang mit der Umsetzung des baden-württembergischen Orientierungsplanes für Bildung und Erziehung setzt ebenso auf ein deskriptiv-exploratives Vorgehen. Auch in diesem Forschungsfeld liegen bisher für Baden-Württemberg keine veröffentlichten Erkenntnisse vor. In einem ersten, der eigentlichen empirischen Untersuchung vorgeschalteten, Schritt wurden Leitungskräfte und pädagogische Fachkräfte im Rahmen einer teilstandardisierten postalischen Befragung im Sommer 2006 zur Umsetzung des Orientierungsplanes befragt. In der vorliegenden Untersuchung wurde eine offene Frage aus dieser Untersuchung mit Genehmigung des Untersuchungsleiters (Prof. Dr. N. Huppertz) ausgewählt und im Hinblick auf die Fragestellung ausgewertet. Dabei handelte es sich um die Frage: „Welche Gefühle verbinden Sie mit dem Orientierungsplan?" Die Auswertung dieser Frage wurde als ein erster offener empirischer Zugang zur Untersuchung der Fragestellung in den Forschungsprozess integriert, da eine Sichtung des Materials ergab, dass sich die Leitungskräfte im Rahmen der Beantwortung dieser offenen Frage nicht nur bzgl. ihrer Gefühlslage sondern auch generell zur Umsetzung des Orientierungsplanes aus der Perspektive der Kindergartenleitung äußerten. Die Auswertung dieser Frage in Form einer induktiven Kategorisierung[26] und anschließenden Quantifizierung der Äußerungen lieferte zu Beginn der Implementierungsphase des Orientierungsplanes Erkenntnisse und Hypothesen zu den Rahmenbedingungen, der Interaktion von Leitung und Team, zu der Befindlichkeit der LeiterInnen, zum Einfluss des Orientierungsplanes auf die Leitungskräfte, zur Bewertung des Planes durch die LeiterInnen sowie zu subjektiv positiven wie negativen Umsetzungsfaktoren. Die Erkenntnisse dieser Untersuchung bildeten neben

---

[26] *Eine deduktive Kategoriendefinition bestimmt das Auswertungsinstrument durch theoretische Überlegungen. Aus Voruntersuchungen, aus dem bisherigen Forschungsstand, aus neu entwickelten Theorien oder Theoriekonzepten werden die Kategorien in einem Operationalisierungsprozeß auf das Material hin entwickelt (...). Eine induktive Kategoriendefinition hingegen leitet die Kategorien direkt aus dem Material in einem Verallgemeinerungsprozess ab, ohne sich auf vorab definierte Theoriekonzepte zu beziehen (Mayring 2008: 74f.).*

den im ersten Teil dieser Arbeit theoretisch erarbeiteten Aufgaben der Leitungskräfte in Zusammenhang mit der Umsetzung des baden-württembergischen Orientierungsplanes, die Grundlage für die Generierung der Erhebungsinstrumente für die empirische Leitungsbefragung im Jahr 2008.

Aufbauend auf sowohl einem theoretisch begründeten als auch einem offen gestalteten ersten quantitativen empirischen Zugang zur Leitungstätigkeit in Zusammenhang mit der Umsetzung des baden-württembergischen Orientierungsplanes, waren Überlegungen im Hinblick auf die eigentliche empirische Untersuchung der Fragestellung anzustellen. Will man die Leitungstätigkeit partial-holistisch, d. h. das Handeln der Leitungskräfte in Zusammenhang mit den kontextuellen Bedingungen der Umsetzung des Planes, untersuchen, so bieten sich prinzipiell drei Möglichkeiten: Die Beobachtung der Leitungskräfte bei ihrem täglichen Handeln, die Analyse von erstellten Dokumenten der Leitungskräfte oder die Befragung der Leitungskräfte.

Die Beobachtung des Handelns bietet die Möglichkeit Informationen aus erster Hand zu erhalten, und in Form der kriteriengestützten Dokumentation durch die Anwendung geeigneter Beobachtungsinstrumente festzuhalten. Beobachtung ist neben der Befragung und der Inhaltsanalyse laut Häder eine der „Grunderhebungsmethoden der Sozialwissenschaften" (Häder 2006: 297). Beobachten bedeutet

> *das direktive, unmittelbare Registrieren der für einen Forschungszusammenhang relevanten Sachverhalte (...) Gegenüber dem üblichen Wahrnehmen ist das beobachte Verhalten planvoller, selektiver und von einer Suchhaltung bestimmt und von vornherein auf die Möglichkeit der Auswertung des Beobachteten (...) gerichtet (ebd.: 297f.).*

Im Hinblick auf die Betrachtung der Leitungstätigkeit bzgl. der definierten Umsetzungsaufgaben zeigt sich jedoch bei einem solchen Verfahren die Schwierigkeit, dass jede LeiterIn über einen längeren Zeitraum hätte begleitet werden müssen. Zudem könnte die Beobachtung einer Person über einen längeren Zeitraum hinweg, bedingt durch den engen Kontakt, zu Abwehrreaktionen, Beziehungsaufbau oder der bewussten/ unbewussten Modifikation des Leitungsverhaltens führen. Darüber hinaus bedürfte ein solches Verfahren, um zu einer gesicherten Informationsbasis zu gelangen, einer größeren Anzahl an Untersuchungsteilnehmern. Darum wäre die Umsetzung dieser Vorgehensweise ohne die Mitwirkung eines Forschungsteams kaum praktikabel und müsste zudem zeitlich versetzt erfolgen.

Die zweite Möglichkeit in Form der Analyse von erstellten Dokumenten der Leitungskräfte mittels Verfahren der Inhaltsanalyse stößt spätestens dann an ihre Grenzen, wenn z. B. die Interaktion mit dem Team oder ggf. Spannungspunkte zwischen Leitung und Team nicht im Arbeitsalltag dokumentiert werden.

> *Die Inhaltsanalyse wird als eine Forschungslogik zur systematischen Erhebung und Aufbereitung von Kommunikationsinhalten in Texten, Bildern, Filmen, Schallplatten und Ähnlichem verstanden*

(...) Zweitens stellen sich Inhaltanalysen dieser Definition zufolge als offen dar, sowohl für die Untersuchung kommunizierter manifester als auch für verborgene Sachverhalte (ebd.: 319).

Mangels auszuwertender Dokumente der Leitungskräfte bedürfte die Anwendung dieses Verfahrens der Erstellung einer Art von Arbeitstagebuch durch die UntersuchungsteilnehmerInnen zu im Vorfeld definierten Aspekten der Leitungstätigkeit. Dieses Verfahren ließe sich aus diesem Grund nur unter Vorbehalt realisieren und könnte aufgrund des erhöhten Arbeitsaufwandes auf Ablehnung seitens der Untersuchungsteilnehmer stoßen.

Somit verbleibt, aufbauend auf dem Forschungsverständnis der freiwilligen Untersuchungsteilnahme als empirischer Zugang, die Befragung von Leitungskräften. Die Befragung von Leitungskräften ermöglicht es, mehrere relevante Aspekte z. B. mittels Fragebögen oder Interviews relativ zeitgleich zu erheben, ohne die Leitungskräfte dabei zeitlich zu sehr zu beanspruchen. Hierzu stehen grundsätzlich quantitative wie qualitative Befragungsverfahren zur Verfügung, die sich wiederum in mündliche und schriftliche Befragungsformen einteilen lassen (vgl. ebd.: 187ff.). Allerdings gilt es vor allem bei der Anwendung von quantitativen Verfahren zur Selbsteinschätzung des eigenen Handelns zu berücksichtigen, dass es sich dabei um subjektiv gefärbte Selbsteinschätzungen oder auch Selbstevaluationen des eigenen Tuns handelt, die u. a. durch Fehlerquellen wie das Antwortmuster der sozialen Erwünschtheit oder der bewusst oder unbewusst positiveren Selbstdarstellung verfälscht sein können (Vgl. Bortz/ Döring 2006: 232). Dadurch kann eine Diskrepanz zwischen Einschätzung und Wirklichkeit entstehen, was auf Kosten der Validität und Objektivität der Messergebnisse geht.

Bei der Auswahl der Verfahren ist, wie bereits eingangs dieses Kapitels erwähnt, auf deren Eignung bzgl. des angestrebten Erkenntnisgewinns zu achten. Qualitative und quantitative empirische Verfahren unterschieden sich in deren Ziel, Inhalt und Methodik. Während quantitative Daten u.a. aufgrund von höheren Fallzahlen den Anspruch auf Generalisierbarkeit der Ergebnisse und auf die Erklärung der Wirklichkeit erheben und auf operationalisierte Messungen bauen, leisten qualitative Erhebungsverfahren in erster Linie kontextbezogene verbalisierte Beschreibungen mit dem Ziel des Verstehens (vgl. Häder 2006: 66ff.). Dabei müssen sich beide Ansätze nicht unvereint gegenüberstehen.

Qualitative Forschung hat den Anspruch, Lebenswelten „von innen heraus" aus der Sicht der handelnden Menschen zu beschreiben. Damit will sie zu einem besseren Verständnis sozialer Wirklichkeit(en) beitragen und auf Abläufe, Deutungsmuster und Strukturmerkmale aufmerksam machen (Flick/ Kardorff/ Steinke 2000: 14).

Mayring stellt fünf Gemeinsamkeiten qualitativer Forschung heraus. Dabei handelt es sich um Subjektbezogenheit, Deskription, Interpretation, Alltagsorientierung und Verallgemeinerung der gewonnenen Erkenntnisse (vgl. Mayring 2002: 9ff.). Häder hingegen zweifelt die Verallgemeinerbarkeit qualitativer Verfahren aufgrund der gewissen Offenheit qualitativer

Forschung und der theoretisch begründeten Stichprobenauswahl an (vgl. a. a. O.: 72). Bortz und Döring sehen einen Unterschied beider empirischen Verfahren darin begründet, dass gemäß dem qualitativen Forschungsverständnis die Erfahrungswelt verbalisiert werde, wohingegen beim quantitativen Forschungsansatz die Erfahrungswelt numerisch beschrieben werde (a. a. O.: 296). Beiden Ansätzen liegt jedoch die Gemeinsamkeit zugrunde, dass empirische Forschung durch systematische Auswertung von Erfahrungen zu einem Erkenntnisgewinn bzgl. der Wirklichkeit gelangen möchte (vgl. Bortz/ Döring 2006: 2).

Gemäß Kelle existieren generell zwei Verständnisse, wie qualitative und quantitative Methoden aufeinander bezogen werden können. Zum einen, indem Validitätsprobleme der einen Methode durch die Integration z. B. qualitativer Verfahren in den Forschungsprozess vermindert werden können. Zum anderen dadurch, dass durch die Verwendung beider Verfahren „unterschiedliche Aspekte derselben Phänomene"(Kelle 2007: 232) betrachtet werden können, sodass sich die Erkenntnisse „zu einem umfassenderen Bild ergänzen können" (ebd. 232). Zum Beispiel

- „kann [es] die Verwendung qualitativer Daten (…) ermöglichen, dass statistische Befunde dadurch erklärt werden, dass neue, bisher nicht in die Betrachtung einbezogene Bedingungen sozialen Handelns identifiziert werden" (ebd.: 233),
- kann die Quantifizierung im Rahmen einer quantitativen Untersuchung im Anschluss an eine qualitative Typisierung zu deren Validierung beitragen (vgl. ebd.: 239 ff.) oder
- kann die Anwendung von Pretestinterviews dazu beitragen, Schwächen von quantitativen Erhebungsinstrumenten aufzuzeigen (vgl. ebd. 251ff.).

Die vorliegende partial-holistische Untersuchung folgt dem erklärenden, verstehenden Verständnis eines „integrativen methodologischen Programms" (ebd.: 267) in dem Erklären und Verstehen als zentrale Begrifflichkeiten beider Forschungspositionen als keine Gegensätze verstanden werden sondern sich komplementär ergänzen. Dieses Verständnis kommt in der vorliegenden Untersuchung dadurch zum Tragen, dass die Leitungstätigkeit in Zusammenhang mit der Umsetzung des baden-württembergischen Orientierungsplanes für Bildung und Erziehung, sowohl in Form einer stichprobengenerierten teilstandardisierten quantitativen Befragung mittels Fragebogen als auch in Form von leitfadengestützten Interviews untersucht wurde. Dabei ergänzt und illustriert die Betrachtung der Einzelfälle die quantitativen Daten und trägt somit zum Verstehen der aufgezeigten Phänomene und damit zu einem holistischeren Bild des Untersuchungsgegenstandes bei.

6.2 Erhebungsinstrumente

Das partial-holistischen Forschungsverständnis findet in der vorliegenden Untersuchung neben der holistischen Betrachtung der Thematik in Form einer theoriebasierten methodologisch integrativen Exploration und Deskription seinen Ausdruck. Diese schließt die Anwendung und Vernetzung qualitativer und quantitativer Verfahren mit ein.

6.2.1 Quantitative Leitungsbefragung mittels Fragebogen

Um quantifizierbare Erfahrungen der Leitungskräfte zur Umsetzung des baden-württembergischen Orientierungsplanes aus Leitungsperspektive zu erhalten, wurde ein teilstandardisierter Fragebogen eingesetzt. Teilstandardisiert deshalb, da, gemäß dem deskriptiv-explorativen Charakter der vorliegenden Untersuchung, neues Wissen generiert und neue Zusammenhänge erschlossen werden sollen. Diese können in weiteren Untersuchungen vertiefenden Hypothesenprüfungen unterzogen werden. Teilstandardisiert meint u. a., dass sowohl offene als auch geschlossene Fragen zum Einsatz kommen. Dabei geben geschlossene Fragen in Form von Kategorien Antwortvorgaben vor, wohingegen offene Fragen es dem Untersuchungsteilnehmer überlassen, eine Antwort auf die gestellte Frage zu formulieren (vgl. Porst 2008: 52ff.).

Was ist ein Fragebogen eigentlich? Bei einem Fragebogen handelt es sich gemäß Porst um eine

> (...) mehr oder weniger standardisierte Zusammenstellung von Fragen, die Personen zur Beantwortung vorgelegt werden mit dem Ziel, deren Antworten zur Überprüfung der den Fragen zugrundeliegenden theoretischen Konzepte und Zusammenhänge zu verwenden (ebd.: 14).

Dabei wird dem Befragten die Verantwortung auferlegt, die an ihn gerichteten Fragen zu verstehen, zur Beantwortung der Fragen relevante Informationen aus der Erinnerung abzurufen, sich ein Urteil zu bilden, das Urteil in das angebotene Antwortschema einzupassen und ggf. bewusst oder unbewusst die Antworten zu modifizieren (vgl. ebd.: 18). Diese Umstände der Beantwortung verlangen vor allem bei einer postalischen Befragung nach einer ansprechenden, verständlichen und übersichtlichen Gestaltung des Fragebogens sowie nach Fragen, die von den Untersuchungsteilnehmern auch tatsächlich beantwortet werden können. Dabei steht das angemessene Verstehen sowohl der Fragen als auch dessen, was als Handlung von den Untersuchungsteilnehmern erbracht werden soll, im Zentrum (vgl. ebd.: 31 ff.). Auch ggf. aufkommende Ängste aufseiten der UntersuchungsteilnehmerInnen sind zugunsten einer angemessenen Rücklaufquote zu entkräften.

Dementsprechend wurde in der vorliegenden Untersuchung in einem Begleitschreiben den Untersuchungsteilnehmern die Anonymität und vertrauliche Behandlung der Daten zugesichert. Ferner erfüllte dieses Schreiben den Zweck, die Untersuchungsteilnehmer zu motivieren, den Fragebogen auszufüllen, Hinweise zum Ausfüllen des Fragebogens zu geben sowie über die Intention der Untersuchung zu informieren. Das angemessene Verstehen der Fragebogeninhalte, das eine Voraussetzung für die Beantwortung und Beantwortbarkeit der Fragen darstellt, wurde in Form eines Pretests sowohl für den Fragebogen als auch für den

Interviewleitfaden geprüft. Bei sogenannten Pretests „werden Personen ausgewählt, die den Fragebogen probehalber ausfüllen, um mit ihrer Hilfe im Vorfeld der Erhebung Ungereimtheiten auszuräumen"(Kirchhoff/ Kuhnt/ Lipp/ Schlawin 2003: 24). Dabei wurden mit Blick auf die vorliegende Untersuchung beide Instrumente mit fünf Leitungskräften aus baden-württembergischen Kindertageseinrichtungen im Juni 2009 geprüft und diskutiert. Dabei waren die Leitungskräfte dazu angehalten, unter Testbedingungen die gestellten Fragen zu beantworten sowie sich in einem nächsten Schritt kritisch, im Rahmen einer gemeinsamen Reflexion, mit den Fragestellungen, ausgehend vom individuellen Verständnis der Formulierungen, auseinanderzusetzen. Die verschriftlichten Ergebnisse dieser Reflexionen wurden im Anschluss mit der ursprünglichen Intention der erstellten Fragen in Beziehung gesetzt. Aufgrund dieses Abgleichs zwischen intendierter und tatsächlicher Wirkung der einzelnen Fragen auf die Probanden fand eine Modifikation der Instrumente statt, die sich vor allem auf die Änderung einzelner missverständlicher Formulierungen bezog. Maßgebliche Kriterien waren dabei die Verständlichkeit der Fragenformulierung sowie die Gestaltung und der Umfang des Fragebogens und der leitfadengestützten Interviews.

Die Gestaltung des Fragebogens hat sich gemäß Raithel an Konstruktionskriterien auszurichten. Beispielsweise sollen zu einem Themenfeld mehrere Fragen gestellt werden. Dabei sollen Fragen, die ähnliche Aspekte abdecken, nicht über den gesamten Fragebogen verteilt, sondern nacheinander angeordnet werden. Diese „thematischen Blöcke (Module)" (Raithel 2008: 75) sind in einer sinnvollen Reihenfolge gemäß einer „Spannungskurve" (ebd.: 76) anzuordnen. Demnach sollen am Anfang des Fragebogens einfach zu beantwortende Fragen stehen, die das Interesse der Untersuchungsteilnehmer wecken. Dabei sollte gemäß Raithel die Fragenanordnung nach dem Prinzip vom „Allgemeinen zum Besonderen" erfolgen. Themenwechsel sind darüber hinaus durch „Überleitungsformulierungen" (ebd.: 76) kenntlich zu machen. Generell sollte eine „thematische Hinführung" (ebd.: 77) erfolgen. Darüber hinaus wird empfohlen, „Filterfragen" (ebd.: 77) einzuflechten, um nur diejenigen Untersuchungsteilnehmer anzusprechen, für die die entsprechende Frage relevant ist. Neben Layoutempfehlungen wie einem ansprechenden Deckblatt und einem informierenden Begleitschreiben (vgl. ebd.: 77ff.) wurden bei der vorliegenden Untersuchung diese inhaltlichen Kriterien zur Gestaltung eines Fragebogens berücksichtigt. Gemäß den genannten Kriterien untergliedert sich der Fragebogen in Module, die dem postulierten Prinzip einer Spannungskurve folgen. Entgegen den Empfehlungen von Raithel, stehen zu Beginn des Fragebogens zwei Seiten mit sozialstatistischen Angaben, die relativ zügig und einfach zu beantworten sind. Darauf folgen motivierende Fragestellungen zur Beurteilung der Rahmenbedingungen, der Berufszufriedenheit und der Leitungstätigkeit als solcher, die einen persönlichen Bezug zu den UntersuchungsteilnehmerInnen herstellen. Dieses Modul ist benannt als „Teil A – Angaben zu Ihrer Person, Ihrer Einrichtung und Ihrer Leitungstätigkeit". Gemäß dem Prinzip vom „Allgemeinen zum Besonderen" schließen sich in „Teil B - Orientierungsplan und Praxis" Fragen zur Umsetzung des Orientierungsplanes auf Teamebene an. In der Mitte des Fragebogens stehen, gemäß den Empfehlungen von Raithel, die zentralen Fragen. Im vorliegenden Fall zur Leitungstätigkeit in Zusammenhang mit der Umsetzung des baden-württembergischen Orientierungsplanes für Bildung und Erziehung („Teil C – Leitung und Umsetzung des Orientierungsplanes"): z. B. „Hat sich durch den Orientierungsplan Ihre Leitungstätigkeit verändert?" „Teil D" widmet sich Fragen der „Qualitätsentwicklung und Qualitätssicherung gemäß den Vorgaben des [baden-württembergischen] Orientierungsplan[es]". Im Hinblick auf das intendierte Absinken des Spannungsverlaufs, beschäftigt sich „Teil E" mit den „Anregungen und Wünsche[n]" der Untersuchungsteilnehmer. Neben thematischen Hinführungen werden die einzelnen Module des Fragebogens durch entsprechende Überschriften in der durchgehenden Kopfzeile des Fragebogens kenntlich gemacht.

Neben Umfang, Gestaltung und Frageformulierung ist ein Fragebogen bzgl. seines Inhalts theoretisch zu fundieren bzw. entlang des intendierten Erkenntnisgewinnes zu gestalten. Gemäß dem deskriptiv-explorativen Charakter dieser partial-holistisch ausgerichteten Untersuchung, rekrutieren sich die Inhalte des Fragebogens aus den erarbeiteten Aussagen der Leitungskräfte der Leitungsbefragung im Sommer 2006, den Anforderungen des baden-württembergischen Orientierungsplanes (siehe 4.2) sowie aus den damit zusammenhängenden Leitungsaufgaben (siehe 6.2). Darüber hinaus wurden Befindlichkeitsaspekte, wie Belastung, Berufszufriedenheit, der Einfluss des Planes auf die Leitungstätigkeit oder die Teamsituation mit in den partial-holistischen Untersuchungsaufbau integriert. Ziel ist somit eine umfassende ganzheitliche Beschreibung und Erforschung der Leitungstätigkeit („holon") in Zusammenhang mit der Umsetzung des baden-württembergischen Orientierungsplanes („pars") anhand der Einschätzungen der befragten Leitungskräfte. Dementsprechend ist der erstellte Fragebogen nicht darauf ausgerichtet Hypothesen zu prüfen, sondern die Situation der Leitungskräfte zum Befragungszeitpunkt zu beschreiben und mögliche Zusammenhänge aufzuzeigen. Eine Begründung für die Auswahl der einzelnen Fragen und Befragungselemente findet sich in Zusammenhang mit der Darstellung der Ergebnisse der Befragung in Kapitel 9. Dort sind darüber hinaus zur Erhöhung der Transparenz des Erkenntnisgewinnungsprozesses, die originalen, im Fragebogen verwendeten, Frageformulierungen vorzufinden. Dadurch soll es dem Leser ermöglicht werden, sich ein Bild vom Aussagegehalt der gewonnenen Erkenntnisse zu machen. Dieses Verständnis folgt dem Auswertungsschema nach Huppertz, das aus den fünf Stufen theoretische Herleitung und Einbettung der jeweiligen Frage, transparente Darstellung der Frageformulierung, Beschreibung der Ergebnisse, Interpretation der Ergebnisse und Bündelung der zentralen Erkenntnisse am Ende des jeweiligen Kapitels besteht. Diese textintegrierte Beschreibung und Begründung der Befragungsinhalte, die als Vorlage für die vorliegende Untersuchung diente[27], findet sich u. a. in der Veröffentlichung „Kooperation zwischen Kindergarten und Grundschule" (Huppertz 1983).

Bei der kritischen Betrachtung der Befragungsinhalte ist zu berücksichtigen, dass aufgrund des Neuerungscharakters und aufgrund der Vorläufigkeit des baden-württembergischen Orientierungsplanes in der Pilotfassung von 2006, auf keine bewährten und überprüften Testinstrumente zurückgegriffen werden konnte. Vielmehr bedurfte es der Erstellung und Generierung von themenspezifischen Items und übergeordneten „Modulen". Dabei wurde kein durchgängiges Antwortformat verwendet. Vielmehr richtete sich das Antwortformat im Einzelfall nach dem Kriterium der Sachangemessenheit. Diesbezüglich fanden verschiedene Arten von Fragen ihre Anwendung. Neben dichotomen Items mit den Antwortkategorien „ja" oder „nein" wurden vor allem Ratingskalen mit benannten Abstufungen verwendet. Ratingskalen dienen u.a. der Einschätzung von Sachverhalten im Hinblick auf Häufigkeit, Intensität oder Zustimmung bzw. Ablehnung. Dabei stehen Antwortkategorien, wie z.B. „nie", „selten", „gelegentlich", „oft", „immer", dem Untersuchungsteilnehmer zur Einschätzung zur Verfügung. „Die Urteilenden kreuzen diejenige Stufe der Ratingskala an, die ihrem subjektiven Empfinden von der Merkmalausprägung bei dem infrage stehenden Objekt entsprechen"(Bortz/ Döring 2006: 176). Ferner wird unterschieden zwischen bipolaren und unipolaren Skalen. In der vorliegenden Untersuchung werden überwiegend biploare Skalen verwendet. Diese haben gemäß Bortz/ Döring den Vorteil, dass „sich die beiden gegensätzlichen Begriffe [z.B. „völlig falsch" und „völlig richtig"] gegenseitig definieren, d.h., sie erhöhen die Präzision der Urteile" (ebd.: 177).

Je nach Sinnhaftigkeit wurde dabei in Abstimmung mit Prof. Dr. N. Huppertz (Leitung wissenschaftliche Begleitung des Orientierungsplanes – Landesteil Baden) variiert zwischen dem Differenzierungsgrad 4-stufig, 5-stufig und 6-stufig und somit zwischen geraden und ungeraden Skalen. Im Gegensatz zu geraden Skalen verfügen ungerade Skalen über einen Mittelpunkt. Porst bezeichnet dies als „Fluchtkategorie"(Porst 2008: 81). Diese Möglichkeit, sich beim Ankreuzen der Skala nicht definitiv z.B. in Richtung positiv oder negativ entscheiden zu müssen, wurde im Fragebogen vor allem dann eingeräumt, wenn es sich um keine einfachen bzw. um eher unangenehme Selbsteinschätzungsitems handelte. Die Entscheidung die Ausprägungen zu benennen, begründete sich aus Erfahrungen der vorgelagerten Pretests, wonach es den Probanden nach eigenen Aussagen leichter fiel, sich bzgl. benannter Skalenwerte einzuschätzen. Der Verlust an Quasi-Intervallskalierung (vgl. ebd.: 73) zugunsten ordinalskalierter Daten durch den Einsatz von Ratingskalen mit benannten Abstufungen wurde dabei aufgrund des deskriptiv-explorativen Aussagencharakters der Untersuchung in Kauf genommen. Bühner weist diesbezüglich darauf hin, dass „die Benennung je-

---

[27] u. a. auch die grafische Darstellung der Daten wurde in Anlehnung an diese Untersuchung gestaltet

Methodisches Vorgehen

der Antwortkategorie der Verbesserung von Reliabilität[28] und Validität" (Bühner 2003: 51) dienen kann, insbesondere wenn die Probanden mit dem Differenzierungsgrad der Skala überfordert sind. Dabei wurde aufgrund des deskriptiv-explorativen Charakters der vorliegenden Untersuchung sowie aufgrund der theoretisch phänomenologischen Definition und Operationalisierung der thematisierten Aspekte in Kooperation mit Prof. Dr. N. Huppertz, auf die Analyse der einzelnen Items im Hinblick auf Itemschwierigkeit, Trennschärfe etc. verzichtet (vgl. ebd.: 50). Nicht zuletzt auch deshalb, da keine Summen- oder Indexwerte anhand der definierten Item-Batterien erstellt wurden. Vielmehr steht in der vorliegenden Untersuchung jedes Item und dessen Aussage für sich. Wurden mehrere Items zu einem Sachverhalt erstellt, so wurde die Korrelation zwischen den Items als grundsätzliche Voraussetzung einer Bündelung der Einzelwerte, anhand der ordinalen Rangkorrelation nach Spearman, im Hinblick auf weiterführende Untersuchungen geprüft. Der Anspruch einer repräsentativen Anzahl an Items für jeden zu erhebenden Sachverhalt (vgl. ebd.: 48), kann jedoch in der vorliegenden Untersuchung aufgrund der holistischen Betrachtung der Leitungtätigkeit und der dadurch entstehenden Bandbreite der zu erhebenden Informationen nicht gewährleistet werden. „Im Gegensatz zu explanativen Untersuchungen berücksichtigen explorative Untersuchungen in der Regel tendenziell mehr Variablen (…)" (Bortz/ Döring 2006: 369). Vielmehr wurden besonders relevante Aspekte der zu definierenden Sachverhalte mit Blick auf die Umsetzung des baden-württembergischen Orientierungsplanes ausgewählt.

6.2.2 Qualitative Leitungsbefragung mittels leitfadengestützten Interviews

Interviews sind i.d.R der qualitativen Forschung zuzuordnen. Neben Interviews finden sich weitere qualitative Methoden wie z.B. die teilnehmende Beobachtung oder auch die Dokumentenanalyse (vgl. Reinders 2005: 96). „Die wichtigsten Grundtechniken zur Erhebung qualitativer Daten sind nichtstandardisierte oder teilstandardisierte Befragungen, Beobachtungen und nonreaktive Verfahren"(Bortz/ Döring 2006: 308). Ebenso wie bei der Anwendung quantitativer Verfahren ist auch für den Einsatz von Interviews die „Angemessenheit zur Beantwortung der Fragestellung" entscheidend (ebd. 97). Ferner sollte das Interview als Datenerhebungsmethode ausgewählt werden, „wenn es im Vergleich zu anderen Methoden einen höheren Erkenntnisgewinn erwarten lässt" (ebd.: 97). Grundsätzlich zählen Interviews zu Verfahren der mündlichen Befragung. Interviews lassen sich ferner differenzieren nach dem Ausmaß an Standardisierung, nach dem Autoritätsanspruch und der Lenkung seitens des Interviewers, nach der Anzahl der zu interviewenden Personen und der Art der Kontaktaufnahme (vgl. Bortz/ Döring 2006: 237ff.). In der vorliegenden Untersuchung werden als

---

[28] Reliabilität gehört zu den drei Testgütekriterien quantitativer Forschung an denen sich ein Test, in diesem Fall ein Fragebogen zu messen lassen hat. Reliabilität gibt den Grad der Messgenauigkeit an. Validität gibt an inwieweit ein Test in der Lage ist das zu messen was er zu messen vorgibt. Objektivität meint inwieweit die Testergebnisse vom Anwender des Tests unabhängig sind. Dies bezieht sich auch auf die Auswertung und Interpretation der Daten (vgl. Bortz/ Döring 2006: 195ff.).

Erhebungsmethode halb- oder teilstandardisierte „Face to Face – Interviews" (ebd.: 239) eingesetzt. Das bedeutet, dass der Interviewer vor Ort anwesend ist und anhand eines Leitfadens ein persönliches Interview mit dem Befragungsteilnehmer durchführt, das durch die Anwendung eines Leitfadens in dessen Verlauf in gewissem Ausmaß strukturiert wird (vgl. ebd.: 239). Dabei zeichnet sich qualitative Forschung und damit auch ein qualitatives Interview durch dessen Subjektbezogenheit aus:

Gegenstand humanwissenschaftlicher Forschung sind immer Menschen, Subjekte. Die von der Forschungsfrage betroffenen Subjekte müssen Ausgangspunkt und Ziel der Untersuchungen sein (Mayring 2002: 20).

Qualitative Interviews dienen dazu, die „subjektive Sichtweise von Akteuren über vergangene Ereignisse, Zukunftspläne, Meinungen, gesundheitliche Beschwerden, Beziehungsprobleme, Erfahrungen in der Arbeitswelt etc. zu ermitteln" (Bortz/ Döring 2006: 308). Dabei arbeiten qualitative Interviews mit offenen, erzählgenerierenden Fragen, die den Befragten Spielraum beim Antworten lassen und die Interaktion zwischen Befragtem und Interviewer berücksichtigen. Voraussetzung für den Einsatz von qualitativen Interviews ist, dass der „interessierende Sachgegenstand im subjektiven Erleben repräsentiert ist" (ebd.: 309).

Warum ist zur Beantwortung der Fragestellung die Anwendung von qualitativen Interviews angebracht? Die vorliegende Untersuchung baut gemäß dem partial-holistischen Forschungsansatz auf ein integratives Methodenkonzept, das dazu beitragen soll, die Leitungstätigkeit in Zusammenhang mit der Umsetzung des baden-württembergischen Orientierungsplanes holistisch zu betrachten. Dazu zählt auch das subjektbezogene Erleben der Umsetzung des baden-württembergischen Orientierungsplanes, insbesondere von Leitungskräften aus den baden-württembergischen Pilotkindergärten. Diese LeiterInnen waren dazu angehalten, sich im Rahmen der dreijährigen wissenschaftlichen Begleitung des baden-württembergischen Orientierungsplanes intensiv gemeinsam mit ihren Teams mit dem Plan zu beschäftigen und den Plan zu erproben. Dabei ist es angebracht, Erfahrungen nicht nur in Form der quantitativen Forschung zu quantifizieren und damit zu dekontextualisieren, sondern die Erfahrungen der einzelnen LeiterIn, d.h. Einzelfälle eingebettet in einen spezifischen Kontext, zu betrachten. In diesem Zusammenhang spielen Erfahrungen, Einstellungen und Haltungen der Leitungskräfte im Hinblick auf das eigene Leitungshandeln eine Rolle, die insbesondere durch die Verwendung von qualitativen Interviews herausgearbeitet werden können. Die Interviews ermöglichen vertiefte subjektive Einblicke in die Umsetzung des baden-württembergischen Orientierungsplanes und in das Leitungs- und Steuerungshandeln der Leitungskräfte.

Eine spezifische Form des qualitativen Interviews stellt das Leitfadeninterview dar. Unter dem Begriff „Leitfadeninterview" firmieren eine Reihe unterschiedlicher Interviewformen wie z.B. das fokussierte Interview, das problemzentrierte Interview, das Dilemma-Interview etc.

Diese Interviewformen teilen die Gemeinsamkeit, dass vor der Durchführung des Interviews ein Leitfaden erarbeitet wird. Dieser beinhaltet Fragen oder Thematiken, die im Rahmen des Interviews behandelt werden sollen (vgl. Friebertshäuser 1997: 372ff.). Trotz des Einsatzes eines Leitfadens ist auf die Offenheit als Grundprinzip der qualitativen Forschung zu achten. Dabei soll der Forschende zugunsten des Erkenntnisgewinns dem Untersuchungssubjekt möglichst offen gegenübertreten (vgl. Mayring 2002: 27ff.). Neben einer möglichen Modifizierung der Erhebungsinstrumente während des Forschungsprozesses gilt dies auch für die Anwendung des Leitfadens. Dementsprechend ist die Anwendung des Leitfadens am Gesprächsverlauf auszurichten.

Ob Fragen gestellt werden und wie intensiv sie bearbeitet werden, hängt davon ab, was der Befragte sagt und in welcher Tiefe dieser bereit ist, Themen zu besprechen. Auch die Reihenfolge der Fragen wird nicht durch den Leitfaden, sondern durch die vom Befragten vorgegebene Gesprächsstruktur und –inhalte bestimmt (Reinders 2005: 153).

Falls während des Forschungsprozesses neue Erkenntnisse auftauchen oder Fragen oder Formulierungen falsch verstanden werden, kann es darüber hinaus angebracht sein, den Leitfaden zu überarbeiten (ebd.: 152f.). Reinders verwendet gleichbedeutend für die Bezeichnung „Leitfadeninterviews", welche in dieser Arbeit Verwendung findet, die Begriffe „teil- oder semi-strukturierte Verfahren" (ebd.: 99). Dabei werden in der vorliegenden Untersuchung Ausdifferenzierungsmöglichkeiten des „teilstrukturierten Leitfadeninterviews" im Sinne spezifischer Vorgehensweisen vernachlässigt. Die LeiterInnen werden weder im Sinne des leitfadengestützten „problemzentrierten Interviews" als Problemträger noch als Experten für die Ausübung der Leitungstätigkeit im Sinne des leitfadengestützten „Experteninterviews" verstanden. Auch die Intention des leitfadengestützten „fokussierten Interviews", das sich auf ein fokussiertes Objekt wie z.B. einen Film oder ein Photo bezieht, trifft nicht den Gegenstand der vorliegenden Untersuchung (vgl. Bortz/ Döring 2006: 315). Vielmehr kommt in der vorliegenden Untersuchung das Leitfadeninterview gemäß Hopf als „allgemeine Technik des Fragens anhand eines vorbereiteten aber flexibel einsetzbaren Fragebogenkataloges zum Einsatz" (Bortz/ Döring 2006: 315). Dieses Verfahren ist im Gegensatz zu den angerissenen erkenntnisgewinnspezifischen Leitfadeninterviews auf keinen spezifischen Erhebungsgegenstand zugeschnitten und eignet sich somit für die vorliegende Untersuchung.

Die Methode des Leitfadeninterviews eignet sich für die vorliegende Untersuchung, da sie im Hinblick auf die Auswertung und Interpretation der Daten eine Verknüpfung der Interviewinhalte mit Aspekten der quantitativen Befragung ermöglicht und dadurch einen Beitrag zur Vertiefung der quantitativen Erkenntnisse leistet. Durch den Leitfaden wird gewährleistet, dass in allen durchzuführenden Interviews zur Beantwortung der Fragestellung geeignete Themenfelder zur Umsetzung des baden-württembergischen Orientierungsplanes thematisiert werden. Trotz der gewissen Offenheit, die dem Interviewverlauf und den Interviewteilnehmern bei der Durchführung der Interviews zuzustehen ist, ermöglicht es die Verwendung eines thematisch vorstrukturierten Leitfadens, dass relevante Aspekte der quantitativen Befragung, bezogen auf die kontextbezogenen Erfahrungen des Interviewteilnehmers, auch in den qualitativen Interviews thematisiert werden. Dabei bleibt es gemäß dem qualitativen Forschungsprinzip der Offenheit und der relativ offenen Fragestellung dem Interviewteilnehmer überlassen, welche konkreten Aspekte und Erfahrungen zu den einzelnen Themenfeldern geäußert werden. Auch der Umfang der Antworten oder ggf. die Akzentuierung einzelner Inhalte bleibt dem Interviewteilnehmer überlassen. Diesbezüglich ist bei der Fragenkonstruktion darauf zu achten, dass die Fragen die InterviewteilnehmerInnen zum Reden animieren. Weiterhin ist zu beachten, dass die Fragen nicht suggestiv formuliert sind, „um die Gefahr beeinflussender Fragen während des Interviews zu mindern" (Reinders 2005: 167).

Der Aufbau des Leitfadens orientiert sich in der vorliegenden Untersuchung an der Leitfadenkonstruktion nach Reinders. Diese wurde im Hinblick auf das problemzentrierte Interview konzipiert, ist allerdings gemäß Reinders so allgemein angelegt, dass sie auch auf andere Varianten von leitfadengestützten Interviews angewendet werden kann (vgl. Reinders 2005: 156). Gemäß dieser Leitlinie beginnt das Interview mit einem „Warm-up"(ebd. 2005: 158), das den Untersuchungsteilnehmern dabei helfen soll, mit der ungewohnten Interviewsituation zurechtzukommen. Gleichzeitig ist diese Phase als Einleitung zu verstehen. Dabei sollen die verwendeten Fragestellungen frei gestaltet sein. Der Hauptteil des Interviews beinhaltet Fragen, die zur Beantwortung der Fragestellung von Bedeutung sind. Der Ausklang des Interviews im Anschluss an den Hauptteil dient dazu, die InterviewteilnehmerInnen aus der Interviewsituation zu entlassen sowie dem Interviewteilnehmer die Chance zu eröffnen das Interview um eigene Aspekte zu ergänzen (vgl. Reinders 2005: 158ff.).

Demgemäß stehen am Anfang des Interviews allgemeine erzählgenerierende Fragen zu den Erfahrungen der Leitungskräfte in Zusammenhang mit der Umsetzung des Orientierungsplanes. Dabei ist anzumerken, dass die befragten Leitungskräfte aus den Pilotkindergärten zum Befragungszeitpunkt bereits auf ca. zwei Jahre intensive Auseinandersetzung mit dem baden-württembergischen Orientierungsplan zurückblicken konnten. Den eigentlichen Fragen gingen zu Beginn des Gesprächs eine kurze Aufklärung über den Sinn der Untersuchung, die vertrauliche Behandlung der Aufzeichnungen sowie auflockernde freundliche Worte zum Spannungsabbau voraus. Einleitende erzählgenerierende Fragen waren zum Beispiel:

> *Sie arbeiten nun bereits seit mehr als zwei Jahren mit dem Orientierungsplan:*
> - *Bitte beschreiben Sie Ihre Erfahrungen, die sie mit der Umsetzung des Orientierungsplans in Ihrer Einrichtung gemacht haben?*
> - *Was verbinden Sie mit dem Orientierungsplan, wenn Sie an Ihre Leitungstätigkeit denken?*

Den Hauptteil des Interviews bildeten Fragen zur Aufgabe und Kompetenz der LeiterIn in Zusammenhang mit der Umsetzung des baden-württembergischen Orientierungsplanes sowie Fragen zur Aus- und Fortbildung von Leitungskräften. Den Abschluss des Gesprächs bildeten Fragen, bei denen die Leitungskräfte Anregungen und Kritik bzgl. der Umsetzung des Orientierungsplanes sowie gegenüber dem Plan selbst äußern konnten. Dabei stand stets die Leitungsperspektive im Vordergrund. Je nach Gesprächsverlauf wurden zudem im Vorfeld eine Reihe von konkreten Nachfragen formuliert, die Anwendung fanden, wenn sich die Interviewteilnehmer zu relevanten Befragungsaspekten entweder gar nicht oder je nach Ermessen zu wenig substanziell äußerten.

6.3 Stichprobe und Rücklauf

6.3.1 Ziehung der quantitativen Stichprobe

In Baden-Württemberg bestanden laut den Angaben des Statistischen Landesamtes 2006 insgesamt 6884 Kindergärten. Davon entfallen 41% auf den Regierungsbezirk Stuttgart, 18,6% auf den Regierungsbezirk Tübingen, 21,3% auf den Regierungsbezirk Karlsruhe und 19,3% auf den Regierungsbezirk Freiburg.

Die Grundgesamtheit der vorliegenden Stichprobe rekrutiert sich aus der Gesamtheit der badischen Kindergärten, also den Kindergärten im Regierungsbezirk Karlsruhe und Regierungsbezirk Freiburg. Hierbei handelt es sich um 2780 Kindergärten. Jeder Kindergarten steht stellvertretend für eine Einrichtungsleitung. Eine Gesamterhebung für die badischen Kindergärten würde somit 2780 KindergartenleiterInnen umfassen.

Um den baden-württembergischen Kindergarten und somit auch die Einrichtungsleitungen im badischen Raum angemessen abbilden zu können, wurde ein Stichprobenumfang von 10% und somit 278 LeiterInnen gewählt. Die Adressenkartei des Statistischen Landesamtes 2006, die alle baden- württembergischen Kindergarten umfasst, lag in Form einer Excel-Datei als Auswahlbasis vor. Aufgrund der Gesamtheit der erfassten badischen Kindergärten wurde eine geschichtete Zufallsstichprobe ermittelt. Dazu wurden mit Hilfe von computergenerierten Zufallszahlen (sogenannten Pseudozufallszahlen) 278 Einrichtungen gemäß der Schichtungskriterien gezogen. Um mit diesem Verfahren *n* Elemente zu ziehen, wurde jedem Element eine zufällige Nummer zugeordnet. Anschließend wurden die *n* Elemente mit den niedrigsten Zufallszahlen in die Stichprobe aufgenommen (vgl. Kiefernbock 1993: 51.).

Die Grundgesamtheit der badischen (Kindergärten) KindergartenleiterInnen, die es zu betrachten gab, hat einen Umfang von 2780. Davon entfallen 53% in den Regierungsbezirk Karlsruhe und 47% in den Regierungsbezirk Freiburg. Diese prozentuale Einteilung bildete die erste Schichtung. Außerdem wurde nach Trägerschaft der Einrichtungen gewichtet. Hier entfallen 44,1% auf die Gruppe der öffentlichen Träger, 48,3% auf die Gruppe der kirchlichen Träger und 7,6% sind unter „sonstige Träger" zusammengefasst.

Die Stichprobe wurde folgendermaßen gezogen. Von 278 Untersuchungseinheiten entfielen 53% auf den Regierungsbezirk Karlsruhe und 47% auf den Regierungsbezirk Freiburg (1.

Schichtung), wobei in beiden Gruppen wiederum 44,1% aus der Gruppe der öffentlichen Trägerschaft, 48,3% aus der Gruppe der kirchlichen Trägerschaft und 7,6% aus der Gruppe der sonstigen Träger gezogen wurden (2.Schichtung).

Hierbei wurde von der Grundannahme ausgegangen, dass eine repräsentative Leitungsbefragung für den Landesteil Baden, gleichzusetzen ist mit einer repräsentativen Auswahl von Kindergärten gemäß dem Trägerproporz, da die Vielfalt an persönlichen und sozialstatistischen Merkmalen der LeiterInnen proporzgemäß durch eine repräsentative Abbildung der badischen Vielfalt an Kindertageseinrichtungen gewährleistet sein sollte. Der Träger der Einrichtung stellte ein wesentliches Auswahlkriterium für die Schichtung der Stichprobe dar, da der Träger einen Einfluss auf Leitbild, Personalpolitik, pädagogische Ausrichtung etc. der Einrichtung ausüben kann und somit anzunehmen ist, dass sich auch die Leitungsfunktion und die Leitungspersönlichkeit der KindergartenleiterInnen hinsichtlich des Trägers unterscheiden könnten. Zu denken ist hierbei an Einrichtungen in kirchlicher Trägerschaft, Montessorikindergärten, Waldkindergärten etc.

Aufgrund dieses Verfahrens wurden 146 Kindergärten (KindergartenleiterInnen) im Regierungsbezirk Karlsruhe und 132 Einrichtungen (KindergartenleiterInnen) im Regierungsbezirk Freiburg ermittelt, die sowohl im Sommer 2006 als auch im Sommer 2008 zu verschiedenen Aspekten im Hinblick auf die Umsetzung des baden-württembergischen Orientierungsplanes für Bildung und Erziehung postalisch mittels eines teilstandardisierten Fragebogens befragt wurden.

Der Rücklauf der quantitativen LeiterInnenbefragungen betrug bereinigt im Jahr 2006 166 ausgefüllte Fragebögen. Dies entspricht 59,7% der Befragten. In der Befragung im Sommer 2008 lag der Rücklauf bei 153 ausgefüllten Fragebögen, was einem Stichprobenanteil von 55% und einem prozentual abgebildeten Anteil der badischen Kindergärten und somit auch der LeiterInnen von 5,5% entspricht. Dieser relativ gute Rücklauf[29] für postalische Befragungen ist u. a. darauf zurückzuführen, dass die Bögen im Namen des Landesprojektes „WIBE-OR -Wissenschaftliche Begleitung des Orientierungsplanes" (Landesteil Baden) - versendet wurden. Als zweiter Grund für diese Rücklaufquote ist anzumerken, dass den Fragebögen jeweils ein adressierter und vorfrankierter Rückumschlag beilag, sodass für die Befragungsteilnehmer keine zusätzlichen Kosten entstanden.

Aufgrund der maschinellen Vorfrankierung und der zugesicherten Anonymität war es anhand des Rücklaufs nicht möglich zu ermitteln, ob die zurückgesendeten Fragebögen hinsichtlich der quantitativen Zusammensetzung prozentual exakt der quantitativen Verteilung der Regierungsbezirke Freiburg (47%) und Karlsruhe (53%) entsprachen.

---

[29] Hartung konstatiert für postalische Befragungen eine Rücklaufquote zwischen 10% und 80% (Hartung 2005: 310).

Vielmehr ist jedoch aufgrund der möglichen inhaltlichen Auswirkungen, von Bedeutung, ob das Sample von 153 zurückgesendeten Fragebögen der Befragung im Sommer 2008, die Anforderungen der prozentualen Trägerverteilung genügend widerspiegelt. Hierbei zeigte sich eine hohe Übereinstimmung zwischen dem Sample und der Verteilung der Grundgesamtheit. So setzt sich das Sample aus 44,16% Einrichtungen (LeiterInnen) in öffentlicher Trägerschaft (Gesamtpopulation 44,1%), 47,4% in kirchlicher Trägerschaft (Gesamtpopulation 48,3%) und 8,44% Einrichtungen in sonstiger Trägerschaft (Gesamtpopulation 7,6%) zusammen, sodass eine hohe Übereinstimmung bei den öffentlichen Trägern besteht und die sonstigen Träger lediglich ein Prozent über- und die kirchlichen Träger ein Prozent unterrepräsentiert sind. Hierdurch weist das Sample insgesamt eine gute Abbildung des Trägerproporzes auf, sodass der Repräsentativitätsanspruch im Hinblick auf das Auswahlkriterium Trägerzugehörigkeit gewahrt bleibt.

6.3.2 Ermittlung und Auswahl der Interviewteilnehmer

Die Interviewteilnehmer rekrutieren sich aus den insgesamt 30 LeiterInnen der baden-württembergischen Pilotkindergärten, die während der dreijährigen Pilotphase des Orientierungsplanes (2006-2009) durch die Pädagogischen Hochschulen Freiburg und Ludwigsburg wissenschaftlich begleitet wurden. 15 dieser Einrichtungen befinden sich in Württemberg, 15 in Baden. Insgesamt decken diese 30 Einrichtungen den baden-württembergischen Trägerproportz sowie weitere Repräsentativitätskriterien wie die Größe, die Lage der Einrichtung und die Arbeit nach spezifischen pädagogischen Konzepten ab (vgl. www.wibeor-baden.de 02.082009). Im Gegensatz zu den übrigen baden-württembergischen Kindertageseinrichtungen, waren diese Einrichtungen dazu aufgerufen den Plan intensiv, das heißt unter der Annahme des Verbindlichkeitsanspruches, zu erproben. Erst nach Abschluss der Pilotphase erlangt der modifizierte überarbeitete Orientierungsplan im Kindergartenjahr 2009/10 für alle baden-württembergischen Kindertageseinrichtungen Verbindlichkeit. Darum galt es, neben der populationsbeschreibenden quantitativen Befragung, auch auf Erfahrungen von LeiterInnen aus den Pilotkindergärten zurückzugreifen. Die 15 badischen Einrichtungen werden durch die Pädagogische Hochschule Freiburg unter der Leitung von Prof. Dr. N. Huppertz wissenschaftlich begleitet. Durch die Mitwirkung im Landesprojekt „Wissenschaftliche Begleitung des baden-württembergischen Orientierungsplanes" im Landesteil Baden stellte die Zugänglichkeit der 15 badischen Kindertageseinrichtungen das erste Selektionskriterium bei der Auswahl der LeiterInnen dar.

Um als Vertiefung und Ergänzung der quantitativen Daten herangezogen werden zu können und durch die Interviews bisher nicht berücksichtigte Erklärzugänge im Sinne der Hypothesenbildung zu generieren, galt es bei der Auswahl der Interviewteilnehmer die Bandbreite an verschiedenen Umsetzungsbedingungen und Einrichtungsprofilen zu berücksichtigen. Dabei spielte weniger die Repräsentativität des Samples sondern vielmehr die Verschiedenheit der

Methodisches Vorgehen

genannten Kriterien eine Rolle. Um diesen Anspruch zu gewährleisten, erfolgte die Auswahl und die Kontaktaufnahme durch einen sogenannten „Gatekeeper": „Damit sind Personen gemeint, die in dem sozialen Feld tätig sind, die den Forschenden interessieren" (Reinders 2005: 139). Dabei handelte es sich in der vorliegenden Untersuchung um einen Kollegen, der zum Befragungszeitpunkt in den badischen Pilotkindergärten vor Ort gemeinsam mit den Teams u. a. Qualitätsentwicklungsmaßnahmen durchführte und Bildungsprozesse beratend begleitete. Durch die Kenntnis der Einrichtungen und damit auch der Leitungskräfte konnte bei der Auswahl der InterviewteilnehmerInnen der Anspruch auf Abdeckung eines breiten Spektrums an Umsetzungsbedingungen verwirklicht werden. Die Interviewteilnahme erfolgte auf freiwilliger Basis. Die Kontaktaufnahme erfolgte per Telefon. Insgesamt bestand die Stichprobe aus sechs LeiterInnen der badischen Pilotkindergärten.

6.4 Datenaufbereitung und Datenauswertung

Die Auswertung und Aufbereitung der quantitativen Daten erfolgte überwiegend mittels Verfahren der deskriptiven Statistik. Die qualitativen Interviews wurden mittels der qualitativen Inhaltsanalyse nach Mayring ausgewertet. Im Folgenden werden diese Auswertungsmethoden näher betrachtet.

6.4.1 Aufbereitung und Auswertung der quantitativen Daten

Nach Rücksendung der Fragebögen durch die Untersuchungsteilnehmer wurden die Fragebögen in einem ersten Schritt gesichtet. Von insgesamt 160 zurückerhaltenen Fragebögen der Leitungsbefragung im Sommer 2008 waren sieben Fragebögen nur lückenhaft[30] ausgefüllt. Diese Fragebögen wurden bei der Dateneingabe nicht berücksichtigt. Die Ergebnisse der übrigen 153 überwiegend ausgefüllten Fragebögen wurden manuell in die erstellte SPSS-Datenmaske eingegeben. Fehlende Werte wurden aufgrund des deskriptiv-explorativen Charakters der Untersuchung nicht ersetzt. Die angegebenen Prozentwerte in der vorliegenden Untersuchung beziehen sich auf die gültigen Werte, d.h. auf diejenige Anzahl an Teilnehmern, die tatsächlich die entsprechende Frage beantwortet haben. Fehlende Werte werden in der vorliegenden Untersuchung durch die Bezeichnung k.A. (keine Angabe) kenntlich gemacht.

Die erhaltenen Ergebnisse zu den einzelnen Fragen wurden überwiegend mittels Verfahren der deskriptiven Statistik dargestellt. Statistik ist „eine Wissenschaft, die Regeln und Methoden zur Verfügung stellt, um Daten zu erheben, Daten angemessen zu verarbeiten, Eigenschaften von Daten zu beschreiben und Eigenschaften der Daten angemessen zu beurteilen" (Wirtz/ Nachtigall 2006: 29). Die in der dieser Untersuchung angewendeten Verfahren der deskriptiven oder auch beschreibenden Statistik sagen ausschließlich etwas über die Eigenschaften und Merkmale in einer Stichprobe aus, indem eine Gruppe zu einem be-

---

[30] die Non-Response-Werte für das Ausfüllen der Items lagen bei diesen Bögen zwischen 40-50%

stimmten Zeitpunkt analysiert und beschrieben wird. Die deskriptive Beschreibung der Ergebnisse sagt dabei nur etwas über die Objekte aus, die tatsächlich Bestandteil der Untersuchung waren. Im Gegensatz dazu wird bei der sogenannten Inferenzstatistik aufgrund einer repräsentativen Teilmenge an Befragungsteilnehmern mittels spezifischer Verfahren wie z.B. Signifikanztests von den Verhältnissen der Stichprobe auf die Gesamtheit geschlossen (vgl. ebd.: 29). Dabei richten sich der Einsatz von statistischen Verfahren und die Möglichkeiten der Datendarstellung nach dem Skalenniveau der Daten.

Bereits zuvor wurde dargestellt, dass in der vorliegenden Untersuchung überwiegend ordinalskalierte Daten vorliegen. Was bedeutet das? Ordinalskalierte Daten durch eine Ordnungsrelation gekennzeichnet. „Skalenwerte auf einer Ordinalskala können in eine Rangfolge gebracht werden"(ebd.: 51), z.B. hinsichtlich der Frage: „Wie gefällt Ihnen Ihr neuer Arbeitsplatz: sehr gut, gut, mittelmäßig, weniger oder gar nicht?" Allerdings können diese benannten Skalenpunkte in kein konkretes in Zahlen darstellbares Verhältnis zueinander gesetzt werden. Zum Beispiel indem die Aussage getroffen wird, dass der Einschätzwert „mittelmäßig" die Hälfte des Einschätzwertes „sehr gut" darstellt. Eine solche Operation wäre unzulässig. Jedoch kann ausgesagt werden, dass der Einschätzwert „weniger" z.B. schlechter als der Einschätzwert „gut" und schlechter als die Einschätzwerte „mittelmäßig" oder „sehr gut" ist. Daraus lässt sich eine Rangfolge erstellen, die für die dementsprechende Anzahl an erhaltenen Antworten in Prozentwerte übertragen werden kann. Im Gegensatz dazu erheben intervallskalierte Daten den Anspruch auf „Äquidistanz"(ebd.: 52). Das bedeutet, dass die Abstände zwischen den benachbarten Skalenpunkten exakt denselben Abstand haben. Dies kann z.B. bei den benachbarten Einschätzwerten „weniger" und „gar nicht" aus dem vorangehenden Beispiel nicht gewährleistet werden. Ferner sind intervallskalierte Skalenwerte dahingehend interpretierbar, dass sich deren Abstand numerisch ausdrücken lässt. Gemäß Wirtz/ Nachtigall erfüllen Skalen, bei denen alle Skalenwerte benannt sind, nicht den Anspruch auf Äquidistanz und somit nicht das Datenniveau der Intervallskalierung (vgl. ebd.: 51). Vielmehr sind diese Skalen ordinalskaliert. Dies schränkt das Ausmaß an statistischen Auswertungsmethoden gegenüber intervallskalierten Daten ein. Der statistische Apparat für Intervallskalen ermöglicht „erheblich differenziertere Auswertungen (…) als die Verfahren für Ordinal- oder Nominaldaten"(Bortz/ Döring 2006: 70). Allerdings weisen Bortz und Döring darauf hin, dass Pragmatiker diese Einteilung nicht generell bestätigen. Vielmehr seien die meisten auch komplexeren statistischen Verfahren gegenüber einer nicht exakten Intervallskalierung der Daten relativ resistent (vgl. ebd.: 181). Nichtsdestotrotz wird in der vorliegenden Untersuchung dem kritischen Verständnis von Wirtz/ Nachtigall folgegeleistet. Dies bedeutet, dass für Skalen mit benannten Skalenwerten eine Ordinalskalierung der Daten angenommen wird. Diese Grundannahme bedeutet für die vorliegende Untersuchung, dass bei ordinalskalierten Daten u. a. keine Mittelwerte und keine Standardabweichung berechnet werden können. Stattdessen bieten ordinalskalierte Daten die Möglichkeit, die Spannweite, den Median, Prozentränge sowie Rangkorrelationen zu berechnen (vgl. Wirtz/ Nachtigall 2006: 51).

Median: Der Median ist ein Wert zur Beschreibung von eindimensionalen Häufigkeitsverteilungen. Eindimensionale Häufigkeitsverteilungen beziehen sich auf die Beschreibung einzelner Variablen. Der Median halbiert die Stichprobe, indem 50% der gemessenen Werte kleiner und 50% der gemessenen Werte größer als der Medianwert sind. Der Median lässt sich auch als 50igstes Perzentil ausdrücken. Neben dem Median werden in der vorliegenden Untersuchung das 25igste Perzentil und das 75igste Perzentil als Maße der Verteilung angegeben. Das bedeutet, dass im ersten Fall 75% der gemessenen Werte größer als der Wert des 25igsten Perzentiles (oder auch erstes Quartil) sind und 25% der Werte kleiner. Für das 75igste Perzentil gilt der umgekehrte Fall (vgl. ebd.: 70f.). Perzentil wird in der vorliegenden Untersuchung mit Perz. abgekürzt.

Darstellung von eindimensionalen Häufigkeitsverteilungen: Die Übertragung der benannten Skalenpunkte z.B. „richtig" oder „falsch" in ein Statistikprogramm wie SPSS erfolgt über die Kodierung in Form von Zahlen. Beispielsweise erhält der Einschätzwert „falsch" die Zahl 0, der Wert „eher falsch" die Zahl 1, der Wert „eher richtig" die Zahl 2 und der Wert „richtig" die Zahl 3. Die Übertragung benannter oder unbenannter Skalenpunkte in Zahlen ermöglicht weitere Berechnungen, wie z.B. die Darstellung und Beschreibung von Häufigkeitsverteilungen. Diese kann sowohl in Form von absoluten Zahlen als auch in Form von Prozentwerten erfolge. Zur Darstellung von Häufigkeitsverteilungen eignen sich sowohl Häufigkeitstabellen als auch sogenannte Balkendiagramme, bei denen die absoluten Zahlen oder auch Prozentwerte in Form von Balken abgetragen werden (vgl. ebd.: 60ff.). Eine solche Darstellungsform wird in der vorliegenden Untersuchung z.B. für die grafische Darstellung der Sicherheit der befragten Leitungskräfte in Fragen der Teamentwicklung (siehe 9.6.3) verwendet. Trotz den Möglichkeiten der grafischen Darstellung werden in der vorliegenden Untersuchung aufgrund der Übersichtlichkeit überwiegend Häufigkeitstabellen verwendet. In diesen Tabellen werden die absoluten Zahlen, die Prozentwerte, die fehlenden Werte (k.A.), die Gesamtzahl der Befragungseinheiten (N), der Median, das 25igste Perzentil sowie das 75igste Perzentil angegeben.

Darstellung nominalskalierter Daten: Für die grafische Darstellung von nominalskalierten Daten, wie z.B. das Geschlecht, oder für Fragen mit nur zwei Antwortalternativen (z.B. „ja" oder „nein") wurden in der vorliegenden Untersuchung Kreisdiagramme verwendet. Beispielsweise hinsichtlich der Frage, ob die jeweilige Einrichtung über eine eigene Homepage verfügt (siehe 9.7). Der Einsatz solcher Diagramme eignet sich vor allem dann, wenn die „Merkmalsausprägungen in keine Rangreihe gebracht werden können" (ebd.: 63).

Methodisches Vorgehen

Spannweite: Bei der Spannweite handelt es sich um ein Maß der Streuung. „Die Spannweite R ist als Differenz des größten und des kleinsten Wertes definiert" (ebd.: 83). In der vorliegenden Untersuchung wird z.B. die Spannweite zwischen dem kleinsten Kindergarten mit der geringsten Anzahl an angemeldeten Kindern und dem größten Kindergarten mit der größten Anzahl an angemeldeten Kindern dargestellt[31] (siehe 9.8.2).

Bivariate Korrelationen: Unter der Annahme der Repräsentativität der Stichprobe wurden in der vorliegenden Untersuchung bivariate Korrelationen anhand des Rangkorrelationskoeffizienten Spearman-Rho errechnet[32].

> *Die bivariate Korrelation bestimmt über einen Korrelationskoeffizienten die Enge und Richtung des Zusammenhangs zwischen zwei Merkmalen (...)Ein bivariater positiver Zusammenhang besagt, dass hohe Ausprägungen auf dem einen Merkmal mit hohen Ausprägungen auf dem anderen Merkmal einhergehen. Bei einem negativen Zusammenhang gehen dagegen hohe Ausprägungen auf dem einen Merkmal mit niedrigeren Ausprägungen auf dem anderen Merkmal einher (ebd.: 508f.).*

Der Rangkorrelationskoeffizient Spearman-Rho, der speziell für ordinalskalierte Daten geeignet ist (vgl. Witz/Nachtigall 2006: 170), wurde zur Prüfung sogenannter „ex-post-facto-Hypothesen" (vgl. Bortz/Döring 2006: 379), die zwar theoretisch begründet sind, jedoch erst nach Erhebung der Daten entstanden, eingesetzt. Dabei handelte es sich gemäß der gewählten Untersuchungsform der Querschnittsuntersuchung um ungerichtete Zusammenhangshypothesen (ebd.: 506). Ex-post-facto-Hypothesen sind vom Aussagegehalt her nicht mit sogenannten „a-priori-Hypothesen" (ebd.: 379) gleichzusetzen, da der Datensatz nicht zur Überprüfung dieser im Verlauf des Forschungsprozesses erstellten Hypothesen generiert wurde. A priori bedeutet im Gegensatz zu ex post, dass a-priori-Hypothesen im Vorfeld der Untersuchung formuliert und dementsprechend der Datensatz zur Überprüfung dieser Hypothesen konzipiert wurde. Nichtsdestotrotz sind derlei nachträgliche Hypothesenprüfungen gemäß Bortz und Döring gerechtfertigt, wenn diese, gemäß dem deskriptiv-explorativen Design der vorliegenden Untersuchung, als Anhaltspunkte für weiterführende Untersuchungen dienen können (Vgl. ebd.: 379). Die Angabe, ob ein Zusammenhang zwischen den jeweils untersuchten beiden Merkmalen besteht, wird durch die Signifikanz des Zusammenhanges (in der vorliegenden Untersuchung mit p abgekürzt) dargestellt. Besteht ein signifikanter Zusammenhang, wird die Nullhypothese widerlegt. Nullhypothese steht für die Annahme, dass kein Zusammenhang zwischen den beiden Variablen besteht.

---

[31] Hierbei ist anzumerken, dass es sich bei dieser Frage um intervallskalierte Daten handelt. Für intervallskalierte Daten können jedoch auch statistische Verfahren angewandt werden, deren Berechnung bereits auf einem niederen Skalenniveau möglich ist. Das bedeutet, dass die Anzahl der möglichen statistischen Verfahren mit dem Skalenniveau steigt. Für die wenigen intervallskalierten Daten dieser Untersuchung wurden der Mittelwert (MW) sowie die Standardabeichung (SD) berechnet.

[32] Zur Darstellung der Ergebnisse im Kapitel Steuerungseffekte (9.11.3) wurde zur Überprüfung von Zusammenhängen zwischen einem natürlich dichotomen Item und künstlich dichotomen Items der Phi-Koeffizient verwendet (vgl. Bortz/Döring 2006: 508 sowie Wirtz/Nachtigall 2006: 170).

Ein signifikantes Ergebnis liegt vor, wenn ein Signifikanztest eine sehr geringe Irrtumswahrscheinlichkeit ermittelt. Dies bedeutet, dass sich das gefundene Stichprobenergebnis nicht gut mit der Annahme vereinbaren lässt, dass in der Population die Nullhypothese gilt. Man lehnt deshalb die Nullhypothese ab und akzeptiert die Alternativhypothese (Bortz/ Döring 2006: 26).

Bei einem Signifikanzniveau von p≤ 0,05 ist mit 95%iger Wahrscheinlichkeit die Nullhypothese abzulehnen. Bei einem Signifikanzniveau von p≤ 0,01 mit 99%iger Wahrscheinlichkeit. Für die vorliegende Untersuchung wurde aufgrund des relativ geringen Stichprobenumfangs ein Signifikanzniveau von 0,01 angelegt.

Schließung der offenen Fragen: Um Antworten aus offenen Fragen mittels Verfahren der deskriptiven Statistik darstellen zu können, bedürfen diese der Schließung und Kategorisierung:

Aus den vielen unterschiedlichen Antworten müssen wenige Merkmalausprägungen herausgearbeitet werden (Abstrahierungsprozess), die die gegebenen Antworten hinreichend beschreiben. Hierzu müssen die Antworten inhaltsanalytisch aufbereitet werden. Es ist notwendig aus den Antworten Kategorien zu bilden, deren Ausprägungen allen Antworten zuzuordnen sind. Die Erstellung geeigneter Merkmalausprägungen resp. eines Kategoriensystems wird dadurch in die Analysephase verlagert (Raithel 2008: 68).

Bei der Auswertung der offenen Fragen wurde so verfahren, dass bzgl. jeder offenen Fragestellung die ersten 50 Antworten sorgfältig gesichtet und anhand dieser Sichtung induktiv Kategorien auf einem einheitlichen Abstraktionsniveau definiert wurden. Diese wurden zur Analyse der abgegeben Antworten verwendet und falls notwendig während der Auswertung um weitere Kategorien ergänzt. Um die Kategorisierung zu veranschaulichen, wurden zur Erläuterung jeder Kategorie mehrere prototypische Zitate in den Text eingefügt. Dabei kann eine Antwort in Form von Mehrfachantworten mehrere Kategorien enthalten. Dementsprechend bezieht sich bzgl. der offenen Fragen die Darstellung der Ergebnisse jeweils auf die Gesamtzahl der abgegebenen Antworten nicht auf die Anzahl der antwortenden Personen. Darauf aufbauend wird eine Gewichtung der kategorisierten Aussagen nach Rangfolge vorgenommen. Dabei stehen die absoluten Zahlen sowie die errechneten Prozentwerte, u. a. aufgrund der größeren Item-Non-Response-Werte bei der Beantwortung der offenen Fragen, nicht stellvertretend für die Gesamtzahl (N=153) der BefragungsteilnehmerInnen, sondern sagen lediglich etwas über die quantitative Gewichtung der abgegebenen kategorisierten Antworten aus.

6.4.2 Aufbereitung und Auswertung der Interviews

Die Aufnahmen der digital aufgezeichneten Interviews, die im September/ Oktober 2008 entstanden, wurden mithilfe des Transkriptionsprogramms F4 transkribiert.

Wenn gesprochene Sprache, beispielsweise aus Interviews oder Gruppendiskussionen, in eine schriftliche Fassung gebracht wird, so nennt man dies Transkription. Für eine ausführliche Auswertung ist die Herstellung von Transkripten zwar zeitaufwändig, aber doch unabdingbar (Mayring 2002: 89).

Die Transkription der durchgeführten Interviews erfolgte nach festgelegten Regeln. Diese dienen dazu, das Gespräch möglichst wirklichkeitsgetreu wiederzugeben:

> *Den meisten Definitionen von Transkription liegen wissenschaftliche Kriterien zugrunde. Die schriftliche Wiedergabe soll nicht nur ungefähr oder annäherungsweise authentisch, sondern eine reale Kommunikationssituation möglichst genau abbildende Verschriftlichung sein (Dittmar 2004: 51).*

Dem Gesprächstranskript als schriftliche Abbildung des erhobenen verbalen Materials ist ein Transkriptionskopf vorangestellt, der Informationen zur Dauer des Interviews, zum verwendeten Pseudonym, zum Geschlecht, zur Art des Interviews und zur Datenerhebungsmethode enthält. Die Verschriftlichung der Interviews erfolgte zeitnah zu deren Erhebung. Gemäß Reinders geht mit der Schriftfassung des verbal erhobenen Materials eine Reduktion des Ausgangsmaterials einher. Dies macht es unabdingbar, im Vorfeld festzulegen, welche Daten in der Untersuchung Verwendung finden sollen (vgl. Reinders 2005: 248ff.). Für den angestrebten Erkenntnisgewinn wurde es nicht als wesentlich erachtet, dialektal eingefärbte Aussprache bei der Transkription zu übernehmen. Dagegen wurden umgangssprachliche Redewendungen beibehalten. Grobe Satzbaufehler wurden im Nachhinein weitgehend bereinigt. Nonverbale Ausdrucksformen wie Gestik und Mimik wurden bei der Anfertigung der Gesprächstranskripte nicht berücksichtigt. Zur Ermöglichung eines nachträglichen Textbezuges, z.B. in Form von Zitaten, wurden die angefertigten Gesprächstranskripte durchgehend mit Zeilennummern und Zeitangaben versehen. Diese finden sich jeweils zum Beginn eines Sprechauftaktes. Angaben, wie Orte oder Namen, die zu einer Identifikation des Interviewteilnehmers führen könnten, wurden anonymisiert. Die Interpunktion richtete sich weitgehend nach der neuen deutschen Rechtschreibung. Dabei ist zu berücksichtigen, dass gesprochene Sprache von der Schriftsprache abweicht. Daher richtete sich die Kommasetzung zuweilen nach dem Gesprächskontext. Zusatzinformationen zum besseren Verständnis des Textes wurden entsprechend kenntlich gemacht:

(...)	Pause ab 3 Sekunden
((lachend))	Begleiterscheinung des Sprechens
[gereizt]	Kommentare zur Erläuterung der Situation oder zu definierenden Begrifflichkeiten
(Wort)	Vermutete Satzteile, Sätze oder Worte
<u>betont</u>	Betonung von Worten, Satzteilen etc.
	(vgl. Hoffmann-Riem 1984: 331)

Die Auswertung der Gesprächstranskripte erfolgte mittels der qualitativen Inhaltsanalyse nach Mayring. Bei einer Inhaltsanalyse handelt es sich um eine regelgeleitete, systematische Analyse von dokumentiertem Datenmaterial (vgl. Mayring 2003: 13). Die qualitative Inhaltsanalyse nach Mayring setzt in diesem Zusammenhang auf definierte Kriterien zur Analyse des Datenmaterials. Demnach ist das Datenmaterial kontextabhängig zu betrachten und nicht aus dem Bedeutungszusammenhang herauszulösen. Ferner sind zur Transparenz des Forschungsprozesses die Verfahrensschritte der Auswertung darzustellen. Dabei muss sich gemäß Mayring die Auswertungstechnik am vorhandenen Material orientieren nicht umgekehrt. Die Systematik der Auswertung hat sich darüber hinaus an Regeln zu orientieren. Dazu zählt die Definition von Analyseeinheiten im Vorfeld der eigentlichen Datenanalyse. Anhand der definierten Analyseeinheiten ist das Material schrittweise vertieft zu bearbeiten. Demgemäß steht bei Mayring die Erarbeitung eines Kategoriensystems im Mittelpunkt: „Das Kategoriensystem stellt das zentrale Instrument der Analyse dar. Auch sie ermöglichen das Nachvollziehen der Analyse für andere, die Intersubjektivität des Vorgehens" (ebd.: 43). Die Erstellung eines Kategoriensystems ermöglicht gemäß Mayring eine Vergleichbarkeit der Ergebnisse. Das Ziel der Vergleichbarkeit äußert sich auch im weiterführenden Umgang mit den erstellten Kategorien. Die empiriegeleitete Kategorisierung im Rahmen einer Inhaltsanalyse verläuft dabei gemäß Früh im Allgemeinen nach den Schritten „Selektion/ Reduktion, Bündelung, Generalisierung und Rückbezug auf Theorie" (Früh 2007: 157). Das bedeutet, dass in einem ersten Schritt relevante Textpassagen ausgewählt und von überflüssigen Inhalten befreit werden. Daran anschließend erfolgt die Bündelung des extrahierten Materials, indem ähnliche Textstellen gruppiert werden. In einem nächsten Schritt werden die so gebündelten Textpassagen mit Labels versehen. Im letzten Schritt muss eine Anbindung zur Theorie erfolgen, indem geklärt wird, ob das Kategoriensystem das erhobene Material im Hinblick auf die Grundannahmen der Untersuchung genügend widerspiegelt (vgl. ebd.: 157). Hinsichtlich des weiteren Umgangs mit den erstellten Kategorien steht die qualitative Inhaltsanalyse einer quantitativen Analyse (z.B. Häufigkeitsbeschreibung von Kategorien) nicht ablehnend gegenüber. Die quantitative Aufarbeitung der Kategorien ist gemäß Mayring dann angebracht, wenn diese zur Verallgemeinerung der Erkenntnisse beiträgt. Zu den Gütekriterien bei der Kategorienbildung zählt Mayring sie sogenannte „Interkoder-Reliabilität" (Mayring 2003: 46). Diese Bezeichnung steht für die personenunabhängige Gültigkeit und Plausibilität des erstellten Kategoriensystems (vgl. Mayring 2003: 42ff.).

Warum wurde die qualitative Inhaltsanalyse zur Auswertung der durchgeführten LeiterInneninterviews ausgewählt?

Die Erstellung eines Kategoriensystems ermöglicht es, die Erkenntnisse der LeiterInneninterviews, gemäß dem holistischen Verständnis der vorliegenden Untersuchung, mit den quantitativen Daten in Beziehung zu setzen. Dabei ist das zu erstellende Kategoriensystem bereits durch die Definition des Interviewleitfadens im Hinblick auf den wechselseitigen Bezug beider Datenquellen in gewisser Weise vorstrukturiert und fokussiert damit in erster Linie die Bündelung relevanter inhaltlicher Aspekte vor dem Hintergrund der ganzheitlichen Betrachtung des Einzelfalles. Darum wurde in der vorliegenden Untersuchung der qualitativen Inhaltsanalyse nach Mayring gegenüber qualitativen Verfahren und Erkenntnistheorien, die eine vertiefte inhaltliche Interpretation des Einzelfalles intendieren (wie z.B. die dokumentarische Methode) der Vorzug gegeben.

Für den Weg von den Rohdaten zur Erstellung eines Kategoriensystems schlägt Mayring trotz der zugestandenen regelgeleiteten Flexibilität des Forschungsprozesses ein allgemeines inhaltsanalytisches Ablaufmodell vor. Ein erster Schritt besteht gemäß diesem allgemeinen Ablaufmodell darin, Material auszuwählen, das weiterführend analysiert werden soll. Dabei ist darzulegen, unter welcher Fragestellung das Material bearbeitet werden soll und welcher Erkenntnisgewinn angestrebt wird (z. B. Rückschlüsse auf latente Merkmale oder eher der Erhalt von Informationen auf inhaltlicher Ebene). Dabei ist die Fragestellung auf den theoretischen Hintergrund der Untersuchung zu beziehen (vgl. Mayring 2003: 52). In einem nächsten Schritt ist die genaue Analysetechnik zu bestimmen. „Analysetechniken [meint] konkrete Verfahrensweisen" (Mayring 2000: 471) zur Analyse des ausgewählten Materials. Dazu stehen prinzipiell die Verfahrensweisen zusammenfassende Inhaltsanalyse, induktive Kategorienbildung, explizierende Inhaltsanalyse sowie die strukturierende Inhaltsanalyse zur Verfügung (vgl. Mayring 2000: 471). Nach dieser methodischen Entscheidung sind die sogenannten Analyseeinheiten zu bestimmen (vgl. Mayring 2003: 53). Daran anschließend kann die eigentliche Analyse des Datenmaterials erfolgen. Im Folgenden wird diese Schrittfolge anhand der Auswertung der durchgeführten LeiterInneninterviews für die vorliegende Untersuchung konkretisiert.

6.4.2.1 Auswahl des Materials

Den Gegenstand der Analyse bildeten sechs Interviews, die trotz Unterschieden in deren Länge und Aussagengehalt als erkenntnisrelevant eingestuft wurden. Die Interviews wurden im Anschluss an die inhaltliche Prüfung von Textelementen befreit, die sich nicht direkt oder indirekt auf die Leitungstätigkeit oder Aspekte der Umsetzung des Orientierungsplanes bezogen.

6.4.2.2 Festlegung der Analysetechnik

Als vertiefte Analysetechnik der qualitativen Inhaltsanalyse wurde gemäß dem intendierten Erkenntnisgewinn, die zusammenfassende Inhaltanalyse ausgewählt. Ziel der zusammenfassenden Inhaltsanalyse „ist es, das Material so zu reduzieren, dass die wesentlichen Inhalte erhalten bleiben, durch Abstraktion einen überschaubaren Corpus zu schaffen, der immer noch Abbild des Grundmaterials ist" (Mayring 2003: 58). Zur Bearbeitung des Datenmaterials anhand der zusammenfassenden Inhaltsanalyse definiert Mayring sieben Schritte.

1. Definition der Analyseeinheiten,
2. Paraphrasierung,
3. Generalisierung (Festlegung des Abstraktionsniveaus und eine darauf aufbauende Angleichung des Abstraktionsniveaus der Paraphrasen),

4. Reduktion 1 (Streichung von inhaltlich redundanten Paraphrasen),
5. Reduktion 2 (inhaltlich gleiche Paraphrasen werden in eine Paraphrase überführt),
6. Bildung eines Kategoriensystems anhand der Paraphrasen und
7. Überprüfung des Kategoriensystems am Ausgangsmaterial (vgl. Mayring 2003: 61).

Angelehnt an die Systematik und Analysetechnik der zusammenfassenden Inhaltsanalyse wird im Folgenden die schrittweise Auswertung des Interviewmaterials dargestellt:

6.4.2.3 Auswertung des Materials

Schritt 1-Definition der Analyseeinheiten: Analyseeinheiten bestehen gemäß Mayring aus Kodiereinheiten, Kontexteinheiten und Auswertungseinheiten. Bei der *Kodiereinheit* handelt es sich um das kleinste Textelement des Datenmaterials, welches ausgewertet und unter einer Kategorie subsumiert werden darf. Die *Kontexteinheit* stellt das größte Textelement dar, welches einer Kategorie zugeordnet werden kann. Die *Auswertungseinheit* bezieht sich auf die Auswertungsabfolge der Textteile (vgl. Mayring 2003: 53). Hierbei postuliert Mayring für die Analysetechnik der Zusammenfassung, dass bei diesem Verfahren „Auswertungs- und Kontexteinheit zusammenfallen"(ebd.: 62). Das bedeutet, dass der einzelne Fall bzw. das bereinigte Gesprächstranskript die *Auswertungs-* und *Kontexteinheit* darstellt. Am Beispiel einer Untersuchung von arbeitslosen Lehrern zu Erfahrungen im Referendariat zeigt Mayring auf, dass es sich in diesem Fall bei den Kodiereinheiten um „jede vollständige Aussage eines Lehrers über Erlebnisse, Bewertungen, Wirkungen des Referendariats im Vergleich mit der theoretischen Ausbildung an der Universität [handelt]" (Mayring 2008: 62). Modifiziert im Hinblick auf die vorliegende Untersuchung sind mit Kodiereinheiten Textpassagen, Einzelsätze oder Textfragmente gemeint, die sich zur Beantwortung der Fragestellung auf die Erfahrungen der befragten Leitungskräfte in Zusammenhang mit der Umsetzung des baden-württembergischen Orientierungsplanes bezogen. Dabei waren Aussagen von Interesse, die sich gemäß der Gestaltung des Interviewleitfadens auf die generelle Leitungstätigkeit, die Leitungstätigkeit in Zusammenhang mit der Umsetzung des Orientierungsplanes, die Aus- und Fortbildung von Leitungskräften sowie auf Aussagen zur Leitungskompetenz bezogen. Bezüglich der Umsetzung des Orientierungsplanes wurden diejenigen Aussagen als Kodiereinheiten behandelt, welche die Interaktion von Leitung und Team, die Umsetzungsbedingungen, pädagogische Aktivitäten zur Umsetzung, inhaltliche und generelle Schwierigkeiten der Umsetzung sowie Hinweise und Wünsche zur Umsetzung des baden-württembergischen Orientierungsplanes zum Gegenstand hatten.

Schritt 2- Paraphrasierung: Bei diesem Schritt wurden die Kodiereinheiten in eine auf den Inhalt beschränkte Form umgeschrieben. Hierfür wurden die Kodiereinheiten von Füllwörtern und überflüssigen Satzfragmenten befreit. Dabei war darauf zu achten die Paraphrasen so zu formulieren, dass diese losgelöst aus dem Gesprächszusammenhang für sich genommen einen Sinn ergaben.

Schritt 3-Kategorisierung: Gemäß dem Modell von Mayring erfolgt als dritter Schritt die Phase der Generalisierung. In der vorliegenden Untersuchung wurde an dieser Stelle von der vorgesehenen Schrittfolge abgewichen, indem als dritter Schritt die Paraphrasen übergeordneten Kategorien zugeordnet wurden. Dabei handelt es sich in Anlehnung an die Fragestellungen des Leitfadens um die deduktiv erstellten Kategorien Leitungstätigkeit, Leitungstätigkeit und Orientierungsplan, Leitungskompetenzen, Qualifikation und Ausbildung, Stellung der Leiterin zum Orientierungsplan sowie Umsetzung des Orientierungsplanes. Dieser Schritt verfolgte den Sinn, themengleiche bzw. ähnliche Paraphrasen zusammenzustellen, um diese gemäß der Vorgehensweise nach Mayring in der Stufe der Reduktion einfacher bündeln zu können und einen besseren Überblick über das Datenmaterial zu gewinnen.

Stufe 4-Reduktion: Im Anschluss an die Zuordnung der Paraphrasen zu Oberkategorien wurden inhaltlich redundante Paraphrasen gestrichen und inhaltlich ähnliche Paraphrasen in eine Paraphrase überführt.

Stufe 5-Generalsierung und Kategorisierung: Nach der Bündelung der Paraphrasen wurden diese in Form der Generalisierung induktiv zu Kategorien auf einem höheren Abstraktionsniveau zusammengefügt. Dieses Kategoriensystem auf Stichwort- bzw. Überschriftenniveau ermöglicht es, innerhalb der zuvor definierten sieben Oberkategorien (siehe Schritt 3) zielsicher, z.B. zur Beschreibung der Einzelfälle, auf relevante vertiefende Paraphrasen zurückgreifen zu können. Durch die Nummerierung der Kodiereinheiten in Beziehung zu den darauf aufbauenden Paraphrasen (z.B. Kodiereinheit 12, Paraphrase 12.1) kann darüber hinaus anhand der Auswertungstabellen die Schrittfolge Kodiereinheit, Paraphrase, Reduktion und Generalisierung transparent nachverfolgt werden. Dadurch wird dem Anspruch auf „Interkoder-Reliabilität" folgegeleistet.

Stufe 6- Überprüfung des Kategoriensystems am Ausgangsmaterial: Anhand der schrittweisen transparent nachvollziehbaren Bündelung und Zusammenfassung der Leitungsaussagen zu relevanten im Vorfeld der Untersuchung definierten Aspekten, konnte für jeden Einzelfall ein strukturierter Überblick zu den getroffenen LeiterInnenaussagen erreicht werden. Anhand der gebildeten Kategorien wurden die paraphrasierten Inhalte mit dem Gesprächstranskript abgeglichen, um auszuschließen, dass relevante Informationen zu den sieben Oberkategorien (siehe Schritt 3) verloren gingen.

Trotz der Kategorisierung der Leitungsaussagen wurde bei der Beschreibung der Einzelfälle anhand relevanter, durch die schrittweise Bündelung erarbeiteter, Themenaspekte darauf geachtet, die einzelnen Inhalte in Vernetzung miteinander zu betrachten. Dadurch soll gewährleistet werden, dass der jeweilige Einzelfall ganzheitlich betrachtet wird und die separate Beschreibung der einzelnen Befragungsinhalte zu keiner Zerstückelung und Dekontextualisierung des Einzelfalles und damit zur Aufweichung des qualitativen Forschungsgedankens beiträgt (siehe Kap. 10.).

6.4.3 Vernetzung und wechselseitiger Bezug der beiden Datenquellen

Die schrittweise Zusammenfassung der LeiterInneninterviews, angelehnt an die Analysetechnik der zusammenfassenden Inhaltsanalyse, stellt die Basis dafür dar, um die Aussagen der LeiterInnen nach vergleichbaren Kriterien, jedoch bezogen auf den individuellen Kontext, strukturiert beschreiben zu können. Darüber hinaus ist es angebracht, die erhaltenen Informationen gemäß dem partial-holistischen Anspruch der Untersuchung auf einem höheren, vom Einzelfall losgelösten Bedeutungsniveau zu betrachten. Hierzu wurden relevante quantitative Erkenntnisse der Befragung 2008 mit den komprimierten Aussagen der Leitungskräfte in Beziehung gesetzt. Dieser Abgleich erfolgte im Hinblick auf Daten und Aussagen zur Leitungsrolle, der Veränderung der Leitungstätigkeit mit Blick auf den Orientierungsplan sowie dem Weiterentwicklungsbedarf der Leitungskräfte mit Blick auf den baden-württembergischen Orientierungsplan. Auch Daten und Aussagen zur Beanspruchung und Belastung der Leitungskräfte wurden diesbezüglich in Abgleich miteinander betrachtet. Darüber hinaus fand ein Abgleich von quantitativen und qualitativen Erkenntnissen im Hinblick auf die Verwirklichung der Inhalte des baden-württembergischen Orientierungsplanes sowie im Hinblick auf Hindernisgründe bei der Umsetzung des Planes statt.

Dabei dienten die aufbereiteten Aussagen der Leitungskräfte aus den Pilotkindergärten sowohl als Illustrierung und Vertiefung der quantitativen Erkenntnisse als auch als hypothetische Erklärungsansätze zu aufgezeigten Phänomenen und Problemlagen in Zusammenhang mit der Umsetzung des baden-württembergischen Orientierungsplanes (siehe 11.).

7 Empfindungen der Leitungskräfte bei der Einführung eines Bildungsplanes

Wenige Monate nachdem der „Orientierungsplan für Bildung und Erziehung für die baden-württembergischen Kindergärten" (Ministerium für Kultus, Jugend und Sport Baden-Württemberg 2006) in einer Pilotfassung im Handel erschienen war, wurden im Rahmen des Landesprojektes WIBEOR (wissenschaftliche Begleitung der Implementierung des Orientierungsplanes) der pädagogischen Hochschulen Freiburg und Ludwigsburg landesweit pädagogische Fachkräfte zur Umsetzung des Orientierungsplanes befragt. Diese repräsentative postalische Befragung in Form einer Klumpenstichprobe richtete sich an alle pädagogischen Fachkräfte (inklusive der LeiterInnen) der ausgewählten Einrichtungen. Zur Datenerhebung wurde ein teilstandardisierter Fragebogen eingesetzt. Die ausgefüllten Fragebögen der LeiterInnen wurden anschließend für die vorliegende Untersuchung von den Fragebögen der ErzieherInnen getrennt. (Verschickte Fragebögen an LeiterInnen im Landesteil Baden: 272; Rücklauf 166= ca. 60%). Im weiteren Verlauf wurden die Antworten der LeiterInnen für den Landesteil Baden (Regierungsbezirke Karlsruhe und Freiburg) im Hinblick auf die vorliegende Fragestellung gesichtet, eigenständig und mit freundlicher Genehmigung von Prof. Dr. Norbert Huppertz (Leitung wissenschaftliche Begleitung des Orientierungsplanes – Landesteil Baden) erarbeitet und ausgewertet.

Die LeiterInnen, wie auch die ErzieherInnen, wurden bei dieser Erhebung u. a. in einer offenen Frage zu ihrer Befindlichkeit wie folgt befragt: „Welche Gefühle verbinden Sie mit dem Orientierungsplan?" Zur Beantwortung dieser Frage stand ein Antwortfeld im Unfang von ca. einer halben DinA4 Seite zur Verfügung. Diese Frage wurde von 147 der 166 LeiterInnen teils auch sehr ausführlich beantwortet. Um die Antworten und damit die Einzelfälle, nicht in zahlreiche Einzelkategorien aufzulösen, wurden die 147 Antworten in einem ersten Schritt abgetippt und anschließend nach deren Inhalt in drei Hauptkategorien eingeteilt.

Tab.8   Einteilung der LeiterInnen in drei Empfindungsgruppen bzgl. des Orientierungsplanes

TAB.9	Zahl der Fälle	Prozentangaben
Ausschließlich positive Empfindungen hinsichtlich des Orientierungsplanes (ApE)	45	31%
Gemischte Empfindungen hinsichtlich des Orientierungsplanes (GE)	66	45%
Ausschließlich negative Empfindungen hinsichtlich des Orientierungsplanes (NnE)	36	24%
Gesamt (N= 166; k. A.: 19)	147	100%

Die Kategorien schließen sich gegenseitig aus, sodass jede Nennung einen Einzelfall bzw. die komplette freie Äußerung einer LeiterIn repräsentiert. Die Auswertungsergebnisse dieser offenen Frage zeigen, dass 45% der LeiterInnen (n=147), die diese Frage beantwortet hatten, „gemischte Empfindungen" bezüglich des Orientierungsplanes angeben. 31% äußern ausschließlich „positive Empfindungen" hinsichtlich des Planes und 24% der LeiterInnen bringen nur „negative Empfindungen" hinsichtlich des Orientierungsplanes zum Ausdruck. Dabei lassen sich die Empfindungen - verstanden als all das, was in dieser offenen Frage zum Ausdruck gebracht wird - inhaltlich weiter ausdifferenzieren. Aus diesem Grund wurden die drei Hauptkategorien induktiv nach deren Inhalt feiner untergliedert. Hierbei wurde die Systematik beibehalten, dass jede Einzelkategorie die Gesamtheit eines Einzelfalles und somit einen Fall als Ganzes abbildet. Ausschlaggebend für die Zuteilung war die Gewichtung des Aussagencharakters der jeweiligen Äußerung. Die vorgenommene Einteilung ist dementsprechend nicht als absolut zu betrachten, sondern soll vielmehr gleichgerichtete Antworttendenzen aufzeigen. Die einzelnen Kategorien werden im Folgenden näher beschrieben und durch jeweils mehrere aussagekräftige, die Kategorie beschreibende Originalzitate veranschaulicht. Die Prozentangaben haben gemäß den Überschneidungen bei dieser offenen Form der Zuteilung keinen absoluten sondern eher einen illustrierenden Charakter.

7.1 Ausschließlich positive Empfindungen hinsichtlich des Orientierungsplanes

Die ausschließlich positiven Empfindungen bezüglich des Orientierungsplanes beziehen sich auf 45 Einzelfälle, die in die folgenden induktiv erstellten Kategorien eingeteilt wurden.

Tab.10 Ausschließlich positive Empfindungen bzgl. des Orientierungsplanes

	Zahl der Fälle	Prozentangaben
Orientierung für die Einrichtung und die pädagogische Arbeit	12	26,6%
Bestätigung – vieles davon tun wir bereits	10	22,2%
Gibt Sicherheit und Verbindlichkeit	10	22,2%
Neugierde, Offenheit, Freude, Spannung	8	17,8%
Aufwertung des Stellenwertes der Arbeit	5	11,2%
Gesamt (n= 45 Einzelfälle)	45	100%

7.1.1 Bestätigung – vieles davon tun wir bereits

In dieser Kategorie finden sich die Äußerungen von zehn LeiterInnen, die sich durch den Orientierungsplan bestätigt fühlen. Als Gründe hierfür geben diese LeiterInnen an, dass bereits vieles von dem, was der Orientierungsplan fordere, umgesetzt werde. Ferner gebe der Orientierungsplan „Impulse" und sei wichtig, „um alle Kindergärten auf den Weg zu bringen".

Beispiele:

a) (40Jahre alt, kath. Kindergarten, 55 angem. Kinder, Lage Dorf) *„Bestätigung, dass wir den richtigen Weg schon lange gehen; wichtig um alle Kindergärten auf den Weg zu bringen".*
b) (57Jahre alt, evang. Kindergarten, 70 angem. Kinder, Lage Kleinstadt) *„Ich freue mich darauf, da wir in unserem Haus eigentlich schon danach arbeiten, ohne dass es so benannt wurde".*

c) (43Jahre alt, kommunaler Kindergarten, 70 angem. Kinder, Lage Dorf) *"Viele Aussagen stimmen mit unserer Konzeption überein. Förderung jedes einzelnen Kindes wird schon lange praktiziert, insbesondere der Schulanfänger (Riesentreff)".*

d) (51Jahre alt, kommunaler Kindergarten, 70 angem. Kinder, Lage Großstadt) *"Dass ich mit meiner päd. Arbeit „Situationsansatz" richtig liege. Sicherheit KollegInnen gegenüber, die bisher nur zögerlich nach unserer Konzeption gearbeitet haben. Bestätigung in vielen Bereichen unserer „Qualitätsstandards".*

e) (48Jahre alt, kommunaler Kindergarten, 46 angem. Kinder, Lage Dorf) *"Er bestätigt mir, dass wir schon viele Jahre auf dem richtigen Weg sind! Er zeigt mir aber auch neue Möglichkeiten, Ideen und gibt Impulse".*

7.1.2 Sicherheit und Verbindlichkeit

Die Kategorie „Sicherheit und Verbindlichkeit" umfasst die Aussagen von zehn LeiterInnen, die es nach eigenen Angaben begrüßen, dass es einen Orientierungsplan gibt. Der Plan sorge für Verbindlichkeit und Sicherheit. So äußert sich eine LeiterIn dahingehend, dass nun „endlich" die Arbeit im Kindergarten festgeschrieben sei. Zwei weitere LeiterInnen merken an, dass der Plan gegenüber den Eltern, aber auch den ErzieherInnen eine verbindliche Handhabe darstelle: „Er hätte schon viel früher kommen sollen. Für besorgte Eltern haben wir jetzt was Verbindliches. Das gilt auch für die ErzieherInnen".

Beispiele:

a) (33Jahre alt, kath. Kindergarten, 130 angem. Kinder, Lage Dorf) *"Sicherheit und die Gewissheit, dass alle Kolleginnen die gleichen Ziele verfolgen und umsetzen müssen. Übersichtlichkeit der Arbeit, die Gewissheit auf dem richtigen Weg zu sein".*

b) (47Jahre alt, evang. Kindergarten, 46 angem. Kinder, Lage Kreisstadt) *"Er gibt mir Sicherheit. Der Öffentlichkeit wird die Stellung der Kitas vermittelt. Die Eltern haben eine Orientierung der Kita gegenüber".*

c) (49Jahre alt, kath. Kindergarten, 50 angem. Kinder, Lage Dorf) *"Keine negativen Gefühle. Finde ich gut, dass es einen Orientierungsplan gibt – er gibt uns Sicherheit in der Argumentation mit Eltern. Junge ErzieherInnen werden in der Schule gut vorbereitet auf den Orientierungsplan. Aus der „Beliebigkeit" kommt man / wir alle in die Verbindlichkeit, die bestimmten Bereiche in die Arbeit einfließen zu lassen".*

d) (29Jahre alt, kommunaler Kindergarten, 87 angem. Kinder, Lage Dorf) *"Den schriftlich festgehaltenen Orientierungsplan sehe ich als Chance für ein verbindliches und qualitatives Arbeiten in Kindertageseinrichtungen".*

e) (41Jahre alt, evang. Kindergarten, 97 angem. Kinder, Lage Kreisstadt) *"Freue mich auf die Fortbildungen. Endlich vergleichbare Standards in Kigas. Endlich wurde der Bildungsauftrag des Kigas fortgeschrieben".*

7.1.3 Orientierung für die Einrichtung und die pädagogische Arbeit

Die zwölf LeiterInnenäußerungen dieser Kategorie betonen die strukturierende und orientierende Funktion des Orientierungsplanes. Er diene als „Leitfaden", als „Orientierungshilfe" oder auch als „roter Faden" zur Strukturierung der Einrichtung und der pädagogischen Arbeit. Ferner sei es lohnenswert, sich mit den Impulsfragen des Orientierungsplanes auseinanderzusetzen und die eigene Arbeit anhand des Orientierungsplanes zu reflektieren.

Beispiele:

a) (37 Jahre alt, kath. Kindergarten, 48 angem. Kinder, Lage Kreisstadt) *„Ist als Richtschnur für die Arbeit im Kindergarten sehr wertvoll, verbinde damit die Hoffnung, dass sich Profil des Kindergartens professionalisiert und die Qualität besser und auch messbar wird".*

b) (55 Jahre alt, kommunaler Kindergarten, 100 angem. Kinder, Lage Kreisstadt) *„Wie der Name sagt, Orientierung!"*

c) (41 Jahre alt, kommunaler Kindergarten, 96 angem. Kinder, Lage Dorf) *„Gibt groben Rahmen vor, dient als Arbeitshilfe, gibt Orientierung für die Arbeit".*

d) (49 Jahre alt, kath. Kindergarten, 75 angem. Kinder, Lage Dorf) *„Endlich einen roten Faden in unserer Arbeit – übergreifend für alle: Positiv gestimmt".*

e) (44 Jahre alt, evang. Kindergarten, 52 angem. Kinder, Lage Großstadt) *„Ich mag strukturiertes Arbeiten. Deshalb freue ich mich, dass er eingeführt wird".*

7.1.4 Aufwertung des Stellenwertes der Arbeit

Fünf LeiterInnen bringen ihre Freude darüber zum Ausdruck, dass durch den Orientierungsplan „endlich" der Kindergarten öffentliche Anerkennung bekomme und die dort geleistete Arbeit öffentliche Wertschätzung erfahre.

Beispiele:

a) (41 Jahre alt, kommunaler Kindergarten, 22 angem. Kinder, Lage Dorf) *„Endlich kommt die Elementarpädagogik ins öffentliche Interesse und Erzieher(innen) werden gefordert. Ich empfinde es als bereichernd, Impulse und verstärkt Weiterbildung zu erhalten. Es macht mich neugierig".*

b) (38 Jahre alt, kath. Kindergarten, 108 angem. Kinder, Lage Dorf) *„Die Arbeit der ErzieherIn erhält einen höheren Stellenwert = Freude".*

c) (47 Jahre alt, kath. Kindergarten, 60 angem. Kinder, Lage Kreisstadt) *„Er hebt den Stellenwert des Kindergartens und der Arbeit der ErzieherInnen an".*

d) (50 Jahre alt, evang. Kindergarten, 46 angem. Kinder, Lage Kleinstadt) *„Ich habe das Gefühl, dass dadurch der Bereich Kindergarten (unsere Arbeit) mehr aufgewertet wird".*

e) (46 Jahre alt, kommunaler Kindergarten, 24 angem. Kinder, Lage Dorf) *„Unterstützung, Ansprechpartner, unser Beruf wird ernst genommen, Erziehung und Bildung muss in Verbindung mit Schule und Elternhaus stehen".*

7.1.5 Neugierde, Offenheit, Freude, Spannung

Acht der befragten badischen LeiterInnen von Kindertageseinrichtungen verbinden bezüglich der pädagogischen Arbeit eine positive Spannung und Neugierde mit dem Orientierungsplan. Diese Empfindungen sind bei den Befragten mit Gefühlen der Sicherheit, Freude und Bestätigung verbunden.

Beispiele:

a) (42 Jahre alt, kommunaler Kindergarten, 40 angem. Kinder, Lage Dorf) *„Freude, Spannung, Vorfreude, Sicherheit, Bestätigung, Hoffnung und vor allem auf alle Fälle positive Gefühle!!!"*

b) (46 Jahre alt, evang. Kindergarten, 82 angem. Kinder, Lage Dorf) *„Vorfreude, Sicherheit, Erwartung".*

c) (30 Jahre alt, kommunaler Kindergarten, 64 angem. Kinder, Lage Dorf) *„Ich bin offen und neugierig".*

d) (29 Jahre alt, kommunaler Kindergarten, 76 angem. Kinder, Lage Dorf) *„Positive Sichtweise vom Kind, vom Erzieherverhalten und Lern- und Entwicklungsziele. Freude, Neugierde, teilweise Begeisterung, Übereinstimmung".*

e) (39 Jahre alt, kommunaler Kindergarten, 78 angem. Kinder, Lage Kreisstadt) *„Ich bin neugierig auf die Veränderungen in der Praxis. Es freut mich, dass durch den Orientierungsplan die Öffentlichkeit über den Kindergarten als Bildungseinrichtung nachdenkt und diskutiert".*

7.2 „Gemischte Empfindungen" hinsichtlich des Orientierungsplanes

Die „gemischten Empfindungen" (n=66) der LeiterInnen wurden in folgende Unterkategorien bzw. Einzelfälle untergliedert. Die Einzelfälle beinhalten jeweils positive wie negative Empfindungen hinsichtlich des Orientierungsplanes.

Tab.11 Gemischte Empfindungen bzgl. des Orientierungsplanes

Sowohl Positives aber ...	Zahl der Fälle	Prozentangaben
... vermehrte Anforderungen an die Einrichtungsleitung	21	31,8%
... auch Skepsis und Kritik hinsichtlich des Plans	13	19,8%
... zu schlechte Rahmenbedingungen	9	13,6%
... zeitliche Probleme	9	13,6%
... auch Druck und Unsicherheit bei der Leitung	8	12,2%
... auch verschiedene Bedenken hinsichtlich des Plans	6	9,0%
Gesamt (n=66 Einzelfälle)	66	100%

7.2.1 Sowohl Positives aber zu schlechte Rahmenbedingungen

In dieser Kategorie finden sich Aussagen von LeiterInnen wieder, die einerseits positive Empfindungen bezüglich des Orientierungsplanes äußern, jedoch skeptisch sind, was die Umsetzung des Orientierungsplanes unter den gegebenen Rahmenbedingungen betrifft. Grundsätzlich begrüßen es diese Leitungskräfte eigenen Angaben zufolge, dass es einen Orientierungsplan gebe. Als Gründe hierfür geben die LeiterInnen an, dass durch den Plan die Bildungsdiskussion angeregt werde, dass der Plan zu mehr Transparenz nach außen beitrage und die Weiterentwicklung der Elementarpädagogik fördere. Jedoch wird bezweifelt, dass der Plan unter den gegebenen Rahmenbedingungen ganz bzw. überhaupt umsetzbar sei.

Beispiele:

a) (44Jahre alt, kath. Kindergarten, 55 angem. Kinder, Lage: Kreisstadt) *„Gut formuliert; dokumentiert die Arbeit, die wir tun bzw. deren Schwerpunkte und Zielsetzungen. Leider!!! passen die immer noch schlechten Rahmenbedingungen nicht dazu! Daher ist die praktische Umsetzung erschwert bzw. teilweise unmöglich".*

b) (49Jahre alt, sonstiger Träger, 146 angem. Kinder, Lage: Kleinstadt) *„Einerseits gut, dass die Öffentlichkeit besser informiert ist. Man kann sich besser kontrollieren. Andererseits, wie soll man manches umsetzen bei einer Gruppenstärke von 25-27-28 Kindern. Und Geld ist auch keines da. Schade!"*

c) (42Jahre alt, evang. Kindergarten, 92 angem. Kinder, Lage: Kleinstadt) *„Ich finde ihn wichtig, freue mich über Weiterentwicklung „in der Kiga-Pädagogik" (der frühen Kindheit). Bin aber auch wütend, weil Wertschätzung für den ErzieherInnenberuf weiterhin fehlt - Rahmenbedingungen schlecht sind – finanzielle Mittel in der Bildung überhaupt fehlen. Auch an Schulen sind katastrophale Verhältnisse. Da ist die Politik gefragt".*

d) (35Jahre alt, kommunaler Kindergarten, 60 angem. Kinder, Lage: Dorf) *„Freude, dass die Bildungsdiskussionen endlich auch den Elementarbereich mit einbeziehen. Ungutes Gefühl in Bezug auf die Umsetzbarkeit (Rahmenbedingungen wie Personal & Zeit)".*

e) (49Jahre alt, kommunaler Kindergarten, 51 angem. Kinder, Lage: Dorf) *„Es gibt oder entwickelt sich etwas, auf das man zugeht - Orientierung / Zielsetzungen. Es soll hopp la hopp entwickelt sein, Zeit- und Leistungsdruck steigen enorm. Hohe Zielsetzungen, Erwartungen bei fehlenden Rahmenbedingungen – Frust".*

7.2.2 Sowohl Positives aber zeitliche Probleme

Die Ambivalenz der Aussagen in der Kategorie „sowohl Positives aber zeitliche Probleme", zeigt sich ebenfalls anhand der Einschätzung der Rahmenbedingungen. Trotz einer überwiegend positiven Sichtsweise des Orientierungsplanes empfinden diese Leitungskräfte die zur Umsetzung des Planes zur Verfügung stehende Zeit als zu gering. Der empfundene Zeitmangel gilt vor allem den anfallenden Dokumentationsaufgaben, die nach Ansicht der LeiterInnen, mit der Einführung des Orientierungsplanes in zunehmendem Maße verbunden seien. Dieser hohe „Schreibaufwand", auch in einem Fall als „mehr Bürokratismus" bezeichnet, bereitet mehreren LeiterInnen nach eigenen Angaben „Sorgen" bzw. löst gemischte Empfindungen aus. Auch deswegen, da durch die vermehrte Dokumentation die Arbeit am Kind zu kurz komme.

Beispiele:

a) (47Jahre alt, kommunaler Kindergarten, 66 angem. Kinder, Lage: Dorf) *„Bessere Einsicht unserer Arbeit für die Eltern. Für uns sehr viel mehr schriftliche Arbeit (woher wir die Zeit nehmen sollen, ist mir noch nicht klar), aber sonst eine interessante Aufgabe".*

b) (43Jahre alt, kath. Kindergarten, 25 angem. Kinder, Lage: Dorf) *„Hoffnung auf neue Chancen insbesondere bei der Zusammenarbeit mit den Eltern. Mehr Bürokratismus. (Dokumentation) lässt uns weniger Zeit bei der Arbeit mit dem Kind".*

c) (51Jahre alt, kath. Kindergarten, 14 angem. Kinder, Lage: Dorf) *„Freude über Aufwertung des Erzieherberufes. Erleichterung, da ich schon lange so arbeite und mich jetzt besser orientieren kann. Sorge, ob uns Zeit für Beobachtung und Dokumentation gegeben wird".*

d) (45Jahre alt, evang. Kindergarten, 70 angem. Kinder, Lage: Großstadt) *„Im Moment nimmt die Theorie in der Kindergartenarbeit sehr viel Raum ein (Konzeption, Leistungsbeschreibung, Profil evang. Kitas, Orientierungsplan ...) Der zeitliche Rahmen dafür wurde uns aber nicht gegeben. Dadurch leidet die praktische Arbeit (z.B. Ausarbeitung von Projekten). Ich fühle mich dadurch hin- und hergerissen".*

e) (32Jahre alt, kommunaler Kindergarten, 56 angem. Kinder, Lage: Dorf) *„Informationsveranstaltungen. Hoffnung auf Fortbildungen zum Thema Elternbefragung. Das Portfolio macht mir Angst – fehlt die Zeit dazu. Alles in allem „fühle" ich uns auf dem richtigen Weg".*

7.2.3 Sowohl Positives aber auch Druck und Unsicherheit bei der Leitung

An subjektiv Positivem äußern acht LeiterInnen u. a., dass Sie bereits vieles von dem, was der Orientierungsplan fordere, erfüllen würden. Dadurch entstehe ein Gefühl der Sicherheit und Bestätigung. Andererseits wird durchaus kritisch angemerkt, dass der Orientierungsplan zu einem „Legitimationszwang" z.B. gegenüber den Eltern führen könne. Aber auch Druck durch den Träger und „Konkurrenz unter den einzelnen Einrichtungen" werden als mögliche Konsequenzen des Orientierungsplanes genannt.

Beispiele:

a) *(48 Jahre alt, sonstiger Träger, 12 angem. Kinder, Lage: Kreisstadt)* „*Zufriedenheit, dass nun vieles, was wir seit Jahren tun, offiziell als Ziel benannt wird. Sorge, dass es zu einem „Legitimationszwang kommt, bei dem es dann hauptsächlich um „schön bedrucktes Papier" (Konzeptionen/ Dokumentationen etc.) geht und weniger um die tatsächlich geleistete praktische Arbeit".*

b) *(27 Jahre alt, evang. Kindergarten, 52 angem. Kinder, Lage: Kleinstadt)* „*Zum einen gibt er Sicherheit, da man vieles schon macht und umsetzt, man muss dies nur umbenennen. Man hat auch Anhaltspunkte und macht sich viele Dinge noch mal bewusster. Zum anderen steht man unter Druck, ob man dem allen gerecht werden kann und es entsteht auch immer mehr Konkurrenz unter den einzelnen Einrichtungen".*

c) *(41 Jahre alt, kath. Kindergarten, 57 angem. Kinder, Lage: Dorf)* „*Im Grunde setzen wir den Orientierungsplan schon lange um, das meiste steht in ähnlicher Form in unserer Konzeption. Es ist manchmal ein Druck von den Eltern da, die im Hinblick auf de Orientierungsplan noch viel mehr einfordern. Auch die Schule setzt die 1:1-Umsetzung voraus".*

d) *(42 Jahre alt, evang. Kindergarten, 78 angem. Kinder, Lage: Kleinstadt)* „*Toll für die Kinder, eher Unsicherheit bei den KollegInnen, etwas Druck, Neugierde, Tatendrang, zu wenig Information in der Umsetzung".*

e) *(46 Jahre alt, evang. Kindergarten, 46 angem. Kinder, Lage)* Großstadt: „*Neugier, Spannung, Hoffnung. Im Umfeld erlebe ich auch Panik, Angst, Überbewertung und Ärger".*

7.2.4 Sowohl Positives aber auch vermehrte Anforderungen an die Leitung

Neben Empfindungen wie „Neugierde, Spannung, Optimismus, Sicherheit und Herausforderung" beinhalten die Aussagen der Leitungskräfte in dieser Kategorie kritische und unsichere Töne, welche besonders Fragen der Umsetzung des Orientierungsplanes betreffen. Diese Äußerungen stehen mehrfach in Verbindung mit Fragen der Leitungstätigkeit, z.B. „Wie motiviere ich mein Team?", „Müssen wir uns neu organisieren?" oder „Werde ich es schaffen, all dies in der Praxis umzusetzen?" Aber auch eine gewisse Ratlosigkeit und Verwirrung schwingt bei den Antworten der LeiterInnen dieser Kategorie mit, z.B. hinsichtlich des Orientierungsplanes als einem „Skelett, das ich mich Leben erfüllen kann".

Beispiele:

a) *(41 Jahre alt, kommunaler. Kindergarten, 22 angem. Kinder, Lage: Dorf)* „*Wie setzen wir ihn um? Können sich alle Teammitglieder mit ihm anfreunden? Welche neuen Arbeitsmethoden werden erforderlich?" Müssen wir uns neu organisieren? Oder: Ist nur alles nun anders verpackt?"*

b) *(54 Jahre alt, kath. Kindergarten, 81 angem. Kinder, Lage: Dorf)* „*Werde ich es schaffen, all dies in der täglichen päd. Praxis umzusetzen? Wie motiviere ich mein Team? Super, einen Teil setzen wir schon in unserer päd. Arbeit um!"*

c) *(41 Jahre alt, kath. Kindergarten, 72 angem. Kinder, Lage: Kreisstadt)* „*Einerseits ist es gut, dass nicht mehr alles beliebig ist. Andererseits stehe ich der Umsetzung etwas hilflos gegenüber. Ich erwate viel von den Fortbildungsmodulen (vor allem Modul 1)".*

d) *(32 Jahre alt, evang. Kindergarten, 32 angem. Kinder, Lage: Dorf)* „*Sicherheit, Herausforderung, in manchen Bereichen Überforderung, Neugierde, Unsicherheit, Kontrolle, Chance".*

e) *(54 Jahre alt, kommunaler. Kindergarten, 78 angem. Kinder, Lage: Kleinstadt)* „*Zuversicht, weil wir auf einem guten Weg sind, bereits viel umsetzen, was gefordert wird. Unsicherheit, wie wir alles zeitlich bewältigen können. Wie vermittle ich alles im Team? Wie sieht die Dokumentation aus? Muss alles einheitlich sein? Etc.".*

7.2.5 Sowohl Positives aber auch Skepsis und Kritik hinsichtlich des Planes

Die Kategorie „sowohl Positives aber auch Skepsis und Kritik hinsichtlich des Orientierungsplanes" enthält Äußerungen von LeiterInnen, die den Orientierungsplan als „roten Faden" akzeptieren, jedoch unterschiedlichste Kritikpunkte inhaltlicher Art gegenüber dem Plan vorbringen. Es wird mehrfach geäußert, dass der Plan „nichts Neues" darstelle. In einem Fall wird in diesem Zusammenhang gemutmaßt, ob sich der baden-württembergische und der sehr umfassende bayerische Bildungsplan noch „angleichen" werden. Trotz der Kritik wird an mehreren Stellen geäußert, dass der Plan „notwendig sei" und durch den Plan „endlich eine allgemeine Richtlinie" vorhanden sei. Gleichzeitig erscheint gerade der Verbindlichkeitsgrad des Planes mehreren LeiterInnen als zu gering.

Beispiele:

a) (48Jahre alt, kommunaler. Kindergarten, 44 angem. Kinder, Lage: Kreisstadt) *„Zu sehr Bildung im Vordergrund. Zu viel Unverbindlichkeit. Neugier auf Neues. Teils auch Unbehagen: Was wird noch von uns gefordert, erwartet ..."*.

b) (32Jahre alt, kath. Kindergarten, 45 angem. Kinder, Lage: Kleinstadt) *„Nichts Neues, unterster Standard, roter Faden, Checkliste, Reflexion"*.

c) (50Jahre alt, sonstiger Träger, 70 angem. Kinder, Lage: Kreisstadt) *„Gute ErzieherInnen haben schon immer Bildung vermittelt. Für weniger gute Kindergärten ist es wichtig einen Orientierungsplan zu haben"*.

d) (43Jahre alt, kath. Kindergarten, 65 angem. Kinder, Lage: Dorf) *„Verbindlichkeitsgrad und Freiraum geben roten Faden und motivieren mich, selbsttätig und kreativ zu handeln (Freude am Beruf – Berufswahl). Sorge bezüglich des wachsenden Arbeitspensums bei gleichbleibender Verfügungszeit/ Personalschlüssel. Aufbruchstimmung bezüglich neuer Wege für intensivere Elternpartnerschaft. Kontakt mit LeherInnen ist bereits gut und regelmäßig. Wohin mit all den Dokumentationen und Portfolios – Stauraum im Gruppenraum (250 Ordner und mehr ...) Verschlusssicher! Archiv ...?"*

e) (56Jahre alt, kath. Kindergarten, 24 angem. Kinder, Lage Dorf) *„Es freut mich, dass damit dem Kiga mehr Bedeutung als Bildungseinrichtung zugebilligt wird. Endlich ist es nicht mehr ganz in das Belieben des Personals gestellt, ob überhaupt und was in einem Kiga angeboten wird. Eine Form von Kontrolle fehlt mir"*.

7.2.6 Sowohl Positives aber auch verschiedene Bedenken hinsichtlich des Planes

Neben den positiven Empfindungen Freude, Aufbruchstimmung und Aufwertung des Erzieherberufs durch den Orientierungsplan, sind bei den Aussagen dieser LeiterInnen Bedenken verschiedenster Art hinsichtlich des Orientierungsplanes zu konstatieren. Diese beziehen sich auf geäußerte Ängste, spezifische Aufgaben wie Beobachtung und Dokumentation und auf befürchtete Veränderungen, wie z.B. eine konzeptionelle Überarbeitung.

Beispiele:

a) (40Jahre alt, kommunaler Kindergarten, 84 angem. Kinder, Lage Dorf) *„<u>Chance</u>, etwas zu bewegen, zu ändern z.B. Rahmenbedingungen. Am Anfang waren jedoch auch sehr viele Ängste und offene Fragen mit dabei"*.

b) (38Jahre alt, kath. Kindergarten, 60 angem. Kinder, Lage Kleinstadt) *„Teilweise werde ich in meiner praktischen Arbeit bestätigt, jedoch bestehen Bedenken bezüglich Dokumentationen und Berichten"*.

c) (27 Jahre alt, sonstiger Träger, 17 angem. Kinder, Lage Kreisstadt) *„Aufwertung des Erzieherberufes. Konzeptionelle Umgestaltung in Bezug auf den Orientierungsplan. Viel Arbeit mit hoffentlich positivem Ergebnis. Sind die Erzieherschulen auf dem aktuellsten Stand? Gefahr der Verschulung des Kindergartens".*

d) (40 Jahre alt, kath. Kindergarten, 75 angem. Kinder, Lage Dorf) *„Freue mich, dass einiges auf dem Papier steht, was bei uns zum Alltag gehört. Hoffe, dass der Orientierungsplan nicht mehr Arbeit schafft, die dann am Kind abgeht".*

e) (31 Jahre alt, kommunaler Kindergarten, 79 angem. Kinder, Lage Dorf) **Ärger:** *Viele Leute denken, dass es nun erst mit dem Orientierungsplan richtig funktioniert und erst jetzt Bildung geschieht.* **Freude:** *Den Orientierungsplan finde ich gut geschrieben. Unser Kindergarten findet sich darin zum großen Teil wieder".*

7.3 Ausschließlich negative Empfindungen

Wie bereits ersichtlich wurde, standen im Sommer 2006 nicht alle LeiterInnen dem Orientierungsplan positiv gegenüber. Vielmehr verbinden einige Leitungskräfte auch unangenehme Empfindungen mit der Einführung des Orientierungsplanes. So äußern sich 36 LeiterInnen (24%) in ihren Antworten ausschließlich negativ bezüglich des Orientierungsplanes. Diese LeiterInnen wurden in folgende Unterkategorien untergliedert.

Tab.12 Ausschließlich negative Empfindungen bzgl. des Orientierungsplanes

	Zahl der Fälle	Prozentangaben
Unsicherheit, Stress und Druck bei der Leitung	14	39%
Mehraufwand, Überforderung und schlechte Rahmenbedingungen	9	25%
Kritik und Skepsis hinsichtlich des Orientierungsplanes	9	25%
Zu geringer Verbindlichkeitsgrad des Orientierungsplanes	4	11%
Gesamt (n=36 Einzelfälle)	36	100%

7.3.1 Unsicherheit, Stress und Druck bei der Leitung hinsichtlich der Umsetzung

14 LeiterInnen verbinden mit dem Orientierungsplan Empfindungen wie Stress, Druck oder Unsicherheit. Hierfür werden mehrere Gründe genannt. Einerseits herrscht bei diesen LeiterInnen nach eigenen Angaben Unsicherheit hinsichtlich der konkreten Umsetzung des Planes vor, andererseits wird der Orientierungsplan als ein Druckmittel vonseiten der Eltern und der Politik empfunden. Ferner besteht Unsicherheit hinsichtlich des Umgangs mit dem Team, welches ebenfalls verunsichert sei bzw. „zögerlich (…) mit Neuerungen" umgehe.

Beispiele:

a) (55 Jahre alt, evang. Kindergarten, 55 angem. Kinder, Lage Dorf) *„Hoffentlich kann ich das alles bewältigen. Vielleicht auch viel Unsicherheit. Infos könnten besser sein".*

b) (36 Jahre alt, kath. Kindergarten, 56 angem. Kinder, Lage Kleinstadt) *„Unsicherheit, Mehrarbeit, Stress, Druck durch Politik und Eltern".*

c) (43 Jahre alt, kommunaler Kindergarten, 41 angem. Kinder, Lage Kreisstadt) *„Anforderungen, die unser Klientel überfordern könnten. Unsicher im Bezug auf praktische Umsetzung in unserer Einrichtung. Unsicherheit bei der Durchführung und Anleitung des Teams".*

d) (42 Jahre alt, kommunaler Kindergarten, 91 angem. Kinder, Lage Dorf) *"Unsicherheit, wie setze ich ihn um?"*

e) (50 Jahre alt, kommunaler Kindergarten, 86 angem. Kinder, Lage Dorf) *"Als LeiterIn empfinde ich ziemlichen Druck, wenn ich an die Umsetzung denke, weil ich weiß, wie zögerlich meine MitarbeiterInnen mit Änderungen und Neuerungen umgehen".*

7.3.2 Mehraufwand, Überforderung und schlechte Rahmenbedingungen

Neun LeiterInnen assoziieren mit dem Orientierungsplan Mehraufwand, der unter schlechten Rahmenbedingungen zu erbringen sei. Hierzu zählen die zur Verfügung stehende Zeit, aber auch der als unzureichend angesehene Personalschlüssel. In diesem Zusammenhang äußern diese Leitungskräfte Empfindungen wie „Frust" und „Stress".

Beispiele:

a) (47 Jahre alt, evang. Kindergarten, 68 angem. Kinder, Lage Kleinstadt) *"Na ja, woher soll ich die Zeit dazu nehmen?"*

b) (28 Jahre alt, kath. Kindergarten, 136 angem. Kinder, Lage Dorf) *"Angst, weil die ganze Arbeit nebenbei geführt werden muss und sehr viel Freizeit geopfert werden muss!!!"*

c) (39 Jahre alt, evang. Kindergarten, 48 angem. Kinder, Lage Dorf) *"Noch mehr Erwartungen, Ansprüche, die mit dem gleichen Personalschlüssel umgesetzt werden sollen. Weitere Belastungen, aber wenig Hilfe und Unterstützung von Außen".*

d) (43 Jahre alt, sonstiger Träger, 50 angem. Kinder, Lage Dorf) *"Ist mit schriftlicher Arbeit verbunden. Nimmt dadurch mehr Zeit in Anspruch, die sonst für die Kinder da ist. Bringt keine Verbesserung beim Personalschlüssel. Erzieher sind allein gelassen. Keine ausreichenden Fortbildungen für alle ErzieherInnen".*

e) (59 Jahre alt, kommunaler Kindergarten, 107 angem. Kinder, Lage Großstadt) *"Wie viel Unterstützung bekommen wir vom Land? Ist es nicht nur ein Schuss ins Blaue? Viel Arbeit, viel Stress, wenig Personal? Was leidet darunter?"*

7.3.3 Kritik und Skepsis hinsichtlich des Orientierungsplanes

Kritik und Skepsis bestimmen die neun LeiterInnen, die sich in dieser Kategorie wiederfinden. Mehrere dieser LeiterInnen zweifeln das Niveau des Orientierungsplanes an, der „nichts Neues" darstelle. Andere wiederum empfinden den Plan als zu unkonkret und schlecht handhabbar.

Beispiele:

a) (49 Jahre alt, evang. Kindergarten, 48 angem. Kinder, Lage Dorf) *"Gemischte Gefühle, zu vieles oberflächlich, pauschal - Unterkursniveau Erzieherausbildung. Für Eltern usw. gut zu verstehen".*

b) (36 Jahre alt, kommunaler Kindergarten, 45 angem. Kinder, Lage Dorf) *"Die Inhalte des Orientierungsplanes sind einem gut ausgebildeten Erzieher bekannt und bilden somit nichts Neues".*

c) (33 Jahre alt, evang. Kindergarten, 14 angem. Kinder, Lage Dorf) *"Viel Wirbel um nichts, weil eh keine Gelder vorhanden sind, um neue Dinge umzusetzen".*

d) (26 Jahre alt, sonstiger Träger, 52 angem. Kinder, Lage Großstadt) *"Ungereimtheit, Gelassenheit".*

e) (46 Jahre alt, evang. Kindergarten, 72 angem. Kinder, Lage Dorf) *"Ich stehe dem Orientierungsplan eher abwartend gegenüber und bin gespannt, zu welchen Ergebnissen die Pilotphase führt".*

7.3.4 Zu geringer Verbindlichkeitsgrad des Orientierungsplanes

Wie bereits bei der vorangegangenen Kategorie dominiert bei vier LeiterInnen, welche die Kategorie „zu geringer Verbindlichkeitsgrad des Orientierungsplanes" bilden ein kritischer

Ton. Diesen LeiterInnen erscheint der Orientierungsplan als zu unverbindlich, zu wenig gehaltvoll und schwer zu greifen.

Beispiele:

a) (34 Jahre alt, kath. Kindergarten, 46 angem. Kinder, Lage Kreisstadt) *„Gefällt mir nicht so gut, da doch noch jede ErzieherIn tun und lassen kann, was sie will".*

b) (42 Jahre alt, sonstiger Kindergarten, 67 angem. Kinder, Lage Dorf) *„Mir wäre lieber, wenn der Orientierungsplan verpflichtend wäre. So kann jede Einrichtung den Orientierungsplan umsetzen oder nicht. Da wir viele Bereiche aus dem Orientierungsplan schon umsetzen, ändert sich für uns nicht viel".*

c) (30 Jahre alt, kath. Kindergarten, 122 angem. Kinder, Lage Dorf) *„Zu wenig Inhalt im Vergleich zu Bayern/ Berlin. Lässt zu viel Freiraum für Einrichtungen, die bisher vor sich hingearbeitet haben".*

d) (41 Jahre alt, kommunaler Kindergarten, 25 angem. Kinder, Lage Dorf) *„Ist nicht greifbar".*

7.4 Charakteristika der drei Empfindungsgruppen

Die induktive Einteilung der LeiterInnen in die drei Hauptgruppen „ausschließlich positive Empfindungen", „gemischte Empfindungen" und „ausschließlich negative Empfindungen" sowie die feinere Untergliederung dieser drei Gruppen charakterisieren den unterschiedlichen persönlichen Zugang der befragten LeiterInnen zum Orientierungsplan. Die Meinungsdifferenzen der drei Hauptgruppen spiegeln sich auch anhand von standardisiert erhobenen Items zu den Aspekten Motivation, Druck, Sicherheit und Qualitätsentwicklung im Team wieder. Die anhand der offenen Frage vorgenommene Dreiteilung der LeiterInnen wurde nachträglich in den Datensatz in Form einer Variable übertragen und in Beziehung zu den folgenden vier Items gesetzt (siehe Tabelle auf der folgenden Seite).

Die Ergebnisse zu dieser Ex-Post-Facto-Hypothese bzw. Untersuchung bestätigen die Annahme, dass sich die drei LeiterInnengruppen signifikant voneinander bezüglich deren Verhältnis zum Orientierungsplan unterscheiden. So unterscheiden sich die Gruppen signifikant im Hinblick auf die definierten Items. Erwartungsgemäß ist bei den Angehörigen der Gruppe „ausschließlich positive Empfindungen" die Einführung des Orientierungsplanes mit mehr Sicherheit, mehr Motivation, mehr Optimismus im Hinblick auf die Qualitätsentwicklung im Team und weniger Druck verbunden. Die Angehörigen dieser Gruppe zeichnen sich durchschnittlich durch ein hohes, durch den Orientierungsplan verliehenes Maß an Sicherheit, wenig empfundenen „Druck" durch den Plan und eine hohe Motivation durch den Plan aus. Zudem sind diese Leitungskräfte zuversichtlicher, dass der Orientierungsplan zur Verbesserung der Arbeit in ihrem Team beitrage.

Empfindungen kategorisiert		Der Orientierungsplan gibt mir Sicherheit.	Der Orientierungsplan macht mir Druck.	Der Orientierungsplan wird mich in meiner Arbeit motivieren.	Der Orientierungsplan wird die Arbeit in unserem Team verbessern.
1 Ausschließlich positive Empfindungen	MW	4,07	2,28	4,11	3,51
	n	42	39	45	43
	SD	,838	1,025	,775	,985
2 Gemischte Empfindungen	MW	3,34	2,80	3,60	3,32
	n	59	56	58	57
	SD	,883	1,135	,877	1,020
3 Ausschließlich negative Empfindungen	MW	3,00	3,43	2,94	2,92
	n	36	35	35	36
	SD	,986	1,420	1,083	1,079
Insgesamt	MW	3,47	2,82	3,60	3,27
	N	147 (k.A.: 10)	147 (k.A.:17)	147 (k.A.:9)	147 (k.A.:11)
	SD	,986	1,256	1,000	1,043
Anova		Sig. 0,0 (F=14,9)	Sig. 0,0 (F=8,6)	Sig. 0,0 (F=16,45)	Sig. 0,037 (F=3,39)
Post hoc (p<0,05)		(1 zu 2+3)	(1 zu 3)	(1 zu 2 zu 3)	(1 zu 3)
Skala: 1= lehne ab; 5= stimme zu					

Tab.13 Induktiv gebildete Empfindungsgruppen in Beziehung zu standardisierten Einschätzungen

Verglichen dazu empfinden die Angehörigen der Gruppe „gemischte Empfindungen" durchschnittlich weniger Sicherheit, verspüren jedoch mehr Druck durch den Plan. Ferner zeigen sich diese LeiterInnen durchschnittlich weniger motiviert durch den Plan und hegen geringere Erwartungen an den Innovationscharakter des Orientierungsplanes bezüglich dessen Auswirkungen auf die Arbeit im Team. Die LeiterInnen der Gruppe „ausschließlich negative Empfindungen" zeichnen sich durchschnittlich durch das geringste Sicherheitsempfinden im Gegenzug dazu jedoch das höchste Druckempfinden der drei Gruppen bezüglich der Einführung des Orientierungsplanes aus. Dieses Druckempfinden äußert sich auch in einer deutlich niedereren Motivierung durch den baden-württembergischen Orientierungsplan. Ferner prognostizieren die Leitungskräfte der Gruppe „nur negative Empfindungen" durchschnittlich weniger durch den Orientierungsplan eingeläutete Qualitätsveränderungen in ihrem Team.

Mit Blick auf die verbindliche Einführung des Orientierungsplanes im Kindergartenjahr 2009/ 2010 sind diese drei „Rezeptionstypen" in Augenschein zu nehmen. Rezeptionstyp 1 („ausschließlich positive Empfindungen") weist den geringsten Anteil an problematischen Äußerungen auf. Vielmehr zeigen sich diese Leitungskräfte hinsichtlich der Umsetzung motiviert und fühlen sich sicher. Allerdings sind künftig Aussagen in der Praxis zu untersuchen, welche die Bestätigung durch den Plan zum Ausdruck bringen und sich darin äußern, dass eigentlich vieles von dem, was der Plan verlange, bereits umgesetzt sei und man nichts zu ändern brauche. Rezeptionstyp zwei („gemischte Empfindungen") steht grundsätzlich in der Mehrheit der Fälle dem Plan positiv gegenüber, verspürt aber weniger Sicherheit, weniger Motivation, dafür aber mehr Druck und steht dem Innovationscharakter des Planes skeptischer gegenüber. Dieser Typ bildet in der vorliegenden Untersuchung mit 45% der Stimmen die stärkste Fraktion. Rezeptionstyp 3 („ausschließlich negative Empfindungen") ist mit Blick auf die Umsetzung problematisch. Vor allem die geringe Motivation im Hinblick auf den Plan, gleichzeitig aber der als hoch empfundene Druck durch die Einführung des Orientierungsplanes lassen vermuten, dass sich diese LeiterInnen nicht mit vollem Engagement aber auch nicht mit der notwendigen Sicherheit und persönlichen Belastbarkeit der Umsetzung des Planes widmen werden und können.

Warum die Druckempfindung besonders bei den LeiterInnen der Gruppe 3 („ausschließlich negative Empfindungen") besonders hoch ausgeprägt ist, lässt sich in dieser Untersuchung nicht vollständig klären. Allerdings zeigt sich in der vorliegenden Untersuchung ein signifikanter negativer Zusammenhang zur Druckempfindung der LeiterIn und der Bewertung des Teamwillens zur Umsetzung des Orientierungsplanes (Spearman-Rho -,273, Signifikanz<0,01). Das bedeutet, dass genügend vorhandene Motivation innerhalb des Teams zur Umsetzung des Orientierungsplanes, mit weniger Druck aufseiten der LeiterIn in Verbindung steht. Ferner sind die Meinungen der drei Gruppen zum Verbindlichkeitsgrad und Weisungscharakter des baden-württembergischen Orientierungsplanes (in der Pilotfassung von 2006) unterschiedlich ausgeprägt. (siehe folgende Tabelle)

	Der Orientierungsplan ist in seinen Vorgaben ...			
	zu konkret	gerade richtig	zu offen	Gesamt
Ausschließlich positive Empfindungen	-	36	7	43
	-	83,7%	16,3%	100,0%
Gemischte Empfindungen	-	40	15	55
	-	72,7%	27,3%	100,0%
Ausschließlich negative Empfindungen	-	16	18	34
	-	47,1%	52,9%	100,0%
Gesamt	-	92	40	132
	-	69,7%	30,3%	100,0%
Kontingenzkoeffizient ,294; Signifikanz ,002				

Tab.14 Verbindlichkeitsgrad des Orientierungsplanes nach Rezeptionsgruppen

16,3% der ausschließlich positiv eingestellten LeiterInnen empfinden den Plan als zu offen. Bei den ambivalenten LeiterInnen der Kategorie „gemischte Empfindungen" beträgt der Anteil der LeiterInnen, die den Plan als zu offen empfinden 26,7%. Dagegen bewerten 52,9% der LeiterInnen, die dem Plan ausschließlich negative Empfindungen entgegenbringen, den Plan als zu offen. Besonders bei letzterer Gruppe ist zu vermuten, dass diese Einschätzung in Verbindung mit geäußerten Empfindungen wie Unsicherheit in der Umsetzung des Planes im Alltag und Unsicherheit in der Anleitung und Motivierung des Teams steht.

Was brauchen LeiterInnen zur Umsetzung des baden-württembergischen Orientierungsplanes? Hierzu wurden die LeiterInnen in Form einer offenen Frage wie folgt gefragt: „Was brauchen Sie am dringlichsten zur Umsetzung des Orientierungsplanes?" Die geäußerten Mehrfachantworten dieser offenen Frage wurden im Folgenden kategorisiert und mit den drei LeiterInnengruppen in Beziehung gesetzt. (siehe Tabelle auf der folgenden Seite). Hinsichtlich der Wünsche und deren Ausprägung unterscheiden sich die drei Gruppen nicht wesentlich voneinander. So werden vor allem mehr Zeit, mehr Personal, eine bessere Ausstattung und mehr Fortbildungen für die LeiterInnen zum Orientierungsplan gewünscht. Allerdings wünschen sich die Angehörigen der Gruppe drei („ausschließlich negative Empfindungen" bzgl. des Orientierungsplanes) häufiger Anleitung und Begleitung hinsichtlich der Umsetzung des Orientierungsplanes.

	Nur positive Empfindungen		Gemischte Empfindungen		Nur negative Empfindungen	
	N	Prozent	N	Prozent	N	Prozent
- mehr Zeit	20	26,7%	36	29,8%	14	19,7%
- mehr Personal	12	16,0%	27	22,3%	19	26,8%
- bessere Ausstattung der Kindergärten	11	14,7%	17	14,0%	11	15,5%
- mehr (Leitungs-) Fortbildungen zum Orientierungsplan	13	17,3%	24	19,8%	9	12,7%
- Anleitung und Begleitung	6	8,0%	9	7,4%	11	15,5%
- mehr Engagement der Beteiligten	6	8,0%	4	3,3%	1	1,4%
- Information und Beratung	4	5,3%	-		5	7,0%
- bessere Kooperation mit Partnern und Institutionen	3	4,0%	4	3,3%	1	1,4%
Gesamt	75	100,0%	121	100,0%	71	100,0%
Mehrfachantworten; Prozentwerte bezogen auf die Gesamtzahl der Nennungen						

Tab.15 Wünsche zur Umsetzung des Planes nach Rezeptionsgruppen

In künftigen Untersuchungen ist zu untersuchen, wie sich die drei Rezeptions- bzw. Empfindungstypen, die sich entsprechend der vorgenommenen Feinkategorisierung der drei Gruppen noch detaillierter aufgliedern ließen, auf die Umsetzung des baden-württembergischen Orientierungsplanes auswirken. Vor allem gilt es zu untersuchen, wie sich die Skepsis vor allem von Rezeptionstyp 2 und 3 bezüglich der als unzureichend empfundenen Rahmenbedingungen künftig ggf. auf das Handeln und die Motivation der Leiterinnen bei der Umsetzung des Planes auswirken.

7.5 Resümee LeiterInnenbefragung

Die Einführung des baden-württembergischen Orientierungsplanes ist keine Maßnahme, die bei den befragten LeiterInnen nur auf ungeteilten Zuspruch stößt. In der folgenden Tabelle (siehe folgende Seite) werden die kategorisierten Einzelfälle des vorangegangenen Kapitels unabhängig von den drei Hauptempfindungsgruppen dargestellt (N=147, keine Mehrfachnennungen). Die Ergebnisse weisen darauf hin, dass der überwiegende Teil der befragten LeiterInnen (76%) positive Empfindungen mit dem Orientierungsplan (Freude, Sicherheit, Neugierde, Verbindlichkeit, Orientierung, Bestätigung) verbindet. Diese 76% setzen sich zusammen aus 31% ausschließlich positiven Äußerungen und 45% ambivalenten Äußerungen („gemischte Empfindungen"). Letztere sind jedoch mit einem deutlichen „aber" und teilweise

Empfindungen der Leitungskräfte bei der Einführung eines Bildungsplanes - teiloffene Befragung

auch mit subjektiv negativen Assoziationen bezüglich des Orientierungsplanes verbunden (siehe folgende Tabelle).

Tab.16 Empfindungen der LeiterInnen zum Orientierungsplan (Pilotphase) – kategorisierte Einzelfälle

	Zahl der Fälle	Prozentangaben
Sowohl Positives aber auch vermehrte Anforderungen an die Leitung	21	15%
Unsicherheit, Stress und Druck bei der Leitung bzgl. der Umsetzung des Planes	14	10%
Sowohl Positives aber auch Skepsis und Kritik bzgl. des Planes	13	9%
Orientierung für die Einrichtung und die pädagogische Arbeit	12	8%
Bestätigung - vieles davon tun wir bereits	10	7%
Gibt Sicherheit und Verbindlichkeit	10	7%
Sowohl Positives aber zu schlechte Rahmenbedingungen	9	6%
Sowohl Positives aber zeitliche Probleme	9	6%
Mehraufwand, Überforderung und schlechte Rahmenbedingungen	9	6%
Kritik und Skepsis hinsichtlich des Orientierungsplanes	9	6%
Neugierde, Offenheit, Freude, Spannung	8	5%
Sowohl Positives aber auch Druck und Unsicherheit bei der Leitung	8	5%
Sowohl Positives aber auch verschiedene Bedenken bzgl. des Planes	8	4%
Aufwertung des Stellenwertes der Arbeit	5	3%
Zu geringer Verbindlichkeitsgrad des Orientierungsplanes	4	3%
Gesamt	147	100%

Addiert man diese ambivalenten Stimmen zu den LeiterInnen, die sich bezüglich des Planes ausschließlich negativ äußern (24%), so resultiert daraus ein Anteil von 69%, der sich hinsichtlich des Orientierungsplanes bzw. der Verwirklichung des Planes teils kritisch bis skeptisch äußert. Häufig genannte Kritikpunkte stellen die Unsicherheit bezüglich der konkreten Umsetzung des Planes in der Einrichtung, die Umsetzbarkeit des Planes unter den gegebenen Rahmenbedingungen, die Aufgabenvielfalt, Überforderung und Belastung der Leitung durch den Plan sowie verschiedene inhaltliche Kritikpunkte hinsichtlich des Planes dar. Grundsätzlich ist jedoch hervorzuheben, dass die Einführung des Orientierungsplanes vom Großteil der befragten LeiterInnen als sinnvoll und notwendig empfunden wird. Dabei bewegen sich die LeiterInnen zum Zeitpunkt der Befragung (Sommer 2006) in einem Spannungsverhältnis zwischen Sicherheit und Unsicherheit. Die Einen verbinden mit der Implementierung des Orientierungsplanes ein zufriedenstellendes Gefühl der Sicherheit. Dieses resultiert u. a. daraus, dass Vieles, was der Plan fordere, laut LeiterInnenaussagen, bereits umgesetzt werde. Dieses Gefühl der Sicherheit zeigt sich u. a. bei manchen LeiterInnen in dem Gefühl der Bestätigung durch den Plan. Wieder Andere sehen den Plan als eine niedergeschriebene Argumentationsbasis an. Dem Plan wird ein Nutzen für Rahmenbedingungsverhandlungen mit dem Träger eingeräumt. Der Plan wird ferner auch als eine Handhabe bzw. Rechtfertigungsgrundlage gegenüber den Eltern im Hinblick auf die geleistete pädagogische Arbeit angesehen.

Auffallend ist auch, dass die befragten LeiterInnen in diesem Kontext explizit das Team bzw. ihre MitarbeiterInnen benennen. So wird mehrfach geäußert, dass der Plan dazu führe, dass nun die ErzieherInnen verbindliche Ziele und Inhalte umzusetzen hätten. Sicherheit bedeutet für diese LeiterInnen, eine Handhabe mit Gesetzescharakter gegenüber eher Unwilligen bzw. MitarbeiterInnen mit divergierenden pädagogischen Vorstellungen zu haben. Was von den einen als Beitrag zur Sicherheit und Zufriedenheit empfunden wird, löst bei anderen allerdings eher das Gegenteil, d.h. Empfindungen der Unsicherheit aus. Von diesen Leitungskräften wird der Orientierungsplan mehrfach als Druckmittel seitens des Trägers, der Eltern und der Politik gegenüber dem Kindergarten gedeutet. Der Hauptfaktor für die Unsicherheit, die anhand der Ergebnisse bei ca. 30% der befragten LeiterInnen festzustellen ist, liegt allerdings laut Angaben der LeiterInnen bei den Rahmenbedingungen und hierbei vor allem am empfundenen Mangel an Personal und Zeit. Mehrere LeiterInnen äußern, sich überfordert zu fühlen. Ferner resultiert in der vorliegenden Befragung Unsicherheit auch aus Problemen mit der Umsetzung der Inhalte des Orientierungsplanes im Hinblick auf ein geeignetes Umsetzungskonzept und die Verwirklichung der Planvorgaben im Alltag. Häufiger wird diesbezüglich geäußert, dass der Plan zu offen sei, d.h. den ErzieherInnen zu viel Freiraum zur Verfügung stünde. In diesem Zusammenhang thematisieren einige Leitungskräfte die Rolle und das Verhältnis von Leitung und Team. Die Unsicherheit bei der Umsetzung des Orientierungsplanes äußert sich u. a. in Aussagen bezüglich der Motivierung und vor allem auch Anleitung der MitarbeiterInnen bei der Umsetzung des Planes (siehe folgende Übersicht).

Empfindungen der befragten LeiterInnen zur Umsetzung des Orientierungsplanes

	subjektiv positive Umsetzungsfaktoren (+)	subjektiv negative Umsetzungsfaktoren (-)	
Persönlicher Zugang zum Plan	• Bestätigung der bisherigen Arbeit durch den Plan • Neue Impulse für die pädagogische Arbeit • Freude, Motivation • Aufwertung der Kindergartenarbeit • „Machen wir bereits"	• Neuausrichtung der bisherigen Arbeit • Zu hohe Anforderungen an die pädagogische Arbeit • Ablehnung; Skepsis • „Verschulung" des Kindergartens" • „Können wir nicht leisten"	Persönlicher Zugang zum Plan
Manageability	• Plan als Herausforderung	• Plan als Überforderung • Belastung durch den Plan • Aufgabenvielfalt • Zunahme an Verwaltungstätigkeiten/ Dokumentationsarbeit • Mehrarbeit	Manageability[33]
Verbindlichkeit des Planes	• Argumentationsgrundlage gegenüber dem Träger • Argumentationsgrundlage gegenüber den Eltern • Transparenz der geleisteten Arbeit • Argumentationsgrundlage gegenüber dem Team	• Druck durch den Träger • Druck durch die Eltern • Öffentlicher Druck • Geringes Ausmaß an Innovationsbereitschaft im Team • Nicht ausreichende Qualifikation und Ausbildung der Fachkräfte • Zu wenig Verbindlichkeit	Verbindlichkeit des Planes
Umsetzungskonzept	• Struktur im Alltag	• Offenheit des Planes • Verunsicherung des Teams • Unsicherheit in der Anleitung des Teams • Unsicherheit in der Umsetzung des Planes im Alltag • Zu wenig konkrete Informationen zur Umsetzung	Umsetzungskonzept
		• Zu wenig Zeit • Zu große Gruppen • Personalschlüssel • Aufgabenvielfalt	Rahmenbedingungen
		• Mangelnde Unterstützung und Hilfe bei der Umsetzung (z.B. durch den Träger und die Fachberatung)	Unterstützung

Tab.17 Umsetzungsfaktoren bzgl. der Umsetzung des Orientierungsplanes

Aus der Analyse der LeiterInnenaussagen resultieren mehrere potentielle Faktoren (siehe vorangehende Tabelle), die vermutlich miteinander in Verbindung stehen und die Umsetzung des Orientierungsplanes sowie das Sicherheitsempfinden, die Situation und die damit in Zusammenhang stehenden Empfindungen der LeiterInnen prägen. Dabei handelt es sich um:

- den persönlichen und wertenden Zugang der Leiterin bzw. einer Fachkraft zum Plan,

---

[33] Unter „Manageability" wird in dieser Untersuchung die Leitungskompetenz verstanden, angemessen und strukturiert mit anfallenden Anforderungen umgehen zu können.

- Handlungskompetenz in Form von „Mangeability", d.h. die Fähigkeit vor allem der LeiterIn aber auch der pädagogischen Fachkräfte mit anfallenden Anforderungen angemessen, strukturiert und lösungsorientiert umgehen zu können,
- die Rezeption und Verinnerlichung der Verbindlichkeit des Planes durch verschiedene Interessengruppen (z. B. Eltern, Träger) in Zusammenhang mit deren Einwirken auf die PraktikerInnen (Resultat: z.B. empfundener Druck),
- die Fähigkeit auf Einrichtungs- oder auch Trägerebene eine gemeinsame Vision der Umsetzung zu entwickeln und in Form eines Umsetzungskonzeptes anzustreben und zu verwirklichen,
- die zur Umsetzung notwendigen Rahmenbedingungen (u. a. Personal und Zeit) sowie
- die Kontextqualität zur Umsetzung des Planes in Form von unterstützenden Maßnahmen vor allem durch den Träger und die Fachberatung (z.B. in Form von Schulungen, Beratung, Prozessbegleitung und Fortbildung).

Diese potentiellen Faktoren flossen in die Leitungsbefragung im Sommer 2008 mit ein. Bei den Teilnehmern der Untersuchung im Sommer 2008 handelte es sich um dieselben LeiterInnen wie im Sommer 2006. Allerdings mit dem Unterschied, dass bei dieser Erhebung die LeiterInnen mittels eines spezifischen Fragebogens zur Leitungstätigkeit in Verbindung mit der Umsetzung des baden-württembergischen Orientierungsplanes befragt wurden.

8 Die Umsetzung eines Bildungsplanes aus der Perspektive der LeiterIn

8.1 Die Leitung und die Umsetzung des Orientierungsplanes

Das Hauptaugenmerk der quantitativen und qualitativen LeiterInnenbefragung im Sommer 2008 liegt bei der Aufgabe und den Rahmenbedingungen der Kindergartenleitung in Zusammenhang mit der Umsetzung des baden-württembergischen „Orientierungsplanes für Bildung und Erziehung" (a. a. O.). Diese Aufgabe(n) sowie die Wahrnehmung von sonstigen Tätigkeiten im Rahmen der Leitungsfunktion werden jedoch holistisch, d.h. vor dem Hintergrund der Leitungsaufgabe und der Leitungsrolle als Ganzes betrachtet.

8.1.1 Das Rollen- und Selbstverständnis der LeiterIn

Welches Rollenverständnis[34] liegt der Leitungstätigkeit zugrunde? Diese Frage ist von Fall zu Fall unterschiedlich zu beantworten. Je nachdem, welches Rollenverständnis vorliegt, können sich die Leitungspraktiken merklich voneinander unterscheiden. Bezogen auf die Antwortoptionen „SchulleiterIn", „ManagerIn" und „Verwaltungsfachkraft" wurden die KindergartenleiterInnen gefragt:

Mit welcher Tätigkeit würden Sie die Ihrige am ehesten vergleichen?

	Zahl der Fälle	Prozentangaben
ManagerIn	101	72%
SchulleiterIn	24	17%
Verwaltungsfachkraft	16	11%
Gesamt (N=153; k.A.:12)	141	100%

Tab.18 Ähnlichkeit der Leitungstätigkeit zu verwandten Berufszweigen

Die Mehrheit der befragten LeiterInnen sieht Anknüpfungspunkte zur Tätigkeit einer ManagerIn. 72% der Befragten würden „am ehesten" ihre Tätigkeit mit der einer ManagerIn vergleichen. An zweiter Stelle mit 17% steht die Schulleitung. Dieses Rollenmodell scheint trotz der curricularen Inhalte und der Bildungsausrichtung des Orientierungsplanes weniger attraktiv für die KindergartenleiterInnen zu sein. Dieses Ergebnis ist in gewisser Weise erstaunlich, da sich, wie in Kapitel 3 aufgezeigt wird, die Aufgabenpalette von Schulleitung und Kindergartenleitung in gewisser Weise annähern und der Orientierungsplan die Anknüpfung und Verzahnung seiner Inhalte mit dem Bildungsplan der Grundschule betont. Elf% der Befragten sehen deutliche Bezüge ihrer Leitungstätigkeit zu der Aufgabe einer Verwaltungsfachkraft. Diese Sichtweise ist vor dem Hintergrund der Bedeutung von Bildung und den damit verbundenen Steuerungsaufgaben der Kindergartenleitung, mit Blick auf die Umsetzung des Orientierungsplanes kritisch zu betrachten.

---

[34] Zur Frage der Leitungsrolle siehe Kapitel 3

8.1.2 Berufszufriedenheit

In der vorliegenden Untersuchung wurden die Leitungskräfte bezüglich der Zufriedenheit mit acht Aspekten Ihrer Leitungstätigkeit befragt. Dabei beziehen sich vier Aspekte auf die „Wertigkeit" des Berufes in Form von persönlichem Eigenwert, gesellschaftlichem Wert, Anknüpfungs- und Karrieretauglichkeit der Leitungsposition sowie monetär bemessenem Wert der Leitungstätigkeit. Es handelt sich konkret um die Aspekte „Selbstverwirklichungsmöglichkeiten", „gesellschaftliche Anerkennung", „Aufstiegsmöglichkeiten" und „Höhe des Einkommens" (Korrelation nach Spearman zwischen den Items p<0,01). Die weiteren vier Aspekte beziehen sich auf „Rahmenbedingungen" der Leitungstätigkeit. Dabei handelt es sich um die Gesichtspunkte: „Aufgabenspektrum", „Fortbildungsmöglichkeiten für Leitungstätigkeiten", „Umfang der Wochenarbeitszeit" und „Freistellungsgrad für Leitungstätigkeiten" (Korrelation nach Spearman zwischen den Items p<0,01). Die LeiterInnen wurden gebeten, sich bezüglich dieser acht Aspekte auf einer sechsstufigen Skala einzuschätzen. Die Ergebnisse zeigt folgende Tabelle:

Ich bin als LeiterIn mit ...	eher zufrieden, zufrieden, sehr zufrieden kumuliert (+)	eher unzufrieden, unzufrieden, sehr unzufrieden kumuliert (-)
den Selbstverwirklichungsmöglichkeiten in meinem Beruf (k.A.:1)	80,9%	19,1%
dem Umfang meiner Wochenarbeitszeit (k.A.:4)	76,5%	23,5%
dem Aufgabenspektrum meiner Leitungstätigkeit (k.A.:1)	76,3%	23,7%
den Möglichkeiten, wie ich mich für Leitungsaufgaben fortbilden kann (k.A.: 6)	74,8%	25,2%
meinem Freistellungsgrad für Leitungstätigkeiten (k.A.:12)	47,5%	52,5%
der gesellschaftlichen Anerkennung meiner Leitungstätigkeit (k.A.:2)	43,0%,	57,0%
den Aufstiegsmöglichkeiten in meinem Beruf (k.A.:4)	37,6%	62,4%
der Höhe meines Einkommens (k.A.:4)	35,6%	64,4%

Tab.19 Zufriedenheit mit Aspekten der Leitungstätigkeit (N=153)

Aus den Antworten spricht einerseits eine Befürwortung und Wertschätzung der Leitungstätigkeit als solcher, andererseits ein Ungerechtigkeitsempfinden der PraktikerInnen hinsichtlich der von außen herangetragenen Wertung bzw. Bewertung und Bemessung der täglich geleisteten Arbeit als Leitung einer Kindertageseinrichtung. Zum Befragungszeitpunkt zeigen sich 80,9% der Befragten relativ zufrieden mit den Selbstverwirklichungsmöglichkeiten in ihrem Beruf (gebündelte Einschätzwerte „eher zufrieden", „zufrieden", „sehr zufrieden"). 72,5% der befragten Leitungskräfte zeigen sich zudem zufrieden mit den Ihnen zur Verfügung stehenden Fortbildungsmöglichkeiten. Dieses Ergebnis unterstreicht die Ausführungen in Kapitel 5.1 (Fort- und Weiterbildung), wonach Leitungskräften in Baden-Württemberg ein breitgefächertes Netz an Fort- und Weiterbildungen zur Verfügung steht. Weniger erfreut und zufrieden äußern sich hingegen knapp 52,5% der befragten LeiterInnen (gebündelte Einschätzwerte „eher unzufrieden", „unzufrieden", „sehr unzufrieden") hinsichtlich des „Freistellungsgrades für Leitungstätigkeiten". Ferner sind 57% nach eigenen Angaben unzufrieden mit der „gesellschaftlichen Anerkennung der Leitungstätigkeit". 62,5% darüber hinaus mit den „Aufstiegsmöglichkeiten" einer LeiterIn. In besonderem Maße unzufrieden zeigen sich die Befragten mit der monetären Bemessung der Leitungstätigkeit. 64,4% der Befragten geben an, nicht zufrieden mit der „Höhe des Einkommens" zu sein.

8.1.3 Veränderung der Leitungstätigkeit durch den Orientierungsplan

Die Anforderungen der Bildungspläne im Elementarbereich an die Leitung einer Kindertageseinrichtung sind nicht von der Hand zu weisen und können mitunter eine Neuausrichtung der Leitungsrolle bzw. eine Akzentuierung der Leitungstätigkeit bedingen. Diese mögliche Neuakzentuierung der LeiterInnentätigkeit wurde folgendermaßen erfragt:

Hat sich durch den Orientierungsplan Ihre Leitungstätigkeit verändert?

	Zahl der Fälle	Prozentangaben
(4) sehr stark	3	2,1%
(3) stark	23	15,9%
(2) merklich	43	29,7%
(1) ein wenig	58	40,0%
(0) gar nicht	18	12,4%
Gesamt (N= 153; k.A.:8; Perz. 25: 1; Median: 2, Perz.75: 2)	145	100%

Tab.20 Veränderung der Leitungstätigkeit durch den Orientierungsplan

Bei 12% der Befragten verändert der Orientierungsplan die Leitungstätigkeit laut eigenen Angaben nicht. Bei 88% jedoch in unterschiedlichem Ausmaß. Bei 40% verändert der Plan die Leitungstätigkeit nach Angaben der Befragten „ein wenig", bei 30% „merklich", bei 16% „stark", und bei 2% „sehr stark". Somit bringt der Plan bei 48% der Befragten (Einschätzwerte „merklich", „stark" und „sehr stark") nach eigenem Empfinden eine deutliche Veränderung der Leitungstätigkeit mit sich. In einer offenen Anschlussfrage wurden die LeiterInnen gefragt, welche Veränderungen für sie die Einführung des baden-württembergischen Orientierungsplanes mit sich bringt.

Falls ja [falls der Orientierungsplan die Leitungstätigkeit verändert hat], **wie hat sich ihre Leitungstätigkeit verändert?**

	Zahl der Fälle	Prozentangaben
Personalführung	37	24,2%
Planung und Koordination	27	17,6%
Öffentlichkeitsarbeit und Transparenz	18	11,7%
Organisations- und Qualitätsentwicklung	16	10,6%
Belastung	15	9,8%
Verwaltung, Dokumentation, Finanzierung	14	9,1%
Reflexion Leitungsrolle und Weiterbildung in Leitungsfragen	13	8,5%
Teamarbeit	13	8,5%
Gesamt (153 Nennungen, Mehrfachnennungen möglich; k.A.:83)	153	100%

Tab.21 Qualitative Veränderung der Leitungstätigkeit durch den Orientierungsplan

Gemäß den Aussagen der befragten LeiterInnen zeigen sich vor allem Veränderungen in den Arbeitsfeldern Personalführung, Planung und Koordination, Öffentlichkeitsarbeit sowie Organisations- und Qualitätsentwicklung. Ca. 64% der abgegebenen Antworten beziehen sich insgesamt auf diese vier Aufgabengebiete.

8.1.3.1 Personalführung

Wie bereits zuvor festegestellt wurde, ist vor allem der Bereich der Personalführung von Veränderungen durch die Einführung des Orientierungsplanes betroffen. Insgesamt 37 Äußerungen zeugen von Veränderungen, die sich auf folgende Aspekte beziehen:

	Zahl der Fälle	Prozentangaben
Kontrolle und Überprüfung	6	16,2%
Motivation und Überzeugungsarbeit	6	16,2%
Unterstützung und Ermutigung	5	13,6%
Inhaltliche Beratung und Anleitung	5	13,6%
Mediation und Diskussionen im Team	5	13,6%
Delegierung von Aufgaben	3	8,1%
Mitarbeitergespräche führen	3	8,1%
Personalbeurteilungen erstellen	2	5,3%
Die LeiterIn als Initiativgeber und Leitfigur	2	5,3%
Gesamt	37	100%

Tab.22 Veränderung der Leitungstätigkeit bzgl. „Personalführung"

> *Exemplarische Aussagen*
>
> – *"Mehr Nachfragen im Team, was die ErzieherInnen tun und wo sie Unterstützung brauchen".*
> – *"Ich versuche mein Team ständig neu zu motivieren, den Orientierungsplan sinngemäß umzusetzen (u. a. durch praktische Beispiele, mehr Öffentlichkeitsarbeit)".*
> – *"Motivation, Förderung der Mitarbeiter, viel Überzeugungsarbeit".*
> – *"Intensivere Führung der Teams, mehr Schreibarbeit und Vorbereitung".*
> – *"Zusätzliche Aufgaben durch Überwachung der Umsetzung des Orientierungsplanes".*
> – *"Vieles muss mehr kontrolliert werden in Bezug auf die Umsetzung, KollegInnen brauchen mehr Ermutigung im Tun und Anleitung".*

8.1.3.2 Planung und Koordination

In der Kategorie „Planung und Koordination" wurden 27 Äußerungen wie folgt feiner untergliedert:

	Zahl der Fälle	Prozentangaben
Planung und Zielorientierung	8	29,6%
Koordination Beobachtung und Dokumentation	5	18,6%
Arbeitsorganisation	4	14,8%
Termine und Gespräche	4	14,8%
Selbstorganisation und Zeitmanagement	3	11,1%
Fortbildungen und Fortbildungsplanung	3	11,1%
Gesamt	27	100%

Tab.23 Veränderung der Leitungstätigkeit bzgl. „Planung und Koordination"

> *Exemplarische Aussagen*
>
> – *Mehr Organisation, Planung, Vernetzung, Controlling, viele Fortbildungen und Tagungen".*
> – *"Innere Auseinandersetzung mit Prioritäten, Zeitmanagement".*
> – *"Viele Termine, Gespräche, Schreibarbeit."*

8.1.3.3 Öffentlichkeitsarbeit und Transparenz

Wenn ein Bildungsplan im Kindergarten eingeführt wird, kommt die Einrichtung nicht umhin, die betroffenen Personengruppen darüber zu informieren, sowie die Umsetzung mit dem Vorgesetzten abzustimmen und das Vorgehen transparent zu machen. Dies zeigt sich anhand der folgenden Aussagen:

	Zahl der Fälle	Prozentangaben
Elterngespräche und Transparenz	12	66,6%
Transparenz gegenüber dem Träger	3	16,7%
Ansprechpartner für verschiedene Personengruppen	3	16,7%
Gesamt	18	100%

Tab.24 Veränderung der Leitungstätigkeit bzgl. „Öffentlichkeitsarbeit/ Transparenz"

Exemplarische Aussagen

- *Mehr Aufklärungsarbeit bei Eltern, Öffentlichkeitsarbeit und Trägerkommunikation, mehr schriftliche Arbeiten".*
- *„(...)mehr Präsentationen für Eltern, Träger, Gemeinderäte, Schulen"*
- *„Mehr Gespräche mit Eltern und KollegInnen, Planung, Teamsitzungen, Organisation".*
- *„Ich bin stärkerer Ansprechpartner für Eltern, Team und Träger geworden".*

8.1.3.4 Organisations- und Qualitätsentwicklung

Ein Bildungsplan im Elementarbereich wird eingeführt, um etwas zu bewirken. Dazu zählen Entwicklungen oder auch staatlich intendierte Weiterentwicklungen in verschiedenen jeweils entwicklungsbedürftigen Feldern der pädagogischen Qualität. Damit gehen auch die Etablierung und Anwendung notwendiger Prüfverfahren einher. Darauf weisen die folgenden kategorisierten Aussagen hin:

	Zahl der Fälle	Prozentangaben
Qualitätsentwicklung und Qualitätsmanagement	4	25,1%
Umstrukturierung Einrichtung	3	18,7%
Konzeptionsentwicklung und Konzeptionsüberarbeitung	3	18,7%
Profilbildung	2	12,5%
Zieldefinitionen	2	12,5%
Qualitätsreflexion	2	12,5%
Gesamt	16	100%

Tab.25 Veränderung der Leitungstätigkeit bzgl. „Organisations- und Qualitätsentwicklung

Exemplarische Aussagen

- *„Umsetzung des Orientierungsplans initiiert, viel darüber gelesen, Umstrukturierung in der Einrichtung forciert".*
- *„Teaminterne Fortbildung, Veränderung und Konkretisierung der pädagogischen Zielsetzung, Überarbeitung der Erziehungsziele (...)"*
- *„(...) Einführung eines Qualitätssystems".*

8.1.3.5 Belastung

Mit Blick auf die Leitungsaufgaben, die durch die Umsetzung des Orientierungsplanes eine mit Zeitaufwand verbundene Neuakzentuierung erfahren können, bleibt es nicht aus, dass diese Entwicklungen mit dem Auftreten von Belastungs- und teilweise Überlastungsanzeichen aufseiten der LeiterInnen einhergehen.

Belastungsanzeichen äußern sich bei den LeiterInnen in erster Linie in Form von Zeitmangel in Verbindung mit der Kritik an dem als nicht ausreichend empfundenen Freistellungsgrad für Leitungstätigkeiten. Ferner wird angemerkt, dass die Anforderungen und die Erwatungen von außen gestiegen seien. Zudem wird angemerkt, dass sie es als besonders belastend empfänden, gleichzeitig sowohl die Funktion der Einrichtungsleitung als auch die Aufgabe der Gruppenleitung wahrnehmen zu müssen.

	Zahl der Fälle	*Prozentangaben*
Zeitmangel und mangelnder Freistellungsgrad	8	53,4%
Druck und vermehrte Erwartungen von Außen	3	20,0%
Vermehrte Anforderungen und Aufgaben	2	13,3%
Doppelbelastung Gruppen- und Einrichtungsleitung	2	13,3%
Gesamt	15	100%

Tab.26 Veränderung der Leitungstätigkeit im bzgl. „Belastung"

> *Exemplarische Aussagen*
>
> - „(...) Druck, der von Eltern und vom Team kommt".
> - „Mehr Arbeit, engere Zeiteinteilung, mehr schriftliche Arbeit, weniger Arbeit am Kind".
> - „Es kommen noch mehr Aufgaben auf mich zu. Doppelbelastung Leitung und Gruppenleitung".

8.1.3.6 Verwaltung, Dokumentation, Finanzierung

Je nachdem ob und in welchem Ausmaß die LeiterIn Aufgaben delegiert, organisiert und ihr Team zur Eigeninitiative und Selbststeuerung anregt, kann die Umsetzung des Planes zusätzlich mit einigen Dokumentationsaufgaben verbunden sein:

	Zahl der Fälle	*Prozentangaben*
Verwaltungs- und Dokumentationsaufgaben	12	86%
Finanzieren und Gelder rekrutieren	2	14%
Gesamt	14	100%

Tab.27 Veränderung der Leitungstätigkeit im Punkt „Verwaltung, Dokumentation, Finanzierung""

> *Exemplarische Aussagen*
>
> − *"Der Verwaltungsaufwand hat sich sehr verändert. Ich benötige viel mehr Zeit für Bürotätigkeiten".*
> − *"Ich habe noch mehr Schreibarbeiten".*
> − *"Viel mehr Verwaltungstätigkeiten! (...)"*

8.1.3.7 Reflexion der Leitungsrolle und Weiterbildung

Ein durchaus erwünschter Effekt der Bildungspläne im Elementarbereich ist die Reflexion der Leitungsrolle sowie die regelmäßige Weiterbildung in Leitungsaufgaben:

	Zahl der Fälle	Prozentangaben
Weiterbildung/ Wissensvorsprung	6	46,2%
Reflexion der Leitungsrolle	7	53,8%
Gesamt	13	100%

Tab.28 Veränderung der Leitungstätigkeit bzgl. „Reflexion der Leitungsrolle/ Weiterbildung"

> *Exemplarische Aussagen*
>
> − *"Ich lese noch mehr, mehr Fortbildungen, bilde ErzieherInnen aus mit meinem Wissen; informiere mich über die Grenzen hinaus /Schweden, England) (...)"*
> − *"Bewussteres Arbeiten, Reflexion meiner Aufgaben".*
> − *"(...) konsequenteres Hinterfragen des eigenen Tuns und dessen der MitarbeiterInnen"*

8.1.3.8 Teamarbeit

Die Umsetzung des Orientierungsplanes ist nicht denkbar ohne Teamarbeit, bei der maßgeblich der LeiterIn eine steuernde und koordinierende Funktion zukommt. Dieses äußert sich anhand folgender Aussagen:

	Zahl der Fälle	Prozentangaben
Teamarbeit und Teamentwicklung	5	38,5%
Vorbereitung und Durchführung Teamsitzungen	4	30,8%
Auseinandersetzung pädagogischen Themen und dem Erzieherverhalten	3	23,0%
Berücksichtigung der Teambedürfnisse	1	7,7%
Gesamt	13	100%

Tab.29 Veränderung der Leitungstätigkeit bzgl. „Teamarbeit""

> *Exemplarische Aussagen*
>
> - „Das Augenmerk liegt auf mehr Teamarbeit durch Teambesprechungen im Bereich Beobachtung und Dokumentation für das einzelne Kind. Weniger Aktionen daher. Mehr Gesprächsbedarf mit Eltern".
> - „Mehr inhaltliche Diskurse in den Besprechungen, neues Konzept entwickeln= hoher Zeitaufwand"
> - „Neue Ziele, Mehrarbeit, mehr Diskussion im Team = noch mehr Zugpferd

8.1.4 Bewertung der Bedeutung des Orientierungsplanes aus Sicht der LeiterIn

Was denken die LeiterInnen über den Plan und welche Bedeutung messen sie ihm bei? Diese Frage ist nicht zuletzt im Zusammenhang mit der engagierten Umsetzung des Orientierungsplanes in baden-württembergischen Kindertageseinrichtungen zu bedenken. Die LeiterInnen antworteten diesbezüglich auf das Item „der Orientierungsplan ist unverzichtbar" auf einer sechsstufigen Skala wie folgt:

42% („stimme zu" und „stimme völlig zu") der Befragten halten den Orientierungsplan nach eigenen Angaben für „unverzichtbar" für den Kindergarten in Baden-Württemberg. Weitere 31% stehen mit der Einschätzung „stimme eher zu" dem Plan positiv gegenüber bzw. halten dessen Existenz für berechtigt. 9% der Befragten können nach eigenen Angaben auf den Plan verzichten („stimme nicht zu" und „stimme gar nicht zu"). Weitere 18% halten den Plan „eher" für verzichtbar.

Der Orientierungsplan ist für den Kindergarten unverzichtbar

	Zahl der Fälle	Prozentangaben
(5) stimme völlig zu	13	9%
(4) stimme zu	49	33%
(3) stimme eher zu	46	31%
(2) stimme eher nicht zu	26	18%
(1) stimme nicht zu	11	7%
(0) stimme gar nicht zu	3	2%
Gesamt (N=153; k.A.:5)	148	100%

Tab.30 Bedeutung des Orientierungsplanes (N=153; k.A.:5; Perz.25: 2; Median: 3, Perz.75: 4)

27% der Leitungskräfte können demgemäß nach eigenen Angaben auf den Orientierungsplan verzichten. Dieser Prozentsatz ist kritisch zu betrachten. Demgegenüber besteht ein Prozentsatz von 73%, welcher die Existenz des Planes nach eigenen Angaben positiv sieht bzw. den Orientierungsplan für unverzichtbar hält. Grundsätzlich wird es damit von ca. drei Viertel der befragten LeiterInnen im Sommer 2008 begrüßt, dass es in Baden-Württemberg den Orientierungsplan gibt.

8.2 Aus und Fortbildung der Leitungskräfte mit Blick auf den Plan

8.2.1 Qualifikation der LeiterInnen

Hinsichtlich der Qualifikation von KindergartenleiterInnen wird immer wieder, vor allem im Zuge der gegenwärtigen Veränderungen im Elementarbereich, moniert, dass LeiterInnen keine explizite Leitungsausbildung durchlaufen müssten und häufig auch strukturbedingt keine wirkliche Chance dazu hätten.

Im Regelfall sind Kita-LeiterInnen nicht gezielt auf ihre Leitungs- und Führungsaufgabe vorbereitet worden- häufig gab es allerdings auch keine entsprechende Zielsetzung. Kindergartenleitung wurden viele ErzieherInnen, weil eine Stelle frei geworden ist, sie gefragt wurden oder aus ähnlichen Gründen (Möller/ Schlenther-Möller 2007: 9).

In diesem Zusammenhang fordert Fischer eine Professionalisierung der LeiterInnentätigkeit, die sich für ihn an den Bestandteilen „Vollzeitbeschäftigung", „eigener Berufsausbildung", „eigener Berufsorganisation" und einer „spezifischen Berufsethik" (Fischer 2001: 30) zeigt. Dementsprechend definiert er die Profession der LeiterIn wie folgt: „Die Leitung eines Kindergartens ist nicht eine bürokratische Nebenfunktion, sondern ein pädagogisches Steuerungsorgan im Rang eines eigenständigen Berufes" (ebd.: 9). In diesem Zusammenhang stellt sich allerdings die Frage, wie man die Leitungstätigkeit erlernen kann. Möller/ Schlenther-Möller sind der Auffassung, dass man Leitung eher durch das „Hineinwachsen in die Leiterinnenfunktion" erlerne, indem eigene Erfahrungen und die Bedürfnisse, die man selbst als Erzieherin hatte, in die Leiterinnenrolle transportiert werden (ebd.: 16). Viernickel betont dagegen, dass die Kita-Leitungskräfte in der Regel „weder im Rahmen ihrer Primärausbildung noch durch ihre berufsbiographischen Erfahrungen" (Viernickel 2006: 23) ausreichend darauf vorbereitet wurden, ihre Einrichtung nach modernen Managementkonzepten zu leiten. Obwohl gegenwärtig erste Schritte in Richtung einer Professionalisierung der Leitungstätigkeit getan werden (siehe Kapitel Bachelor-Studiengänge in Baden-Württemberg), hat der Großteil der gegenwärtig in der Praxis agierenden KindergartenleiterInnen keine explizite Leitungsausbildung erhalten. Vielmehr dominiert hier der Berufsabschluss der ErzieherIn.

Laut einer bundesweiten Studie der GEW aus dem Jahr 2007 verfügen 80% der im Kindergarten tätigen Fachkräfte über die Fachschulausbildung zur ErzieherIn. Dabei zeigt sich ein signifikanter Zusammenhang (p<0,01) zwischen Freistellungsgrad und Hochschulausbildung. Laut dieser Untersuchung, die sich auf eine bundesweit gezogene repräsentative Stichprobe beruft, verfügen 8,9% der Befragten nicht freigestellten LeiterInnen und 20% der befragten freigestellten LeiterInnen über einen Hochschulabschluss. Ferner verfügen 30% der befragten pädagogischen Fachkräfte über eine Zusatzausbildung. Hiervon entfallen 18% auf die Zusatzausbildung der Kindergartenfachwirtin sowie auf Führung und Management von Kindertageseinrichtungen (vgl. GEW KITA-Studie 2007). Leider kann aufgrund dieser Angaben nicht auf den tatsächlichen Anteil an Leitungskräften mit einer speziellen Zusatzausbildung geschlossen werden.

Ähnliche Tendenzen zeigen sich auch in einer bundesweiten LeiterInnenstudie, die von Viernickel im Rahmen der Teilprojekte I und II der Nationalen Qualitätsinitiative im System Tageseinrichtungen für Kinder (NQI) 2002 durchgeführt wurde. Laut ihren Ergebnissen versuchen viele Leitungskräfte, den beruflichen Herausforderungen und der schlechten Vorbereitung mit Fortbildungsangeboten zu begegnen. Nur jede vierzehnte Befragte hatte den Ergebnissen der Studie zufolge nach eigenen Angaben noch nie an speziellen Qualifizierungsmaßnahmen für Leitungskräfte teilgenommen. Drei Viertel der Befragten bildeten sich nach eigenen Angaben im Bereich „Gesprächsführung und Kommunikation" weiter, zwei Drittel in den Bereichen „Mitarbeiter- und Personalführung", „Elternarbeit" und „Konzeptionsentwicklung". Circa die Hälfte der Leiterinnen, besuchte Fortbildungen, die das „Selbstverständnis als Leitungskraft" thematisierten, und bildeten sich in den Bereichen „Moderation/Präsentation", „Öffentlichkeitsarbeit", „Gemeinwesenorientierung" und „Rechtsgrundlagen" fort. Jede dritte bis fünfte Leitung beschäftigte sich nach Erkenntnissen dieser Studie in Form von Fortbildungen mit der „Steuerung und Gestaltung von Veränderungsprozessen", mit dem „Einsatz von Verwaltungssoftware", mit „Büroorganisation" und „betriebswirtschaftlichen Grundlagen" sowie mit dem Thema „Qualität und Qualitätsmanagement". Der zeitliche Umfang der Fortbildungen variierte dabei gemäß Viernickel von einem halben Tag bis hin zu Langzeitweiterbildungen über drei Jahre. (Vgl. Viernickel 2006: 24f.).

Auch in der vorliegenden Erhebung wurden die Leitungskräfte zu deren beruflicher Qualifikation befragt. In der vorliegenden Untersuchung (N=153) verfügen 93,4% der befragten LeiterInnen über die ErzieherInnen Fachschulausbildung, 4% über die Ausbildung zur KinderpflegerIn und ca. 3% über einen Hochschulabschluss. Diese 3% gliedern sich auf in Diplom-PädagogInnen und SozialpädagogInnen. Zum Zeitpunkt der Befragung war noch keine AbsolventIn der Bachelor-Studiengänge zur frühen Kindheit unter den befragten LeiterInnen. Diese Studiengänge sind in Baden-Württemberg erst in jüngster Zeit (WS 2007/08) angelaufen, sodass künftige AbsolventInnen noch keinen Einfluss auf den baden-württembergischen Kindergarten und den Stellenmarkt im Leitungssektor und damit auf die vorliegende Untersuchung haben konnten.

8.2.2 „Hineinwachsen" in die Leitungstätigkeit

Die LeiterInnen wurden bezüglich „Ihrer Berufserfahrung als LeiterIn eines Kindergartens" befragt. Den LeiterInnen standen dazu im Vorfeld kategorisierte Ankreuzoptionen zur Verfügung. Ca. 45% der befragten LeiterInnen verfügen demgemäß nach eigener Aussage über Leitungserfahrung im Umfang von bis zu zehn Jahren. Knapp 30% können 11-20 Jahre Leitungserfahrung aufweisen. Ca. 25% verfügen über einen Erfahrungsschatz von mehr als 20

Jahren Leitungstätigkeit. Diese Ergebnisse sind in Verbindung mit dem Alter der LeiterInnen zu sehen. (siehe folgende Tabelle)

Zum Befragungszeitpunkt waren nur 7,4% der Befragten unter 30 Jahren alt. Hingegen waren 71,9% der Leitungskräfte älter als 40 Jahre. Das Durchschnittsalter der Befragten beträgt 44,3 Jahre. Daran wird ersichtlich, dass in der vorliegenden Untersuchung die Leitungstätigkeit mehrheitlich nicht von jungen pädagogischen Fachkräften ausgeübt wird. In der folgenden Tabelle wurde die Berufserfahrung als LeiterIn mit dem Alter der Leitungskräfte kombiniert. Die Ergebnisse (siehe folgende Tabelle) sprechen dafür, dass baden-württembergische LeiterInnen zuvor mehrheitlich eine andere pädagogische Tätigkeit, vermutlich meist Erzieherin, ausüben und erst später die Leitungsposition übernehmen. Hierfür sprechen auch die 96% der befragten LeiterInnen, die über eine ErzieherInnen Fachschulausbildung verfügen.

Berufserfahrung (N=153, k.A.: 3)	Altersdurchschnitt	SD	Anzahl	Spannweite	Min.	Max.
bis 5 Jahre	34,64	8,08	33	33	24	57
6-10 Jahre	41,14	7,20	35	27	30	57
11-15 Jahre	47,23	7,13	30	24	34	58
16-20 Jahre	48,60	5,29	15	16	40	56
21-25 Jahre	49,59	5,25	17	16	41	57
mehr als 25 Jahre	52,80	4,16	20	14	46	60

Tab.31 Berufserfahrung in Beziehung zum Alter der Leitungshräfte

Die Ergebnisse lassen darüber hinaus auf ein durchschnittliches Eintrittsalter in die LeiterInnentätigkeit zwischen Ende 20 bis Mitte 30 schließen, sodass bei der Mehrheit der Befragten eine mehrjährige Berufserfahrung der Leitungstätigkeit vorausgeht. Allerdings weisen die relativ hohen Spannweiten darauf hin, dass es kein Regelalter für den Eintritt in die Leitungstätigkeit gibt. Die jüngsten LeiterInnen finden in der vorliegenden Untersuchung den Einstieg in die Leitungstätigkeit bereits im Alter von ca. 20 Jahren, andere allerdings erst mit mehr als 50 Jahren.

8.2.3 Fortbildung und Qualifizierung der Leitungskräfte

45% der Befragten äußern in der vorliegenden Untersuchung einen speziellen Leitungskurs oder Leitungslehrgang (N=153; k.A:15) besucht zu haben. Ferner geben 32% (N=153; k.A:16) der KindergartenleiterInnen dieser Stichprobe an, Zusatzqualifikationen für die Leitungstätigkeit erworben zu haben. Die Angaben in einer offenen Anschlussfrage bringen zum Ausdruck, dass es sich bei Weiterqualifizierungsmaßnahmen nach Angaben der Befragten mehrheitlich um eine Fachwirtausbildung im Sozialwesen oder den Fachwirt Organisation und Führung Richtung Sozialpädagogik handelt[35]. Zusatzqualifikationen werden darüber hin-

---

[35] Der Fachwirt Organisation und Führung wird an einer Fachschule für Organisation und Führung mit sozialer Ausrichtung (sozial/ Sozialwesen) erworben. Diese berufsbegleitende Weiterbildungsmaßnahme dauert i.d.R. zwei Jahre und richtet sich an Erzieherinnen und Pflegekräfte. Sie wird an ver-

aus hauptsächlich in den Bereichen Qualitätsmanagement, Mediation und Gesprächsführung erworben.

Ferner zeigen sich in der vorliegenden Untersuchung 75% der befragten LeiterInnen zufrieden mit den Ihnen zur Verfügung stehenden Möglichkeiten sich in Leitungsaufgaben fortzubilden (siehe Kapitel Fort und Weiterbildung für Leitungskräfte). Dies bringt zum Ausdruck, dass mittlerweile eine breite Palette von Fortbildungsangeboten für verschiedene Leitungsaufgaben angeboten wird auf die die LeiterInnen zurückgreifen können. Allerdings werden diese Angebote bisher weitgehend auf freiwilliger Basis von den LeiterInnen wahrgenommen und sind nicht verpflichtend an die Wahrnehmung der Leitungsaufgabe gekoppelt.

8.2.4 Fortbildung der Leitungskräfte zur Umsetzung des Orientierungsplanes

Den Fortbildungsbaustein sechs zur Umsetzung des Orientierungsplanes („Fortbildung für Leitungskräfte – der Kindergarten als lernende Organisation"), der für alle baden-württembergischen LeiterInnen verbindlich ist, hatten laut eigenen Angaben 60% der befragten LeiterInnen (N=153; k.A.: 4) im Sommer 2008 bereits besucht. 40% hatten diese Fortbildungsmaßnahme zum Zeitpunkt der Befragung nach eigenen Angaben noch nicht besucht. Dieser Fortbildungsbaustein kann von unterschiedlichen Fortbildungsträgern und Fortbildungsanbietern, die eine Akkreditierung des baden-württembergischen Kultusministeriums beantragt und erhalten haben, angeboten werden. Der Fortbildungsanbieter muss sich bei der Durchführung des Fortbildungsbausteins inhaltlich an dem „Konzept zur Fortbildung pädagogischer Fachkräfte im Kindergarten" (Kultusministerium Referat 33/44 2006) ausrichten. Dieser Fortbildungsbaustein vom Umfang eines Tages ist unterteilt in zu vermittelnde Pflichtelemente und in „weitere mögliche Elemente" (ebd.). Zu den Pflichtelementen unter der Überschrift „Leitungsfunktion in einer lernfreudigen Kindertageseinrichtung" (ebd.) zählen:

- Lernfreude und Forscherdrang: Bedeutung für den Kindergarten
- Profil eines „guten" Kindergartens (z.B. Leitbild, Beteiligung, Kooperationen etc.)

Die weiteren „möglichen Elemente" untergliedern sich in:

- Qualitätsmanagement - Qualitätsentwicklung und Qualitätssicherung
- Weiterentwicklung der Konzeption und des Profils
- Teamentwicklung
- Prozesssteuerung bei der Einführung des Orientierungsplans

---

schiedenen Standorten angeboten und dient der Vermittlung von Kompetenzen aus den Bereichen Organisation und Führung, Betriebswirtschaft und Rechtswesen. Voraussetzung ist i.d.R. eine zweijährige Berufserfahrung (Vgl. www.fortbildung-bw.de 23.04.09).

- Der Zusammenhang zwischen Orientierungsplan, „Schulanfang auf neuen Wegen", dem Projekt „Schulreifes Kind" und anderer Unterstützungssysteme (z. B. Frühförderstellen, Schulkindergärten, medizinisch-therapeutische Dienste als Netzwerkarbeit) (ebd.)

Im Hinblick auf die konkrete Umsetzung des Orientierungsplanes sind besonders die fakultativen bzw. die „weiteren möglichen Elemente" von Bedeutung (siehe Kapitel Leitungsaufgaben zur Umsetzung eines Bildungsplanes), weshalb in der vorliegenden Untersuchung die Fortbildungsteilnehmer (N=90) gefragt wurden, ob auch diese fakultativen Inhalte im Rahmen des Fortbildungsbausteins sechs thematisiert wurden. Das Ergebnis zeigt folgende Tabelle:

Wurden mit Blick auf den Orientierungsplan die folgenden Inhalte thematisiert?

(N=90)	ja	nein/ weiß nicht
Konzeptionsentwicklung	79%	21%
Prozesssteuerung Umsetzung des Planes (k.A.:3)	77%	23%
Organisationsentwicklung	75%	25%
Teamentwicklung	72%	28%
Qualitätsmanagement (k.A.:2)	70%	30%
Profil eines „guten" Kindergartens	63%	37%

Tab.32 Thematisierte Fortbildungsinhalte der Leitungsfortbildung zum Orientierungsplan

Es zeigt sich, dass sich die Vermutung hinsichtlich der Heterogenität der Fortbildungsausgestaltung durch verschiedene Anbieter größtenteils nicht bestätigt. Vielmehr werden, beruhend auf den Angaben der LeiterInnen, in +/- 70% der Fälle auch die vorgegebenen fakultativen Inhalte thematisiert. Allerdings sind mit Blick auf das Umsetzungsmanagement die 30% derjenigen LeiterInnen kritisch zu betrachten, bei deren Leitungsfortbildung die Prozesssteuerung zur Einführung und Umsetzung des Plans nach Angaben der Leitungskräfte nicht thematisiert wurde. Ebenfalls kritisch zu bewerten ist, dass laut Aussage von 37% der befragten LeiterInnen die Konzeptionsentwicklung und Weiterentwicklung der Konzeption im Hinblick auf den Orientierungsplan nicht Gegenstand der Fortbildung gewesen sei. Des Weiteren ist es angebracht zu überdenken, ob bei der thematischen Inhaltsfülle dieser Leitungsfortbildung, ein Fortbildungstag als ausreichend zu betrachten ist. Diese These wurde im anhand folgender Frage geprüft:

Die Umsetzung eines Bildungsplanes aus der Perspektive der LeiterIn - quantitative Befragung

„Inwieweit hat Sie diese Leitungsfortbildung für die Umsetzung des Orientierungsplanes in Ihrer Einrichtung qualifiziert?"

	Zahl der Fälle	Prozentangaben
(5) optimal	1	1%
(4) gut	15	17%
(3) eher gut	25	30%
(2) eher gering	25	29%
(1) gering	14	17%
(0) gar nicht	5	6%
Gesamt (N=90; k.A.:5; Perz.25: 2, Median: 3, Perz.75: 3)	85	100%

Tab.33 Qualifizierung der LeiterInnen zur Umsetzung des Planes durch die Landesfortbildung

18% der Befragten, die bereits an der Leitungsfortbildung teilgenommen hatten, fühlen sich durch diesen Tag „gut" bis „optimal" zur Umsetzung des Orientierungsplanes qualifiziert. 30% „eher gut", 29% „eher gering" und 23% fühlen sich durch diese Maßnahme „gering" bis „gar nicht" zur Umsetzung des Orientierungsplanes qualifiziert. Dieses Ergebnis spricht für sich, indem 52% der FortbildungsteilnehmerInnen äußern, dass dieser Fortbildungstag sie „eher gering" bis „gar nicht" für die Umsetzung des Orientierungsplanes qualifiziert habe[36]. Bedenkenswert ist auch, dass sich nur 18,8% durch die Teilnahme an diesem Fortbildungsbaustein „gut" bis „optimal" qualifiziert für die Umsetzung des Orientierungsplanes in ihrer Einrichtung fühlen. In einer Anschlussfrage nach einer Begründung gefragt, beantworten von den 52% (N=47) „eher negativ" bis „negativ" gegenüber dem Qualifizierungsgehalt der Fortbildung eingestellten LeiterInnen 34 LeiterInnen diese offene Frage. Dabei werden folgende Gründe für die mehrfach geäußerte Unzufriedenheit genannt:

	Zahl der Fälle	Prozentangaben
Nichts Neues; Inhalte bereits bekannt	11	32,3%
Zu oberflächlich; zu wenig Zeit	10	29,4%
Praxisrelevanz Umsetzung	7	20,6%
Kompetenz des Referenten	4	11,8%
Einseitigkeit bei der Themenwahl	2	5,9%
Gesamt	34	100%

Tab.34 Kritik an der Leitungsfortbildung zum Orientierungsplan (N=47, k.A.:13)

---

[36] Im Detail: Gar nicht 5,9%; gering 16,5%; eher gering 29,4%; eher gut 29,4%; gut 17,6%; optimal 1,2%

Nicht Neues / Inhalte bereits bekannt

In diese Kategorie fallen die Äußerungen von LeiterInnen, denen der Fortbildungsbaustein sechs der landesweiten Fortbildung noch subjektivem Ermessen keine neuen Informationen geliefert hat. Hierfür wird mehrfach angeführt, dass bereits schon länger „so gearbeitet wurde" oder dass die Inhalte keine neuen Impulse geliefert hätten.

> *Exemplarische Aussagen*
> - „Der größte Teil war mir vorher bereits bekannt und ich arbeitete schon vorher so".
> - „Ich konnte kaum neues Wissen für mich und meine Einrichtung mitnehmen".
> - „Beinhaltete keine neuen Methoden, Erkenntnisse und Ideen!"
> - „Es war nicht Neues, was wir zu hören bekamen".

Zu oberflächlich / zu wenig Zeit

Hierunter fallen die Aussagen von LeiterInnen, die schwerpunktmäßig thematisieren, dass die Inhalte nur kurz angerissen werden konnten bzw. die Inhalte generell zu oberflächlich thematisiert worden seien. Ferner wird in diesem Zusammenhang erwähnt, dass die zur Verfügung gestandene Zeit in Form eines Fortbildungstages für die zu behandelnden Inhalte nicht angemessen gewesen sei.

> *Exemplarische Aussagen*
> - „Es gab zu diesem Thema einen Fortbildungstag, bei dem alle Themen kurz genannt wurden. Inhalte waren für die Zeit zu umfassend. Ich habe wenig profitiert".
> - „Es war die erste Fortbildung, die ich zum OP besucht habe. Damals war insgesamt einiges noch unklar. Die Fortbildung gab einen ersten Einblick in die Leitungsaufgaben des OP. Es wurde viel nur grob angesprochen. Mehr kann man von einem Fortbildungstag nicht erwarten".
> - „Einen Fortbildungstag halte ich für ungenügend. Mehrere Tage als Begleitfortbildung wären sinnvoller".
> - „Die Zeit war zu kurz. Die Themen konnten nur angerissen werden".

Praxisrelevanz Umsetzung

Sieben LeiterInnen fällt es nach eigenen Angaben schwer, die thematisierten Inhalte auf ihre Praxis zu übertragen. Die Aussagen dieser Leitungskräfte wurden der Kategorie „Praxisrelevanz Umsetzung" zugeordnet. Hierunter fallen aber auch Aussagen, die sich auf den Gehalt der vermittelten Inhalte beziehen z.B. im Hinblick auf deren Konkretheits- bzw. Abstraktionsgrad.

> *Exemplarische Aussagen*
> - „Die Umsetzung fällt mir schwer. Wünsche mir praxisorientierte Fortbildungen".
> - „Die richtige Hilfe zur Umsetzung des OP fehlte mir, mir wurde bewusst, dass ich das selbst einbringen muss, um weiter zu kommen".
> - „Die Aussagen waren sehr theoretisch und für unsere Einrichtung schwierig umzusetzen."
> - „Es wurde nur einiges kurz angesprochen, sehr viele Blätter mit Tabellen etc. aufgeteilt. Fühle mich hilflos, wenn ich diesen Stoß anschaue!"

Kompetenz Referent

Die vier LeiterInnenaussagen in dieser Kategorie zweifeln die Kompetenz des Referenten bzw. dessen Art die Inhalte zu vermitteln an.

> *Exemplarische Aussagen*
> - „Gruppe zu groß – Referent nicht kompetent".
> - „Hier hat der rote Faden gefehlt, vor allem zum Thema Qualitätssicherung".
> - „Hing mit der Motivation der FortbildnerIn zusammen".
> - „Referentin kam nicht aus der Praxis. Wollte über Dinge sprechen, die selbstverständlich sind".

Einseitigkeit Themenwahl

Diese Kategorie bezieht sich auf zwei Nennungen, die darauf hinweisen, dass die Themenauswahl zu einseitig gewesen sei bzw. das vorgesehene Themenspektrum nicht abgedeckt worden sei.

> *Exemplarische Aussagen*
> - „Die Fortbildung beschäftigte sich über weite Strecken mit dem Ist-Stand des Kindergartens".
> - „Außer der Organisationsentwicklung wurden die anderen Bereiche nicht behandelt".

Die kritische Sichtweise von 52% unzufriedener Leitungskräfte, die den Baustein sechs zum Befragungszeitpunkt bereits besucht hatten, ist umso mehr in der aktuellen Diskussion um Qualifizierungsmaßnahmen und Weiterbildungsangebote im Elementarbereich zu berücksichtigen, da eine bundesweite Studie der Bertelsmann-Stiftung aus dem Jahr 2008 (Länderreport Frühkindliche Bildungssysteme) Baden-Württemberg vier von fünf möglichen Punkten für die Qualifizierung der pädagogischen Fachkräfte im Hinblick auf die Umsetzung des Orientierungsplanes zuspricht. Die Ergebnisse dieser Untersuchung sprechen dafür, künftig neben der Quantität des Fortbildungsangebots auch die Qualität der Fortbildungsdurchführung zu überprüfen.

8.2.5 Weiterentwicklungsbedarf der Leitungstätigkeit mit Blick auf den Plan

Fühlen sich die Leitungskräfte in der Lage den Orientierungsplan umzusetzen? In welchen Handlungsfeldern besteht Weiterentwicklungsbedarf? Es wurde gefragt:

"Sehen Sie bezüglich des Orientierungsplanes einen Entwicklungsbedarf bei sich selbst in Ihrer Leitungsfunktion?"

60% der befragten LeiterInnen antworten auf diese Frage mit „eher ja" bis „ja". 40% der Befragten verspüren nach eigenen Angaben keinen „Weiterentwicklungsbedarf ihrer Leitungstätigkeit" mit Blick auf die kontinuierliche Umsetzung des Orientierungsplanes in ihrer Einrichtung. In einer offenen Anschlussfrage wurden die LeiterInnen gefragt: *Falls ja,* [falls sie bei sich einen Entwicklungsbedarf ihrer Leitungsfunktion bezüglich des Orientierungsplanes sehen] *in welchen Bereichen* [sehen Sie einen Entwicklungsbedarf]? Das Ergebnis zeigt folgende Tabelle:

	Zahl der Fälle	*Prozentangaben*
Praktische Umsetzung und Steuerung der Umsetzung des Planes	10	13,4%
*Personal- und Teamführung	10	13,4%
Qualitätsmanagement	7	9,4%
Qualitätsentwicklung	6	8,1%
Profil- und Konzeptionsentwicklung	6	8,1%
Teamentwicklung	5	6,7%
Qualitätssicherung	5	6,7%
Beobachtung und Dokumentation anleiten	4	5,3%
Zeitmanagement/ Selbstorganisation	4	5,3%
Generelle Weiterentwicklung in Leitungsaufgaben	4	5,3%
Dokumentation der Arbeit	3	4,0%
Pädagogisches Fachwissen	2	2,6%
Koordination Orientierungsplan und INFANS	2	2,6%
Öffentlichkeitsarbeit	2	2,6%
Elternarbeit	2	2,6%
Gesprächsführung	1	1,3%
Berufliche Supervision	1	1,3%
Verwaltung	1	1,3%
Gesamt (N=88; 74 Nennungen, Mehrfachnennungen möglich, k.A.:32).	74	100%

Tab.35 Entwicklungsbereiche der Leitungstätigkeit mit Blick auf die Umsetzung des baden-württembergischen Orientierungsplanes

Die inhaltliche Gewichtung der getroffenen Aussagen weist darauf hin, dass die Antworten zum Weiterentwicklungsbedarf der LeiterInnen mit den Aussagen zur Veränderung der Leitungstätigkeit durch den Orientierungsplan korrespondieren. Am häufigsten wird von den befragten LeiterInnen ein Weiterentwicklungsbedarf in den Bereichen Umsetzung des Planes mit dem Team, Umsetzungssteuerung sowie Personal- und Teamführung angegeben (*In

Zusammenhang mit Personal- und Teamführung werden die Aspekte Motivierung, Unterstützung, Begleitung, Anleitung und Kontrolle genannt). Dieser Umstand weist darauf hin, dass sich die LeiterIn einer Kindertageseinrichtung durch die Einführung eines Bildungsplanes im Elementarbereich verstärkt mit Fragen der Personal- und Teamführung sowie mit Fragen der konkreten Umsetzung des Orientierungsplanes in ihrem Team konfrontiert sieht, die es zu lösen und im Alltag zu meistern gilt. Neben Führungsfragen werden wiederum relativ häufig Wünsche nach einer Weiterentwicklung in den Bereichen Qualitätsentwicklung, Qualitätssicherung und Qualitätsmanagement genannt. Eng damit in Verbindung steht auch der Bereich Profil- und Konzeptionsentwicklung, der maßgeblich in das Aufgabengebiet der Organisationsentwicklung fällt. Weitere mehrfach genannte Bereiche sind Teamentwicklung, die Koordination und Anleitung von Beobachtung und Dokumentation in der Einrichtung sowie Zeitmanagement bzw. generell Selbstorganisation der Leitungstätigkeit (siehe vorangehende Tabelle).

8.3 Beanspruchung der LeiterInnen

8.3.1 Die Rahmenbedingungen der Leitungstätigkeit

Nach den Angaben der bundesweiten GEW-Studie aus dem Jahr 2007 beträgt die durchschnittliche Wochenarbeitszeit von nicht freigestellten LeiterInnen 36,58 Stunden und die Wochenarbeitszeit von freigestellten LeiterInnen 36,45 Stunden. Ferner sind nach Auskünften dieser Studie 70,5% der Befragten nicht freigestellten LeiterInnen und 73,9% der freigestellten LeiterInnen vollzeitbeschäftigt. 94% der nicht freigestellten LeiterInnen und 92,2% der freigestellten LeiterInnen verfügen darüber hinaus über eine nicht befristete Stelle. Der Bruttoverdienst der LeiterInnen liegt durchschnittlich nach Auskünften der GEW-Studie bei durchschnittlich 2900 Euro monatlich für freigestellte und bei rund 2700 Euro brutto für nicht freigestellte LeiterInnen (Vgl. GEW Studie 2007). Der relativ hohe Anteil an Vollbeschäftigung und an Arbeitsplatzsicherheit aufgrund nicht befristeter Stellen sowie die durchschnittliche Wochenarbeitszeit von ca. 37 Stunden (vgl. GEW Studie 2007) dürfen allerdings nicht darüber hinwegtäuschen, dass ein Großteil der Kita-LeiterInnen, diese Tätigkeit nicht in Vollzeit ausübt, sondern ein individuell geregeltes Zeitpensum zur Verfügung hat, um die eigentliche Leitungstätigkeit und weitere Alltags- und Begleitaufgaben wahrzunehmen.

In der vorliegenden Untersuchung wurden die LeiterInnen bezüglich Freistellung und Freistellungsgrad wie folgt befragt. *„Sind Sie freigestellte LeiterIn?"* (N=153) 17% der befragten LeiterInnen sind nach eigenen Angaben vollständig freigestellt. 83% hingegen sind entweder neben der Leitungstätigkeit noch als pädagogische Zweitkraft oder GruppenleiterIn tätig. Darüber hinaus zählen auch Springerdienste, z.B. bei Krankheitsausfall einer pädagogischen Fachkraft, häufig zum Aufgabengebiet der LeiterInnen. In einer Anschlussfrage wurden die nicht freigestellten LeiterInnen gebeten, sich bezüglich des prozentualen Freistellungsgrades für Leitungstätigkeiten zu äußern:

Falls nein, [nicht freigestellt] *wie viel % Ihrer Stelle sind für die Leitungstätigkeit vorgesehen?*

	Prozent (LeiterInnen)	Kumulierte Prozente
≤ 15% der Stelle	28%	28
16-30% der Stelle	25,3%	53,3
31-45% der Stelle	18,7%	72
46-60% der Stelle	17,3%	89,3
61-75% der Stelle	9,3%	98,7
> 76% der Stelle	1,4%	100
Gesamt	100%	100%
Ø 31,45% der Stelle SD 21,39		

Tab.36 Prozentual vorgesehener Stellenanteil für Leitungstätigkeiten (N=127; k.A.: 52)

Obwohl 52 der nicht freigestellten LeiterInnen, diese Folgefrage übersehen oder auch bewusst nicht beantwortet haben, zeigt sich anhand der abgegebenen Antworten die Tendenz, dass der für nicht freigestellte LeiterInnen vorgesehene Stellenanteil für Leitungstätigkeiten überwiegend (bei 72% der abgegebenen Antworten) bei unter 50% liegt. Bei ca. 53% beträgt der Stellanteil für Leitungstätigkeiten zwischen 16 und 30%. Dabei weist der Freistellungsgrad für Leitungstätigkeiten einen signifikanten Zusammenhang (p<0,01; Korrelationskoeffizient nach Spearman: 0,72) zu der Anzahl der in der Einrichtung beschäftigten pädagogischen Fachkräfte auf. Dadurch kann davon ausgegangen werden, dass die Größe der Einrichtung mit dem (vertraglich) vorgesehen Freistellungsgrad für Leitungstätigkeiten zusammenhängt bzw. einen Einfluss darauf ausübt.

Mit Blick auf die Erfüllung der Aufgaben, die mit der Umsetzung der Bildungspläne im Elementarbereich für die LeiterIn verbunden sind, ist es fraglich, ob ein Freistellungsgrad von unter 50%, der laut den Ergebnissen kein Einzelfall ist, sondern bei der Mehrheit der befragten nicht freigestellten LeiterInnen ein Faktum darstellt, ausreichend für eine angemessene Erfüllung der Aufgaben ist

8.3.2 Belastung der LeiterInnen

LeiterInnen müssen sich in ihrem täglichen Arbeitsalltag mit vielen Dingen auseinandersetzen. Neben Verwaltungstätigkeiten, Organisatorischem, Teamarbeit, Teamentwicklung und zahlreichen weiteren Aufgaben kommt nun zusätzlich, wie dies bereits seit Längerem in anderen Bundesländern der Fall ist, auch in Baden-Württemberg die gemeinsame Umsetzung eines Bildungsplanes im Elementarbereich als neue Aufgabe der Leitung hinzu. Hierbei stellt sich die Frage: „Können die LeiterInnen diese Aufgabe schultern?" bzw., „Wie wirkt sich die Umsetzung des Orientierungsplanes generell auf die Leitungskräfte aus?" Hierzu wurde gefragt:

Die Umsetzung eines Bildungsplanes aus der Perspektive der LeiterIn - quantitative Befragung

Der Orientierungsplan erhöht meine berufliche Belastung

	Zahl der Fälle	Prozentangaben
(4) stimme zu	54	35,6%
(3) stimme eher zu	48	31,6%
(2) unentschieden	33	21,7%
(1) lehne eher ab	12	7,8%
(0) lehne ab	5	3,3%
Gesamt (N=153; k.A.:1; Perz.25: 3, Median: 4, Perz.75: 4)	152	100%

Tab.37 Zunahme der Belastung durch den Orientierungsplan

Ca. 67% (Einschätzwerte „stimme zu" und „stimme eher zu") sind der Ansicht, dass sich durch den Orientierungsplan ihre berufliche Belastung erhöhe. Weitere ca. 22% sind unentschlossen in dieser Frage (Einschätzwert „unentschieden"). Etwas mehr als 11% der Befragten teilen nicht die Ansicht, dass sich durch den Orientierungsplan ihre berufliche Belastung erhöhe (Einschätzwerte „lehne eher ab" und „lehne ab").

Um Genaueres über das Ausmaß der Beanspruchung zu erfahren, wurden die LeiterInnen gebeten, ihre gegenwärtige Beanspruchung als LeiterIn einzuschätzen bzw. auszudrücken, wie sie die aktuelle Beanspruchung zum Befragungszeitpunkt im Sommer 2008 empfanden. Hier zeigt sich folgendes Bild: Gemäß den Befragungsergebnissen fühlen sich zum Zeitpunkt der Befragung 69% der befragten LeiterInnen nicht angemessen beansprucht (Einschätzwerte „etwas zu viel beansprucht", „zu viel beansprucht", „viel zu sehr beansprucht"). 31% fühlen sich nach eigenen Angaben angemessen beansprucht (Einschätzwerte „eher angemessen beansprucht", „angemessen beansprucht", „genau passend beansprucht").

„Wie empfinden Sie Ihre aktuelle Beanspruchung als LeiterIn Ihrer Einrichtung?"

	Zahl der Fälle	Prozentangaben
(5) viel zu sehr beansprucht	17	11%
(4) zu viel beansprucht	32	21%
(3) etwas zu viel beansprucht	55	37%
(2) eher angemessen beansprucht	20	13%
(1) angemessen beansprucht	26	17%
(0) genau passend beansprucht	2	1%
Gesamt (N=153;k.A.:1; Perz.25: 2, Median: 3, Perz.75: 4)	152	100%

Tab.38 Beanspruchung der LeiterInnen zum Befragungszeitpunkt im Sommer 2008

Vor allem fallen 32% der LeiterInnen auf, die sich „zu viel" bis „viel zu sehr" beansprucht fühlen. Demgegenüber stehen nur 18%, die sich „angemessen" bis „genau passend" beansprucht fühlen. Ferner zeigen sich mit Rückgriff auf Aussagen zur „Berufszufriedenheit" signifikante negative Zusammenhänge (p<0,01) zwischen der Beanspruchung der LeiterInnen einerseits und der Zufriedenheit mit den Aspekten der Leitungstätigkeit „Freistellungsgrad", „Umfang der Wochenarbeitszeit" und „Aufgabenspektrum" andererseits. Das bedeutet, dass eine hohe Beanspruchung mit einer geringeren Zufriedenheit mit diesen Rahmenbedingungsaspekten der Leitungstätigkeit korrespondiert.

Dies unterstreicht zuvor geäußerte Bedenken hinsichtlich der Rahmenbedingungen der Leitungstätigkeit und fordert u. a. dazu auf, Unterstützungsangebote für LeiterInnen zu schaffen und auszubauen (z.B. in Form von Supervision oder der Prozessbegleitung vor Ort) sowie die Rahmenbedingungen der Leitungstätigkeit den Bedingungen vor Ort anzupassen. Dadurch kann Ausfallerscheinungen durch Überforderung und Überlastung auch mit Blick auf die anstehenden Aufgaben bei der Umsetzung des Orientierungsplanes wirksam vorgebeugt werden.

8.4 Führen und leiten

Mit Blick auf die Aufgabe der LeiterIn bei der Umsetzung eines Bildungsplanes im Elementarbereich stellt sich die Frage, wann ein Plan in einer Einrichtung als umgesetzt betrachtet werden kann. Eine Bedingung hierfür besteht darin, dass nicht nur Teile des Teams sondern alle pädagogischen Fachkräfte versuchen, den Plan in ihrer täglichen praktischen Arbeit zu verwirklichen. Deshalb wurden die LeiterInnen in der vorliegenden Untersuchung gefragt, wie viele ihrer MitarbeiterInnen in der Einrichtung bereits nach dem Orientierungsplan arbeiten (siehe folgende Tabelle).

„Wie viele Ihrer MitarbeiterInnen gestalten ihre Arbeit tatsächlich gemäß dem Orientierungsplan?"

	Zahl der Fälle	*Prozentangaben*
(4) alle	46	31,7%
(3) etwa drei Viertel	44	30,3%
(2) etwa die Hälfte	28	19,3%
(1) etwa ein Viertel	23	15,9%
(0) keiner	4	2,8%
Gesamt (N=153; k.A.:8; Perz.25: 2,Median: 3 , Perz.75: 4)	145	100%

Tab.39 Anteil der Teammitglieder, die ihre Arbeit gemäß dem Orientierungsplan gestalten

In 32% der Fälle arbeitet nach Angaben der LeiterIn im Sommer 2008 bereits das gesamte Team nach dem Orientierungsplan, in 68% der Fälle allerdings nicht. Hier ist mit Blick auf die verbindliche Einführung des überarbeiteten Orientierungsplanes im Kindergartenjahr 2009/10 Entwicklungsbedarf erkennbar. Besonders kritisch ist der Anteil von 38% an Einrichtungen zu bewerten, bei denen, beruhend auf den Schätzwerten der LeiterInnen, nur die Hälfte oder sogar weniger als die Hälfte des Teams ihre Arbeit gemäß dem Orientierungsplan gestalten. Hier ist die LeiterIn gefragt, ihre Personalführungskompetenz zu nutzen und als AnwältIn des Planes zu fungieren.

8.5 Konzeptionsarbeit

8.5.1 Die Erarbeitung und Konkretisierung des Orientierungsplanes

Die Einrichtungen sind dazu aufgerufen, die Ziele des baden-württembergischen Orientierungsplanes in die Einrichtungskonzeption zu übernehmen und weiterzuentwickeln. Hierzu heißt es im Plan: *„Werden die Ziele des Orientierungsplanes in die Konzeption übernommen, regelmäßig überprüft und weiterentwickelt?"* (a. a. O.: 61) In mehreren Bildungsplänen wird darüber hinaus explizit darauf hingewiesen, die Vorgaben des jeweiligen Bildungsplanes für die pädagogische Arbeit zu konkretisieren. In diesem Zusammenhang ruft der Orientierungspan dazu auf, die Impulsfragen der sechs Bildungs- und Entwicklungsfelder gemeinsam im Team zu diskutieren (vgl. a. a. O.: 70). In der vorliegenden Untersuchung wurden diesbezüglich die LeiterInnen gefragt:

„Inwieweit haben Sie sich in ihrer Einrichtung mit den „Zielen" und „Fragen" der sechs Bildungs- und Entwicklungsfelder und den folgenden Themenbereichen befasst im Sinne von: Was bedeutet das konkret für die pädagogische Arbeit in unserer Einrichtung?"

Die Ergebnisse zu dieser Fragestellung weisen darauf hin, dass sich die Teams nach Angaben der Leitungskräfte in größerem Umfang mit den Inhalten des Orientierungsplanes befassen. Eine Ausnahme bilden die Themen „Zusammenarbeit mit den Eltern" und „Qualitätsentwicklung und Qualitätssicherung". Diese drei Themengebiete stellen die Aufgabenfelder dar, mit denen sich die Teams nach Angaben der Leitungskräfte wohl am wenigsten im Hinblick auf eine konkrete Umsetzung beschäftigen. Bezüglich dieser drei Aufgabenfelder äußern ca. 50% der LeiterInnen, sich gemeinsam mit dem Team „wenig" bis „gar nicht" mit den Vorgaben des Orientierungsplanes zur Elternarbeit und zu Qualitätsentwicklung/ Qualitätssicherung zu beschäftigen.

Darüber hinaus sind die Ergebnisse dahingehend zu reflektieren, dass sich die Teams laut Angaben der befragten LeiterInnen mehrheitlich weniger intensiv mit den „Fragen" und „Zielen" der sechs Bildungs- und Entwicklungsfelder beschäftigen bzw. diese für die Arbeit in der Einrichtung konkretisieren, sondern vornehmlich „Beobachtung und Dokumentation" Gegenstand der „intensiv[en]" Auseinandersetzung im Team ist. Dementsprechend werden die Vorgaben zur „Entwicklungsdokumentation" nach Angaben der Leitungskräfte in ca. 65% der Fälle intensiv im Team erarbeitet und konkretisiert. Für die Aufgabe der Beobachtung beträgt dieser Anteil 72,5%. Hingegen liegen die Werte für die Bildungs- und Entwicklungsfelder bezüglich der „intensiv[en]" Auseinandersetzung und Konkretisierung bis auf das Bildungs- und Entwicklungsfeld „Sprache" („intensiv[e]" Auseinandersetzung 35,8%) zwischen ca. 21% und 24%. Hier besteht bei den Bildungs- und Entwicklungsfeldern „Körper", „Sinne", „Denken", „Gefühl und Mitgefühl" und „Sinn, Werte, Religion" bezüglich der „intensiv[en]" Auseinandersetzung im Team eine Differenz zum Aufgabenbereich „Entwicklungsdokumentation" in Höhe von ca. 40%. Zum Arbeitsbereich „Beobachtung" beträgt die Differenz sogar 50%.

8.5.2 Vorhandensein und Weiterentwicklung einer pädagogischen Konzeption

Laut Orientierungsplan gehört eine „eigenständige pädagogische Konzeption" zum „Profil eines guten Kindergartens" (a. a. O.: 62). 80% der befragten LeiterInnen (N=153; k.A.:5) geben an, dass ihre Einrichtung über eine Konzeptionsschrift verfüge. In 73,5% der Fälle (N=117) wurde diese allerdings nach Auskunft der LeiterInnen vor der Einführung des Orientierungsplanes entwickelt. Der Plan fordert jedoch dazu auf, die Ziele des Planes in die Konzeption zu übernehmen und regelmäßig weiterzuentwickeln (vgl. a. a. O..: 61). Deshalb wurden die LeiterInnen zur Überarbeitung der Konzeption mit Blick auf den Orientierungsplan befragt. 33,3% der LeiterInnen, die über eine Konzeptionsschrift verfügen (N=117; k.A.:6) geben an, die Konzeptionsschrift mit Blick auf den Orientierungsplan überarbeitet zu haben. 66,7% erfüllen diese Anforderung nach eigenen Angaben jedoch nicht.

Demgegenüber geben 74,8% (N=117; k.A.:6) an, dass ihre Konzeptionsschrift regelmäßig weiterentwickelt werde. Hieraus ergibt sich eine Diskrepanz von 41,5%, die nach eigenen Angaben ihre Konzeptionsschrift regelmäßig weiterentwickeln, dies allerdings bisher nicht mit Blick auf die Vorgaben des Orientierungsplanes taten. Bezogen auf die Gesamtbefragung (N=153) stellen diese Einrichtungen (n=44) einen Anteil von 28,7% dar.

„Falls Sie über eine Konzeptionsschrift in ihrer Einrichtung verfügen, wurde diese im Hinblick auf den Orientierungsplan überarbeitet?" (N=117, k.A.:6)

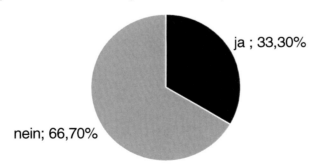

Abb.3   Überarbeitung der Konzeptionsschrift mit Blick auf den Orientierungsplan

Ähnliche Verhältnisse zeigen sich im Hinblick auf die Jahresplanung. 78,3% der Befragten (N=153; k.A.:6) geben an, die Anforderungen des Orientierungsplanes in die Jahresplanung der Einrichtung integriert zu haben. Davon (N=115) äußern jedoch nur 59,1% weiterführend, dass die Jahresplanung im Hinblick auf den Orientierungsplan verändert wurde. Daraus ergibt sich ein Prozentsatz von 30,7% (n=47) bezogen auf die Gesamtbefragung (N=153), die angeben die Vorgaben des Orientierungsplanes in die Jahresplanung integriert haben, ohne jedoch etwas an der Jahresplanung zu ändern.

Betrachtet man die aufgetauchten Diskrepanzen, so stellt sich für diese Einrichtungen die Frage, ob die bisherige Arbeit gründlich im Hinblick auf den Orientierungsplan reflektiert und nicht vorschnell das Urteil gefällt wird, das mehrfach in der LeiterInnenbefragung 2006 auftaucht: „Das machen wir doch schon alles".

8.6 Team- und Personalentwicklung

Die Umsetzung eines Bildungsplanes im Elementarbereich auf Einrichtungsebene ist nicht nur die Aufgabe der einzelnen ErzieherIn, vielmehr bedarf die Umsetzung des gesamten Teams. Mit Team ist jedoch mehr als die vorhandene Anzahl an ErzieherInnen zusammen mit der Kindergartenleitung gemeint. Ein Team ist ein interagierendes, rollenteiliges lebendiges Gefüge, welcher der Spezialisierung in Form einzelner Organe bedarf.

Mit Blick auf den baden-württembergischen Orientierungsplan sind u. a. Fragen der Spezialisierung wie z.B. des Expertentums für einzelne Bildungsbereiche, der Aufgabenteilung und Aufgabenübernahme (Projektkoordinator, Qualitätsbeauftragter etc.) teamintern zu klären. Nicht umsonst wird die Aufgabe der Kindergartenleitung in mehreren Bildungsplänen für den Elementarbereich als „TeamentwicklerIn" beschrieben.

Ein funktionierendes „wirkliches" Team ist eine gute und notwendige Voraussetzung für die Umsetzung eines Bildungsplanes. Bedingung hierfür ist allerdings, dass sich das Team als Team versteht und eine gute Arbeitsatmosphäre sowie eine grundlegende gemeinsame Orientierung vorherrschen. Hierunter fallen Aspekte der Arbeitsmotivation, der Interaktion, des gegenseitigen Respekts und letztendlich auch der Qualifikation.

8.6.1 Teamentwicklungsbedarf mit Blick auf die Umsetzung des Planes

8.6.1.1 Umsetzungsmotivation

Bei der Umsetzung eines Bildungsplanes im Elementarbereich steht nicht nur die LeiterIn vor der Beantwortung einiger Fragen, die sich mit der Rolle und dem Aufgabenprofil ihrer Tätigkeit beschäftigen. Gleiches gilt auch für das Team und die einzelnen Teammitglieder. Neuerungen können in unterschiedlicher Weise aufgefasst und bei der pädagogischen Arbeit aufgegriffen werden. Diesbezüglich wurden die LeiterInnen gefragt:

"Wie ist in Ihrem Team der Wille zur Umsetzung des Orientierungsplanes?"

	Zahl der Fälle	*Prozentangaben*
(4) optimal	20	14%
(3) gut	85	55%
(2) mittelmäßig	38	27%
(1) eher ungenügend	4	3%
(0) ungenügend	1	1%
Gesamt	148	100%

Tab.40 Wille zur Umsetzung des Orientierungsplanes im Team (N=153; k.A.:5)

In 69% der Fälle können die LeiterInnen nach eigenen Angaben auf einen „gut[en]" bis „optimal[en]" Willen ihres Teams zur Umsetzung des Orientierungsplanes bauen. Allerdings besteht nach Angaben der Leitungskräfte in 26% der Teams nur ein „mittelmäßig[er]" Umsetzungswille. In 3% der Einrichtungen ist dieser „eher ungenügend" bis „ungenügend" ausgeprägt. Somit ist die LeiterIn in 28% der Fälle (Einschätzwerte „mittelmäßig", „eher ungenügend", „ungenügend") gefragt, den Umsetzungswillen ihres Teams zu entwickeln und Ihre MitarbeiterInnen für die Umsetzung zu motivieren.

8.6.1.2 Weiterentwicklung der Fachkompetenz mit Blick auf den Orientierungsplan

Der Orientierungsplan bzw. generell der Großteil der Bildungspläne im Elementarbereich stellen hohe Anforderungen an die pädagogische Kompetenz der ErzieherInnen. Die pädagogische Fachkraft ist u. a. zuständig für eine ganzheitliche Bildung und Förderung des einzelnen Kindes, die partnerschaftliche Zusammenarbeit mit den Eltern fundierte Beobachtung des einzelnen Kindes und die Erstellung einer Entwicklungsdokumentation über das einzelne Kind. Wie schätzen in diesem Zusammenhang die Leitungskräfte den Weiterentwicklungsbedarf ihrer Teams ein? Es wurde gefragt:

„Muss sich Ihr Team bezüglich des Orientierungsplanes weiterentwickeln?"

73% der Antworten entfallen auf die Antwortkategorien „eher ja" bis „ja". 27% der Befragten sind der Ansicht, dass sich ihr Team im Hinblick auf den Orientierungsplan „eher nicht" bis „nicht" weiterzuentwickeln brauche. In diesem Zusammenhang ist zu erwähnen, dass 53,4% der LeiterInnen (N=153), die Weiterentwicklungsbereitschaft der Mehrheit ihres Teams mit „hoch" bis „sehr hoch" bewerten.

In einer offenen Anschlussfrage wurden diejenigen LeiterInnen gefragt, welche der Meinung waren, dass sich ihr Team bezüglich des Orientierungsplanes weiterentwickeln müsse (N=97 LeiterInnen; 140 Nennungen, Mehrfachnennungen möglich; k.A.:56), in welchen Bereichen Weiterentwicklungsbedarf in ihrem Team angebracht sei (siehe folgende Tabelle).

Die Umsetzung eines Bildungsplanes aus der Perspektive der LeiterIn - quantitative Befragung

	Zahl der Fälle	Prozentangaben
Beobachten und Dokumentieren	26	18,6%
Bildungs- und Entwicklungsfeld "Denken"	19	13,6%
In allen Bereichen	15	10,7%
Umsetzung und Umgang mit dem Plan im Alltag	12	8,6%
Erziehungspartnerschaft mit den Eltern	10	7,1%
Bildungs- und Entwicklungsfeld "Sinne"	6	4,3%
Zeitmanagement	5	3,5%
Bildungs- und Entwicklungsfeld "Sinn, Werte, Religion"	5	3,5%
Vorbereitete Umgebung/ Raumgestaltung	4	2,9%
Themen der Kinder/ individuelles Curriculum	4	2,9%
Qualitätssicherung	4	2,9%
Generell Bildungs- und Entwicklungsfelder	4	2,9%
Elterngespräche führen	4	2,9%
Bildungs- und Entwicklungsfeld "Sprache"	4	2,9%
Arbeitsstruktur für die Einrichtung	4	2,9%
Umsetzungsmotivation	3	2,1%
Professionelles Arbeiten/ Reflektieren	3	2,1%
Umsetzung des Planes mit pädagogischen Konzepten	2	1,4%
Gruppenübergreifendes Arbeiten	2	1,4%
Bildungs- und Entwicklungsfeld "Körper"	2	1,4%
Teamgeist	1	0,7%
Gemeinsame Umsetzung des Planes mit den Eltern	1	0,7%
Gesamt	140	100%

Tab.41 Weiterentwicklungsbedürftige Arbeitsbereiche des Teams bezüglich des Orientierungsplans

Mit 26 Nennungen dominiert der Bereich „Beobachtung und Dokumentation". Vor allem die schriftliche Dokumentation des Entwicklungsverlaufes des einzelnen Kindes wird in diesem Zusammenhang von den LeiterInnen genannt. An zweiter Stelle des Weiterentwicklungsbedarfs steht das Bildungs- und Entwicklungsfeld „Denken", wovon der Bereich des Experimentierens mit Kindern von den LeiterInnen mehrfach in diesem Zusammenhang angeführt wird. Auffällig ist aber auch, dass an dritter Stelle die LeiterInnen angeben, dass sich ihr Team mit Blick auf den Orientierungsplan in allen Bereichen weiterentwickeln müsse. Zwei weitere

Punkte, die häufiger von den befragten LeiterInnen bei dieser offenen Frage genannt werden, sind die Umsetzung des Orientierungsplanes im Alltag und die Ausgestaltung der Erziehungspartnerschaft mit den Eltern. Im Hinblick auf die Umsetzung des Orientierungsplanes im Alltag werden Aspekte geäußert, die sich auf eine Konkretisierung des Planes für die pädagogische Arbeit, auf die Abdeckung aller Bereiche durch die Arbeit in der Einrichtung und auf die konkrete Arbeit und Planung mit dem Plan beziehen. Dazu äußert eine LeiterIn, dass es ihren KollegInnen schwer falle, den Plan als tägliches „Handwerkszeug" zu gebrauchen. In Zusammenhang mit der Erziehungspartnerschaft mit den Eltern wünschen sich mehrere LeiterInnen von ihren MitarbeiterInnen, mehr Elternpartizipation zu ermöglichen und für mehr Transparenz gegenüber den Eltern zu sorgen.

Im Bereich von sechs bis vier Nennungen liegen drei weitere Bildungs- und Entwicklungsfelder („Sinn, Werte, Religion", „Sinne" und „Sprache") in denen die befragten LeiterInnen einen Weiterentwicklungsbedarf ihres Teams sehen. Ferner werden konkrete Handlungsfelder der ErzieherInnen, wie Zeitmanagement bzw. der flexible Umgang mit Zeit, die Gestaltung einer anregenden vorbereiteten Umgebung und das Aufgreifen der Themen des einzelnen Kindes benannt. Darüber hinaus sehen mehrere LeiterInnen einen Weiterentwicklungsbedarf ihres Teams im Bereich Entwicklungsgespräche führen und im Bereich Arbeitsorganisation. Letzteres bezieht sich auf die Aussage von vier LeiterInnen, die äußern, dass ihrem Team eine klare Arbeitsstruktur fehle.

Im Bereich zwischen drei bis eins Nennungen liegen Äußerungen bezüglich der Umsetzungsmotivation, dem Teamgeist und der generellen Professionalität der pädagogischen Fachkräfte. Ferner werden hier spezielle Umsetzungsthematiken wie die Umsetzung des Planes mit pädagogischen Konzepten (Waldorfpädagogik; Waldkindergarten), gemeinsame Umsetzung des Planes mit den Eltern und gruppenübergreifendes Arbeiten zur Umsetzung des Planes angeführt. Auch das Bildungs- und Enzwicklungsfeld „Köper" fällt im Hinblick auf den Weiterntwicklungsbedarf des Teams in diesen quantitativ geringfügigen Äußerungsbereich der LeiterInnen. Das Bildungs- und Entwicklungsfeld „Gefühl und Mitgefühl" wird von keiner LeiterIn gesondert im Rahmen dieser offenen Frage als weiterentwicklungsbedürftig erachtet.

8.6.1.3 Schwierigkeiten des Teams mit den Inhalten des Orientierungsplanes

Bei der LeiterInnenbefragung im Sommer 2006 deuteten sich verschiedene Schwierigkeitsbereiche bei der Umsetzung des Orientierungsplanes an. In der vorliegenden Untersuchung wurden diese Schwierigkeitskomplexe aufgegriffen. Der erste Schwierigkeitenkomplex beschäftigt sich mit inhaltlichen Schwierigkeiten bzw. wie schwierig die einzelnen Bereiche des Orientierungsplanes nach Ansicht der LeiterInnen umzusetzen sind. Der zweite Schwierigkeitenkomplex widmet sich Hindernisgründen, welche die Umsetzung des Planes vor Ort beeinträchtigen. (siehe Kapitel „Herausforderungen an die Qualitätsentwicklung"). Bezüglich der inhaltlichen Schwierigkeiten wurde gefragt, inwieweit die einzelnen Inhalte des Orientierungsplanes dem Team Schwierigkeiten bei der Umsetzung bereiten:

„*Nun geht es darum, inwieweit die einzelnen Bereiche des Orientierungsplanes Ihrem Team Schwierigkeiten bereiten?*"

N=153	Perz. 25	Median	Perz. 75	(0) keine Schwierigkeiten	(1) geringe Schwierigkeiten	kumuliert	(2) Schwierigkeiten	(3) große Schwierigkeiten
1. Bildungs- und Entwicklungsfeld "Körper" (k.A.:8)	0	0	1	55,90%	40,00%	95,9%	2,80%	1,40%
2. Bildungs- und Entwicklungsfeld "Sinne" (k.A.:7)	0	0	1	53,40%	40%	93,4%	6%	0,00%
3. Bildungs- und Entwicklungsfeld "Sprache" (k.A.:9)	0	0	1	60,40%	32,60%	93%	6,90%	0,00%
4. Bildungs- und Entwicklungsfeld "Denken" (k.A.:8)	0	1	1	44,80%	43,40%	88,2%	11,00%	1%
5. Erziehungspartnerschaft mit den Eltern (k.A.:2)	0	1	1	42,40%	44,40%	86,8%	11,30%	2,00%
6. Bildungs- und Entwicklungsfeld "Sinn, Werte, Religion" (k.A.:7)	0	1	1	47,90%	38,40%	86,4%	12,30%	1,40%
7. professionelle Haltung gemäß dem Orientierungsplan (k.A.:2)	0	1	1	29,10%	55,00%	84,1%	14,60%	1,30%
8. Kooperation mit der Grundschule (k.A.:2)	0	1	2	44,40%	30,50%	74,9%	17,20%	7,90%
9. Beobachtung (k.A.:2)	0	1	2	33,10%	39,70%	72,8%	23,20%	4,00%
10. Entwicklungsdokumentation (k.A.:1)	0	1	2	34,90%	36,20%	71,1%	23,00%	5,90%
11. professionelles Arbeiten gemäß dem Orientierungsplan (k.A.:4)	1	1	2	16,10%	52,30%	58,4%	27,50%	4,00%
12. Weiterentwicklung der pädagogischen Qualität (k.A.:3)	1	1	2	15,30%	48,70%	54%	28,70%	7,30%
13. Überprüfung und Dokumentation der pädagogischen Qualität (k.A.:5)	1	1	2	8,80%	42%	52,8%	41,90%	7,40%

Tab.42 Schwierigkeiten im Team mit den einzelnen Inhalten des Orientierungsplanes

Die Daten weisen darauf hin, dass nach Aussagen der LeiterInnen nicht, wie man vom Umfang und Gehalt her annehmen könnte, die sechs Bildungs- und Entwicklungsfelder[37] den einzelnen Teams nach Angaben der Leitungskräfte am häufigsten Schwierigkeiten bei der Umsetzung bereiten, sondern die „Begleitaufgaben" des Orientierungsplanes „Qualitätsentwicklung und Qualitätssicherung", „Erzieherverhalten und Professionalität" sowie „Beobachtung und Dokumentation". Die Bildungsarbeit in sechs Bildungs- und Entwicklungsfeldern, d.h. die Umsetzung der Vorgaben des Planes bezüglich einer ganzheitlichen, dem einzelnen Kind gerecht werdenden Bildung und Förderung, wird dagegen im Gegensatz zu den Begleitaufgaben „Beobachtung und Dokumentation", „ErzieherInnenprofessionalität" sowie

---

[37] Leider wurde aufgrund eines Druckfehlers, das Bildungs- und Entwicklungsfeld „Gefühl und Mitgefühl" nicht im Fragebogen und somit bei der Leitungsbefragung berücksichtigt. Ergebnisse der landesweiten Befragung weisen jedoch darauf hin, dass die Umsetzung des Bildungs- und Entwicklungsfeldes „Gefühl und Mitgefühl" von den ErzieherInnen als am leichtesten von allen sechs Bildungs- und Entwicklungsfeldern empfunden wurde.

"Qualitätsentwicklung und Qualitätssicherung", als weniger problematisch empfunden. Vor allem die Tatsache, dass das Bildungs- und Entwicklungsfeld „Sprache" in 93,1% der Fälle dem Team nach Angaben der LeiterInnen „keine" bis „geringe Schwierigkeiten" zu bereiten scheint, verwundert etwas. Hier bedarf es künftig praxisnaher, praxisbegleitender Untersuchungen, die z.B. anhand des Verfahrens der teilnehmenden Beobachtung oder Videographie, Selbsteinschätzungen der pädagogischen Fachkräfte mit der Beobachtung vor Ort kontrastieren und vergleichen.

8.7 Nach außen gerichtete Arbeitskontakte

Die Interaktion mit Außenstehenden, d.h. die „Kooperation mit der Grundschule", die „Kooperation mit Instanzen" (wie z. B. der Frühförderstelle), die „Zusammenarbeit mit den Eltern" und die Außendarstellung der Einrichtung fallen in den Zuständigkeitsbereich der LeiterIn, um eine gute pädagogische Arbeit in der Einrichtung zu gewährleisten und die Vorgaben des jeweiligen Bildungsplanes bezüglich Kooperation und Vernetzung zu verwirklichen.

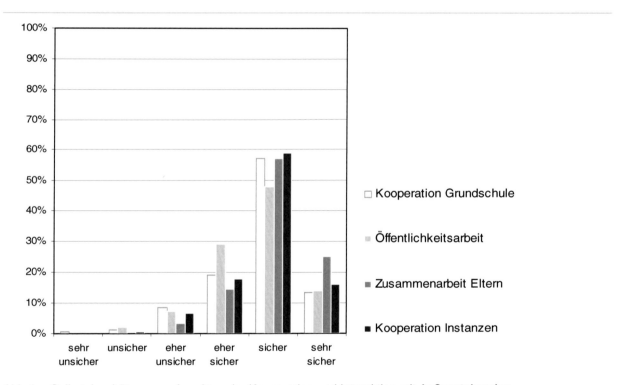

Abb.4 Selbsteinschätzung zu Aspekten der Kooperation und Interaktion mit Außenstehenden

Mehr als 90% der Befragten fühlen sich demnach sicher (Einschätzwerte „eher sicher, „sicher", „sehr sicher") in der Zusammenarbeit mit den Eltern (96,7%), in der Kooperation mit Instanzen (92,7%) und in dem Aufgabenfeld Öffentlichkeitsarbeit (90,7%). Das Sicherheitsempfinden bezüglich der Kooperation mit der Grundschule liegt bei 89,4%. (siehe folgende Grafik). Somit fällt den befragten LeiterInnen nach eigenen Angaben die Wahrnehmung dieser Aufgaben nicht schwer. Der überwiegende Teil fühlt sich in diesen Aufgabengebieten sicher, wobei zwischen ca. 15-27% der Einschätzwerte zu den vier Leitungsaufgaben auf den Einschätzwert „eher sicher" entfallen. Lediglich die Bereiche „Kooperation mit der Grundschule" und „Öffentlichkeitsarbeit" weisen einen problematischen Anteil von ca. 10% an LeiterInnen auf, die sich „eher unsicher" bis „sehr unsicher" bei der Wahrnehmung dieser Aufgaben fühlen.

Besonders der Öffentlichkeitsarbeit kommt mit Blick auf den Rückgang der Geburtenrate zur Vermeidung drohender Schließungen zunehmende Bedeutung zu. Potenzielle Effekte des Geburtenrückgangs sind u. a. eine verstärkte Konkurrenz der Kindergärten untereinander sowie eine vermehrte Rechenschaftspflicht über die geleistete Arbeit z.B. gegenüber dem Träger oder den Eltern. Deshalb gilt es, auf die Außendarstellung der Einrichtung und auf das öffentliche „Image" im Sinne einer längerfristigen Existenzsicherung des Kindergartens zu achten. Diesbezüglich ist eine Internetpräsenz von zunehmender Bedeutung. Die LeiterInnen wurden hierzu gefragt:

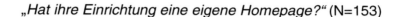

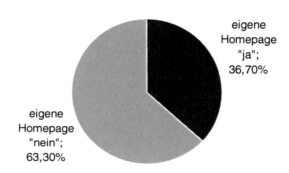

Abb.5 Vorhandensein einer eigenen Kindergartenhomepage

80,3% der Befragten (k.A.: 1) geben an, über eine eigene E-Mail-Adresse für die Einrichtung zur verfügen, wodurch u. a. die Kommunikation mit den Eltern aber auch deren regelmäßige Information z. B. in Form eines Newsletters erleichtert werden kann. Etwas anders verhält es sich, wenn man den Internetauftritt der Kindergärten betrachtet. Hier ist jedoch einschränkend anzumerken, dass ein professioneller Auftritt im Netz auch mit zusätzlichen Kosten verbunden ist. 36,7% der befragten LeiterInnen präsentieren sich (k.A.: 5) nach eigenen Angaben mit ihrer Einrichtung im Internet. 63,3% der Befragten allerdings nicht. Dabei ist es für potentielle Interessenten, d.h. die Eltern, die sich auf diese Weise informieren möchten, wichtig zu wissen, wie in der betreffenden Einrichtung gearbeitet wird. Auch die Umsetzung des Orientierungsplanes ist ein Nachweis von Qualität, der für interessierte Eltern von Relevanz sein könnte. Darum wurden die LeiterInnen in zwei Anschlussfragen gefragt.

"Falls Sie über eine eigene Homepage verfügen

a) ist dort die Konzeption der Einrichtung abrufbar?

b) wird dort die Umsetzung des Orientierungsplanes vorgestellt?"

Diejenigen LeiterInnen, deren Einrichtung über eine eigene Homepage verfügt (N= 55), antworteten auf diese Fragen wie folgt. 39,2% dieser LeiterInnen (k.A.: 4) geben an, dass auf ihrer Homepage die Konzeption der Einrichtung abrufbar sei. Bei 60,8% ist dies allerdings nach eigenen Angaben nicht möglich. Ferner äußern 92% (k.A.: 5), dass auf ihrer Homepage die Umsetzung des Orientierungsplanes nicht vorgestellt werde. Hier zeigt sich hinsichtlich der Transparenz und Außendarstellung der Einrichtungen im Internet, z.B. im Vergleich zur Bildungsinstitution der Schule, ein eindeutiger Entwicklungsbedarf.

8.8 Organisationsentwicklung

8.8.1 Leitbild und Angebotsstruktur

Der Orientierungsplan fordert ein gemeinsames Leitbild sowie eine am Bedarf der Eltern und Kinder orientierte Angebotsstruktur. 58% der LeiterInnen geben (N=153) an, dass ihre Einrichtung über ein gemeinsames Leitbild verfüge. 73% äußern, dass in ihrer Einrichtung eine am Bedarf der Eltern orientierte Angebotslage gewährleistet sei.

In diesem Zusammenhang ist es mit eine Entscheidungsgrundlage für die Weiterentwicklung der Einrichtung, zu wissen, was die Eltern bewegt bzw. wie zufrieden die Eltern mit dem Angebot der Einrichtung sind. Deshalb ist es sinnvoll, die Eltern schriftlich zu befragen. Es wurde gefragt:

Wir befragen die Eltern schriftlich nach deren Zufriedenheit mit unserem Gesamtangebot und unserer pädagogischen Arbeit

Ca. 66% der Befragten nutzen diese Möglichkeit der Informationsgewinnung und Rückmeldung in der vorliegenden Befragung nach eigenen Angaben bisher „gar nicht" bis „selten", 24,37% „manchmal" und etwas mehr als 10% „oft" bis „sehr oft". Dieses Ergebnis steht in gewissem Widerspruch zu der vorigen Aussage von 73% der befragten LeiterInnen, die angeben, über eine bedarfsgerechte Angebotsstruktur in ihrer Einrichtung zu verfügen. Um eine solche Aussage treffen zu können, stellt es eine Voraussetzung dar, die Meinung der Eltern zu kennen. Andererseits kann die Meinung und Zufriedenheit der Eltern auch in anderer Form, z.B. an Elternabenden oder durch Elterngespräche, in Erfahrung gebracht werden.

Nichtsdestotrotz sprechen die 35,8% an Einrichtungen, die nach Aussagen ihrer LeiterInnen definitiv keine schriftliche Elternbefragung durchführen für den Ausbau einer strukturierten und regelmäßigen (z.B. ein bis zweimal pro Jahr stattfindenden) Befragung der Eltern.

8.8.2 Chancen und Grenzbarrieren der Entwicklung

Mit Blick auf die Chancen und Grenzen der Einrichtungsleitung bezüglich einer vorausschauenden Organisationsentwicklung sind die Einrichtungen und die Voraussetzungen der jeweiligen Einrichtung in Augenschein zu nehmen. Hierzu wurden die LeiterInnen bezüglich der Zusammensetzung der Kinder und der Anzahl der pädagogischen Fachkräfte pro Einrichtung befragt. Das Ergebnis zeigt folgende Tabelle:

	Ø	SD
Anzahl an pädagogischen Fachkräften in der Einrichtung (k.A.:1)	6,7	3,8
Anzahl an Kindern in den Einrichtungen (k.A.: 4)	61,6	30,3
Anteil an Teilzeitkräften im Team (k.A.: 20)	57,9%	22,7
Anteil an Unter-Dreijährigen (k.A.: 18)	6,7%	9,9
Anteil an Kindern mit Migrationshintergrund (k.A.: 23)	21,6%	25
Anteil an Kindern aus sozial benachteiligten Familien (k.A.: 27)	12,2%	17,6

Tab.43 Zusammensetzung der Einrichtung im Hinblick auf pädagogische Fachkräfte und Kinder (N=153)

Durchschnittlich arbeiten in den Einrichtungen der befragten LeiterInnen knapp sieben pädagogische Fachkräfte, die mit einer durchschnittlichen Anzahl von ca. 62 Kindern interagieren. Auffallend ist in diesem Zusammenhang der hohe Anteil an Teilzeitkräften, der in der vorliegenden Untersuchung bei durchschnittlich ca. 58%[38] liegt.

Diese einrichtungsspezifischen Merkmale weisen auf die Heterogenität der Voraussetzungen baden-württembergischer Kindergärten hin. Bei der Anzahl der angemeldeten Kinder besteht in der vorliegenden Untersuchung eine Spannweite von 143, zwischen dem kleinsten Kindergarten mit 11 angemeldeten Kindern und der größten Einrichtung mit 154 angemeldeten Kindern. Gleiches gilt für die Anzahl des pädagogischen Personals, das (LeiterIn ausgenommen) zwischen einer und achtzehn pädagogischen Fachkräften (Spannweite 17) variiert. Was die Kinder in den Einrichtungen betrifft, so stellen zum Zeitpunkt der Befragung im Sommer 2008 die unter Dreijährigen einen durchschnittlichen Anteil von 6,7 % in den Einrichtungen der befragten LeiterInnen dar. Dieser Anteil zeigt ein deutliches Ausbaupotential in der Betreuung der unter Dreijährigen und dürfte sich aufgrund des Geburtenrückgangs und der bundesweit beschlossenen Förderinitiativen für Kinder unter drei Jahren in den kommenden Jahren deutlich erhöhen. Ferner weisen durchschnittlich 21,6 %[39] der Kinder

---

[38] Laut Angaben der Bertelsmannstudie „Länderreport Frühkindliche Bildungssysteme" beträgt der Bundesdurchschnitt 39,7%, was die Vollzeitbeschäftigung von pädagogischen Fachkräften in Kindertageseinrichtungen betrifft. Für Baden-Württemberg wird ein Anteil von 50,7% angegeben, wobei nicht zwischen Leitungskräften und päd. Fachkräften unterschieden wird (vgl. ebd.: 32)

[39] Berechnung des Mittelwertes beruhend auf Schätzwerten der LeiterInnen sowie keine Operationalisierung des Begriffes "Migrationshintergrund".

nach Angaben der LeiterInnen einen Migrationshintergrund auf.[40] Darüber hinaus entstammen durchschnittlich 12,2 %[41] der Kinder aus sozial benachteiligten Familien. Das Spektrum der Einschätzungen reicht im Hinblick auf soziale Benachteilung und Migrationshintergrund von 0 % bis über 90 %, wodurch wiederum die unterschiedlichen Ausgangsbedingungen der einzelnen Einrichtungen deutlich werden. Diese deutlichen Unterschiede sind mitunter durch regionale Gegebenheiten sowie die Lage des Kindergartens bedingt (siehe folgende Tabelle).

N= 153	Ø Kinder aus sozial benachteiligten Familien	SD	Ø Kinder mit Migrationshintergrund	SD
1 Dorf (n= 75) (bis 5000 EW)	5,76%	6,45	10,70%	14,18
2 Kleinstadt (n= 36) (mehr als 5000 EW)	13,19%	12,61	18,68%	16,17
3 Kreisstadt (n= 24) (mehr als 20 000 EW)	18,29%	25,97	39,03%	32,77
4 Großstadt (n= 17) (mehr als 100 000 EW)	28,90%	30,40	48,14%	33,87

Tab.44 Soziale Benachteiligung und Migrationshintergrund der Kinder nach Lage der Einrichtung ($p<0,05$)

In der vorliegenden Befragung wächst der durchschnittliche Anteil an sozial benachteiligten Kindern und Kindern mit Migrationshintergrund mit der Größe des Wohnortes bzw. der Lage des Kindergartens an. Vor allem die Großstädte weisen deutliche Unterschiede zu ländlichen Milieus wie „Dörfern" oder „Kleinstädten" auf.

---

[40] Die Bertelsmannstudie kommt auf einen Anteil von 31% an Kindern von mehr als drei Jahren in baden-württembergischen Kindertageseinrichtungen, bei denen mindestens ein Elternteil nicht deutscher Herkunft ist. Bei 40,2% davon wird vorwiegend deutsch bei 59,8% vorwiegend nicht deutsch im Elternhaus gesprochen. (vgl. a.a.O.: 29).
[41] Berechnung des Mittelwertes beruhend auf Schätzwerten der LeiterInnen sowie keine Operationalisierung des Begriffes "sozial benachteiligt".

8.9 Qualitätsmanagement

8.9.1 Vorhandensein eines Qualitätssystems

Der Orientierungsplan fordert ein „Qualitätssystem, das eine kontinuierliche qualitative Weiterentwicklung und Sicherung ermöglicht" (a. a. O.: 63). Nun stellt sich zuvorderst für die LeiterIn, die pädagogische Fachkraft und den Träger die Frage, was darunter zu verstehen ist. So kann darunter ein Qualitätsmanagementkonzept des Trägers, aber auch ein Verfahren wie z. B. kontinuierliche Qualitätszirkel auf Einrichtungsebene verstanden werden. Dementsprechend bestand die Schwierigkeit die LeiterInnen zu einem Sachgegenstand zu befragen, der unterschiedlich aufgefasst werden kann und dessen Begrifflichkeit weitgehend unklar ist. Deshalb wurde in der vorliegenden Untersuchung Qualitätssystem wie folgt im Fragebogen exemplarisch definiert:

> *Ein Qualitätssystem dient dazu ...*
>
> 1. *... festzulegen, was gute pädagogische Arbeit und gute Rahmenbedingungen sind, z.B. Ausstattung, Räume, Personal etc. (das nennt man „Qualitätskriterien, Qualitätsstandards")*
> 2. *... gute pädagogische Arbeit langfristig zu gewährleisten, u. a. durch Dokumentieren und regelmäßiges Überprüfen (das nennt man „Qualitätssicherung")*
> 3. *... zukunftsgerichtet die Einrichtung und die pädagogische Arbeit weiterzuentwickeln (das nennt man „Qualitätsentwicklung")*
>
> *Ein „Qualitätssystem" besteht also im Wesentlichen aus diesen drei Grundpfeilern. Es geht bei einem solchen System um einen dauerhaften Verbesserungsprozess. Dieser beginnt immer wieder aufs Neue und besteht aus den vier Aufgaben: Planen, Umsetzen, Überprüfen und Verbessern.*

Im Anschluss an diese Erläuterungen wurde den LeiterInnen folgende Frage gestellt:

„Haben Sie in Ihrer Einrichtung ein solches Qualitätssystem?" (N=153)

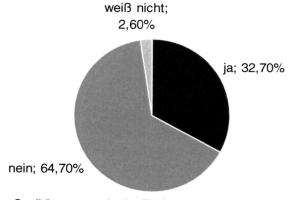

Abb.6   Vorhandensein eines Qualitätssystems in der Einrichtung

Knapp 33% der befragten LeiterInnen geben an, über ein Qualitätssystem, wie es zuvor definiert wurde, zu verfügen. Dabei verteilen sich diese 52 Nennungen wie folgt (siehe folgende Tabelle):

	Zahl der Fälle	Prozentangaben
Qualitätssystem des Trägers	25	48%
Eigens entwickeltes Qualitätssystem	18	35%
Qualitätssystem eines externen Anbieters	9	17%
Gesamt	52	100%

Tab.45 Ausgestaltung des Qualitätssystems

25 (48%) geben an, in ein Qualitätssystem des Trägers eingebunden zu sein. 18 (35%) äußern, ein eigenes Qualitätssystem für die Einrichtung entwickelt zu haben und 9 LeiterInnen (17%) haben laut eigenen Angaben in ihrer Einrichtung das Qualitätssystem eines externen Anbieters übernommen. Im Anschluss an diese Frage wurden die KindergartenleiterInnen zu deren Meinung bezüglich eines Qualitätssystems für den Kindergarten wie folgt befragt: „Was halten Sie als LeiterIn von einem solchen Qualitätssystem für den Kindergarten?" 62% der Befragten halten nach eigenen Angaben „viel" bis „sehr viel" von einem solchen System. Weitere 29% stehen einem solchen Qualitätssystem eher befürwortend gegenüber (Einschätzungswert „durchaus etwas"). 9% der Befragten (N=153) lehnen ein solches Qualitätssystem, das eine kontinuierliche qualitative Weiterentwicklung Sicherung ermöglichen soll, ab. Die Antworten der befragten LeiterInnen weisen somit auf eine hohe Akzeptanz und Befürwortung eines Qualitätssystems für den Kindergarten durch die befragten Leitungskräfte hin.

8.9.2 Selbst- und Fremdevaluation der Umsetzung des Orientierungsplanes

8.9.2.1 Selbstevaluation

Evaluation befindet sich bezogen auf die Schule in einem Spannungsfeld zwischen den Polen Kontrolle der Qualität und der Förderung von Qualität (vgl. Kotthoff 2003: 344). Evaluation ist ein Bereich von „Qualitätsentwicklung und Qualitätssicherung", der als eine Pflichtaufgabe des Orientierungsplanes zu verstehen ist. Bisher existieren hierzu allerdings keine verbindlichen Regelungen. Der Orientierungsplan gibt zwar vor, dass die „pädagogische und strukturelle Qualität" regelmäßig evaluiert und weiterentwickelt werden soll, was eine Aufgabe des Trägers und seiner pädagogischen MitarbeiterInnen darstelle (vgl. a. a. O.: 60). Doch wer in welcher Form wen und was zu evaluieren hat, bleibt bisher unbeantwortet. Diese unklare Regelung der Aufgaben schlägt sich auch in den Befragungsergebnissen nieder. Grundsätzlich stehen den Einrichtungen die Möglichkeiten der Fremdevaluation und Selbstevaluation der Umsetzung des Orientierungsplanes zur Verfügung. In der vorliegenden Untersuchung wurden die LeiterInnen diesbezüglich gefragt:

"Macht Ihre Einrichtung „Selbstevaluation" d. h. wird von Ihnen und Ihrem Team die Umsetzung des Orientierungsplanes überprüft?"

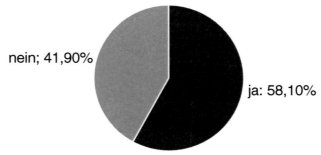

Abb.7 Überprüfung der Planumsetzung durch Selbstevaluation (N=153; k.A.:5)

Hierauf antworteten 58,1% der Befragten mit „Ja" und 41,9% mit „Nein". Das bedeutet, dass in ca. 42% der Einrichtungen die Umsetzung des Planes nach Auskünften der Leitungskräfte nicht in Form der Selbstevaluation überprüft wird.

Hinsichtlich der Bandbreite an Evaluationsformen besteht eine größere Anzahl an Möglichkeiten, die in Betracht gezogen werden können. Die folgende Tabelle zeigt Evaluationsmöglichkeiten, zu denen die PraktikerInnen befragt wurden (siehe Tabelle auf der folgenden Seite). Hinsichtlich der Formen der Selbstevaluation bestätigen die Befragungsergebnisse die zuvor getroffenen Aussagen, indem Selbstevaluation hauptsächlich als mündliche Teamreflexion beziehungsweise als informelle Mitarbeiterbefragung verstanden wird. Hingegen werden schriftliche Formen der Selbstevaluation durch Fragebögen nach Angaben der Leitungskräfte nur in 3,5% der Fälle und durch schriftliche Dokumentationen nur in 34,9% der Fälle genutzt. Dies verwundert nicht weiter, da bisher keine handhabbaren Selbstevaluationsinstrumente zur Selbstreflexion im Hinblick auf den Orientierungsplan auf dem freien Markt verfügbar sind.

Die Umsetzung eines Bildungsplanes aus der Perspektive der LeiterIn - quantitative Befragung

	Zahl der Fälle	Prozentangaben
1. Teamreflexionen anhand des Orientierungsplanes	80	86%
2. Mündliche Befragung der pädagogischen Fachkräfte	68	74,5%
3. Anfertigung einer Entwicklungsdokumentation über des einzelne Kind auf Basis der Bildungs- und Entwicklungsfelder des Planes	56	60,5%
4. Selbstreflexion anhand der „Fragen" der Bildungs- und Entwicklungsfelder	52	57,7%
5. Überprüfung der pädagogischen Arbeit mittels schriftlicher Dokumentationen der pädagogischen Fachkräfte	32	34,9%
6. Sonstige Evaluationsverfahren	11	12,8%
7. Schriftliche Befragung der pädagogischen Fachkräfte mittels Fragebogen	4	3,5%

Tab.46   Anwendung von Formen der Selbstevaluation (N=86)

Um so mehr verwundert allerdings, dass die Möglichkeiten der schriftlichen Dokumentation nach Angaben der Leitungskräfte nicht häufiger als Mittel der Selbstüberprüfung genutzt werden. Zumal, wenn man folgendes Befragungsergebnis betrachtet. Es wurde gefragt: „Die Arbeit in unserer Einrichtung wird schriftlich dokumentiert": 84% der Befragten geben an, dass die Arbeit in der Einrichtung schriftlich dokumentiert werde. Ferner wurde gefragt: *Falls ja,* [falls Sie die Arbeit in Ihrer Einrichtung schriftlich dokumentieren] *wir nutzen die Bildungs- und Entwicklungsfelder als Richtlinie für die Dokumentation* (N=122; k.A.:2). Etwas mehr als 70% derjenigen (82 Nennungen), in deren Einrichtung nach eigenen Angaben die Arbeit schriftlich dokumentiert wird, geben darüber hinaus an, die Bildungs- und Entwicklungsfelder als Richtlinie für die Dokumentation zu verwenden.

Anhand der Ergebnisse zeigen sich gewisse Widersprüche. Es besteht eine deutliche Diskrepanz zwischen den 122 LeiterInnen, die bejahen, dass in ihrer Einrichtung schriftliche Dokumentationen angefertigt werden und den 32 LeiterInnen, die angeben, schriftliche Dokumentationen der pädagogischen Fachkräfte zur Überprüfung der pädagogischen Arbeit zu nutzen. (Diskrepanz 90 LeiterInnen. Bezogen auf N=153: 58,8%). Hier ist zu hinterfragen und künftig zu erforschen, was in den Einrichtungen dokumentiert wird, was unter Dokumentation der pädagogischen Arbeit von den Fachkräften verstanden wird und wer diese Dokumentationen im pädagogischen Alltag erstellt. Vor allem vor dem Hintergrund, dass bezüglich der Veränderung des Leitungsalltags mehrere LeiterInnen äußern, dass durch den Orientierungsplan ihre Dokumentationsarbeit zugenommen habe. An dieser Stelle sei darauf hingewiesen, dass es nicht die Aufgabe der LeiterIn ist, die pädagogische Arbeit der pädagogischen Fachkräfte zu dokumentieren, sondern dass dies eine Aufgabe jeder pädagogischen Fachkraft darstellen sollte.

Auch die Entwicklungsdokumentation über das einzelne Kind bietet die Möglichkeit als eine Form der Qualitätssicherung auf Kindebene zu fungieren, sofern die Dokumentationen regelmäßig reflektiert werden und somit in den Bildungs- und Entwicklungsprozess des einzelnen Kindes zurückfließen. Allerdings bedarf es hierzu eines Dokumentationsansatzes, der verstärkt auch das Bildungsgeschehen des einzelnen Kindes berücksichtigt und sich somit neben reifungsbedingten und physischen Entwicklungsprozessen auch an den Vorgaben des jeweiligen Bildungsplanes ausrichtet. Diese auch bildungsorientierte Dokumentations- und Evaluationsformform wird nach Angaben der Leitungskräfte in 60,5% der Einrichtungen, die sich selbst evaluieren (N=86) praktiziert. Die vom Orientierungsplan geforderte Entwicklungsdokumentation über das einzelne Kind, für die mehrere gängige Bildungsplan unabhängige Beobachtungs- und Dokumentationsinstrumente auf dem Markt verfügbar sind, wird nach Angaben der befragten LeiterInnen in 76% der Einrichtungen von den pädagogischen Fachkräften (N=153) angefertigt.

8.9.2.2 Fremdevaluation

Hinsichtlich der Fremdevaluation wurden die LeiterInnen gefragt:

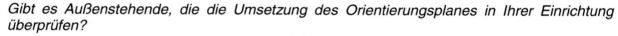

Gibt es Außenstehende, die die Umsetzung des Orientierungsplanes in Ihrer Einrichtung überprüfen?

Abb.8   Fremdevaluation des Orientierungsplanes (N=153; k.A.:6)

Nach Angaben der LeiterInnen wird die Umsetzung in 30,6% der Fälle durch Außenstehende überprüft. In 60,3% der Einrichtungen jedoch nicht. Zudem wissen 6,1% der Befragten nach eigenen Angaben nicht darüber Bescheid, ob die Umsetzung des Orientierungsplanes in ihrer Einrichtung durch Außenstehende überprüft wird.

Von 45 Fällen, in denen die Umsetzung des Planes durch Außenstehende überprüft wird, nimmt nach Angaben der Leitungskräfte der Träger in 31 Fällen (68%) die externe Überprüfung der Umsetzung des Orientierungsplanes vor. In 20 Fällen (44,4%) die Fachberatung. In 6 Fällen (13,3%) wird die Überprüfung durch externe Qualitätsentwickler vorgenommen. In vier Fällen (8,9%) erfolgt die externe Überprüfung der Planumsetzung durch Sonstige und nur in einem Fall (2,2%) durch den Trägerverband.

Hier zeigt sich eine eindeutige Schwachstelle, wobei vor allem das Qualitätsmanagement des Trägers bzw. des zuständigen Trägerverbandes gefragt ist Lösungen, d. h. geeignete Evaluationsmaßnahmen zu generieren und diese auf ihre Einrichtungen anzuwenden. Gegebenenfalls ist auch über staatliche Qualitätsentwicklungsinstitute ähnlich denen der Schulentwicklung für den Kindergarten nachzudenken, die sich künftig mit derlei Fragen der Fremdevaluation beschäftigen könnten. Bisher findet die Fremdevaluation der Planumsetzung allerdings kaum statt (nur in 30,6% der Fälle), und wenn, dann hauptsächlich durch den zuständigen Träger. Hier ist über verbindliche Regelungen im Hinblick auf die Einführung des überarbeiteten und ab dem Kindergartenjahr 2009/10 verbindlichen Orientierungsplanes nachzudenken.

8.10 Herausforderungen an die Qualitätsentwicklung im Kindergarten
8.10.1 Die Umsetzung des baden-württembergischen Orientierungsplanes

Zum Profil eines „guten" Kindergartens gehört es gemäß Orientierungsplan, den Plan umzusetzen, wobei der Umsetzungsbegriff nicht eindeutig definiert ist. Alle pädagogischen Fachkräfte sind, unabhängig von der wissenschaftlichen Begleitung der 30 ausgewählten baden-württembergischen Piloteinrichtungen, dazu aufgerufen, den Plan während der dreijährigen Pilotphase zu erproben (vgl. Ministerium für Kultus, Jugend und Sport Baden-Württemberg 2006: 9). Der überarbeitete Plan wurde im Kindergartenjahr 2009/10 verbindlich. Hierzu heißt es im Orientierungsplan: „Die Umsetzung wird in allen Kindertageseinrichtungen im Kindergartenjahr 2009/2010 erfolgt sein" (ebd.: 125). Aufbauend auf diesen Auskünften des Planes wurden die LeiterInnen im Sommer 2008 gefragt:

„Haben Sie mit der Umsetzung des Orientierungsplanes in Ihrer Einrichtung bereits begonnen?"

Abb.9 Umsetzungsbeginn der Umsetzung des Orientierungsplanes in der Einrichtung (N=153; k.A.: 6)

93,2% der befragten LeiterInnen äußerten, im Sommer 2008 bereits mit der Umsetzung des Planes begonnen zu haben. 6,8% hatten nach eigenen Angaben zum Zeitpunkt der Befragung noch nicht mit der Umsetzung in ihrer Einrichtung begonnnen. Ferner wurde gefragt, wann dieser überwiegende Teil der planumsetzenden Einrichtungen mit der Umsetzung des baden-württembergischen Orientierungsplanes begonnen habe. Es standen den befragten LeiterInnen die Ankreuzoptionen 2006, 2007 und 2008 zur Verfügung.

Falls ja [falls Sie mit der Umsetzung bereits begonnen haben], *wann haben Sie mit der Umsetzung begonnen?*

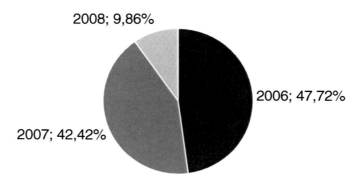

Abb.10 Umsetzungsbeginn (N=137; k.A. 5)

Circa 48% der Befragten haben nach eigenen Aussagen im Jahr der Einführung des Orientierungsplanes (2006) mit der Umsetzung des Planes begonnen. Weitere 42% im darauffolgenden Jahr (2007) und ca. 10% begannen nach Angaben der LeiterInnen im Jahr 2008 damit, die Umsetzung des Planes in Angriff zu nehmen. Weiterführend wurden alle LeiterInnen gefragt, wie nach eigener Einschätzung der Orientierungsplan in ihren Einrichtungen im Alltag umgesetzt werde.

"Wie wird der Orientierungsplan in Ihrer Einrichtung im Alltag umgesetzt?"

Insgesamt äußern sich die befragten LeiterInnen eher zurückhaltend, was die Umsetzung des Orientierungsplanes in ihren Einrichtungen betrifft. 54% der Befragten äußern einen Verbesserungsbedarf (Einschätzwerte „eher verbesserungsbedürftig" – „stark verbesserungsbedürftig") im Hinblick auf die Umsetzung des Orientierungsplanes. Hier ist besonders der Anteil von 27% an Einrichtungen zu berücksichtigen, bei denen nach Ansicht der LeiterInnen definitiver bis starker Verbesserungsbedarf im Hinblick auf die kontinuierliche Umsetzung des Planes im Kindergartenalltag besteht (Einschätzwerte „verbesserungsbedürftig" bis „stark verbesserungsbedürftig").

In diesem Zusammenhang stellt die Rezeption des Planes durch das Team einen wesentlichen Umsetzungsfaktor dar. Eine Voraussetzung hierfür ist die Zugänglichkeit des Planes. Nach Angaben der befragten LeiterInnen ist in 98% der Fälle, der Orientierungsplan den pädagogischen Fachkräften an der Arbeitsstelle jederzeit zugänglich. Ferner besitzen in 75,3% der Fälle (N=153) alle pädagogischen Fachkräfte der Einrichtung nach Angaben der Leitungskräfte einen eigenen Orientierungsplan. An dieser Stelle ist zu erwähnen, dass 30% der befragten LeiterInnen (N=153) äußerten, dass ihre KollegInnen den Plan aus eigener Tasche bezahlen mussten.

8.10.2 Hindernisgründe im Team bei der Umsetzung des Orientierungsplanes

Neben den jeweiligen Bereichen des baden-württembergischen Orientierungsplanes, die den einzelnen ErzieherInnen bzw. dem gesamten Team in unterschiedlichem Ausmaß Schwierigkeiten zu bereiten scheinen, ist im Hinblick auf die verbindliche Umsetzung des Orientierungsplanes im Kindergartenjahr 2009/10 in der vorliegenden Untersuchung von Interesse, welche Umstände und Bedingungen einer gelungenen Umsetzung des Orientierungsplanes in baden-württembergischen Kindergärten im Wege stehen.

Hierzu wurden die LeiterInnen gebeten 21 potentielle Hindernisgründe, die sich größtenteils aus freien LeiterInnenäußerungen der LeiterInnenbefragung im Sommer 2006 ergaben, im Hinblick auf deren Zutreffen bzw. nicht Zutreffen vor Ort auf einer vierstufigen Skala (0=nicht zutreffend; 1= weniger zutreffend, 2= zutreffend 3=voll zutreffend) zu bewerten. Die Ergebnisse zeigt folgende Tabelle, in der anhand der kumulierten Werte „weniger" bis „nicht zutreffend" eine Rangfolge der Antworten erstellt wurde. Es wurde gefragt:

„Wie allgemein bekannt ist, verläuft die Umsetzung des Orientierungsplanes nicht überall ohne Schwierigkeiten. Im Folgenden werden Hindernisgründe genannt, die von der Praxis immer wieder beklagt werden. Geben Sie bitte an, inwieweit diese für ihre Einrichtung zutreffen. (siehe folgende Tabelle)

Gegliedert nach den potenziellen Umsetzungsfaktoren der LeiterInnenbefragung 2006 zeigt sich folgendes Bild (siehe folgende Tabelle):

Die Umsetzung eines Bildungsplanes aus der Perspektive der LeiterIn - quantitative Befragung

Hindernisgründe bei der Umsetzung des baden-württembergischen Orientierungsplanes, N=153	Kumulierte Werte „zutreffend" „voll zutreffend"
A) Rahmenbedingungen/ Strukturqualität	
- Vielzahl sonstiger Aufgaben (k.A.:3)	82,7%
- Fehlende Zeit (k.A.:2)	80,1%
- Zu große Gruppen (k.A.:3)	63,4%
- Mangelnde Ausstattung (k.A.:4)	39,9%
- Schlechte Abstimmung wegen vielen Teilzeitkräften (k.A.:4)	23,7%
B) Unterstützung/ Kontextqualität	
- Mangelnde Unterstützung durch die Fachberatung (k.A.:2)	44,3%
- Mangelnde Unterstützung durch den Träger (k.A.:5)	39,9%
- Unzureichende Fort- und Weiterbildung (k.A.:5)	17,9%
- Mangelnde Unterstützung durch die Eltern (k.A.:5)	17,3%
C) Umsetzungskonzept/ Orientierungsqualität	
- Kein Umsetzungskonzept (k.A.:2)	29,5%
- Ratlosigkeit Umsetzung (k.A.:4)	20,8%
- Verständnisprobleme Plan (k.A.:4)	17,5%
D) Gesundheitliche Belastung	
- Viele Krankheitsfälle	29,2%
E) Team und Interaktion im Team / Prozessqualität	
- Uneinigkeit im Team bezüglich der Umsetzung (k.A.:1)	29,0%
- Unterschiedliche Vorstellungen Leitung/ Team (k.A.:3)	11,3%
- Mangelnde Motivation und Bereitschaft im Team (k.A.:3)	10,0%
- Schlechter Informationsfluss untereinander	6,8%
F) Qualifikation pädagogische Fachkräfte / Prozessqualität	
- Ungenügende Ausbildung pädagogische Fachkräfte (k.A.:5)	23,0%
- Mangelnde Fachkenntnisse pädagogische Fachkräfte (k.A.:4)	20,8%
G) Externe Belastungsfaktoren	
- Doppelbelastung Familie- Beruf (k.A.:3)	21,3%
- Private Probleme	9,70%

Tab.47 Hindernisfaktoren bei der Umsetzung des Orientierungsplanes

Demnach dominieren bei den Rahmenbedingungen, nach Einschätzung der LeiterInnen, die beiden Faktoren Zeit (80,1%) und Aufgabenvielfalt (82,7%). 60,4% bezeichnen ferner die Gruppengröße und knapp 40% die Ausstattung des Kindergartens als Hindernisgrund bei der Umsetzung des Planes. Bei 23,7% der Befragten stellen nach eigenen Angaben die schlechten Abstimmungsmöglichen wegen vielen Teilzeitkräften ein Problem dar.

An zweiter Stelle stehen Aspekte der Kontextqualität, d.h. Aspekte der Unterstützung. Sowohl mangelnde Unterstützung durch die Eltern als auch mangelnde Unterstützung in Form von Fortbildungen werden von ca. 17% der Befragten als Hindernisgrund angesehen. Deutlich negativer fällt das Urteil für die Fachberatung und den Träger aus. Die Unterstützung bei der Umsetzung des Planes durch die Fachberatung wird in 44,3% der Fälle und die Unterstützung durch den Träger in knapp 40% der Fälle als mangelhaft eingestuft.

Das Fehlen eines Umsetzungskonzeptes steht mit knapp 30% an dritter Stelle der Hindernisfaktoren bei der Umsetzung des Orientierungsplanes. Zudem geben etwas mehr als 20% der LeiterInnen an, keine Vorstellung darüber zu haben, wie der Plan zu realisieren sei. Vor allem letztere beiden Items aber auch die mangelnde Unterstützung durch den Träger stehen in einem negativen signifikanten Zusammenhang mit der Sicherheit der LeiterInnen bei der Steuerung der Umsetzung des Orientierungsplanes.[42] Dies bedeutet, dass geringe Unterstützung durch den Träger bei der Umsetzung sowie das Fehlen eines Umsetzungskonzeptes in einem signifikanten Zusammenhang mit Unsicherheiten der LeiterIn bei der Umsetzung des Orientierungsplanes stehen.

Knapp 30% bezeichnen „viele Krankheitsfälle" als Beeinträchtigung bei der Umsetzung des Orientierungsplanes. Uneinigkeit im Team wird von knapp 30% der LeiterInnen als Hindernisgrund bei der Umsetzung des Orientierungsplanes angegeben. Allerdings wird mangelnde Motivation der MitarbeiterInnen von nur 10% der befragten LeiterInnen als Hindernisgrund bei der Umsetzung genannt. Zwischen 21-23% attestieren den pädagogischen Fachkräften eine ungenügende Qualifikation zur Umsetzung des Orientierungsplanes in Form nicht ausreichender Fachkenntnisse und einer unzureichenden Ausbildung. Die Doppelbelastung zwischen Familie und Beruf wird von 21,3% der Befragten als Hindernisgrund bei der Umsetzung des Orientierungsplanes in ihrem Team angesehen.

---

[42] Korrelation zwischen „kein Umsetzungskonzept" und Sicherheit der LeiterIn in der Steuerung der Umsetzung des Orientierungsplanes nach Spearman (-,453; Signifikanzniveau 0,0). Korrelation zwischen mangelnde Unterstützung durch den Träger und Sicherheit der LeiterIn in der Steuerung der Umsetzung des Orientierungsplanes nach Spearman (-,296; Signifikanzniveau 0,0).

8.11 Die Kindergartenleitung als „Steuerfrau"
8.11.1 Beteiligung der LeiterIn an der Steuerung der Umsetzung

Die kontinuierliche Umsetzung eines Bildungsplanes im Elementarbereich auf Einrichtungsebene ist eine Aufgabe, die u. a. der längerfristigen gemeinsamen Planung, Koordination und kontinuierlichen Kontrolle bedarf. Verantwortung übernehmen bzw. für etwas zuständig sein und es zu koordinieren und zu gestalten, wurde in der vorliegenden Untersuchung in Form der „Steuerungsmetapher" operationalisiert. Diese Steuerungsaufgabe bzw. die Steuerung der Umsetzung des Orientierungsplanes ist auf inhaltlicher und organisatorischer Ebene bisher nicht definiert bzw. kann von einzelnen oder mehreren Personen wahrgenommen werden oder auch ggf. delegiert werden. Hier ist im Hinblick auf die Entwicklung der Rahmenbedingungen vor allem an den Einrichtungsträger zu denken, wobei der Einrichtungsleitung als StellvertreterIn und Repräsentantin ihrer Einrichtung die Hauptverantwortung für die pädagogische Umsetzung des jeweiligen Planes zukommt.

Weitere Personen, die hinsichtlich der Steuerung in Betracht kommen, sind die Fachberatung, ein Qualitätsbeauftragter aus der jeweiligen Einrichtung oder auch die Eltern bzw. der Elternbeirat. Demgemäß wurden die LeiterInnen zur Steuerung der Umsetzung des Planes befragt: „Gibt es in Ihrer Einrichtung eine eindeutige Zuständigkeit für die Steuerung des Orientierungsplanes?" Hierauf antworteten 66% der Befragten mit „Ja" und 34% mit „Nein". (N=153, K.A.: 3). Somit wird die Umsetzung des Orientierungsplanes nach Angaben der LeiterInnen in ca. zwei Drittel der Einrichtungen gesteuert. In einem Drittel der Einrichtungen mit hoher Wahrscheinlichkeit allerdings nicht. Weiterhin galt es die These zu prüfen, dass die Steuerung der Umsetzung, wie dies in einigen Bildungsplänen vertreten wird, eine Aufgabe der Leitung sei. Deshalb wurde in einer Anschlussfrage formuliert:

Falls ja [falls es eine eindeutige Zuständigkeit für die Steuerung der Umsetzung des Planes in Ihrer Einrichtung gibt], *wer steuert die Umsetzung des Orientierungsplanes in Ihrer Einrichtung?* Hierbei standen in Form von Mehrfachantworten den LeiterInnen die Auswahlmöglichkeiten *„Träger", „ein Qualitätsbeauftragter aus unserer Einrichtung", „die Fachberatung", „Sonstige"* und *„ich selbst als LeiterIn unserer Einrichtung"* zur Verfügung. 70% der LeiterInnen, bei denen es nach eigenen Angaben eine eindeutige Zuständigkeit für die Steuerung der Umsetzung des Planes gibt (N=99), äußern, die Umsetzung des Orientierungsplanes in ihrer Einrichtung alleine zu steuern. An zweiter Stelle mit 14% liegt eine Steuerungskonstellation aus Leitung und Träger. Mit deutlichem Abstand folgen weitere Steuerungskonstellationen wie Leitung und Fachberatung (4%) Leitung, Träger und Fachberatung (3%) etc.

Die Umsetzung eines Bildungsplanes aus der Perspektive der LeiterIn - quantitative Befragung

Wer steuert die Umsetzung des Orientierungsplanes in Ihrer Einrichtung?

Steuerung der Umsetzung durch ...	Prozentangaben
die LeiterIn der Einrichtung	70%
eine Akteurskonstellation aus Leitung und Träger	14%
eine Akteurskonstellation aus Leitung und Fachberatung	4%
eine Akteurskonstellation aus Leitung, Träger und Fachberatung	3%
eine Akteurskonstellation aus Leitung, Träger, Qualitätsbeauftragter und Sonstigen	2%
eine Akteurskonstellation aus Leitung, Qualitätsbeauftragter und Sonstigen	1%
eine Akteurskonstellation aus Leitung und Sonstigen	1%
Sonstige ohne Leitungsbeteiligung	5%
Gesamt	100%

Tab.48 Steuerungsakteure bei der der Umsetzung des Orientierungsplanes (N=99, k.A.: 8)

Somit weisen die Befragungsergebnisse erwartungsgemäß darauf hin, dass die Steuerung der Umsetzung des Planes in der Praxis primär als Aufgabe der Kindergartenleitung verstanden wird. Berücksichtigt man die Steuerungskonstellationen mit Leitungsbeteiligung (siehe Grafik), so ist die LeiterIn in 95% der Fälle an der Steuerung der Umsetzung des Planes bzw. an Steuerungskonstellationen beteiligt. Dies deutet darauf hin, dass, wie im Vorfeld vermutet, die Aufgabe der Steuerung der Umsetzung des Orientierungsplanes bzw. eines Bildungsplanes im Elementarbereich auf Mikroebene maßgeblich als Leitungsaufgabe zu verstehen ist und von der Praxis auch so verstanden wird. Demgegenüber steht ein Anteil von knapp 5% unterschiedlicher Konstellationen, die sich ohne Beteiligung der Leitung der Steuerung der Umsetzung des Orientierungsplanes widmen.

Was den Träger betrifft, so interagiert dieser bei der Steuerung der Umsetzung des Planes nach Angaben der LeiterInnen nur in 20% der Fälle gemeinsam mit der LeiterIn des Kindergartens. Angesichts zahlreicher Aufgaben, die nur gemeinsam angegangen und gelöst werden können, ist vor allem diese Steuerungskooperation aus Leitung und Träger, z.B. im Hinblick auf die vom Orientierungsplan vorgesehene Weiterentwicklung der Strukturqualität, auszubauen.

Gleiches gilt für die Steuerungskooperation aus Leitung und Fachberatung, die in der vorliegenden Untersuchung nach Auskünften der Leitungskräfte in nur 7% der Fälle besteht. Hierzu heißt es im Orientierungsplan:

„Sicherung und Weiterentwicklung einer pädagogischen und strukturellen Qualität erfolgt im Sinne der Nachhaltigkeit sowohl durch die bewährten Instrumente der Evaluierung und Dokumentation als auch durch die erforderlichen Begleitsysteme der Fachberatung und Fortbildungen "(a. a. O.: 60).

Mit Blick auf diese eindeutige Aussage des Orientierungsplanes ist auch die Unterstützung der LeiterInnen bei der Steuerung der Umsetzung des Planes durch die Fachberatung auszubauen.

Ferner wird die Option, zusätzlich zur Leitung einen verantwortlichen Qualitätsbeauftragten einzusetzen, der sich speziell der Frage der Umsetzung des Orientierungsplanes widmet, bezogen auf die Antworten der Leitungskräfte nur in 3% der Fälle genutzt. Auch diese Maßnahme könnte in einigen dafür geeigneten (speziell großen Einrichtungen) zur Entlastung der LeiterInnen führen. Von der Möglichkeit, die nach Leitungsangaben in ca. 5% der „steuernden Einrichtungen" praktiziert wird, die Steuerung der Umsetzung ohne Leitungsbeteiligung in Angriff zu nehmen, ist vor dem Hintergrund mangelnder dazu notwendiger Befugnisse, Entscheidungsmöglichkeiten und Weisungskompetenzen abzuraten.

Die Steuerung der Umsetzung kann für LeiterInnen, die nach der vorliegenden Untersuchung den Hauptanteil der Steuerungsaufgabe schultern, mit einem u. a. zeitlichen Mehraufwand verbunden sein. Deshalb wurde gefragt:

„*Falls ja* [falls Sie die Umsetzung des Orientierungsplanes in ihrer Einrichtung steuern], *wie viel Zeit investieren Sie in die Steuerung der Umsetzung des Planes?*"

	Zahl der Fälle	Prozentangaben
(5) sehr viel Zeit	12	13%
(4) viel Zeit	22	24%
(3) durchaus Zeit	50	54%
(2) wenig Zeit	5	5%
(1) sehr wenig Zeit	4	4%
Gesamt (N=99; k.A.:6; Perz.25:3; Median: 4, Perz.75:4)	93	100%

Tab.49 Zeitinvestition der LeiterIn für die Steuerung der Umsetzung des Orientierungsplanes

Von den Einrichtungen, die laut eigenen Angaben die Umsetzung des Orientierungsplanes in ihrer Einrichtung steuern (N=99), beantworteten 93 diese Folgefrage. Die Aussagen unterstützen die Vermutung, dass die Steuerung der Umsetzung des Planes eine Aufgabe ist, die nicht ohne einen beträchtlichen Zeitaufwand auskommt. Mehr als ein Drittel der steuernden LeiterInnen investieren nach eigenen Angaben „viel" bis „sehr viel Zeit" in die Steuerung der Umsetzung des Orientierungsplanes. Demgegenüber gestaltet sich die Steuerung der Umsetzung nur bei 11% wenig bis nicht zeitintensiv. Die Mehrheit der Befragten (54,3%) liegt mit ihrer Einschätzung in der Mitte und äußert „durchaus Zeit" für die Steuerung der Umsetzung des Planes zu investieren. Ferner zeigen sich signifikante Zusammenhänge zwischen der Zeitinvestition der LeiterIn in die Steuerung der Umsetzung des Planes und Leitungsaufgaben in Zusammenhang mit Fragen der Teamarbeit zur Umsetzung des Planes. Dabei handelt es sich um die folgenden Leitungsaktivitäten: „den aktuellen Stand der Umsetzung im Team thematisieren" (Spearman-Rho: 0,393; Sig.0,0), zu „versuchen, alle KollegInnen in die Umsetzung einzubinden" (Spearman-Rho: 0,320; Sig. 0,0) und „die Umsetzung des Planes transparent zu machen" (Spearman-Rho: 0,326; Sig. 0,0). Dieser erhöhte Zeitaufwand bzw. Zeitfaktor, der demnach u. a. in Zusammenhang mit der Auseinandersetzung mit dem Orientierungsplan im Team steht, ist in Verbindung mit der verbindlichen Einführung des Orientierungsplanes im Kindergartenjahr 2009/10 zu sehen und sollte künftig bei der Bemessung des Freistellungsgrades der jeweiligen LeiterIn mitberücksichtigt werden.

8.11.2 Die Steuerungssicherheit der LeiterIn

Gemäß den vorliegenden Ergebnissen gibt es in ca. zwei Drittel der befragten Einrichtungen eine „eindeutige Zuständigkeit für die Steuerung der Umsetzung des Orientierungsplanes", in einem Drittel jedoch nicht. Warum dies so ist, kann in dieser Untersuchung nicht abschließend und erschöpfend geklärt werden. Ein Grund hierfür dürfte jedoch, mit Blick auf die Ergebnisse der LeiterInnenbefragung im Sommer 2006, bei der Sicherheit bzw. Unsicherheit der LeiterInnen bezüglich der Steuerung der Umsetzung des Orientierungsplanes liegen. Zum damaligen Zeitpunkt war bei ca. einem Drittel der Befragten eine Unsicherheit bzgl. der Steuerung der Umsetzung des Orientierungsplanes feststellbar. Ob dies im Sommer 2008 wiederum der Fall ist, soll anhand der folgenden Befragungsergebnisse ergründet werden. Die LeiterInnen wurden gefragt, wie sicher sie sich bezüglich der Steuerung der Umsetzung des Orientierungsplanes fühlen.

„Wie sicher fühlen Sie sich bezüglich der Steuerung der Umsetzung des Orientierungsplanes?"

	Zahl der Fälle	Prozentangaben
(5) sehr sicher	7	5%
(4) sicher	52	35%
(3) eher sicher	52	35%
(2) eher unsicher	30	20%
(1) unsicher	3	2%
(0) sehr unsicher	4	3%
Gesamt (N=153; k.A:5, Perz.25: 2, Median: 3, Perz.75: 4)	148	100%

Tab.50 Sicherheit der LeiterInnen bei der Steuerung der Umsetzung des Orientierungsplanes

Bei 25% der befragten LeiterInnen (Einschätzwerte „eher unsicher", „unsicher", „sehr unsicher") zeigen sich Unsicherheiten bezüglich der Steuerung bzw. hinsichtlich dessen, was unter Steuerung der Umsetzung des Orientierungsplanes verstanden wird. 75% hingegen fühlen sich relativ sicher (Einschätzwerte: „eher sicher" 35%; „sicher" bis „sehr sicher 40%) hinsichtlich der Wahrnehmung dieser Aufgabe. Allerdings entfallen 35% auf den Einschätzwert „eher sicher". Im Vergleich zu den sehr positiven Selbsteinschätzwerten in den Aufgabenbereichen „Personalführung" und „Selbstorganisation" (lediglich 5-7% der Einschätzwerte liegen im Bereich „eher unsicher", „unsicher", „sehr unsicher") zeigt sich bezüglich der Steuerungsaufgabe ein Zuwachs an Unsicherheit in der Höhe von ca. 18%. Dies weist darauf hin, dass die Steuerungsaufgabe künftig klarer herauszustellen und zu definieren ist. Dies betrifft u. a. auch die Gestaltung von Fortbildungsangeboten für LeiterInnen zum Orientierungsplan.

8.11.3 Effekte des Steuerungshandelns auf die Umsetzung des Planes

Die Einschätzungen der LeiterInnen" richten sich an dem aus, was jeweils von den LeiterInnen unter der Steuerung der Umsetzung des Planes bzw. dem Steuerungsbegriff verstanden wird. Dementsprechend dient die Frage nach der Steuerung der Umsetzung in der vorliegenden Untersuchung nicht vorrangig dazu den Steuerungsgrad zu messen, sondern vielmehr diejenigen LeiterInnen zu ermitteln, die den Umsetzungsprozess des baden-württembergischen Orientierungsplanes nach eigenen Angaben aktiv mitgestalten.

Während der Pilotphase des Orientierungsplanes, die mit der Einführung des überarbeiteten Orientierungsplanes endet (Verbindlichkeit des endgültigen Planes ab dem Kindergartenjahr 2009/10), sind alle baden-württembergischen Kindergärten dazu aufgerufen, die Pilotfassung des Planes intensiv zu erproben, sind aber nicht dazu verpflichtet. Deshalb ist es für die vorliegende Untersuchung von Bedeutung diejenigen Einrichtungen bzw. LeiterInnen herauszufiltern, die sich bereits während der Pilotphase aktiv der Umsetzung des Planes in ihrer Einrichtung annahmen. Dabei handelt es sich in der vorliegenden Untersuchung um ca. 59% der Befragten, die definitiv angeben, die Umsetzung des Orientierungsplanes alleine oder in Kooperation mit anderen zu steuern. Was letztlich unter dem Steuerungsbegriff verstanden wird bzw. was konkret von diesen LeiterInnen gemeinsam mit ihren Teams getan wird, wird im Folgenden anhand dieser ca. 59% aktiv umsetzenden LeiterInnen (n=91) im Vergleich zu den nicht steuernden Leitungskräften (n=50) dargestellt. Aufgrund der Darstellungen kann jedoch kein kausaler Ursache-Wirkungszusammenhang festgestellt werden. Vielmehr geht es darum aufzuzeigen, was bei LeiterInnen, die sich der Umsetzung des Orientierungsplanes aktiv annehmen bereits gut im Hinblick auf die im Vorfeld definierten Leitungs- und Steuerungsaufgaben verwirklicht wird und wo künftig im Hinblick auf die Leitungsaufgabe und Aufgabenwahrnehmung Klärungs- und Entwicklungsbedarf besteht. Der geringe Anteil an Einrichtungen, bei denen die Steuerung ohne Leitungsbeteiligung erfolgt, wird in den folgenden Darstellungen nicht berücksichtigt.

Grundsätzlich kann zuvorderst die Frage gestellt werden, warum sich ca. 59% der LeiterInnen (N=153) nach eigenen Angaben aktiv an der Steuerung der Umsetzung des baden-württembergischen Planes beteiligen, 41% jedoch nicht. Mögliche Gründe dafür könnten bei der Sicherheit der LeiterInnen in der Wahrnehmung ihrer Leitungstätigkeit insbesondere der Steuerungsaufgabe liegen. In der vorliegenden Untersuchung besteht ein signifikanter Zusammenhang (p<0,01) zwischen der Sicherheit der LeiterInnen in der Steuerung der Umsetzung des Orientierungsplanes und der Sicherheit in den erfragten Leitungsaufgaben, wie z.B. Qualitätsmanagement oder Teamentwicklung.

Dabei ist zu berücksichtigen, dass auch innerhalb der Steuerungsgruppe deutliche Schwankungen im Hinblick auf die Steuerungssicherheit der LeiterIn zu verzeichnen sind. 49,4% der steuernden LeiterInnen (N=91) fühlen sich definitiv sicher (gebündelte Einschätzwerte „sicher" und „sehr sicher") 32,6% „eher sicher" und 18% „eher unsicher" bis „sehr unsicher" bezüglich der Steuerung der Umsetzung des Orientierungsplanes. In der Gruppe der nicht steuernden Einrichtungen (N=50) beträgt der Anteil an steuerungssicheren LeiterInnen 22,9%. Der Anteil an LeiterInnen, die sich „eher sicher" fühlen 39,6% und der Anteil an steuerungsunsicheren LeiterInnen (Einschätzwerte „eher unsicher" bis „sehr unsicher") 37,5%.

Ferner ist für die LeiterInnen von Bedeutung, zu wissen, in welche Richtung und wie die Umsetzung des baden-württembergischen Orientierungsplanes bzw. generell eines Bildungsplanes im Elementarbereich gesteuert werden soll. 47,9% der nicht steuernden LeiterInnen geben an (N=50) über kein Umsetzungskonzept zu verfügen. Bei den steuernden Einrichtungen liegt dieser Anteil bei 23% (N=91). Darüber hinaus besteht, wie in der Leitungsbefragung 2006 vermutet, ein signifikanter Zusammenhang (p<0,01) zwischen der subjektiven Bewertung des Orientierungsplanes und der Wahrnehmung der Steuerungsaufgabe durch die Leitung. Damit kann davon ausgegangen werden, dass auch der persönliche, subjektive Zugang der LeiterIn zum Plan in Verbindung steht mit der Wahrnehmung der Steuerungsaufgabe.

8.11.3.1 Steuerung der Umsetzung des Planes auf Teamebene

Teamarbeit ist ein Mittel der LeiterIn, um die kontinuierliche Umsetzung eines Bildungsplanes im Elementarbereich zu steuern und sicherzustellen. Diese Aussage korrespondiert mit zuvor dargestellten Ergebnissen, nach denen sich die LeiterIn bevorzugt über regelmäßige Teamsitzungen und das Ansprechen aktueller Fragen und Themen im Team über die pädagogische Arbeit in der Einrichtung informiert. Teamarbeit ist damit ein Steuerungsmittel der LeiterIn, um die pädagogische Umsetzung des Planes und die Bildungsarbeit gemäß dem Plan im Team oder in Kleinteams aufzugreifen, zu reflektieren, Probleme anzusprechen und gemeinsam nach Lösungsansätzen zu suchen. In der folgenden Grafik werden Teamarbeitsaktivitäten mit Blick auf den Orientierungsplan und die Steuerung der Umsetzung des Orientierungsplanes (mit Leitungsbeteiligung) miteinander in Beziehung gesetzt.

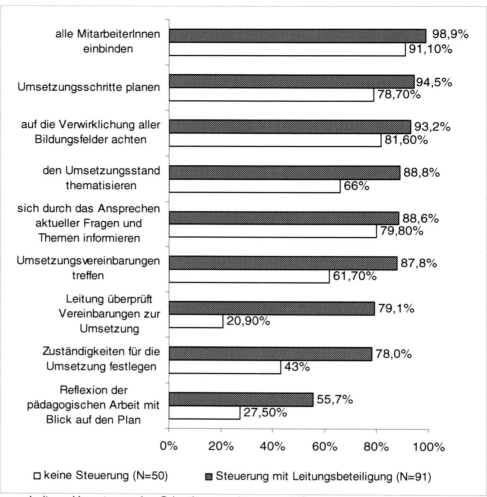

Abb.11 Teamarbeit zur Umsetzung des Orientierungsplanes nach Steuerung

Es zeigen sich, wie vermutet, (bis auf das Item: „Ich informiere mich durch das Ansprechen aktueller Fragestellungen und Themen im Team") signifikante Zusammenhänge (p<0,01) zwischen der Wahrnehmung der Steuerungsfunktion und der Auseinandersetzung mit dem Orientierungsplan im Team.[43]

Mit Blick auf die Grafik scheint ferner die Auseinandersetzung mit dem Orientierungsplan im Team (gemäß einer deskriptiven Beschreibung der prozentualen Werte) im Hinblick auf dessen kontinuierliche Umsetzung in denjenigen Einrichtungen besser zu gelingen, in denen eine eindeutige Zuständigkeit für die Steuerung der Umsetzung des Orientierungsplanes (mit Leitungsbeteiligung) gegeben ist. Deutliche Unterschiede zeigen sich im Hinblick auf die Überprüfung von Umsetzungsvereinbarungen durch die Leitung, die Regelung von Zuständigkeiten für die Umsetzung des Planes und das Ausmaß der Reflexion der pädagogischen

---

[43] Zur Darstellung wurden die Items dichotomisiert, d.h. die Werte „eher ja" und „ja" gebündelt (vierstufige Skala: nein, eher nein, eher ja, ja), so dass die Balken des Diagramms die prozentuale Zustimmung d.h. die Erfüllung der Items ausdrücken. Im Hinblick auf die Items „Reflexion der pädagogischen Arbeit mit Blick auf den Plan" und „sich durch das Ansprechen aktueller Fragen im Team informieren" wurden die Ausprägungen in Form der Ankreuzoptionen „oft" und „sehr oft" zu einem zustimmenden Gesamtwert gebündelt (die Antwortoptionen der fünfstufigen Skala „manchmal", „selten" und „gar nicht" wurden normativ als Nichtbeantwortung der beiden Items definiert).

Arbeit im Team mit Blick auf den Orientierungsplan. Dies spricht für die Befürwortung und Wahrnehmung der Steuerungsaufgabe zur Umsetzung des Orientierungsplanes. An dieser Stelle wird der LeiterIn empfohlen, sich zumindest an der Steuerung der Umsetzung des Planes zu beteiligen.

8.11.3.2 Steuerungsergebnisse

Was ist für die Umsetzung eines Bildungsplanes im Elementarbereich von Bedeutung? Wann ist ein Plan umgesetzt? Auf diese Frage geben weder der baden-württembergische Orientierungsplan noch die weiteren 15 Pläne der Bundesländer eine erschöpfende Antwort. In der vorliegenden Untersuchung wurden aufbauend auf der Analyse des baden-württembergischen Orientierungsplanes und der Bildungspläne der Bundesländer Kriterien definiert, die für die Umsetzung eines Planes als wichtig erachtet werden. Dazu gehört, dass sich die Arbeit der Fachkräfte am Plan ausrichtet, wobei eine Ausrichtung am Plan von drei Viertel des Teams und mehr im Folgenden als notwendige Voraussetzung zur Umsetzung des baden-württembergischen Orientierungsplanes auf Einrichtungsebene betrachtet werden. Gleiches gilt für eine Verwirklichung des Planes im Alltag. Dies beinhaltet (siehe vorangehender Abschnitt), den Orientierungsplan und dessen Umsetzung regelmäßig im Team aufzugreifen, Absprachen zur Umsetzung zu treffen, die pädagogische Arbeit mit Blick auf den Plan zu reflektieren und gemeinsam nach Lösungen für auftretende Probleme zu suchen und dementsprechend die Qualität der Arbeit weiterzuentwickeln.

Ferner werden folgende Punkte, die im Verlauf dieser Untersuchung dargestellt wurden, als wichtig erachtet: das Vorhandensein eines Qualitätssystems, die Überprüfung der Umsetzung durch geeignete Verfahren der Selbstevaluation, eine Konzeptionsschrift, die Konkretisierung der Planvorgaben in der Konzeption der Einrichtung, die Integration der Planvorgaben in die Jahresplanung und ggf. eine Änderung der Jahresplanung, die Transparentmachung der Umsetzung des Planes sowie die Dokumentation der pädagogischen Arbeit, die sich ggf. an den sechs Bildungs- und Entwicklungsfeldern des Orientierungsplanes ausrichten kann. Dieses sind Punkte, welche die pädagogische Arbeit und die Qualitätssicherung der pädagogischen Arbeit auf Teamebene betreffen. Ob das einzelne Kind die intendierten Ergebnisse erreicht, kann letztlich nur durch eine Entwicklungsdokumentation in Verbindung mit der Beobachtung des einzelnen Kindes festgestellt werden. Im Folgenden wird ein Zusammenhang zwischen der Steuerung der Umsetzung (mit Leitungsbeteiligung) und der Verwirklichung der genannten Aspekte geprüft (siehe folgende Grafik):

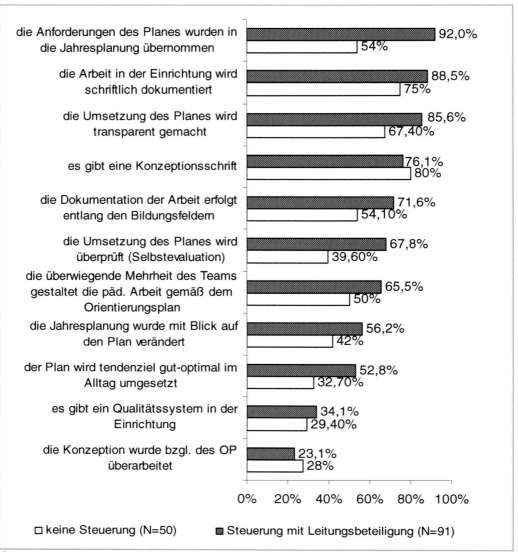

Abb.12 Steuerungsergebnisse bei der Umsetzung des Orientierungsplanes

Die deskriptive Beschreibung der Ergebnisse weist darauf hin, dass die definierten Umsetzungsaspekte in den Einrichtungen, die laut Aussagen der LeiterInnen unter Leitungsbeteiligung „gesteuert werden", ausgenommen dem Aspekt Konzeptionsarbeit, etwas besser verwirklicht werden. Signifikante Zusammenhänge (p<0,01) zeigen sich im Hinblick auf die Integration der Anforderungen in die Jahresplanung, die Überprüfung der Umsetzung des Planes durch Selbstevaluation, die Verwirklichung des Planes im Alltag und die Dokumentation der pädagogischen Arbeit entlang der Bildungs- und Entwicklungsfelder.

Entwicklungsbedarf zeigt sich hinsichtlich der Erarbeitung und Konkretisierung der Inhalte des Orientierungsplanes für die pädagogische Arbeit in der Einrichtungskonzeption. Nach Angaben der LeiterInnen wurde die Konzeption von 23% der steuernden Einrichtungen und von 28% der nicht steuernden Einrichtungen im Hinblick auf den Orientierungsplan überarbeitet. Demgemäß zeigt sich kein signifikanter Zusammenhang zwischen der Steuerung der Umsetzung und der Überarbeitung der Konzeption im Hinblick auf den Orientierungsplan. Ferner zeigt sich kein signifikanter Zusammenhang zwischen der Steuerung und der Veränderung der Jahresplanung im Hinblick auf den Orientierungsplan. Auch die Beschäftigung mit den Inhalten des Orientierungsplanes im Team (nicht Gegenstand der vorangehenden Grafik) bezüglich der Aspekte Bildungsfelder, Beobachtung und Dokumentation, Elternarbeit und Kooperation mit der Grundschule weist keinen signifikanten Zusammenhang mit dem Steuerungshandeln der Leitungskräfte auf.

Bezüglich dieser Aspekte ist die Steuerungsaufgabe vor allem im Hinblick auf die Konkretisierung der Planvorgaben in der Einrichtungskonzeption deutlicher herauszustellen und zum Gegenstand der Fort- und Weiterbildung von Leitungskräften zu machen. Dies betrifft explizit auch die intensive Auseinadersetzung mit den Planinhalten im Team und die Erarbeitung der Planinhalte für die praktische Bildungs- und Erziehungsarbeit in Verbindung mit der Definition von überprüfbaren Qualitätsmerkmalen. Hierbei ist ausdrücklich die Mitarbeit des Trägers bzw. der Trägerverbände gefordert. Ferner bedarf die Verwirklichung des Planes im Alltag, bezogen auf die Einschätzwerte der LeiterInnen, einer längerfristig angelegten Entwicklung. Gleiches gilt für das Vorhandensein und die Anwendung eines Qualitätssystems auf Einrichtungsebene.

9 Vertiefte Einblicke in die Umsetzung eines Bildungsplanes auf Einrichtungsebene - Leitungskräfte im Gespräch

Die zuvor dargestellten empirischen Ergebnisse beschreiben die Leitungstätigkeit in Zusammenhang mit der Einführung und Umsetzung des Orientierungsplanes aus der quantitativen Perspektive. Das bedeutet, dass die quantifizierten Erkenntnisse, die Leitungstätigkeit weitgehend unabhängig und abgehoben von der Persönlichkeit der LeiterIn und dem individuellen Handlungskontext beschreiben. Das Leitungshandeln und die Situation in Zusammenhang mit der Einführung und Umsetzung des baden-württembergischen Orientierungsplanes wären jedoch in ihrer Komplexität verkürzt dargestellt, würde man das Team und die individuelle Lage vor Ort bei der Untersuchung der Fragestellung außen vor lassen. Deshalb ist es zur Beantwortung der Fragestellung dieser Untersuchung angebracht auf Erfahrungen von LeiterInnen zurückzugreifen, die im Rahmen der wissenschaftlichen Begleitung des Orientierungsplanes seit Anbeginn 2006 bis hin zum Sommer 2009 gemeinsam mit ihren Teams den baden-württembergischen Orientierungsplan intensiv erprobten. Gestützt auf einen Leitfaden wurden sechs Interviews mit LeiterInnen aus den Pilotkindergärten geführt. Die Auswahl erfolgte aufbauend auf dem Kriterium, möglichst verschiedene Umsetzungsbedingungen zu berücksichtigen, sodass die Interviews eine vertiefende Ergänzung der quantitativen Daten darstellen. Damit dieser Anspruch angemessen berücksichtigt werden konnte, wurden die InterviewteilnehmerInnen in Absprache mit einem Kollegen, der im Rahmen der wissenschaftlichen Begleitung des Orientierungsplanes zu diesem Zeitpunkt vor Ort in den Pilotkindergärten Evaluationsmaßnahmen und Qualitätsentwicklungsmaßnahmen durchführte, ausgewählt und kontaktiert. Die Teilnahme an den Interviews erfolgte auf freiwilliger Basis. Die Namen der InterviewteilnehmerInnen sowie Ortsbezeichnungen wurden anonymisiert.

Folgende Gesichtspunkte waren bei den Interviews leitend:

- die Rolle der LeiterIn,
- Leitungstätigkeit und Orientierungsplan,
- als notwendig empfundene Leitungskompetenzen,
- Standpunkt zur Aus- und Fortbildung von LeiterInnen,
- Empfindungen zum Orientierungsplan,
- Erfahrungen mit der Umsetzung des Orientierungsplanes,
- Ergänzungsbedarf des Planes und Maßnahmen zu dessen Umsetzung.

Die Leitaspekte wurden so ausgewählt und formuliert, dass sich die LeiterInnen weitgehend frei äußern konnten, die Aussagen jedoch trotzdem in Beziehung zu den quantitativen Daten betrachtet werden können und somit eine sinnvolle Ergänzung darstellen. Die Interviews wurden mittels des Verfahrens der Qualitativen Inhaltsanalyse nach Mayring gebündelt und kategorisiert. Anhand dieser Erarbeitungen werden im Folgenden die sechs Einzelfälle in Form von Einzelfallbeschreibungen dargestellt und durch ausgewählte Originalzitate illustriert. Daran schließt sich eine fallübergreifende Darstellung und Interpretation der Ergebnisse in Beziehung zu den quantitativen Befragungsergebnissen an.

9.1 Frau Fink

9.1.1 Leitungsrolle und Leitungstätigkeit

Frau Fink sieht ihre *Leitungsrolle* zum Befragungszeitpunkt darin, den Überblick zu behalten und die Fäden des Geschehens in der Hand zu halten. Hierzu ist es ihrer Ansicht nach notwendig, diesen Leitungsanspruch bei der Wahrnehmung der Leitungstätigkeit geltend zu machen. Frau Fink sieht sich ferner als RepräsentantIn ihrer Einrichtung, die das Bild der Einrichtung nach außen trägt. Dies bedeutet für sie, sich dieser Stellung entsprechend im Gegensatz zu einer ErzieherIn mehr zurücknehmen und sich selbst mehr kontrollieren zu müssen. Mit Blick daraufhin, wie eine LeiterIn sein sollte bzw. über welche Fähigkeiten und Fertigkeiten sie verfügen sollte, äußert Frau Fink folgende Aspekte: Mütterlichkeit, Geduld, Offenheit, Sozialbezogenheit, Zuhören können, Managementkompetenz, Überblick, Verständnis, Gelassenheit, Personalführung und persönliche Qualitäten. Frau Fink formuliert dies folgendermaßen:

(00:22:48-4): So eine Allround-Mama. Also man muss sehr geduldig sein. Man muss sehr offen sein. Man darf nicht egoistisch denken. Man muss seine Augen überall haben. Man muss so ein Organisationstalent haben, alles unter einen Hut zu kriegen. Man muss zuhören können. Also man muss im Grunde so ein, ja, Allround-Manager sein, der wirklich alles immer und jederzeit im Blick hat und auch sehr viel Verständnis für Situationen oder Personen oder Mitarbeiter haben, die nicht gleich anspringen auf diverse Sachen, sondern die man eben begleiten muss und die man führen muss. Und man muss oftmals schon seine Rolle ausspielen und darf sich nicht hängen lassen. Als Erzieherin kann man sich auch mal hängen lassen aber ich glaube als Leitung darf man das nicht, weil man in einer Position steht, die auch das Bild des Kindergartens nach außen vermittelt. (Zeile 680-710)

Bezüglich der Leitungsposition fühlt sich Frau Fink in einer Art Zwischenposition, was sie mit der Metapher „zwischen den Stühlen" ausdrückt. Dies resultiert ihrer Ansicht nach daraus, dass sich eine LeiterIn gleichzeitig nach mehreren Richtungen hin ausstrecken müsse. Frau Fink sieht sich in diesem Zusammenhang als Bindeglied zwischen Träger, Eltern, ErzieherInnen und den Kindern.

Der Orientierungsplan ändere nach Ansicht von Frau Fink an dieser Zwischenposition nichts und helfe ihr in ihrer Leitungsposition nicht besonders viel weiter. Auch habe der Orientierungsplan ihre Leitungstätigkeit nur wenig verändert. So habe sie gegenüber Team, Eltern und Träger dieselbe Position inne als vor dem Orientierungsplan. Insgesamt ist Frau Fink der Ansicht, dass sich durch den Orientierungsplan ihre Leitungsrolle nicht geändert habe. Allerdings habe der Orientierungsplan ihre Leitungsposition ein wenig gestärkt.

Allerdings hat der Orientierungsplan konkrete Auswirkungen auf die Arbeit von Frau Fink. So sei die Umsetzung des Orientierungsplanes in den zurückliegenden zweieinhalb Jahren nach eigener Aussage für sie mit Mehrarbeit verbunden gewesen. Diese Mehrarbeit äußert sich in mehr Verwaltungstätigkeiten, mehr Dokumentationsarbeiten, mehr Verpflichtungen dem Träger gegenüber und mehr Aktivitäten die Elternarbeit betreffend. Gleichzeitig nimmt Frau Fink nach eigenen Angaben häufiger an Fortbildungen teil als ihre MitarbeiterInnen, was ihr einerseits helfe, die Inhalte zu vertiefen und zu verfestigen, andererseits sei es mit Arbeits- und Zeitaufwand verbunden, die Fortbildungsinhalte wieder ins Team zu tragen, dem Team zu erklären und zu verschriftlichen. Frau Fink äußert diesbezüglich, dass sie von Trägerseite aus verpflichtet sei, die Fortbildungen zu dokumentieren und für den Träger zu verschriftlichen.

9.1.2 Aus- und Fortbildung für LeiterInnen

Hinsichtlich des Bachelor-Studienganges ist Frau Fink der Ansicht, dass in organisatorischen Dingen ein höherer Bildungsabschluss weiterhelfen könne. Gleichzeitig führt Frau Fink an, dass die bisherige Ausbildung von ErzieherInnen mit Mängeln behaftet sei. Ihren Aussagen zufolge müsse nicht nur die Qualifikation für LeiterInnen, sondern auch die Erzieherausbildung um innermenschliche, soziale und persönlichkeitsbildende Aspekte erweitert werden. Frau Fink ist der Ansicht, dass diesbezüglich nicht alles Veranlagung sei, sondern, dass gewisse Dinge auch erlernt werden können.

Demgemäß sollte auch die Fort- und Weiterbildung von LeiterInnen vermehrt das Verstehen, das Hinführen und Begleiten des Teams zum Gegenstand haben. Organisation sei auch wichtig, doch dazu gebe es bereits eine Vielzahl an Fortbildungsangeboten. Eine LeiterIn sollte gemäß Frau Fink an ihren inneren Qualitäten arbeiten. Sie sollte lernen, die Handlungsmotive ihrer MitarbeiterInnen zu verstehen und angemessen darauf reagieren zu können. Hierfür wünscht sich Frau Fink Inputs von Außen, z.B. in Form von Supervision und Fortbildungen, um Abläufe und Reaktionen von Personen und Teammitgliedern besser verstehen und die eigene Arbeit besser reflektieren zu können.

(00:26:26-5): Und, so dieses Begleiten, dieses Verstehen und das Hinführen manchmal auch, das sind so Sachen, die kann man auch lernen. Und dafür könnte es vielleicht auch Fortbildungen geben, die einem weiterhelfen. Weil so das Organisieren oder so was, da gibt es Tausende von Fortbildungen also das, das ist nicht so, das ist zwar auch wichtig aber diese inneren Qualitäten zu verstärken und einfach auch zu wissen: „Warum kann ich auf die und die Person nicht so reagieren?" Und das ist für eine Leitung, glaube ich, ganz wichtig. (Zeile 761-775)

9.1.3 Stellung der LeiterIn zum Orientierungsplan

Der Orientierungsplan enthält nach Ansicht von Frau Fink wichtige Dinge, die man tun muss und unwichtigere Dinge. Grundsätzlich empfindet Frau Fink den Orientierungsplan als Stärkung und Hilfe in verschiedener Hinsicht. Der Orientierungsplan ermögliche ihr nach eigener Aussage, Verständnis für das einzelne Kind zu wecken. Mit Blick auf die Eltern bedeutet dies für Frau Fink, sich durch den Orientierungsplan in der Lage zu befinden, Vorgaben des Planes gegenüber den Eltern einfordern zu können. Frau Fink äußert diesbezüglich, dass man mit dem Orientierungsplan etwas gegen und für die Eltern in der Hand habe:

> (00:02:01-7): (...) eine Mutter hat sich geweigert ein Elterngespräch zu führen, da kann man mithilfe des Orientierungsplans glaube ich schon Einiges auch erreichen, weil es einfach verpflichtend ist. Da hat man dann auch was gegen und für die Eltern in der Hand. Nicht gegen die Eltern, das wäre falsch [Lachen]. (Zeile 43-55)

Gleiches äußert Frau Fink auch hinsichtlich der Kooperation mit der Grundschule. Der Orientierungsplan könne dabei helfen, die Stellung des Kindergartens gegenüber der Grundschule zu festigen und dazu beitragen, dass der Kindergarten als Bildungseinrichtung von den Lehrkräften der Schule akzeptiert werde:

> (00:03:54-8): Vielleicht ist auch der Orientierungsplan noch mal mit eine Hilfe, sich mit den Schulen so ein bisschen auf ein Niveau zu stellen. Bei uns in Vogeldorf [Pseudonym des Ortes, in dem sich der Kindergarten befindet,], also, wenn ich so drum herum höre, scheint mir das manchmal schwierig so die Kooperation. Bei uns im Vogeldorf läuft es so ein bisschen gegliederter, schon seit einiger Zeit, und der Direktor ist auch sehr interessiert, immer wieder zu hören, was wir gerade machen oder auf welchem Stand wir sind. So auf dem gleichen Niveau sind wir noch nicht, aber wir werden zumindest akzeptiert. Und das ist schon mal ein ganz wichtiger Punkt, und ich glaube, wenn der Orientierungsplan erstmal wirklich für alle da ist, kann man da auch eine Bresche schlagen und einfach sagen: „So, hört mal, also wir machen genauso Bildung wie Ihr auch, auch wenn wir eine andere Ausbildung haben. Und das, was wir leisten müssen, jetzt auch anhand des Orientierungsplans, ist die Basis, an der ihr weiterarbeitet. Also wir geben euch jetzt die Kinder nicht unbeschrieben, als unbeschriebene Blätter, sondern da ist schon was da." Und da hilft der Orientierungsplan, glaube ich, dabei. (Zeile 91-135)

Der Orientierungsplan leiste darüber hinaus in der Einrichtung von Frau Fink einen Beitrag zur Strukturierung des Alltages, indem er ihr als Strukturierungshilfe diene und gleichzeitig die ErzieherInnen angehalten seien, danach zu arbeiten. Hinsichtlich der zu leistenden Arbeit habe die LeiterIn mit dem Orientierungsplan etwas in der Hand, auf das sie gegenüber den Fachkräften verweisen könne. Jede LeiterIn, so Frau Fink, habe durch den Plan ein Mittel in der Hand, nach dem man arbeiten müsse.

9.1.4 Interaktion zwischen Leitung und Team bei der Umsetzung des Planes

Die Umsetzung des Orientierungsplanes in der Einrichtung von Frau Fink gestaltet sich zum Befragungszeitpunkt nicht ohne gewisse Widerstände vonseiten des Teams. Frau Fink muss nach eigenen Angaben viel Überzeugungsarbeit leisten und gegen verschiedene Vorbehalte ankämpfen. Diesbezüglich gehöre es nach eigenen Angaben zu ihren Aufgaben, KollegInnen aufzuzeigen, wie durch Veränderungen in der Arbeitsorganisation Freiräume für die Umsetzung verschiedener Vorgaben des Orientierungsplanes geschaffen werden können. Dazu zähle es, Prioritäten zu setzen, Absprachen zu treffen und MitarbeiterInnen gezielter einzusetzen. Widerstände bzw. Argumente gegen eine Umsetzung begründen sich vonseiten des Teams in der Einrichtung von Frau Fink aus geäußerten Schwierigkeiten mit der Zeit und der Überforderung durch die anstehenden Aufgaben. Frau Fink ist in diesem Zusammenhang der Überzeugung, dass es häufig nicht stimme, dass die Teammitglieder keine Zeit hätten. Vielmehr müsse geschaut werden, wie man die Anforderungen des Orientierungsplanes im Alltag unterbringen könne.

(00:13:56-9): (...) dass immer noch bei uns im Team einige Kolleginnen sind, die sagen: „Ich habe keine Zeit und das kann ich gar nicht alles leisten und wie soll ich das machen", und wo ich sehr viel Überzeugungsarbeit leisten muss, dass man das anders angehen muss, um dann eben auch Zeit übrig zu haben. Und da habe ich als Leitung sehr viel Überzeugungsarbeit zu leisten, wie gesagt. Und ich muss immer wieder sagen: „Ja, aber hört mal, wenn wir das so uns so machen oder wenn man das so und so angehen würde, dann bleibt doch auch noch Zeit übrig oder dann kann man es auch, man muss auch Prioritäten setzen und einfach sagen, das ist wichtig und das ist nicht so wichtig." Und nicht einfach sagen: „Oh Gott, jetzt müssen wir jedes Kind einzeln beobachten, das schaffen wir nicht. Oder wir müssen das alles protokollieren, wann soll ich denn das Protokoll schreiben." Und das geht alles, wenn man sich gemeinsam abspricht oder wenn man sich zusammensetzt und sagt: „Okay, da sind jetzt vier Kolleginnen da, wir brauchen nur drei draußen, eine kann drinnen was schreiben." Und nicht immer sagen: „Wir haben keine Zeit dafür", weil das nicht stimmt. (Zeile 91-135)

9.1.5 Umsetzung des Orientierungsplanes

Die Umsetzung des Orientierungsplanes in der Einrichtung von Frau Fink ist mit Außenkontakten und Außenwirkung verknüpft. Frau Fink äußert, dass sich der Leiter der örtlichen Schule für die Umsetzung des Planes interessiere. Gleichzeitig würden nach mehr als zwei Jahren der Umsetzung die Eltern vermehrt Fragen zur Umsetzung des Orientierungsplanes stellen, weshalb Frau Fink in ihrer Einrichtung eine schriftliche Elternumfrage zum Orientierungsplan durchgeführt habe. Frau Fink äußert, dass ihr hinsichtlich des Orientierungsplanes vor allem die Verwirklichung der Elterngespräche, die Beobachtung des Kindes und der Blick auf jedes einzelne Kind wichtig seien. Hierzu strebt Frau Fink nach eigener Aussage an, den Beobachtungsbogen um die sechs Bildungs- und Entwicklungsfelder zu erweitern, um die Entwicklungsschritte des einzelnen Kindes besser dokumentieren und im Auge halten zu können.

Zu Anfang der Umsetzung hatte Frau Fink und ihr Team nach eigener Aussage viele Fragen zur Umsetzung des Orientierungsplanes, bei denen die wissenschaftliche Begleitung (Leitung Landesteil Baden - Prof. Dr. N. Huppertz) weitergeholfen habe. Einige Kindergärten im Umfeld von Frau Fink, die nicht den Vorzug der wissenschaftlichen Begleitung genießen können, seien allerdings am „Schwimmen" bezüglich der Umsetzung des Orientierungsplanes:

(00:10:33-9): (...) die Kindergärten, die jetzt 2009 das hingelegt kriegen [den Orientierungsplan] und gesagt kriegen: „Arbeitet danach", die stehen im Grunde vor dem gleichen Problem, wie wir am Anfang. Die haben ein dickes Buch vor sich, müssen das erstmal durchlesen und haben dann wahrscheinlich erstmal ganz viele Fragen. Vielleicht hilft das Handbuch dann weiter, hoffe ich doch mal, dass so etwas noch dazukommen wird. Aber wenn ich so rumhöre, die, die bis jetzt nur den Orientierungsplan gelesen haben, die schwimmen. Entweder sie sagen: „Okay, das machen wir alles schon" oder sie sagen: „Oh Gott, oh Gott, wie sollen wir das alles bewältigen?" (Zeile 279-290)

Neben der Kooperation mit der Grundschule und gewissen von Frau Fink empfundenen unterschiedlichen Interaktions- und Akzeptanzniveaus zwischen Kindergartenfachkräften und Lehrern stellt der Blick auf das einzelne Kind für Frau Fink ein Problem dar. Den PraktikerInnen falle es schwer, festzustellen, ob ein Angebot wirklich alle Kinder erreiche. Ferner sei es schwer, den Überblick über jedes einzelne Kind zu bewahren. Frau Fink ist zum Befragungszeitpunkt davon überzeugt, dass selbst unter besseren Rahmenbedingungen wie bei mehr Personal und weniger Kindern, dieser Anspruch des Planes nicht zu verwirklichen sei:

(00:15:26-0): (...) Was uns immer noch so ein bisschen Schwierigkeiten bereitet oder auch mir ein bisschen Schwierigkeiten bereitet, ist wirklich so den Überblick zu behalten: „Wo steht jetzt hier das einzelne Kind und was habe ich bei jedem einzelnen Kind erreicht?" Weil, wenn ich ein Angebot mache, mache ich das zwar mehrmals aber ich habe immer noch nicht so ganz im Blick: „Habe ich jetzt wirklich jedes Kind damit erreicht?" Weil dazu müsste ich noch viel mehr dokumentieren und genau aufschreiben, wer wann da war und wer wann auch aufgepasst hat oder was mitgekriegt hat oder auch merken, wann derjenige das umsetzen kann, und das geht nicht. Also das ist eine Sache der Unmöglichkeit. Selbst wenn wir weniger Kinder hätten und wenn wir mehr Personal hätten, weiß ich nicht, ob man das wirklich so im Überblick hätte. Weil die ganzen Ziele aus dem Orientierungsplan und auch die ganzen Fragen aus dem Orientierungsplan, die helfen einem schon weiter aber wirklich nachzuvollziehen: „Hat jedes einzelne Kind für sich das erreicht?" Das geht nicht. Also von daher ist die Umsetzbarkeit, ich glaube, ein bisschen illusorisch. (Zeile 429-466)

9.1.6 Hinweise und Wünsche zur Umsetzung des Orientierungsplanes

Frau Fink ist der Ansicht, dass es nicht unbedingt Aufgabe des baden-württembergischen Orientierungsplanes sei, die Rolle und Aufgabe der Kindergartenleitung zu definieren. Allerdings äußert Frau Fink, dass „Soll-Anweisungen" für Leitungskräfte im Orientierungsplan die Position der LeiterIn stärken könnten. Wichtiger sei jedoch für die LeiterIn, dass der Orientierungsplan verbindlich formuliere, was als Leistung im Alltag von den Fachkräften zu erbringen sei. Frau Fink wünscht sich diesbezüglich eine klarere Herausstellung der Pflichtaufgaben.

(00:29:50-5): Ich bin der Meinung, das, was immer noch so ein bisschen unklar ist, ist dieses Muss-Kann-Soll, dass das einfach klarer raus kommt, was wirklich sein <u>muss</u>. Damit man da als Leitung sagen kann: „Hört mal, da kommen wir nicht drum herum, das muss einfach sein." (Zeile 845-862)

Ferner sollten gemäß Frau Fink Pflichtaufgaben für den Träger, Pflichtaufgaben für das Team und Pflichtaufgaben für die Eltern im Plan formuliert werden. Darüber hinaus bedürfe der Plan laut Frau Fink einer Ergänzung um die Adressatengruppen der zweijährigen Kinder und der Hort- und Schulkinder.

Zur konkreten Umsetzung des Planes sei ein Begleitbuch laut Frau Fink eine Sache, die sie sich wünsche. Zudem sei Hilfestellung von Außen zur Umsetzung des Planes gutzuheißen. Für Frau Fink sei die wissenschaftliche Begleitung durch die Pädagogische Hochschule Freiburg eine große Hilfe bei der Umsetzung gewesen. Ihr und den anderen Modellkindergärten habe die wissenschaftliche Begleitung sehr geholfen. Ferner hätten die Fortbildungen an der Pädagogischen Hochschule Freiburg die notwendige Theorie zur Umsetzung des Planes vermittelt. Laut Frau Fink brauche eine LeiterIn, die mit der Umsetzung beginnt anfangs in erster Linie eben diese theoretischen Grundlagen. Frau Fink äußert ferner in diesem Zusammenhang, dass Fortbildungsanbieter auf dem freien Markt zu viel mit Praxis untermalen würden, anstatt die notwendige Theorie zu vermitteln. Demzufolge sei sorgsam auf die Auswahl der Fortbildungsanbieter zu achten. Ferner sollten Einrichtungen, die im Kindergartenjahr 2009/10 mit der Umsetzung beginnen auf Erfahrungen und Erarbeitungen von Einrichtungen zurückgreifen, die sich bereits seit Längerem mit der Umsetzung des Planes auseinandersetzen.

9.2 Frau Schwan
9.2.1 Leitungsrolle und Leitungstätigkeit

Frau Schwan sieht es zum Befragungszeitpunkt als ihre Aufgabe an, die Fäden in der Hand zu halten. Dazu gehört nach ihrer Ansicht auch, die Leitungsautorität dafür zu nutzen, dass anstehende Aufgaben in der Einrichtung verwirklicht werden.

(00:02:36-0): Natürlich ist es klar, dass die Fäden bei mir zusammenlaufen und dass man auch eine gewisse Autorität an den Tag legt, damit das eben auch verwirklicht wird. (Zeile 73-75)

An kontinuierlichen anstehenden Aufgaben, die laut Frau Schwan in ihren Zuständigkeitsbereich fallen nennt Frau Schwan die Umsetzung der Konzeption, die Förderung der Selbstreflexion bei den MitarbeiterInnen, die Reflexion der eigenen Leitungstätigkeit, die Evaluation des Qualitätsmanagementhandbuches, die Überprüfung der Qualitätsstandards in der Einrichtung sowie Fragen der Koordination und des Zeitmanagements. Eine LeiterIn müsse sich gemäß Frau Schwan zuvorderst am Kind und seinen Bedürfnissen orientieren. Sie müsse über Personalführungskompetenz und Persönlichkeit verfügen und die Eltern mit ins Boot holen. Sowohl eine LeiterIn als auch eine pädagogische Fachkraft sollte darüber hinaus über notwendiges Wissen und eine angemessene Allgemeinbildung verfügen. Sie sollte gemäß Frau Schwan bereit sein, sich weiterzubilden und die Haltung einnehmen, sich bei auftretenden Problemen zuerst selbst kundig zu machen, bevor Experten hinzugezogen würden. Das Abitur sieht Frau Schwan nicht als notwendige Voraussetzung für den Eintritt in eine pädagogische Tätigkeit im Kindergarten an. Frau Schwan formuliert die Leitungsaufgabe wie folgt:

(00:10:33-8): (...) eine Leitung, finde ich, muss a) eine starke Persönlichkeit sein und muss b) führen können und muss c) sich wirklich am Kind orientieren und nicht an den Eltern. Also Eltern müssen mit ins Boot geholt werden und ich will sie nicht vor die Tür schicken. Aber das Kind sollte wichtiger sein und die Belange des Kindes sollten wichtiger sein. Man muss eben mit den Eltern irgendwo eine Basis finden. Also dass sie [die LeiterIn] sich hinter die Kinder stellt und weniger hinter die Probleme der Gesellschaft oder die Probleme der vielen von Außen aufgedrückten Aufgaben, die immer mehr praktisch so dazukommen, sondern dass ihr eigentlich immer wieder bewusst ist, dass sie für das Kind da ist und die anderen Dinge sicher nicht alle ganz wegzudrücken sind, aber dass man so ein bisschen den Ball flach hält und guckt, dass man das Kind nicht aus den Augen verliert. (Zeile 283-309)

Im Hinblick auf Leitungstätigkeit und den Orientierungsplan hat sich laut Frau Schwan weder am Umfang noch am Inhalt ihrer Tätigkeit etwas verändert, außer, dass die Koordination etwas mehr geworden sei. *(00:03:49-4): Aber von der Struktur und vom Umfang her gesehen hat sich da gar nichts geändert.* (Zeile 109-110)

9.2.2 Aus- und Fortbildung für LeiterInnen

In der Frage nach der Aus- und Fortbildung von LeiterInnen trennt Frau Schwan nicht zwischen Leitung und pädagogischer Fachkraft und bezieht sich vorwiegend auf die pädagogische Fachkraft. Deren Ausbildung sollte gemäß Frau Schwan eine ausgewogene Balance aus Praxis und Wissen darstellen. Wissen sei vor allem bei Elterngesprächen, der Öffentlichkeitsarbeit und der konkreten Arbeit am Kind notwendig. Hierbei sei eine größere Verantwortung der Fachschulen in der Ausbildung der pädagogischen Fachkräfte angebracht, indem ungeeignete AnwärterInnen nicht zu ErzieherInnen ausgebildet werden sollten:

> *(00:14:48-8): (...) Die Persönlichkeit halte ich immer noch für das aller, Allerwichtigste. Und dass man einfach auch den Mut haben sollte, in einer Ausbildungsstätte zu sagen: „Das ist nicht ihr Weg." Das sehe ich ja immer oder höre dann immer, wenn die Fachschulen uns besuchen hier und wir dann hier so Fortbildungen machen für die, dass dann die Lehrer anschließend sagen, dass sie schon oft wissen, wer nicht geeignet wäre. Aber die werden in der Regel wohlwollend mitgeschleift oder auch unterstützt (...). (Zeile 283-309)*

9.2.3 Stellung der LeiterIn zum Orientierungsplan

Frau Schwan steht zum Befragungszeitpunkt dem Orientierungsplan eher kritisch gegenüber bzw. ist Frau Schwan der Überzeugung, dass der Orientierungsplan weniger Profil als ihre Einrichtung habe. Frau Schwan äußert diesbezüglich, dass der Orientierungsplan für sie keine Hilfe sei und sie auch nicht ansporne. Vielmehr sei der Orientierungsplan etwas Kritisches, mit dem es gilt, sich vor dem Hintergrund der eigenen Konzeption auseinanderzusetzen:

> *(00:06:03-4): (...) es ist jetzt nicht so, dass ich sage, der Orientierungsplan wäre jetzt für mich eine Hilfe oder ein Ansporn gewesen. Er war für mich eher eine kritische Schrift, die es anzusehen galt, vor dem Hintergrund, was wir eben hier leben. (Zeile 162-169)*

Frau Schwan äußert im weiteren Verlauf des Gesprächs Kritik hinsichtlich der Formulierung des Orientierungsplanes. Sie und ihre KollegInnen würden sich zwar in den Inhalten, nicht aber in der Sprache des Orientierungsplanes wiederfinden. Frau Schwan spricht sich in diesem Zusammenhang gegen die Zielformulierungen des Orientierungsplanes aus. Die Formulierung der Ziele an das einzelne Kind in Form von „Soll-Anforderungen" sei ihrer Ansicht nach zu „drastisch". Ferner sei der Plan an manchen Stellen nicht stringent, sondern widersprüchlich.

9.2.4 Umsetzung des Orientierungsplanes

Frau Schwan arbeitet in ihrer Einrichtung nach der Montessori-Konzeption. Der Orientierungsplan führe diesbezüglich in ihrer Einrichtung zu einer Reflexion der Vorgehensweise bei der Umsetzung der Bildungs- und Entwicklungsfelder. Ferner habe ein Abgleich zwischen der Arbeit der Einrichtung und dem Orientierungsplan stattgefunden, bei der geprüft wurde, inwieweit der Plan mit der Montessori-Konzeption kompatibel sei. In diesem Zusammenhang sei es nicht das Anliegen gewesen, den Plan umzusetzen sondern die Montessoripädagogik im Plan wieder zu finden. Falls dies nicht der Fall gewesen wäre, hätte dies jedoch, nach Aussage von Frau Schwan, keine Änderung der Konzeption zur Folge gehabt:

> *(00:04:21-6): (...) das war ja immer das, mit dem wir uns die ganze Zeit eigentlich fortwährend beschäftigt haben, dass wir eben gesagt haben: „Der Orientierungsplan, was hat er mit uns zu tun? Und inwieweit ist er mit der Montessori-Konzeption kompatibel? Wo ist er nicht kompatibel?" Das waren unsere Fragen. Uns ging es nie darum, den Orientierungsplan umzusetzen, sondern uns ging es immer darum, unsere Montessoripädagogik sozusagen im Orientierungsplan zu suchen. Und wir würden jetzt unsere Konzeption nicht umschreiben, weil wir sie für gut halten. Wenn jetzt der Orientierungsplan gravierende Dinge von uns verlangen würde, die wir nicht teilen würden, dann könnten wir ihn nicht an dieser Stelle umsetzen. (Zeile 125-143)*

Frau Schwan kommt zum Fazit, dass der Orientierungsplan durch ihre Konzeption bzw. vielmehr durch die Arbeit nach ihrer Montessori-Konzeption umgesetzt werde und dem Team ihrer Einrichtung keine Schwierigkeiten bei der Umsetzung bereite:

> *(00:05:14-3): Inhaltlich der Orientierungsplan weniger Profil, als wir haben, und insofern war das überhaupt nicht schwierig zu sagen, dass diese sechs Lernfelder von uns in der vorbereiteten Umgebung durch unsere Arbeit konkret verwirklicht werden. Theoretisch, praktisch und reflektiert, da wir eben auch nachhaltig handeln wollen. Das war für uns immer klar, und es war eben nur die Art und Weise, wie man dabei vorgeht, darüber hat man dann <u>verstärkt</u> im Team reflektiert. (Zeile 147-153)*

> *(00:06:56-8): Also unser Fazit nach den drei Jahren ist, dass man sagen kann, dass sich der Orientierungsplan inhaltlich umsetzen lässt, problemlos sozusagen bei uns, so wie es gerade läuft (...). (Zeile 181-184)*

9.2.5 Hinweise und Wünsche zur Umsetzung des Orientierungsplanes

Frau Schwan ist der Ansicht, dass der Orientierungsplan sich nicht an das Kind sondern besser an die Erwachsenen speziell die pädagogischen Fachkräfte richten solle. Es sollten ihrer Ansicht nach im Plan verbindliche Aufgaben im Hinblick auf die Tätigkeit der Erwachsenen formuliert werden. Demgemäß sollten sich die Ergebnisse beim Kind mit daraus ergeben, wie gut oder wie schlecht die jeweilige Einrichtung arbeitet.

Im Hinblick auf die konkrete Umsetzung des Planes rät Frau Schwan einer LeiterIn, die im Kindergartenjahr 2009/10 mit der verbindlichen Umsetzung des Orientierungsplanes beginnt, sich und den Grundsätzen ihrer Einrichtung treu zu bleiben. Ferner sei es angebracht, als Erstes eine Bestandsaufnahme zu machen, um festzustellen, wie bisher gearbeitet worden sei und wo das Team stehe. Es sei auch nicht angebracht, etwas zu überstürzen. Vielmehr sei darauf zu achten, dass die Umsetzungsaktivitäten nicht die Zeit am Kind beeinträchtigten. Hier gelte es Ruhe zu bewahren, sich Zeit für die Umsetzung zu nehmen, mit Widerständen angemessen umzugehen und sich Schritt für Schritt der Umsetzung zu widmen.

9.3 Frau Birke
9.3.1 Leitungsrolle und Leitungstätigkeit

Frau Birke gibt bezüglich ihrer Leitungstätigkeit an, sich nicht bewusst für die Leitungsposition entschieden zu haben. Vielmehr sei sie in die Leitungsposition „reingeschlittert", da ihre VorgängerIn fristlos gekündigt habe, und sie zum damaligen Zeitpunkt Aushilfe in der Einrichtung gewesen sei. Sie habe einen schlechten Einstieg und eine schwierige Anfangszeit gehabt, in der es hauptsächlich darum gegangen sei, den Kindergarten aus einer „Schieflage" zu befreien.

> *Frau Birke (00:04:32-1): Als ich hier angefangen habe, war die Hauptaufgabe der Leitung, oder so hab ich es übernommen und so bin ich reingewachsen, das Management der Einrichtung zu übernehmen. Ja, in organisatorischen Sachen. Die Bedürfnisse der Eltern zu befriedigen, die Anmeldungen zu koordinieren, die Bedürfnisse der Kinder rauszufiltern, die ErzieherInnen einzustellen, wobei ich einen sehr schlechten Einstieg gehabt habe. Meine VorgängerIn hat fristlos gekündigt und ich bin dann sozusagen reingeschlittert, weil ich damals Aushilfe in der Einrichtung gewesen bin. (Zeile 103-113)*

Der Kindergarten habe damals ein sehr schlechtes Image gehabt, sodass Plätze frei gewesen seien, der andere Kindergarten im Ort aber eine Warteliste gehabt habe. Deshalb habe sie sich anfangs als KoordinatorIn und als ManagerIn von organisatorischen Dingen verstanden. Dazu gehörte nach ihren Angaben, den schlechten Ruf des Kindergartens loszuwerden, die Diskrepanz zu den Eltern abzubauen und die Elternarbeit zu verbessern, Öffentlichkeitsarbeit zu betreiben und die geleistete Arbeit nach außen transparent zu machen sowie die pädagogische Arbeit durch theoretische Fundierung zu entwickeln und gute Ansätze der bisherigen Arbeit zu verstärken. Ferner habe sie es als ihre Aufgabe verstanden, das Team zu stärken und zu entwickeln, indem es galt, das Team zusammenzuschweißen und fachlich weiterzuentwickeln. Mittlerweile habe jede Fachkraft im Team eine Zusatzausbildung absolviert. In diesem Zusammenhang äußert Frau Birke, dass es einfacher gewesen sei, den Kindergarten aus seiner Schieflage zu befreien, als ein gewisses Niveau langfristig zu halten.

Gegenwärtig sieht Frau Birke vor allem zwei Schwerpunkte ihrer Leitungstätigkeit. Zum einen das Angebot der Einrichtung auf die Bedarfslagen der Eltern abzustimmen, zum anderen die Bedürfnisse des einzelnen Kindes zu berücksichtigen. Hierzu steht Frau Birke eine 50%-Leitungsstelle zur Verfügung, die sie „eh nie einhalten [könne]".

Hinsichtlich ihrer Leitungsrolle nennt Frau Birke mehrere Aufgaben, die sich in ihrer Person vereinen. Sie sei für das Management zuständig und sehe es als ihre Aufgabe, schwächere und stärkere Teammitglieder zusammenzubringen. Gleichzeitig sei sie aber auch Springer in den Gruppen, führe Personalgespräche, sei Ansprechpartner und SeelsorgerIn für die Eltern:

> *(00:37:03-8): Wir sind im Büro, sind für das Management zuständig, haben keinen unmittelbar direkten Vorgesetzten, wir Katholischen, ich glaube die Evangelischen auch, wir sind aber Springer in den Gruppen, weil wir ja keine Aushilfen bekommen bei Krankheitsfällen. Die KollegInnen kann*

man nicht hängen lassen, Kinder aufzuteilen ist das Allerletzte, was man macht, also gehen die LeiterInnen auch in die Gruppen. (Zeile 861-867)

Frau Birke kritisiert in diesem Zusammenhang, dass ihre Aufgabe als LeiterIn unklar definiert sei und die zahlreichen informellen Aufgaben nirgendwo berücksichtigt seien. Vielmehr sei ihre bisherige Stellenbeschreibung unzureichend, da ihre Aufgaben dort nur in Kürze auf der Sachebene festgehalten seien.

(00:37:26-5): Wir sind Seelsorger für die KollegInnen, wir sind Auffangbecken für die. Wir machen persönlich, also ich, von einigen anderen weiß ich es auch, wir machen Minimum einmal im Jahr Personalgespräche, bei denen jede KollegIn einzeln ins Büro kommen kann oder in dem Fall dann auch muss [Lachen]. Und diese Gespräche, also ich mache Einführungsgespräche, bevor die Neuen kommen. Ich mache Abschlussgespräche, bevor jemand geht (...).

Man ist Ansprechpartner für Eltern. Sehr oft sogar. Ich denke, vielleicht habe ich auch die Tendenz zu einem Seelsorger, weil wirklich häufig Eltern kommen und sich da erklären (...) Also das sind lauter Sachen, die in der Person oder in der Funktion der Leitung vereinigt sind, die man erfüllt, die aber auch nirgends da sind, auch im Leitfaden des Kindergartens wird eine Leitungsfunktion immer nur auf der Sachebene dargelegt. Das muss erledigt werden, die Abrechnung muss sein, das Personal anleiten. Eine Stellenbeschreibung, ich hab sie vom Chef gefordert, da stand dann nur drin, was er mir sagen darf und was ich [Lachen] dem Personal sagen darf. Aber das hat sich in Form mehrerer Kreuzchen und Kästchen ausgedrückt. Das wars dann nicht! Also da fehlt sicher was (...). (Zeile 871-903)

Bezüglich der Aufgabenausgestaltung sieht sich Frau Birke als eine VordenkerIn des Teams. Sie äußert mehrmals, dass sie schaue, dass sie dem Team immer einen Schritt voraus sei, was einerseits sehr interessant, aber auch anstrengend Dies beinhalte u. a., Zusatzausbildungen zu absolvieren und Fortbildungen zu besuchen. Bezüglich dieser Mehrarbeit, die nach Ansicht von Birke nicht mit dem davor vorgesehen Zeitpensum zu bewerkstelligen sei, sieht sich Frau Birke in einer Vorbildfunktion, indem sie nichts vom Team fordere, was sie nicht selbst erbringe:

(00:16:13-9): Ich habe meine Zeit von acht bis zwölf auf dem Papier, aber die kann man nicht einhalten. Entweder ich mache eine gute Arbeit, dann bin ich länger da und komme ein wenig früher und die Kollegen wissen das auch und merken dann auch, wenn ich etwas von Ihnen verlange oder einfordere, dass ich das im Voraus bedacht habe. Ich fordere nichts, was ich selbst nicht bringe. Ich bringe zuerst und fordere dann von Ihnen. Und ich begründe es auch immer (...). (Zeile 413-435)

Hinsichtlich der Kompetenzen über die eine LeiterIn verfügen sollte, nennt Frau Birke, dass es wichtig sei, die Bedürfnisse des einzelnen und des Gesamtteams im Blick zu haben, Stimmungen im Team wahrzunehmen, für Teamatmosphäre zu sorgen und selbst teamfähig zu sein. Eine Leitung müsse über Personalführungskompetenz verfügen, indem sie ihren Fachkräften Freiräume zugestehe und gleichzeitig Dinge einfordere. Sie müsse ferner delegieren, organisieren und die Fäden in der Hand halten können.

(00:31:55-1): Dieses Raushören, was sind die Bedürfnisse des Einzelnen. Wenn ich ins Großteam gehe oder zu den pädagogischen Tagen, dann steht immer als Erstes auf der Tagesordnung der Rückblick aufs letzte Jahr: „Was hatten wir uns vorgenommen? Was haben wir erreicht? Wo haben wir uns verloren übers Jahr? Was brauchen die Kinder? Was brauchen die Eltern? und drit-

tens, Was braucht die ErzieherIn?" Diese drei Komponenten zusammen, dass jede sich als Mitglied des Teams fühlt. Dieses abgeben können von Aufgaben, auch Leitungsaufgaben abgeben können, die Organisation von Feiern und Festen und trotzdem aber die Fäden in der Hand zu behalten. Dieses Jonglieren zwischen aufbauen und den Einzelnen etwas zugestehen, was sie machen können, aber auch wieder dieses Einfordern, dieses trotzdem wieder alle Fäden zusammen laufen zu lassen. Das als Leitung gut hinzukriegen, die Bedürfnisse der einzelnen ErzieherIn zu sehen und auch wieder dieses Gesamtteam im Blick zu halten. (Zeile 760-780)

In diesem Zusammenhang ist Frau Birke der Ansicht, dass eine gewisse Reife und ein gewisses Eintrittsalter vorteilhaft für die Ausübung der Leitungstätigkeit seien. Für sehr junge LeiterInnen könne es mitunter schwierig sein, ein Team von Fachkräften zu führen, das zum Teil viel älter sei. Vor allem eine gewisse Erfahrung im Kindergartenbereich sei für die Ausübung der Leitungstätigkeit von Vorteil.

Besonders Personalführung ist für Frau Birke in Zusammenhang mit dem Orientierungsplan ein Gesprächsthema. Der Orientierungsplan führt ihrer Ansicht nach zu einer Neuausrichtung ihrer Leitungsposition, indem Frau Birke ihre MitarbeiterInnen nach eigenen Angaben durch den Orientierungsplan bewusster leite und führe. Dies beinhalte auch, dem Team gezielter Impulse zu geben. Ferner habe sie sich anfangs zurückgenommen, da sie sich als Teil des Teams gesehen habe. Inzwischen löse sie sich stärker von diesem Teambewusstsein und äußere klare Anforderungen und Erwartungen gegenüber dem Team:

(00:09:24-1): (...) was ich verstärkt mache, ist, KollegInnen ganz bewusst anzuleiten und zu führen und zu sagen: „In Deiner Gruppe musst Du mehr auf die Elternarbeit achten". (Zeile 232-234)

(00:11:18-2): Ja, Impulse gezielter reinzunehmen. Ich habe mich am Anfang als Leitung ganz arg zurückgenommen, weil ich denke, dass die Leitung ein Teil vom Team ist. Ich muss mich im Team unterordnen oder eingliedern ins Team. Das Team ist das Hauptding. Inzwischen,, seit dem Orientierungsplan gezielter, gehe ich raus aus diesem Teambewusstsein, indem ich sage: „Ich bin die Leitung und das sind die Anforderungen und ich erwarte das". (Zeile 261-274)

Diese Neuausrichtung der Leitungsposition und der Leitungsrolle durch die Umsetzung des Orientierungsplanes ist für Frau Birke mit Konflikten behaftet. Diese resultieren ihrer Ansicht nach einerseits daraus, sich als LeiterIn als Teil des Teams zu verstehen und andererseits die Rolle der LeiterIn als Führungskraft wahrzunehmen. Diesbezüglich äußert Frau Birke, dass sie diese Führungsrolle akzeptieren könne, da sie merke, dass das Team Führung brauche. Persönlich sei Führung allerdings nicht ihre Stärke. Sie sei durch die 68er Bewegung geprägt und fühle sich nicht wohl in dieser Rolle. Für sie sei es das Allerschlimmste, zu autoritär zu werden. Ferner führt Frau Birke an, dass man sich immer als LeiterIn kontrollieren und sich klar machen müsse, dass man ein Teil des Teams sei:

(00:11:18-2): Frau Erle [Pseudonym des Namens einer ErziehrIn] habe ich als Gegenpol hier im Team und sage auch, die muss mir sagen, wenn ich zu autoritär werde. Das ist immer das Allerschlimmste, was ich mir vorstellen kann. (Zeile 274-275)

(00:12:53-5): Wenn ich merke, den KollegInnen tut es gut, dann kann ich es akzeptieren. Aber ich fühle mich nicht gut damit. Führung ist nicht meine Stärke, das muss ich definitiv sagen. In der

Hinsicht bin ich wirklich durch die 68er geprägt [Lachen]. Aber ich akzeptiere, dass das Team eine Leitung braucht. (Zeile 301-316)

9.3.2 Aus- und Fortbildung für LeiterInnen

Frau Birke ist der Überzeugung, dass man als LeiterIn eine bessere Ausbildung als eine ErzieherIn brauche. In diesem Zusammenhang spricht sich Frau Birke für das Bachelor-Studium aus, allerdings unter dem Vorbehalt, dass Berufserfahrung im Kindergartenbereich hinzukomme.

(00:25:35-6)(...) Eine Leitung, denke ich, braucht rückblickend aus der Erfahrung und auf die Schwierigkeiten, die ich gehabt habe über die Jahre, und immer noch habe, Minimum das Bachelor-Studium. (Zeile 612-614)

Mit Bezug zur bisherigen Praxis kritisiert Frau Birke, dass sich bisher Engagement in Form eines Studiums oder der Weiterqualifizierung im Kindergartenbereich nicht auszahle. Vielmehr würden künftige Absolventen des Bachelor-Studienganges und Fachkräfte mit Zusatzausbildungen in ihrer Einrichtung gleich bezahlt als andere. Deshalb sieht es Frau Birke als fragwürdig an, ob Absolventinnen mit Studienabschluss später im Kindergarten arbeiten werden:

(00:28:38-5): (...) Aber wenn ich alles selbst machen muss und sich die Auswirkungen meiner Bereitschaft hinterher nicht einmal finanziell auszahlen, also dann verstehe ich viele, die dann irgendwann sagen: „Ich mache meine acht Stunden und damit hat es sich". Und als LeiterIn muss man eine bessere Ausbildung haben als seine ErzieherInnen. Nicht um denen zu zeigen: „Ich bin besser oder so", sondern einfach ganz konkret, um denen einen Schritt voraus zu sein. Wir haben jetzt eine PraktikantIn hier im Haus, die in Freiburg diesen Bachelor macht an der Evangelischen Fachschule und ich denke, wenn die Linda [Pseudonym für den Namen der ErzieherIn] soweit ist, die als NachfolgerIn, das ist so mein Traum. So mir nachzuziehen, wenn sie jetzt diese Ausbildung hat und dann noch ein wenig Berufserfahrung und dann ist das das Optimale, aber bezahlt wird sie wie eine ErzieherIn. Ob die dann jemals in den Kindergarten gehen genau wie SozialpädagogInnen, HeilpädagogInnen. Die Frau Wolke [Pseudonym für eine ErzieherIn mit Zusatzausbildung], die hier ist, bekommt das Gehalt einer ErzieherIn. Da hängt es. Da müsste mehr sein, da müsste mehr in die Ausbildung rein. Viel mehr! Und es müsste sich definitiv auf das Gehalt auswirken und dann sind auch die Leute bereit, sich zu engagieren. (Zeile 687-721)

Darüber hinaus kritisiert Frau Birke, dass sich ihr Träger nicht in Fortbildungsfragen engagiere und sie und ihr Team die Fortbildungen aus eigener Tasche bezahlen müssten, was bei ihr Zuhause manchmal zu „Erklärungsnotstand" führe.

Hinsichtlich der Inhalte von Aus- und Fortbildung sollte eine Ausbildung für LeiterInnen nach Ansicht von Frau Birke pädagogische Fragen und Inhalte stärker berücksichtigen und sich Fragen der Teamführung und Motivation widmen. Die Fachwirtausbildung sei zu sehr auf Verwaltungstätigkeiten ausgelegt und vernachlässige pädagogische Themen:

(00:26:19-5): Ich denke, ich habe eine KollegIn hier und meine KollegInnen im St. Vitus [Pseudonym eines Kindergartens vor Ort], die haben die Fachwirt-Ausbildung. Habe ich mir auch überlegt, habe es dann aus privaten Gründen, weil ich meine Mutter gepflegt habe, nicht gemacht. Wenn ich dann aber sehe, was die in der Ausbildung machen, das ist fast nur Bürokram. Das ist, was man sowieso wirklich kann über die Jahre, was ich mir aneignen kann. Wie ich mit dem Computer arbeite, die verschiedenen Computerprogramme, Abrechnungsprogramme. Das sind Sachen, die

kann ich mir selbst erarbeiten, da brauche ich nicht einen Haufen Geld zu bezahlen in der einen Schule oder zwei Jahre lang jede Woche hinzugehen. Das, was in dieser Fachwirt-Ausbildung fehlt, ist das Pädagogische. Das Pädagogische und wie kriege ich mein Team dazu und wie kann ich das Team weiterführen und wie kann ich das Team motivieren. (Zeile 618-640)

Auch das Fortbildungsangebot für Leitungskräfte solle sich stärker an pädagogischen Fragen ausrichten. Die Angebote der Fachberatung bezögen sich hauptsächlich auf organisatorische Dinge. Demgegenüber fehle es an Führungsanleitungen und Fortbildungen zur Entwicklung von Führungskompetenzen. Es sei wichtig, dass für LeiterInnen Teamführung aber auch Supervision angeboten werde.

9.3.3 Stellung der LeiterIn zum Orientierungsplan

Für Frau Birke ist nach eigenen Angaben die Einführung des baden-württembergischen Orientierungsplanes mit Mehrarbeit verbunden. Trotzdem verbinde sie und ihr Team durchweg nur positive Gefühle mit dem Orientierungsplan. Der Orientierungsplan helfe dabei, gute Arbeit zu leisten. Ferner sei der Orientierungsplan die Entscheidungsgrundlage dafür, ob etwas getan werde oder nicht. Der Orientierungsplan helfe aber auch dabei, die pädagogische Arbeit den Eltern gegenüber transparent zu machen und zu begründen sowie den Eltern aber auch dem Team zu vermitteln, was wichtige Bestandteile der pädagogischen Arbeit seien:

(00:17:3-1): Und dann können wir es auch den Eltern gegenüber begründen und sagen: „Leute" - oder sowieso immer begründen – „dies und das machen wir mit den Kindern". Und da merken wir, das müssten wir mehr machen. Ganz arg wichtig, die Eltern müssten das immer wissen. Und deshalb wird auch unsere Kindergartenzeitung immer ausführlicher, immer umfangreicher und das Echo von den Eltern kommt da aber immer sehr positiv zurück, dass die wissen: „Aha, die KollegIn, die ErzieherIn macht im Kindergarten den Punkt aus dem und dem Grund" (…). (Zeile 456-466)

9.3.4 Interaktion zwischen Leitung und Team bei der Umsetzung des Planes

Das kritische Verhältnis von Frau Birke zu ihrer „neuen Leitungsrolle" schlägt sich auch in der Interaktion mit ihrem Team bei der Umsetzung des Orientierungsplanes nieder. Frau Birke ist zum Befragungszeitpunkt der Ansicht, dass ihr Team eine starke Führung und eine genaue Beschreibung der Aufgaben möchte. Frau Birke äußert diesbezüglich, sie habe den Eindruck, je stärker sie werde, desto besser „laufe" es in der Einrichtung. Dieses verstärkte Führungsbedürfnis ihres Teams sei eine Sache, die mit dem Orientierungsplan zusammenhänge:

(00:12:37-6): (…) sie wollen eine starke Führung und je stärker ich werde, desto besser läuft es. Und das ist aber auch ein Ding des Orientierungsplanes. (Zeile 295-296)

Für Frau Birke ist die Haltung ihres Teams nicht nachvollziehbar bzw. wundert sie sich darüber, dass ihre Führungsposition widerspruchslos akzeptiert werde. Als ErzieherIn hätte sie den Führungsanspruch einer LeiterIn nicht widerspruchslos akzeptiert. Sie habe sich immer in positiver Weise mit den Leitungskräften auseinandergesetzt. Frau Birke zeigt sich ferner verwundert darüber, dass erwachsene ErzieherInnen, die eigentlich wissen müssten, wie zu arbeiten sei, ihre Anweisungen widerspruchslos hinnehmen würden:

> *(00:13:11-5): Aber ich akzeptiere, dass das Team eine Leitung braucht und Führung braucht. Und je genauer meine Ansagen sind. Und die akzeptieren das, ich wundere mich immer, dass die das akzeptieren. Ich hätte da schon manchmal, <u>ich als ErzieherIn</u> mit einer Leitung, ich habe mich immer mit der Leitung auseinandergesetzt. Ich habe nie Probleme gehabt, aber ich habe mich mit denen immer, ich hätte das nicht einfach geschluckt. Die Mehrheit hier im Team, die ist bereit zu schlucken, wenn ich Anweisungen gebe. Ich denke, <u>das gibt es doch nicht</u>, das sind doch erwachsene Frauen. (...) Nein, es ist wirklich, die Leute gehen, man muss sich selbst immer wieder kontrollieren und sagen: „Ich bin die Leitung, aber ich bin auch ein Teil des Teams". (Zeile 325-347)*

Die Teamsituation sei vor der Teilnahme an der wissenschaftlichen Begleitung kritisch gewesen, sodass bereits eine Teamsupervision erfolgt sei. Das Team möchte nach Ansicht von Frau Birke gefordert werden und möchte an Herausforderungen wachsen. Jeder im Team habe eine Zusatzausbildung. Umgekehrt äußert Frau Birke, dass ohne eine gemeinsame Aufgabe die Harmonie im Team nicht stimme. Ohne eine Aufgabe, die das Team in Anspruch nehme, tendiere das Team zu Gruppenbildungen. Vor diesem Hintergrund erwähnt Frau Birke sich bereits auf die Suche nach Folgearbeiten im Anschluss an die wissenschaftliche Begleitung des Orientierungsplanes zu machen, um die Harmonie im Team nicht zu gefährden. Eine mögliche Folgeaufgabe sei z.B. die Überarbeitung der Konzeption oder des Leitbildes.

9.3.5 Umsetzung des Orientierungsplanes

Frau Birke äußert, gemeinsam mit ihrem Team an pädagogischen Tagen zu reflektieren, welche Ziele erreicht worden wären und wo sie vom Weg abgewichen seien. Wichtig sei es auch, an einem solchen Tag die Teambedürfnisse zu reflektieren. Im Hinblick auf Beobachtung und Dokumentation hätten sie in ihrer Einrichtung damit begonnen mit Aufnahme der neu angemeldeten Kinder, durchgängige Portfolios bis zum Schuleintritt zu erstellen. Ferner habe sich durch den Orientierungsplan der Blickwinkel der pädagogischen Arbeit verändert. Der Orientierungsplan helfe dabei, sich am einzelnen Kind zu orientieren. Hier findet gemäß Frau Birke ein Umdenkprozess statt, der auch ihr nicht leicht falle:

> *(00:07:32-2): Ich denke, ich komme aus einer anderen Zeit mit meiner Menge an Berufsjahren. Bei uns war die Ausbildung wirklich noch auf die Gruppe bezogen und dann hat man alles gruppenweise gemacht. Und das aus dem Kopf rauszukriegen fällt mir, muss ich sagen, schwer. (Zeile 173-180)*

Im Hinblick auf das einzelne Kind wurden nach Aussagen von Frau Birke die Planung und die Gruppenstrukturen geändert. Ein Problem, womit Frau Birke nach eigenen Angaben bei der Umsetzung zu kämpfen hat, ist die Belastung als LeiterIn. Frau Birke äußert, dass sie merke, dass sie an der Obergrenze ihrer Belastungsfähigkeit angekommen sei. Generell sei der Druck, der auf LeiterInnen laste, gestiegen. Diesen Druck könne keine LeiterIn über einen längeren Zeitraum hinweg aushalten. Vielmehr gehe man als LeiterIn „kaputt", da einem das Gegenüber fehle und LeiterInnenkollegInnen untereinander zu wenig vernetzt seien, um eine wirkliche Hilfe darzustellen. Auf LeiterInnentagungen habe sie mit KollegInnen besprochen, dass viele ihre KollegInnen über längere Zeit hinweg krank seien. Außerdem reiche die Zeit, die ihr für Leitungstätigkeiten zur Verfügung stehe nicht aus. Wenn sie gute Arbeit leisten wolle, müsse sie private Zeit in ihre Leitungstätigkeit investieren.

9.3.6 Hinweise und Wünsche zur Umsetzung des Orientierungsplanes

Frau Birke äußert sich dahingehend, dass sie sich als LeiterIn im baden-württembergischen Plan nicht wiederfinde, da der Plan nur die ErzieherIn als solche thematisiere. Allerdings sei der Orientierungsplan auch mehr eine Arbeitsgrundlage für die ErzieherInnen. Für die Umsetzung des Planes hält Frau Birke es für unverzichtbar, eine Mitverantwortliche aus dem Team zu haben, die nahe „am Team dran ist", mitdenkt und beschließt, wie man den Plan erarbeiten könne. Ferner könne diese mitverantwortliche Person die LeiterIn bremsen, wenn diese zu viel vom Team fordere:

> *(00:23:13-3) (...) und auch als Leitung eine aus dem Team hat, die mitverantwortlich ist. Die zumindest die Leitung immer wieder zurückholt, wenn sie das Übergewicht bekommt und sagt: „Mensch, das und das und das und das muss man machen", also einfach, wenn man den Faden verliert, sagt: „Koch mal runter, es ist OK" oder „Du, das Team kann nicht mehr. Fahr einfach mal wieder zurück und so". Selbst wenn die Leitung und das Team gut miteinander auskommen, was ich denke, dass es bei uns funktioniert, zurzeit, das Team und die Leitung, die haben einen eigenen Gesprächskreis untereinander. Und bis es zu mir durchdringt, dauert es immer, und wenn ich nicht sehr hellhörig bin, ist es eben manchmal zu spät. Und ich möchte ja auch nicht, dass ich auf einmal ganz viele Kranke habe, was ja auch immer ein Synonym für Überforderung sein kann (...) Und dann brauche ich einfach eine aus dem Team die mit mir den Weg auch intensiver geht als die anderen. Ganz wichtig ist, dass man jemanden hat, der mitplant, der mitdenkt und dass man Auszüge macht aus dem Orientierungsplan und die einzeln macht, aber die gut macht und dann sich das Nächste erarbeitet. (Zeile 570-591)*

Ferner sei es wichtig, in Teambesprechungen die eigene Arbeit zu kontrollieren und aufzupassen, dass man nicht wieder in diese „Alltagsschiene" zurückrutsche. Darüber hinaus sollte der Träger nach Ansicht von Frau Birke konkrete Anweisungen erteilen. Als LeiterIn sei sie am Schwimmen, da kein konstruktiver Austausch mit dem Träger stattfinde und der Träger keine klaren Anweisungen formuliere. Deshalb sei es für eine LeiterIn wertvoll, sich in Form der Supervision einen „Gegenpol" zu holen, mit dessen Hilfe man die eigene Rolle und Tätigkeit reflektieren könne:

> *(00:14:13-0): Ich bin eine ErzieherIn, ich habe ja auch meine Vorgesetzte die Kindergartenbeauftragte. In katholischen Kindergärten ist das so eine Wischi-Waschi-Funktion. Die ist meine Vorgesetzte, hat mir allerdings keine Anweisungen zu geben. Die darf wieder nur der Chef geben. Der Pfarrer agiert aber über die Kindergartenbeauftragte, höchstens er gibt mir die genaue Anweisung, dass ich den kurzen Dienstweg gehen muss, d.h., ich muss ihn direkt informieren. Ansonsten läuft der offizielle Dienstweg über die Kindergartenbeauftragte. Also von daher ist man als Leitung schon sehr am Schwimmen und deshalb habe ich mir eine Supervision gekauft. Ich brauche jemanden, der zu mir genau als Gegenpol dasteht und sagt: „Oh, Frau Birke, jetzt müssen Sie aufpassen. Jetzt passen Sie auf, dass Sie nicht in eine Rolle reinrutschen, die Sie gar nicht wollen". (Zeile 366-368)*

Hinsichtlich der konkreten Umsetzung empfiehlt Frau Birke, Schritt für Schritt vorzugehen, Prioritäten zu setzen die bisherige Arbeit auf den Prüfstand zu stellen und vor allem zu schauen, wo der Bezug zum Kind zu kurz komme. Ferner sei es angebracht, sich des althergebrachten Alltags zu erwehren und die Arbeit regelmäßig im Hinblick auf den Orientierungsplan zu reflektieren.

9.4 Frau Buche
9.4.1 Leitungsrolle und Leitungstätigkeit

Frau Buche beschreibt ihre Leitungstätigkeit als VorbereiterIn von Aufgaben im Zuständigkeitsbereich der pädagogischen Fachkräfte. Sie leiste Vorarbeit im Hinblick auf die Ausrichtung der Arbeit am einzelnen Kind, Vorarbeit hinsichtlich der Beobachtung der Kinder und Vorarbeit bezüglich einer qualifizierten Elternarbeit.

Bezüglich der Arbeit der pädagogischen Fachkräfte äußert Frau Buche, dass sie spontan, wenn es angebracht sei, den Fachkräften Rückmeldung gebe. Frau Buche beschreibt sich in diesem Zusammenhang als „Bauchmensch", der häufig nach Gefühl und nicht besonders reflektiert reagiere. Frau Buche führt diesbezüglich aus, dass Sie nur über einen Teileinblick in die Arbeit der Fachkräfte verfüge. Dieser setze sich aus spontanen Eindrücken und aus Besuchen der einzelnen Gruppen, die gemäß ihren Angaben nach keinem festen Schema erfolgen, zusammen. Vielmehr sei es ihr wichtig, sich ein Bild über die Selbständigkeit im Planen und über die Haltung der pädagogischen Fachkräfte zu machen. Die Gestaltung der pädagogischen Praxis bespreche sie mit den MitarbeiterInnen bei Teamsitzungen.

Eine Kontrollfunktion nehme sie nicht wahr. Frau Birke sieht sich selbst bezüglich Qualitätssicherung im Kopffeld aber nicht als Kontrolleur. Die Arbeit ihrer KollegInnen habe sie nie beobachtet. Sie kontrolliere dadurch, dass sie „mal in die Ordner gucke" oder durchs Team gehe. Frau Buche äußert ferner ihre MitarbeiterInnengespräche „grob" zu führen, da sie über das Detail nicht Bescheid wisse. Nach Angaben von Frau Buche würde es eine Erweiterung ihrer Leitungsfunktion darstellen, genauer zu wissen, was ihre MitarbeiterInnen täten.

Hinsichtlich notwendiger Leitungskompetenzen muss eine LeiterIn nach Ansicht von Frau Buche über fundiertes Fachwissen, Menschenkenntnis, Personalführungsqualitäten, Managementkenntnisse, Empathie und Persönlichkeit verfügen:

> *(00:20:02-3): Ein fundiertes Fachwissen, Menschenkenntnis, Menschenführung, ein Manager im Positiven. Also ein kleiner Manager als solcher. Aber sich auch hinein versetzen können in verschiedene Dinge. Und vor allen Dingen eben eine gute Personalführung. Ja, das wäre es eigentlich. (Zeile 705-712)*

Mit Bezug zum Orientierungsplan äußert Frau Buche, dass der Plan an ihrer Leitungstätigkeit nicht viel geändert habe. Allerdings habe der Plan zu einer bewussteren Wahrnehmung ihrer Leitungstätigkeit geführt. Ferner habe sie gelernt besser zu delegieren, da sie in den

„Seilen hängen" würde, wenn sie versuchen würde, die Umsetzung des Planes alleine in Angriff zu nehmen. Allerdings fühle sie sich bei der Umsetzung manchmal alleine gelassen, da der Träger sich nicht für die Umsetzung des Planes interessiere. Darüber hinaus habe sie vor dem Orientierungsplan keinen Einfluss darauf genommen, wie inhaltlich von den KollegInnen gearbeitet worden sei:

> *(00:03:12-0): (...) Und wenn ich jetzt sehe, zum Beispiel, wie bei uns diese Beobachtungsgeschichten liefen. Bei manchen weniger gut und bei manchen besser. Da habe ich dann gemerkt, das sind meine Leitungsaufgaben, ganz klar, diese zum Beispiel auf eine Linie zu bringen. Und da hilft zum Beispiel beim Orientierungsplan. Da bin ich vorher eher geschwommen und da habe ich gedacht: „Na gut, dann lass die halt das machen und die machen das." Und dann war das für mich auch in Ordnung. Und dass wir jetzt zum Beispiel versuchen, das auf die ganze Einrichtung bezogen zu machen und dass auch alle dann irgendwann mal damit anfangen (...), das sehe ich durch den Orientierungsplan jetzt besser gegeben. (Zeile 84-98)*

Frau Buche äußert, dass sie das Gefühl habe, dass sie bedeutend öfter mit dem Team über die Inhalte des Orientierungsplanes reden müsste, aber sie schaffe es nicht, den Orientierungsplan öfter zu thematisieren.

9.4.2 Aus- und Fortbildung für LeiterInnen

Frau Buche ist sich während des Gesprächs nicht darüber im Klaren, wie eine Ausbildung für Leitungskräfte aussehen könnte, da die jeweiligen Bedingungen vor Ort und somit die Aufgaben der LeiterIn ihrer Ansicht nach variieren. Trotzdem äußert Frau Buche, dass eine normale ErzieherInnenausbildung nicht für die Ausübung der Leitungstätigkeit genüge. Diese biete nicht die nötigen fachlichen Voraussetzungen. Die ErzieherInnenausbildung sei zudem mit Mängeln behaftet und sei zu sehr auf Beschäftigung und „ein wenig [auf] Freispiel" ausgerichtet. Es fehle der ErzieherInnenausbildung an Inhalten zur Elternarbeit und an Aspekten der „Menschenführung". Bezüglich des Bachelor-Studienganges ist Frau Buche der Ansicht, dass dieser zu theoretisch sei. Als Theoretiker sei man aber nicht dafür geeignet, „Mini-Betriebe" wie einen Kindergarten zu leiten. Derlei Theoretiker habe sie des Öfteren scheitern gesehen. Sie habe selbst viel durch Erfahrung und durch die eigenen Fehler gelernt.

9.4.3 Stellung der LeiterIn zum Orientierungsplan

Der Orientierungsplan bedeutet für Frau Buche nach eigenen Angaben Mehrarbeit und vor allem viel zusätzliche Schreibarbeit. Jedoch habe sie durch den Orientierungsplan einen anderen Blickwinkel bekommen. Zudem rücke der Orientierungsplan mehr die Arbeit auf Einrichtungsebene in den Vordergrund. Bezüglich ihrer Leitungsposition empfindet Frau Buche den Plan als eine „Erleichterung". Der Plan helfe ihr dabei, Dinge einzufordern und stärke ihre Position. Auch helfe ihr der Plan dabei, ihren Standpunkt in der Kooperation mit der Grundschule besser zu vertreten:

> *(00:04:40-8): Ja dass ich auch im Bezug auf Kooperation mit der Schule, zum Beispiel, als Leitung jetzt anders auftrete, als ich ohne Orientierungsplan aufgetreten bin. Da wusste ich zum Beispiel auch schon, dass bestimmte Dinge so nicht laufen können, und habe mich deswegen eher nicht*

getraut. Jetzt mit dem Orientierungsplan selber, kann ich als Leitung auch besser dastehen. Und kann sagen: „Seht, da steht es." Also einfach ausgedrückt. Und die Aufgabe selber kann ich dann auch besser wahrnehmen. (Zeile 115-143)

Grundsätzlich empfindet Frau Buche es als gut, dass es den Orientierungsplan gibt. Der Plan mache ihr keine Angst. Die Umsetzung der Bildungsfelder sei auch nicht schwierig. Der Plan sei in Ordnung. Allerdings sei der Plan zu unverbindlich. Der Plan gebe ihr keinen roten Faden vor. Dieses habe die wissenschaftliche Begeleitung geleistet, nicht aber der Plan. Es gebe viele Dinge am Plan, bei denen man einfach am Schwimmen sei.

(00:09:25-9): Und der Plan selber macht mir überhaupt keine Angst. Mir ist das etwas zu unverbindlich. Also, weil ich denke, das ist alles, ja, es gibt so viele Dinge, da schwimmt man dann einfach. (Zeile 290-296)

Trotzdem hege sie keine schlechten Gefühle gegenüber dem Plan, wobei Frau Buche äußert, dass sie ein Sonderfall sei, da sie in Kürze in Rente gehe und die konkrete Umsetzung des Planes in ihrer Leitungszeit nicht mehr mitbekommen werde. Für sie sei der Orientierungsplan so eine Art „Endgefühl".

9.4.4 Umsetzung des Orientierungsplanes

Die konkrete Umsetzung des Planes betreffend habe sie sich die Aufgabe gesetzt, Schritt für Schritt Beobachtung in der Einrichtung zu etablieren, das Portfolio einzuführen und die Konzeption zu überarbeiten. Allerdings habe sie Schwierigkeiten damit, den Blick immer wieder in Richtung Orientierungsplan zu lenken. Der Blick für den Orientierungsplan gehe manchmal aufgrund zahlreicher Aufgaben im Alltag verloren, sodass sich der Alltag und seine Routine häufig in den Vordergrund dränge. Ferner falle es ihr schwer, die Umsetzung des Planes und Erkenntnisse aus Fortbildungen im Team transparent zu machen. Hierzu würden die notwendigen zeitlichen Ressourcen fehlen, zumal es schwer sei, den Informationsfluss in einem großen Team mit einem hohen Anteil an Teilzeitkräften zu gewährleisten. Sie habe ferner gar keine Zeit dafür, zu schauen, wie die Bildungsfelder umgesetzt würden, obwohl es manchmal ihrer Ansicht nach angebracht wäre, mehr danach zu schauen. Hinsichtlich der Qualifikationen ihres Teams sei ein Ausbaubedarf in Elternarbeit und „Menschenführung" angebracht. Frau Buche bemängelt diesbezüglich die Qualität der neuen PraktikantInnen. Zu viele hätten Probleme mit sich selbst und seien keine „Persönlichkeiten". Frau Buche sieht hierfür die Schuld bei den staatlichen Fachschulen, die ungeeigneten Personen nicht nahelegen würden, einen anderen Beruf zu wählen.

(00:22:40-3): Und weil mich jetzt im Moment sehr die Qualität, das ist zwar pauschal, aber die Qualität unserer Praktikantinnen, boah! Ja, die ist schon ein bisschen. Also ich denke auch, dass in dem Beruf zu viele Leute drin sind, die mit sich selber Probleme haben. Und die meinen, dann im Kindergarten kann sich das dann zerstreuen. [Und wo sehen sie da die kritischsten Elemente und Momente in der Erzieherinnenausbildung?] Dass die staatlich sind, dass einfach die Schule nicht sagen könnte: „Sie sind nicht geeignet." (Zeile 808-829)

Von den Inhalten des Orientierungsplanes ausgehend sei die Elternarbeit am schwierigsten zu verwirklichen. Für Frau Buche ist Elternarbeit in ihrer Einrichtung generell mit Schwierigkeiten behaftet:

> (00:14:05-6): Und das ist für mich ganz schwierig. Also für uns überhaupt. Also Elternarbeit ist für uns das Schwierigste überhaupt hier drinnen. Weil wir hier drinnen in der Einrichtung viele Dinge verkörpern, die zuhause gar nicht gemacht werden und auf die wir Wert legen. Also wir haben eine starke Diskrepanz zwischen Elternhaus und hier. (Zeile 472-484)

Ihr Elternklientel bestünde zu einem hohen Anteil aus ausländischen Mitbürgern. Es falle sehr schwer, diese ins Boot zu holen. Vielmehr seien verschiedene aktivierende Initiativen fehlgeschlagen oder seien mittlerweile im Sande verlaufen. Frau Buche äußert, dass sie das Gefühl habe mehr tun zu müssen und die Elternarbeit wieder anzukurbeln, aber es sei sehr anstrengend, die ausländischen Eltern zu erreichen und mit ins Boot zu holen. Dieses sei nur minimal möglich, da sie einfach nicht an die Eltern „ran[kämen]". Deshalb gestalte sich durch die verbindlichen Forderungen des Orientierungsplanes die Elternarbeit bei ihnen in der Einrichtung nicht einfacher, sondern schwieriger. Das Minimum bestehe aus Elterngesprächen, auf deren Durchführung sie vonseiten des Kindergartens bestehen würden. Besonders die Eingewöhnung der neuen Kinder sei ein schwieriges Unterfangen:

> (00:12:35-7): Es sind viele Dinge auch schon wieder eingeschlafen, die ich wieder aktivieren müsste, aber es wird jedes Jahr schwieriger. Und auch die Eingewöhnungsphase, merke ich jetzt, wird jetzt bei den neuen Kindern sehr, sehr schwierig. Wir machen eine [lachend] Zwangseingewöhnung mit Zwangsterminen. Uns würden viele Leute die Kinder einfach ins Haus stellen. Und fertig. Und bei uns müssen sie mindestens zweimal mit dabei sein. Und schon das ist sehr schwierig. Und Eltern da aktiv ins Boot zu holen, ist für mich, ich weiß nicht, also das sehe ich beim Orientierungsplan, das sah ich vorher, ohne Orientierungsplan auch, als schwierig an. Und mit ihm noch dreimal, das ist, puh, weiß nicht, wie ich das machen soll. (Zeile 415-437)

Ein weiteres Problem stellt in der Einrichtung von Frau Buche die Formulierung des Orientierungsplanes dar. Der Orientierungsplan verleite dazu, ihn zu oberflächlich zu lesen, vor allem da Frau Buche und ihr Team nach ihren Angaben keine „Theoretiker" seien, die jedes Wort einer Analyse unterziehen würden.

> (00:08:38-0): Der Plan an sich war für uns in Ordnung, wobei wir ihn zu schlampig gelesen haben. Wir fangen den jetzt erst an, richtig zu lesen. Wir haben den alle sehr schnell durchgelesen, ich auch. Und habe dann eigentlich so gedacht: „Ja, ist ja wunderbar und gut und okay." Aber nach dem zweitmaligen Lesen und drittmaligen Lesen, haben wir dann schon gemerkt, dass man auch seine Schwierigkeiten damit hat. Und diese Auseinandersetzung finde ich auch interessant. Wir sind zum Beispiel vom Team her nicht unbedingt Leute, die jedes einzelne Wort auf die Waage legen. Wir gucken ungefähr. Wir sind auch nicht so analytisch veranlagt. (Zeile 259-278)

> (00:33:55-0): Und es geht, man geht dann auch zielgerichteter vor. Weil, also es war, aber durch die PH [Pädagogische Hochschule Freiburg], nicht durch den Plan selber, sondern durch die PH. (...) Ja, weil durch den Plan selber, nee, der selber hat mir das nicht gebracht. (...) Alleine mit dem Plan wäre ich am Schwimmen gewesen. (...) also überhaupt bei der Planumsetzung war der Input von Außen wichtig (...) Ohne diese Begleitung, darüber bin ich mir nicht ganz im Klaren. Weil Lesen kann man den schnell. Also ich denke, das hätten wir so nicht geschafft. (Zeile 1242-1306)

9.4.5 Hinweise und Wünsche zur Umsetzung des Orientierungsplanes

Im Hinblick auf die verbindliche Umsetzung des Orientierungsplanes attestiert Frau Buche dem Orientierungsplan eine mangelnde Überprüfbarkeit, vor allem wenn der Plan ggf. künftig als Grundlage für Leistungsbeurteilungen und Leistungsbemessungen der pädagogischen Fachkräfte dienen solle. Frau Buche wünscht sich in diesem Zusammenhang verbindliche Aussagen an den Träger, damit dieser als Unterstützung dienen könne. Ferner sei es angebracht, den Plan um die Gruppe der Unter-Dreijährigen zu erweitern.

Hinsichtlich der Vorgehensweise bei der Umsetzung des Planes empfiehlt Frau Buche, sich selbst nicht „schlecht zu reden", sondern unter Berücksichtigung der Bedingungen vor Ort ruhig und gelassen Schritt für Schritt die Vorgaben des Orientierungsplanes in der Einrichtung umzusetzen.

9.5 Frau Rebe
9.5.1 Leitungsrolle und Leitungstätigkeit

Frau Rebe äußert mit Blick auf ihre Leitungstätigkeit, dass sie in jeder Einrichtung, in der sie gearbeitet habe, das Haus und die Konzeption des Hauses maßgeblich geprägt und mitgestaltet habe. Ihr hauptsächliches Leitungsmotiv sei das einzelne Kind. Es sei ihre Aufgabe als LeiterIn, auf aktuelle gesellschaftliche Lagen zu reagieren und durch die Arbeit und die Konzeption in der Einrichtung diese abzufedern. Das Kind müsse Sicherheit und Stabilität erfahren können. Dabei sei es ihre Aufgabe, sich für das einzelne Kind einzusetzen. Wenn das Kind sich wohlfühle, könne es auch Wissen und Bildung aufnehmen. Sie persönlich sei dabei von ihrer Grundhaltung im Hinblick auf das einzelne Kind geleitet und nicht so sehr durch den Orientierungsplan. Es sei aber wichtig, dass der Plan den Blick auf das einzelne Kind richte und dass sich dadurch LeiterInnen der Bedeutung ihrer Rolle im Hinblick auf das einzelne Kind bewusst würden. Eine LeiterIn trage wesentlich dazu bei, die Stabilität einer Einrichtung zu sichern, sodass das einzelne Kind gut heranwachsen könne.

Hinsichtlich notwendiger Leitungskompetenzen unterscheidet Frau Rebe im Verlauf des Gesprächs nicht zwischen einer pädagogischen Fachkraft und einer LeiterIn. Generell müsse eine pädagogische Fachkraft Wissen über die Entwicklung des Kindes im Alter von 0 bis 10 Jahren besitzen. Dazu zählen ihrer Ansicht nach diagnostische Fähigkeiten um fundiert „unter die Oberfläche" blicken zu können. Notwendiges Wissen sei in Pädagogik aber auch in Psychologie notwendig. Dazu gehöre es auch, Kenntnisse über Störungsbilder bei Kindern zu besitzen. Ferner müssten pädagogische Fachkräfte in der Lage sein, mit Erwachsenen umzugehen und hierzu Gesprächsführungskompetenz und Reflexionsfähigkeit mitbringen. Auch eine gute Selbstkenntnis sei Voraussetzung um diesen Beruf auszuüben.

Hinsichtlich der Leitungsrolle hat der Orientierungsplan bei Frau Rebe nach ihren Aussagen einen als positiv empfundenen Rollenwandel eingeleitet. Ihre Leitungsrolle habe sich in Richtung eines Schulleiters entwickelt, der irgendwie zum Team gehöre, gleichzeitig aber auch wieder nicht. Ihr selbst bekomme diese Neuausrichtung „ganz gut", ihr Team habe jedoch gewisse Schwierigkeiten damit:

> *(00:05:20-1): Wenn ich es vergleiche zu vorher, muss ich sagen, geht es mir selbst besser, weil es klarer ist, weil eine klarere Struktur ist, was aber natürlich schwierig ist, da es ja für die einzelnen Teammitglieder noch sehr fremd ist, dass eine Leitung auch diese Kontrollfunktion hat und Vertretung ist gegenüber der Öffentlichkeit. Und vielleicht auch, dass ich kein Teammitglied mehr in dem Falle bin, sondern ich denke, es hat mehr so diesen Ansatz gekriegt wie in den Schulen, dass der Schulleiter so der Wächter ist, des Ganzen und er gehört zum Team und gehört doch nicht dazu. Aber mir selber bekommt diese Rolle eigentlich persönlich ganz gut. (Zeile 73-91)*

Zu dieser neuen größeren Strukturiertheit der Leitungstätigkeit gehört es nach Aussagen von Frau Rebe, die Umsetzung des Planes zu initiieren und Impulse zu setzen. Sie habe anfangs die Funktion wahrgenommen, das Thema Bildung und Orientierungsplan ins Team zu tragen und ein Bewusstsein dafür zu schaffen, dass der Plan künftig eine Arbeitsgrundlage darstellen werde. Bei Einführung des Planes sei dies dem Team nicht bewusst gewesen. Dabei habe sie die Aufgabe übernommen, das Team auf den Plan vorzubereiten und Prioritäten zu setzen. Seit der konkreten Arbeit mit dem Plan setze sie gezielter Impulse. Ferner sei sie zunehmend in der Situation Entscheidungen treffen zu müssen. Ein weiterer neuer Aspekt der Leitungstätigkeit sei die Kontrollfunktion, indem sie zunehmend Leistungen kontrolliere und von den MitarbeiterInnen einfordere. Gleichzeitig sei die Wahrnehmung dieser Kontrollfunktion aber auch nicht einfach:

> *(00:04:28-0): (...) da ist meine Aufgabe auch eine andere geworden, dass ich vielleicht nicht immer so die Leitung war, die ja auch so für andere Dinge so ein Ohr hatte, sondern dass es schon auch ein Leitungsthema ist, wo man sagen muss: „Es muss jetzt sein!" Also, bei dem auch die Kontrolle größer geworden ist (...) und wo ich sagen muss: „Ich möchte das sehen und habt Ihr das gemacht?" D.h., Kontrolle ist mehr geworden. (...) Aber ja [seufzend], nicht einfach ist sie geworden [Lachen]. (Zeile 54-68)*

Ferner sieht Frau Rebe ihre Rolle darin, die Zufriedenheit und die Arbeitsfähigkeit im Team aufrecht zu erhalten und gleichzeitig neue Umsetzungsimpulse in das Team zu bringen. Darüber hinaus ist es für Frau Rebe nach eigenen Angaben ein Anliegen, die pädagogische Arbeit mit den KollegInnen zu reflektieren und dabei zu helfen, thematische Schwerpunkte der Arbeit aus den Bedürfnissen der Basis abzuleiten.

9.5.2 Aus- und Fortbildung für LeiterInnen

Hinsichtlich der Aus- und Fortbildung bezieht sich Frau Rebe wiederum auf die pädagogische Fachkraft als solche. Sie bringt im Gespräch zum Ausdruck, dass sich an der Ausbildung etwas ändern müsse. Frau Rebe befürwort zwar die Fachschulausbildung, jedoch müsse sich die Ausbildung ändern. Es müsse mehr Fach- und Hintergrundwissen vermittelt werden. Ferner glaube sie nicht, dass die Ausbildung an der Fachschule genügend mit dem Orientierungsplan abgestimmt sei, sodass die neuen Fachkräfte nicht nach dem Orientierungsplan ausgebildet seien. Frau Rebe hegt ferner die Vermutung, dass auch die Lehrkräfte an den Fachschulen nicht genügend Wissen über den Orientierungsplan hätten, und zwar irgendwie danach unterrichten, aber häufig ohne ein Konzept. Als Resultat seien neue KollegInnen nicht in der Lage, nach der Fachschulausbildung fundierte Elterngespräche über den Entwicklungstand des Kindes führen zu können. Dazu brauche es mehr Fachwissen:

(00:19:00-6): Es braucht einfach auch das Wissen darüber, wie verhalte ich mich bei Elterngesprächen, ich brauche die Elternarbeit. Ich muss Erwachsenenbildung als Gegenstand haben. Ich kann nicht nur als junge KollegIn nach zwei Jahren Schule, nach zwei Jahren in die Praxis reingucken (...) mir zutrauen, dass ich jetzt Elterngespräche führen kann, wenn ich Entwicklungsschritte des Kindes mitteilen muss, ohne Hintergründe zu haben. Ich muss da gefestigt sein (...). D.h., ich muss in Gesprächsführung fit sein, ich muss fit sein im Wahrnehmen, ich muss gut beobachten können, muss reflektieren können. Ich muss meine eigene Person einfach auch selber kennen. Und das erfährt man nicht nur jetzt mit zwei Jahren Schule, d.h., ich würde es gut finden, wenn mehr Hintergrundswissen in den Schulen, sei es in den Fachschulen, weitergegeben wir., Ich bin selber jemand der sagt, Fachschulen sind gut, weil sie auch ein Stück Schutz geben und auch Zeit für Auseinandersetzung lassen, die vielleicht in einem offenen Studiengang verloren ginge, weil da auch die Gruppenbildung nicht mehr so stark ist. (Zeile 54-68)

Obwohl in der vorigen Äußerung eine gewisse Zurückhaltung gegenüber den neuen Studiengängen im Elementarbereich anklingt, äußert Frau Rebe, sich durchaus vorstellen zu können, auch „Fächer an einer Art von Uni" zu belegen, allerdings unter der Bedingung, dass dort die Praxisanteile unter der Aufsicht eines Coaches oder eines Supervisors geübt würden.

Frau Rebe äußert, dass sie das Gefühl habe, dass derzeit eine Diskrepanz zwischen den Anforderungen der Praxis und den neuen KollegInnen bestehe. Diese hätten teilweise falsche Vorstellungen über ihr späteres Berufsfeld. Frau Rebe befürchtet, dass dies durch die neuen Studiengänge zunehmen könnte, sodass sich die neuen Fachkräfte für Aufgaben des Alltags aufgrund eines höheren Bildungsabschlusses ggf. nicht mehr zuständig fühlen könnten:

(00:20:54-9): Aber ich glaube, es muss sich auf jeden Fall etwas verändern und mir sind einfach auch die KollegInnen, die dann kommen (...) manchmal auch oft, dass sie noch nicht die Klarheit haben über den Beruf, den sie da erlernen (...) Das ist für mich oft so, dass ich denke, ja, sie reden von etwas ganz anderem als das, was nachher in der Praxis ist. Auch die Belastung ist vielen oft nicht klar. Dass es eben 40 Arbeitsstunden in der Woche sind und viele haben einfach so die Meinung und denken, ja, gehen sie jetzt zum Beispiel an die PH, dann setzt das so voraus, dass sie in diese Schiene reinkommen Pädagoge, Lehrer und ich habe einen anderen Zeitschlüssel. Ich muss das eine nicht mehr machen und das andere nicht mehr machen und in unserem Alltag heißt es einfach auch, sehr viele tägliche Dinge mit dem Kind zu tun. Mit ihm zu essen, es in der Sozialhygiene, in der körperlichen Hygiene zu betreuen und da habe ich so meine Sorge, wo wird das dann unterrichtet? Wo geht das hin, wenn ich an der Uni bin? Geh ich nachher trotzdem noch mit, füttere es oder helfe ihm essen lernen? Kann ich es wickeln? Tu ich es dann noch oder sag ich mir: „Nein, ich war ja an der Uni ich wickle jetzt kein Kind mehr". D.h., ich bin mir da noch nicht so sicher, wie das zusammenpasst (...). Und das sind Bereiche, die wir als Chance für die Beziehung zum Kind brauchen. Und für mich sind Beziehungen einfach auch das A und O beim Kind. (Zeile 453-486)

9.5.3 Stellung der LeiterIn zum Orientierungsplan

Frau Rebe befürwortet, dass der Orientierungsplan formuliere, dass vom einzelnen Kind auszugehen sei. Ferner regele der Plan die Kooperation mit der Grundschule, die Kooperation mit den Eltern und setze voraus, dass sich KollegInnen nach außen wenden und sich vernetzen. Ferner begrüße sie es, dass dadurch die Eltern die Kontrolleure der Arbeit seien. Sie empfinde es als wichtig, dass sich die Eltern für die Bildung ihrer Kinder interessieren und sich darauf verlassen können, dass das Kind im Kindergarten gut aufgehoben sei und dort die notwendige Förderung erhalte, die zunehmend ganztags erwerbstätige Eltern ihm in dieser Zeit nicht geben könnten. In diesem Zusammenhang steht für Frau Rebe der Orientierungsplan für Verbindlichkeit und Kontinuität und damit Stabilität für das Kind. Es sei nach einem Leitungswechsel nun nicht mehr nur dem Belieben der neuen LeiterIn überlassen, wie dort gearbeitet werde:

(00:15:15-8): Und dass es eine wichtige Rolle und eine Aufgabe ist, diese Impulse für die Stabilität auch in einer Einrichtung zu sichern, sodass dann einfach auch das Kind gut und sicher heranwachsen kann und da stützt mich der Plan jetzt schon, weil ich sage, es kann nicht sein, dass dann, (...) wenn ich jetzt zum Beispiel sage, ich würde jetzt gehen oder ich höre irgendwann auch auf, dass es dann versandet, sondern dass der Nächste weitermachen muss. Und das war eben früher, wenn man weggegangen ist aus einer Einrichtung immer ein Pokern, wie es weitergeht. Und jetzt kann man sagen, es geht bestimmt so weiter mit dem Bildungsplan. Es wird vielleicht sich in der Form etwas verändern, aber der Bildungsplan und die Stabilität für die Kinder bleibt erhalten (...). (Zeile 324-340)

9.5.4 Interaktion zwischen Leitung und Team bei der Umsetzung des Planes

Hinsichtlich der Interaktion mit dem Team wurde bereits darauf hingewiesen, dass die Neuausrichtung der Leitungsrolle von Frau Rebe durch den Orientierungsplan für das Team noch etwas fremd gewesen sei, insbesondere die Wahrnehmung der Kontrollfunktion. Laut eigenen Angaben gehe trotzdem die Mehrzahl des Teams mit. Allerdings sei ab und zu Überzeugungsarbeit zu leiten:

(00:09:22-9): Und meistens sind sie auch bereit mitzugehen. Andere sind dann eher wieder (...) brauchen noch mal (...) und noch mal einen Impuls. (Zeile 169-174)

(00:13:00-6): Aber es ist schwierig, den ein oder anderen zu überzeugen. (Zeile 264-265)

9.5.5 Umsetzung des Orientierungsplanes

Ein Arbeitsschwerpunkt der Einrichtung von Frau Rebe liegt auf der Montessoripädagogik, wobei ein Teil des Teams nach Montessori arbeitet, der andere Teil nicht. Deshalb bestand nach Angaben von Frau Rebe anfangs die Haupttätigkeit darin, die Konzeption mit Montessorischwerpunkt und den Orientierungsplan miteinander abzugleichen und miteinander in Einklang zu bringen, ohne den Montessori-Schwerpunkt aufgeben oder durch neue Ansätze erweitern zu müssen. Hierbei bestand nach ihren Angaben ein Spannungsfeld zwischen Strömungen im Team in Richtung von Verweilen bei der Alten, Sichern und von Frau Rebe als gut empfundenen Konzeption und der Aufnahme von neuen Impulsen.

In diesem Zusammenhang äußert Frau Rebe, dass es den Fachkräften mit Montessori-Diplom leichter falle, an die Umsetzung heranzugehen, da diese selbstbewusster seien. Die anderen Mitarbeiter seien etwas verunsichert, wie der Plan im Alltag umgesetzt werden könne:

(00:08:24-9): Also diese zwei Dinge. Wir haben ja KollegInnen, die haben das Montessori-Diplom, die gehen damit selbstbewusster um und können damit mehr machen, die anderen, die haben jetzt im Haus etwas mehr ihre Probleme, wo sie ihre Nischen finden. Das heißt, wo können Sie ihre Projektarbeiten machen, wo kriegen Sie die Bildungsfelder in Projekte eingebaut oder auch in die Freiarbeitsphase. Wie können Sie es machen. Und die (...), die tun sich schwerer damit. Und da heißt es mit Ihnen zusammen und das ist so eine Aufgabe, die ich übernehme, zu überlegen, wie könnt Ihr in einem Bildungsfeld einen Schwerpunkt setzen und diesen aufbereiten in didaktischen Einheiten, sodass es nicht übergestülpt ist, sondern dass es für mich immer wichtig ist, dass es von der Basis her kommt und sich entwickelt. (Zeile 140-161)

Generell habe sich in den letzten Jahren das Berufbild sehr gewandelt, sodass die Sicherheit, die früher dagewesen sei, fehle. Den Fachkräften falle es aufgrund der Verunsicherung zunehmend schwerer zu planen als früher. Es herrsche Verunsicherung hinsichtlich dessen vor, wie im Kindergarten zu arbeiten sei und was überhaupt noch „erlaubt sei". Auf diese Fragen hätten auch die Ausbildungsstätten nach Ansicht von Frau Rebe keine Lösung und es sei an der Praxis diese Fragen im Alltag zu lösen:

(00:24:23-7): Ich denke, sie kommen in so ein Berufsfeld rein, wo sie merken, es verändert sich was im (...) Alltag in den Vorschuleinrichtungen. Es verändert sich etwas und man weiß noch nicht genau, wo es hingeht. Es verändert sich ja auch etwas, was Arbeitszeiten angeht. Es verändert sich was im Hinblick auf Öffnungszeiten, es verändert sich, dass von außen mehr auch Kontrolle reinkommt, mehr Transparenz reinkommt und es werden immer mehr Erwartungen an die KollegInnen gestellt. Auch vom Gesundheitsministerium jetzt. Sie müssen immer mehr wissen, was heißt es denn, noch frühere Einschulungen. Also dieser ganze Bereich der Vorschulpädagogik hat sich in den letzten drei bzw. vier Jahren mit so vielen Fragezeichen umgeben und sich so verändert, dass die KollegInnen, die jetzt kommen in diese Unsicherheit genau hineinlaufen. Und die haben noch keine eigene Meinung, wie geht es. Das heißt sie lassen sich mitnehmen, aber das Bild, das sie eigentlich vielleicht von ihrer eigenen Zeit in der Vorschulzeit hatten, das trifft halt nicht mehr zu und die sind verunsichert. (...) Und welchen Weg sie dann einschlagen, das kommt darauf an, wie man sie an die Hand nimmt und mitnimmt. (...) Aber sie merken einfach, es ist keine Sicherheit mehr da, die wir früher hatten. Da wusste man, so läuft es und so geht es und das sind die Aufgaben und so wird es gemacht und das hat sich verändert. Es ist Unsicherheit da. Es gibt nicht mehr die Elternabende wie früher, aber wie machen wir jetzt die Elternabende? Darf ich überhaupt noch basteln oder ist das schon ganz verboten? Darf ich das machen oder das machen? Das sind alles Dinge, die Unsicherheiten auslösen. Und da weiß auch eine Schule keinen Rat. (...) Keine Schule, Fachschule übt mit den Schülern Elternabende. Und das dürfen wir dann in der Praxis machen. (Zeile 532-592)

9.5.6 Hinweise und Wünsche zur Umsetzung des Orientierungsplanes

Im Hinblick auf die verbindliche Umsetzung des Orientierungsplanes rät Frau Rebe einer LeiterIn, die 2009/10 mit der Umsetzung beginnt, die Umsetzung vorzuleben, bei der Umsetzung authentisch zu bleiben und sich über die eigenen Ziele und die Ziele des Planes klar zu werden. Dabei sei es wichtig, vom Plan und dessen Umsetzung überzeugt zu sein:

(00:10:40-8): (...) Was ich ihr raten würde? Ich denke, sie muss sich selbst ganz gut mit dem Bildungsplan sicher sein. Sie muss davon überzeugt sein. Es muss ihr am Herzen liegen. Ich habe gemerkt, nur wenn ich selbst überzeugt bin, von dem, was ich ans Team weitergebe, wenn ich es für mich verinnerlicht habe, wenn ich dahinter stehe, dann kann ich es auch glaubwürdig an meine KollegInnen weitergeben. (Zeile 209-213)

Hinsichtlich des Orientierungsplanes äußert Frau Rebe, dass dieser Leitungskräften keinen klaren roten Faden vorgebe. Sie wünsche sich ein Handbuch für Leitungskräfte, das einer LeiterIn mehr Inputs zur Umsetzung liefere. Im Gegensatz zum Bildungsplan der Grundschule sei man beim Orientierungsplan größtenteils auf sich selbst verwiesen. Ihr fehle aber im Alltag die Zeit, ein eigenes Handbuch zu entwickeln:

> *(00:27:08-2): Ja, also ich vermisse, dass der Orientierungsplan für Leitungsleute (...) keine klarere Ausgabe hat. Manchmal wünsche ich mir, ich hätte parallel zum Orientierungsplan im Vorfeld schon ein Handbuch gehabt. Das fehlt mir ganz arg. Also ich habe gemerkt, dass mir das Heft, (...) inhaltlich ist bestimmt ganz viel drin, aber mir fehlt irgendwo dazu ein Instrument, von dem ich sage, das ist auch was für Leitung und für Anleitung (...) und da habe ich gemerkt, da müssen wir schon sehr viel selber machen. Und wenn ich mir dann den Bildungsplan der Grundschulen angucke, dann hab ich mir gedacht: „Ach Mensch, haben die es leicht. Die haben schon alles vorgedruckt, ausgefüllt hier hingelegt gekriegt und können davon jetzt, was ausarbeiten". Und ich habe gemerkt, das (...) wird uns schon jetzt zusätzlich zu unseren wenigen Stunden, die wir haben, und der Alltag ist da und die Eltern brauchen im Moment sehr viel Zeit, die Kinder brauchen sehr viel Zeit, wir haben einfach die Zeit gar nicht dazu. Denn durch die langen Öffnungszeiten, die wir einfach auch haben, fehlt uns einfach auch so eine Phase, in der ich mich selber mal hinsetzen könnte und mir so ein Handbuch erstellen könnte. Die habe ich nicht! Und das ist etwas, von dem ich gedacht habe, das wäre toll, man hätte nebenbei ein Handbuch gehabt durch das wir als Leitungsleute, oder auch die, die das praktizieren, da ein bisschen mehr Input hätten kriegen können. (Zeile 613-649)*

Darüber hinaus wünscht sich Frau Rebe gemeinsame Fortbildungen mit Schulleitungen und einen gemeinsamen Zielauftrag von Schule und Kindergarten, wie dies in Hessen der Fall sei. Zur Verwirklichung der Bildungsbestrebungen brauche es viel mehr und vor allem engere Kooperation mit der Schule. Eine gemeinsame Profession namens „Frühpädagoge" sei eine Zukunftsvision von ihr. Nach Ansicht von Frau Rebe sollten künftig Kindergarten und Schule unter einem Dach zusammenarbeiten. In der jetzigen Form sei die Durchgängigkeit zwischen beiden Institutionen nicht genügend gewährleistet:

> *(00:29:17-3): Und ich hätte mir gewünscht, dass Leitungsleute auch mit Schulleitungen zusammen verbindliche Fortbildungen machen mit einem gemeinsamen Zielauftrag. Und das finde ich in Hessen gut, da kenne ich es von einem Freund, der dort die Weiterbildung macht in den Einrichtungen, dass die das verbindlich haben. Die müssen miteinander und zwar Kindergarten und Schule. Gesamt (...) kriegen die ihren Auftrag, diesen Bildungsplan gemeinsam umzusetzen. Und das fehlt mir. Und so werden wir weiterhin eine Trennungslinie haben, die vielleicht ein wenig rosarot wird aber ganz durchgängig wird sie nie werden. Das wäre die Chance für Baden-Württemberg gewesen (...).Ich sage immer, was noch nicht war, kann noch werden, aber ich denke, das ist noch eine Stelle, da muss noch mehr getan werden. Im Hinblick darauf, die Kinder früher einzuschulen, im Hinblick darauf, was es heißt, jetzt die erste Phase der Einschulungsuntersuchung in den Kindergärten zu machen, was ich als ein ganz großes Problem ansehe. (...) Und dann zu sagen, da müsste die Vernetzung mit der Schule (...) automatisch viel enger geschaltet werden. Im Grunde dürften das gar keine zwei Einrichtungen mehr sein, sondern es müsste eine Profession sein, die da heißt Frühpädagoge (...) und die die Kinder begleitet ins größer werden. (Zeile 660-699)*

> *(00:31:47-3): Und von mir aus gehört der Kindergarten eigentlich oder der Vorschulbereich und die Schule in ein Haus. Das wäre für mich das Schönste. (Zeile 732-734)*

9.6 Frau Lerche
9.6.1 Leitungsrolle und Leitungstätigkeit

Frau Lerche ist zum Interviewzeitpunkt seit einem Jahr als LeiterIn in ihrer Einrichtung tätig, nachdem die vorige LeiterIn in Ruhestand gegangen war. Zuvor war Frau Lerche bereits als pädagogische Fachkraft in derselben Einrichtung tätig. Insofern hat Frau Lerche während der wissenschaftlichen Begleitung den Orientierungsplan sowohl als aus Sicht der ErzieherIn als auch aus der Perspektive der LeiterIn erlebt. Frau Lerche sieht zum Befragungszeitpunkt ihre Aufgabe hauptsächlich aus Managementtätigkeiten bestehend. Sie führe Personalgespräche, treffe Zielvereinbarungen mit den ErzieherInnen und arbeite gemeinsam mit dem Team am Qualitätshandbuch der Einrichtung. Zu ihren Aufgaben gehöre es auch, nach eigenen Angaben zu bestimmen, wohin sich die Einrichtung entwickeln solle, sowie ein Profil der Einrichtung zu entwickeln. Ferner habe sie das Problem wie viele andere LeiterInnen auch, dass sie zu 50% für die Leitungstätigkeit freigestellt sei. Die anderen 50% kämen in Form von Springerdiensten in den Gruppen zum Einsatz, z.B., wenn eine ErzieherIn beobachten möchte. Darüber hinaus gehören nach eigenen Angaben verschiedene Bürotätigkeiten und Wahrnehmung von Terminen zum Arbeitsalltag von Frau Lerche.

Hinsichtlich der Leitungskompetenzen müsse eine LeiterIn über Kenntnisse zur Weiterentwicklung einer Einrichtung und über Visionen zur Weiterentwicklung der Einrichtung verfügen. Auch im Hinblick auf konkrete Vorstellungen bezüglich des fachlichen Niveaus der MitarbeiterInnen. Dabei sei vor allem Personalführung wichtig. Eine LeiterIn müsse über eine gute Menschenkenntnis verfügen, Managementkenntnisse besitzen, den Überblick bewahren können und in der Lage sein, das Team zu motivieren. Ferner müsse eine LeiterIn, gerade mit Blick auf den Orientierungsplan über fachliches Hintergrundwissen verfügen. Sie müsse auch einen sachlichen Umgang pflegen können, indem eine LeiterIn vieles nicht persönlich nehmen dürfe und in der Lage sein sollte auf sachlicher Ebene auch Kritik anzunehmen. Ferner müsse eine LeiterIn in der Lage sein, gemeinsam mit dem Team Strategien zur Zielerreichung zu entwickeln, das Team mit ins Boot holen und den eigenen Willen nicht dem Team aufzwingen.

Im Hinblick auf den Orientierungsplan sieht Frau Lerche ihre Aufgabe darin, beim Team die Bereitschaft zu wecken sich auf die Arbeit mit dem Plan und mögliche Veränderungen einzulassen. Dazu gehöre es auch Führung zu bieten, die Umsetzung zu koordinieren, sich selbst kundig zu machen und die Umsetzung des Planes im Blick zu behalten. Wichtig sei es, die Anforderungen des Planes mit den Bedingungen vor Ort abzugleichen, Ursachen von Umsetzungsproblemen zu ermitteln und Lösungsansätze zu erarbeiten. Darüber hinaus zählt es Frau Lerche zu ihren Aufgaben, mit Blick auf den Orientierungsplan und auf INFANS [Konzept der Frühpädagogik des Instituts für angewandte Sozialforschung nach dem die Einrichtung von Frau Lerche den Orientierungsplan umsetzt] Entwicklungsziele für die Einrichtung zu definieren.

9.6.2 Aus- und Fortbildung für LeiterInnen

Bezüglich der Aus- und Fortbildung brauche eine LeiterIn vor allem Schulungen im Bereich Umgang mit Personal und Wissen, wie man eine Einrichtung weiterentwickeln könne.

9.6.3 Stellung der LeiterIn zum Orientierungsplan

Den Orientierungsplan sieht Frau Lerche als Chance, die Qualität in der Einrichtung zu entwickeln. Der Orientierungsplan gebe der Leitung zwar keine konkreten Umsetzungsschritte vor und sei offen gestaltet, allerdings sei ein Plan in Frageform vorteilhafter als ein Plan, der genaue Anweisungen gebe. Der Plan und seine Vorgaben sei eine Bestätigung der bisher geleisteten Arbeit. Schon lange vor dem Plan habe man in ihrer Einrichtung die Gruppenräume zu Funktionsräumen umgewandelt, sodass das Team, als der Plan erschienen sei, das Gefühl gehabt hätte, „schon lange dran" zu sein gerade mit Blick auf das einzelne Kind.

9.6.4 Interaktion zwischen Leitung und Team bei der Umsetzung des Planes

Die Interaktion zwischen Leitung und Team betreffend gibt es zum Befragungszeitpunkt gewisse Spannungen zwischen Leitung und Team. Frau Lerche äußert diesbezüglich, dass sie bereit sei, das Team zu unterstützen, das Team müsse aber auch artikulieren, was es brauche. Es koste oft viel Kraft und Einfühlungsvermögen, eine KollegIn, die ihr Potential nicht ausschöpfe, dazu zu bewegen, Neues zu wagen und es sei manchmal sehr mühsam, den althergebrachten Alltagstrott zu durchbrechen. Ferner könne es dazu führen, wenn man den Orientierungsplan qualitativ umsetzen möchte, dass dies zu Interessenkonflikten mit Teilen des Teams führe:

(00:10:28-9): (...) Und bei uns im Team war das auch bisher immer so, dass immer alle recht gut miteinander ausgekommen sind, aber jetzt merkt man, wenn man den O-Plan [Abkürzung für Orientierungsplan] will oder qualitativ was verändern will, dann kann es auch gut mal sein, dass man mit dem einen oder anderen aneckt (...) Also es geht nicht, dass man da in dem Trott, den man vor zehn, zwanzig Jahren gehabt hat, weitermacht. Und das ist manchmal schon ziemlich mühsam. Gerade als Leitung dann, wenn man merkt, da hat man eine Kollegin, die hat eigentlich noch ziemlich viele Kompetenzen, da könnte man viel rausholen, aber man merkt, sie tut sich selber schwer, etwas zu wagen, sage ich jetzt mal. Und das erfordert dann schon auch viel Kraft und viel Einfühlungsvermögen und, ja, das merke ich schon. (Zeile 413-459)

9.6.5 Umsetzung des Orientierungsplanes

Der Orientierungsplan wird in der Einrichtung von Frau Lerche nach INFANS umgesetzt. Eine weitere Besonderheit der Einrichtung stellt das Elternklientel dar. Laut Aussagen von Frau Lerche entstammen die Eltern vorwiegend der „gehobeneren Schicht". Dies bringe es mit sich, dass die Eltern sehr interessiert seien, aber auch konkrete Vorstellungen vertreten, was man besonders bei der Eingewöhnung der Zweijährigen spüre, die sehr intensiv sei und bei der sie die Eltern stark zu integrieren hätten. Generell werde die Elternarbeit intensiver. Die Arbeit werde auch verstärkt reflektiert, um sie den Eltern besser transparent machen zu können. Bei der Umsetzung des Orientierungsplanes fühlt sich Frau Lerche durch die örtlichen Gegebenheiten gut unterstützt. Sie bekäme vor Ort an vier Tagen Führungskräfteschulungen durch Fachkräfte aus der Wirtschaft. Ferner sei sie mit mehreren Einrichtungen vernetzt, die ebenfalls den Orientierungsplan bereits umsetzen:

> *(00:29:27-0): Dadurch, dass wir in Oberfeld [Pseudonym des Ortes, in dem sich der Kindergarten befindet,] gut vernetzt sind, dass wir gute Unterstützung haben, dass wir sechs andere Einrichtungen haben, von denen ich genauso weiß, dass sie mit der Umsetzung beschäftigt sind. Bei denen ich weiß, wenn es irgendwas gibt, bei dem ich jetzt Hilfe oder Unterstützung brauche, habe ich meine Leute, an die ich mich hinwenden kann. Dadurch, dass das immer wieder auch mit INFANS parallel im QZ [Qualitätszirkel] und in den Leitungsrunden behandelt wird, habe ich kein Problem damit. Ich weiß nicht, wie es wäre, wenn ich die Unterstützung nicht hätte, vom Amt her und von den anderen Einrichtungen. (Zeile 1232-1273)*

Was die Umsetzung selbst betrifft, so habe sich das Team von Frau Lerche mit den 196 Fragen des Orientierungsplanes auseinandergesetzt. Diese Reflexion der Fragen und der Ziele des Orientierungsplanes habe dem Team viel gebracht, allerdings habe es sehr viel Zeit und Kraft gekostet, entlang dem Plan miteinander ins Gespräch zu kommen. Dies erfordere unheimlich viel Zeit, wozu die Teambesprechungen nicht ausreichen würden. Ferner gingen zum Befragungszeitpunkt in der Einrichtung von Frau Lerche mehrere Entwicklungsprozesse parallel vonstatten. Nach eigenen Aussagen waren Frau Lerche und ihr Team zum damaligen Zeitpunkt am Überdenken der pädagogischen Arbeit im Hinblick auf die Zweijährigen, am Überprüfen und „Ausmisten" der Räume und am Überprüfen der Angebotsstruktur. Die Räume sollten so gestaltet werden, dass diese Bildungsbereiche für die Kinder darstellen. Das Überdenken der pädagogischen Praxis sei darauf gerichtet, nach Methoden zu suchen, damit die Kinder selbst zu Erkenntnissen gelangen können. Diese Umstrukturierungsmaßnahmen machen sich in einem Kräfteverschleiß im Team bemerkbar. Frau Lerche äußert, dass die KollegInnen kräftemäßig ans Ende kämen:

> *(00:03:12-4): (...) Ja, und so gibt es also ziemlich viele Baustellen im Moment. Und man merkt wirklich im Moment bei den Kollegen, dass sie ziemlich kräftemäßig ans Ende kommen. Weil es sind viele verschiedene Sachen, die jetzt parallel laufen, aber nichts, was dann irgendwann abgeschlossen ist, im Moment. Sondern da ergibt sich eins ins andere. (Zeile 129-144)*

Auch bei Frau Lerche ist während des Gesprächs die Beanspruchung spürbar. Sie äußert auf die Nachfrage „Wie fühlen Sie sich mit diesen ganzen Aufgaben, die Sie seit einem Jahr als Leitung wahrnehmen?"

> *(00:10:10-9): Im Moment etwas überfordert [Lachen]. Also, es ist viel. Es ist verdammt viel! Und ich merke jetzt bei mir selber klar, also was ich jetzt wirklich auch merke, wenn man sich auf so eine Leitungsstelle bewirbt, also ich habe wenig Ahnung gehabt, was da wirklich auf mich zukommt. Also, das habe ich schon gemerkt. Auch was es von der Persönlichkeit her bedeutet. (Zeile 398-413)*

Darüber hinaus sei man heute in der pädagogischen Arbeit weit davon entfernt, wie man noch vor zwanzig Jahren gearbeitet habe. Das habe nichts mehr damit zu tun. Dieses typische ErzieherInnenbild sei weit weg. Früher sei vieles am Kind vorbei gegangen. Man habe das Wissen gehabt und habe es in Form von Angeboten nach dem Modell Motivation, Hauptteil, Schluss den Kindern vermittelt. Heute orientiere man sich am einzelnen Kind, was einen Umbruch darstelle. Das falle nicht allen im Team einfach:

> *(00:21:32-7): Wie kriege ich das Personal dazu, dass es selber wächst, ohne, dass ich praktisch für denjenigen die Arbeit mache. Oder wie kriege ich die motiviert, dass sie mal was ausprobieren, bei dem sie vielleicht Hemmungen haben, ohne dass sie hinterher zusammenbrechen, weil es nicht gleich klappt. Also, das sind so die Hauptsachen. Weil der Orientierungsplan bedeutet nämlich einen ganz schönen Umbruch. Also für mich bedeutet das einen Umbruch. Ein Umdenken, von dem, was ich bis jetzt gemacht habe, zu dem, was er verlangt. Und halt auch eine Bereitschaft, was auszuprobieren. Und da ist die Leitung natürlich gefragt, das Team soweit zu kriegen, dass es auch bereit dazu ist. (Zeile 873-914)*

Dadurch, dass INFANS auch Erziehungsziele vorgebe, habe Frau Lerche den Eindruck, dass Ziele beim Kind in ihrer Arbeit vorkämen. Allerdings nicht die Ziele in der Art des Orientierungsplanes. Es sei jedoch schwer, eine Struktur im Angebot vorzugeben und gleichzeitig an die Interessen der Kinder anzuknüpfen. Zudem nehme die Beobachtung und Anfertigung der Entwicklungsdokumentation über das einzelne Kind nach INFANS sehr viel Zeit in Anspruch. Es sei schwer, dem Bildungsverständnis des Orientierungsplanes gerecht zu werden und gleichzeitig alles zu dokumentieren:

> *(00:00:53-8): Und das Größte im Moment, womit wir durch den Orientierungsplan, aber halt auch durch INFANS [Konzept der Frühpädagogik des Instituts für angewandte Sozialforschung] beschäftigt sind, ist diese Beobachtungsgeschichte. Weil die Beobachtung wird, ziemlich stark auch hervorgerufen und hervorgehoben durch den Orientierungsplan. Wir setzen es mit INFANS um. Und wir merken, dass es ein unheimlicher Zeitaufwand ist, vor nachher die Entwicklungsprozesse der Kinder schriftlich festzuhalten. Dann auch auf die Entwicklungsprozesse der Kinder einzugehen, ihnen die nötige Anregung, Unterstützung, Begleitung zu geben. Dann das Ganze noch zu dokumentieren. Und da ist es jetzt ziemlich schwierig, die Waage zu halten, vom Aufwand, vom Schreiben her, dass die Vorbereitungszeit dazu reicht und das nicht immer stärker in die Zeit rein rutscht, in der die Kinder da sind, sondern, dass man sich die Zeit auch wirklich für die Kinder nimmt. Und das ist im Moment ein ziemlich großer Spagat, wo wir am Schauen sind: „Welcher Weg ist für uns machbar?" Weil die Gefahr einfach groß ist, dass man morgens, wenn die Kinder sich beschäftigen und zufrieden sind, sich dazusetzt und nebenher was arbeitet. Und das geht halt schon mal gar nicht mehr, wenn die Zweijährigen da sind, weil die noch mal einen größeren Bedarf an Begleitung haben als die Älteren. Und dann ist es natürlich so, dass einige halt dann Freizeit mit ranhängen. Und das kann es auf Dauer auch nicht sein. Also das ist das, was mir im Moment am meisten Probleme macht. Da das Gleichgewicht zu finden zwischen dem Orientierungsplan und dem neuen Bildungsverständnis und gleichzeitig aber auch parallel das alles zu dokumentieren. (Zeile 31-108)*

9.6.6 Hinweise und Wünsche zur Umsetzung des Orientierungsplanes

Einer LeiterIn, die im Kindergartenjahr 2009/10 mit der Umsetzung des Orientierungsplanes beginnt, rät Frau Lerche, sich Zeit zu nehmen. Ferner bedürfe die Umsetzung „guter Chefs oder Amtsleiter", die die LeiterIn unterstützen und ihr die notwendigen Schulungen geben, die sie brauche. Ferner rät Frau Lerche, sich intensiv mit dem Team mit den 196 Fragen auseinanderzusetzen. Diese Reflexion biete viel Potential. Man sage leicht: „Das machen wir schon alles". Wenn man bei den 196 Fragen genauer hinschaue, entdecke man jedoch deutlichen Verbesserungsbedarf bezüglich der pädagogischen Arbeit. Darüber hinaus sei es wichtig, gemeinsam mit dem Team erreichbare Ziele zu definieren und den aktuellen Standort des Teams zu bestimmen. Man solle sich dabei, so Frau Lerche, auch Schwächen eingestehen, ohne vorschnell zu sagen, dass man daran nichts ändern könne. Um eine gemeinsame Basis zu schaffen, sei es auch angebracht, gemeinsam mit den einzelnen Teammitgliedern sich darüber auszutauschen, wie der Plan verstanden werde, da der Plan unterschiedlich verstanden und aufgefasst werden könne.

10 Vernetzung der empirischen Daten - Hypothesen und Erklärungsansätze

Im ersten Teil der empirischen Untersuchung wurde die LeiterIn aus der quantitativen empirischen Perspektive betrachtet und Ergebnisse, Prozentwerte und Tendenzen in Form von Grafiken und Tabellen dargestellt, beschrieben und gedeutet. Im zweiten Teil der empirischen Untersuchung lag das Augenmerk auf dem Einzelfall und der Interaktion der LeiterIn bei der Umsetzung des baden-württembergischen Orientierungsplanes mit dem Team der Einrichtung. Im Folgenden wurden zentrale Erkenntnisse zur Leitungtätigkeit in Zusammenhang mit dem baden-württembergischen Orientierungsplan ausgewählt und mit den Erkenntnissen der LeiterInneninterviews in Beziehung gesetzt. Dabei fungieren die Einzelfälle sowohl als Illustration als auch als Erklärzugänge zu den quantitativen Ergebnissen. Dadurch befruchten sich beide empirische Zugänge wechselseitig und liefern Hypothesen und Anhaltspunkte für die künftige Vertiefung und Erforschung der dargestellten Aspekte.

10.1 Wie legen Leiterinnen ihre Berufsrolle aus?

In der quantitativen Leitungsbefragung vergleichen 72% der Befragten ihre Leitungsrolle am ehesten mit einer ManagerIn, 17% am ehesten mit einer SchulleiterIn und 11% mit einer Verwaltungsfachkraft.

Die Aussagen der sechs LeiterInnen in den qualitaiven Interviews geben mögliche Anhaltspunkte dafür, warum 71% der befragten LeiterInnen in der quantitativen LeiterInnenbefragung im Sommer 2008 (n=153) angeben, dass ihre Leitungstätigkeit am ehesten mit der einer „ManagerIn" vergleichbar sei. Die Ergebnisse aus den Interviews weisen darauf hin, dass die Leitungstätigkeit zu einem beträchtlichen Teil aus Managementtätigkeiten bestehen kann. Hierzu gehören u. a. Koordination, Organisation, Delegierung, und wie es beispielsweise Frau Fink ausdrückt „den Überblick [zu] behalten und die Fäden in der Hand [zu] halten" und somit die Geschicke der Einrichtung zu lenken. Als Aufgabengebiete werden u. a. Organisationsentwicklung, Qualitätsmanagement, Konzeptionsentwicklung, Profilbildung, Arbeitsorganisation, Öffentlichkeitsarbeit, Zusammenarbeit mit den Eltern, Initiierung und Vorbereitung der pädagogischen Aufgaben der ErzieherInnen und verschiedene Verwaltungstätigkeiten genannt. In Beziehung dazu sind sich die befragten LeiterInnen aus den Pilotkindergärten darin einig, dass eine LeiterIn über dementsprechende Managementkenntnisse verfügen müsse.

Die Äußerungen der interviewten Leitungskräfte weisen jedoch auch darauf hin, dass die Leitungsrolle und Leitungstätigkeit nicht nur auf Managementtätigkeiten und Managementkenntnisse reduziert werden kann. Vielmehr betonen nahezu alle sechs LeiterInnen, dass die Leitung über Persönlichkeit und über persönliche Reife verfügen müsse. Ferner sei es für eine LeiterIn wichtig, mit Menschen umgehen zu können und Menschenkenntnis zu besitzen.

Konkret Fähigkeiten zu besitzen das Team zu führen, zu motivieren, Aufgaben abgeben zu können, sich in andere hineinversetzen zu können (Empathie), ein Gespür für Stimmungen im Team zu haben, die einzelnen Teammitglieder und ihre Fähigkeiten zu kennen und angemessen einsetzen und weiterentwickeln zu können. Zudem gehöre nach Ansicht von Frau Schwan und Frau Rebe eine gewisse Grundhaltung zur Ausübung der Leitungstätigkeit, d.h. das Leitungsmotiv, sich für die Bedürfnisse des einzelnen Kindes einzusetzen und durch die Ausübung der Leitungsrolle dafür zu sorgen, dass die Kinder in der Einrichtung Sicherheit und Stabilität erfahren können.

Ferner sind sich die LeiterInnen darin einig, dass eine LeiterIn neben Persönlichkeit, Management- und Personalführungskompetenzen auch über Fachwissen, d.h. pädagogisches und psychologisches Hintergrundwissen verfügen sollten, um in pädagogischen Fragen sich mit dem Team auseinandersetzen und das Team anleiten zu können.

Neben diesen „offiziellen Leitungsaufgaben" existieren allerdings Tätigkeiten, die wie es Frau Birke ausdrückt, in keiner Stellenbeschreibung zu finden seien. Dazu gehöre es z.B. Seelsorger für Probleme von Teammitgliedern und Eltern zu sein, oder wie es Frau Fink ausdrückt: „Als LeiterIn muss man eine Allround-Mama sein". Zu diesen fürsorglichen Tätigkeiten können Springerdienste wegen nicht genehmigter Vertretungen hinzukommen. Auch wenn, z.B. im Fall von Frau Birke, die LeiterIn nicht offiziell dafür vorgesehen ist. Ferner kann die Leitungsrolle ambivalent sein. Diesbezüglich äußert Frau Fink, dass man als LeiterIn sich in einer Art Zwischenposition befinde, da man sich nach mehreren Richtungen hin ausstrecken müsse. Man sei ein Bindeglied zwischen Eltern, Träger, Team und den Kindern. Auch Frau Birke äußert man sei als LeiterIn ErzieherIn und irgendwie auch doch nicht. Frau Birke äußert in diesem Zusammenhang, dass ihre Leitungsbeschreibung vonseiten ihres Arbeitgebers nicht zur Klärung ihrer Rolle beitrage. Hier sei Entwicklungsbedarf angebracht. Ferner sei man als LeiterIn, wie dies Frau Lerche ausdrückt, teilweise alleine gelassen und komme sich wie ein Einzelkämpfer vor.

10.2 Warum kann ein Bildungsplan die Leitungstätigkeit verändern?

Laut den quantitativen Ergebnissen verändert der Orientierungsplan nach Selbsteinschätzung der befragten Leitungskräfte bei 12% der Befragten die Leitungstätigkeit gar nicht, bei 40% ein wenig, bei 30% merklich, bei 16% stark und bei 2% sehr stark. Die Ergebnisse einer offenen Anschlussfrage weisen darauf hin, dass sich Veränderungen am häufigsten in den Aufgabengebieten Personalführung sowie Planung und Koordination ergeben.

Die durchgeführten Interviews bzw. die per Interview befragten LeiterInnen decken durch ihre Aussagen das Spektrum dieser Veränderungsskala von „gar nicht" bis „sehr stark" weitgehend ab. Im Folgenden werden die Ergebnisse aus den Interviews dargestellt und fallspe-

Vernetzung der empirischen Daten - Hypothesen und Erklärungsansätze

zifisch mögliche Erklärungsansätze für die Veränderung bzw. Nicht-Veränderung der Leitungstätigkeit durch den Orientierungsplan erarbeitet.

10.2.1 Keine Veränderung der Leitungstätigkeit

Frau Schwan ist der Überzeugung, dass der Orientierungsplan im Hinblick auf Struktur und Umfang gar nichts an ihrer Leitungstätigkeit ändere. Lediglich mit Koordination verbundene Aufgaben seien ein wenig mehr geworden.

Mögliche Erklärungsansätze:

- Frau Schwan steht dem Orientierungsplan eher skeptisch gegenüber. Sie äußert, dass der Orientierungsplan für Sie keine Hilfe sei und sie auch nicht motiviere. Mangelnde Motivation bezüglich des Orientierungsplanes kann dazu führen, dass man auch nicht motiviert ist, bezüglich der eigenen Tätigkeit etwas zu ändern. Diese Ex-post-facto-Hypothese wurde anhand der vorliegenden quantitativen Daten geprüft, indem das Item „der Orientierungsplan motiviert, mich in meiner Arbeit" und das Item „der Orientierungsplan hat meine Leitungstätigkeit verändert" miteinander in Beziehung gesetzt wurden. Hierbei zeigt sich ein signifikanter Zusammenhang zwischen der Motivierung durch den Orientierungsplan und der Veränderung der Leitungstätigkeit (Spearman-Rho: ,217. p<0,01).

- Frau Schwan ist von der Konzeption ihrer Einrichtung überzeugt. Im Hinblick auf den Orientierungsplan hätte man geprüft, wie Sie die Bildungs- und Entwicklungsfelder mit ihrer Montessori-Konzeption umsetzen können, und hätten dahin gehend ihre bisherige Arbeit überdacht. Allerdings hätte sich aufs Ganze gesehen nichts einschneidend geändert[44]. Diesbezüglich äußert Frau Schwan, dass sie der Überzeugung sei, dass der Plan mit ihrer Konzeption gut umgesetzt werde. Allerdings würden sie und ihr Team ihre Konzeption nach eigenen Aussagen auch nicht ändern, falls der Plan Dinge verlangen würde, die sie mit ihrer Vorgehensweise nicht in Einklang bringen könnten. Demgemäß steht zu vermuten, dass dort, wo die Arbeit im Hinblick auf den Orientierungsplan, z. B. durch die Veränderung der Jahresplanung, einschneidend verändert wird, auch die Chance höher ist, dass sich im Zuge der Planung und Durchführung dieser Veränderungsmaßnahmen bei der Einführung des Orientierungsplanes auch die Tätigkeit und die Rolle der LeiterIn verändern. Gleiches gilt im Umkehrschluss. Exemplarisch wurde diese Vermutung anhand der Items „Wir haben die Jahresplanung in unserer Einrichtung im Hinblick auf den Orientierungsplan geändert" und „Hat sich durch den Orientierungsplan ihre Leitungstätigkeit verändert" geprüft. Hierbei zeigt sich ein signifikanter Zusammenhang zwischen der Veränderung der

---

[44] An dieser Stelle darf nicht der Eindruck entstehen, dass in denjenigen Einrichtungen, in denen wenig im Hinblick auf den Orientierungsplan geändert wurde, schlecht gearbeitet und der Plan schlecht umgesetzt würde. Vielmehr zeigten einige Praxisbesuche und Hospitationen in dieser speziellen Einrichtung das Gegenteil und wiesen auf eine gute Qualität der dort geleisteten Arbeit hin.

Jahresplanung im Hinblick auf den Orientierungsplan und der Veränderung der Leitungstätigkeit (Spearman-Rho: ,417. p<0,01).

- Frau Schwan sieht es unabhängig vom Orientierungsplan als ihre Aufgabe an dafür zu sorgen, dass die Konzeption des Hauses umgesetzt wird. Ferner liegen in der Einrichtung von Frau Schwan Qualitätsstandards sowie ein Qualitätshandbuch vor, die überprüft und weiterentwickelt werden. Darüber hinaus verkörpert Frau Schwan in ihrer Leitungsrolle einen deutlichen Führungsanspruch, indem sie äußert, dass es klar sei, dass die Fäden bei ihr zusammenliefen und dass sie „eine gewisse Autorität an den Tag leg[e]" damit die Vorhaben in der Einrichtung und die Konzeption verwirklicht werden. Hier ist ein klar definiertes Rollenverständnis erkennbar, das die Kontroll- und Führungsfunktion beinhaltet, was dafür spricht, dass die Umsetzung des Orientierungsplanes in diesem Fall keine Neuausrichtung der Leitungsrolle mit sich bringt. Vielmehr verkörpert Frau Schwan bereits vor dem Orientierungsplan die am häufigsten von Veränderungen durch den Orientierungsplan betroffenen Arbeitsinhalte Personalführung, Planung und Koordination in ihrer Leitungs- und Führungsrolle.

10.2.2 Leichte Veränderungen der Leitungstätigkeit

Nach Ansicht von Buche ändert der Orientierungsplan an ihrer Leitungstätigkeit nicht viel. Allerdings habe der Plan zu einer bewussteren Wahrnehmung ihrer Leitungstätigkeit geführt (81,2% der befragten LeiterInnen sind in der quantitativen Befragung – N=153 – der Ansicht, dass der Plan zur Reflexion ihrer Arbeit anrege). Ferner habe Frau Buche vor dem Orientierungsplan keinen Einfluss darauf genommen, was inhaltlich in ihrer Einrichtung gearbeitet wurde. Zum gegenwärtigen Zeitpunkt sei es ihr jedoch wichtig, dass Beobachtung und Dokumentation eingeführt sowie die Konzeption überarbeitet werden. Allerdings äußert Frau Buche, dass sie nur einen Teileinblick in die Arbeit der MitarbeiterInnen habe. Sie habe „nie richtig" eine Kontrollfunktion wahrgenommen. Anhand des Gesprächs sind auch keine Anzeichen dafür erkennbar, dass sich Frau Buche durch den Orientierungsplan in eine vertiefte gemeinsame Auseinandersetzung mit Team bezüglich inhaltlicher Fragen begibt. Hinsichtlich des Veränderungsaspektes Personalführung liegen bei Frau Buche keine wesentlichen Anzeichen von Veränderung vor. Vielmehr ist sich Frau Buche dessen bewusst, dass sie diesbezüglich mehr tun müsste. Allerdings äußert Frau Buche, dass sie auch die Elternarbeit wieder intensivieren müsste. Diese Aussagen weisen bei Frau Buche auf eine gewisse Überforderung durch die anstehenden Aufgaben hin. Frau Buche äußert beispielsweise, dass sie das Gefühl habe, öfter mit dem Team über die Inhalte des Planes reden zu müssen, aber sie schaffe es einfach nicht. Darüber hinaus ist anzumerken, dass Frau Buche nach eigenen Angaben in Bälde in Rente geht. Sie äußert, dass der Orientierungsplan, dem sie keine schlechten Gefühle entgegenbringe, so eine Art „Endgefühl" für sie sei.

Im Fall von Frau Buche weist der Gesprächsverlauf darauf hin, dass Frau Buche es nicht als ihre Aufgabe ansieht, die inhaltliche Arbeit ihrer MitarbeiterInnen zu koordinieren und gezielt Leistung einzufordern. Vielmehr sieht sich Frau Buche eher als eine Art VorbereiterIn, die die Ausgestaltung der pädagogischen Arbeit in ihrem Team vorbereitet und die notwendigen Voraussetzungen dafür bereitstellt. Die anstehende Pensionierung sowie Anzeichen der Überforderung in Verbindung mit dem definierten Leitungsverständnis deuten darauf hin, dass für Frau Buche die Einführung des Planes keine konkrete Neuausrichtung ihrer Leitungstätigkeit mit sich bringt, obwohl sie sich durchaus dessen bewusst ist, dass sie häufiger mit dem Team den Plan thematisieren und das Team mehr führen müsste.

10.2.3 Spürbare Veränderung der Leitungstätigkeit

Frau Lerche ist in der vorliegenden Befragung ein Sonderfall, da sie erst vor einem Jahr die Leitungstätigkeit übernommen hatte und bereits zuvor als ErzieherIn mehr als ein Jahr im Rahmen der wissenschaftlichen Begleitung mit dem Orientierungsplan gearbeitet hatte. Insofern bestehen für Frau Lerche keine Vergleichmöglichkeiten ihre Leitungstätigkeit betreffend, was die Zeit vor dem Orientierungsplan angeht. Frau Lerche merkt allerdings an, dass der Orientierungsplan einen erheblichen Umbruch für Sie in der pädagogischen Arbeit bedeute. Man sei weit davon entfernt von dem, was sie in ihrer Ausbildung gelernt habe. Entsprechend diesem neuen Arbeitsverständnis engagiert sich Frau Lerche als neue LeiterIn dafür, diesen Anspruch in ihrer Einrichtung umzusetzen. Dabei ist zu berücksichtigen, dass die Einrichtung von Frau Lerche den Plan nach INFANS umsetzt und durch die Gemeinde, deren Kindergärten alle nach INFANS arbeiten, unter gewissen Druck steht, die INFANS Vorgaben auch in ihrer Einrichtung zu verwirklichen. Dementsprechend engagiert sich Frau Lerche zum Befragungszeitpunkt dafür, Einiges in ihrer Einrichtung im Hinblick auf den Plan und im Hinblick auf INFANS zu ändern. Allerdings äußert in diesem Zusammenhang Frau Buche (siehe vorangehender Fall), dass sie als junge LeiterIn einmal den Versuch unternommen habe in einem halben Jahr den ganzen Kindergarten ändern zu wollen. Damit sei sie „auf die Nase gefallen". Das Team habe sich gegen sie gestellt und habe „nein" gesagt. Im Fall von Frau Lerche weist der Gesprächsverlauf darauf hin, dass sich auch in ihrer Einrichtung gewisse Anzeichen für Widerstände im Team anbahnen. Diesbezüglich äußert Frau Lerche, dass es im Moment in ihrer Einrichtung ziemlich viele Baustellen gebe und man merke, dass das Team kräftemäßig ans Ende komme. Es gebe viele verschiedene Dinge, die parallel liefen, nichts käme aber zu einem Abschluss. Im Hinblick auf das Team und den durch den Orientierungsplan eingeleiteten Umbruch merkt Frau Lerche an: „Also für mich bedeutet das [der Orientierungsplan] einen Umbruch. Ein Umdenken von dem, was ich gemacht habe, zu dem, was er verlangt. Und halt auch eine Bereitschaft was auszuprobieren. Und da ist die Leitung natürlich gefragt, das Team soweit zu kriegen, dass es auch bereit dazu ist" (Zeile 873-914). Diese und weitere Aussagen von Frau Lerche sprechen dafür, dass Frau Lerche die Führungsposition einnimmt, Ansprüche im Hinblick auf die Umsetzung des Planes zu stellen und von ihrem Team einzufordern und damit eine Art Kontrollfunktion einzunehmen. Dieser Anspruch wird auch daran ersichtlich, dass Frau Lerche anmerkt, dass im Team bisher alle recht gut miteinander ausgekommen seien. Jetzt aber merke sie: „Wenn man den Orientierungsplan will oder qualitativ was verändern will, dann kann es auch gut mal sein, dass man mit dem Einen oder Anderen aneckt. (...)" (Zeile 413-459). Ferner äußert sie, dass es manchmal mühsam sei, den Alltagstrott zu durchbrechen und KollegInnen dazu anzuregen, ihr Potenzial besser auszuschöpfen und etwas zu wagen. Im Fall von Frau Lerche wird ersichtlich, wie die Umsetzung des Orientierungsplanes mit Fragen und Problemen der Personalführung, Planung, Koordination und Qualitätsentwicklung für die LeiterIn verknüpft sein kann.

Ähnliche Tendenzen zeigen sich bei Frau Fink. Frau Fink äußert zwar, dass der Orientierungsplan ihre Leitungstätigkeit nur wenig verändere. Allerdings setzt Frau Fink während des Gesprächs Akzente in Richtung Orientierungsplan und Personalführung. Diesbezüglich äußert sie, dass sie viel Überzeugungsarbeit beim Team zu leisten habe und immer wieder Vorbehalte entkräften müsse. Vonseiten des Teams würde häufig geäußert, dass keine Zeit vorhanden sei und dass man manche Dinge ohnehin nicht ändern könne. In diesem Zusammenhang sieht es Frau Fink als ihre Aufgabe an, dem Team konkret aufzuzeigen, wie Zeit einzusparen und die Arbeit zu gestalten sei, damit die Vorgaben des baden-württembergischen Orientierungsplanes umgesetzt werden können. Ihrer Ansicht nach stimme es häufig nicht, wenn KollegInnen sagen, dass sie keine Zeit hätten. Vielmehr müssten MitarbeiterInnen ihrer Ansicht nach häufiger gezielter und effizienter eingesetzt werden und nicht zu dritt an derselben Tätigkeit gleichzeitig arbeiten. Dazu bedürfe es allerdings einer konkreten Absprache der Arbeit.

Im Fall von Frau Fink wird deutlich, dass Frau Fink als LeiterIn Ansprüche hinsichtlich der Umsetzung des Planes vertritt und diese vom Team einfordert. Bezeichnenderweise sieht Frau Fink den Plan auch als Mittel gegenüber den Eltern und gegenüber dem Team und nicht für die Eltern und für das Team. Zwischen Frau Fink und ihrem Team scheint, ähnlich wie bei Frau Lerche, eine Art Verhältnis zwischen Anspruch der LeiterIn hinsichtlich der Umsetzung des Orientierungsplanes und einer gewissen Opposition im Team zu bestehen. Hier treten Aspekte der Personalführung in Zusammenhang mit der Verkörperung der Führungs- und Leitungsrolle bei der Umsetzung des Orientierungsplanes in den Vordergrund.

10.2.4 Starke Veränderung der Leitungstätigkeit

Bei Frau Rebe beeinflusst die Umsetzung des Orientierungsplanes spürbar ihre Leitungstätigkeit. Frau Rebe äußert diesbezüglich, dass sich durch den Plan ihre Leitungsrolle geändert habe. Ihre Leitungsrolle habe sich in Richtung eines Schulleiters verändert, der irgendwie zum Team gehöre irgendwie aber auch doch nicht. Der Schulleiter sei so eine Art „Wächter des Ganzen". Ihr selbst bekomme diese Rolle gut und sie könne damit gut leben. Allerdings sei es für die Teammitglieder befremdlich, dass eine LeiterIn diese Kontrollfunktion wahrnehme und als RepräsentantIn der Einrichtung auftrete. Durch den Orientierungsplan gebe sie gezielter Impulse ins Team und sei vermehrt in der Situation, Entscheidungen zu treffen. Zudem hebe durch den Orientierungsplan die Kontrollfunktion eine Steigerung erfahren, indem sie als Leitung vom Team konkret Leistungen einfordere. Die Wahrnehmung dieser Kontrollfunktion sei jedoch nicht einfach. Frau Rebe äußert, dass die Mehrzahl des Teams die neue Rolle akzeptiere, es jedoch schwierig sei, den einen oder anderen zu überzeugen. Ferner sieht es Frau Rebe als ihre Aufgabe an, die Zufriedenheit und Arbeitsfähigkeit ihres Teams aufrecht zu erhalten und gleichzeitig neue Umsetzungsimpulse in das Team einzubringen.

Im Falle von Frau Rebe wird deutlich, wie stark die Neuausrichtung der Leitungstätigkeit durch den Orientierungsplan, speziell in Fragen der Personalführung, in der Praxis aussehen kann. Frau Rebe hilft der Orientierungsplan nach eigenen Aussagen dabei, ihre Führungsposition klarer herauszustellen und zu definieren, sodass Frau Rebe sich durch den Orientierungsplan in einer neuen Leitungsrolle sieht, die ihr nach eigenen Aussagen mehr Klarheit und Struktur ermöglicht.

10.2.5 Sehr starke Veränderung der Leitungstätigkeit

Ähnlich wie bei Frau Rebe beeinflusst der Orientierungsplan die Leitungstätigkeit von Frau stark in Richtung von Führung und Kontrolle. Allerdings mit dem Unterschied, dass Frau Birke nach eigenen Angaben Schwierigkeiten mit dieser neuen Rolle hat. Sie merkt an, dass sie durch die Umsetzung des Orientierungsplanes verstärkt ihre MitarbeiterInnen anleite und führe. Ähnlich wie Frau Rebe löst sich auch Frau Birke nach eigenen Angaben aus dem Teambewusstsein etwas heraus. Für sie sei es immer wichtig gewesen, dass die LeiterIn ein Teil des Teams sei. Durch den Plan sei sie gezielter aus dem Teambewusstsein heraus gegangen, indem sie sage: „Ich bin die Leitung und das sind die Anforderungen und ich erwate das" (Zeile 274). Zu Beginn habe sie sich allerdings zuerst stark zurückgenommen. Bei Frau Birke führt diese Neuausrichtung im Gegensatz zu Frau Rebe zu keinem Wohlbefinden. Sie akzeptiere einerseits, dass das Team Führung brauche, andererseits sei sie durch die 68er-Bewegung geprägt. Für sie sei es das Allerschlimmste zu autoritär zu werden.

Bei Frau Birke ist ein Rollenkonflikt zwischen der LeiterIn als Teil des Teams und der LeiterIn als Führungskraft spürbar, der noch nicht gelöst zu sein scheint. Ferner ist Frau Birke der Überzeugung, dass ihr Team eine starke Führung möchte. Sie habe den Eindruck, je stärker sie sich einbringe, desto besser würden die Vorhaben verwirklicht. Frau Birke ist dabei der Ansicht, dass das „ein Ding des Orientierungsplanes" sei. Anderseits kann Frau Birke nicht verstehen, warum erwachsene Fachkräfte in ihrer Einrichtung diese Führung widerspruchslos hinnehmen und nur bedingt ihrer Ansicht nach in der Lage sind, selbstständig nach dem Orientierungsplan zu arbeiten. Somit übt durch den Orientierungsplan bedingt Frau Birke eine starke Führungsposition aus, die eigentlich nicht ihren Vorstellungen von Führung entspricht, von der sie jedoch annimmt, dass dies dem Kindergarten und dem Team zugutekomme. Hieraus entsteht für Frau Birke ein Rollenkonflikt, der mit Fragen der Personalführung in Verbindung steht.

10.3 In welchen Punkten brauchen Leitungskräfte Weiterentwicklung?

In der quantitativen Befragung äußern 60% der LeiterInnen einen Weiterentwicklungsbedarf ihrer Leitungstätigkeit mit Blick auf den Orientierungsplan. In einer offenen Abschlussfrage wird in erster Linie ein Weiterentwicklungsbedarf in Fragen der Umsetzung des Planes im Alltag, der Personal- und Teamführung, des Qualitätsmanagements und der Konzeptions- und Profilentwicklung angegeben. Diese Angaben korrespondieren mit den Ergebnissen der quantitativen LeiterInnenbefragung zur Veränderung der Leitungstätigkeit durch den Orientierungsplan, wonach sich die Leitungstätigkeit im Hinblick auf den Orientierungsplan vor allem hinsichtlich Personalführung und Fragen der Planung und Koordination verändert. Im Folgenden werden Aussagen der per Interview befragten sechs LeiterInnen zur Aus- und Fortbildung von LeiterInnen dargestellt.

10.3.1 Ausbildung

In der quantitativen Untersuchung verfügen 96% der Befragten über den Fachschulabschluss der ErzieherIn, 1% über den Abschluss zur KinderpflegerIn und 3% über einen Studienabschluss.

Die interviewten LeiterInnen verfügen alle über die Fachschulausbildung zur ErzieherIn. Über ihren Werdegang bzw. warum und wie sie LeiterIn geworden sind, kann aufgrund der Aussagen in den Interviews wenig in Erfahrung gebracht werden. Frau Lerche war nach eigenen Angaben zuvor ErzieherIn in der Einrichtung und hat sich bewusst für die Übernahme der Leitungsposition entschieden. Frau Birke hingegen sei damals in die Leitungsposition „reingeschlittert", da die VorgängerIn zum damaligen Zeitpunkt fristlos gekündigt habe und sie als Aushilfe in der Einrichtung gearbeitet habe.

Demgemäß herrscht bei den interviewten LeiterInnen auch keine gemeinsame Linie in Richtung der Ausbildung von Leitungskräften vor. Vielmehr vermischen sich hinsichtlich dieser Frage die Aussagen mit der allgemeinen Ausbildung der pädagogischen Fachkräfte. Die Ausbildung müsse laut Frau Fink nicht nur von LeiterInnen, sondern auch von ErzieherInnen verändert und um persönlichkeitsbildende Aspekte sowie um Kompetenzen im Umgang mit Menschen erweitert werden. Auch für Frau Schwan steht die Persönlichkeit der Fachkraft im Mittelpunkt. Fachschulen hätten die Verantwortung ungeeigneten AnwärterInnen nahezulegen einen anderen beruflichen Weg einzuschlagen, was bisher nicht geschehe. Auch Frau Buche bemängelt, dass die ErzieherInnenausbildung reformbedürftig sei und es ihr an Aspekten der „Menschenführung" fehle. Frau Rebe kritisiert, dass es der ErzieherInnenausbildung an fachlichen Inhalten mangele. Die AbsolventInnen seien nach zwei Jahren Fachschule und etwas Praxis nicht in der Lage fundierte Elterngespräche über den Entwicklungsstand des Kindes nach der Vorstellung des Orientierungsplanes zu führen. Ferner beklagt sie eine Diskrepanz zwischen den derzeitigen AbsolventInnen und ihrem späteren Berufsfeld. Einige hätten diesbezüglich falsche Vorstellungen im Hinblick auf Anspruch, Umfang und Belastung. (In 23% der Fälle wurde von den befragten LeiterInnen in der quantitativen Untersuchung „ungenügende Ausbildung der pädagogischen Fachkräfte" als Hindernisgrund bei der Umsetzung des Orientierungsplanes angegeben).

In Fragen einer konkreten LeiterInnenausbildung und dem Stichwort Bachelor-Studiengänge frühe Kindheit äußern sich die sechs LeiterInnen zurückhaltend. Frau Fink ist der Ansicht, dass in organisatorischen Fragen ein Studium eine Hilfe sein könnte. Frau Birke ist der Überzeugung, dass eine LeiterIn eine bessere Ausbildung brauche als eine ErzieherIn. Sie sollte ihrer Ansicht nach Minimum über ein Bachelor-Studium verfügen. Allerdings unter der Bedingung, dass Praxiserfahrung dazu komme. Hinsichtlich der Inhalte sollten bei einer Leitungsausbildung pädagogische Themen und Fragen der Teamführung und Motivation im Mittelpunkt stehen. Die Fachwirt-Ausbildung widme sich hingegen fast ausschließlich der Abwicklung von Verwaltungstätigkeiten. Dieses seien Fähigkeiten, die man sich selbst aneignen könne. Diesem Ausbildungsgang fehle es an pädagogischen Inhalten und Fragen der Teamführung und Teammotivation. Zudem kritisiert Frau Birke, dass sich Weiterqualifizierungsbereitschaft nicht auszahle. Fachkräfte mit abgeschlossenen Zusatzausbildungen würden bisher dasselbe wie ErzieherInnen verdienen. Deshalb sei es fraglich, ob Leute mit Studium später im Kindergarten arbeiten würden. Frau Buche hat keine klaren Vorstellungen zu einer LeiterInnenausbildung. Sie habe über die Jahre hinweg viel durch eigene Fehler und durch Erfahrungen gelernt und könne sich nicht vorstellen, wie eine Ausbildung aussehen könnte, zumal die Bedingungen vor Ort unterschiedlich seien. Es sei schwirig, eine Leitungsausbildung zu konzipieren für Leute, die später ggf. in einer zweigruppigen Einrichtung arbeiten. Gleichzeitig ist auch sie der Ansicht, dass die ErzieherInnenausbildung zur Wahrnehmung der Leitungstätigkeit nicht ausreiche. Diese biete nicht die nötigen fachlichen Voraussetzungen. Der Bachelor-Studiengang sei ihrer Ansicht nach zu theoretisch. Als Theoretiker sei man nicht dafür geeignet, Minibetriebe wie Kindergärten zu leiten. Frau Rebe könnte sich nach eigenen Angaben durchaus vorstellen, „Fächer an einer Art Uni zu belegen" allerdings unter der Voraussetzung, dass das Erlernte unter Aufsicht eines Coaches in der Praxis geübt werde. Gleichzeitig hegt Frau Rebe die Befürchtung, dass Leute mit Bachelor-

Abschluss sich überqualifiziert für Arbeiten des Alltags fühlen könnten und ggf. keine Lust mehr hätten, Kinder zu wickeln oder mit Kindern Körperhygiene einzuüben.

10.3.2 Fortbildung

Die befragten LeiterInnen trennen nicht durchgängig zwischen einer eigenständigen Ausbildung und der Weiterqualifizierung von Leitungskräften. Generell zeigen sich auch bei den interviewten LeiterInnen ähnliche Tendenzen wie in der quantitativen Befragung zum Weiterentwicklungsbedarf der Leitungskräfte bezüglich des Orientierungsplanes. Diesbezüglich äußert Frau Lerche, dass eine LeiterIn vor allem Schulungen im Umgang mit Personal und in der Frage brauche, wie man eine Einrichtung weiterentwickeln könne. Frau Fink spricht sich dafür aus, dass Fort- und Weiterbildung vor allem das Hinführen, das Verstehen, und Begleiten des Teams zum Inhalt haben müsse. Organisation sei auch wichtig, aber dazu gebe es bereits eine Vielzahl an Fortbildungsangeboten. Vielmehr sei es wichtig, das Team und die Handlungsmotive des Teams verstehen zu können. Auch Frau Birke ist der Ansicht, dass sich die Fortbildung für Leitungskräfte mehr auf pädagogische Fragen und Fragen der Teamführung konzentrieren müsse. Die Angebote der Fachberatung seien zu sehr auf Organisation ausgerichtet. Es fehle an Fortbildungen zur Entwicklung von Führungskompetenzen und an Supervisionsmöglichkeiten für Leitungskräfte.

10.4 Warum fühlen sich einige Leitungskräfte durch die Umsetzung eines Bildungsplanes zusätzlich belastet?

Die Frage der Beanspruchung und Belastung ist eng mit der zur Verfügung stehenden Zeit verknüpft. In der quantitativen Untersuchung sind 17% der befragten LeiterInnen freigestellt für die Wahrnehmung der Leitungstätigkeiten. Bei den nicht freigestellten LeiterInnen liegt der durchschnittliche Anteil an Zeit zur Wahrnehmung von Leitungstätigkeiten bei 31,45% des Wochenumfangs. Geht man von den GEW-Angaben zur durchschnittlichen Wochenarbeitszeit von LeiterInnen in Höhe von etwas mehr als 38 Wochenstunden aus, so sind dies ca. 12 Stunden pro Woche zur Wahrnehmung von Leitungstätigkeiten. (In der quantitativen Untersuchung hielten 83,5% der befragten LeiterInnen „mehr Zeit für die Steuerung der Umsetzung des Orientierungsplanes" für notwendig). Die sechs interviewten LeiterInnen setzen sich hinsichtlich des Freistellungsgrades wie folgt zusammen: Frau Buche und Frau Rebe sind vollständig freigestellte LeiterInnen, Frau Birke ist vollständig freigestellt, allerdings nur im Umfang einer 50%-Stelle und Frau Fink, Frau Schwan und Frau Lerche sind zu 50% für die Leitungstätigkeit freigestellt und zu 50% als pädagogische Fachkräfte und als Springer in den Gruppen tätig.

In der quantitativen Untersuchung (N=153) fühlen sich 33% der LeiterInnen „zu viel" bis „viel zu sehr" beansprucht, 37% „etwas zu viel" beansprucht, 13% „eher angemessen beansprucht" und 18% „angemessen" bis „genau passend" beansprucht. Ferner sind 67% der

Ansicht, dass sich durch den Orientierungsplan ihre berufliche Belastung erhöhe. Im Folgenden werden Aussagen der interviewten LeiterInnen bezüglich deren Beanspruchung dargestellt:

Für Frau Fink ist die Umsetzung des Orientierungsplanes nach eigenen Angaben mit Mehrarbeit verbunden. Dies äußert sich in mehr Verwaltungstätigkeiten, mehr Dokumentationsarbeiten und mehr Verpflichtungen dem Träger gegenüber. Außerdem nehme sie häufiger an Fortbildungen teil als ihr Team, was mit Arbeits- und Zeitaufwand verbunden sei. Auch für Frau Birke ist die Umsetzung des Planes nach eigener Aussage mit Mehrarbeit verbunden. Auch sie besucht nach eigenen Angaben zahlreiche Fortbildungen, um ihrem Team einen Schritt voraus zu sein. Hierfür reiche ihr die zur Verfügung stehende Zeit nicht aus. Wenn sie gute Arbeit leisten wolle, müsse sie private Zeit investieren. Ferner äußert Frau Birke, dass sie an der Obergrenze ihrer Belastungsfähigkeit angekommen sei. Der Druck auf Leitungskräfte sei generell gestiegen. Einige ihrer KollegInnen seien über längere Zeit hinweg krank. Diesen Druck könne keine LeiterIn über einen längeren Zeitraum hinweg aushalten. Auch für Frau Buche ist die Einführung des Planes nach eigener Angabe mit Mehrarbeit vor allem mehr Schreibarbeit verbunden. Bei Frau Buche äußern sich Anzeichen der Überlastung darin, dass Frau Buche mehrmals äußert: „Eigentlich müsste ich da mehr machen", gleichzeitig aber anfügt: „Ich schaffe das nicht". Der Alltag dränge sich nach Ansicht von Frau häufig in den Vordergrund. Zudem fehle es ihr an Zeit, mehr inhaltlich mit ihrem Team bezüglich des Orientierungsplanes zu arbeiten. Frau Lerche äußert, dass sie dasselbe Problem wie viele andere LeiterInnen auch habe, dass sie zu 50% freigestellt und zu 50% als Springer in den Gruppen tätig sei. Zudem führte zum Befragungszeitpunkt Frau Lerche und ihr Team mehrere Entwicklungsprojekte gleichzeitig durch. Frau Lerche äußert diesbezüglich, sich etwas überfordert zu fühlen. Es sei „verdammt viel". Sie habe keine Ahnung gehabt, als sie sich vor einem Jahr um die Leitungsposition beworben habe, was da wirklich auf sie zukomme.

10.5 Bildungsmanagement konkret - Was bereitet den LeiterInnen Schwierigkeiten?
10.5.1 Beobachtung und Dokumentation

29% der Befragten (N=153) geben in der quantitativen Untersuchung an, dass ihr Team Probleme mit der Umsetzung der Entwicklungsdokumentation über das einzelne Kind habe. 27% gaben Probleme bei der Beobachtung des Kindes an. Welche Gründe gibt es dafür?

Frau Fink äußert, dass sich in ihrem Team gewisser Widerstand gegen die Beobachtung und Dokumentation rege, indem MitarbeiterInnen äußern, dass sie es nicht schaffen würden, jedes Kind zu beobachten und die Ergebnisse zu protokollieren. Frau Rebe äußert, dass die pädagogischen Fachkräfte mehr Hintergrundwissen und Wissen in Pädagogik, in Psychologie und über die Störungsbilder bei Kindern bräuchten. Aufgrund der bisherigen Fachschulausbildung sei eine ErzieherIn nicht in der Lage, fundierte Entwicklungsgespräche mit den

Eltern auf Basis der Beobachtungen zu führen. In der Einrichtung von Frau Lerche wird Beobachtung und Dokumentation nach INFANS praktiziert. Dies nehme sehr viel Zeit in Anspruch. Frau Lerche äußert, dass die Vorbereitungszeit kaum für die Anfertigung der Dokumentationen reiche. Häufig „rutsche" die Verschriftlichung in die Zeit hinein in der die Kinder da seien. Sie äußert diesbezüglich, dass die Gefahr groß sei, dass morgens, „wenn die Kinder ruhig und zufrieden seien", man sich dazu setze und Dokumentationen anfertige. Einige ihrer MitarbeiterInnen würden die Dokumentationen in ihrer Freizeit anfertigen. Das sei im Moment in der Einrichtung das größte Problem, dem Bildungsverständnis des Planes gerecht zu werden und parallel dazu alles zu dokumentieren.

10.5.2 Kooperation mit der Grundschule

Bei 25% der befragten LeiterInnen (N=153) gibt es nach eigenen Angaben Probleme bei der Kooperation mit der Grundschule nach den Vorgaben des Orientierungsplanes.

Von drei der interviewten LeiterInnen werden im Hinblick auf die Umsetzung des Orientierungsplanes gewisse Unstimmigkeiten in der Kooperation mit der Grundschule genannt. Die Aussagen deuten darauf hin, dass dort gegenseitige Vorbehalte in der Kooperation vorherrschen und kein gutes Kooperationsverhältnis besteht. Frau Fink äußert diesbezüglich, dass der Orientierungsplan dazu beitragen könne, dass der Kindergarten von der Schule als Bildungseinrichtung akzeptiert werde. Er könne auch dabei helfen, sich mit den Schulen „so ein bisschen auf ein Niveau" zu stellen. Dazu äußert Frau Fink weiter: „So auf dem gleichen Niveau sind wir noch nicht, aber wir werden zumindest akzeptiert". Weiterhin mutmaßt Frau Fink, dass ggf. vielleicht die Schulen durch den Orientierungsplan verstehen, dass im Kindergarten genau so Bildung stattfinde und die Kinder der Schule nicht als unbeschriebene Blätter übergeben würden. Auch Frau Buche äußert, dass ihr der Orientierungsplan ein anderes Gewicht als LeiterIn in der Kooperation mit der Grundschule verleihe. Sie könne durch den Plan anders gegenüber der Schule auftreten. Bereits in der Vergangenheit habe sie bemerkt, dass einiges in der Kooperation nicht gut gelaufen sei. Sie habe sich aber nicht getraut, etwas zu sagen. Ihr helfe nun der Plan dabei, gegenüber der Schule Bestandteile der Kooperation einzufordern. Frau Rebe äußert, dass sie es schade gefunden hätte, dass im Hinblick auf den Orientierungsplan keine gemeinsame Fortbildung mit den Schulen stattgefunden habe. Die Vernetzung mit der Schule müsse viel enger gestaltet werden. Andernfalls würde weiterhin eine Trennungslinie bestehen, die vielleicht durch den Orientierungsplan „etwas rosarot gefärbt" aber nicht aufgehoben werde.

Diese Aussagen deuten darauf hin, dass in den vorgestellten Fällen gewisse Ressentiments und wahrgenommene Statusunterschiede zwischen Kindergarten und Grundschule bestehen und keine vertiefte Kooperation nach Vorstellung des Orientierungsplanes stattfindet.

10.5.3 Elternarbeit

Die Zusammenarbeit mit den Eltern stellt nach Angaben der Befragten in 13,3% der Fälle (N=153) in der quantitativen Untersuchung ein Problem dar. 57,2% sind der Ansicht, dass der Orientierungsplan dazu beitrage, die geleistete Arbeit den Eltern gegenüber transparent zu machen. Allerdings halten nur 18,3% der Befragten eine „starke Miteinbeziehung der Eltern bei der Umsetzung des Plans" für „überwiegend" bis „vollständig" realisierbar.

Für Frau Fink stellt der Orientierungsplan eine Handhabe für und gegen die Eltern dar. Er helfe er ihr dabei, verbindliche Bestandteile der Zusammenarbeit mit den Eltern einzufordern: Eine Mutter habe sich z. B. geweigert, ein Elterngespräch zu führen. Auch würden die Eltern nach zwei Jahren Umsetzung beginnen, Fragen hinsichtlich des Orientierungsplanes und dessen Umsetzung zu stellen. Diesbezüglich hätte die Einrichtung von Frau Fink eine schriftliche Elternbefragung zum Orientierungsplan durchgeführt. Auch Frau Birke helfe der Plan dabei, den Eltern zu vermitteln, was wichtige Bestandteile der Arbeit seien. Aufbauend auf den Orientierungsplan könne dahingehend argumentiert werden, zeitaufwändige Aktivitäten, wie z.B. ein Grillfest, das sehr viel Kraft, Zeit und Energie binde, zugunsten der Bildung des Kindes kleiner zu gestalten. Hierbei könne der Orientierungsplan dabei helfen, den Eltern zu begründen, warum man diese Zeit besser für die Bildung der Kinder einsetze und was genau mit den Kindern getan werde. Darum nehme die Kindergartenzeitung an Umfang und Inhalt zu, was von den Eltern sehr begrüßt werde.

Für Frau Buche stellt die Elternarbeit das Hauptproblem dar. Elternarbeit nach dem Orientierungsplan sei nur minimal möglich. Sie hätten sehr große Schwierigkeiten die größtenteils ausländischen Eltern für die Elternarbeit zu gewinnen. Elternarbeit nach dem Orientierungsplan sei nur im Hinblick auf die Elterngespräche möglich, die sie von den Eltern einfördern würden. Ferner bestünde auch seitens der Eltern kein Interesse an der Eingewöhnung der Kinder. Sie müssten zwei „Zwangstermine" festsetzen, an denen die Eltern zu erscheinen hätten. Darüber hinaus herrsche eine große Diskrepanz vor zwischen dem, was in der Einrichtung und was zuhause gelebt würde. Sie kämen „einfach nicht an die Eltern ran". Die Eltern würden sich nur dann für den Kindergarten interessieren, wenn dort Veranstaltungen durchgeführt würden, bei denen die Kinder auftreten. Sie hätten schon einiges versucht, aber die Initiativen wären entweder nach kurzer Zeit wieder eingeschlafen oder hätten nicht gewirkt.

Im Gegensatz dazu ist in der Einrichtung von Frau Lerche genau das Gegenteil der Fall. Laut Angaben von Frau Lerche entstammt der Großteil ihrer Eltern der „gehobeneren Schicht". Diese Eltern seien sehr interessiert an der Kindergartenarbeit, vor allem im Hinblick auch auf die intensive Eingewöhnung der Zweijährigen, hätten aber klare Vorstellungen dazu. Dies führe dazu, dass sie in ihrer Einrichtung verstärkt ihre pädagogische Arbeit reflektieren und begründen müssten, um sie den Eltern plausibel machen zu können.

Frau Rebe ist der Ansicht, dass die Eltern durch den Orientierungsplan zum Kontrolleur ihrer Arbeit werden. Dies empfinde sie durchaus als positiv. Es sei wichtig, dass sich die Eltern für die Bildung ihrer Kinder interessieren. Die Eltern müssen sich nach Ansicht von Frau Rebe darin sicher sein, dass die Kinder in deren Abwesenheit, häufig begründet durch eine ganztägige Berufstätigkeit, an ihrer statt stellvertretend eine gute Versorgung, Bildungsangebote und Förderung erhalten.

10.5.4 Umsetzung der Bildungs- und Entwicklungsfelder

Im Vergleich zu den Begleitaufgaben wie Qualitätsentwicklung und Qualitätssicherung, Beobachtung und Dokumentation oder Kooperation mit der Grundschule sorgen die Umsetzung der Bildungs- und Entwicklungsfelder in den Teams nach Angaben der befragten LeiterInnen für vergleichweise wenig Schwierigkeiten. Am häufigsten zeigen sich in der quantitativen Befragung (N=153) Schwierigkeiten im Hinblick auf das Bildungs- und Entwicklungsfeld „Sinn, Werte, Religion" (in 13,7% der Fälle") am wenigsten im Hinblick auf das Bildungs- und Entwicklungsfeld „Körper" (in 4,2% der Fälle).

Anhand der Interviews der LeiterInnen, die in den vergangenen zwei Jahren dazu aufgerufen waren, den Plan intensiv zu erproben zeigt sich folgendes Bild. Frau Buche äußert, dass sie das Gefühl habe, die Umsetzung der Bildungsfelder häufiger als sie es jetzt tue, mit dem Team thematisieren zu müssen. Allerdings seien die Bildungsfelder „nicht schwierig". In der Einrichtung von Frau Fink stellt vor allem der Blick auf das einzelne Kind, der vom Orientierungsplan im Hinblick auf die Bildung des Kindes gefordert wird, ein Problem dar. Ihr und ihren MitarbeiterInnen falle es schwer, den Überblick zu bewahren, wo das einzelne Kind stehe und was beim einzelnen Kind erreicht worden sei. Ihrer Ansicht nach helfen die Ziele und „vielen Fragen" des Orientierungsplanes weiter, aber man könne nicht nachvollziehen, ob das einzelne Kind diese auch erreiche. Dies halte sie für illusorisch. Frau Schwan ist der Ansicht, dass die Bildungsfelder durch ihre Konzeption und ihre Arbeitsweise nach Montessori im Alltag abgedeckt werden und die Umsetzung des Planes für sie derzeit kein Problem darstelle. Bei Frau Birke hat im Hinblick auf das einzelne Kind ein Umdenken und eine Umstrukturierung der Arbeit stattgefunden. Allerdings falle ihr dieses Umdenken schwer. Sie komme aus einer Zeit, als die Ausbildung noch klar auf die Gruppe bezogen gewesen sei. Frau Rebe äußert, dass es den Fachkräften mit Montessori-Diplom leichter falle, die Bildungs- und Entwicklungsfelder im Alltag umzusetzen. Die Fachkräfte ohne Montessori-Diplom täten sich schwerer damit, die Bildungsfelder in ihre Projekte und Freiarbeitsphasen einzubauen. Generell falle es den Fachkräften schwerer zu planen als früher. Die Messlatte an die Fachkräfte liege höher und die Fachkräfte müssten sich in der Vorbereitung mehr Gedanken machen. Auch Frau Lerche äußert, dass es manchen MitarbeiterInnen nicht leicht falle, den althergebrachten Alltagstrott zu durchbrechen und Neues zu wagen. Die pädagogische Arbeit sei weit davon entfernt, wie man noch vor zwanzig Jahren gearbeitet habe. Der Orientierungsplan und die Ausrichtung am einzelnen Kind bedeute einen deutlichen Umbruch. Somit ist die Meinung der LeiterInnen hinsichtlich der Bildungs- und Entwicklungsfelder gespalten. Drei LeiterInnen waren allerdings der Ansicht, dass es manchen Fachkräften Schwierigkeiten bereitet, umzudenken und Bildung im Hinblick auf das einzelne Kind zu verstehen und mit den Beobachtungen und Entwicklungsdokumentationen zu vernetzen.

10.6 Welche Hindernisgründe gibt es bei der Umsetzung eines Bildungsplanes?

10.6.1 Umsetzungskonzept

In der quantitativen Befragung äußern 29,5% der Befragten, hinsichtlich des Orientierungsplanes, über kein Umsetzungskonzept zu verfügen. 20,5% der Befragten äußern, der Umsetzung ratlos gegenüberzustehen.

Auch Frau Fink äußert zu Beginn der Umsetzung viele Fragen gehabt zu haben, bei denen die wissenschaftliche Begleitung weitergeholfen habe. Die Einrichtungen in ihrem Umfeld ohne wissenschaftliche Begleitung seien allerdings am „Schwimmen". In diesem Zusammenhang wünscht sich Frau Fink ein Begleitbuch zum Orientierungsplan (76,4% der befragten LeiterInnen halten in der quantitativen Befragung ein Begleitbuch zum Orientierungsplan mit praktischen Anregungen und Umsetzungstipps für notwendig). Auch Frau Buche äußert, dass ihr der Plan keinen roten Faden vorgegeben habe. Dieses habe die wissenschaftliche Begleitung geleistet, nicht aber der Plan. Der Plan sei zu unverbindlich. Es gebe viele Dinge am Plan, bei denen man einfach am „Schwimmen" sei. Auch Frau Rebe äußert den Wunsch nach einem Handbuch für Leitungskräfte. Im Orientierungsplan sei inhaltlich „bestimmt viel" enthalten, aber ihr fehle ein Instrument, das zur Anleitung des Teams dienlich sei. Der Bildungsplan der Grundschule sei strukturierter und mache es einem einfacher, etwas auszuarbeiten. Ihr fehle bei der Vielzahl der Aufgaben die Zeit, ein eigenes Handbuch zu erstellen, deshalb wünsche sie sich als Leitung ein Handbuch, das der LeiterIn mehr „Input" liefere. Frau Lerche äußert diesbezüglich, dass der Plan sehr offen gestaltet sei. Gerade darin liege jedoch die Chance, entlang der Fragen die Arbeit intensiv zu reflektieren. Allerdings brauche es dafür sehr viel Kraft und Zeit.

10.6.2 Unterstützung

In der quantitativen Untersuchung beklagen 44,4%, die mangelnde Unterstützung durch die Fachberatung als einen Hindernisgrund bei der Umsetzung des Orientierungsplanes. 39,9% konstatierten darüber hinaus eine mangelnde Unterstützung bei der Umsetzung durch den Träger.

Frau Birke äußert, dass ihre Stellenbeschreibung vonseiten des Trägers unzureichend für die Wahrnehmung der Leitungstätigkeit sei. Ferner engagiere ihr Träger sich nicht in Fortbildungsfragen. Fortbildungen und Zusatzqualifikationen müssten in ihrer Einrichtung aus eigener Tasche bezahlt werden. Darüber hinaus sei sie bezüglich der Umsetzung etwas am Schwimmen, da kein konkreter Austausch mit dem Träger stattfinde und dieser keine Anweisungen formuliere. Die Angebote der Fachberatung bezögen sich darüber hinaus hauptsächlich auf organisatorische Fragen. Gebraucht würden jedoch Führungsanleitungen und Fortbildungen zu Führungskompetenzen sowie Supervision für die Leitung.

Auch Frau Buche fühlt sich manchmal im Hinblick auf die Umsetzung des Orientierungsplanes alleine gelassen, da sich ihr Träger nicht für die Umsetzung des Planes interessiere.

Frau Lerche fühlt sich hingegen hinsichtlich der Umsetzung gut unterstützt. Ihre Einrichtung sei mit sechs weiteren Einrichtungen vernetzt, die sich mit der Umsetzung des Orientierungsplanes beschäftigen. Ferner sei die Umsetzung des Planes sowohl im INFANS Qualitätszirkel als auch in Leitungsrunden ein Thema. Darüber hinaus bekomme sie an vier Tagen Führungskräfteschulungen von Fachkräften aus der Wirtschaft. Frau Lerche äußert diesbezüglich, sie wisse nicht, wie die Umsetzung verlaufen würde ohne die Unterstützung von Amtsseite und durch die anderen Einrichtungen.

10.6.3 Das Team und die Umsetzung des Planes

In der quantitativen Befragung stellt Uneinigkeit im Team bezüglich der Umsetzung in 28,9% der Teams nach Angaben der Leitungskräfte einen Hindernisgrund bei der Umsetzung des Planes dar.

Bis auf die Einrichtung von Frau Schwan und Frau Buche ist in den übrigen vier Einrichtungen der interviewten LeiterInnen spürbar, dass nicht aller Teammitglieder einer Meinung bezüglich der Umsetzung sind. Frau Fink hat sich diesbezüglich mit deutlichen Widerständen im Team bezüglich der Verwirklichung anstehender Aufgaben auseinanderzusetzen. Auch Frau Lerche merkt an, dass man, „wenn man den Plan wolle", in der Einrichtung „anecken" könne. Frau Rebe gibt dazu an, dass die Mehrheit ihres Teams mitgehe, es aber dem ein oder anderen schwerfalle und manche „noch mal und noch mal" einen Impuls bräuchten. Frau Birke sieht diesbezüglich ihrerseits die Notwendigkeit einer klaren Führung, da ihr Team gewisse Instabilitäten aufweise, die bei keiner gemeinsamen vereinenden Aufgabe offen in Form von Gruppenbildungen innerhalb des Teams zutage treten.

10.6.4 Umsetzung und Zeitfragen

82,6% der Befragten (N=153) gaben an, dass die Zeit einen Hindernisfaktor bei der Umsetzung des Orientierungsplanes in ihrer Einrichtung darstelle. Dieser Zeitfaktor ist an unterschiedlichste Problemlagen geknüpft, die mit der Zeit in Verbindung stehen.

Frau Buche äußert, sie habe keine Zeit sich inhaltlich mit dem Team mehr mit dem Orientierungsplan auseinanderzusetzen geschweige denn, die Umsetzung in irgendeiner Form zu kontrollieren. Frau Birke merkt an, dass sie morgens früher komme und mittags später gehe, da gute Arbeit mit einer 50%-Stelle als LeiterIn ohne Überstunden nicht zu leisten sei. Sie bemühe sich, diesbezüglich ein Vorbild für die Fachkräfte zu sein. Frau Rebe äußert, sie würde gerne ein Umsetzungshandbuch für sich erstellen, habe aber aufgrund der zahlreichen Aufgaben keine Zeit dafür. Frau Lerche äußert, dass die Zeit, die in Form von Teamsitzungen zur Verfügung stehe, nicht dafür ausreiche, um die Umsetzung des Orientierungsplanes bzw. die Fragen des Orientierungsplanes gründlich mit dem Team zu reflektieren. Ferner stellt für Frau Lerche der Zeitfaktor im Hinblick auf Beobachtung und Dokumentation ein Problem dar. Die Vorbereitungszeit reiche nicht für die Anfertigung der Dokumentationen aus, sodass sie Fachkräfte teilweise die Zeit am Kind dafür in Anspruch nehmen oder einen Teil ihrer Freizeit für die Anfertigung der Dokumentationen opfern. Frau Fink muss sich diesbezüglich mit ihren Fachkräften auseinandersetzen, da diese zum Teil äußern keine Zeit dafür zu haben, jedes Kind zu beobachten und die Beobachtungen zu dokumentieren.

Resümee

11 Kritische Betrachtung und Diskussion der Ergebnisse

11.1 Zum Aussagegehalt der gewonnen Erkenntnisse

Was kann die vorliegende Untersuchung leisten? Wo liegen die Grenzen des Erkenntnisgewinns? Die empirische Untersuchung der Leitungstätigkeit in Zusammenhang mit der Umsetzung des baden-württembergischen Orientierungsplanes für Bildung und Erziehung baut auf die subjektive Einschätzung und Bewertung der operationalisierten Sachverhalte durch die befragten Leitungskräfte. Sie kann weder die definierten Sachverhalte exakt messen noch abschließende Erklärungen liefern. Diese gewissen Schwachstellen ergeben sich aus verwendeten Formen der Selbsteinschätzung und damit der quantifizierten Subjektivität der Äußerungen. Darum kann die vorliegende Untersuchung keine Aussage darüber treffen, wie sich die definierten Sachverhalte tatsächlich in der Wirklichkeit darstellen, da subjektive Bewertung und Realität zwar Schnittstellen, jedoch mitunter auch signifikante Unterschiede aufweisen können. Dennoch zeigen auch Selbsteinschätzungen Tendenzen auf, in welchen Bereichen Stärken und Schwächen zu vermuten sind.

Gemäß dem deskriptiv-explorativen Charakter der vorliegenden Untersuchung bieten die Ergebnisse Anhaltspunkte für weiterführende Untersuchungen und liefern Hypothesen zur Ausgestaltung der Wirklichkeit. Die Stärke der Untersuchung liegt damit weniger in der Messgenauigkeit, sondern in der ganzheitlichen Perspektive, indem die Leitungstätigkeit in Zusammenhang mit der Umsetzung des Orientierungsplanes sowohl aus qualitativer als auch aus quantitativer Perspektive betrachtet wurde. Dabei wurde die Leitungstätigkeit als Ganzes, d.h. im Hinblick u. a. auf die Rahmenbedingungen, die Interaktion mit dem Team, die Berufsrolle, die Leitungskompetenz, die Befindlichkeit usw. mit Bezug zur Umsetzung des baden-württembergischen Orientierungsplanes für Bildung und Erziehung betrachtet. Diese Ganzheitlichkeit bringt als gewisse Schwäche mit sich, dass mehrere Aspekte in Form von relativ pauschalen Einschätzungen erhoben werden mussten und nicht präzise operationalisiert werden konnten. Der Orientierungsplan bzw. die Pilotphase des Orientierungsplanes, auf die sich die vorliegende Untersuchung bezieht, versteht sich zudem als Erprobungsphase des Planes. Der Plan selbst stellte in dieser Phase kein verbindliches Endresultat dar, sondern war während der drei Jahre Gegenstand der Fachdiskussion und Weiterentwicklung. Auch bei der Generierung der verwendeten Instrumente zur Untersuchung der Leitungstätigkeit in Zusammenhang mit der Umsetzung des Planes konnte darum auf keine validen Testverfahren und bewährten modellhaften Skalen zur Messung der benötigten Sachverhalte zurückgegriffen werden. Vielmehr mussten diese eigens für die Pilotphase des Orientierungsplanes erstellt werden. Somit ergaben sich die Fragen und die definierten Items sowohl aus den Anforderungen der Pilotfassung des Planes als auch aus theoretisch begründeten Aufgaben und Inhalten. Dabei bestand die Schwierigkeit, dass der Orientierungsplan mehrere Handlungsfelder beinhaltet, die, bezogen auf die Leitungstätigkeit zu deren Umsetzung, für sich genommen eine eigenständige Untersuchung rechtfertigen würden. Ferner setzt eine Untersuchung zur Umsetzung des Orientierungsplanes die Kenntnis der orientierungsplantypischen Begrifflichkeiten und der Inhalte des Planes aufseiten der Befragten voraus. Auch dieser Umstand geht auf Kosten der intersubjektiven Austauschbarkeit der Messergebnisse. Dieser Verlust an Genauigkeit wurde durch das breite Spektrum an gewonnenen Informationen und Anregungen kompensiert. Andererseits lies die teils relativ offen gestaltete Operationalisierung, z. B. von Leitungsaufgaben wie Teamentwicklung oder Personalführung, den Leitungskräften bei der Einschätzung gewissen Interpretationsspielraum, sodass, wie bereits erwähnt, die Ergebnisse nicht als zuverlässige Fakten, sondern vielmehr als aufgezeigte Tendenzen gewertet werden können, die der vertieften weiterführenden Untersuchung bedürfen. Dieser Umstand wurde mit bedingt durch die Verwendung verbalisierter ordinaler Skalenwerte, wie z.B. „eher sicher" oder „dringend notwendig", die keine exakten Messdaten liefern, sondern der Interpretation bedürfen.

Die Ergebnisse beziehen sich ferner auf die Erprobung der Pilotfassung des Orientierungsplanes, der inzwischen durch den modifizierten Orientierungsplan ersetzt wurde. Die befragten Leitungskräfte waren lediglich dazu aufgerufen, nicht jedoch dazu verpflichtet, zum Befragungszeitpunkt den Orientierungsplan gemeinsam mit ihren Teams umzusetzen. Jedoch gaben die LeiterInnen bis auf einen geringen Prozentsatz an, mit der Umsetzung zum Befragungszeitpunkt bereits begonnen zu haben, sodass eine Bewertung der Umsetzung vorgenommen werden konnte. Allerdings sind die Ergebnisse vor dem Hintergrund der freiwilligen Umsetzung des Orientierungsplanes zu betrachten. Aufbauend auf diesen Ergebnissen sind detaillierte Untersuchungen in Form externer Evaluationen im Anschluss an die verbindliche Einführung des Orientierungsplanes anzustreben und in regelmäßigen Abständen zu etablieren. Hierfür bietet die vorliegende Untersuchung hilfreiche Anregungen.

11.2 Steuerung durch Orientierungsqualität

Vor der Einführung des baden-württembergischen Orientierungsplanes blieb es den Trägern, Trägerverbänden und den pädagogischen Fachkräften selbst überlassen, die Qualität und die Inhalte der Arbeit in den baden-württembergischen Kindertageseinrichtungen zu bestimmen. Mit der Entwicklung und Einführung des Orientierungsplanes für Bildung und Erziehung in Baden-Württemberg wurde in Absprache mit den Trägerverbänden ein Bildungsplan implementiert, der eine landesweite Qualitätsentwicklung und Niveauangleichung in baden-württembergischen Kindertageseinrichtungen intendiert. Ein solches Vorgehen evoziert aufseiten der Praxis unterschiedliche Reaktionen.

In der Leitungsbefragung im Sommer 2006 (N=166) kommt zum Ausdruck, dass 45% der befragten Leitungskräfte gemischte Empfindungen mit der Einführung des Orientierungspla-

Resümee

nes verbinden. Weitere 24% verbinden ausschließlich negative Empfindungen mit der Einführung des Orientierungsplanes. Dabei richten sich die negativen und ambivalenten Äußerungen weniger gegen den Plan selbst, sondern primär gegen die Umstände und Bedingungen zu dessen Umsetzung. Die Einführung eines Bildungsplanes an sich wird nach Angaben der LeiterInnen in der Mehrheit der Fälle begrüßt. Vor allem die Umstände der Umsetzung verursachen nach Angaben der LeiterInnen jedoch häufig Empfindungen und Befindlichkeiten wie Stress, Belastung oder Druck. Diese sind mehrheitlich bedingt durch den von den Leitungskräften attestierten Mangel an Zeit, der Vielfalt an zu bewältigenden Aufgaben, mangelnder Unterstützung bei der Umsetzung sowie ausbaubedürftigen Rahmenbedingungen wie der Personalschlüssel oder die Größe der Gruppen. Dieser Eindruck bestätigt sich in der quantitativen Befragung von Leitungskräften im Sommer 2008 zur Umsetzung des Orientierungsplanes (N=153). Dort beklagen stellvertretend für ihr Team ca. 83% der befragten Leitungskräfte die Vielzahl der Aufgaben, 80% den Mangel an Zeit und 63,4% die Größe der Gruppen. Darüber hinaus wird mangelnde Unterstützung durch die Fachberatung in 44% der Fälle angegeben. In 40% der Fälle wird zudem die Unterstützung bei der Umsetzung durch den Träger bemängelt. Hingegen wird die Notwendigkeit der Einführung des Orientierungsplanes von nur 27% der befragten Leitungskräfte angezweifelt. In Verbindung mit der Bewertung der Rahmenbedingungen zur Umsetzung des Planes ist auch die Berufszufriedenheit der befragten Leitungskräfte anzuführen. Die Tätigkeit als LeiterIn an sich, d.h. die Selbstverwirklichungsmöglichkeiten, das Aufgabenspektrum etc., wird von den Leitungskräften relativ positiv bewertet. Hingegen zeigt sich bei den befragten Leitungskräften in mehr als der Hälfte der Fälle Unzufriedenheit mit dem Freistellungsgrad für Leitungstätigkeiten, der öffentlichen Anerkennung der Tätigkeit, den Aufstiegsmöglichkeiten als LeiterIn und vor allem der Höhe des Einkommens. Darüber hinaus sind 67,2% der befragten Leitungskräfte der Meinung, dass der Orientierungsplan ihre berufliche Belastung erhöhe. 69% fühlen sich dementsprechend in der Ausübung ihrer Leitungstätigkeit zu viel beansprucht. Diese Ergebnisse stehen in Einklang mit vergleichbaren Resultaten zur Umsetzung des bayerischen Bildungsplanes (siehe 3.1.2).

Während der dreijährigen Pilotphase der Implementierung des Orientierungsplanes (2006-2009) waren alle baden-württembergischen Kindertageseinrichtungen, ausgenommen die 30 Pilotkindergärten, dazu aufgerufen, den Plan auf freiwilliger Basis zu erproben. Jede Einrichtung erhielt ein Exemplar des Orientierungsplanes per Post. Die 30 Pilotkindergärten hingegen waren dazu verpflichtet, in dieser Zeit den Plan intensiv zu erproben. Vor dem Hintergrund der freiwilligen Erprobung ist hervorzuheben, dass trotz der mehrheitlich als unvorteilhaft empfundenen Rahmenbedingungen zur Umsetzung des Planes, 93% der befragten Leitungskräfte (N=153) im Sommer 2008 äußern, bereits mit der Umsetzung des Orientierungsplanes begonnen zu haben. Davon nach eigenen Angaben 48% bereits im Jahr 2006, 42%

im Jahr 2007 und 10% im Jahr der Befragung 2008. Dieses Resultat spricht wiederum für die Befürwortung des Planes und für vorhandenes Engagement aufseiten der pädagogischen Fachkräfte. Was die Umsetzung selbst betrifft, äußern sich die LeiterInnen zurückhaltender. Ca. 54% äußern in Form einer Pauschaleinschätzung zur Umsetzung des Orientierungsplanes, dass die Verwirklichung der Planvorgaben verbesserungsbedürftig sei. Dies ist nicht weiter verwunderlich, da auch nach Meinung von Experten (siehe 2.1) die Implementierung eines Bildungsplanes als längerfristiger über mehrere Jahre hinweg angelegter Prozess zu betrachten ist. Nichtsdestotrotz äußern 62% der befragen Leitungskräfte im Sommer 2008, dass bereits die überwiegende Mehrzahl ihres Teams nach den Vorgaben des Orientierungsplanes arbeite.

73% der LeiterInnen äußern jedoch diesbezüglich einen Weiterentwicklungsbedarf ihres Teams hinsichtlich der Verwirklichung der Anforderungen des Orientierungsplanes. Dieser bezieht sich nach Angaben der Befragten vor allem auf die Bereiche Beobachtung und Dokumentation, das Bildungs- und Entwicklungsfeld „Denken", die kontinuierliche Umsetzung des Planes im Alltag und die Ausgestaltung der Erziehungspartnerschaft mit den Eltern. Mit der Umsetzungsmotivation ihres Teams sind 31% der befragten Leitungskräfte (n=153) im Sommer 2008 nach eigenen Angaben weniger zufrieden. Hingegen wird trotz der Einführung des Planes und ggf. dadurch verursachter Mehrarbeit die generelle Teamsituation in ca. 85% der Fälle von den Leitungskräften als positiv eingestuft.

11.3 Bildungsmanagement zur Umsetzung eines Bildungsplanes

Im Verlauf dieser Arbeit wurde die Leitungstätigkeit aus verschiedenen Blickwinkeln betrachtet, wobei vor allem die Perspektive der Bildungspläne im Elementarbereich, insbesondere des baden-württembergischen Orientierungsplanes im Vordergrund stand. Sowohl die kategorisierten Aussagen der Bildungspläne für den Elementarbereich als auch die Sichtung der gegenwärtigen Fachliteratur lassen darauf schließen, dass gegenwärtig von der LeiterIn einer Kindertageseinrichtung in erster Linie neben Verwaltung und der Aufrechterhaltung und Gewährleistung des täglichen Einrichtungsbetriebes vor allem Fähigkeiten in Personalführung, Personal- und Teamentwicklung, Organisationsentwicklung und Qualitätsmanagement erwartet werden. Dieses Leitungsverständnis geht einher mit der Forderung nach Leitungspersönlichkeit und der Verkörperung einer transparenten Führungsrolle, die sich u. a. an den Kriterien Zielorientierung, Mitarbeiterbeteiligung und Kooperation auszurichten hat. Von einer LeiterIn wird erwartet zu steuern, zu entwickeln, Führungsverantwortung zu übernehmen und ihren Führungsanspruch klar und transparent zu vertreten. Mit der Implementierung der Bildungspläne im Elementarbereich verlagern sich diese Aufgaben in Richtung der Steuerung, Sicherung und Entwicklung der Bildungsprozesse auf Einrichtungsebene, was vermehrt als Bildungsmanagement bezeichnet wird. Ausbildungsordnungen wie z.B. die dargestellte Neu-

Resümee

konzeption der Fachwirt Ausbildung[45] in Baden-Württemberg tragen diesem Umstand Rechnung. Allerdings sind dabei, mehrere Aspekte kritisch zu hinterfragen. In Kapitel 4.1 wurde aufgezeigt, dass der Bildungsbegriff von theoretischer Seite her inhaltlich unterschiedlich gefüllt wird: Von Bildung als einer reinen Selbsterschaffung des Individuums in Form der Selbstbildung über die Aneignung relevanter Kompetenzen reicht die Spannweite bis hin zu einem eher input- und lernzentrierten Verständnis von Bildung. Damit einher gehen Debatten um die Bedeutung der Begrifflichkeiten Erziehung, Bildung und Entwicklung und deren wechselseitiger Bezug. Es ist anzunehmen, dass sich diese verschiedenen Bildungsverständnisse auf die Bildungsgegenstände, das bildungsrelevante Handeln der Fachkräfte und auf die angestrebten Bildungsergebnisse auswirken. Dementsprechend negieren Verfechter der reinen Selbstbildung die Berechtigung der Existenz von z.B. in Form eines Curriculums definierten Bildungszielen. Ferner wird mancherorts Entwicklungsförderung mit dem Bildungsbegriff gleichgesetzt. Diese teils unterschiedlichen bildungstheoretischen Positionen finden sich gegenwärtig koexistierend im Rahmen von Ausbildungs- und Studiengängen sowie in der pädagogischen Praxis wieder, sodass kein einheitliches Verständnis von Bildung bzw. kein Bildungskonsens vorherrscht. Bildungstheoretische Positionen und Herangehensweisen definieren jedoch nicht nur das individuelle Selbstverständnis, sondern leisten auch einen Beitrag zur Gestaltung und Ausformung der Berufsrolle. Dementsprechend ist Bildungsmanagement, im Sinne der Steuerung, Entwicklung und Kontrolle der Bildungsprozesse auf Einrichtungsebene nur möglich, wenn zuvor der Bildungsbegriff eindeutig definiert wurde, sodass sich das Handeln der pädagogischen Fachkräfte und Leitungskräfte daran ausrichten kann. Damit in Zusammenhang stehen didaktische Fragestellungen sowie konkrete Fragen der Thematisierung und Auswahl von Bildungsinhalten in Abgleich und Verbindung mit den Handlungskriterien Kompensation, Differenzierung und gezielte Förderung. Die Überprüfung der Bildungsprozesse bzw. der Ergebnisqualität wiederum kann nur erfolgen, wenn im Vorfeld (ggf. für das einzelne Kind) eindeutige Ziele definiert wurden. Ergebnisqualität und die Qualität pädagogischen Handelns müssen sich dementsprechend in gewissem Ausmaß an dem Erreichen der Zielsetzungen messen lassen können.

Anhand des baden-württembergischen Orientierungsplanes wurde aufgezeigt, dass bzgl. eines Bildungskonsenses der Plan zu keiner eindeutigen Klärung des Bildungsbegriffes beiträgt. Vielmehr vertritt der Plan ein mehrperspektivisches Verständnis von Bildung, das bei entsprechender Auslegung ein Nebeneinander der existierenden Bandbreite an bildungstheoretischen Positionen zulässt und auf ein Bildungsverständnis im Sinne von „sowohl als auch" baut. Diese Offenheit setzt sich in Form der verbindlichen Bildungs- und Entwicklungsziele der sechs Bildungs- und Entwicklungsfelder des baden-württembergischen Planes[46]

---

[45] Fachwirt für Organisation und Führung Richtung Sozialwesen
[46] Bezogen auf die Pilotfassung von 2006

fort, die einer weiterführenden Operationalisierung und Konkretisierung seitens der Träger, LeiterInnen und pädagogischen Fachkräfte bedürfen, um diese als Maßstab der Selbst- und Fremdevaluation und damit der Qualitätsentwicklung und Qualitätssicherung verwenden zu können. Bereits die Formulierung „Bildungs- und Entwicklungsfeld" zeigt, dass auch im Plan selbst Bildung und Entwicklungsförderung nahezu synonym verwendet werden.

Wie gehen LeiterInnen als „BildungsmanagerInnen" mit dieser gewissen Offenheit um? Anhand der Analyse des baden-württembergischen Orientierungsplanes und anderer Bildungspläne im Elementarbereich wurden Aufgaben zur Umsetzung eines Bildungsplanes im Elementarbereich erarbeitet, die in den Bereich des Bildungsmanagements auf Einrichtungsebene und damit maßgeblich in den Verantwortungsbereich der LeiterIn fallen. Dabei wurden die Vorgaben des Rahmenpapiers der Kultusministerkonferenz zur Ausgestaltung der Bildungspläne durch die Bundesländer mitberücksichtigt. Neben dem allgemeinen Steuerungshandeln im Sinne des Bildungsmanagements handelt es sich dabei im Wesentlichen um

- die Übertragung der Vorgaben des jeweiligen Bildungsplanes in die Konzeption der Einrichtung,
- die Beschreibung und Definition der konkreten Umsetzung des Bildungsplanes in der Konzeptionsschrift der Einrichtung in Verbindung mit der Definition von überprüfbaren Qualitätsmerkmalen,
- die Sicherstellung und Überprüfung der Umsetzung des Planes bzw. der modifizierten Konzeption mit Blick auf das einzelne Kind, u.a. durch Formen der Selbstevaluation (bezogen auf die Umsetzung folgender Vorgaben des baden-württembergischen Orientierungsplanes: Bildungs- und Entwicklungsfelder, Beobachtung und Dokumentation, Kooperation mit der Grundschule, Erziehungspartnerschaft mit den Eltern, Kooperation mit Institutionen und Gemeinwesenarbeit/ Vernetzung),
- die Etablierung eines geeigneten Qualitätssystems auf Einrichtungsebene in Verbindung mit der Weiterentwicklung der pädagogischen Qualität,
- die Thematisierung, Reflexion und verbindliche wechselseitige Absprache der konkreten Umsetzung des Planes im Team.

Die dargestellten Aufgaben wurden bei der quantitativen und qualitativen Befragung der Leitungskräfte aufgegriffen. Die Ergebnisse lassen vermuten, dass sich die Heterogenität und die Offenheit des Bildungsbegriffes auf das Managementhandeln der Leitungskräfte und die Arbeit der pädagogischen Fachkräfte übertragen. Diesbezüglich wird die Umsetzung der Bildungs- und Entwicklungsfelder, d.h. bei genauer Betrachtung Bildungsaktivitäten im Hinblick auf das einzelne Kind unter Berücksichtigung der definierten Qualitätskriterien des Orientierungsplanes (Entwicklungsangemessenheit, individueller Zugang, Kompensation und gezielte Förderung) laut Selbsteinschätzung der LeiterInnen (N=153) mehrheitlich als ver-

Resümee

gleichsweise einfach empfunden. Nach Selbsteinschätzung der Leitungskräfte bereitet beispielsweise die Umsetzung des Bildungs- und Entwicklungsfeldes „Sprache" den Teams in ca. 60% der Fälle keine Schwierigkeiten, in ca. 33% der Fälle geringe Schwierigkeiten und nur bei 7% wirklich ernstzunehmende Schwierigkeiten. Hier ist künftig kritisch zu hinterfragen, ob das Umsetzungs- und damit auch das Bildungsverständnis der befragten Leitungskräfte die Zieldimension und damit die Ergebniskontrolle beim einzelnen Kind in Form von Beobachtung und Dokumentation mit einschließt. Zweifel sind angesichts solcher Ergebnisse angebracht. Vielmehr steht zu vermuten, dass unter Bildung und der Umsetzung der Bildungs- und Entwicklungsfelder in einigen Fällen ein Tun und Handeln sowohl des Kindes als auch der pädagogischen Fachkraft verstanden wird, das thematisch den definierten Bildungsfeldern zugeordnet werden kann, jedoch die Zieldimension und damit auch den Aspekt der Planung und Kontrolle vernachlässigt. Die vertiefenden Interviews mit den LeiterInnen der Pilotkindergärten zeigen exemplarisch, dass eine vertiefte Umsetzung der Bildungs- und Entwicklungsfelder, im Sinne der Verwirklichung und Überprüfung der definierten Bildungs- und Entwicklungsziele, ein Team stärker fordern kann, als dies durch die quantifizierten Selbsteinschätzungen im Sommer 2008 zum Ausdruck kommt. In einem Fall äußert eine LeiterIn, dass es kaum möglich sei, zu überprüfen, ob jedes einzelne Kind die Ziele der sechs Bildungs- und Entwicklungsfelder erreiche. Darüber hinaus sei es sehr schwierig pädagogische Aktivitäten in Einklang mit den Zielen der sechs Bildungs- und Entwicklungsfelder so zu planen und zu gestalten, dass damit jedes einzelne Kind erreicht werden könne. Eine weitere LeiterIn eines Pilotkindergartens erwähnt, dass der Blick auf das einzelne Kind ein deutliches Umdenken und eine vertiefte Reflexion des pädagogischen Handelns erfordere. Zwei weitere LeiterInnen aus den Pilotkindergärten wiederum empfinden die Umsetzung der sechs Bildungs- und Entwicklungsfelder als relativ einfach. Eine davon äußert, dass die Bildungs- und Entwicklungsfelder bereits durch ihre Konzeption und die Arbeitsweise in ihrer Einrichtung abgedeckt seien. Diese Spannweite der Einschätzungen spricht dafür, dass der Anspruch der Bildungs- und Entwicklungsfelder und damit deren Verwirklichung mit der Auslegung des Planes und dem Grad der selbstkritischen Auseinandersetzung mit dem Plan zusammenhängen. Einige Einschätzungen der Leitungsbefragung im Sommer 2006 bekräftigen diese Hypothese, indem dort Leitungskräfte zum Ausdruck bringen, dass sie hinsichtlich der Umsetzung des Orientierungsplanes in ihrer Einrichtung nichts zu ändern bräuchten.

Gegenüber den Bildungs- und Entwicklungsfeldern werden nach Einschätzung der Leitungskräfte die Umsetzung der Begleitaufgaben Beobachtung und Dokumentation, Qualitätsentwicklung und Qualitätssicherung sowie die Kooperation mit der Grundschule als problematischer eingestuft. Generell scheint Beobachtung und Dokumentation das Thema zu sein, das die LeiterInnen und deren Teams am meisten bei der Umsetzung des Planes beschäftigt. 72,5% der Leitungskräfte äußern, sich mit ihren Teams „intensiv" mit den Vorgaben des Orientierungsplanes zur Beobachtung des einzelnen Kindes auseinanderzusetzen. Dabei handelt es sich gemäß der definierten Fragestellung um eine Auseinandersetzung im Sinne einer Konkretisierung der Umsetzung der Vorgaben auf Einrichtungsebene. 64,7% äußern darüber hinaus, Gleiches für den Bereich Dokumentation zu tun. Demgegenüber fällt eine „intensive" Auseinandersetzung mit den „Bildungs- und Entwicklungsfeldern" des Orientierungsplanes im Sinne einer Konkretisierung der Vorgaben für die pädagogische Arbeit gemäß den Einschätzungen der Leitungskräfte deutlich hinter diese hohen Prozentwerte zurück. Darüber hinaus äußern ca. die Hälfte der befragten Leitungskräfte, dass sie sich gemeinsam mit ihren Teams kaum oder in einigen Fällen sogar gar nicht mit den Vorgaben des Orientierungsplanes zu Qualitätsentwicklung und Qualitätssicherung beschäftigen.

Diesbezüglich sind der Sinn und der häufig attestierte hohe zeitliche Aufwand für die Verwirklichung von Beobachtung und Dokumentation im Hinblick auf die Praxis der Anwendung mancher Verfahrensweisen zu hinterfragen. Beobachtung und Dokumentation im Sinne einer Ergebnissicherung und Ergebniskontrolle beim einzelnen Kind ist in Vernetzung mit Bildungsaktivitäten in den sechs Bildungs- und Entwicklungsfeldern zu sehen. Beobachtung und Dokumentation sollen dazu beitragen, anhand der Reflexion der Dokumentationen gezielter auf das einzelne Kind im Sinne von Bildung und Förderung eingehen zu können. Eine Verlagerung der Gewichtung der Aktivitäten und der Berufsrolle der pädagogischen Fachkraft in Richtung von Beobachtung und Dokumentation im Sinne einer Anhäufung teils unreflektierter und unaufbereiteter Informationen auf Kosten der pädagogischen Arbeit mit den Kindern, wofür aufgezeigte Tendenzen und Erfahrungen aus der Praxis im Rahmen der wissenschaftlichen Begleitung des Orientierungsplanes sprechen, dürfte dagegen allerdings dem definierten Verständnis von Beobachtung und Dokumentation und damit der Förderung des einzelnen Kindes kaum gerecht werden. Auch in den vertiefenden Interviews zeigt sich, dass die Verwirklichung von Beobachtung und Dokumentation zum Stein des Anstoßes werden kann. Besonders der erhebliche Zeitaufwand führt in einem Fall nach Aussagen der LeiterIn dazu, dass Dokumentationen während der eigentlichen Arbeit mit den Kindern angefertigt werden. Darüber hinaus opfern die Fachkräfte in diesem Fall nach Aussagen der LeiterIn die Vor- und Nachbereitungszeit sowie unbezahlte Freizeit für die Anfertigung von Dokumentationen. In einem anderen Fall entsteht aus ähnlichen Gründen Unmut im Team, indem sich die Fachkräfte weigern, den hohen Zeitaufwand zur Verwirklichung von Beobachtung und Dokumentation mitzutragen. Hier ist die Relation von Aufwand und Nutzen für das einzelne Kind kritisch zu überdenken.

Wie steht es um die Entwicklung, Überprüfung und Sicherung der Verwirklichung der Planvorgaben? Generell ist zu konstatieren, dass sich die LeiterInnen laut Selbsteinschätzung relativ sicher bzgl. der definierten Leitungsaufgaben wie z.B. Personalentwicklung, Teamentwicklung oder Kooperation mit Außenstehenden fühlen. Der höchste Anteil an Unsicher-

Resümee

heit liegt mit 27% der Fälle im Bereich Qualitätsmanagement. Korrespondierend dazu wird die Umsetzung der Vorgaben des Orientierungsplanes in den Bereichen Qualitätsentwicklung und Qualitätssicherung von den Leitungskräften als relativ schwierig eingestuft. Darüber hinaus, wie wir bereits feststellen konnten, scheint das Kapitel Qualitätsentwicklung und Qualitätssicherung ein Handlungsfeld des Orientierungsplanes zu sein, mit dem sich die Teams und deren LeiterInnen nach eigenen Angaben nur in relativ geringem Umfang beschäftigen. Für Probleme mit der Verwirklichung dieses Feldes spricht auch, dass ein Qualitätssystem, wie es der Orientierungsplan wünscht, nach Angaben der Leitungskräfte im Sommer 2008 nur in ca. einem Drittel der Einrichtungen verwirklicht zu sein schien. Allerdings äußern ca. 58% der Leitungskräfte, die Umsetzung des Orientierungsplanes in Form von Selbstevaluation zu überprüfen. Demgegenüber werden Formen der Fremdevaluation durch Außenstehende nach Angaben der Befragten in nur ca. 33% der Fälle angewandt. Kritisch zu reflektieren ist, dass nach Angaben der Leitungskräfte bei der Überprüfung der Umsetzung des Orientierungsplanes durch Selbstevaluation vor allem wenig standardisierte offene Verfahrensweisen wie Teamreflexionen oder mündliche Befragungen zum Einsatz kommen. Standardisierte, formellere Formen, wie die Reflexion und Analyse von Dokumentationen oder die Verwendung von Fragebögen bzw. Selbstreflexionsbögen, kommen jedoch nach Aussagen der Leitungskräfte kaum zum Einsatz.

Was die Qualitätssicherung und Transparenz in Form der schriftlichen Verankerung der Planumsetzung auf Einrichtungsebene betrifft, äußern 80% der befragten LeiterInnen (N=153) bei der Befragung im Sommer 2008 über eine eigenständige pädagogische Konzeption zu verfügen. Allerdings wurde diese nach Angaben der Leitungskräfte in 73,5% der Fälle bereits vor der Einführung des Orientierungsplanes erarbeitet. Deshalb verwundert es nicht weiter, dass nach eigenen Angaben nur 33% der Einrichtungen, die über einer pädagogische Konzeption verfügen, diese im Hinblick auf die Vorgaben des baden-württembergischen Orientierungsplanes ergänzt und überarbeitet haben. Somit blieben eine Konkretisierung und damit eine transparente und überprüfbare Beschreibung der Umsetzung des Planes auf Einrichtungsebene in ca. zwei Drittel der befragten Einrichtungen zum Befragungszeitpunkt im Sommer 2008 aus. Darüber hinaus geben ca. 30% der Befragten im Sommer 2008 an, dass das Fehlen eines Umsetzungskonzeptes in ihrer Einrichtung einen Hindernisgrund bei der Umsetzung des Planes in ihrer Einrichtung darstelle.

11.4 Zum Einfluss des Leitungshandelns auf die Umsetzung eines Bildungsplanes

Nach Aussagen der befragten Leitungskräfte gibt es in zwei Drittel der befragten Einrichtungen (N=153) bereits eine eindeutige Zuständigkeitsregelung für die Steuerung der Umsetzung des Orientierungsplanes. In der Mehrheit der Fälle werden Steuerungsaktivitäten nach Angaben der Befragten von den Leitungskräften alleine wahrgenommen. Nur in geringem

Umfang zeigen sich Steuerungskonstellationen aus z.B. Träger und Leitung oder Fachberatung und Leitung. Auch von der Möglichkeit der Kooperation mit einem Qualitätsbeauftragten wird nach Angaben der LeiterInnen nur in verschwindend geringem Umfang Gebrauch gemacht. Insgesamt beteiligen sich 59% (n=91) der befragten Leitungskräfte nach eigener Aussage entweder an einer Steuerungskonstellation aus mehreren Akteuren oder führten eigenständig Steuerungsaktivitäten zur Umsetzung des baden-württembergischen Orientierungsplanes durch.

Die Angaben der steuernden Leitungskräfte wurden im Sinne einer ex-post-facto-Hypothese den Aussagen der nicht steuernden Leitungskräften (n=50) im Hinblick auf relevante Fragen der Umsetzung des Orientierungsplanes gegenübergestellt. Bei dieser Vorgehensweise handelt es sich im strengen Sinne weder um eine Längsschnittuntersuchung noch um eine Wirkungsevaluation anhand eines Zweigruppenvergleiches, weshalb aus den vorliegenden Ergebnissen keine Kausalzusammenhänge hergestellt werden können sondern die Daten nur auf deskriptiver Ebene beschrieben und interpretiert werden können.

Die deskriptive Beschreibung der Ergebnisse sowie angewandte Signifikanztests weisen signifikante Zusammenhänge zwischen der Steuerung der Umsetzung des Planes (mit Leitungsbeteiligung) und der Verwirklichung der definierten Umsetzungsaspekte auf. Die Leitungskräfte, die sich nach eigenen Angaben an einer Steuerungskonstellation beteiligen oder die Umsetzung des Planes eigenständig steuern, geben häufiger an, den Umsetzungsstand des Planes im Team zu thematisieren, mit den Beteiligten Umsetzungsvereinbarungen zu treffen sowie Zuständigkeiten für die Umsetzung des Planes festzulegen. Zudem äußern diese Leitungskräfte prozentual häufiger die Umsetzung des Planes zu überprüfen, sowie im Team die pädagogische Arbeit mit Blick auf die Anforderungen des Planes zu reflektieren.

Welche Effekte hat diese intensivere Teamarbeit mit Blick auf die Umsetzung des Planes? Wie bereits zuvor können auch hinsichtlich dieses Punktes nur auf deskriptiver Ebene Auffälligkeiten beschrieben werden. Die steuernden LeiterInnen geben diesbezüglich im Gegensatz zu ihren nicht steuernden KollegInnen prozentual signifikant häufiger an, die Vorgaben des Orientierungsplanes in die Jahresplanung übernommen zu haben. Gleiches gilt für die Überprüfung der Umsetzung durch Formen der Selbstevaluation, die schriftliche Dokumentation der Arbeit auf Einrichtungsebene (ggf. auch entlang den sechs Bildungs- und Entwicklungsfeldern des Orientierungsplanes), die Ausrichtung der Teammitglieder am Orientierungsplan sowie für das Transparentmachen der Umsetzung des Planes. Zudem wird in diesen Einrichtungen laut einer pauschalen Selbsteinschätzung des Umsetzungsgrades der Orientierungsplan prozentual häufiger in höherer Qualität umgesetzt.

Keine signifikanten Zusammenhänge zwischen der Steuerung und der Umsetzung des Planes zeigen sich im Hinblick auf die Etablierung eines Qualitätssystems und der Überarbeitung der Konzeption im Hinblick auf den Orientierungsplan. Auch die Konkretisierung der Planvorgaben und der verbindlichen Ziele des Planes für die pädagogische Arbeit weist keinen Zusammenhang mit dem Steuerungshandeln der Leitungskräfte auf. Obgleich 55% der befragten Leitungskräfte es nach eigenen Angaben für „überwiegend" bis „vollständig" realisierbar halten, auf Basis des Orientierungsplanes Qualitätskriterien für die pädagogische Arbeit zu entwickeln. Vielmehr weisen diese zentralen Aspekte der Umsetzung sowohl bei der Gruppe der steuernden als auch bei den nicht steuernden LeiterInnen deutlichen Entwicklungsbedarf auf.

11.5 Kompetenz, Qualifikation und Qualifizierung der Leitungskräfte

Sind Leitungskräfte in baden-württembergischen Kindertageseinrichtungen in der Lage, angemessen als „BildungsmanagerInnen" zu agieren und die Umsetzung der Vorgaben des Orientierungsplanes zu Bildung, Kooperation, Beobachtung und Dokumentation sowie Vernetzung zu steuern, zu koordinieren, sicherzustellen und zu entwickeln?

In der Leitungsbefragung im Sommer 2006 fühlt sich ca. ein Drittel der befragten Leitungskräfte unsicher bezüglich der Steuerung der Umsetzung des Orientierungsplanes. Damals wie heute häufig in diesem Zusammenhang gestellte Fragen der Leitungskräfte sind:

- *„Wie kann ich den Plan und seine Inhalte in meiner Einrichtung im Alltag umsetzen?"*
- *„Wie kann ich unter den zur Verfügung stehenden zeitlichen, personellen und materiellen Ressourcen den Plan in meiner Einrichtung verwirklichen?"*
- *„Wie kann ich als LeiterIn mein Team zur Umsetzung des Planes motivieren bzw. wie gehe ich mit Widerständen im Team um?"*

In der Leitungsbefragung 2008 geben 25% der befragten Leitungskräfte (N=153) an, sich unsicher bzgl. der Steuerung der Umsetzung des Orientierungsplanes zu fühlen. Bei den Leitungskräften, die sich im Sommer 2008 noch nicht an der Steuerung der Umsetzung des Planes beteiligten (n=50) liegt der Anteil derjenigen, die nach eigenen Angaben zum Befragungszeitpunkt über kein Umsetzungskonzept verfügten, bei ca. 50%. Dementsprechend dürften Ratlosigkeit und Schwierigkeiten mit dem gewährten Handlungsspielraum in Form der Offenheit des Planes Gründe für Unsicherheiten der Leitungskräfte bei der Steuerung der Umsetzung des Planes darstellen. Diesbezüglich wird mehrfach in den vertiefenden LeiterInneninterviews mit Leitungskräften aus den Pilotkindergärten geäußert, dass der Plan keinen roten Faden vorgebe. Dies habe (bezogen auf die 15 badischen Pilotkindergärten) die wissenschaftliche Begleitung im Landesteil Baden (Leitung: Prof. Dr. N. Huppertz) geleistet, nicht jedoch der Plan selbst. Diesbezüglich äußern zwei LeiterInnen aus den Pilotkindergärten, dass sie sich ein Umsetzungshandbuch zur Anleitung des Teams wünschen, da man ansonsten als LeiterIn bei der Umsetzung der Planinhalte manchmal „am Schwimmen" sei. Diesen Wunsch teilen in der quantitativen Befragung im Sommer 2008 76,3% der befragten Leitungskräfte (N=153).

Darüber hinaus sind die personellen Voraussetzungen zur Steuerung der Umsetzung des Planes im Sinne von Bildungsmanagement zu reflektieren. Ein erheblicher Teil der Leitungskräfte fühlt sich durch den Orientierungsplan zusätzlich belastet und fühlt sich zum Befragungszeitpunkt zu viel beansprucht. Nur ein geringer Teil der Befragten ist zum Befragungszeitpunkt vom Dienst in den Gruppen freigestellt und verfügt zur Wahrnehmung der Leitungsfunktion über eine 100%-Stelle. Diesbezüglich äußert sich in den Antworten der Leitungskräfte Unzufriedenheit mit dem Freistellungsgrad sowie der Entlohnung der Leitungstätigkeit. Darüber hinaus zeigt die vorliegende Untersuchung, dass in den Einrichtungen der befragten Leitungskräfte deutliche Unterschiede im Hinblick auf die Arbeitsvoraussetzungen vor Ort zu konstatieren sind. Von Einrichtungen mit einem Anteil von Migrantenkindern in Höhe von 0% reicht das Spektrum der Angaben bis hin zu einem Anteil von über 90% in großstädtischen Einrichtungen.

Hinsichtlich der Qualifizierung und Qualifikation der befragten Leitungskräfte verfügen diese im Sommer 2008 mehrheitlich über die ErzieherInnenausbildung auf Fachschulebene, die bei 45% der Befragten durch den Besuch eines Leitungskurses erweitert wird. 32% geben an Zusatzqualifikationen wie z.B. den Fachwirt für Organisation und Führung mit der Fachrichtung Sozialwesen/ Sozialpädagogik erworben zu haben. Ca. 70% der Leitungskräfte zeigen sich zufrieden mit den zur Verfügung stehenden Möglichkeiten, sich in Leitungsaufgaben fortzubilden. Im Gegensatz zu diesem positiven Einschätzungswert bzgl. des allgemeinen Fortbildungsangebots für Leitungskräfte weisen die Ergebnisse auf einen Entwicklungsbedarf hin, wenn es darum geht, Leitungskräfte durch Fortbildungsmaßnahmen für die Umsetzung des baden-württembergischen Orientierungsplanes zu qualifizieren. 52% der Befragten, die zum Befragungszeitpunkt bereits an der verpflichtenden Landesfortbildung für Leitungskräfte zur Umsetzung des baden-württembergischen Orientierungsplanes teilgenommen hatten, fühlen sich nach eigenen Angaben durch diese Fortbildungsveranstaltung im Rahmen eines Fortbildungstages nicht hinreichend zur Umsetzung des Planes in ihrer Einrichtung qualifiziert.

Was die Kompetenz der Leitungskräfte zur Steuerung, Überprüfung, Sicherstellung und Entwicklung der Umsetzung des Planes auf Einrichtungsebene betrifft, kann an dieser Stelle kein Pauschalurteil gefällt werden. Vielmehr ist diesbezüglich der Einzelfall vor Ort in Zusammenhang mit den zur Verfügung stehenden Rahmenbedingungen in den Blick zu nehmen. Die vertiefenden LeiterInneninterviews weisen fallspezifisch unterschiedliche Leitungspersönlichkeiten mit teils unterschiedlichen Berufsauffassungen und Rahmenbedingungen auf. Letztere variieren zwischen Desinteresse des Trägers und mangelnder Unterstützung über nahtlose Rückendeckung, Vernetzung und gegenseitige Unterstützung von Einrichtungen bei der Umsetzung des Orientierungsplanes bis hin zu hilfreichen, seitens der Träger angebotenen Leitungs- und Führungsschulungen. Auch die LeiterInnen selbst weisen Unter-

Resümee

schiede in deren Leitungsrolle und Herangehensweisen bei der Umsetzung des Orientierungsplanes auf. Von selbstbewusst agierenden und steuernden Leitungskräften bis hin zu Leitungskräften, die der verstärkten Prozessbegleitung bedürfen, reicht im Rahmen der wissenschaftlichen Begleitung das Spektrum.

Unabhängig von der Heterogenität der Leitungskompetenz ist allerdings anhand der quantitativen Ergebnisse zu konstatieren, dass die Umsetzung des Orientierungsplanes teils neue und vermehrte Anforderungen an die Leitungskräfte mit sich bringen kann. In der quantitativen Befragung im Sommer 2008 äußern 48% der Befragten, dass sich nach eigenem Ermessen durch die Einführung des Orientierungsplanes ihre Leitungstätigkeit „merklich" bis „sehr stark" verändert. Laut Aussagen der Leitungskräfte beziehen sich die Veränderungen in erster Linie auf die Leitungsaufgaben Personalführung sowie Planung und Kontrolle. Aber auch vermehrte Aktivität in den Handlungsfeldern Öffentlichkeitsarbeit, Organisations- und Qualitätsentwicklung werden von den Befragten als Auswirkung des Orientierungsplanes genannt. Bezüglich Personalführungsaktivitäten in Zusammenhang mit der Umsetzung des Orientierungsplanes äußern die Leitungskräfte eine Zunahme an Kontroll-, Motivations- und Mediationsaktivitäten sowie den vermehrten Bedarf nach Unterstützung des Einzelnen und des Teams. Korrespondierend dazu äußern 60% der Befragten (N=153) einen fachlichen Entwicklungsbedarf mit Blick auf die Leitungsaufgaben zur Umsetzung des Orientierungsplanes. Dieser bezieht sich vor allem auf die vier Handlungsfelder Umsetzung und Steuerung des Planes im Alltag, Personal- und Teamentwicklung, Qualitätsmanagement sowie Profil- und Konzeptionsentwicklung. Ferner weisen die Ergebnisse zur Konzeptionsentwicklung speziell im Hinblick auf die Konkretisierung der Planvorgaben und deren Umsetzung in der Einrichtungskonzeption sowie die Einschätzungen zu den Bereichen Qualitätsmanagement und Etablierung eines Qualitätssystems auf Einrichtungsebene auf gewisse Schwachstellen der befragten Leitungskräfte in diesen Punkten hin.

Welche Anforderungen aus der Umsetzung eines Bildungsplanes für Leitungskräfte in Kindertageseinrichtungen erwachsen können, zeigen auch exemplarisch die Ergebnisse der vertiefenden LeiterInneninterviews. Hier wird exemplarisch verständlich, warum in der quantitativen Befragung in Zusammenhang mit der Einführung und Umsetzung des Orientierungsplanes Aspekte der Personalführung und deren Intensivierung an erster Stelle genannt werden. Bei vier der sechs interviewten LeiterInnen, die dazu aufgerufen waren, während der dreijährigen Pilotphase des Orientierungsplanes den Plan intensiv zu erproben, bringt der Plan nach Aussagen der Befragten teils einschneidende Veränderungen der Berufs- und Führungsrolle mit sich. Dies äußert sich vor allem darin, dass sich die Interaktion zwischen Leitung und Team von der LeiterIn als gleichberechtigtes Teammitglied in Richtung einer LeiterIn mit einer eindeutigeren Verkörperung des Führungsanspruches verlagert. Diesbezüglich wird seitens der Leitungskräfte nach eigenen Angaben vermehrt die Verwirklichung der Inhalte des Orientierungsplanes eingefordert und auch kontrolliert. Damit verbunden sind eine intensivere Anleitung und Unterstützung sowie eine verstärkte Auseinandersetzung mit den MitarbeiterInnen in Form von Teamsitzungen und MitarbeiterInnengesprächen. Die Verkörperung des Führungsanspruches führt mit unter laut Aussagen der interviewten Leitungskräfte aus den Pilotkindergärten zu Unstimmigkeiten im Team. Diese resultieren nach Angaben der Leitungskräfte daraus, dass nicht alle MitarbeiterInnen bereit sind, gewohnte Arbeitsweisen zu überdenken und zu modifizieren, sich neuen Herausforderungen zu stellen oder die pädagogischen Vorstellungen und Handlungsweisen nach Vorstellung des baden-württembergischen Orientierungsplanes mitzutragen. Dementsprechend verlangt die Rolle der BildungsmanagerIn im Sinne einer KoordinatorIn und GewährleisterIn einer qualitativ angemessenen Umsetzung der Planinhalte auf Einrichtungsebene neben fachlichem Wissen vor allem Personalführungskompetenz und die Verkörperung einer transparenten Vorgesetzten- und Führungsrolle. Ähnlich wie in der quantitativen Untersuchung wünschen sich befragt nach notwendigen Fortbildungsinhalten auch die interviewten LeiterInnen der Pilotkindergärten rückblickend auf drei Jahre Erfahrung mit der Umsetzung des Orientierungsplanes vor allem Fortbildungen und Schulungen zur Führung und dem Umgang mit Personal sowie eine begleitende Supervision des Leitungshandelns.

12 Empfehlungen

12.1 Konsequenzen für die Leitungskompetenz und deren Erwerb

Die Rolle und Funktion der LeiterIn einer Kindertageseinrichtung als „BildungsmanagerIn", in deren Aufgabenbereich es fällt die Umsetzung der Planinhalte Bildungs- und Entwicklungsfelder, Beobachtung und Dokumentation, Kooperation mit der Grundschule, Erziehungspartnerschaft mit den Eltern, Kooperation mit Institutionen sowie Gemeinwesenorientierung und Vernetzung zu koordinieren, auf Einrichtungsebene zu steuern und mittels Maßnahmen der Qualitätsentwicklung und Qualitätsentwicklung zu evaluieren und zu entwickeln, verlangt nach einer kompetenten LeiterIn, die sich vor allem neben fachlichem Wissen auf ihre Personalführungskompetenz berufen kann.

Inzwischen wird von verschiedenen Seiten geäußert und verlangt, dass Leitungskräfte in Kindertageseinrichtungen über ein Studium verfügen sollten. Die Bachelor-Studiengänge in Baden-Württemberg vermitteln diesbezüglich ein breitgefächertes Wissen, das auch die im vorangehenden Abschnitt sich andeutenden Schwachstellen von derzeit praktizierenden Leitungskräften, wie z.B. Qualitätsmanagement oder Konzeptions- und Organisationsentwicklung beinhaltet. Dennoch ist bei den neugeschaffenen Bachelor-Studiengängen der Umfang von leitungsrelevanten Fragestellungen und Studieninhalten im Vergleich zu bildungsrelevanten Themen, die sich den sechs Bildungs- und Entwicklungsfeldern des baden-württembergischen Orientierungsplanes zuordnen lassen, vergleichsweise gering. Andere-

Resümee

seits weisen die Aussagen der interviewten Leitungskräfte der Pilotkindergärten speziell mit Blick auf die Umsetzung des Orientierungsplanes darauf hin, dass eine Leitungskraft z.B. im Hinblick auf die Anleitung des Teams auch über pädagogisches und psychologisches Fachwissen verfügen müsse, welches in den neuen Studiengängen vermittelt wird. Allerdings wurde aufgezeigt, dass vor allem Fähigkeiten in Personalführung benötigt werden, um eine Kindertageseinrichtung als „Bildungseinrichtung" managen und führen zu können. Dieses Handlungsfeld findet sich jedoch entweder gar nicht oder in verschwindend geringem Umfang in den analysierten Modulhandbüchern der baden-württembergischen Bachelor-Studiengänge (Stand Januar 2009) wieder. Darüber hinaus werden von den interviewten LeiterInnen die Notwendigkeit und das Vorhandensein von Leitungspersönlichkeit betont. Auch die Thematisierung und Reflexion der Leitungsrolle ist diesbezüglich kaum Gegenstand der Lehrinhalte in den analysierten Bachelor-Studiengängen.

Hier ist darüber nachzudenken, das breitgefächerte Bachelor-Studium zu erhalten, jedoch im Rahmen einer berufsbegleitenden Qualifizierungsmaßnahme in Richtung der Tätigkeitsfelder Fachberatung und Leitungstätigkeit zu spezifizieren. Inhalte wie Personalführung oder Leitungspersönlichkeit lassen sich nur schwer im Rahmen eines grundständigen Studiums vermitteln und bedürfen der gründlichen Thematisierung und Reflexion. Hierzu reichen die bisherigen Studieninhalte des Bachelor-Studiums nicht aus. Ob der formelle Rahmen eines Master-Studiengangs als Weiterqualifizierungsmaßnahme dafür geeignet ist und für die Wahrnehmung einer Leitungsposition im gegenwärtigen Niedriglohnsektor Kindertageseinrichtung nicht eher überqualifiziert, ist zu reflektieren. Vielmehr ist an zertifizierte von Trägerseite finanziell geförderte berufsbegleitende Leitungsschulungen auf Hochschulebene im Anschluss an ein Bachelor-Studium mit der Möglichkeit der Teilnahme geeigneter nicht studierter Leitungskräfte bzw. LeitungsanwärterInnen zu denken. Diese angehenden oder bereits praktizierenden Leitungskräfte könnten sich im Hinblick auf das Handlungsfeld Leitung einer Kindertageseinrichtung im Rahmen einer solchen Qualifizierungsmaßnahme berufsbegleitend vertieft und praxisnah über einen längeren Zeitraum mit Fragen der Personalführung, der Leitungspersönlichkeit, des Bildungsmanagements und der Anwendung von Formen des Qualitätsmanagements und der Organisationsentwicklung auseinandersetzen. Empfehlenswert wäre es, diese Inhalte mit dem an Fachschulen angesiedelten Fachwirt für Organisation und Führung Fachrichtung Sozialpädagogik zu verknüpfen. Dadurch könnte die mehrfach attestierte Diversität des Fort- und Weiterbildungssektors reduziert und ein durchgängig angemessenes auf Modul- und Lehrplänen basierendes Aus- und Weiterbildungsangebot für Leitungskräfte auf Hochschulebene etabliert werden. Diesbezüglich ist zur Reduzierung der Heterogenität der Leitungskompetenz darüber nachzudenken, diese Kurse angesichts der wachsenden Komplexität der Leitungstätigkeit als verbindliche Qualifizierungsmaßnahmen zur Wahrnehmung der Leitungstätigkeit zu etablieren.

12.2 Bedingungen und Regelungen der Leistungserbringung

Neben einer verbindlichen im Idealfall an Hochschulen angesiedelten Qualifizierungsmaßnahme zur Wahrnehmung der Leitungstätigkeit in Kindertageseinrichtungen empfiehlt es sich, die Bedingungen der Leistungserbringung kritisch in den Blick zu nehmen. Es ist davon auszugehen, dass die erworbene berufliche Qualifikation nicht alleine die Qualität des Handelns bestimmt und damit zu einer Professionalisierung der Leitungstätigkeit beiträgt. Vielmehr muss es sich für Studenten bzw. Absolventen der Bachelor-Studiengänge genauso wie für fähige pädagogische Fachkräfte in angemessener Weise bezahlt machen, eine Leitungsposition in einer Kindertageseinrichtung, gekennzeichnet durch gehaltreiche Anforderungen, zusätzliche Belastungen und den Besuch weiterführender Qualifizierungsmaßnahmen, auszuüben. Gegenwärtig scheint das Verdienstniveau zu niedrig zu sein, um qualifizierten Fachkräften mit Studienabschluss einen Anreiz zu bieten als LeiterIn in einer Kindertageseinrichtung zu arbeiten. Dafür sprechen 65,5% der 2008 befragten Leitungskräfte (N=153), die angeben mit der Höhe ihres Einkommens nicht zufrieden zu sein. Zur Anhebung des Verdienstniveaus und der Steigerung der Attraktivität der LeiterInnentätigkeit gehört auch die Honorierung von Fort- und Weiterbildungsbereitschaft. Es liegt an den Trägern, durch geeignete Auswahlverfahren, potenzielle Führungskräfte bzw. LeitungsanwärterInnen zu ermitteln und diesen eine von Trägerseite zumindest teilfinanzierte Weiterqualifizierung angedeihen zu lassen. Damit einher gehen geeignete Arbeits- und Rahmenbedingungen sowie längerfristige Motivationsanreize in Form von Aufstiegsmöglichkeiten, z.B. in das Management auf Verbandsebene oder in eine übergeordnete Beratungstätigkeit. Die Ergebnisse der Leitungsbefragung 2006 weisen darauf hin, dass die Rahmenbedingungen zur Umsetzung des Orientierungsplanes von den Leitungskräften überwiegend kritisch beurteilt werden. Besonders bei der Leitungsgruppe, die dem Orientierungsplan überwiegend negative Empfindungen entgegenbringt, äußerte sich dies in einer sehr geringen Motivierung durch den Orientierungsplan. Hier sind geeignete Anreize mit Signalwirkung zu setzen, um die Motivation sowohl der pädagogischen Fachkräfte als auch der Leitungskräfte aufrechtzuerhalten und zu steigern. Die Ergebnisse der Leitungsbefragungen 2006 und 2008 bzgl. der Rahmenbedingungen weisen darauf hin, dass die Umsetzung des Planes bei unveränderten Rahmenbedingungen zu einer gewissen resignativ-ablehnenden Haltung bei den beiden Gruppen der ambivalent und negativ gegenüber dem Orientierungsplan eingestellten Leitungskräfte führen könnte.

Neben der Höhe des Einkommens und weiterer Rahmenbedingungen ist auch der relativ hohe Prozentsatz an überbeanspruchten Leitungskräften zu bedenken. Diesbezüglich wird der Orientierungsplan auch von einigen Leitungskräften als zusätzliche Belastung empfunden. Darüber hinaus ist zu erwähnen, dass die Steuerung der Umsetzung des Planes nach Angaben der Leitungskräfte in der Mehrheit der Fälle nach eigenen Angaben mit einer teils erheblichen Mehrinvestition an Zeit verbunden ist. Möchte man langfristig ein effektives Bildungsmanagement und eine fruchtbare Umsetzung des Orientierungsplanes auf Einrichtungsebene erreichen, muss dieser zusätzliche Aufwand bei der Berechnung des Freistellungsgrades mitberücksichtigt werden. Gleiches gilt für die flächendeckende Etablierung gesundheitsfördernder und gesundheitserhaltender Unterstützungsprogramme für Leitungskräfte, zu denen auch Formen der Supervision und der professionellen Praxisreflexion zu zählen sind.

12.3 Empfehlungen zur Umsetzung eines Bildungsplanes

Die Untersuchung der Leitungstätigkeit in Zusammenhang mit der Umsetzung des baden-württembergischen Orientierungsplanes lässt vermuten, dass bei Leitungskräften Unsicherheit bzgl. der Umsetzung des Orientierungsplanes neben den mehrheitlich als entwicklungsbedürftig eingeschätzten Rahmenbedingungen vor allem aus dem Fehlen geeigneter Umsetzungskonzepte sowie der Offenheit des baden-württembergischen Orientierungsplanes resultiert. Ferner weisen die Ergebnisse darauf hin, dass sich die befragten Leitungskräfte schwer damit tun, systematische Qualitätsentwicklung und ein Qualitätssystem auf Einrichtungsebene zu etablieren. Auch die Konkretisierung und Darlegung der Umsetzung des Orientierungsplanes in der Konzeption der Einrichtung in Verbindung mit der Definition von überprüfbaren Qualitätsmerkmalen scheint den Leitungskräften ohne zusätzliche Unterstützung schwer zu fallen. Darüber hinaus kann die Unklarheit des Bildungsbegriffes und der zu etablierenden Pflichtaufgaben künftig zu einer Heterogenität der Umsetzung des Planes führen. Um dieser Diversität und Qualitätsstreuung der Umsetzung vorzubeugen, bedarf es verbindlich definierter trägerübergreifender Umsetzungsstandards auf Länderebene. Diesbezüglich ist sowohl im Hinblick auf die pädagogischen Fachkräfte als auch im Hinblick auf die Leitungskräfte ein klares trägerübergreifendes Rollen- und Aufgabenprofil zu entwickeln, an dem sich sowohl die Studiengänge als auch die Fachschulausbildung auszurichten haben. Derzeit herrscht gewisse Unklarheit, was unter Bildung und damit in Zusammenhang unter Bildungsaktivitäten im Kindergarten zu verstehen ist und was diesbezüglich von der pädagogischen Fachkraft an Können und Wissen erwartet wird. Dieser Umstand verlangt zudem nach der Entwicklung von praktikablen Bildungskonzepten, welche die Vorgaben der Bildungspläne berücksichtigen und sowohl die gewisse Monopolstellung des INFANS-Konzeptes aufbrechen als auch die klassischen pädagogischen Ansätze im Hinblick auf die Anforderungen der Bildungspläne im Elementarbereich erweitern. Bisher werden die konkrete Umsetzung der Bildungspläne und damit zusammenhängende strukturelle Veränderungen der Arbeit auf Einrichtungsebene nicht in genügendem Ausmaß wissenschaftlich fundiert aufgegriffen, erarbeitet und konkretisiert. Diesbezüglich empfiehlt sich für die an Hochschulen angesiedelte Forschung ein Paradigmenwechsel, indem weniger defizitorientierte Diagnosen der Wirklichkeit sondern vielmehr Möglichkeiten der Kompetenzförderung und der Entwicklung einer altersspezifischen Bildungsdidaktik im Vordergrund stehen. Dementsprechend läge das Gewicht weniger auf Bildungsforschung im Sinne der Berichterstattung, sondern vielmehr auf Bildungsforschung als ein Beitrag zur Gestaltung von konkreten Praxishilfen und der Förderung der Kinder.

Ferner zeigen Erfahrungen aus der wissenschaftlichen Begleitung sowie Aussagen der interviewten LeiterInnen aus den Pilotkindergärten, dass die Prozessbegleitung im Rahmen der wissenschaftlichen Begleitung bei der Umsetzung des Planes weitergeholfen zu haben scheint, der Plan allein jedoch nicht die gewünschte Wirkung zu entfalten schien. Dementsprechend ist zu empfehlen, Qualitätskriterien der Umsetzung in Verbindung mit den bereits erwähnten Umsetzungsstandards zu definieren und diese im Bedarfsfall ähnlich der Schulentwicklung durch außenstehende Prozessbegleiter auf Einrichtungsebene gemeinsam mit den PraktikerInnen zu implementieren. Damit in Verbindung steht eine trägerübergreifende Zertifizierung und Fremdevaluation der Umsetzung des jeweiligen Bildungsplanes von offizieller Seite. Diese Zertifizierungs- und Fremdevaluationsmaßnahmen als Unterstützung und Objektivierung der Selbstevaluation auf Einrichtungsebene sollten ähnlich der Schulentwicklung durch Mitarbeiter von Qualitätsentwicklungsinstituten auf Hochschulebene oder durch eine eigens an ein Landesinstitut für Schulentwicklung angegliederte Abteilung erfolgen. Für die Zertifizierung und Fremdevaluation der Umsetzung sind einheitliche Evaluationsinstrumente zu entwickeln, die ggf. den PraktikerInnen auch zur Selbstevaluation zur Verfügung gestellt werden können. Ähnlich der Schulentwicklung sind die Evaluationsergebnisse an die Einrichtungen zurückzuführen und mit den Mitarbeitern zu thematisieren. Die Ergebnisse der vorliegenden Untersuchung weisen diesbezüglich darauf hin, dass Selbsteinschätzungen in Form der Selbstevaluation von der tatsächlichen Realität abweichen können und der Ergänzung durch Fremdevaluation bedürfen. Ferner weisen die Ergebnisse zu den Bereichen Qualitätsentwicklung und Qualitätssicherung darauf hin, dass es eine Überforderung der Fachkräfte und Leitungskräfte darstellen dürfte, während des täglichen Einrichtungsbetriebes überprüfbare Qualitätsmerkmale für die Handlungsfelder des Orientierungsplanes zu definieren und diese in ein Qualitätssystem auf Einrichtungsebene zu integrieren. Hier ist Prozessbegleitung und Hilfe, ähnlich der Organisations- und Schulentwicklung, durch externe Prozessbegleiter angebracht. Die kritische Beurteilung der Fachberatung seitens der Leitungskräfte weist darauf hin, dass diese Aufgabe von dem Fachberatungsangebot der Trägerorganisationen derzeit nicht in angemessener Weise abgedeckt werden kann.

Die Ergebnisse zum Steuerungshandeln der Leitungskräfte weisen darauf hin, dass manche Aufgaben bereits eher gut verwirklicht, andere wiederum vernachlässigt werden. Dies resultiert u. a. daraus, dass kein Leitfaden für Leitungskräfte existiert, der beinhaltet, wie bei der Einführung und Umsetzung des Orientierungsplanes vorzugehen ist bzw. vorgegangen werden kann. Der baden-württembergische Orientierungsplan gibt dazu nicht genügend Anhaltspunkte. Darum bedarf es der Entwicklung einer Checkliste oder eines Selbstreflexions-

Resümee

instrumentes, das beinhaltet, worauf bei der Umsetzung des Orientierungsplanes zu achten ist und welche Schritte eingeleitet werden sollten. Dieser Leitfaden versteht sich als ergänzende Anregung zu den künftig zu definierenden verbindlichen Umsetzungsstandards und Qualitätskriterien der Umsetzung. Als Grundlage hierfür kann die vorliegende Arbeit dienen (siehe 6.2). Dabei empfiehlt es sich, zudem einen trägerübergreifenden detaillierten Aufgabenkatalog für Leitungskräfte zu erstellen, der die neuen Aufgaben des Bildungsmanagements in Zusammenhang mit den Vorgaben des jeweiligen Bildungsplanes im Elementarbereich definiert und sowohl für die Ausgestaltung der Fachwirt Ausbildung als auch für leitungsrelevante Aus-, Fort- und Weiterbildungsmaßnahmen eine verbindliche Basis darstellt. Darüber hinaus sind Vorschläge für die zeitliche Gewichtung der Thematisierung der einzelnen leitungsrelevanten Lehrinhalte in Ausbildung und Studium zu entwickeln. Dadurch kann der aufgezeigten Heterogenität der Ausbildungsinhalte, die sich u. a. anhand der Analyse der baden-württembergischen Bachelor-Studiengänge äußert, vorgebeugt werden. Ähnlich den Umsetzungsstandards, empfiehlt es sich, auch auf Trägerebene Mindeststandards der Unterstützung zu definieren bzw. die bereits teilweise im Rahmen der Erstellung von Qualitätsmanagementkonzepten erarbeiteten Qualitätsstandards verbindlich umzusetzen, um ein tendenziell einheitliches Maß an Förderung und Unterstützung der Einrichtungen zu gewährleisten.

Die Erkenntnisse aus den durchgeführten LeiterInneninterviews sprechen dafür, dass es sich empfiehlt, jede Einrichtung als Mikrosystem und damit als Einzelfall zu betrachten. Dies impliziert individuelle Herangehensweisen, Lösungsansätze sowie Fortbildungs- und Begleitmaßnahmen, die weniger in Form von eintägigen Großveranstaltungen, sondern vielmehr durch passgenaue Prozess begleitende Fortbildungen und Qualitätsentwicklungsmaßnahmen vor Ort erarbeitet werden können. Dementsprechend ist über eine Umstrukturierung des Fort- und Weiterbildungsangebotes nachzudenken. Damit sollte der Ausbau des Systems der Fachberatung und der Etablierung von Beratungszentren einhergehen.

Was das Leitungshandeln selbst betrifft, so empfiehlt es sich, aufbauend auf Erfahrungen der interviewten LeiterInnen aus den Pilotkindergärten, die Steuerung der Umsetzung des Orientierungsplanes nicht eigenständig in Angriff zu nehmen, sondern eine Akteurskonstellation aus Träger, Fachberatung, LeiterIn, Eltern und ggf. einem Qualitätsbeauftragten zu bilden. Trotz der Möglichkeit, Aufgaben zu delegieren, sollte sich die LeiterIn zumindest an der Steuerung der Umsetzung des Orientierungsplanes mitbeteiligen. Darüber hinaus ist es angebracht, eine geeignete stellvertretende LeiterIn mit ins Boot zu holen, um so ein funktionierendes Leitungsteam zu bilden, das die angestrebten Vorgehensweisen, Vorhaben und Projekte gemeinsam durchdenken und reflektierten kann.

13 Forschungsdesiderata

Die vorliegenden Erkenntnisse beziehen sich auf die Pilotphase des baden-württembergischen Orientierungsplanes für Bildung und Erziehung und sind somit, ebenso wie die Pilotfassung des Planes selbst, als vorläufig zu betrachten. Sie bieten Einblicke und Informationen zu verschiedenen Handlungsfeldern und Thematiken der Umsetzung in Zusammenhang mit der Leitungstätigkeit. Aufgrund der Befragung von Leitungskräften, die sich zum Befragungszeitpunkt auf freiwilliger Basis gemeinsam mit ihren Teams der Umsetzung des Orientierungsplanes widmeten, ergibt sich die Notwendigkeit ähnliche Untersuchungen unter der Voraussetzung der verbindlichen Umsetzung des Planes in Form von Hypothesen prüfenden Forschungsarbeiten durchzuführen. Dabei sind die dargestellten Aspekte, Erkenntnisse und Hypothesen zur Leitungstätigkeit in Zusammenhang mit der Umsetzung des Orientierungsplanes bzw. eines Bildungsplanes im Elementarbereich (z.B. zu Belastung und Gesundheit, Berufszufriedenheit, Berufsrolle und Berufsauffassung, Steuerungshandeln, Fachkompetenz etc.) detaillierter in Form von eigenständigen Untersuchungen zu betrachten und im Sinne der Professionalisierung der Leitungstätigkeit zu reflektieren.

Vor allem gilt es, die Motivation und Handlungsbereitschaft sowohl der Leitungskräfte als auch der pädagogischen Fachkräfte langfristig, bezüglich der Umsetzung der Bildungspläne im Elementarbereich und der darin enthaltenen Anforderungen an die Arbeit in Kindertageseinrichtungen zu untersuchen. Die kritische Sichtweise der Rahmenbedingungen aufseiten der Leitungskräfte weist darauf hin, dass sich die prinzipielle Befürwortung des Planes bei Ausbleiben von erhofften Angleichungen der Rahmenbedingungen, zu einer resignativen ablehnenden Haltung gegenüber dem Plan bzw. den Plänen im Elementarbereich wandeln könnte, die den erwünschten Intentionen der Bildungspläne im Elementarbereich konträr ist.

Im Verlauf dieser Untersuchung wurde die Hypothese aufgestellt, dass aufgrund der Verschiedenheit der bildungstheoretischen Positionen auch in der Praxis kein einheitliches Bildungsverständnis vorherrschen dürfte. Hier gilt es vertiefende Untersuchungen anzustellen, wie die Bildungs- und Entwicklungsfelder durch das Handeln der Fachkräfte aufgegriffen werden, was seitens der Fachkräfte durch ihr Handeln intendiert wird und welche Bildungsverständnisse in der Praxis vorherrschen. Diesbezüglich ist zu untersuchen, inwieweit die Bandbreite an Vorstellungen, Konzepten und Ansätzen den Vorstellungen der Bildungspläne im Elementarbereich entsprechen und welche Bildungskonzepte und pädagogischen Ansätze zur Umsetzung der Bildungspläne empfohlen werden können. Darüber hinaus ist es angebracht, die Aufgabe und Funktion der Leitung als ManagerIn im Rahmen der verschiedenen Bildungsansätze zu untersuchen und im Hinblick auf die Effektivität des Leitungshandelns zu überprüfen.

Resümee

Die Weiterentwicklung der Leitungstätigkeit in Theorie und Praxis bedarf der fruchtbaren Kooperation zwischen Forschung, Ausbildungsstätten und Praxis unter Einbeziehung der Arbeitgeber in Form der Trägerorganisationen der freien Kinder- und Jugendhilfe. Nur gemeinsam können unter Berücksichtigung der Richtlinien und Gesetze des Bundes und der Länder zur Arbeit in Kindertageseinrichtungen, stringente Professionalisierungskonzepte für Fachkräfte in Kindertageseinrichtungen erarbeitet werden. Aufbauend auf einem solchen ganzheitlichen, vernetzten Verständnis von Innovation und Forschung, wird an dieser Stelle dazu angeregt, Ebenen übergreifende Forschungsprojekte zu initiieren, welche sich gemäß dem ganzheitlichen Verständnis der vorliegenden Arbeit, mehrperspektivisch mit der Arbeit in Kindertageseinrichtungen beschäftigen.

14 Literatur

Publikationen

- Ahnemann, Heiner: Qualitätsmanagement. In: Ellermann, Walter (Hrsg.): Organisation und Sozialmanagement für Erzieherinnen und Erzieher. Berlin, Düsseldorf, Mannheim 2007.
- Altricher, Herbert/ Heinrich, Martin: Kategorien der Governance- Analyse und Transformationen der Systemsteuerung in Österreich. In: Altrichter, Herbert/ Brüsemeister, Thomas/ Wissinger, Jochen: Educational Governance – Handlungskoordination und Steuerung im Bildungssystem. Wiesbaden 2007.
- Altrichter, Herbert/ Brüsemeister, Thomas/ Wissinger, Jochen: Educational Governance – Handlungskoordination und Steuerung im Bildungssystem. Wiesbaden 2007.
- Anderson, Sylvia: Pädagogische Kompetenz angesichts subjektiver Belastungsmerkmale von angehenden Lehrerinnen und Lehrern an Hauptschulen. Frankfurt am Main 2003.
- Balluseck, Hilde von (Hrsg.): Professionalisierung der Frühpädagogik. Opladen & Farmington Hills 2008.
- Bayerischer Staatsministerium für Arbeit und Sozialordnung, Familie und Frauen/ Staatsinstitut für Frühpädagogik München: Der Bayerische Bildungs- und Erziehungsplan für Kinder in Tageseinrichtungen bis zur Einschulung. Weinheim und Basel 2006.
- Bernd, Franken: Qualitätskontrolle im Kindergarten – kritische Untersuchung von Handlungsansätzen zur Qualitätsbestimmung und Qualitätssicherung. Oldenburg 1999.
- Beyer, Klaus/ Knöpfel, Eckehardt/ Storck, Christoph: Pädagogische Kompetenz, die Basiskompetenz im 21. Jahrhundert. Hohengehren 2002.
- Bock-Famulla, Kathrin: Länderreport Frühkindliche Bildungssysteme 2008 – Transparenz schaffen- Governanace stärken. Gütersloh 2008.
- Bortz, Jürgen/ Döring, Nicola.: Forschungsmethoden und Evaluation für Human- und Sozialwissenschaftler. Heidelberg 2006.
- Bostelmann, Antje/ Fink, Michael: Pädagogische Prozesse im Kindergarten – Planung, Umsetzung, Evaluation. Weinheim; Basel; Berlin 2003.
- Bostelmann, Antje/ Metze, Thomas: Der sichere Weg zur Qualität – Kindertagesstätten als lernende Unternehmen. Neuwied; Kriftel; Berlin 2000.
- Böttcher, Wolfgang: Zur Funktion staatlicher „Inputs" in der dezentralisierten und outputorientierten Steuerung. In: Altrichter, Herbert/ Brüsemeister, Thomas/ Wissinger, Jochen: Educational Governance – Handlungskoordination und Steuerung im Bildungssystem. Wiesbaden 2007.
- Bühner, Markus: Einführung in die Test- und Fragebogenkonstruktion. München 2004.
- Büllow-Schramm, Margret: Qualitätsmanagement in Kindertageseinrichtungen. Münster 2006.

Literatur

- Bundesjugendkuratorium: Streitschrift Zukunftsfähigkeit sichern! – Für ein neues Verhältnis von Bildung und Jugendhilfe. Bonn und Berlin 2001.
- Bundesministerium für Bildung und Forschung: Auf den Anfang kommt es an. Perspektiven für eine Neuorientierung frühkindlicher Bildung. Bonn und Berlin 2007.
- Bundesministerium für Bildung und Forschung: Bildung in Deutschland - ein indikatorengestützter Bericht mit einer Analyse zu Übergängen im Anschluss an den Sekundarbereich I. Bielefeld 2008.
- Bundesministerium für Bildung und Forschung: Bildung in Deutschland - ein indikatorengestützter Bericht mit einer Analyse zu Bildung und Migration. Bielefeld 2006.
- Bundesministerium für Bildung und Forschung: Kindliche Kompetenzen im Elementarbereich: Förderbarkeit, Bedeutung und Messung. Bonn, Berlin 2008.
- Bundesministerium für Bildung und Forschung: Konzeptionelle Grundlagen für einen Nationalen Bildungsbericht – Non-formale und informelle Bildung im Kindes und Jugendalter. Berlin 2004.
- Bundesministerium für Bildung und Forschung: Zur Situation der Bildungsforschung in Deutschland. Bonn und Berlin 2008.
- Bundesministerium für Familie, Senioren, Frauen und Jugend: Perspektiven zur Weiterentwicklung des Systems der Kindertageseinrichtungen für Kinder in Deutschland. Berlin 2003.
- Bundesministerium für Familie, Senioren, Frauen und Jugend: Zwölfter Kinder und Jugendbericht – Bericht über die Lebensbedingungen junger Menschen und Leistungen der Kinder- und Jugendhilfe in Deutschland. Berlin 2005.
- Bundesministerium für Familien, Senioren, Frauen und Jugend: Bericht über die Lebenssituation von Kindern und die Leistungen der Kinderhilfen in Deutschland – Zehnter Kinder- und Jugendbericht. Bonn 1998.
- Bundesministerium für Familien, Senioren, Frauen und Jugend: Bericht über die Lebenssituation von Kindern und die Leistungen der Kinder- und Jugendhilfe in Deutschland – Elfter Kinder- und Jugendbericht. Berlin 2002.
- Bundesministerium für Familien, Senioren, Frauen und Jugend: Das Tagesbetreuungsausbaugesetz (TAG) – Gesetz zum qualitätsorientierten und bedarfsgerechten Ausbau der Tagesbetreuung und zur Weiterentwicklung der Kinder- und Jugendhilfe. Berlin 2004.
- Bundesministerium für Familien, Senioren, Frauen und Jugend: Nationaler Aktionsplan für ein kindergerechtes Deutschland 2005-2010. Berlin 2006.
- Bundesregierung: Nationaler Integrationsplan – Neue Wege – Neue Chancen. Berlin 2007.
- Caritas Bildungszentrum Stuttgart: Fortbildungen 2009. Stuttgart 2009.
- Caritas Erzdiözese Freiburg: Fortbildungen für Fachkräfte katholischer Tageseinrichtungen für Kinder 2008/ 2009. Freiburg 2008.

Literatur

- Diakonie Kursbuch 2009 – Fortbildungsangebote des Diakonischen Werkes Württemberg. Stuttgart 2009.
- Diekmann, Andreas: Empirische Sozialforschung – Grundlagen, Methoden, Anwendungen. Hamburg 2007.
- Dittmar, Norbert: Transkription – ein Leitfaden mit Aufgaben für Studenten, Forscher und Laien. Wiesbaden 2004.
- Dresselhaus, Günther: Pädagogische Qualitätsentwicklung. Hamburg; Berlin; London 2001.
- Duden: Rechtschreibung der deutschen Sprache. Mannheim 1996.
- Ellermann, Walter (Hrsg.): Organisation und Sozialmanagement für Erzieherinnen und Erzieher. Berlin, Düsseldorf, Mannheim 2007.
- Erath, Peter/ Sandner, Eva: Unternehmen Kita – Wie Teams unter veränderten Rahmenbedingungen erfolgreich handeln. München 2007.
- Esch, Karin/ Klaudy, Elke Katharina/ Micheel, Brigitte/ Stöbe-Blossey, Sybille: Qualitätskonzepte in der Kindertagesbetreuung. Wiesbaden 2006.
- Feldmann, Klaus: Soziologie kompakt. Wiesbaden 2005.
- Fischer, Walter A.: Pädagogische Führung in Kindergärten und anderen pädagogischen und sozialen Einrichtungen. Innsbruck; Wien; München; Bozen 2001.
- Flick, Uwe/ Kardorff, Ernst von / Steinke, Ines (Hrsg.): Qualitative Forschung. Ein Handbuch. Reinbek bei Hamburg 2000.
- Forum Bildung: Ergebnisse des Forum Bildung I - Empfehlungen des Forum Bildung. Bonn 2001.
- Freie Hansestadt Bremen – der Senator für Arbeit, Frauen, Jugend und Soziales: Rahmenplan für Bildung und Erziehung im Elementarbereich. Bremen 2004.
- Freie und Hansestadt Hamburg –Behörde für Soziales und Familie: Hamburger Bildungsempfehlungen für die Bildung und Erziehung von Kindern in Tageseinrichtungen. Hamburg 2005.
- Freistaat Thüringen – Kultusministerium: Thüringer Bildungsplan für Kinder bis 10 Jahre. Weimar und Berlin 2008.
- Friebertshäuser, Barbara: Interviewtechniken – ein Überblick. In: Friebertshäuser, Barbara/ Prengel, Annedore (Hrsg.): Handbuch Qualitative Forschungsmethoden in der Erziehungswissenschaft. Weinheim 1997.
- Friesling, Ekkehart/ Schäfer, Ellen/ Fölsch, Thomas: Konzepte zur Entwicklung und zum Lernen im Prozess der Arbeit. Münster 2007.
- Fthenakis, Wassilios E.: Elementarpädagogik nach Pisa – wie aus Kindertagesstätten Bildungseinrichtungen werden können. Freiburg; Basel; Wien 2003.

Literatur

- Fthenakis, Wassilos E./ Hanssen, Kirsten / Oberhuemer, Pamela / Schreyer, Inge.: Träger zeigen Profil – Qualitätshandbuch für Träger von Kindertageseinrichtungen. Weinheim; Basel; Berlin 2003.
- Fuchs-Rechlin, Kirsten: Akademisierung in Kindertageseinrichtungen – Schein oder Sein? In: Deutsches Jugendinstitut/ Technische Universität Dortmund: KOMDAT Jugendhilfe 2009, 1.
- Gebert Diether/ Rosenstiel, Lutz von: Organisationspsychologie In: Heuer, Herbert/ Rösler, Frank/ Tack, Werner H. (Hrsg.): Standards Psychologie. Stuttgart 2002.
- GEW (Hrsg.) / Forschungsverbund Deutsches Jugendinstitut Universität Dortmund: Wie geht's im Job? KiTa-Studie der GEW. Frankfurt am Main 2007.
- Goebel, Eberhard: Qualitätsmanagement in Kindertagesstätten. Helsa; Kassel 1999.
- Graf, Reinhold: Prozessbeschreibung als Instrument der Qualitätsentwicklung In: Rieder-Aigner, Hildegard: Praxishandbuch Kindertageseinrichtungen; 3. Ordner 2007 - Qualitätsmanagement für Träger Leitung und Team. Regensburg; Berlin 2000.
- Grötzinger, Gerd: Perspektiven der Bildungsforschung: Franfurt am Main 2007.
- Gukenbiehl Hermann: Institution und Organisation. In: Korte, Hermann/ Schäfers, Bernhard (Hrsg.): Einführung in die Hauptbegriffe der Soziologie. Wiesbaden 2002.
- Gukenbiehl, Hermann L.: Institution und Organisation. Opladen 2002.
- Häder, Michael: Empirische Sozialforschung – Eine Einführung. Wiesbaden 2006.
- Hartung, Joachim: Statistik – Lehr und Handbuch der angewandten Statistik. München 2005.
- Helsper, Werner/ Busse, Susanne/ Hummrich, Merle/ Kramer, Rolf-Torsten: Pädagogische Professionalität in Organisationen – Neue Verhältnisbestimmungen am Beispiel der Schule. Wiesbaden 2008.
- Hessisches Sozialministerium/ Hessisches Kultusministerium: Bildungs- und Erziehungsplan für Kinder von 0-10 Jahren. Wiesbaden 2005.
- Hoffmann, Hilmar: Studien zur Qualitätsentwicklung in Kindertagesstätten. Neuwied; Kriftel; Berlin 2001.
- Hoffmann-Riem, Christa: Das adoptierte Kind. Familienleben mit doppelter Elternschaft. München 1984.
- Hofmann, Bernhard: Die Bedeutung des Schulleiters für eine gute Schule und seine Handlungsmöglichkeiten für Schulverbesserungen. Berlin 2002.
- Höhne, Thomas: Der Leitbegriff „Kompetenz" als Mantra neoliberaler Bildungsreformer: Zur Kritik seiner semantischen Weitläufigkeit und inhaltlichen Kurzatmigkeit In: Pongratz, Ludwig.A./ Reichenbach, Roland/ Wimmer, Michael: Bildung-Wissen-Kompetenz. Bielefeld 2007.

- Holondynski, Manfred/ Seeger, Dorothee: Qualitätsmanagement in Kindertagesstätten: Wie zielorientiert arbeiten Leitungskräfte In: Empirische Pädagogik 2004, 18 (2).
- Honig, Michael-Sebastian / Schreiber, Norbert/ Lang, Sabine: Begleitstudie zur Umsetzung der Bildungs- und Erziehungsempfehlungen für Kindertagesstätten in Rheinland Pfalz. Trier 2006.
- Honig, Michael-Sebastian / Schreiber, Norbert/ Netzer, Kristina.: Begleitstudie zur Umsetzung des „Orientierungsplans für Bildung und Erziehung im Elementarbereich niedersächsischer Tageseinrichtungen für Kinder". Trier 2006.
- Honig, Michael-Sebatian / Joos, Magdalena / Schreiber, Norbert: Was ist ein guter Kindergarten? Theoretische und empirische Analysen zum Qualitätsbegriff in der Pädagogik. Weinheim; Basel 2004.
- Hübner, Michael: Fremdwörterbuch. Leipzig 1990.
- Hummel, Ulrich: Qualitätsentwicklung und Evaluation. Freiburg 2004.
- Huppertz, Norbert/ Rumpf, Joachim: Kooperation zwischen Kindergarten und Grundschule – Beiträge zur Theoriebildung. München 1983.
- Huppertz, Norbert/ Schinzler, Engelbert : Grundfragen der Pädagogik – eine Einführung in sozialpädagogische Berufe. Troisdorf 1996.
- Huppertz, Norbert: Der Lebensbezogene Ansatz im Kindergarten. Freiburg 2003.
- Huppertz, Norbert: Die Leitung des Kindergartens – Praktische Hilfen für eine verantwortungsvolle Aufgabe. Freiburg 1994.
- Huppertz, Norbert/ Tolksdorf, Uwe: Die Kindergartenleitung – Wie sie wirklich ist. Oberried 1991.
- Huppertz, Norbert: Erleben und Bilden im Kindergarten. Freiburg 1995.
- Huppertz, Norbert: Partial-Holismus – Eine werteorientierte Position der Theoriebildung in der Sozialpädagogik. In: Mührel, Eric/ Birgmeier, Bernd (Hrsg.): Theorien der Sozialpädagogik – ein Theorie-Dilemma? Wiesbaden 2009.
- Ilien, Albert: Lehrerprofession – Grundprobleme pädagogischen Handelns. Wiesbaden 2008.
- Kasüschke, Dagmar/ Fröhlich- Gildhoff: Frühpädagogik heute- Herausforderungen an Disziplin und Profession. Köln, Kronach 2008.
- Kaufhold, Marisa: Kompetenz und Kompetenzerfassung – Analyse und Beurteilung von Verfahren der Kompetenzerfassung. Wiesbaden 2006.
- Kelle, Udo: Die Integration qualitativer und quantitativer Methoden in der empirischen Sozialforschung – Theoretische Grundlagen und methodologische Konzepte. Wiesbaden 2007.
- Kempfert, Guy/ Rolff, Hans-Günter: Qualität und Evaluation – ein Leitfaden für Pädagogisches Qualitätsmanagement. Weinheim und Basel 2005.

- Kirchhoff, Sabine/ Kuhnt, Sonja/ Lipp, Peter/ Schlawin, Peter: Der Fragebogen - Datenbasis, Konstruktion und Auswertung. Wiesbaden 2006.
- Klug, Wolfgang: Erfolgreiches Kita-Management. München 2001.
- Koch-Riotte, Barbara In: Verband Bildung und Erziehung: 10. Fachtagung Schulentwicklung und Schulaufsicht: Schulleitung und Schulaufsicht im Spannungsfeld von Qualitätsentwicklung, Evaluation, Beratung und Unterstützung. Berlin 2007.
- Kommunalverband für Jugend und Soziales Baden-Württemberg: Fortbildungen. Stuttgart 2008.
- Kotthoff, Hans-Georg: Bessere Schulen durch Evaluation. Münster 2003.
- Kreienbrock, Lothar: Einführung in die Stichprobenverfahren. Lehr- und Übungsbuch der angewandten Statistik. München 1993.
- Krenz, Armin: Qualitätssicherung in Kindertagesstätten. München 2001.
- Künkel Almuth/ Watermann, Rita: Management im Kindergarten. Freiburg im Breisgau 1993.
- Kunze, Hans-Rainer/ Gisbert, Kristin: Förderung lernmethodischer Kompetenzen in Kindertageseinrichtungen. In: Bundesministerium für Bildung und Forschung: Auf den Anfang kommt es an: Perspektiven für eine Neuorientierung frühkindlicher Bildung. Bonn, Berlin 2007.
- Kussau, Jürgen/ Brüsemeister, Thomas: Educational Governance: Zur Analyse der Handlungskoordination im Mehrebenensystem Schule. In: Altrichter, Herbert/ Brüsemeister, Thomas/ Wissinger, Jochen: Educational Governance – Handlungskoordination und Steuerung im Bildungssystem. Wiesbaden 2007.
- Laewen, Hans-Joachim: Bildung und Erziehung in der frühen Kindheit. In: Laewen, Hans-Joachim/ Andres, Beate (Hrsg.): Bildung und Erziehung in der frühen Kindheit – Bausteine zum Bildungsauftrag von Kindertageseinrichtungen. Weinheim, Berlin, Basel 2002.
- Laewen, Hans-Joachim: Funktionen der institutionellen Früherziehung: Bildung, Erziehung, Betreuung, Prävention In: Fried, Lilian/ Roux, Susanne: Pädagogik der frühen Kindheit – Handbuch und Nachschlagewerk. Weinheim und Basel 2006.
- Land Brandenburg Ministerium für Bildung Jugend und Sport: Grundsätze der Förderung elementarer Bildung in Einrichtungen der Kindertagesbetreuung in Brandenburg. Potsdam 2004.
- Landesgesundheitsamt Baden-Württemberg: Neukonzeption Einschulungsuntersuchung. Stuttgart 2006.
- Landesverband katholischer Kindertagesstätten der Diözese Rottenburg/ Stuttgart e.V.: Tacheles Magazin September 2008. Stuttgart 2008.
- Lill, Gerlinde: Führen und Leiten – wie Kindergärten Top werden. Neuwied; Kriftel 2002.

- Lill; Gerlinde: Wandel und Annäherung- Hintergründe und Entwicklungen im deutsch-deutschen Einigungsprozess am Beispiel des Berufsfeldes Leitung in Kindertageseinrichtungen. Berlin 1997.
- Lohmann, Armin/ Minderop, Dorothea: Führungsverantwortung der Schulleitung – Handlungsstrategien für Schulentwicklung im Reißverschlußverfahren. München, Unterschleißheim 2004.
- Mägdefrau, Jutta: Qualitativ – quantitativ – holistisch: erziehungswissenschaftliche Forschung unter dem Anspruch eines gegenstandbezogenen Forschungsparadigmas. In: Lechner, Jörg-Johannes/ Mägdefrau, Jutta: Partial-Holismus in der Sozialen Arbeit - Erfahrungen mit einer Forschungsposition. Oberried 1998.
- Mayring, Philipp: Einführung in die qualitative Sozialforschung: eine Einleitung zu qualitativem Denken. Weinheim 2002.
- Mayring, Philipp: Qualitative Inhaltsanalyse. Grundlagen und Techniken, 10.Aufl. Weinheim und Basel 2008.
- Mayring, Philipp: Qualitative Inhaltsanalyse. Grundlagen und Techniken, 8.Aufl. Weinheim und Basel 2003.
- Mayring, Philipp: Qualitative Inhaltsanalyse. In: Flick, Uwe/ Kardorff, Ernst von /Steinke, Ines (Hrsg.): Qualitative Forschung. Ein Handbuch. Reinbek bei Hamburg 2000.
- Mecklenburg-Vorpommern/ Sozialministerium: Rahmenplan für die zielgerichtete Vorbereitung von Kindern in Kindertageseinrichtungen auf die Schule. Schwerin 2005.
- Miesbach, Bernhard: Organisationstheorie. Problemstellung-Modelle-Entwicklung. Wiesbaden 2007.
- Ministerium für Bildung, Forschung und Kultur des Landes Schleswig-Holstein: Leitlinien zum Bildungsauftrag von Kindertageseinrichtungen. Kiel 2004.
- Ministerium für Bildung, Frauen und Jugend Rheinland Pfalz: Bildungs- und Erziehungsempfehlungen für Kindertagesstätten in Rheinland-Pfalz. Mainz 2004.
- Ministerium für Bildung, Kultur und Wissenschaft Saarland: Bildungsprogramm für saarländische Kindergärten. Weimar, Berlin 2006.
- Ministerium für Kultus Jugend und Sport Baden-Württemberg/ Ministerium für Arbeit und Soziales Baden-Württemberg/ Staatsministerium Baden-Württemberg: Konferenz Kinderland Baden-Württemberg. Stuttgart 2008.
- Ministerium für Kultus, Jugend und Sport Baden-Württemberg: Implementierung des Orientierungsplanes – Konzept zur Fortbildung pädagogischer Fachkräfte in Kindergärten. Referat 33/ 44. Stuttgart 2006.
- Ministerium für Kultus, Jugend und Sport Baden-Württemberg: Lehrplan für die Fachschule: „Fachschule für Organisation und Führung" – Sozialpädagogik. Stuttgart 2008.

Literatur

- Ministerium für Kultus, Jugend und Sport Baden-Württemberg: Orientierungsplan für Bildung und Erziehung für die baden-württembergischen Kindergärten – Pilotphase. Weinheim und Basel 2006.
- Ministerium für Schule, Jugend und Kinder des Landes Nordrhein-Westfalen: Vereinbarung zu den Grundsätzen über die Bildungsarbeit in Tageseinrichtungen für Kinder. Düsseldorf 2003.
- Möller, Jens Christian/ Schlenther-Möller, Esta: Kita-Leitung. Leitfaden für Qualifizierung und Praxis. Berlin 2007.
- Netz, Tillmann: ErzieherInnen auf dem Weg zur Professionalität. Studien zur Genese der beruflichen Identität. In: Europäische Hochschulschriften (Reihe 11, Pädagogik). Bd. 742. Frankfurt 1998.
- Neubauer, Georg: Ökonomisierung der Kindheit – Sozialpolitische Entwicklungen und ihre Folgen. Opladen 2002.
- Niedersächsisches Kultusministerium: Orientierungsplan für Bildung und Erziehung im Elementarbereich niedersächsischer Tageseinrichtungen für Kinder. Hannover 2005.
- Oberhuemer, Pamela: Bildungsprogrammatik für die Vorschuljahre – ein internationaler Vergleich. In: Wassilos E., Fthenakis (Hrsg.): Elementarpädagogik nach PISA – Wie aus Kindertagesstätten Bildungseinrichtungen werden können. Freiburg im Breisgau 2003.
- Oberhuemer, Pamela: Zur Reform der Erzieherinnen- und Erzieher(aus)bildung im internationalen Vergleich. In: Fried, Lilian/ Roux, Susanne: Pädagogik der frühen Kindheit – Handbuch und Nachschlagewerk. Weinheim und Basel 2006.
- Organisation für wirtschaftliche Zusammenarbeit und Entwicklung (OECD): Die Politik der frühkindlichen Betreuung, Bildung und Erziehung in der Bundesrepublik Deutschland – Ein Länderbericht der Organisation für wirtschaftliche Zusammenarbeit und Entwicklung OECD 2002.
- Pongratz, Ludwig A./ Wimmer, Michael: Bildungsphilosophie und Bildungsforschung. Bielefeld 2006.
- Prechtl, Christof / Dettling, Daniel: Für eine neue Bildungsfinanzierung – Perspektiven für Vorschule, Schule und Hochschule. Wiesbaden 2004.
- Raithel, Jürgen: Quantitative Forschung – Ein Praxiskurs. Wiesbaden 2008.
- Rapold, Monika: Pädagogische Kompetenz, Identität und Professionalität. Baltmannsweiler 2006.
- Reichert-Garschhammer, Eva: Bildungspläne konkret: erste Erfahrungen bei der Umsetzung in Bayern. In: „Ja mach nur einen Plan ...". Bildungsprogramme im Elementarbereich. Dokumentation der Fachtagung am 24. und 25.November 2005 in Berlin.
- Reichwein, Karin: Führung und Personalmanagement in Schulen – Eine empirische Studie zum Working Knowledge von Schulleitungen. Zürich 2007.

- Reinders, Heinz: Qualitative Interviews mit Jugendlichen führen – ein Leitfaden. München 2005.
- Sachsen-Anhalt/ Ministerium für Gesundheit und Soziales: Bildungsprogramm für Kindertagesstätten in Sachsen- Anhalt. Magdeburg 2004.
- Sächsisches Staatsministerium für Soziales: Der Sächsische Bildungsplan – ein Leitfaden für pädagogische Fachkräfte in Kinderkrippen und Kindergärten. Weimar, Berlin 2006.
- Sandner, Eva/ Erath, Peter: Unternehmen Kita – wie Teams unter veränderten Rahmenbedingungen erfolgreich handeln. München 2007.
- Schäfer, Gerd E.: Der Bildungsbegriff in der frühen Kindheit. In: Fried, Lilian/ Roux, Susanne: Pädagogik der frühen Kindheit – Handbuch und Nachschlagewerk. Weinheim und Basel 2006.
- Schaub, Clemens: Jetzt auch noch ManagerIn – Der Spagat zwischen pädagogischem Anspruch und Wirtschaftlichkeit. Freiburg; Basel; Wien 1998.
- Schiersmann, Christiane/ Thiers, Heinz-Ulrich: Organisationsentwicklung – Prinzipien und Strategien von Veränderungsprozessen. Wiesbaden 2009.
- Schilp, Johannes: Qualitätsentwicklung und Zertifizierung in Kindertrageseinrichtungen. In: Rieder-Aigner, Hildegard: Praxishandbuch Kindertageseinrichtungen; 3. Ordner 2007 - Qualitätsmanagement für Träger Leitung und Team. Regensburg; Berlin 2000.
- Schirmer, Dominique: Empirische Methoden der Sozialforschung. Paderborn 2009.
- Schmidt, Axel: Profession, Professionalität, Professionalisierung. In: Willems, Herbert (Hrsg.): Lehr(er)buch Soziologie – Für die pädagogischen und soziologischen Studiengänge Band 2. Wiesbaden 2008.
- Schnell, Rainer: Methoden der empirischen Sozialforschung. München; Wien; Oldenburg, 1999.
- Schnurr, Stefan: Organisationen In: Scherr, Albert: Sozilogische Basics – eine Einführung für Pädagogen und PädagogInnen. Wiesbaden 2006.
- Schubert, Herbert: Sozialmanagement – zwischen Wirtschaftlichkeit und sozialen Zielen. Wiesbaden 2005.
- Schuster, Käthe Maria/ Viernickel, Susanne/ Weltzien, Dörte: Bildungsmanagement: Methoden und Instrumente zur Umsetzung pädagogischer Konzepte – Studienbuch 11 zum Bildungs- und Sozialmanagement. Remagen 2006.
- Schuster, Käthe-Maria: Rahmenpläne für die Bildungsarbeit. In: Fried, Lilian/ Roux, Susanne: Pädagogik der frühen Kindheit – Handbuch und Nachschlagewerk. Weinheim und Basel 2006.
- Senatsverwaltung für Bildung, Jugend und Sport Berlin: Das Berliner Bildungsprogramm für die Bildung, Erziehung und Betreuung von Kindern in Tageseinrichtungen bis zu ihrem Schuleintritt. Berlin 2004.

- Staudt, Erich: Kompetenzentwicklung und Innovation – Die Rolle der Kompetenz bei Organisations-, Unternehmens- und Regionalentwicklung. Münster 2002.
- Stoltenberg Ute: Bildungspläne im Elementarbereich – ein Beitrag zur Bildung für eine nachhaltige Entwicklung? Hamburg/ Lüneburg 2008.
- Stroebe, Rainer: Grundlagen der Führung. Heidelberg 2002.
- Tietze, Wolfgang/ Roßbach, Hans-Günther/ Schuster, Käthe-Maria: KES – Kindergarteneinschätzskala. Berlin 1997.
- Tietze, Wolfgang/ Roßbach, Hans-Günther/ Schuster, Käthe-Maria: Kindergarten-Skala (KES-R). Berlin 2001.
- Tietze, Wolfgang/ Viernickel, Susanne: Pädagogische Qualität in Tageseinrichtungen für Kinder – Ein nationaler Kriterienkatalog. Berlin; Düsseldorf; Mannheim 2007.
- Tietze, Wolfgang: Frühpädagogische Evaluations- und Erfassungsinstrumente In: Fried, Lilian/ Roux, Susanne: Pädagogik der frühen Kindheit – Handbuch und Nachschlagewerk. Weinheim und Basel 2006.
- Tolksdorf, Uwe: Partial-Holismus – Der Teil und das Ganze müssen bei Theorie und Praxis gesehen werden. In: Huppertz, Norbert: Theorie und Forschung in der sozialen Arbeit. Neuwied, Kriftel 1998.
- Verband katholischer Tageseinrichtungen für Kinder (KTK)-Bundesverband e.V. : KTK Gütesiegel – Qualitätsbereich VIII: Leitung und Träger. Freiburg 2007.
- Viernickel, Susanne: Qualitätsanforderungen an Leitungskräfte in Kindertageseinrichtungen. In: Deutsche Liga für das Kind in Familie und Gesellschaft: Frühe Kindheit – die ersten sechs Jahre. Berlin 4/06.
- Volkert, Werner: Die Kindertagesstätte als Bildungseinrichtung – Neue Konzepte zur Professionalisierung in der Pädagogik der frühen Kindheit. Wiesbaden 2008.
- Vonken, Matthias: Handlung und Kompetenz: Theoretische Perspektiven für die Erwachsenen- und Berufspädagogik. Wiesbaden 2005.
- Wassilos E., Fthenakis: Zur Neukonzeptionalisierung von Bildung in der frühen Kindheit. In: Wassilos E., Fthenakis (Hrsg.): Elementarpädagogik nach PISA – Wie aus Kindertagesstätten Bildungseinrichtungen werden können. Freiburg im Breisgau 2003.
- Wehrmann, Ilse: Bildungspläne als Steuerungsinstrumente der frühkindlichen Erziehung, Bildung und Betreuung – zur Rolle der Bildungspläne im Rahmen des Reformbedarfs. Bremen 2006.
- Wirtz, Markus/ Nachtigall, Christof: Deskriptive Statistik – Statistische Methoden für Psychologen Teil 1. Weinheim; München 2006.
- Wirtz, Markus/ Nachtigall, Christof: Wahrscheinlichkeitsrechnung und Inferenzstatistik – Statistische Methoden für Psychologen Teil 2. Weinheim; München 2006.

- Wissinger, Jochen: Does School Governance matter? Herleitungen und Thesen aus dem Bereich "School Effectiveness and School Improvement". In Altrichter, Herbert/ Brüsemeister, Thomas/ Wissinger, Jochen: Educational Governance – Handlungskoordination und Steuerung im Bildungssystem. Wiesbaden 2007.
- Wöhrle, Armin: Zur Untersuchung des Sozialmanagements – eine kritische Bestandsaufnahme und eine Vision. In: Grundwald, Klaus (Hrsg.): Vom Sozialmanagement zum Management des Sozialen. Baltmannsweiler 2009.

Beschlüsse:

- Jugendministerkonferenz: Top 4 – Bildung fängt im frühen Kindesalter an. Beschluss vom 06./ 07. Juni 2002.
- Kultusministerkonferenz (KMK): gemeinsamer Rahmen der Länder für die frühe Bildung in Kindertagesstätten. Beschluss der Kultusministerkonferenz vom 03./04. 2006.

Internetquellen:

- Christa Engemann (Kultusministerium Baden-Württemberg Referat 33) zur Ausbildung von Fachkräften in Kindertageseinrichtungen im Hinblick auf den baden-württembergischen Orientierungsplan: http://www.profis-in-kitas.de/veranstaltungen/copy2_of_archiv/folder.2007-10-08.9733858245/vortrag-engemann.doc
- Der Studiengang „Frühe Kindheit" an der PH Freiburg I: http://www.efh-freiburg.de/292.html
- Der Studiengang „Frühe Kindheit" an der PH Freiburg II: http://www.efh-freiburg.de/300_581.html
- Der Studiengang „Frühe Kindheit" an der PH Freiburg III: http://www.fh-freiburg.de/download/Modultabelle_PFK_14.01.2009-KFG.pdf
- Der Studiengang „Elementarbildung" an der PH Weingarten I: http://www.ph-weingarten.de/de/downloads/studiengaenge/Flyer_Elementar_DRUCK01.pdf
- Der Studiengang „Elementarbildung" an der PH Weingarten II: http://www.ph-weingarten.de/de/downloads/studiengaenge/Studiengang_Elementarbildung_Modulkatalog.pdf
- Der Studiengang „Frühkindliche und Elementarbildung" an der PH Heidelberg: http://www.ph-heidelberg.de/org/felbi/
- Der Studiengang „Frühkindliche und Elementarbildung" an der PH Heidelberg II: http://www.ph-heidelberg.de/org/felbi/Felbi-Flyer.pdf
- Der Studiengang „Frühkindliche und Elementarbildung" an der PH Heidelberg III: http://www.ph-heidelberg.de/org/felbi/module.html

Literatur

- Der Studiengang „Frühe Bildung" an der PH Schwäbisch-Gmünd: http://www.ph-gmuend.de/deutsch/studium/studiengaenge/bachelor_fruehe_bildung.php

- Der Studiengang „Frühkindliche Bildung und Erziehung" an der PH Ludwigsburg I: http://www.ph-ludwigsburg.de/5591.html

- Der Studiengang „Frühkindliche Bildung und Erziehung" an der PH Ludwigsburg II: www.eh-ludwigsburg.de

- Deutscher Qualifikationsrahmen: www.deutscherqualifikationsrahmen.de

- Empirische Bildungsforschung: www.empirische-bildungsforschung-bmbf.de

- Ergebnisse der Implementierung des bayerischen Bildungsplanes: http://www.ifp.bayern.de/veroeffentlichungen/infodienst/ergebnisse-BEP.html

- Ergebnisse einer explorativen Leitungsbefragung von Gleser und Olic: http://www.kindergartenpaedagogik.de/818.html.

- Fachwirt Organisation und Führung Richtung Sozialwesen: http://infobub.arbeitsagentur.de/berufe/start?dest=profession&prof-id=9114

- Fortbildung der KVJS Baden-Württemberg: www.kvjs-fortbildung.de

- Fortbildung Diakonie I: www.evangelisches-fachseminar.de

- Fortbildung Diakonie II: www.evlvkita.de/page0301.phtml

- Kindergartengesetz Baden-Württemberg: http://www.vd-bw.de/webvdbw/rechtsdienst.nsf/weblink/2231-1_02.b_1.2.5

- Projekt „Schulreifes Kind": http://www.km-bw.de/servlet/PB/s/f2nobj1lk0huameyv43nhm9y1wlasm8/menu/1182968/index.html

- Projekt „Bildungshaus": http://www.zeit.de/online/2008/06/bildung-schule-kinderarten

- Projekt „Sag mal was": www.sagmalwas-bw.de

- Projekt „wissenschaftliche Begleitung des baden-württembergischen Orientierungsplanes": www.wibeor-baden.de

- Sozialgesetzbuch 8 (SGB VIII: http://www.sozialgesetzbuch.de/gesetze/08/index.php?norm_ID=0800001

- Stellungnahme von Renate Schmidt zum OECD-Bericht für Deutschland: www.bmfsfj.de/Kategorien/Presse/pressemitteilungen,did=22070.html

- WIFF: http://www.weiterbildungsinitiative.de/arbeitsbereiche/inhalte-und-kompetenzen.html

- Zweijährige Berufsfachschule: http://www.km-bw.de/servlet/PB/-s/ec5fcl109bsk2bub6n1vw5v9a1g3zf9k/menu/1208944/index.html

15 Zum Verlag

Der PAIS- Verlag gehört der "Sozietät zur Förderung der wissenschaftlichen Sozialpädagogik e.V. (gemeinnützig)", gegründet 1996. Die Sozietät ist eine Vereinigung Freiburger Wissenschaftler und Praktiker. Ihr Ziel ist, die Sozialpädagogik in Wissenschaft und Praxis zu fördern, u.a. durch die Verbreitung praxisrelevanter Veröffentlichungen aus der Theorie der Sozialpädagogik, der Elementarpädagogik, der Sozialen Arbeit und der Beratung, Begleitung und Förderng benachteiligter Menschen im In- und Ausland.

Folgende Veröffentlichungen sind u.a. im PAIS- Verlag erschienen:

- Huppertz, N./ Meier-Musahl, R.: HORTPÄDAGOGIK. Eine Einführung in Theorie und Praxis, Oberried 2002 (Jetzt erhältlich als gebundene gute Kopie des seit längerem vergriffenen Originals)
- Kolodziej, V.: Arbeitsrecht für Soziele Fachkräfte, Oberried 2002
- Huppertz, N. (Hg.): Zu den Sachen selbst. Phänomenologie in Pädagogik und Sozialpädagogik, Oberried 1997
- Huppertz, N. (Hg.): Zu den Sachen selbst. Phänomenologie in Pädagogik und Sozialpädagogik, Oberried 1997
- Huppertz, N. (Hg.) Konzepte des Kindergartens, Oberried 1998, 2007
- Huppertz, N. (Hg.): Französisch so früh? - Bilinguale Bildung im Kindergarten, Oberried 1999 (Jetzt erhältlich als gebundene gute Kopie des seit längerem vergriffenen Originals.)
- Kolodziej, V.: Meine Rechte als Erzieherin, Oberried 2000
- Scheuring, W.-D.: Qualität und Evaluation im Kindergarten - Beispiel Waldkindergarten, Oberried 2000
- Huppertz, N. (Hg.): Fremdsprachen im Kindergarten. Didaktik - Methodik - Praxis, Oberried 2003 (Jetzt erhältlich als gebundene gute Kopie des seit längerem vergriffenen Originals)
- Huppertz, N.: Handbuch Waldkindergarten. Konzeption, Methodik, Erfahrungen, Oberried 2008 (Jetzt erhältlich als gebundene gute Kopie des seil längerem vergriffenen Originals)
- Huppertz, N.: (Hg.): Lernort Grenze - Eine Begegnungsdidaktik, Oberried 2008
- Huppertz, N.: Besser sprechen - mehr Schulfähigkeit, Oberried 2009
- Gebhard, K./ Meurer, M.: Lebensbezogene Pädagogik und Partial-Holismus. Bildung und Forschung für ein gelingendes Leben, Oberried 2010

Zum Lensbezogenen Ansatz erhalten Sie über den PAIS- Verlag:
- Huppertz, N.: Erleben und Bilden im Kindergarten - Der lebensbezogene Ansatz als Modell für die Planung der Arbeit. Freiburg 2001 (5.Aufl.) Überarbeitete Fassung, Oberried 2005
- Huppertz, N.: Der Lebensbezogene Ansatz im Kindergarten, Norderstedt 2007

- Huppertz, N.: Wir erstellen eine Konzeption. Anleitungen und Beispiele aus der Kindergartenpraxis, München 2001 (3.Aufl.) (Gebundene gute Kopie des seit längerem vergriffenen Originals)

Filme
- Der Lebensbezogene Ansatz im Kindergarten - Ein Lehrfilm über Theorie und Praxis (DVD 55Min.)
- Der Lebensbezogene Ansatz in der Praxis - Erprobung in Kindergarten und Kindertagesstätte (45 Min.)
- Bilinguale Bildung - Französisch im Kindergarten (DVD 45 Min.)
- Jedem das Seine - Differenzieren in der Bilingualen Bildung (DVD 50 Min.
- Sinn- Werte - Religion: Bildung in der Elementarpädagogik (DVD 120 Min.)

Zweisprachiges Bilderbuch
- Huppertz, N., Blau, M.:   FABIAN - und die französischen Kinder
FABIAN - et les enfants francais, Oberried 2006

Veröffentlichungen zu Ethik und Philosophie im PAIS- Verlag:
- Huppertz, N.: Zu den Sachen selbst. Phänomenologie in Pädagogik und Sozialpädagogik, Oberried 1997
- Reiner, H.: Von den Werten. Herausgegeben und bearbeitet von Norbert Huppertz, Oberried 2001
- Reiner H.: PHILOSOPHIEREN. Eine Einleitung in die Philosophie. Berarbeitet von Jörg-Johannes Lechner, Oberried 2002
- Reiner, H.: Woher unsere Werte kommen. Bearbeitet von Norbert Huppertz, Oberried 2004
- Reiner, H.: Der Sinn unseres Daseins. Herausgegeben und bearbeitet von Norbert Huppertz, Oberried 2004
- Reiner, H.: Die naturgegebenen Rechte des Menschen. Herausgegeben und bearbeitet von Norbert Huppertz, Oberried 2006
- Reiner, H.: ETHIK. Eine Einführung. Herausgegeben und bearbeitet von Norbert Huppertz, Oberried 2010
- Huppertz, N.: Der Brief der hl. Edith Stein. Von der Phänomenologie zur Hermeneutik, Oberried 2010

(Zum Verlag siehe auch Homepage: www.pais-verlag.de)